ŒUVRES COMPLÈTES

DE

VOLTAIRE

26

MÉLANGES

V

PARIS. — IMPRIMERIE A. QUANTIN ET Cie
ANCIENNE MAISON J. CLAYE
RUE SAINT-BENOIT

ŒUVRES COMPLÈTES
DE
VOLTAIRE

NOUVELLE ÉDITION

AVEC

NOTICES, PRÉFACES, VARIANTES, TABLE ANALYTIQUE

LES NOTES DE TOUS LES COMMENTATEURS ET DES NOTES NOUVELLES

Conforme pour le texte à l'édition de BEUCHOT

ENRICHIE DES DÉCOUVERTES LES PLUS RÉCENTES

ET MISE AU COURANT

DES TRAVAUX QUI ONT PARU JUSQU'A CE JOUR

PRÉCÉDÉE DE LA

VIE DE VOLTAIRE

PAR CONDORCET

ET D'AUTRES ÉTUDES BIOGRAPHIQUES

Ornée d'un portrait en pied d'après la statue du foyer de la Comédie-Française

MÉLANGES

V

PARIS

GARNIER FRÈRES, LIBRAIRES-ÉDITEURS

6, RUE DES SAINTS-PÈRES, 6

1879

MÉLANGES

DES
CONSPIRATIONS
CONTRE LES PEUPLES
OU
DES PROSCRIPTIONS[1]

(1766)

CONSPIRATIONS OU PROSCRIPTIONS JUIVES.

L'histoire est pleine de conspirations contre les tyrans ; mais nous ne parlerons ici que de conspirations des tyrans contre les peuples. Si l'on remonte à la plus haute antiquité parmi nous; si l'on ose chercher les premiers exemples des proscriptions dans l'histoire des Juifs ; si nous séparons ce qui peut appartenir aux passions humaines de ce que nous devons révérer dans les décrets éternels ; si nous ne considérons que l'effet terrible d'une cause divine, nous trouverons d'abord une proscription de vingt-trois mille Juifs après l'idolâtrie d'un veau d'or[2] ; une de vingt-quatre

---

1. Ce morceau avait été mis, par les éditeurs de Kehl, dans les *Mélanges historiques*. Il parut comme le précédent, et immédiatement après lui, à la suite des notes d'*Octave et le jeune Pompée*, en décembre 1766. Il commençait alors ainsi : « Si l'on remonte à la plus haute antiquité, etc. » En le reproduisant, en 1771, dans la IVe partie des *Questions sur l'Encyclopédie*, Voltaire le fit précéder des mots que Beuchot a rapportés (tome XVIII, page 244). Les additions consistaient dans les sommaires ou intitulés des articles, et dans quelques phrases que l'on indiquera.
2. *Exode*, XXXII, 28.

mille pour punir l'Israélite qu'on avait surpris dans les bras d'une Madianite[1]; une de quarante-deux mille hommes de la tribu d'Éphraïm, égorgés à un gué du Jourdain[2]. C'était une vraie proscription, car ceux de Galaad, qui exerçaient la vengeance de Jephté contre les Éphraïmites, voulaient connaître et démêler leurs victimes en leur faisant prononcer l'un après l'autre le mot *shibolet* au passage de la rivière; et ceux qui disaient *sibolet*, selon la prononciation éphraïmite, étaient reconnus et tués sur-le-champ. Mais il faut considérer que cette tribu d'Éphraïm ayant osé s'opposer à Jephté, choisi par Dieu même pour être le chef de son peuple, méritait sans doute un tel châtiment.

C'est pour cette raison que nous ne regardons point comme une injustice l'extermination entière des peuples du Chanaan; ils s'étaient sans doute attiré cette punition par leurs crimes; ce fut le Dieu vengeur des crimes qui les poursuivit; les Juifs n'étaient que les bourreaux.

CELLE DE MITHRIDATE.

De telles proscriptions, commandées par la Divinité même, ne doivent pas sans doute être imitées par les hommes; aussi le genre humain ne vit point de pareils massacres jusqu'à Mithridate. Rome ne lui avait pas encore déclaré la guerre, lorsqu'il ordonna qu'on assassinât tous les Romains qui se trouvaient dans l'Asie Mineure. Plutarque fait monter le nombre des victimes à cent cinquante mille[3]; Appien le réduit à quatre-vingt mille[4].

Plutarque n'est guère croyable, et Appien problablement exagère. Il n'est pas vraisemblable que tant de citoyens romains demeurassent dans l'Asie Mineure où ils avaient alors très-peu d'établissements. Mais, quand ce nombre serait réduit à la moitié, Mithridate n'en serait pas moins abominable. Tous les historiens conviennent que le massacre fut général, et que ni les femmes ni les enfants ne furent épargnés.

1. *Nombres*, xxv, 9.
2. *Juges*, xii, 6.
3. Plutarque, *Sylla*, xxiv.
4. Appien, qui rend compte des massacres exécutés en vertu des ordres de Mithridate (*Appiani Alexandrini Romanarum historiarum*, Amst., 1670, page 317), ne fait pas le dénombrement des victimes. Voltaire a probablement été induit en erreur par Rollin (*Histoire ancienne*, livre XXIII, article 1er).

CELLES DE SYLLA, DE MARIUS, ET DES TRIUMVIRS.

Mais, environ dans ce temps-là même, Sylla et Marius exercèrent sur leurs compatriotes la même fureur qu'ils éprouvaient en Asie. Marius commença les proscriptions, et Sylla le surpassa. La raison humaine est confondue quand elle veut juger les Romains. On ne conçoit pas comment un peuple chez qui tout était à l'enchère, et dont la moitié égorgeait l'autre, pût être dans ce temps-là même le vainqueur de tous les rois. Il y eut une horrible anarchie depuis les proscriptions de Sylla jusqu'à la bataille d'Actium; et ce fut pourtant alors que Rome conquit les Gaules, l'Espagne, l'Égypte, la Syrie, toute l'Asie Mineure, et la Grèce.

Comment expliquerons-nous ce nombre prodigieux de déclamations qui nous restent sur la décadence de Rome dans ces temps sanguinaires et illustres? Tout est perdu, disent vingt auteurs latins; « Rome tombe par ses propres forces[1], le luxe a vengé l'univers[2]. » Tout cela ne veut dire autre chose, sinon que la liberté publique n'existait plus; mais la puissance subsistait; elle était entre les mains de cinq ou six généraux d'armée; et le citoyen romain, qui avait jusque-là vaincu pour lui-même, ne combattait plus que pour quelques usurpateurs.

La dernière proscription fut celle d'Antoine, d'Octave, et de Lépide; elle ne fut pas plus sanguinaire que celle de Sylla.

Quelque horrible que fût le règne des Caligula et des Néron, on ne voit point de proscriptions sous leur empire; il n'y en eut point dans les guerres des Galba, des Othon, des Vitellius.

CELLE DES JUIFS SOUS TRAJAN.

Les Juifs seuls renouvelèrent ce crime sous Trajan. Ce prince humain les traitait avec bonté. Il y en avait un très-grand nombre dans l'Égypte et dans la province de Cyrène. La moitié de l'île de Chypre était peuplée de Juifs. Un nommé André, qui se donna pour un messie, pour un libérateur des Juifs, ranima leur exécrable enthousiasme qui paraissait assoupi. Il leur persuada qu'ils seraient agréables au Seigneur, et qu'ils rentreraient tous enfin

---

1. Suis et ipsa Roma viribus ruit.
(Hor., *Epod.* XVI, 2.)
2. Sævior armis
Luxuria incubuit, victumque ulciscitur orbem.
(Juvénal, VI, 292-293.)

victorieux dans Jérusalem, s'ils exterminaient tous les infidèles dans les lieux où ils avaient le plus de synagogues. Les Juifs, séduits par cet homme, massacrèrent, dit-on, plus de deux cent vingt mille personnes dans la Cyrénaïque et dans Chypre. Dion[1] et Eusèbe[2] disent que, non contents de les tuer, ils mangeaient leur chair, se faisaient une ceinture de leurs intestins, et se frottaient le visage de leur sang. Si cela est ainsi, ce fut, de toutes les conspirations contre le genre humain, dans notre continent, la plus inhumaine et la plus épouvantable ; et elle dut l'être, puisque la superstition en était le principe. Ils furent punis, mais moins qu'ils ne le méritaient, puisqu'ils subsistent encore.

CELLE DE THÉODOSE.

Je ne vois aucune conspiration pareille dans l'histoire du monde, jusqu'au temps de Théodose, qui proscrivit les habitants de Thessalonique, non pas dans un mouvement de colère, comme des menteurs mercenaires l'écrivent si souvent, mais après six mois des plus mûres réflexions. Il mit dans cette fureur méditée un artifice et une lâcheté qui la rendaient encore plus horrible. Les jeux publics furent annoncés par son ordre, les habitants invités : les courses commencèrent ; au milieu de ces réjouissances, ses soldats égorgèrent sept à huit mille habitants ; quelques auteurs disent quinze mille. Cette proscription fut incomparablement plus sanguinaire et plus inhumaine que celle des triumvirs; ils n'avaient compris que leurs ennemis dans leurs listes; mais Théodose ordonna que tout pérît sans distinction. Les triumvirs se contentèrent de taxer les veuves et les filles des proscrits. Théodose fit massacrer les femmes et les enfants, et cela dans la plus profonde paix, et lorsqu'il était au comble de sa puissance. Il est vrai[3] qu'il expia ce crime; il fut quelque temps sans aller à la messe.

CELLE DE L'IMPÉRATRICE THÉODORA.

Une conspiration[4] beaucoup plus sanglante encore que toutes les précédentes fut celle d'une impératrice Théodora, au milieu

1. Ou plutôt Xiphilin, dans l'*Abrégé de Dion Cassius*.
2. *Histoire de l'Église*, IV, 2.
3. Cette dernière phrase a été ajoutée en 1771.
4. Dans l'impression de 1766 il y avait : « Une proscription beaucoup plus sanglante. »

du ixe siècle. Cette femme superstitieuse et cruelle, veuve du cruel Théophile, et tutrice de l'infâme Michel, gouverna quelques années Constantinople. Elle donna ordre qu'on tuât tous les manichéens dans ses États. Fleury, dans son *Histoire ecclésiastique*[1], avoue qu'il en périt « environ cent mille ». Il s'en sauva quarante mille qui se réfugièrent dans les États du calife, et qui, devenus les plus implacables comme les plus justes ennemis de l'empire grec, contribuèrent à sa ruine. Rien ne fut plus semblable à notre Saint-Barthélemy, dans laquelle on voulut détruire les protestants, et qui les rendit furieux.

CELLE DES CROISÉS CONTRE LES JUIFS.

Cette rage des conspirations contre un peuple entier sembla s'assoupir jusqu'au temps des croisades. Une horde de croisés, dans la première expédition de Pierre l'Ermite, ayant pris son chemin par l'Allemagne, fit vœu d'égorger tous les Juifs qu'ils rencontreraient sur leur route. Ils allèrent à Spire, à Vorms, à Cologne, à Mayence, à Francfort; ils fendirent le ventre aux hommes, aux femmes, aux enfants de la nation juive qui tombèrent entre leurs mains, et cherchèrent dans leurs entrailles l'or qu'on supposait que ces malheureux avaient avalé.

Cette action des croisés ressemblait parfaitement à celle des Juifs de Chypre et de Cyrène, et fut peut-être encore plus affreuse, parce que l'avarice se joignait au fanatisme. Les Juifs alors furent traités comme ils se vantent d'avoir traité autrefois des nations entières; mais, selon la remarque de Suarez[2], « ils avaient égorgé leurs voisins par une piété bien entendue, et les croisés les massacrèrent par une piété mal entendue ». Il y a au moins[3] de la piété dans ces meurtres, et cela est bien consolant!

CELLE DES CROISADES CONTRE LES ALBIGEOIS.

La conspiration contre les Albigeois fut de la même espèce et eut une atrocité de plus : c'est qu'elle fut contre des compatriotes, et qu'elle dura plus longtemps. Suarez aurait dû regarder cette proscription comme la plus édifiante de toutes, puisque de saints inquisiteurs condamnèrent aux flammes tous les habitants de

---

1. Liv. XLVIII, 25.
2. Célèbre casuiste.
3. Cette phrase a été ajoutée en 1771.

Béziers, de Carcassonne, de Lavaur, et de cent bourgs considérables ; presque tous les citoyens furent brûlés en effet, ou pendus, ou égorgés.

LES VÊPRES SICILIENNES.

S'il est quelque nuance entre les grands crimes, peut-être la journée des vêpres siciliennes est la moins exécrable de toutes, quoiqu'elle le soit excessivement. L'opinion la plus probable est que ce massacre ne fut point prémédité. Il est vrai que Jean de Procida, émissaire du roi d'Aragon, préparait dès lors une révolution à Naples et en Sicile ; mais il paraît que ce fut un mouvement subit dans le peuple animé contre les Provençaux, qui le déchaîna tout d'un coup, et qui fit couler tant de sang. Le roi Charles d'Anjou, frère de saint Louis, s'était rendu odieux par le meurtre de Conradin et du duc d'Autriche, deux jeunes héros et deux grands princes dignes de son estime, qu'il fit condamner à mort comme des voleurs. Les Provençaux qui vexaient la Sicile étaient détestés. L'un d'eux fit violence à une femme le lendemain de Pâques ; on s'attroupa, on s'émut, on sonna le tocsin, on cria : « Meurent les tyrans ! » Tout ce qu'on rencontra de Provençaux fut massacré ; les innocents périrent avec les coupables.

LES TEMPLIERS.

Je mets sans difficulté[1] au rang des conjurations contre une société entière le supplice des templiers. Cette barbarie fut d'autant plus atroce qu'elle fut commise avec l'appareil de la justice. Ce n'était point une de ces fureurs que la vengeance soudaine ou la nécessité de se défendre semble justifier : c'était un projet réfléchi d'exterminer tout un ordre trop fier et trop riche. Je pense bien que, dans cet ordre, il y avait de jeunes débauchés qui méritaient quelque correction ; mais je ne croirai jamais qu'un grand maître et tant de chevaliers, parmi lesquels on comptait des princes, tous vénérables par leur âge et par leurs services, fussent coupables des bassesses absurdes et inutiles dont on les accusait. Je ne croirai jamais qu'un ordre entier de religieux ait renoncé en Europe à la religion chrétienne, pour laquelle il combattait en Asie, en Afrique, et pour laquelle même encore plu-

---

1. Dans l'impression de 1766, il y avait : « Je mets sans difficulté au rang des proscriptions le supplice des templiers. »

sieurs d'entre eux gémissaient dans les fers des Turcs et des Arabes, aimant mieux mourir dans les cachots que de renier leur religion.

Enfin je crois sans difficulté à plus de quatre-vingts chevaliers, qui, en mourant, prennent Dieu à témoin de leur innocence. N'hésitons point à mettre leur proscription au rang des funestes effets d'un temps d'ignorance et de barbarie.

MASSACRES DANS LE NOUVEAU MONDE.

Dans ce recensement de tant d'horreurs, mettons surtout les douze millions d'hommes détruits dans le vaste continent du nouveau monde. Cette proscription est à l'égard de toutes les autres ce que serait l'incendie de la moitié de la terre à celui de quelques villages.

Jamais ce malheureux globe n'éprouva une dévastation plus horrible et plus générale, et jamais crime ne fut mieux prouvé. Las Casas, évêque de Chiapa dans la Nouvelle-Espagne, ayant parcouru pendant plus de trente années les îles et la terre ferme découvertes avant qu'il fût évêque, et depuis qu'il eut cette dignité, témoin oculaire de ces trente années de destruction, vint enfin en Espagne, dans sa vieillesse, se jeter aux pieds de Charles-Quint et du prince Philippe son fils, et fit entendre ses plaintes, qu'on n'avait pas écoutées jusqu'alors. Il présenta sa requête au nom d'un hémisphère entier : elle fut imprimée à Valladolid. La cause de plus de cinquante nations proscrites, dont il ne subsistait que de faibles restes, fut solennellement plaidée devant l'empereur. Las Casas dit que ces peuples détruits étaient d'une espèce douce, faible et innocente, incapable de nuire et de résister, et que la plupart ne connaissaient pas plus les vêtements et les armes que nos animaux domestiques. « J'ai parcouru, dit-il, toutes les petites îles Lucaies, et je n'y ai trouvé que onze habitants, reste de cinq cent mille.

Il compte ensuite plus de deux millions d'hommes détruits dans Cuba et dans Hispaniola, et enfin plus de dix millions dans le continent. Il ne dit pas : « J'ai ouï dire qu'on a exercé ces énormités incroyables ; » il dit : « Je les ai vues ; j'ai vu cinq caciques brûlés pour s'être enfuis avec leurs sujets ; j'ai vu ces créatures innocentes massacrées par milliers ; enfin, de mon temps, on a détruit plus de douze millions d'hommes dans l'Amérique. »

On ne lui contesta pas cette étrange dépopulation, quelque

incroyable qu'elle paraisse. Le docteur Sepulvéda, qui plaidait contre lui, s'attacha seulement à prouver que tous ces Indiens méritaient la mort, parce qu'ils étaient coupables du péché contre nature, et qu'ils étaient anthropophages.

« Je prends Dieu à témoin, répond le digne évêque Las Casas, que vous calomniez ces innocents après les avoir égorgés. Non, ce n'était point parmi eux que régnait la pédérastie, et que l'horreur de manger de la chair humaine s'était introduite; il se peut que dans quelques contrées de l'Amérique que je ne connais pas, comme au Brésil ou dans quelques îles, on ait pratiqué ces abominations de l'Europe; mais ni à Cuba, ni à la Jamaïque, ni dans Hispaniola [1], ni dans aucune île que j'aie parcourue, ni au Pérou, ni au Mexique, où est mon évêché, je n'ai jamais entendu parler de ces crimes, et j'en ai fait les enquêtes les plus exactes. C'est vous qui êtes plus cruels que les anthropophages : car je vous ai vus dresser des chiens énormes pour aller à la chasse des hommes comme on va à celle des bêtes fauves. Je vous ai vus donner vos semblables à dévorer à vos chiens. J'ai entendu des Espagnols dire à leurs camarades : « Prête-moi une longe d'Indien pour le « déjeuner de mes dogues, je t'en rendrai demain un quartier. » C'est enfin chez vous seuls que j'ai vu de la chair humaine étalée dans vos boucheries, soit pour vos dogues, soit pour vous-mêmes. Tout cela, continue-t-il, est prouvé aux procès, et je jure, par le grand Dieu qui m'écoute, que rien n'est plus véritable. »

Enfin Las Casas obtint de Charles-Quint des lois qui arrêtèrent le carnage réputé jusqu'alors légitime, attendu que c'étaient des chrétiens qui massacraient des infidèles.

CONSPIRATION CONTRE MÉRINDOL.

La proscription juridique des habitants de Mérindol et de Cabrières, sous François I*er*, en 1546, n'est à la vérité qu'une étincelle en comparaison de cet incendie universel de la moitié de l'Amérique. Il périt dans ce petit pays environ cinq à six mille personnes des deux sexes et de tout âge. Mais cinq mille citoyens surpassent en proportion, dans un canton si petit, le nombre de douze millions dans la vaste étendue des îles de l'Amérique, dans le Mexique, et dans le Pérou. Ajoutez surtout que les désastres de notre patrie nous touchent plus que ceux d'un autre hémisphère.

Ce fut la seule proscription revêtue des formes de la justice

---

1. Aujourd'hui Saint-Domingue ou Haïti.

ordinaire; car les templiers furent condamnés par des commissaires que le pape avait nommés, et c'est en cela que le massacre de Mérindol porte un caractère plus affreux que les autres. Le crime est plus grand quand il est commis par ceux qui sont établis pour réprimer les crimes et pour protéger l'innocence.

Un avocat général du parlement d'Aix, nommé Guérin, fut le premier auteur de cette boucherie. « C'était, dit l'historien César Nostradamus, un homme noir ainsi de corps que d'âme, autant froid orateur que persécuteur ardent et calomniateur effronté. » Il commença par dénoncer, en 1540, dix-neuf personnes au hasard comme hérétiques. Il y avait alors un violent parti dans le parlement d'Aix, qu'on appelait les *brûleurs*. Le président d'Oppède était à la tête de ce parti. Les dix-neuf accusés furent condamnés à mort sans être entendus; et, dans ce nombre, il se trouva quatre femmes et cinq enfants qui s'enfuirent dans des cavernes.

Il y avait alors, à la honte de la nation, un inquisiteur de la foi en Provence; il se nommait frère Jean de Rome. Ce malheureux, accompagné de satellites, allait souvent dans Mérindol et dans les villages d'alentour; il entrait inopinément et de nuit dans les maisons où il était averti qu'il y avait un peu d'argent; il déclarait le père, la mère, et les enfants, hérétiques, leur donnait la question, prenait l'argent, et violait les filles. Vous trouverez une partie des crimes de ce scélérat dans le fameux plaidoyer d'Aubry, et vous remarquerez qu'il ne fut puni que par la prison.

Ce fut cet inquisiteur qui, n'ayant pu entrer chez les dix-neuf accusés, les avait fait dénoncer au parlement par l'avocat général Guérin, quoiqu'il prétendît être le seul juge du crime d'hérésie. Guérin et lui soutinrent que dix-huit villages étaient infectés de cette peste. Les dix-neuf citoyens échappés devaient, selon eux, faire révolter tout le canton. Le président d'Oppède, trompé par une information frauduleuse de Guérin, demanda au roi des troupes pour appuyer la recherche et la punition des dix-neuf prétendus coupables. François Ier, trompé à son tour, accorda enfin les troupes. Le vice-légat d'Avignon y joignit quelques soldats. Enfin, en 1544, d'Oppède et Guérin à leur tête mirent le feu à tous les villages : tout fut tué, et Aubry rapporte dans son plaidoyer que plusieurs soldats assouvirent leur brutalité sur les femmes et sur les filles expirantes qui palpitaient encore. C'est ainsi qu'on servait la religion.

Quiconque a lu l'histoire sait assez qu'on fit justice; que le parlement de Paris fit pendre l'avocat général, et que le président d'Oppède échappa au supplice qu'il avait mérité. Cette grande cause fut plaidée pendant cinquante audiences. On a encore les plaidoyers; ils sont curieux. D'Oppède et Guérin alléguaient pour leur justification tous les passages de l'*Écriture* où il est dit :

Frappez les habitants par le glaive, détruisez tout jusqu'aux animaux[1];

Tuez le vieillard, l'homme, la femme, et l'enfant à la mamelle[2];

Tuez l'homme, la femme, l'enfant sevré, l'enfant qui tette, le bœuf, la brebis, le chameau, et l'âne[3].

Ils alléguaient encore les ordres et les exemples donnés par l'Église contre les hérétiques. Ces exemples et ces ordres n'empêchèrent pas que Guérin ne fût pendu. C'est la seule proscription de cette espèce qui ait été punie par les lois, après avoir été faite à l'abri de ces lois mêmes.

CONSPIRATION DE LA SAINT-BARTHÉLEMY.

Il n'y eut que vingt-huit ans d'intervalle entre les massacres de Mérindol et la journée de la Saint-Barthélemy. Cette journée fait encore dresser les cheveux à la tête de tous les Français, excepté ceux d'un abbé[4] qui a osé imprimer, en 1758, une espèce d'apologie de cet événement exécrable. C'est ainsi que quelques esprits bizarres ont eu le caprice de faire l'apologie du diable. « Ce ne fut, dit-il, qu'une affaire de proscription. » Voilà une étrange excuse! Il semble qu'une affaire de proscription soit une chose d'usage, comme on dit une affaire de barreau, une affaire d'intérêt, une affaire de calcul, une affaire d'église.

Il faut que l'esprit humain soit bien susceptible de tous les travers pour qu'il se trouve, au bout de près de deux cents ans, un homme qui, de sang-froid, entreprend de justifier ce que l'Europe entière abhorre. L'archevêque Péréfixe[5] prétend qu'il périt cent mille Français dans cette conspiration religieuse. Le duc de Sully n'en compte que soixante et dix mille. Monsieur l'abbé abuse du martyrologe des calvinistes, lequel n'a pu tout compter, pour affirmer qu'il n'y eut que quinze mille victimes. Eh! monsieur l'abbé, ne serait-ce rien que quinze mille personnes égorgées en pleine paix par leurs concitoyens?

---

1. *Deutéronome*, chap. xiii, 24. (*Note de Voltaire.*)
2. Josué, chap. vi, 21. (*Id.*)
3. Premier livre des *Rois*, chapitre xv, 3. (*Id.*)
4. Caveyrac. Voyez, tome XXIV, la note 1 de la page 476.
5. Dans sa *Vie de Henri IV*, 1661.

Le nombre des morts ajoute sans doute beaucoup à la calamité d'une nation, mais rien à l'atrocité du crime. Vous prétendez, homme charitable, que la religion n'eut aucune part à ce petit mouvement populaire. Oubliez-vous le tableau que le pape Grégoire XIII fit placer dans le Vatican, et au bas duquel était écrit : *Pontifex Colignii necem probat?* Oubliez-vous sa procession solennelle de l'église Saint-Pierre à l'église Saint-Louis, le *Te Deum* qu'il fit chanter, les médailles qu'il fit frapper pour perpétuer la mémoire de l'heureux carnage de la Saint-Barthélemy[1]? Vous n'avez peut-être pas vu ces médailles ; j'en ai vu entre les mains de M. l'abbé de Rothelin[2]. Le pape Grégoire y est représenté d'un côté, et de l'autre c'est un ange qui tient une croix dans la main gauche, et une épée dans la droite. En voilà-t-il assez, je ne dis pas pour vous convaincre, mais pour vous confondre?

CONSPIRATION D'IRLANDE.

La conjuration des Irlandais catholiques contre les protestants, sous Charles Ier, en 1641, est une fidèle imitation de la Saint-Barthélemy. Des historiens anglais contemporains, tels que le chancelier Clarendon et un chevalier Jean Temple, assurent qu'il y eut cent cinquante mille hommes de massacrés. Le parlement d'Angleterre, dans sa déclaration du 25 juillet 1643, en compte quatre-vingt mille[3]; mais M. Brooke[4], qui paraît très-instruit, crie à l'injustice dans un petit livre que j'ai entre les mains. Il dit qu'on se plaint à tort; et il semble prouver assez bien qu'il n'y eut que quarante mille citoyens d'immolés à la religion, en y comprenant les femmes et les enfants.

CONSPIRATION DANS LES VALLÉES DU PIÉMONT.

J'omets ici un grand nombre de proscriptions particulières. Les petits désastres ne se comptent point dans les calamités générales; mais je ne dois point passer sous silence la proscription des habitants des vallées du Piémont, en 1655.

C'est une chose assez remarquable dans l'histoire que ces

---

1. Voyez tome XV, page 529.
2. Littérateur et numismate, 1691-1744; il avait rapporté d'Italie une très-belle collection de médailles.
3. L'impression de 1766 disait *cent cinquante mille :* ce qui n'était qu'une faute d'impression corrigée en 1771. (B.)
4. Littérateur irlandais que Voltaire a déjà cité.

hommes, presque inconnus au reste du monde, aient persévéré constamment, de temps immémorial, dans des usages qui avaient changé partout ailleurs. Il en est de ces usages comme de la langue : une infinité de termes antiques se conservent dans des cantons éloignés, tandis que les capitales et les grandes villes varient dans leur langage de siècle en siècle.

Voilà pourquoi l'ancien roman que l'on parlait du temps de Charlemagne subsiste encore dans le patois du pays de Vaud, qui a conservé le nom de *Pays roman*. On trouve des vestiges de ce langage dans toutes les vallées des Alpes et des Pyrénées. Les peuples voisins de Turin, qui habitaient les cavernes vaudoises, gardèrent l'habillement, la langue, et presque tous les rites du temps de Charlemagne.

On sait assez que, dans le VIII° et dans le IX° siècle, la partie septentrionale de l'Occident ne connaissait point le culte des images; et une bonne raison, c'est qu'il n'y avait ni peintres ni sculpteurs : rien même n'était encore décidé sur certaines questions délicates que l'ignorance ne permettait pas d'approfondir. Quand ces points de controverse furent arrêtés et réglés ailleurs, les habitants des vallées l'ignorèrent; et, étant ignorés eux-mêmes des autres hommes, ils restèrent dans leur ancienne croyance; mais enfin ils furent au rang des hérétiques, et poursuivis comme tels.

Dès l'année 1487, le pape Innocent VIII envoya dans le Piémont un légat nommé Albertus de Capitoneis, archidiacre de Crémone, prêcher une croisade contre eux. La teneur de la bulle du pape est singulière. Il recommande aux inquisiteurs, à tous les ecclésiastiques, et à tous les moines, « de prendre unanimement les armes contre les Vaudois, de les écraser comme des aspics, et de les exterminer saintement ». *In hæreticos armis insurgant, eosque, velut aspides venenosas, conculcent, et ad tam sanctam exterminationem adhibeant omnes conatus.*

La même bulle octroie à chaque fidèle le droit de « s'emparer de tous les meubles et immeubles des hérétiques sans forme de procès ». *Bona quæcumque mobilia et immobilia quibuscumque licite occupandi,* etc.

Et, par la même autorité, elle déclare que tous les magistrats qui ne prêteront pas main-forte seront privés de leurs dignités : *seculares honoribus, titulis, feudis, privilegiis privandi.*

Les Vaudois, ayant été vivement persécutés en vertu de cette bulle, se crurent des martyrs. Ainsi leur nombre augmenta prodigieusement. Enfin la bulle d'Innocent VIII fut mise en exécution à la lettre en 1655. Le marquis de Pianesse entra le 15 d'avril dans ces vallées avec deux régiments, ayant des capucins à leur tête. On marcha de caverne en caverne, et tout ce qu'on rencontra fut massacré. On pendait les femmes nues à des arbres, on les arrosait du sang de leurs enfants, et on emplissait leur matrice de poudre à laquelle on mettait le feu.

Il faut faire entrer sans doute dans ce triste catalogue les massacres des Cévennes et du Vivarais, qui durèrent pendant dix ans au commencement de ce siècle. Ce fut en effet un mélange continuel de proscriptions et de guerres civiles. Les combats, les assassinats, et les mains des bourreaux, ont fait périr près de cent mille de nos compatriotes, dont dix mille ont expiré sur la roue, ou par la corde, ou dans les flammes, si on en croit tous les historiens contemporains des deux partis.

Est-ce l'histoire des serpents et des tigres que je viens de faire? non, c'est celle des hommes. Les tigres et les serpents ne traitent point ainsi leur espèce. C'est pourtant dans le siècle de Cicéron, de Pollion, d'Atticus, de Varius, de Tibulle, de Virgile, d'Horace, qu'Auguste fit ses proscriptions. Les philosophes de Thou et Montaigne, le chancelier de L'Hospital, vivaient du temps de la Saint-Barthélemy ; et les massacres des Cévennes sont du siècle le plus florissant de la monarchie française. Jamais les esprits ne furent plus cultivés, les talents en plus grand nombre, la politesse plus générale. Quel contraste, quel chaos, quelles horribles inconséquences, composent ce malheureux monde ! On parle des pestes, des tremblements de terre, des embrasements, des déluges qui ont désolé le globe; heureux, dit-on, ceux qui n'ont pas vécu dans le temps de ces bouleversements ! Disons plutôt : Heureux ceux qui n'ont pas vu les crimes que je retrace ! Comment s'est-il trouvé des barbares pour les ordonner, et tant d'autres barbares pour les exécuter ? Comment y a-t-il encore des inquisiteurs et des familiers de l'Inquisition ?

Un homme modéré, humain, né avec un caractère doux, ne conçoit pas plus qu'il y ait eu parmi les hommes des bêtes féroces ainsi altérées de carnage qu'il ne conçoit des métamorphoses de tourterelles en vautours ; mais il comprend encore moins que ces monstres aient trouvé à point nommé une multitude d'exécuteurs. Si des officiers et des soldats courent au combat sur un ordre de leurs maîtres, cela est dans l'ordre de la nature ; mais que, sans aucun examen, ils aillent assassiner de sang-froid un peuple sans défense, c'est ce qu'on n'oserait pas imaginer des furies même de l'enfer. Ce tableau soulève tellement le cœur de ceux qui se pénètrent de ce qu'ils lisent que, pour peu qu'on soit enclin à la tristesse, on est fâché d'être né, on est indigné d'être homme.

La seule chose qui puisse consoler, c'est que de telles abominations n'ont été commises que de loin à loin : n'en voilà qu'environ vingt exemples principaux dans l'espace de près de quatre mille années. Je sais que les guerres continuelles qui ont désolé la terre sont des fléaux encore plus destructeurs par leur nombre et par leur durée ; mais enfin, comme je l'ai déjà dit[1], le péril étant égal des deux côtés dans la guerre, ce tableau révolte bien moins que celui des proscriptions, qui ont été toutes faites avec lâcheté, puisqu'elles ont été faites sans danger, et que les Sylla et les Auguste n'ont été au fond que des assassins qui ont attendu des passants au coin d'un bois, et qui ont profité des dépouilles.

La guerre paraît l'état naturel de l'homme. Toutes les sociétés connues ont été en guerre, hormi les brames, et primitifs, que nous appelons quakers, et quelques autres petits peuples. Mais il faut avouer que très-peu de sociétés se sont rendues coupables de ces assassinats publics appelés *proscriptions*. Il n'y en a aucun exemple dans la haute antiquité, excepté chez les Juifs. Le seul roi de l'Orient qui se soit livré à ce crime est Mithridate; et depuis Auguste il n'y a eu de proscription dans notre hémisphère que chez les chrétiens, qui occupent une très-petite partie du globe. Si cette rage avait saisi souvent le genre humain, il n'y aurait plus d'hommes sur la terre, elle ne serait habitée que par les animaux, qui sont sans contredit beaucoup moins méchants que nous. C'est à la philosophie, qui fait aujourd'hui tant de progrès, d'adoucir les mœurs des hommes; c'est à notre siècle de réparer les crimes des siècles passés. Il est certain que, quand l'esprit de tolérance sera établi, on ne pourra plus dire :

> Ætas parentum pejor avis tulit
> Nos nequiores, mox daturos
> Progeniem vitiosiorem.
>
> (Hor., lib. III, od. vi, 46.)

On dira plutôt, mais en meilleurs vers que ceux-ci :

> Nos aïeux ont été des monstres exécrables[2],
> Nos pères ont été méchants;
> On voit aujourd'hui leurs enfants,
> Étant plus éclairés, devenir plus traitables.

---

1. Tome XXV, page 18.
2. Ces vers sont de Voltaire. (B.)

Mais, pour oser dire que nous sommes meilleurs que nos ancêtres, il faudrait que, nous trouvant dans les mêmes circonstances qu'eux, nous nous abstinssions avec horreur des cruautés dont ils ont été coupables, et il n'est pas démontré que nous fussions plus humains en pareil cas. La philosophie ne pénètre pas toujours chez les grands qui ordonnent, et encore moins chez les hordes des petits, qui exécutent. Elle n'est le partage que des hommes placés dans la médiocrité, également éloignés de l'ambition qui opprime, et de la basse férocité qui est à ses gages.

Il est vrai qu'il n'est plus de nos jours de persécutions générales; mais on voit quelquefois de cruelles atrocités. La société, la politesse, la raison, inspirent des mœurs douces; cependant quelques hommes ont cru que la barbarie était un de leurs devoirs. On les a vus abuser de leurs misérables emplois, si souvent humiliés, jusqu'à se jouer de la vie de leurs semblables en colorant leur inhumanité du nom de justice; ils ont été sanguinaires sans nécessité, ce qui n'est pas même le caractère des animaux carnassiers. Toute dureté qui n'est pas nécessaire est un outrage au genre humain. Les cannibales se vengent, mais ils ne font pas expirer dans d'horribles supplices un compatriote qui n'a été qu'imprudent [1].

Puissent ces réflexions satisfaire les âmes sensibles, et adoucir les autres!

1. Allusion au supplice du chevalier de La Barre ; voyez tome XXV, page 503.

FIN DES CONSPIRATIONS, ETC.

LETTRE

DE M. DE VOLTAIRE

AU DOCTEUR JEAN-JACQUES PANSOPHE

(1766)

AVERTISSEMENT.

POUR LA PRÉSENTE ÉDITION

Le parti que nous avons pris d'introduire la *Lettre au docteur Pansophe* parmi les œuvres de Voltaire, malgré les dénégations réitérées du patriarche de Ferney, se justifiera auprès de tous ceux qui ont examiné attentivement la question. D'abord les dénégations de Voltaire n'ont pas grand poids : il n'hésitait jamais à les prodiguer quand il ne lui plaisait pas d'avouer un ouvrage comme sien. « Je suis à l'égard des ouvrages qu'on m'attribue, disait Montesquieu, comme la Fontaine-Martel [1] était pour les ridicules : on me les donne, mais je ne les prends point. » Non-seulement Voltaire ne les prenait point, fussent-ils de lui, mais il les repoussait avec indignation, et quelquefois les dénonçait aux puissances. Ce procédé voltairien est assez connu pour que nous n'ayons pas besoin d'insister. Dans la déclaration publique ci-après du 29 décembre 1766, remarquons que Voltaire, après avoir désavoué la *Lettre au docteur Pansophe,* blâme gravement l'auteur des *Notes sur la lettre de M. de Voltaire à M. Hume,* que tous les éditeurs lui adjugent sans difficulté. Le second paragraphe permet d'apprécier l'autorité du premier.

Lorsque Voltaire, dans sa lettre à Damilaville du 23 juin 1766, dit :

---

1. La comtesse de Fontaine-Martel, née vers 1662, morte à Paris, entre les bras de Voltaire, le 22 janvier 1733. Voyez *OEuvres complètes de Montesquieu,* édition Ed. Laboulaye, tome VII, page 240.

« Je vous envoie, en attendant, la lettre sur Jean-Jacques que vous me demandiez, et que j'ai enfin retrouvée; » il semble bien qu'il s'agisse de la *Lettre au docteur Pansophe*. Beuchot l'entend de la Lettre à M. Tronchin-Calendrin, du 13 novembre 1765, où il est, en effet, question de J.-J. Rousseau, mais qui n'est pas une « lettre sur J.-J. ».

Tous les contemporains furent unanimes à attribuer à Voltaire la *Lettre au docteur Pansophe*. Marmontel, dans le *Mercure français;* Grimm, dans la *Correspondance littéraire*[1], sont aussi affirmatifs que Fréron[2]. Pour Jean-Jacques Rousseau, le principal intéressé, cela ne fit jamais de doute : « Dans le même temps à peu près..., dit-il, parut une lettre de M. de Voltaire à moi adressée (au docteur Pansophe) avec une traduction anglaise qui renchérit sur l'original. Le noble objet de ce spirituel ouvrage est de m'attirer le mépris et la haine de ceux chez qui je me suis réfugié. » (Lettre à David Hume.) Il s'exprime de même dans ses lettres à ses amis d'Ivernois et du Peyrou, du 10 mai et du 31 mai 1766.

Ce fut Voltaire qui chercha à rejeter la paternité de la *Lettre au docteur Pansophe* sur l'abbé Coyer d'abord, et sur Borde ensuite. Le premier protesta. Il écrit le 2 janvier 1767 à Guy, libraire de J.-J. Rousseau : « Monsieur Guy, quoique je vous aie parlé hier de l'imputation que M. de Voltaire m'a faite de la *Lettre au docteur Pansophe*, je crains de ne vous l'avoir pas assez dit : quand vous écrirez à M. Rousseau, dites-lui que M. de Voltaire est l'unique source de ce bruit; que c'est lui qui l'a répandu par ses lettres à Paris et à Londres, et qu'il a reconnu lui-même son erreur dans la lettre que je vous ai communiquée : « Après avoir été informé, dit-il, que la *Lettre « au docteur Pansophe* est de M. de Bordes, de l'Académie de Lyon, etc. » Effectivement, cet académicien était à Londres lorsque la lettre a été imprimée en anglais. Vous savez l'admiration que j'ai toujours eue pour les grands talents de M. Rousseau, votre ami, et que j'ai toujours désapprouvé les persécutions qu'on lui suscite dans son malheur. Je serais très-fâché qu'on me mît au nombre de ses persécuteurs, et, d'ailleurs, je n'ai jamais emprunté le nom de personne. Je me sers du mien, ou je garde l'anonyme[3]. »

Reste donc le Lyonnais Borde (Voltaire écrit toujours Bordes, mais à tort). On peut voir dans la *Correspondance*[4] que Borde, comme l'abbé Coyer, niait être l'auteur de la Lettre que Voltaire tenait à lui faire endosser, et tout porte à penser que son désaveu était parfaitement sincère. Charles Borde a fait contre Rousseau des satires qui sont bien authentiquement de lui : la *Prédiction tirée d'un vieux manuscrit*, la *Profession de foi philoso-*

---

1. « Je n'ai pas encore pu vaincre, dit Grimm (novembre 1766), la conviction intérieure qui me crie qu'elle (la *Lettre*) appartient à M. de Voltaire, malgré toutes ses protestations. »
2. Voyez l'*Année littéraire*, 1766, tome VII, pages 19 et 56, et surtout page 175.
3. *OEuvres diverses de J.-J. Rousseau, citoyen de Genève*. Neufchâtel, 1768. 8 volumes, tome VII.— *OEuvres complètes de l'abbé Coyer*, 7 volumes in-12, t. VII, pages 463-464.
4. Lettre à Borde, du 15 décembre 1766.

phique[1]; et quand on les compare à la *Lettre au docteur Pansophe*, il est impossible de conserver d'illusion et de croire que l'auteur des unes soit celui de l'autre, tant est grande la différence de la manière et du style.

Ces recherches nous ramènent donc à Voltaire, quoi qu'il dise. Lorsqu'il écrit à Borde[2] : « L'abbé Coyer me jure qu'il n'est pas l'auteur de la *Lettre à Pansophe;* c'est donc vous qui l'êtes? Vous dites que ce n'est pas vous; c'est donc l'abbé Coyer. Il n'y a certainement que l'un de vous deux qui puisse l'avoir écrite. Le troisième n'existe pas, » il sait bien que ce troisième existe : c'est lui-même.

On verra, dans l'Avertissement de Beuchot, placé en tête des *Notes sur la lettre de M. de Voltaire à M. Hume,* que Decroix, le collaborateur de Condorcet à l'édition de Kehl, croyait à la paternité de Voltaire, et Beuchot lui-même n'ose se prononcer contre.

Après avoir admis dans l'œuvre voltairienne la *Vie de J.-J. Rousseau* et d'autres ouvrages, sur de simples présomptions, il aurait été illogique d'écarter la *Lettre au docteur Pansophe.*

L. M.

LETTRE AU DOCTEUR PANSOPHE.

Quoi que vous en disiez, docteur Pansophe, je ne suis certainement pas la cause de vos malheurs : j'en suis affligé, et vos livres ne méritent pas de faire tant de scandale et tant de bruit; mais cependant ne devenez pas calomniateur, ce serait là le plus grand mal. J'ai lu, dans le dernier ouvrage que vous avez mis en lumière, une belle prosopopée où vous faites entendre, en plaisantant mal à propos, que je ne crois pas en Dieu. Le reproche est aussi étonnant que votre génie. Le jésuite Garasse, le jésuite Hardouin, et d'autres menteurs publics, trouvaient partout des athées; mais le jésuite Garasse, le jésuite Hardouin, ne sont pas bons à imiter. Docteur Pansophe, je ne suis athée ni dans mon cœur, ni dans mes livres; les honnêtes gens qui nous connaissent l'un et l'autre disent, en voyant votre article : *Hélas! le docteur Pansophe est méchant comme les autres hommes; c'est bien dommage.*

Judicieux admirateur de la bêtise et de la brutalité des sauvages, vous avez crié contre les sciences, et cultivé les sciences. Vous avez traité les auteurs et les philosophes de charlatans ; et, pour prouver d'exemple, vous avez été auteur. Vous avez écrit

---

1. *OEuvres diverses*, 2 vol. in-8° en deux parties chacun; Lyon, Faucheux, 1783.
2. Lettre à Borde, du 15 décembre 1766.

contre la comédie avec la dévotion d'un capucin, et vous avez fait de méchantes comédies. Vous avez regardé comme une chose abominable qu'un satrape ou un duc eût du superflu, et vous avez copié de la musique pour des satrapes ou des ducs qui vous payaient avec ce superflu. Vous avez barbouillé un roman ennuyeux, où un pédagogue suborne honnêtement sa pupille en lui enseignant la vertu ; et la fille modeste couche honnêtement avec le pédagogue ; et elle souhaite de tout son cœur qu'il lui fasse un enfant ; et elle parle toujours de sagesse avec son *doux ami;* et elle devient femme, mère, et la plus tendre amie d'un époux qu'elle n'aime pourtant pas ; et elle vit et meurt en raisonnant, mais sans vouloir prier Dieu. Docteur Pansophe, vous vous êtes fait le précepteur d'un certain Émile, que vous formez insensiblement par des moyens impraticables ; et pour faire un bon chrétien, vous détruisez la religion chrétienne. Vous professez partout un sincère attachement à la révélation, en prêchant le déisme, ce qui n'empêche pas que chez vous les déistes et les philosophes conséquents ne soient des athées. J'admire, comme je le dois, tant de candeur et de justesse d'esprit ; mais permettez-moi, de grâce, de croire en Dieu. Vous pouvez être un sophiste, un mauvais raisonneur, et par conséquent un écrivain pour le moins inutile, sans que je sois un athée. L'Être souverain nous jugera tous deux ; attendons humblement son arrêt. Il me semble que j'ai fait de mon mieux pour soutenir la cause de Dieu et de la vertu, mais avec moins de bile et d'emportement que vous. Ne craignez-vous pas que vos inutiles calomnies contre les philosophes et contre moi ne vous rendent désagréable aux yeux de l'Être suprême, comme vous l'êtes déjà aux yeux des hommes ?

Vos *Lettres de la montagne* sont pleines de fiel ; cela n'est pas bien, Jean-Jacques. Si votre patrie vous a proscrit injustement, il ne faut pas la maudire ni la troubler. Vous avez certes raison de dire que vous n'êtes point philosophe. Le sage philosophe Socrate but la ciguë en silence : il ne fit pas de libelles contre l'aréopage ni même contre le prêtre Anitus, son ennemi déclaré ; sa bouche vertueuse ne se souilla pas par des imprécations : il mourut avec toute sa gloire et sa patience ; mais vous n'êtes pas un Socrate ni un philosophe.

Docteur Pansophe, permettez qu'on vous donne ici trois leçons, que la philosophie vous aurait apprises : une leçon de bonne foi, une leçon de bon sens, et une leçon de modestie.

Pourquoi dites-vous que le bonhomme si mal nommé *Grégoire*

le Grand, quoiqu'il soit un saint, était un *pape illustre,* parce qu'il était bête et intrigant? J'ai vu constamment dans l'histoire que la bêtise et l'ignorance n'ont jamais fait de bien, mais au contraire toujours beaucoup de mal. Grégoire même bénit et loua les crimes de Phocas, qui avait assassiné et détrôné son maître, l'infortuné Maurice. Il bénit et loua les crimes de Brunehaut, qui est la honte de l'histoire de France. Si les arts et les sciences n'ont pas absolument rendu les hommes meilleurs, du moins ils sont méchants avec plus de discrétion ; et quand ils font le mal, ils cherchent des prétextes, ils temporisent, ils se contiennent : on peut les prévenir, et les grands crimes sont rares. Il y a dix siècles, vous auriez été non-seulement excommunié avec les chenilles, les sauterelles et les sorciers, mais brûlé ou pendu, ainsi que quantité d'honnêtes gens qui cultivent aujourd'hui les lettres en paix, et avouez que le temps présent vaut mieux. C'est à la philosophie que vous devez votre salut, et vous l'assassinez : mettez-vous à genoux, ingrat, et pleurez sur votre folie. Nous ne sommes plus esclaves de ces tyrans spirituels et temporels qui désolaient toute l'Europe ; la vie est plus douce, les mœurs plus humaines, et les États plus tranquilles.

Vous parlez, docteur Pansophe, de la vertu des sauvages : il me semble pourtant qu'ils sont *magis extrà vitia quam cum virtutibus.* Leur vertu est négative, elle consiste à n'avoir ni bons cuisiniers, ni bons musiciens, ni beaux meubles, ni luxe, etc. La vertu, voyez-vous, suppose des lumières, des réflexions, de la philosophie, quoique, selon vous, *tout homme qui réfléchit soit un animal dépravé;* d'où il s'ensuivrait en bonne logique que la vertu est impossible. Un ignorant, un sot complet n'est pas plus susceptible de vertu qu'un cheval ou qu'un singe ; vous n'avez certes jamais vu cheval vertueux, ni singe vertueux. Quoique maître Aliboron tienne que votre prose est une prose *brûlante,* le public se plaint que vous n'avez jamais fait un bon syllogisme. Écoutez, docteur Pansophe : la bonne Xantippe grondait sans cesse, et vigoureusement, contre la philosophie et la raison de Socrate ; mais la bonne Xantippe était une folle, comme tout le monde sait. Corrigez-vous.

Illustre Pansophe ! la rage de blâmer vos contemporains vous fait louer à leurs dépens des sauvages anciens et modernes sur des choses qui ne sont point du tout louables.

Pourquoi, s'il vous plaît, faites-vous dire à Fabricius que *le seul talent digne de Rome est de conquérir la terre,* puisque les conquêtes des Romains, et les conquêtes en général, sont des crimes, et que vous blâmez si fortement ces crimes dans votre plan ridicule d'une paix perpétuelle. Il n'y a certainement pas de vertu à *conquérir la terre*. Pourquoi, s'il vous plaît, faites-vous dire à Curius, comme une maxime respectable, *qu'il aimait mieux commander à ceux qui avaient de l'or que d'avoir de l'or?* C'est une chose en elle-même indifférente d'avoir de l'or ; mais c'est un crime de vouloir, comme Curius, commander injustement à ceux qui en ont. Vous n'avez pas senti tout cela, docteur Pansophe, parce que vous aimez mieux faire de bonne prose que de bons raisonnements. Repentez-vous de cette mauvaise morale, et apprenez la logique.

Mon ami Jean-Jacques, ayez de la bonne foi. Vous qui attaquez ma religion, dites-moi, je vous prie, quelle est la vôtre ? Vous vous donnez, avec votre modestie ordinaire, pour le restaurateur du christianisme en Europe ; vous dites que *la religion, décréditée en tout lieu, avoit perdu son ascendant jusque sur le peuple, etc.* Vous avez en effet décrié les miracles de Jésus, comme l'abbé de Prades, pour relever le crédit de la religion. Vous avez dit que l'on ne pouvait s'empêcher de croire l'Évangile de Jésus, parce qu'il était incroyable ! ainsi Tertullien disait hardiment qu'il était sûr que le Fils de Dieu était mort, parce que cela était impossible : *Mortuus est Dei Filius; hoc certum est quia impossibile*. Ainsi, par un raisonnement similaire, un géomètre pourrait dire qu'il est évident que les trois angles d'un triangle ne sont pas égaux à deux droits, parce qu'il est évident qu'ils le sont. Mon ami Jean-Jacques, apprenez la logique, et ne prenez pas, comme Alcibiade, les hommes pour autant de têtes de choux.

C'est sans contredit un fort grand malheur de ne pas croire à la religion chrétienne, qui est la seule vraie entre mille autres qui prétendent aussi l'être : toutefois, celui qui a ce malheur peut et doit croire en Dieu. Les fanatiques, les bonnes femmes, les enfants et le docteur Pansophe, ne mettent point de distinction entre l'athée et le déiste. O Jean-Jacques! vous avez tant promis à Dieu et à la vérité de ne pas mentir ; pourquoi mentez-vous contre votre conscience? Vous êtes, à ce que vous dites, *le seul auteur de votre siècle et de plusieurs autres, qui ait écrit de bonne foi.* Vous avez écrit sans doute de bonne foi que *la loi chrétienne est, au fond, plus nuisible qu'utile à la forte constitution d'un État* ; que *les vrais chrétiens sont faits pour être esclaves, et sont lâches* ; qu'il ne faut pas apprendre le catéchisme aux enfants, parce qu'ils n'ont pas l'esprit de croire en Dieu, etc. Demandez à tout le monde si ce n'est pas le déisme tout pur : donc vous êtes athée ou chrétien comme les déistes, ainsi qu'il vous plaira, car vous êtes un homme inexplicable. Mais, encore une fois, apprenez la logique, et ne vous faites plus brûler mal à propos. Respectez, comme vous le devez, des honnêtes gens qui n'ont pas du tout envie d'être athées, ni mauvais raisonneurs, ni calomniateurs. Si tout citoyen oisif est un fripon, voyez quel titre mérite un citoyen faussaire qui est arrogant avec tout le monde, et qui veut être possesseur exclusif de toute la religion, la vertu et la raison qu'il y a en Europe. *Væ misero! lilia nigra videntur, pallentesque rosæ.* Soyez chrétien, Jean-Jacques, puisque vous vous vantez de l'être à toute force; mais, au nom du bon sens et de la vérité, ne vous croyez le seul *maître en Israël.*

Docteur Pansophe, soyez modeste, s'il vous plaît. Autre leçon importante : pourquoi dire à l'archevêque de Paris que vous êtes *né avec quelques talents?* Vous n'êtes sûrement pas né avec le talent de l'humilité ni de la justesse d'esprit. Pourquoi dire au public que vous avez refusé l'éducation d'un prince, et avertir fièrement qui il appartiendra de ne pas vous faire dorénavant de pareilles propositions? Je crois que cet avis au public est plus vain qu'utile : quand même Diogène, une fois connu, dirait aux passans : *Achetez votre maître,* on le laisserait dans son tonneau avec tout son orgueil et toute sa folie. Pourquoi dire que la mauvaise *profession de foi* du Vicaire allobroge *est le meilleur écrit qui ait paru dans ce siècle?* Vous mentez fièrement, Jean-Jacques : un bon écrit est celui qui éclaire les hommes et les confirme dans le bien ; et un mauvais écrit est celui qui épaissit le nuage qui leur cache la vérité, qui les plonge dans de nouveaux doutes, et les laisse sans principes. Pourquoi répéter continuellement, avec une arrogance sans exemple, que vous bravez vos *sots lecteurs* et le *sot public?* Le public n'est pas sot : il brave à son tour la démence qui vit et médit à ses dépens. Pourquoi, ô docteur Pansophe! dites-vous bonnement *qu'un État sensé aurait élevé des statues à l'auteur d'Émile?* C'est que l'auteur d'*Émile* est comme un enfant, qui, après avoir soufflé des boules de savon, ou fait des ronds en crachant dans un puits, se regarde comme un être très-important. Au reste, docteur, si on ne vous a pas élevé de statues, on vous a gravé ; tout le monde peut contempler votre visage et votre gloire au coin des rues. Il me semble que c'en est bien assez pour un homme qui ne veut pas être philosophe, et qui en effet ne l'est pas. *Quam pulchrum est digito monstrari, et diceri: Hic est!* Pourquoi mon ami Jean-Jacques vante-t-il à tout propos sa vertu, son mérite et ses talents ? C'est que l'orgueil de l'homme peut devenir aussi fort que la bosse des chameaux de l'Idumée, ou que la peau des onagres du désert. Jésus disait qu'il était *doux et humble de cœur* ; Jean-Jacques, qui prétend être son écolier, mais un écolier mutin qui chicane souvent avec son maître, n'est ni doux ni humble de cœur. Mais ce ne sont pas là mes affaires. Il pourrait cependant apprendre que le vrai mérite ne consiste pas à être singulier, mais à être raisonnable. L'Allemand Corneille Agrippa a aboyé longtemps avant lui contre les sciences et les savants ; malgré cela il n'était point du tout un grand homme.

Docteur Pansophe, on m'a dit que vous vouliez aller en Angleterre. C'est le pays des belles femmes et des bons philosophes. Ces belles femmes et ces bons philosophes seront peut-être curieux de vous voir, et vous vous ferez voir. Les gazetiers tiendront un registre exact de tous vos faits et gestes, et parleront du grand Jean-Jacques comme de l'éléphant du roi et du zèbre de la reine : car les Anglais s'amusent des productions rares de toutes espèces, quoiqu'il soit rare qu'ils estiment. On vous montrera au doigt à la comédie, si vous y allez ; et on dira : Le voilà cet éminent génie qui nous reproche de n'avoir pas un *bon naturel*, et qui dit que les sujets de Sa Majesté ne sont pas libres ! C'est là ce prophète du lac de Genève, qui a prédit au verset 45ᵉ de son apocalypse nos malheurs et notre ruine parce que nous sommes riches. On vous examinera avec surprise depuis les pieds jusqu'à la tête, en réfléchissant sur la folie humaine. Les Anglaises, qui sont, vous dis-je, très-belles, riront lorsqu'on leur dira que vous voulez que les femmes ne soient que des femmes, des femelles d'animaux ; qu'elles s'occupent uniquement du soin de faire la cuisine pour leurs maris, de raccommoder leurs chemises et leur donner, dans le sein d'une vertueuse ignorance, du plaisir et des enfants. La belle et spirituelle duchesse d'A...r, miladys de..., de..., de..., lèveront les épaules, et les hommes vous oublieront en admirant leur visage et leur esprit. L'ingénieux lord W...e, le savant lord L...n, les philosophes milord C...d, le duc de G...n, sir F...x, sir C...d, et tant d'autres, jetteront un coup d'œil sur vous, et iront de là travailler au bien public ou cultiver les belles-lettres, loin du bruit et du peuple, sans être pour cela des animaux dépravés. Voilà, mon ami Jean-Jacques, ce que j'ai lu dans le grand livre du destin ; mais vous en serez quitte pour mépriser souverainement les Anglais, comme vous avez méprisé les Français, et votre mauvaise humeur les fera rire. Il y aurait cependant un parti à prendre pour soutenir votre crédit et vous faire peut-être, à la longue, élever des statues : ce serait de fonder une église de votre religion, que personne ne comprend ; mais ce n'est pas là une affaire. Au lieu de prouver votre mission par des miracles, qui vous déplaisent, ou par la raison, que vous ne connaissez pas, vous en appellerez au sentiment intérieur, à cette voix divine qui parle si haut dans le cœur des illuminés, et que personne n'entend. Vous deviendrez puissant en œuvres et en paroles, comme George Fox, le révérend Whitfield, etc., sans avoir à craindre l'animadversion de la police, car les Anglais ne punissent point ces folies-là. Après avoir prêché et exhorté vos disciples, dans votre style apocalyptique, vous les mènerez brouter l'herbe dans Hyde-Park, ou manger du gland dans la forêt de Windsor, en leur recommandant toutefois de ne pas se battre comme les autres sauvages, pour une pomme ou une racine, parce que la police *corrompue* des Européans ne vous permet pas de suivre votre système dans toute son étendue. Enfin lorsque vous aurez consommé ce grand ouvrage, et que vous sentirez les approches de la mort, vous vous traînerez à quatre pattes dans l'assemblée des bêtes, et vous leur tiendrez, ô Jean-Jacques, le langage suivant :

« Au nom de la sainte vertu, *Amen*. Comme ainsi soit, mes frères, que j'ai travaillé sans relâche à vous rendre sots et ignorants, je meurs avec la consolation d'avoir réussi, et de n'avoir point jeté mes paroles en l'air. Vous savez que j'ai établi des cabarets pour y noyer votre raison, mais point d'académie pour la cultiver : car, encore une fois, un ivrogne vaut mieux que tous les philosophes de l'Europe. N'oubliez jamais mon histoire du régiment de Saint-Gervais, dont tous les officiers et les soldats ivres dansaient avec édification dans la place publique de Genève, comme un saint roi juif dansa autrefois devant l'arche. Voilà les honnêtes gens. Le vin et l'ignorance sont le sommaire de toute la sagesse. *Les hommes sobres sont fous ;* les ivrognes sont francs et vertueux. Mais je crains ce qui peut arriver, c'est-à-dire que la science, cette mère de tous les crimes et de tous les vices, ne se glisse parmi vous. L'ennemi rôde autour de vous ; il a la subtilité du serpent et la force du lion ; il vous menace. Peut-être, hélas ! bientôt le luxe, les arts, la philosophie, la bonne chère, les auteurs, les perruquiers, les prêtres et les marchandes de mode, vous empoisonneront et ruineront mon ouvrage. O sainte vertu ! détourne tous ces maux ! Mes petits enfants, obstinez-vous dans votre ignorance et votre simplicité ; c'est-à-dire, soyez toujours vertueux, car c'est la même chose. Soyez attentifs à mes paroles ; que ceux qui ont des oreilles entendent. Les mondains vous ont dit : *Nos institutions sont bonnes; elles nous rendent heureux;* et moi, je vous dis que leurs institutions sont abominables et les rendent malheureux. Le vrai bonheur de l'homme est de vivre seul, de manger des fruits sauvages, de dormir sur la terre nue ou dans le creux d'un arbre, et de ne jamais penser. Les mondains vous ont dit : *Nous ne sommes pas des bêtes féroces, nous faisons du bien à nos semblables; nous punissons les vices, et nous nous aimons les uns et les autres;* et moi, je vous dis que tous les Européans sont des bêtes féroces ou des fripons ; que toute l'Europe ne sera bientôt qu'un affreux désert; que les mondains ne font du bien que pour faire du mal; qu'ils se haïssent tous et qu'ils récompensent le vice. *O sainte vertu!* Les mondains vous ont dit : *Vous êtes des fous; l'homme est fait pour vivre en société, et non pour manger du gland dans les bois;* et moi, je vous dis que vous êtes les seuls sages, et qu'ils sont fous et méchants : l'homme n'est pas plus fait pour la société, qui est nécessairement l'école du crime, que pour aller voler sur les grands chemins. O mes petits enfants, restez dans les bois, c'est la place de l'homme. *O sainte vertu!* Émile, mon premier disciple, est selon mon cœur ; il me succédera. Je lui ai appris à lire, et à écrire, et à parler beaucoup ; c'en est assez pour vous gouverner. Il vous lira quelquefois la Bible, l'excellente histoire de Robinson Crusoé, et mes ouvrages ; il n'y a que cela de bon. La religion que je vous ai donnée est fort simple : adorez un Dieu ; mais ne parlez pas de lui à vos enfants ; attendez qu'ils devinent d'eux-mêmes qu'il y en a un. Fuyez les médecins des âmes comme ceux des corps ; ce sont des charlatans : quand l'âme est malade, il n'y a point de guérison à espérer, parce que j'ai dit clairement que le retour à la vertu est impossible ; cependant les homélies éloquentes ne sont pas inutiles ; il est bon de désespérer les méchants et de les faire sécher de honte ou de douleur, en leur montrant la beauté de la vertu, qu'ils ne peuvent plus aimer. J'ai cependant dit le contraire dans d'autres endroits ; mais cela n'est rien. Mes petits enfants, je vous répète encore ma grande leçon, bannissez d'entre vous la raison et la philosophie, comme elles sont bannies de mes livres. Soyez machinalement vertueux ; ne pensez jamais, ou que très-rarement ; rapprochez-vous sans cesse de l'état des bêtes, qui est votre état naturel. A ces causes, je vous recommande la *sainte vertu*. Adieu, mes petits enfants ; je meurs. Que Dieu vous soit en aide! *Amen.* »

Docteur Pansophe, écoutez à présent ma profession de foi ; vous l'avez rendue nécessaire. La voici telle que je l'offrirai hardiment au public, qui est mon juge et le vôtre :

J'adore un Dieu créateur, intelligent, vengeur et rémunérateur ; je l'aime et le sers le mieux que je puis dans les hommes mes semblables. O Dieu! qui vois mon cœur et ma raison, pardonne-moi mes offenses, comme je pardonne celles de Jean-Jacques Pansophe, et fais que je t'honore toujours dans mes semblables.

Pour le reste, je crois qu'il fait jour en plein midi, et que les aveugles ne s'en aperçoivent point. Sur ce, grand docteur Pansophe, je prie Dieu qu'il vous ait en sa sainte garde, et suis philosophiquement votre ami et votre serviteur.

V***.

(Avril 1766.)

FIN DE LA LETTRE AU DOCTEUR PANSOPHE.

LETTRE

DE M. DE VOLTAIRE A M. HUME[1].

Ferney, 24 octobre 1766.

J'ai lu, monsieur, les pièces[2] du procès que vous avez eu à soutenir par-devant le public contre votre ancien protégé. J'avoue que la grande âme de Jean-Jacques a mis au jour la noirceur avec laquelle vous l'avez comblé de bienfaits ; et c'est en vain qu'on a dit que c'est le procès de l'ingratitude contre la bienfaisance.

Je me trouve impliqué dans cette affaire. Le sieur Rousseau m'accuse de lui avoir écrit en Angleterre une lettre[3] dans laquelle je me moque de lui. Il a accusé M. d'Alembert du même crime.

Quand nous serions coupables au fond de notre cœur, M. d'Alembert et moi, de cette énormité, je vous jure que je ne le suis point de lui avoir écrit. Il y a sept ans que je n'ai eu cet honneur ; je ne connais point la lettre dont il parle, et je vous jure que si j'avais fait quelque mauvaise plaisanterie sur M. Jean-Jacques Rousseau, je ne la désavouerais pas.

Il m'a fait l'honneur de me mettre au nombre de ses ennemis et de ses persécuteurs[4]. Intimement persuadé qu'on doit lui élever une statue, comme il le dit dans la lettre polie et décente de *Jean-Jacques Rousseau, citoyen de Genève, à Christophe de Beaumont, archevêque de Paris,* il pense que la moitié de l'univers est occupée à dresser cette statue sur son piédestal, et l'autre moitié à la renverser.

Non-seulement il m'a cru iconoclaste, mais il s'est imaginé

---

1. Nous avons dit, dans notre Avertissement en tête du tome XXII, page iv, pourquoi nous insérions cette lettre à cette place.
2. *Exposé succinct de la contestation qui s'est élevée entre M. Hume et M. Rousseau, avec les pièces justificatives,* traduit par Suard, avec des additions.
3. La *Lettre au docteur Pansophe.*
4. Dans la lettre du 28 mai 1764.

que j'avais conspiré contre lui avec le conseil de Genève, pour faire décréter sa propre personne de prise de corps, et ensuite avec le conseil de Berne pour le faire chasser de la Suisse.

Il a persuadé ces belles choses aux protecteurs qu'il avait alors à Paris, et il m'a fait passer dans leur esprit pour un homme qui persécutait en lui la sagesse et la modestie. Voici, monsieur, comment je l'ai persécuté.

Quand je sus qu'il avait beaucoup d'ennemis à Paris, qu'il aimait comme moi la retraite, et que je présumai qu'il pouvait rendre quelques services à la philosophie, je lui fis proposer, par M. Marc Chapuis, citoyen de Genève, dès l'an 1759, une maison de campagne appelée *l'Ermitage*, que je venais d'acheter.

Il fut si touché de mes offres qu'il m'écrivit ces propres mots :

« Monsieur, je ne vous aime point ; vous corrompez ma république en donnant des spectacles dans votre château de Tournay, etc. »

Cette lettre, de la part d'un homme qui venait de donner à Paris un grave opéra[1] et une comédie[2], n'était cependant pas datée des Petites-Maisons. Je n'y fis point de réponse, comme vous le croyez bien, et je priai M. Tronchin, le médecin, de vouloir bien lui envoyer une ordonnance pour cette maladie. M. Tronchin me répondit que, puisqu'il ne pouvait pas me guérir de la manie de faire encore des pièces de théâtre à mon âge, il désespérait de guérir Jean-Jacques. Nous restâmes l'un et l'autre fort malades, chacun de notre côté.

En 1762, le conseil de Genève entreprit sa cure, et donna une espèce d'ordre de s'assurer de lui pour le mettre dans les remèdes. Jean-Jacques, décrété à Paris et à Genève, convaincu qu'un corps ne peut être en deux lieux à la fois, s'enfuit dans un troisième. Il conclut, avec sa prudence ordinaire, que j'étais son ennemi mortel puisque je n'avais pas répondu à sa lettre obligeante. Il supposa qu'une partie du conseil genevois était venue dîner chez moi pour conjurer sa perte, et que la minute de son arrêt avait été écrite sur ma table, à la fin du repas. Il persuada une chose si vraisemblable à quelques-uns de ses concitoyens. Cette accusation devint si sérieuse que je fus obligé enfin d'écrire au conseil de Genève une lettre très-forte[3], dans laquelle je lui dis que, s'il y avait un seul homme dans ce corps qui m'eût jamais

---

1. *Le Devin du village.*
2. *Narcisse, ou l'Amant de lui-même.*
3. Voyez la lettre à Lullin, du 5 juillet 1766.

parlé du moindre dessein contre le sieur Rousseau, je consentais qu'on le regardât comme un scélérat, et moi aussi, et que je détestais trop les persécuteurs pour l'être.

Le conseil me répondit, par un secrétaire d'État, que je n'avais jamais eu, ni dû avoir, ni pu avoir la moindre part, ni directement, ni indirectement, à la condamnation du sieur Jean-Jacques.

Les deux lettres sont dans les archives du conseil de Genève.

Cependant M. Rousseau, retiré dans les délicieuses vallées de Moutiers-Travers, ou Motiers-Travers, au comté de Neufchâtel, n'ayant pas eu, depuis un grand nombre d'années, le plaisir de communier sous les deux espèces, demanda instamment au prédicant de Moutiers-Travers, homme d'un esprit fin et délicat, la consolation d'être admis à la sainte table ; il lui dit[1] que son intention était : 1° *de combattre l'Église romaine ;* 2° *de s'élever contre l'ouvrage infernal* de l'Esprit, *qui établit évidemment le matérialisme ;* 3° *de foudroyer les nouveaux philosophes vains et présomptueux.* Il écrivit et signa cette déclaration, et elle est encore entre les mains de M. de Montmolin, prédicant de Moutiers-Travers et de Boveresse.

Dès qu'il eut communié, il se sentit le cœur dilaté, il *s'attendrit jusqu'aux larmes.* Il le dit au moins dans sa lettre[2] du 8 d'auguste 1765.

Il se brouilla bientôt avec le prédicant et les prêchés de Moutiers-Travers et de Boveresse. Les petits garçons et les petites filles lui jetèrent des pierres ; il s'enfuit sur les terres de Berne ; et, ne voulant plus être lapidé, il supplia *Messieurs* de Berne *de vouloir bien avoir la bonté de le faire enfermer le reste de ses jours dans quelqu'un de leurs châteaux, ou tel autre lieu de leur État qu'il leur semblerait bon de choisir.* Sa lettre[3] est du 20 octobre 1765.

Depuis Mme la comtesse de Pimbesche, à qui l'on conseillait de se faire lier[4], je ne crois pas qu'il soit venu dans l'esprit de personne de faire une pareille requête. *Messieurs* de Berne aimèrent mieux le chasser que de se charger de son logement.

Le judicieux Jean-Jacques ne manqua pas de conclure que c'était moi qui le privais de la douce consolation d'être dans une prison perpétuelle, et que même j'avais tant de crédit chez les prêtres que je le faisais excommunier par les chrétiens de Moutiers-Travers et de Boveresse.

Ne pensez pas que je plaisante, monsieur. Il écrit, dans une

---

1. Voyez la lettre à Thieriot du 30 auguste 1765.
2. A du Peyrou.
3. A M. de G.
4. *Les Plaideurs,* acte I, scène VII.

lettre du 24 de juin 1765[1] : *Être excommunié de la façon de M. de V. m'amusera fort aussi.* Et, dans sa lettre du 23 de mars, il dit: *M. de V. doit avoir écrit à Paris qu'il se fait fort de faire chasser Rousseau de sa nouvelle patrie*[2].

Le bon de l'affaire est qu'il a réussi à faire croire, pendant quelque temps, cette folie à quelques personnes ; et la vérité est que, si, au lieu de la prison qu'il demandait à *Messieurs* de Berne, il avait voulu se réfugier dans la maison de campagne que je lui avais offerte, je lui aurais donné alors cet asile, où j'aurais eu soin qu'il eût de bons bouillons avec des potions rafraîchissantes, bien persuadé qu'un homme dans son état mérite beaucoup plus de compassion que de colère.

Il est vrai qu'à la sagesse toujours conséquente de sa conduite et de ses écrits il a joint des traits qui ne sont pas d'une bonne âme. J'ignore si vous savez qu'il a écrit des *Lettres de la montagne*. Il se rend, dans la cinquième lettre, formellement délateur contre moi : cela n'est pas bien. Un homme qui a communié sous les deux espèces, un sage à qui l'on doit élever des statues, semble dégrader un peu son caractère par une telle manœuvre ; il hasarde son salut et sa réputation.

Aussi la première chose qu'ont faite MM. les médiateurs de France, de Zurich, et de Berne, a été de déclarer solennellement les *Lettres de la montagne* un libelle calomnieux. Il n'y a plus moyen que j'offre une maison à Jean-Jacques, depuis qu'il a été affiché calomniateur au coin des rues.

Mais, en faisant le métier de délateur et d'homme un peu brouillé avec la vérité, il faut avouer qu'il a toujours conservé son caractère de modestie.

Il me fit l'honneur de m'écrire[3], avant que la médiation arrivât à Genève, ces propres mots :

« Monsieur, si vous avez dit que je n'ai pas été secrétaire d'ambassade à Venise, vous avez menti ; et si je n'ai pas été secrétaire d'ambassade, et si je n'en ai pas eu les honneurs, c'est moi qui ai menti. »

J'ignorais que M. Jean-Jacques eût été secrétaire d'ambassade;

---

1. On n'a aucune lettre de J.-J. Rousseau à la date du 24 juin 1765; c'est dans la lettre à Meuron, du 23 mars, que se trouve la phrase rapportée par Voltaire. (B.)

2. Ce n'est pas J.-J. Rousseau qui dit cela; c'est du Peyrou, qui, en rapportant la lettre du 23 mars, ajoute que *Voltaire doit avoir écrit*, etc. Voyez la *Lettre à M. ***, relative à M. J.-J. Rousseau*. Goa, 1765, in-8°.

3. Le 31 mai 1765.

je n'en avais jamais dit un seul mot parce que je n'en avais jamais entendu parler.

Je montrai cette agréable lettre à un homme véridique, fort au fait des affaires étrangères, curieux et exact; ces gens-là sont dangereux pour ceux qui citent au hasard. Il déterra les lettres originales, écrites de la main de Jean-Jacques, du 9 et du 13 d'auguste 1743[1], à M. du Theil, premier commis des affaires étrangères, alors son protecteur. On y voit ces propres paroles :

« J'ai été deux ans le domestique de M. le comte de Montaigu (ambassadeur à Venise)... J'ai mangé son pain...; il m'a chassé honteusement de sa maison...; il m'a menacé de me faire jeter par la fenêtre...; et, de pis, si je restais plus longtemps dans Venise..., etc. »

Voilà un secrétaire d'ambassade assez peu respecté, et la fierté d'une grande âme peu ménagée. Je lui conseille de faire graver au bas de sa statue les paroles de l'ambassadeur au secrétaire d'ambassade.

Vous voyez, monsieur, que ce pauvre homme n'a jamais pu se maintenir sous aucun maître, ni se conserver aucun ami, attendu qu'il est contre la dignité de son être d'avoir un maître, et que l'amitié est une faiblesse dont un sage doit repousser les atteintes.

Vous dites qu'il fait l'histoire de sa vie[2]; elle a été trop utile au monde et remplie de trop grands événements pour qu'il ne rende pas à la postérité le service de la publier. Son goût pour la vérité ne lui permettra pas de déguiser la moindre de ces anecdotes, pour servir à l'éducation des princes qui voudront être menuisiers comme Émile.

A dire vrai, monsieur, toutes ces petites misères ne méritent pas qu'on s'en occupe deux minutes; tout cela tombe bientôt dans un éternel oubli. On ne s'en soucie pas plus que des baisers âcres de la *Nouvelle Héloïse*[3], et de son faux germe, et de son doux ami, et des lettres de Vernet[4] à un lord qu'il n'a jamais vu. Les folies de Jean-Jacques, et son ridicule orgueil, ne feront nul tort à la véritable philosophie, et les hommes respectables qui la cultivent en France, en Angleterre, et en Allemagne, n'en seront pas moins estimés.

---

1. Voyez les *Extraits* ci-après, page 41. Les lettres de J.-J. Rousseau sont des 8 et 15 août et du 11 octobre.
2. Ce sont *les Confessions*.
3. Voyez dans les *Lettres sur la Nouvelle Héloïse*, tome XXIV, page 167.
4. *Lettres critiques d'un voyageur anglais.*

Il y a des sottises et des querelles dans toutes les conditions de la vie. Quelques ex-jésuites[1] ont fourni à des évêques des libelles diffamatoires sous le nom de *Mandements*; les parlements les ont fait brûler; cela s'est oublié au bout de quinze jours. Tout passe rapidement, comme les figures grotesques de la lanterne magique.

L'archevêque de Novogorod, à la tête d'un synode, a condamné l'évêque de Rostou à être dégradé et enfermé le reste de sa vie dans un couvent, pour avoir soutenu qu'il y a deux puissances, la sacerdotale et la royale. L'impératrice a fait grâce du couvent à l'évêque de Rostou. A peine cet événement a-t-il été connu en Allemagne et dans le reste de l'Europe.

Les détails des guerres les plus sanglantes périssent avec les soldats qui en ont été les victimes. Les critiques mêmes des pièces de théâtre nouvelles, et surtout leurs éloges, sont ensevelis le lendemain dans le néant avec elles, et avec les feuilles périodiques qui en parlent. Il n'y a que les dragées du sieur Kayser[2] qui se soient un peu soutenues.

Dans ce torrent immense qui nous emporte et qui nous engloutit tous, qu'y a-t-il à faire? Tenons-nous-en au conseil que M. Horace Walpole donne à Jean-Jacques, d'être sage et heureux. Vous êtes l'un, monsieur, et vous méritez d'être l'autre, etc., etc.

1. Tels que Patouillet, qui écrivait des mandements pour l'archevêque d'Auch.
2. Remède antisyphilitique.

FIN DE LA LETTRE A M. HUME.

NOTES

SUR LA

LETTRE DE M. DE VOLTAIRE A M. HUME

PAR M. L....

AVERTISSEMENT DE BEUCHOT.

Il parut, en novembre 1766, une brochure in-12 de 44 pages, intitulée *le Docteur Pansophe, ou Lettres de M. de Voltaire*, et contenant : 1° la lettre de Voltaire à M. Hume; 2° *Lettre de M. de Voltaire au docteur Jean-Jacques Pansophe*, qui est attribuée à Coyer, à Voltaire, à Borde, et que je crois de ce dernier. Feu Decroix semble être d'un autre avis; et je n'affirme pas qu'il ait tort.

Ce fut peu après qu'on publia des *Notes sur la Lettre de M. de Voltaire à M. Hume, par M. L.* Je crois ces *Notes* de Voltaire lui-même, et voici pourquoi : 1° le *Mercure* de 1767, janvier, t. II, p. 79-80, en les annonçant, dit : « Ces notes ne sont pas plus favorables à M. Rousseau que le texte même, et nous les croyons de la même main ; » 2° (page 76) on y trouve ces paroles : « Pour bien élever un jeune homme, il faudrait avoir été soi-même honnêtement élevé; » paroles dont Voltaire s'est déjà servi presque textuellement dans le *Sentiment des citoyens* (voyez tome XXV, page 313); 3° on y retrouve aussi ces mots : « de bons bouillons avec des potions rafraîchissantes, » qui sont textuellement dans la lettre du 24 octobre; 4° ces notes ne contredisent en rien la lettre. Elles en sont le complément, l'explication, le développement. L'initiale L, sous laquelle on les donne, pourrait les faire attribuer à Linguet; mais Linguet a décrié Cicéron, dont l'auteur des *Notes* prend la défense; 5° Wagnière n'a fait aucune remarque sur l'article des *Mémoires secrets* où il est fait mention des *Notes* ; « et son silence, dit feu Decroix (*Mémoires sur Voltaire*, I, 232), semble confirmer plutôt que détruire l'opinion que ces notes sont de Voltaire lui-même ».

Il paraîtra peut-être singulier, au premier coup d'œil, que j'imprime les *Notes* ailleurs qu'au bas de la lettre qu'elles concernent. Mais il m'a semblé que ce serait ôter à ces *Notes* leur importance que de les donner autrement disposées que dans l'origine. Ce n'est d'ailleurs qu'en les reproduisant en corps d'ouvrage que je pouvais placer convenablement les réflexions et pièces qui les suivent.

B.

Page 4. — Intimement persuadé qu'on doit lui élever une statue[1].

M. de Voltaire aurait dû citer le passage où Jean-Jacques dit qu'il lui faut une statue. C'est à la page 127 de sa lettre à monsieur l'archevêque de Paris, imprimée à Amsterdam chez Marc-Michel Rey, en 1763. Voici les propres paroles :

« Oui, je ne crains point de le dire, s'il existait en Europe un seul gouvernement vraiment éclairé, un gouvernement dont les vues fussent vraiment utiles et saines, il m'eût rendu des honneurs publics, il m'eût élevé des statues. »

Ainsi M. de Voltaire se trompe en disant que Jean-Jacques croit que la moitié de l'univers est occupée à lui dresser des statues. M. Jean-Jacques semble dire positivement le contraire, car il prétend qu'il n'y a qu'un gouvernement éclairé qui doive le faire sculpter en marbre ou en bronze ; et comme il dit du mal de tous les gouvernements à tort et à travers, on voit bien que, s'il est sculpté, ce doit être dans la posture où l'on ne voit que la tête et les mains d'un homme dans la machine de bois élevée au milieu du marché de Londres.

Page 5. — Aux protecteurs qu'il avait alors à Paris.

Jean-Jacques Rousseau fut accueilli à Paris avec quelque bonté ; mais il se brouilla bientôt avec presque tous ceux auxquels il avait obligation. On sait comment il sortit de la maison qu'un fermier général et madame sa femme[2] lui avaient accordée au village de Montmorency, maison dans laquelle il était nourri, chauffé, éclairé à leurs dépens, et où l'on avait la délicatesse de lui laisser ignorer tant de bienfaits, ou du moins on lui fournissait le prétexte de feindre de l'ignorer.

Il s'attira tellement la haine de tous les honnêtes gens qu'il

---

1. Les pages citées sont celles de l'édition de 1766 du *Docteur Pansophe*. Il est facile de retrouver les passages dans toutes les éditions.
2. Mme d'Épinay.

est obligé de l'avouer dans sa lettre à monsieur l'archevêque de Paris (page 3). « Je me suis vu, dit-il, dans la même année, recherché, fêté même à la cour, puis insulté, menacé, détesté, maudit. Les soirs, on m'attendait pour m'assassiner dans les rues; les matins, on m'annonçait une lettre de cachet. »

On demande comment il se pourrait faire qu'il fût généralement maudit, détesté, sans avoir fait du moins quelque chose de détestable?

Page 6. — Qui venait de donner à Paris un grave opéra et une comédie.

Cette comédie dont on parle est intitulée *l'Amant de soi-même.* Elle fut sifflée. Il eut le courage et la modestie de la faire imprimer. Voici comme il parle dans sa préface : « Il est vrai qu'on pourra dire un jour : Cet ennemi si déclaré des sciences et des arts fit pourtant et publia des pièces de théâtre; et ce discours sera, je l'avoue, une satire très-amère, non de moi, mais de mon siècle. » L'opéra fut mieux reçu. On a dit à Lyon que le musicien Gautier était l'auteur de la musique qu'on avait trouvée dans ses papiers, et qui fut ajustée ensuite par Jean-Jacques aux paroles. Cet opéra était dans le goût des opéras-comiques. Au reste, c'est aux amis et aux parents du feu sieur Gautier à dire si cette musique est de lui, ce qui importe fort peu.

Page 9. — Le prédicant de Moutiers-Travers, homme d'un esprit fin et délicat.

On a très-mal instruit M. de Voltaire si on lui a dit que M. de Montmolin se piquait de finesse et de délicatesse ; c'est un homme très-simple et très-uni, à qui l'on n'a reproché que de s'être laissé séduire trop longtemps par Rousseau.

Non-seulement la déclaration de Jean-Jacques Rousseau contre le livre *De l'Esprit*[1], et contre ses amis, est entre les mains de M. de Montmolin, mais elle est imprimée dans un écrit de M. de Montmolin, intitulé *Réfutation d'un Libelle,* page 90. Ce trait de Jean-Jacques n'est pas seulement d'un hypocrite qui se moque de ce qu'il y a de plus sacré, ce n'est pas seulement le délire d'un extravagant qui a changé trois fois de secte, et qui

---

1. Par Helvétius.

avait fait abjuration de la religion catholique à Genève pour aller vivre en France ; c'est une basse ingratitude mêlée d'une envie secrète contre M. Helvétius, l'un de ses bienfaiteurs ; c'est une calomnie infâme : car jamais M. Helvétius n'enseigna le matérialisme ; il se déclara hautement contre cette opinion ; il désavoua comme le grand Fénelon, archevêque de Cambrai, tout ce qu'on avait trouvé de répréhensible dans son ouvrage. Il se rétracta avec la simplicité d'une âme respectable, il força ses persécuteurs à l'estimer. C'était une atrocité abominable au sieur Jean-Jacques de rouvrir des plaies qui saignaient encore, et de se rendre l'accusateur d'un homme qui avait eu pour lui les plus grandes bontés. Peut-il s'étonner après cela d'avoir été *détesté et maudit?*

Page 10. — Les petits garçons et les petites filles lui jetèrent des pierres.

Il est vrai qu'on jeta quelques pierres à Jean-Jacques Rousseau et à la nommée Levasseur, qu'il traîne partout avec lui, et qui était apparemment la confidente de Mme de Volmar. Cela pouvait avoir causé du scandale à Moutiers-Travers, et avoir été l'occasion de cette grêle de pierres, qui n'a pourtant pas été considérable, et dont aucune n'atteignit le sieur Jean-Jacques ni la Levasseur. Il est naturel que l'extrême laideur de cette créature, et la figure grotesque de Jean-Jacques déguisé en Arménien, aient induit ces petits garçons à faire des huées et à jeter quelques cailloux ; mais il est faux que Jean-Jacques ait couru le moindre danger.

La requête que le sieur Jean-Jacques Rousseau présenta pour être enfermé ne fut point adressée précisément à Leurs Excellences du conseil de Berne, mais à monsieur le bailli, gouverneur de l'île Saint-Pierre, où Jean-Jacques était alors caché ; il prie ce magistrat d'obtenir pour lui cette grâce. Il aurait été en effet très à plaindre d'être réduit à cette extrémité, si ses fureurs orgueilleuses et extravagantes ne l'avaient pas rendu indigne de toute pitié.

La condamnation des *Lettres de la montagne*, qualifiées de *calomnies atroces* par les seigneurs plénipotentiaires, est du 25 juillet 1766.
Ces *Lettres de la montagne* sont un ouvrage encore plus insensé, s'il est possible, que la profession de foi qu'il signa entre les mains

de M. de Montmolin. L'objet de ces lettres est d'animer une partie des citoyens de sa patrie contre l'autre. Mais, dans les cinq premières lettres, il ne parle que d'un roman qu'il a fait, intitulé *Émile*. Il n'est occupé qu'à justifier son roman ; il ne parle que de lui-même, et après avoir dit à l'archevêque de Paris qu'il est le seul auteur qui ait jamais dit la vérité, et qu'on lui doit des statues, il dit aux bourgeois de Genève, page 136, *qu'il a fait des miracles tout comme notre Seigneur, qu'il n'a tenu qu'à lui d'être prophète*.

Il appelle Cicéron *un rhéteur*, page 108. Ainsi le bonhomme, se croyant plus grand orateur que Cicéron, et plus puissant en œuvres que Jésus-Christ, il n'est pas étonnant qu'on lui ait proposé de bon bouillon et des herbes rafraîchissantes.

Ces *Lettres de la montagne* sont d'ailleurs d'un mortel ennui pour quiconque n'est pas au fait des discussions de Genève. Elles sont assez mal écrites.

Le petit nombre de gens qui se sont intéressés quelque temps à ces querelles passagères sait que le sieur Jean-Jacques Rousseau a fait un roman sur l'éducation. L'auteur de ce roman d'*Émile* a oublié que, pour bien élever un jeune homme, il faudrait avoir été soi-même honnêtement élevé.

Ce livre est une compilation indigeste de passages tirés de Plutarque, de Montaigne, de Saint-Évremond, du Dictionnaire encyclopédique, et de trente autres auteurs. Il s'est trouvé un pédant qui s'est donné la peine de faire un gros recueil, non-seulement de tous les passages que Rousseau a copiés, mais encore de ceux qui n'ont qu'une très-légère ressemblance avec les siens. Il a intitulé ce livre *les Plagiats de Jean-Jacques Rousseau ;* il est imprimé à Paris chez Durand [1]. On convient que ce livre est fait avec beaucoup de mauvaise foi et de grossièreté, comme la plupart des livres de pure critique. L'auteur s'acharne sans goût et sans esprit contre des choses très-innocentes, et on l'a comparé à un chien affamé qui aboie aux passants en rongeant les os de Rousseau : aussi cet ouvrage a-t-il eu le sort de tous ceux de son espèce, d'être anéanti à sa naissance. Il est d'un homme assez méprisé dans la littérature. Mais, quoique cette critique soit mauvaise, le livre de Rousseau n'en est pas meilleur.

La chose dont il est le moins parlé dans l'ouvrage de Rousseau

---

1. L'auteur des *Plagiats de J.-J. Rousseau sur l'éducation*, 1765, in-12, est le bénédictin Jean-Joseph Cajot, né à Verdun en 1726, mort en 1779. (B.)

sur l'éducation, c'est l'éducation même. Il y fait l'éloge des sauvages, il y fait la satire de tous ceux qui servent la société. Il suppose qu'il est chargé de former un jeune seigneur ; et, au lieu de s'y prendre comme on fait dans l'École militaire, qui est le plus beau monument du règne de Louis XV, il fait apprendre le métier de menuisier à son pupille, et voici comme il justifie cette belle institution :

« Que des coquins, dit-il, mènent les grandes affaires, peu vous importe ; vous entrez dans la première boutique du métier que vous avez appris : Maître, j'ai besoin d'ouvrage. — Compagnon, mettez-vous là, travaillez ; avant que l'heure du dîner soit venue, vous aurez gagné votre dîner. »

Ce n'est point ainsi, ce me semble, que s'exprimait le grand Fénelon, et ce n'est point ainsi que Mentor élevait son Télémaque. M. Jean-Jacques veut que son élève soit ignorant jusqu'à l'âge de quinze ans, et qu'il sache raboter au lieu d'apprendre la géométrie, l'histoire, la tactique et les belles-lettres.

Son élève demande à sa mère *comment on fait les enfants;* la mère répond que *c'est en pissant douloureusement;* et Jean-Jacques trouve cette réponse sublime.

L'auteur sentit dans le fond de son cœur que cet ouvrage pourrait ennuyer. Que fit-il pour le rendre un peu piquant? Il feignit d'avoir un gentilhomme chrétien à élever ; il ajoute à son livre un volume entier contre le christianisme, volume rempli de contradictions selon l'usage de l'auteur. Il raconte à son jeune homme que lui, Jean-Jacques, s'enfuit autrefois de la boutique de ses parents, qu'il alla en Savoie se faire catholique pour avoir du pain ; qu'il eut le bonheur d'être reçu dans un hôpital ; qu'il contracta dès lors la noble habitude de se brouiller avec ses bienfaiteurs ; qu'il s'enfuit de cet hospice, qu'il alla demander l'aumône à un vicaire de village, et que ce vicaire lui apprit que le christianisme est ridicule. Voici comme il fait parler ce prêtre :

« L'idée de création confond. Qu'un être que je ne conçois pas donne l'existence à d'autres êtres, cela n'est qu'obscur et incompréhensible ; mais que l'être et le néant se convertissent l'un dans l'autre, c'est une claire absurdité. »

Après un tel galimatias il compile tout ce qu'on a dit contre notre religion. Il pille les Herbert, les Bolingbroke, les Shaftesbury, les Bayle, les Boulainvilliers, les d'Argens, les Fréret, les Boulanger, les Colins, les Wolston, les Maillet, les Meslier, les Tilladet, les La Métrie, les Dumarsais, et même Spinosa.

Voilà ce qui a donné quelque vogue à ce livre, et quelques protecteurs à l'auteur. Il s'est trouvé même des personnes assez simples pour croire que ce livre est bien écrit. Si cela est, le *Télémaque* l'est donc bien mal. Il n'y a guère de pages, dans le roman d'*Émile*, où l'on ne trouve des fautes contre la langue : le style est tantôt bas et tantôt violent. Les injures qu'il prodigue aux rois, aux ministres, aux riches, ont pu séduire des lecteurs cyniques qui ont pris de l'audace pour de l'éloquence, et une basse envie pour de l'esprit philosophique.

Il est vrai qu'il y a dans le discours du vicaire savoyard une douzaine de pages éloquentes; mais en général, si ce style décousu, inégal, confus et sans harmonie, prenait le dessus, c'en serait fait de la littérature française.

M. de Voltaire se trompe sur la date des lettres de Rousseau, écrites de Venise à M. du Theil. Il y en a trois, du 8, du 15 août, et du 24 octobre 1744, et non pas 1743. Elles sont encore plus humiliantes que M. de Voltaire ne le dit, et la troisième finit par une délation ménagée artificieusement contre M. le comte de Montaigu son maître ; cela n'est pas philosophe.

M. du Theil n'honora point Rousseau d'une réponse ; plusieurs personnes parmi nous ont vu l'original de ces lettres écrites et signées de la main de Rousseau.

EXTRAITS

Des Lettres du sieur Jean-Jacques Rousseau, employé dans la maison de M. le comte de Montaigu, écrites, en l'an 1744, à M. du Theil, premier commis des affaires étrangères. Ces lettres ont été conservées par hasard chez les héritiers de M. du Theil.

PREMIÈRE LETTRE, DU 8 AOUT, REÇUE LE 23.

« J'ose porter jusqu'à vous mes justes et très-respectueuses plaintes contre un ambassadeur du roi et contre un maître dont j'ai mangé le pain.... Il y a quatorze mois que je suis entré chez M. le comte de Montaigu en qualité de secrétaire[1]... Monsieur l'ambassadeur... voulut avant-hier me faire mon compte... Son Excellence, ne pouvant m'obliger à consentir à passer ce compte comme elle le voulait, me proposa en termes très-nets d'y souscrire, ou de sauter par la fenêtre, etc.... Il m'ordonna, en me voyant sortir, de vider son palais, et de n'y jamais remettre les pieds...

---

1. Il n'était que sous-secrétaire. (*Note de Voltaire.*)

Pardonnez, monsieur, la liberté que je prends d'implorer votre protection contre les traitements que monsieur l'ambassadeur exerce sur le plus zélé et le plus fidèle domestique qu'il aura jamais.... Je sais, monsieur, combien de préjugés sont contre moi ; je sais que dans les démêlés entre le maître et le domestique, c'est toujours ce dernier qui a tort.... Votre générosité et mon bon droit sont mes seuls protecteurs....

« J'ai l'honneur d'être avec un profond respect, monsieur, votre très-humble et très-obéissant serviteur. »

A Venise, le 8 août 1744.

AUTRE LETTRE, DU 15 AOUT, REÇUE LE 29.

« MONSIEUR,

« Depuis la lettre que j'eus l'honneur de vous écrire le 8 de ce mois, monsieur l'ambassadeur m'a menacé de me faire périr sous le bâton : il m'a envoyé sept ou huit fois son gentilhomme avec le solde du compte, m'intimant l'ordre de partir sur-le-champ de Venise, sous peine d'être assommé de coups de bâton matin et soir. »

La TROISIÈME LETTRE est du 11 octobre 1744, reçue au Vieux-Brisach le 16, et datée de Paris à l'hôtel d'Orléans, rue du Chantre, près le Palais-Royal.

Elle dit à peu près les mêmes choses ; il ajoute seulement : « J'implore votre protection et quelques marques de votre bonté, qui me réhabilitent aux yeux du public. »

Il s'imaginait dès lors que le public avait les yeux fixés sur lui. Toutes ces lettres sont signées *Rousseau*, avec paraphe[1]. Il ne paraît pas qu'on trouvât ses plaintes bien fondées ; et Jean-Jacques Rousseau, pour se réhabiliter, alla chercher ailleurs des maîtres qui lui donnassent des gages. Il faut avouer que voilà un plaisant secrétaire d'ambassade ; il a reçu de grands honneurs, et sa vanité est tout à fait bien placée !

La nouvelle *Julie*, ou la *Nouvelle Héloïse*, est un roman en six volumes, imprimé à Amsterdam chez Marc-Michel Rey, en 1761.

Ce roman[2] est un recueil de lettres que s'écrivent deux amants suisses, à l'imitation des romans anglais de *Pamela* et de *Clarisse*.

---

1. Du vivant de Beuchot, les originaux de ces lettres étaient en possession du marquis de Fortia d'Urban.
2. Voyez tome XXIV, page 165.

Mais l'imitation est si mauvaise que ce roman est aujourd'hui entièrement oublié. Il n'y a ni exposition, ni nœud, ni dénoûment, ni aventures intéressantes, ni raison, ni esprit. C'est un précepteur lâche et insolent qui fait un enfant à sa pupille, et qui en reçoit de l'argent; qui veut se battre contre un pair d'Angleterre, et qui en reçoit l'aumône. La pupille, grosse du précepteur, épouse un Russe dans un village de Suisse; et, pour se tirer d'affaire, elle accouche d'un faux germe.

Comme les auteurs se peignent assez dans leurs ouvrages, le précepteur va fréquenter à Paris les mauvais lieux. C'est de ces honnêtes retraites qu'il insulte les dames de la cour, c'est de là qu'il écrit à sa Julie des invectives contre la musique de Rameau, et qu'il dit que ses airs *ressemblent à la course d'une oie grasse, ou à une vache qui galope.*

Le héros de ce roman moral prononce devant sa chaste Suissesse de ces mots trop usités par la canaille; et sa maîtresse lui dit qu'elle a entendu quelquefois ces paroles dans la bouche des portefaix. Il peint noblement des valets qui *polissonnent dans une cour.* Il dit *que les âmes humaines veulent être accouplées; qu'on mesure à Paris ses maximes à la toise, que les dîners de Paris ne diffèrent pas beaucoup des tables d'auberge.* Ce n'était pas sur ce ton que Mme de La Fayette écrivait *la Princesse de Clèves* et *Zaïde.*

Jean-Jacques conseille ailleurs au dauphin de France, au prince de Galles, et à l'archiduc, d'épouser la fille du bourreau si elle est belle et honnête, car c'est toujours l'honnêteté qui dirige Jean-Jacques.

Ce qu'on peut remarquer dans ce roman, c'est le commencement de la préface. « Il faut, dit l'auteur, des spectacles dans les grandes villes, et des romans aux peuples corrompus. J'ai vu les mœurs de mon temps, et j'ai publié ces Lettres. »

Il est assez étrange qu'un homme qui s'avoue publiquement un corrupteur ait voulu faire ensuite le législateur; mais il instruit les hommes comme il dirige les filles.

Ce maître fou quitta, en 1762, les lieux honnêtes où il allait penser à Julie avec des officiers suisses, pour enseigner à l'Europe les *Principes du droit politique*, ou *Contrat social*, qu'on a nommé *le Contrat insocial.* C'est un ouvrage obscur, mal digéré, plein de contradictions et d'erreurs. Les satires mêmes, dont il fourmille, n'ont pu lui donner de la vogue. Il a beau dire (page 163) que ceux qui parviennent dans les monarchies ne *sont le plus souvent que de petits brouillons, de petits fripons, de petits intrigants, à qui les petits talents, qui font parvenir aux grandes places, ne servent qu'à montrer leur ineptie aussitôt qu'ils y sont parvenus....*

On est si accoutumé à ces lieux communs d'impertinences qu'ils n'ont pas fait la plus légère sensation. Ce style insolent et violent qu'on a voulu mettre à la mode n'est plus de mode ; on commence à revenir à la raison ; on sent enfin que la sagesse et la décence doivent conduire la plume de tout écrivain qui veut mériter l'approbation des honnêtes gens. *Sapere est et principium et fons*[1].

Il est dit dans cet ouvrage *qu'il n'y a qu'un pays dans l'Europe capable de législation, et que ce pays est l'île de Corse* (page 110). C'est là qu'il est dit que les Tartares *subjugueront bientôt infailliblement la Russie, l'Allemagne et la France* (page 96). C'est là qu'il est dit *que le peuple anglais pense être libre, mais qu'il est esclave, et qu'il le mérite bien* (page 214).

Il n'a pas apparemment envie d'aller chercher un asile à Venise. Il dit (page 248) que la noblesse y est peuple, que c'est une multitude de Barnabotes ; que la bourgeoisie de Genève représente exactement le patriciat vénitien, et que les paysans de Genève représentent les sujets de terre ferme. Il ignore que parmi les sujets de terre ferme, à Padoue, à Vicence, à Vérone, à Brescia, à Bergame, à Crême, etc., il y a mille familles de la plus ancienne noblesse.

Ainsi, en insultant toutes les nations, toutes les conditions de la vie, tous les arts qu'il a voulu lui-même cultiver, et tous les hommes avec lesquels il a vécu, cet écrivain s'est flatté d'usurper, par une insolence cynique, une réputation qu'on n'acquiert jamais que par le génie. Il a calomnié les philosophes qui l'avaient reçu, protégé et instruit; ingrat envers ses maîtres, envers ses amis, envers ses bienfaiteurs; recevant l'aumône d'un bourgeois inconnu parce qu'il croit qu'on n'en saura rien, et la refusant de la main d'un prince parce qu'il croit qu'on le saura : il s'est imaginé que ses bizarreries lui feraient un nom.

Il appelle M. Tronchin *jongleur*, dans sa lettre à M. Hume, tandis que lui-même pousse le charlatanisme jusqu'à s'habiller à l'orientale à Paris et en Angleterre, pour attirer sur lui les regards de la populace, qui le dédaigne.

Il parle de mœurs et de décence, et de la sainte vertu. Cela s'accorde mal avec les suites des récréations philosophiques qu'il prenait dans ces lieux honnêtes où il oubliait la Suissesse russe,

---

1. Horace, *Art poét.*, 309.

Mme de Volmar. Celui qu'il traite de *jongleur* lui a fourni le chirurgien dont la main, tout habile qu'elle est, n'a pas plus guéri son corps par ses opérations gratuites que les remontrances de ses amis n'ont pu guérir son cœur.

Il a mis le trouble dans sa patrie avant d'en sortir, comme un incendiaire qui s'enfuit après avoir allumé la mèche. Celui-là, certes, a eu raison qui a dit que Jean-Jacques descendait en droite ligne du barbet de Diogène accouplé avec une des couleuvres de la Discorde.

On n'aurait pas reproché à d'autres sans doute ces opprobres ou connus ou secrets, dont on est forcé de montrer ici la turpitude. Il y a des faiblesses et des humiliations qu'on doit laisser dans les ténèbres, quand les affligés restent dans une obscurité modeste, quand ils ne lèvent point une tête audacieuse, quand ils ne distillent point le fiel et l'outrage. Mais c'est ici un procès personnel qui exclut tous les égards; et puisqu'il est permis à un Diogène subalterne et manqué d'appeler jongleur le premier médecin de monseigneur le duc d'Orléans, un médecin qui a été son ami, qui l'a visité, traité, qui a été au rang de ses bienfaiteurs, il est permis à un ami de M. Tronchin de faire voir ce que c'est que le personnage qui ose l'insulter. On peut, sur le fumier où il est couché et où il grince les dents contre le genre humain, lui jeter du pain s'il en a besoin; mais il a fallu le faire connaître, et mettre ceux qui peuvent le nourrir à l'abri de ses morsures.

Finissons par faire sentir qu'un charlatan qui a lassé la pitié de ses bienfaiteurs et l'indignation publique n'a pu déshonorer que lui-même, et non pas la littérature.

DÉCLARATION DE L'ÉDITEUR [1].

Ces Remarques sont d'un magistrat.

La *Lettre au docteur Pansophe* n'est point de M. de Voltaire.
Voici son désaveu :

Je n'ai jamais écrit la *Lettre au docteur Pansophe*. Je m'en ferais honneur si elle était de moi. J'ai dû écrire celle que j'ai adressée à M. Hume, comme M. Walpole et M. d'Alembert ont dû écrire de leur côté. Je méprise comme eux Rousseau. Les faits

---

1. L'éditeur de 1766.

que j'ai cités sont vrais, et j'ai fait mon devoir en les citant. Je mě suis trompé sur les dates. L'auteur des remarques a raison en tout. Il n'y a jamais que l'agresseur et que l'imposteur qui aient tort; et dans des affaires qui intéressent la société, ceux qui confondent les offenseurs avec les offensés n'ont pas raison.

Fait au château de Ferney en Bourgogne, le 1er décembre 1766.

VOLTAIRE.

FIN DES NOTES, ETC.

LE PHILOSOPHE

IGNORANT

(1766[1])

PREMIÈRE QUESTION.

Qui es-tu ? d'où viens-tu ? que fais-tu ? que deviendras-tu ? C'est une question qu'on doit faire à tous les êtres de l'univers, mais à laquelle nul ne nous répond. Je demande aux plantes quelle vertu les fait croître, et comment le même terrain produit des fruits si divers. Ces êtres insensibles et muets, quoique enrichis d'une faculté divine, me laissent à mon ignorance et à mes vaines conjectures.

J'interroge cette foule d'animaux différents, qui tous ont le mouvement et le communiquent, qui jouissent des mêmes sensations que moi, qui ont une mesure d'idées et de mémoire avec

---

1. Il existe plusieurs éditions de cet ouvrage sous la date de 1766, contenant aussi quelques autres pièces : 1° *Petite Digression*, qui, depuis les éditions de Kehl, est classée dans les romans (voyez tome XXI, page 245), sous ce titre : *Les Aveugles juges des couleurs;* 2° *Aventure indienne* (qui est aussi au tome XXI, page 243); 3° *Petit Commentaire de l'Ignorant sur l'Éloge du dauphin* (voyez tome XXV, page 471); 4° *Supplément au Philosophe ignorant : André Destouches à Siam* (qu'on trouvera, page 97). Une édition de 1766, qui ne contient pas ce dernier morceau, a, au verso du frontispice, cette singulière note imprimée :

« Par A..... de V......e, gentilhomme jouissant de cent mille livres de rente, connaissant toutes choses, et ne faisant que radoter depuis quelques années : ah ! public, recevez ces dernières paroles avec indulgence. »

Le Philosophe ignorant a été, en 1767, compris dans le tome IV des *Nouveaux Mélanges*, et y est intitulé *les Questions d'un homme qui ne sait rien*. On sait combien Mme du Deffant était au courant des écrits sortis de la plume de Voltaire. Or, cette dame parlant pour la première fois du *Philosophe ignorant*, dans sa lettre à H. Walpole, du 4 janvier 1767, l'ouvrage doit avoir paru à la fin de décembre 1766. Cependant Voltaire s'en occupait lors du voyage de Chabanon à Ferney, en avril 1766. (B.)

toutes les passions. Ils savent encore moins que moi ce qu'ils sont, pourquoi ils sont, et ce qu'ils deviennent.

Je soupçonne, j'ai même lieu de croire que les planètes qui roulent autour des soleils innombrables qui remplissent l'espace sont peuplées d'êtres sensibles et pensants; mais une barrière éternelle nous sépare, et aucun de ces habitants des autres globes ne s'est communiqué à nous.

Monsieur le prieur, dans le *Spectacle de la nature* [1], a dit à monsieur le chevalier que les astres étaient faits pour la terre, et la terre, ainsi que les animaux, pour l'homme. Mais comme le petit globe de la terre roule avec les autres planètes autour du soleil; comme les mouvements réguliers et proportionnels des astres peuvent éternellement subsister sans qu'il y ait des hommes; comme il y a sur notre petite planète infiniment plus d'animaux que de mes semblables, j'ai pensé que monsieur le prieur avait un peu trop d'amour-propre en se flattant que tout avait été fait pour lui; j'ai vu que l'homme, pendant sa vie, est dévoré par tous les animaux s'il est sans défense, et que tous le dévorent encore après sa mort. Ainsi j'ai eu de la peine à concevoir que monsieur le prieur et monsieur le chevalier fussent les rois de la nature. Esclave de tout ce qui m'environne, au lieu d'être roi, resserré dans un point, et entouré de l'immensité, je commence par me chercher moi-même.

II. — *Notre faiblesse.*

Je suis un faible animal; je n'ai en naissant ni force, ni connaissance, ni instinct; je ne peux même me traîner à la mamelle de ma mère, comme font tous les quadrupèdes; je n'acquiers quelques idées que comme j'acquiers un peu de force, quand mes organes commencent à se développer. Cette force augmente en moi jusqu'au temps où, ne pouvant plus s'accroître, elle diminue chaque jour. Ce pouvoir de concevoir des idées s'augmente de même jusqu'à son terme, et ensuite s'évanouit insensiblement par degrés.

Quelle est cette mécanique qui accroît de moment en moment les forces de mes membres jusqu'à la borne prescrite? Je l'ignore; et ceux qui ont passé leur vie à chercher cette cause n'en savent pas plus que moi.

Quel est cet autre pouvoir qui fait entrer des images dans

1. Par Pluche, 1732.

mon cerveau, qui les conserve dans ma mémoire? Ceux qui sont payés pour le savoir l'ont inutilement cherché; nous sommes tous dans la même ignorance des premiers principes où nous étions dans notre berceau.

III. — *Comment puis-je penser ?*

Les livres faits depuis deux mille ans m'ont-ils appris quelque chose ? Il nous vient quelquefois des envies de savoir comment nous pensons, quoiqu'il nous prenne rarement l'envie de savoir comment nous digérons, comment nous marchons. J'ai interrogé ma raison, je lui ai demandé ce qu'elle est : cette question l'a toujours confondue.

J'ai essayé de découvrir par elle si les mêmes ressorts qui me font digérer, qui me font marcher, sont ceux par lesquels j'ai des idées. Je n'ai jamais pu concevoir comment et pourquoi ces idées s'enfuyaient quand la faim faisait languir mon corps, et comment elles renaissaient quand j'avais mangé.

J'ai vu une si grande différence entre des pensées et la nourriture, sans laquelle je ne penserais point, que j'ai cru qu'il y avait en moi une substance qui raisonnait, et une autre substance qui digérait. Cependant, en cherchant toujours à me prouver que nous sommes deux, j'ai senti grossièrement que je suis un seul; et cette contradiction m'a toujours fait une extrême peine.

J'ai demandé à quelques-uns de mes semblables, qui cultivent la terre, notre mère commune, avec beaucoup d'industrie, s'ils sentaient qu'ils étaient deux, s'ils avaient découvert par leur philosophie qu'ils possédaient en eux une substance immortelle, et cependant formée de rien, existante sans étendue, agissant sur leurs nerfs sans y toucher, envoyée expressément dans le ventre de leur mère six semaines après leur conception; ils ont cru que je voulais rire, et ont continué à labourer leurs champs sans me répondre.

IV. — *M'est-il nécessaire de savoir?*

Voyant donc qu'un nombre prodigieux d'hommes n'avait pas seulement la moindre idée des difficultés qui m'inquiètent, et ne se doutait pas de ce qu'on dit, dans les écoles, de l'être en général, de la matière, de l'esprit, etc.; voyant même qu'ils se moquaient souvent de ce que je voulais le savoir, j'ai soupçonné qu'il n'était point du tout nécessaire que nous le sussions. J'ai pensé que la nature a donné à chaque être la portion qui lui convient; et j'ai cru que les choses auxquelles nous ne pouvions atteindre ne sont pas notre partage. Mais, malgré ce désespoir, je ne laisse pas de désirer d'être instruit, et ma curiosité trompée est toujours insatiable.

V. — *Aristote, Descartes, et Gassendi.*

Aristote commence par dire que l'incrédulité est la source de la sagesse; Descartes a délayé cette pensée, et tous deux m'ont appris à ne rien croire de ce qu'ils me disent. Ce Descartes, surtout, après avoir fait semblant de douter, parle d'un ton si affirmatif de ce qu'il n'entend point; il est si sûr de son fait quand il se trompe grossièrement en physique; il a bâti un monde si imaginaire; ses tourbillons et ses trois éléments sont d'un si prodigieux ridicule, que je dois me méfier de tout ce qu'il me dit sur l'âme, après qu'il m'a tant trompé sur les corps. Qu'on fasse son éloge, à la bonne heure, pourvu qu'on ne fasse pas celui de ses romans philosophiques, méprisés aujourd'hui pour jamais dans toute l'Europe.

Il croit ou il feint de croire que nous naissons avec des pensées métaphysiques. J'aimerais autant dire qu'Homère naquit avec *l'Iliade* dans la tête. Il est bien vrai qu'Homère, en naissant, avait un cerveau tellement construit qu'ayant ensuite acquis des idées poétiques, tantôt belles, tantôt incohérentes, tantôt exagérées, il en composa enfin *l'Iliade*. Nous apportons, en naissant, le germe de tout ce qui se développe en nous; mais nous n'avons pas réellement plus d'idées innées que Raphaël et Michel-Ange n'apportèrent, en naissant, de pinceaux et de couleurs.

Descartes, pour tâcher d'accorder les parties éparses de ses chimères, supposa que l'homme pense toujours; j'aimerais autant imaginer que les oiseaux ne cessent jamais de voler, ni les chiens de courir, parce que ceux-ci ont la faculté de courir, et ceux-là de voler.

Pour peu que l'on consulte son expérience et celle du genre humain, on est bien convaincu du contraire. Il n'y a personne d'assez fou pour croire fermement qu'il ait pensé toute sa vie, le jour et la nuit sans interruption, depuis qu'il était fœtus jusqu'à sa dernière maladie. La ressource de ceux qui ont voulu défendre ce roman a été de dire qu'on pensait toujours, mais qu'on ne s'en apercevait pas. Il vaudrait autant dire qu'on boit, qu'on mange, et qu'on court à cheval sans le savoir. Si vous ne vous apercevez pas que vous avez des idées, comment pouvez-vous affirmer que vous en avez ? Gassendi se moqua comme il le devait de ce système extravagant. Savez-vous ce qui en arriva ? On prit Gassendi et Descartes pour des athées, parce qu'ils raisonnaient.

VI. — *Les bêtes.*

De ce que les hommes étaient supposés avoir continuellement des idées, des perceptions, des conceptions, il suivait naturellement que les bêtes en avaient toujours aussi : car il est incontestable qu'un chien de chasse a l'idée de son maître auquel il obéit, et du gibier qu'il lui rapporte. Il est évident qu'il a de la mémoire, et qu'il combine quelques idées. Ainsi donc, si la pensée de l'homme était aussi l'essence de son âme, la pensée du chien était aussi l'essence de la sienne, et si l'homme avait toujours des idées, il fallait bien que les animaux en eussent toujours. Pour trancher cette difficulté, le fabricateur des tourbillons et de la matière cannelée [1] osa dire que les bêtes étaient de pures machines qui cherchaient à manger sans avoir appétit, qui avaient toujours les organes du sentiment pour n'éprouver jamais la moindre sensation, qui criaient sans douleur, qui témoignaient leur plaisir sans joie, qui possédaient un cerveau pour n'y pas recevoir l'idée la plus légère, et qui étaient ainsi une contradiction perpétuelle de la nature.

Ce système était aussi ridicule que l'autre ; mais, au lieu d'en faire voir l'extravagance, on le traita d'impie : on prétendit que ce système répugnait à l'Écriture sainte, qui dit, dans la *Genèse* [2], que « Dieu a fait un pacte avec les animaux, et qu'il leur redemandera le sang des hommes qu'ils auront mordus et mangés » ; ce qui suppose manifestement dans les bêtes l'intelligence, la connaissance du bien et du mal.

VII. — *L'expérience.*

Ne mêlons jamais l'Écriture sainte dans nos disputes philosophiques : ce sont des choses trop hétérogènes, et qui n'ont aucun rapport. Il ne s'agit ici que d'examiner ce que nous pouvons savoir par nous-mêmes, et cela se réduit à bien peu de chose. Il faut avoir renoncé au sens commun pour ne pas convenir que nous ne savons rien au monde que par l'expérience ; et certai-

---

1. Descartes.
2. *Genèse*, ix, 5.

nement si nous ne parvenons que par l'expérience, et par une suite de tâtonnements et de longues réflexions, à nous donner quelques idées faibles et légères du corps, de l'espace, du temps, de l'infini, de Dieu même, ce n'est pas la peine que l'Auteur de la nature mette ces idées dans la cervelle de tous les fœtus, afin qu'il n'y ait ensuite qu'un très-petit nombre d'hommes qui en fassent usage.

Nous sommes tous, sur les objets de notre science, comme les amants ignorants Daphnis et Chloé, dont Longus nous a dépeint les amours et les vaines tentatives. Il leur fallut beaucoup de temps pour deviner comment ils pouvaient satisfaire leurs désirs, parce que l'expérience leur manquait. La même chose arriva à l'empereur Léopold [1] et au fils de Louis XIV ; il fallut les instruire. S'ils avaient eu des idées innées, il est à croire que la nature ne leur eût pas refusé la principale et la seule nécessaire à la conservation de l'espèce humaine.

VIII. — *Substance.*

Ne pouvant avoir aucune notion que par expérience, il est impossible que nous puissions jamais savoir ce que c'est que la matière. Nous touchons, nous voyons les propriétés de cette substance ; mais ce mot même *substance, ce qui est dessous,* nous avertit assez que ce dessous nous sera inconnu à jamais : quelque chose que nous découvrions de ses apparences, il restera toujours ce dessous à découvrir. Par la même raison, nous ne saurons jamais par nous-mêmes ce que c'est qu'esprit. C'est un mot qui originairement signifie *souffle,* et dont nous nous sommes servis pour tâcher d'exprimer vaguement et grossièrement ce qui nous donne des pensées. Mais quand même, par un prodige qui n'est pas à supposer, nous aurions quelque légère idée de la substance de cet esprit, nous ne serions pas plus avancés ; nous ne pourrions jamais deviner comment cette substance reçoit des sentiments et des pensées. Nous savons bien que nous avons un peu d'intelligence, mais comment l'avons-nous ? C'est le secret de la nature, elle ne l'a dit à nul mortel.

IX. — *Bornes étroites.*

Notre intelligence est très-bornée, ainsi que la force de notre corps. Il y a des hommes beaucoup plus robustes que les autres ;

---

1. Léopold Ier, né en 1640, mort en 1705 ; élu empereur en 1658.

il y a aussi des Hercules en fait de pensées, mais au fond cette supériorité est fort peu de chose. L'un soulèvera dix fois plus de matière que moi ; l'autre pourra faire de tête, et sans papier, une division de quinze chiffres, tandis que je ne pourrai en diviser que trois ou quatre avec une extrême peine : c'est à quoi se réduira cette force tant vantée ; mais elle trouvera bien vite sa borne ; et c'est pourquoi, dans les jeux de combinaison, nul homme, après s'y être formé par toute son application et par un long usage, ne parvient jamais, quelque effort qu'il fasse, au delà du degré qu'il a pu atteindre ; il a frappé à la borne de son intelligence. Il faut même absolument que cela soit ainsi, sans quoi nous irions, de degré en degré, jusqu'à l'infini.

X. — *Découvertes impossibles.*

Dans ce cercle étroit où nous sommes renfermés, voyons donc ce que nous sommes condamnés à ignorer, et ce que nous pouvons un peu connaître. Nous avons déjà vu[1] qu'aucun premier ressort, aucun premier principe ne peut être saisi par nous.

Pourquoi mon bras obéit-il à ma volonté ? Nous sommes si accoutumés à ce phénomène incompréhensible que très-peu y font attention ; et quand nous voulons rechercher la cause d'un effet si commun, nous trouvons qu'il y a réellement l'infini entre notre volonté et l'obéissance de notre membre, c'est-à-dire qu'il n'y a nulle proportion de l'une à l'autre, nulle raison, nulle apparence de cause ; et nous sentons que nous y penserions une éternité sans pouvoir imaginer la moindre lueur de vraisemblance.

XI. — *Désespoir fondé.*

Ainsi arrêtés dès le premier pas, et nous repliant vainement sur nous-mêmes, nous sommes effrayés de nous chercher toujours, et de ne nous trouver jamais. Nul de nos sens n'est explicable.

Nous savons bien à peu près, avec le secours des triangles, qu'il y a environ trente millions de nos grandes lieues géométriques de la terre au soleil ; mais qu'est-ce que le soleil ? et pourquoi tourne-t-il sur son axe ? et pourquoi en un sens plutôt qu'en un autre ? et pourquoi Saturne et nous tournons-nous autour de cet astre plutôt d'occident en orient que d'orient en occident ? Non-seulement nous ne satisferons jamais à cette question, mais

---

1. Question II, page 48.

nous n'entreverrons jamais la moindre possibilité d'en imaginer seulement une cause physique. Pourquoi? c'est que le nœud de cette difficulté est dans le premier principe des choses.

Il en est de ce qui agit au dedans de nous comme de ce qui agit dans les espaces immenses de la nature. Il y a dans l'arrangement des astres et dans la conformation d'un ciron et de l'homme un premier principe dont l'accès doit nécessairement nous être interdit. Car si nous pouvions connaître notre premier ressort, nous en serions les maîtres, nous serions des dieux. Éclaircissons cette idée, et voyons si elle est vraie.

Supposons que nous trouvions en effet la cause de nos sensations, de nos pensées, de nos mouvements, comme nous avons seulement découvert dans les astres la raison des éclipses et des différentes phases de la lune et de Vénus; il est clair que nous prédirions alors nos sensations, nos pensées et nos désirs résultants de ces sensations, comme nous prédisons les phases et les éclipses. Connaissant donc ce qui devrait se passer demain dans notre intérieur, nous verrions clairement, par le jeu de cette machine, de quelle manière ou agréable ou funeste nous devrions être affectés. Nous avons une volonté qui dirige, ainsi qu'on en convient, nos mouvements intérieurs en plusieurs circonstances. Par exemple, je me sens disposé à la colère, ma réflexion et ma volonté en répriment les accès naissants. Je verrais, si je connaissais mes premiers principes, toutes les affections auxquelles je suis disposé pour demain, toute la suite des idées qui m'attendent; je pourrais avoir sur cette suite d'idées et de sentiments la même puissance que j'exerce quelquefois sur les sentiments et sur les pensées actuelles que je détourne et que je réprime. Je me trouverais précisément dans le cas de tout homme qui peut retarder et accélérer à son gré le mouvement d'une horloge, celui d'un vaisseau, celui de toute machine connue.

Dans cette supposition, étant le maître des idées qui me sont destinées demain, je le serais pour le jour suivant, je le serais pour le reste de ma vie; je pourrais donc être toujours tout-puissant sur moi-même, je serais le dieu de moi-même[1]. Je sens assez

---

1. Ce raisonnement nous paraît sujet à plusieurs difficultés. 1° Ce pouvoir, si l'homme venait à l'acquérir, changerait en quelque sorte sa nature; mais ce n'est pas une raison pour être sûr qu'il ne peut l'acquérir. 2° On pourrait connaître la cause de toutes nos sensations, de tous nos sentiments, et cependant n'avoir point le pouvoir, soit de détourner les impressions des objets extérieurs, soit d'empêcher les effets qui peuvent résulter d'une distraction, d'un mauvais calcul. 3° Il y a un grand nombre de degrés entre notre ignorance actuelle et cette connais-

que cet état est incompatible avec ma nature ; il est donc impossible que je puisse rien connaître du premier principe qui me fait penser et agir.

XII. — *Faiblesse des hommes.*

Ce qui est impossible à ma nature si faible, si bornée, et qui est d'une durée si courte, est-il impossible dans d'autres globes, dans d'autres espèces d'êtres? Y a-t-il des intelligences supérieures, maîtresses de toutes leurs idées, qui pensent et qui sentent tout ce qu'elles veulent? Je n'en sais rien ; je ne connais que ma faiblesse, je n'ai aucune notion de la force des autres.

XIII. — *Suis-je libre?*

Ne sortons point encore du cercle de notre existence ; continuons à nous examiner nous-mêmes autant que nous le pouvons. Je me souviens qu'un jour, avant que j'eusse fait toutes les questions précédentes, un raisonneur voulut me faire raisonner. Il me demanda si j'étais libre ; je lui répondis que je n'étais point en prison, que j'avais la clef de ma chambre, que j'étais parfaitement libre. « Ce n'est pas cela que je vous demande, me répondit-il ; croyez-vous que votre volonté ait la liberté de vouloir ou de ne vouloir pas vous jeter par la fenêtre? pensez-vous, avec l'ange de l'école, que le libre arbitre soit une puissance appétitive, et que le libre arbitre se perde par le péché? » Je regardai mon homme fixement, pour tâcher de lire dans ses yeux s'il n'avait pas l'esprit égaré, et je lui répondis que je n'entendais rien à son galimatias.

Cependant cette question sur la liberté de l'homme m'intéressa vivement ; je lus des *Scolastiques*, je fus comme eux dans les ténèbres ; je lus *Locke*, et j'aperçus des traits de lumière ; je lus le *Traité de Collins*, qui me parut *Locke* perfectionné ; et je n'ai jamais rien lu depuis qui m'ait donné un nouveau degré de connaissance. Voici ce que ma faible raison a conçu, aidée de ces deux grands hommes, les seuls, à mon avis, qui se soient entendus eux-mêmes en écrivant sur cette matière, et les seuls qui se soient fait entendre aux autres.

---

sance parfaite de notre nature ; l'esprit humain pourrait parcourir les différents degrés de cette échelle sans jamais parvenir au dernier ; mais chaque degré ajouterait à nos connaissances réelles, et ces connaissances pourraient être utiles. Il en serait de la métaphysique comme des mathématiques, dont jamais nous n'épuiserons aucune partie, même en y faisant dans chaque siècle un grand nombre de découvertes utiles. (K.)

Il n'y a rien sans cause. Un effet sans cause n'est qu'une parole absurde. Toutes les fois que je veux, ce ne peut être qu'en vertu de mon jugement bon ou mauvais; ce jugement est nécessaire, donc ma volonté l'est aussi. En effet, il serait bien singulier que toute la nature, tous les astres obéissent à des lois éternelles, et qu'il y eût un petit animal haut de cinq pieds qui, au mépris de ces lois, pût agir toujours comme il lui plairait au seul gré de son caprice. Il agirait au hasard, et on sait que le hasard n'est rien. Nous avons inventé ce mot pour exprimer l'effet connu de toute cause inconnue.

Mes idées entrent nécessairement dans mon cerveau; comment ma volonté, qui en dépend, serait-elle à la fois nécessitée, et absolument libre? Je sens en mille occasions que cette volonté ne peut rien; ainsi, quand la maladie m'accable, quand la passion me transporte, quand mon jugement ne peut atteindre aux objets qu'on me présente, etc., je dois donc penser que les lois de la nature étant toujours les mêmes, ma volonté n'est pas plus libre dans les choses qui me paraissent les plus indifférentes que dans celles où je me sens soumis à une force invincible.

Être véritablement libre, c'est pouvoir. Quand je peux faire ce que je veux, voilà ma liberté; mais je veux nécessairement ce que je veux; autrement je voudrais sans raison, sans cause, ce qui est impossible. Ma liberté consiste à marcher quand je veux marcher et que je n'ai point la goutte.

Ma liberté consiste à ne point faire une mauvaise action quand mon esprit se la représente nécessairement mauvaise; à subjuguer une passion quand mon esprit m'en fait sentir le danger, et que l'horreur de cette action combat puissamment mon désir. Nous pouvons réprimer nos passions, comme je l'ai déjà annoncé nombre XI, mais alors nous ne sommes pas plus libres en réprimant nos désirs qu'en nous laissant entraîner à nos penchants: car, dans l'un et l'autre cas, nous suivons irrésistiblement notre dernière idée, et cette dernière idée est nécessaire; donc je fais nécessairement ce qu'elle me dicte. Il est étrange que les hommes ne soient pas contents de cette mesure de liberté, c'est-à-dire du pouvoir qu'ils ont reçu de la nature de faire en plusieurs cas ce qu'ils veulent; les astres ne l'ont pas : nous la possédons, et notre orgueil nous fait croire quelquefois que nous en possédons encore plus. Nous nous figurons que nous avons le don incompréhensible et absurde de vouloir, sans autre raison, sans autre motif que celui de vouloir. Voyez le nombre XXIX.

Non, je ne puis pardonner au docteur Clarke d'avoir combattu avec mauvaise foi ces vérités dont il sentait la force, et qui semblaient s'accommoder mal avec ses systèmes. Non, il n'est pas permis à un philosophe tel que lui d'avoir attaqué Collins en sophiste, et d'avoir détourné l'état de la question en reprochant à Collins d'appeler l'homme *un agent nécessaire*. Agent ou patient, qu'importe? agent quand il se meut volontairement, patient quand il reçoit des idées. Qu'est-ce que le nom fait à la chose? L'homme est en tout un être dépendant, comme la nature entière est dépendante, et il ne peut être excepté des autres êtres.

Le prédicateur, dans Samuel Clarke, a étouffé le philosophe; il distingue la nécessité physique et la nécessité morale. Et qu'est-ce qu'une nécessité morale? Il vous paraît vraisemblable qu'une reine d'Angleterre qu'on couronne et que l'on sacre dans une église ne se dépouillera pas de ses habits royaux pour s'étendre toute nue sur l'autel, quoiqu'on raconte une pareille aventure d'une reine de Congo. Vous appelez cela *une nécessité morale* dans une reine de nos climats; mais c'est au fond une nécessité physique, éternelle, liée à la constitution des choses. Il est aussi sûr que cette reine ne fera pas cette folie qu'il est sûr qu'elle mourra un jour. La nécessité morale n'est qu'un mot, tout ce qui se fait est absolument nécessaire. Il n'y a point de milieu entre la nécessité et le hasard; et vous savez qu'il n'y a point de hasard : donc tout ce qui arrive est nécessaire.

Pour embarrasser la chose davantage, on a imaginé de distinguer encore entre nécessité et contrainte; mais, au fond, la contrainte est-elle autre chose qu'une nécessité dont on s'aperçoit? et la nécessité n'est-elle pas une contrainte dont on ne s'aperçoit point? Archimède est également nécessité à rester dans sa chambre quand on l'y enferme, et quand il est si fortement occupé d'un problème qu'il ne reçoit pas l'idée de sortir.

Ducunt volentem fata, nolentem trahunt [1].

L'ignorant qui pense ainsi n'a pas toujours pensé de même [2], mais il est enfin contraint de se rendre.

---

1. Ce vers est souvent cité comme étant dans la tragédie d'*Hercules furens* : il n'est pourtant dans aucune des tragédies de Sénèque. On le trouve dans l'épître CVII de Sénèque le philosophe.
2. Voyez le *Traité de Métaphysique*, ouvrage écrit plus de quarante ans avant celui-ci. (K.) — Le *Traité de Métaphysique* (voyez tome XXII, pages 189 et 221), n'a précédé que de trente-deux ans *le Philosophe ignorant*.

XIV. — *Tout est-il éternel ?*

Asservi à des lois éternelles comme tous les globes qui remplissent l'espace, comme les éléments, les animaux, les plantes, je jette des regards étonnés sur tout ce qui m'environne ; je cherche quel est mon auteur, et celui de cette machine immense dont je suis à peine une roue imperceptible.

Je ne suis pas venu de rien, car la substance de mon père, et de ma mère qui m'a porté neuf mois dans sa matrice, est quelque chose. Il m'est évident que le germe qui m'a produit n'a pu être produit de rien : car comment le néant produirait-il l'existence ? Je me sens subjugué par cette maxime de toute l'antiquité : « Rien ne vient du néant, rien ne peut retourner au néant[1]. » Cet axiome porte en lui une force si terrible qu'il enchaîne tout mon entendement sans que je puisse me débattre contre lui. Aucun philosophe ne s'en est écarté ; aucun législateur, quel qu'il soit, ne l'a contesté. Le *Cahut* des Phéniciens, le *Chaos* des Grecs, le *Tohu-bohu* des Chaldéens et des Hébreux, tout nous atteste qu'on a toujours cru l'éternité de la matière. Ma raison, trompée par cette idée si ancienne et si générale, me dit : Il faut bien que la matière soit éternelle, puisqu'elle existe ; si elle était hier, elle était auparavant. Je n'aperçois aucune vraisemblance qu'elle ait commencé à être, aucune cause pour laquelle elle n'ait pas été, aucune cause pour laquelle elle ait reçu l'existence dans un temps plutôt que dans un autre. Je cède donc à cette conviction, soit fondée, soit erronée, et je me range du parti du monde entier, jusqu'à ce qu'ayant avancé dans mes recherches je trouve une lumière supérieure[2] au jugement de tous les hommes, qui me force à me rétracter malgré moi.

Mais si, comme tant de philosophes de l'antiquité l'ont pensé, l'Être éternel a toujours agi, que deviendront le *Cahut* et l'*Ereb* des Phéniciens, le *Tohu-bohu* des Chaldéens, le *Chaos* d'Hésiode ? Il restera dans les fables. Le *Chaos* est impossible aux yeux de la raison, car il est impossible que, l'intelligence étant éternelle, il y ait jamais eu quelque chose d'opposé aux lois de l'intelligence : or le *Chaos* est précisément l'opposé de toutes les lois de la nature. Entrez dans la caverne la plus horrible des Alpes, sous ces débris

---

1. Perse a dit, satire III, vers 84 :
   Ex nihilo nihil, in nihilum nil posse reverti.
2. La révélation ; voyez page 62.

de rochers, de glace, de sable, d'eaux, de cristaux, de minéraux informes, tout y obéit à la gravitation et aux lois de l'hydrostatique. Le *Chaos* n'a jamais été que dans nos têtes, et n'a servi qu'à faire composer de beaux vers à Hésiode et à Ovide.

Si notre sainte Écriture a dit que le *Chaos*[1] existait, si le *Tohubohu*[2] a été adopté par elle, nous le croyons sans doute, et avec la foi la plus vive. Nous ne parlons ici que suivant les lueurs trompeuses de notre raison. Nous nous sommes bornés, comme nous l'avons dit[3], à voir ce que nous pouvons soupçonner par nous-mêmes. Nous sommes des enfants qui essayons de faire quelques pas sans lisières : nous marchons, nous tombons, et la foi nous relève.

XV. — *Intelligence.*

Mais, en apercevant l'ordre, l'artifice prodigieux, les lois mécaniques et géométriques qui règnent dans l'univers, les moyens, les fins innombrables de toutes choses, je suis saisi d'admiration et de respect. Je juge incontinent que si les ouvrages des hommes, les miens même, me forcent à reconnaître en nous une intelligence, je dois en reconnaître une bien supérieurement agissante dans la multitude de tant d'ouvrages. J'admets cette intelligence suprême sans craindre que jamais on puisse me faire changer d'opinion. Rien n'ébranle en moi cet axiome : « Tout ouvrage démontre un ouvrier[4]. »

XVI. — *Éternité.*

Cette intelligence est-elle éternelle ? Sans doute, car soit que j'aie admis ou rejeté l'éternité de la matière, je ne peux rejeter

---

1. Luc, xvi, 26.
2. Voyez le commencement de la *Bible enfin expliquée.*
3. Question vii, page 51.
4. La preuve de l'existence de Dieu, tirée de l'observation des phénomènes de l'univers, dont l'ordre et les lois constantes semblent indiquer une unité de dessein, et par conséquent une cause unique et intelligente, est la seule à laquelle M. de Voltaire se soit arrêté, et la seule qui puisse être admise par un philosophe libre des préjugés et du galimatias des écoles. L'ouvrage intitulé *Du Principe d'action* (voyez ci-après), contient une exposition de cette preuve à la fois plus frappante et plus simple que celles qui ont été données par des philosophes qu'on a crus profonds parce qu'ils étaient obscurs, et éloquents parce qu'ils étaient exagérateurs. On pourrait demander maintenant quelle est pour nous, par l'état actuel de nos connaissances sur les lois de l'univers, la probabilité que ces lois forment un système un et régulier, et ensuite la probabilité que ce système régulier est l'effet d'une volonté intelligente? Cette question est plus difficile qu'elle ne paraît au premier coup d'œil. (K.)

l'existence éternelle de son artisan suprême ; et il est évident que, s'il existe aujourd'hui, il a existé toujours.

XVII. — *Incompréhensibilité*.

Je n'ai fait encore que deux ou trois pas dans cette vaste carrière; je veux savoir si cette intelligence divine est quelque chose d'absolument distinct de l'univers, à peu près comme le sculpteur est distingué de la statue, ou si cette âme du monde est unie au monde, et le pénètre; à peu près encore comme ce que j'appelle *mon âme* est uni à moi, et selon cette idée de l'antiquité si bien exprimée dans Virgile :

> Mens agitat molem, et magno se corpore miscet.
> (*Æn.*, lib. VI, v. 727.)

Et dans Lucain :

> Jupiter est quodcumque vides, quocumque moveris.
> (Lib. IX, v. 580.)

Je me vois arrêté tout à coup dans ma vaine curiosité. Misérable mortel, si je ne puis sonder ma propre intelligence, si je ne puis savoir ce qui m'anime, comment connaîtrai-je l'intelligence ineffable qui préside visiblement à la matière entière ? Il y en a une, tout me le démontre; mais où est la boussole qui me conduira vers sa demeure éternelle et ignorée ?

XVIII. — *Infini*.

Cette intelligence est-elle infinie en puissance et en immensité, comme elle est incontestablement infinie en durée ? Je n'en puis rien savoir par moi-même. Elle existe, donc elle a toujours existé, cela est clair. Mais quelle idée puis-je avoir d'une puissance infinie ? Comment puis-je concevoir un infini actuellement existant ? comment puis-je imaginer que l'intelligence suprême est dans le vide ? Il n'en est pas de l'infini en étendue comme de l'infini en durée. Une durée infinie s'est écoulée au moment que je parle, cela est sûr; je ne peux rien ajouter à cette durée passée, mais je peux toujours ajouter à l'espace que je conçois, comme je peux ajouter aux nombres que je conçois. L'infini en nombre et en étendue est hors de la sphère de mon entendement. Quelque chose qu'on me dise, rien ne m'éclaire dans cet abîme. Je sens heureusement que mes difficultés et mon ignorance ne peuvent préjudicier à la morale; on aura beau ne pas concevoir, ni l'immensité de l'espace remplie, ni la puissance infinie qui a tout fait, et qui cependant peut encore faire; cela ne servira qu'à prouver de plus en plus la faiblesse de notre entendement, et cette faiblesse ne nous rendra que plus soumis à l'Être éternel dont nous sommes l'ouvrage.

XIX. — *Ma dépendance.*

Nous sommes son ouvrage. Voilà une vérité intéressante pour nous : car de savoir par la philosophie en quel temps il fit l'homme, ce qu'il faisait auparavant; s'il est dans la matière, s'il est dans le vide, s'il est dans un point, s'il agit toujours ou non, s'il agit partout, s'il agit hors de lui ou dans lui; ce sont des recherches qui redoublent en moi le sentiment de mon ignorance profonde.

Je vois même qu'à peine il y a eu une douzaine d'hommes en Europe qui aient écrit sur ces choses abstraites avec un peu de méthode; et quand je supposerais qu'ils ont parlé d'une manière intelligible, qu'en résultera-t-il? Nous avons déjà reconnu (*question* IV) que les choses que si peu de personnes peuvent se flatter d'entendre sont inutiles au reste du genre humain [1]. Nous sommes certainement l'ouvrage de Dieu, c'est là ce qu'il m'est utile de savoir : aussi la preuve en est-elle palpable. Tout est moyen et fin dans mon corps ; tout est ressort, poulie, force mouvante, machine hydraulique, équilibre de liqueurs, laboratoire de chimie. Il est donc arrangé par une intelligence (*question* XV). Ce n'est

---

1. Cette opinion est-elle bien certaine? l'expérience n'a-t-elle point prouvé que des vérités très-difficiles à entendre peuvent être utiles? Les tables de la lune, celles des satellites de Jupiter, guident nos vaisseaux sur les mers, sauvent la vie des matelots; et elles sont formées d'après des théories qui ne sont connues que d'un petit nombre de savants. D'ailleurs, dans les sciences qui tiennent à la morale, à la politique, les mêmes connaissances, qui d'abord sont le partage de quelques philosophes, ne peuvent-elles point être mises à la portée de tous les hommes qui ont reçu quelque éducation, qui ont cultivé leur esprit, et devenir par là d'une utilité générale, puisque ce sont ces mêmes hommes qui gouvernent le peuple, et qui influent sur les opinions? Cette maxime est une de ces opinions où nous entraîne l'idée très-naturelle, mais peut-être très-fausse, que notre bien-être a été un des motifs de l'ordre qui règne dans le système général des êtres. Il ne faut pas confondre ces causes finales dont nous nous faisons l'objet, avec les causes finales plus étendues, que l'observation des phénomènes peut nous faire soupçonner et nous indiquer avec plus ou moins de probabilité. Les premières appartiennent à la rhétorique, les autres à la philosophie. M. de Voltaire a souvent combattu cette même manière de raisonner. (K.)

pas l'intelligence de mes parents à qui je dois cet arrangement, car assurément ils ne savaient ce qu'ils faisaient quand ils m'ont mis au monde; ils n'étaient que les aveugles instruments de cet éternel fabricateur qui anime le ver de terre, et qui fait tourner le soleil sur son axe.

XX. — *Éternité encore.*

Né d'un germe venu d'un autre germe, y a-t-il eu une succession continuelle, un développement sans fin de ces germes, et toute la nature a-t-elle toujours existé par une suite nécessaire de cet Être suprême qui existait de lui-même? Si je n'en croyais que mon faible entendement, je dirais : Il me paraît que la nature a toujours été animée. Je ne puis concevoir que la cause qui agit continuellement et visiblement sur elle, pouvant agir dans tous les temps, n'ait pas agi toujours. Une éternité d'oisiveté dans l'être agissant et nécessaire me semble incompatible. Je suis porté à croire que le monde est toujours émané de cette cause primitive et nécessaire, comme la lumière émane du soleil. Par quel enchaînement d'idées me vois-je toujours entraîné à croire éternelles les œuvres de l'Être éternel? Ma conception, toute pusillanime qu'elle est, a la force d'atteindre à l'être nécessaire existant par lui-même, et n'a pas la force de concevoir le néant. L'existence d'un seul atome me semble prouver l'éternité de l'existence ; mais rien ne me prouve le néant. Quoi! il y aurait eu le *rien* dans l'espace où est aujourd'hui quelque chose? Cela me paraît incompréhensible. Je ne puis admettre ce *rien*, à moins que la révélation ne vienne fixer mes idées, qui s'emportent au delà des temps.

Je sais bien qu'une succession infinie d'êtres qui n'auraient point d'origine est aussi absurde : Samuel Clarke le démontre assez[1] ; mais il n'entreprend pas seulement d'affirmer que Dieu n'ait pas tenu cette chaîne de toute éternité ; il n'ose pas dire qu'il ait été si longtemps impossible à l'Être éternellement actif de dé-

---

1. Il ne peut être question ici que d'une impossibilité métaphysique. Or, pourquoi cette suite de phénomènes qui se succèdent indéfiniment suivant une certaine loi, et qui, à partir de chaque instant, forment une chaîne indéfinie dans le passé comme dans l'avenir, serait-elle impossible à concevoir ? N'avons-nous pas l'idée claire d'un corps se mouvant dans une courbe infinie, d'une série de termes s'étendant indéfiniment dans les deux sens, à quelque terme qu'on la prenne ? Cette succession indéfinie de phénomènes ne peut donc effrayer un homme familiarisé avec les idées mathématiques. (K.)

ployer son action. Il est évident qu'il l'a pu; et s'il l'a pu, qui sera assez hardi pour me dire qu'il ne l'a pas fait? La révélation seule, encore une fois, peut m'apprendre le contraire ; mais nous n'en sommes pas encore à cette révélation, qui écrase toute philosophie, à cette lumière devant qui toute lumière s'évanouit.

XXI. — *Ma dépendance encore.*

Cet Être éternel, cette cause universelle me donne mes idées : car ce ne sont pas les objets qui me les donnent. Une matière brute ne peut envoyer des pensées dans ma tête; mes pensées ne viennent pas de moi, car elles arrivent malgré moi, et souvent s'enfuient de même. On sait assez qu'il n'y a nulle ressemblance, nul rapport entre les objets et nos idées et nos sensations. Certes il y avait quelque chose de sublime dans ce Malebranche, qui osait prétendre que nous voyons tout dans Dieu même ; mais n'y avait-il rien de sublime dans les stoïciens, qui pensaient que c'est Dieu qui agit en nous, et que nous possédons un rayon de sa substance? Entre le rêve de Malebranche et le rêve des stoïciens, où est la réalité ? Je retombe (*question* II) dans l'ignorance, qui est l'apanage de ma nature; et j'adore le Dieu par qui je pense, sans savoir comment je pense.

XXII. — *Nouvelle question.*

Convaincu par mon peu de raison qu'il y a un être nécessaire, éternel, intelligent, de qui je reçois mes idées, sans pouvoir deviner ni le comment, ni le pourquoi, je demande ce que c'est que cet être, s'il a la forme des espèces intelligentes et agissantes supérieures à la mienne dans d'autres globes? J'ai déjà dit que je n'en savais rien (*question* I). Néanmoins je ne puis affirmer que cela soit impossible, car j'aperçois des planètes très-supérieures à la mienne en étendue, entourées de plus de satellites que la terre. Il n'est point du tout contre la vraisemblance qu'elles soient peuplées d'intelligences très-supérieures à moi, et de corps plus robustes, plus agiles, et plus durables. Mais leur existence n'ayant nul rapport à la mienne, je laisse aux poëtes de l'antiquité le soin de faire descendre Vénus de son prétendu troisième ciel, et Mars du cinquième; je ne dois rechercher que l'action de l'être nécessaire sur moi-même.

XXIII. — *Un seul artisan suprême.*

Une grande partie des hommes, voyant le mal physique et le mal moral répandus sur ce globe, imagina deux êtres puissants, dont l'un produisait tout le bien, et l'autre tout le mal. S'ils existaient, ils seraient nécessaires; ils seraient éternels, indépendants, ils occuperaient tout l'espace; ils existeraient donc dans le même lieu; ils se pénétreraient donc l'un l'autre : cela est absurde. L'idée de ces deux puissances ennemies ne peut tirer son origine que des exemples qui nous frappent sur la terre; nous y voyons des hommes doux et des hommes féroces, des animaux utiles et des animaux nuisibles, de bons maîtres et des tyrans. On imagina ainsi deux pouvoirs contraires qui présidaient à la nature; ce n'est qu'un roman asiatique. Il y a dans toute la nature une unité de dessein manifeste; les lois du mouvement et de la pesanteur sont invariables; il est impossible que deux artisans suprêmes, entièrement contraires l'un à l'autre, aient suivi les mêmes lois. Cela seul, à mon avis, renverse le système manichéen, et l'on n'a pas besoin de gros volumes pour le combattre.

Il est donc une puissance unique, éternelle, à qui tout est lié, de qui tout dépend, mais dont la nature m'est incompréhensible. Saint Thomas nous dit que « Dieu est un pur acte, une forme, qui n'a ni genre, ni prédicat; qu'il est la nature et le suppôt, qu'il existe essentiellement, participativement, et nuncupativement ». Lorsque les dominicains furent les maîtres de l'Inquisition, ils auraient fait brûler un homme qui aurait nié ces belles choses ; je ne les aurais pas niées, mais je ne les aurais pas entendues.

On me dit que Dieu est simple; j'avoue humblement que je n'entends pas la valeur de ce mot davantage. Il est vrai que je ne lui attribuerai pas des parties grossières que je puisse séparer; mais je ne puis concevoir que le principe et le maître de tout ce qui est dans l'étendue ne soit pas dans l'étendue. La simplicité, rigoureusement parlant, me paraît trop semblable au non-être. L'extrême faiblesse de mon intelligence n'a point d'instrument assez fin pour saisir cette simplicité. Le point mathématique est simple, me dira-t-on ; mais le point mathématique n'existe pas réellement.

On dit encore qu'une idée est simple, mais je n'entends pas cela davantage. Je vois un cheval, j'en ai l'idée, mais je n'ai vu en lui qu'un assemblage de choses. Je vois une couleur, j'ai l'idée de couleur; mais cette couleur est étendue. Je prononce les noms abstraits de *couleur en général*, de *vice*, de *vertu*, de *vérité en général;* mais c'est que j'ai eu connaissance de choses colorées, de choses qui m'ont paru vertueuses ou vicieuses, vraies ou fausses : j'exprime tout cela par un mot, mais je n'ai point de connaissance claire de la simplicité; je ne sais pas plus ce que c'est que je ne sais ce que c'est qu'un infini en nombres actuellement existant.

Déjà convaincu que, ne connaissant pas ce que je suis, je ne puis connaître ce qu'est mon auteur, mon ignorance m'accable à chaque instant, et je me console en réfléchissant sans cesse qu'il n'importe pas que je sache si mon maître est ou non dans l'étendue, pourvu que je ne fasse rien contre la conscience qu'il m'a donnée. De tous les systèmes que les hommes ont inventés sur la Divinité, quel sera donc celui que j'embrasserai ? Aucun, sinon celui de l'adorer.

XXIV. — *Spinosa.*

Après m'être plongé avec Thalès dans l'eau dont il faisait son premier principe, après m'être roussi auprès du feu d'Empédocle, après avoir couru dans le vide en ligne droite avec les atomes d'Épicure, supputé des nombres avec Pythagore, et avoir entendu sa musique; après avoir rendu mes devoirs aux androgynes de Platon, et ayant passé par toutes les régions de la métaphysique et de la folie, j'ai voulu enfin connaître le système de Spinosa.

Il n'est pas absolument nouveau; il est imité de quelques anciens philosophes grecs, et même de quelques Juifs; mais Spinosa a fait ce qu'aucun philosophe grec, encore moins aucun Juif, n'a fait : il a employé une méthode géométrique imposante pour se rendre un compte net de ses idées. Voyons s'il ne s'est pas égaré méthodiquement avec le fil qui le conduit.

Il établit d'abord une vérité incontestable et lumineuse : Il y a quelque chose, donc il existe éternellement un être nécessaire. Ce principe est si vrai que le profond Samuel Clarke s'en est servi pour prouver l'existence de Dieu.

Cet être doit se trouver partout où est l'existence, car qui le bornerait ?

Cet être nécessaire est donc tout ce qui existe : il n'y a donc réellement qu'une seule substance dans l'univers.

Cette substance n'en peut créer une autre : car, puisqu'elle remplit tout, où mettre une substance nouvelle, et comment créer quelque chose du néant ? comment créer l'étendue sans la placer dans l'étendue même, laquelle existe nécessairement ?

Il y a dans le monde la pensée et la matière ; la substance nécessaire que nous appelons Dieu est donc la pensée et la matière. Toute pensée et toute matière est donc comprise dans l'immensité de Dieu : il ne peut y avoir rien hors de lui ; il ne peut agir que dans lui ; il comprend tout, il est tout.

Ainsi tout ce que nous appelons *substances différentes* n'est en effet que l'universalité des différents attributs de l'Être suprême, qui pense dans le cerveau des hommes, éclaire dans la lumière, se meut sur les vents, éclate dans le tonnerre, parcourt l'espace dans tous les astres, et vit dans toute la nature.

Il n'est point, comme un vil roi de la terre, confiné dans son palais, séparé de ses sujets ; il est intimement uni à eux ; ils sont des parties nécessaires de lui-même ; s'il en était distingué, il ne serait plus l'être nécessaire, il ne serait plus universel, il ne remplirait point tous les lieux, il serait un être à part comme un autre.

Quoique toutes les modalités changeantes dans l'univers soient l'effet de ses attributs, cependant, selon Spinosa, il n'a point de parties : car, dit-il, l'infini n'en a point de proprement dites ; s'il en avait, on pourrait en ajouter d'autres, et alors il ne serait plus infini. Enfin Spinosa prononce qu'il faut aimer ce Dieu nécessaire, infini, éternel ; et voici ses propres paroles[1], page 45 de l'édition de 1731 :

« A l'égard de l'amour de Dieu, loin que cette idée le puisse affaiblir, j'estime qu'aucune autre n'est plus propre à l'augmenter, puisqu'elle me fait connaître que Dieu est intime à mon être, qu'il me donne l'existence et toutes mes propriétés, mais qu'il me les donne libéralement, sans reproche, sans intérêt, sans m'assujettir à autre chose qu'à ma propre nature. Elle bannit la crainte, l'inquiétude, la défiance, et tous les défauts d'un amour vulgaire ou intéressé. Elle me fait sentir que c'est un bien que je ne puis perdre, et que je possède d'autant mieux que je le connais et que je l'aime. »

Ces idées séduisirent beaucoup de lecteurs ; il y en eut même qui, ayant d'abord écrit contre lui, se rangèrent à son opinion.

On reprocha au savant Bayle d'avoir attaqué durement Spi-

---

1. Voyez, tome XVIII, la note 3 de la page 365.

nosa sans l'entendre : durement, j'en conviens; injustement, je ne le crois pas. Il serait étrange que Bayle ne l'eût pas entendu. Il découvrit aisément l'endroit faible de ce château enchanté; il vit qu'en effet Spinosa compose son Dieu de parties, quoiqu'il soit réduit à s'en dédire, effrayé de son propre système. Bayle vit combien il est insensé de faire Dieu astre et citrouille, pensée et fumier, battant et battu. Il vit que cette fable est fort au-dessous de celle de Protée. Peut-être Bayle devait-il s'en tenir au mot de *modalités* et non pas de *parties*, puisque c'est ce mot de *modalités* que Spinosa emploie toujours. Mais il est également impertinent, si je ne me trompe, que l'excrément d'un animal soit une modalité ou une partie de l'Être suprême.

Il ne combattit point, il est vrai, les raisons par lesquelles Spinosa soutient l'impossibilité de la création; mais c'est que la création proprement dite est un objet de foi et non pas de philosophie; c'est que cette opinion n'est nullement particulière à Spinosa; c'est que toute l'antiquité avait pensé comme lui. Il n'attaque que l'idée absurde d'un Dieu simple composé de parties, d'un Dieu qui se mange et qui se digère lui-même, qui aime et qui hait la même chose en même temps, etc. Spinosa se sert toujours du mot Dieu, Bayle le prend par ses propres paroles[1].

Mais, au fond, Spinosa ne reconnaît point de Dieu; il n'a probablement employé cette expression, il n'a dit qu'il faut servir et aimer Dieu que pour ne point effaroucher le genre humain. Il paraît athée dans toute la force de ce terme; il n'est point athée comme Épicure, qui reconnaissait des dieux inutiles et oisifs; il ne l'est point comme la plupart des Grecs et des Romains, qui se moquaient des dieux du vulgaire : il l'est parce qu'il ne reconnaît nulle Providence, parce qu'il n'admet que l'éternité, l'immensité, et la nécessité des choses; il l'est comme Straton, comme Diagoras; il ne doute pas comme Pyrrhon : il affirme, et qu'affirme-t-il? qu'il n'y a qu'une seule substance, qu'il ne peut y en avoir deux, que cette substance est étendue et pensante; et c'est ce que n'ont jamais dit les philosophes grecs et asiatiques qui ont admis une âme universelle.

Il ne parle en aucun endroit de son livre des desseins marqués qui se manifestent dans tous les êtres. Il n'examine point si les yeux sont faits pour voir, les oreilles pour entendre, les pieds pour marcher, les ailes pour voler; il ne considère ni les lois du

---

1. Voyez, dans le *Dictionnaire historique et critique de P. Bayle*, l'article SPINOSA.

mouvement dans les animaux et dans les plantes, ni leur structure adaptée à ces lois, ni la profonde mathématique qui gouverne le cours des astres : il craint d'apercevoir que tout ce qui existe atteste une Providence divine ; il ne remonte point des effets à leur cause ; mais, se mettant tout d'un coup à la tête de l'origine des choses, il bâtit son roman, comme Descartes a construit le sien, sur une supposition. Il supposait le plein avec Descartes, quoiqu'il soit démontré, en rigueur, que tout mouvement est impossible dans le plein. C'est là principalement ce qui lui fit regarder l'univers comme une seule substance. Il a été la dupe de son esprit géométrique. Comment Spinosa, ne pouvant douter que l'intelligence et la matière existent, n'a-t-il pas examiné au moins si la Providence n'a pas tout arrangé ? comment n'a-t-il pas jeté un coup d'œil sur ces ressorts, sur ces moyens dont chacun a son but, et recherché s'ils prouvent un artisan suprême ? Il fallait qu'il fût ou un physicien bien ignorant, ou un sophiste gonflé d'un orgueil bien stupide, pour ne pas reconnaître une Providence toutes les fois qu'il respirait et qu'il sentait son cœur battre ; car cette respiration et ce mouvement du cœur sont des effets d'une machine si industrieusement compliquée, arrangée avec un art si puissant, dépendante de tant de ressorts concourant tous au même but, qu'il est impossible de l'imiter, et impossible à un homme de bon sens de ne la pas admirer.

Les spinosistes modernes répondent : Ne vous effarouchez pas des conséquences que vous nous imputez ; nous trouvons comme vous une suite d'effets admirables dans les corps organisés et dans toute la nature. La cause éternelle est dans l'intelligence éternelle que nous admettons, et qui, avec la matière, constitue l'universalité des choses qui est Dieu. Il n'y a qu'une seule substance qui agit par la même modalité de sa pensée sur sa modalité de la matière, et qui constitue ainsi l'univers qui ne fait qu'un tout inséparable.

On réplique à cette réponse : Comment pouvez-vous nous prouver que la pensée qui fait mouvoir les astres, qui anime l'homme, qui fait tout, soit une modalité, et que les déjections d'un crapaud et d'un ver soient une autre modalité de ce même être souverain ? Oseriez-vous dire qu'un si étrange principe vous est démontré ? Ne couvrez-vous pas votre ignorance par des mots que vous n'entendez point ? Bayle a très-bien démêlé les sophismes de votre maître dans les détours et dans les obscurités du style prétendu géométrique, et réellement très-confus, de ce maître. Je vous renvoie à lui ; des philosophes ne doivent pas récuser Bayle.

Quoi qu'il en soit, je remarquerai de Spinosa qu'il se trompait de très-bonne foi. Il me semble qu'il n'écartait de son système les idées qui pouvaient lui nuire que parce qu'il était trop plein des siennes ; il suivait sa route sans regarder rien de ce qui pouvait la traverser, et c'est ce qui nous arrive trop souvent. Il y a plus, il renversait tous les principes de la morale, en étant lui-même d'une vertu rigide : sobre jusqu'à ne boire qu'une pinte de vin en un mois ; désintéressé jusqu'à remettre aux héritiers de l'infortuné Jean de Witt une pension de deux cents florins que lui faisait ce grand homme ; généreux jusqu'à donner son bien ; toujours patient dans ses maux et dans sa pauvreté, toujours uniforme dans sa conduite.

Bayle, qui l'a si maltraité, avait à peu près le même caractère. L'un et l'autre ont cherché la vérité toute leur vie par des routes différentes. Spinosa fait un système spécieux en quelques points, et bien erroné dans le fond. Bayle a combattu tous les systèmes : qu'est-il arrivé des écrits de l'un et de l'autre? Ils ont occupé l'oisiveté de quelques lecteurs : c'est à quoi tous les écrits se réduisent ; et depuis Thalès jusqu'aux professeurs de nos universités, et jusqu'aux plus chimériques raisonneurs, et jusqu'à leurs plagiaires, aucun philosophe n'a influé seulement sur les mœurs de la rue où il demeurait. Pourquoi? parce que les hommes se conduisent par la coutume et non par la métaphysique. Un seul homme éloquent, habile, et accrédité, pourra beaucoup sur les hommes ; cent philosophes n'y pourront rien s'ils ne sont que philosophes.

XXV. — *Absurdités.*

Voilà bien des voyages dans des terres inconnues ; ce n'est rien encore. Je me trouve comme un homme qui, ayant erré sur l'Océan, et apercevant les îles Maldives dont la mer Indienne est semée, veut les visiter toutes. Mon grand voyage ne m'a rien valu ; voyons si je ferai quelque gain dans l'observation de ces petites îles, qui ne semblent servir qu'à embarrasser la route.

Il y a une centaine de cours de philosophie où l'on m'explique des choses dont personne ne peut avoir la moindre notion. Celui-ci veut me faire comprendre la Trinité par la physique ; il me dit qu'elle ressemble aux trois dimensions de la matière. Je le laisse dire, et je passe vite. Celui-là prétend me faire toucher au doigt la transsubstantiation, en me montrant, par les lois du mouvement, comme un accident peut exister sans sujet, et comment un même corps peut être en deux endroits à la fois. Je me bouche les oreilles, et je passe plus vite encore.

Pascal, Blaise Pascal lui-même, l'auteur des *Lettres provinciales*, profère ces paroles[1] : « Croyez-vous qu'il soit impossible que Dieu soit infini et sans parties? Je veux donc vous faire voir une chose indivisible et infinie : c'est un point, se mouvant partout d'une vitesse infinie, car il est en tous lieux, tout entier dans chaque endroit. »

Un point mathématique qui se meut! juste ciel! un point qui n'existe que dans la tête du géomètre, qui est partout et en même temps, et qui a une vitesse infinie, comme si la vitesse infinie actuelle pouvait exister! Chaque mot est une folie, et c'est un grand homme qui a dit ces folies!

Votre âme est simple, incorporelle, intangible, me dit cet autre; et comme aucun corps ne peut la toucher, je vais vous prouver par la physique d'Albert le Grand qu'elle sera brûlée physiquement si vous n'êtes pas de mon avis; et voici comme je vous le prouve *a priori*, en fortifiant Albert par les syllogismes d'Abelli[2]. Je lui réponds que je n'entends pas son *a priori;* que je trouve son compliment très-dur; que la révélation, dont il ne s'agit pas entre nous, peut seule m'apprendre une chose si incompréhensible; que je lui permets de n'être pas de mon avis, sans lui faire aucune menace; et je m'éloigne de lui, de peur qu'il ne me joue un mauvais tour, car cet homme me paraît bien méchant.

Une foule de sophistes de tout pays et de toutes sectes m'accable d'arguments inintelligibles sur la nature des choses, sur la mienne, sur mon état passé, présent, et futur. Si on leur parle de manger et de boire, de vêtements, de logement, des denrées nécessaires, de l'argent avec lequel on se les procure, tous s'entendent à merveille; s'il y a quelques pistoles à gagner, chacun d'eux s'empresse, personne ne se trompe d'un denier ; et quand il s'agit de tout notre être ils n'ont pas une idée nette; le sens commun les abandonne. De là je reviens à ma première conclusion (*question* IV), que ce qui ne peut être d'un usage universel, ce qui n'est pas à la portée du commun des hommes, ce qui n'est pas entendu par ceux qui ont le plus exercé leur faculté de penser, n'est pas nécessaire au genre humain.

---

1. Voyez tome XXII, page 60.
2. Théologien français, 1603-1691, auteur de la *Moelle théologique*.

XXVI. — *Du meilleur des mondes*[1].

En courant de tous côtés pour m'instruire, je rencontrai des disciples de Platon. « Venez avec nous, me dit l'un d'eux[2]; vous êtes dans le meilleur des mondes; nous avons bien surpassé notre maître. Il n'y avait de son temps que cinq mondes possibles, parce qu'il n'y a que cinq corps réguliers; mais actuellement qu'il y a une infinité d'univers possibles, Dieu a choisi le meilleur; venez, et vous vous en trouverez bien. » Je lui répondis humblement : « Les mondes que Dieu pouvait créer étaient ou meilleurs, ou parfaitement égaux, ou pires : il ne pouvait prendre le pire ; ceux qui étaient égaux, supposé qu'il y en eût, ne valaient pas la préférence : ils étaient entièrement les mêmes ; on n'a pu choisir entre eux : prendre l'un c'est prendre l'autre. Il est donc impossible qu'il ne prît pas le meilleur. Mais comment les autres étaient-ils possibles, quand il était impossible qu'ils existassent? »

Il me fit de très-belles distinctions, assurant toujours, sans s'entendre, que ce monde-ci est le meilleur de tous les mondes réellement impossibles[3]. Mais, me sentant alors tourmenté de la pierre, et souffrant des douleurs insupportables, les citoyens du meilleur des mondes me conduisirent à l'hôpital voisin. Chemin faisant, deux de ces bienheureux habitants furent enlevés par des créatures, leurs semblables : on les chargea de fers, l'un pour quelques dettes, l'autre sur un simple soupçon. Je ne sais pas si je fus conduit dans le meilleur des hôpitaux possibles ; mais je fus entassé avec deux ou trois mille misérables qui souffraient comme moi. Il y avait là plusieurs défenseurs de la patrie qui m'apprirent qu'ils avaient été trépanés et disséqués vivants, qu'on leur avait coupé des bras, des jambes, et que plusieurs milliers de leurs généreux compatriotes avaient été massacrés dans l'une des trente batailles données dans la dernière guerre, qui est environ la cent millième guerre depuis que nous connaissons des guerres. On voyait aussi, dans cette maison, environ mille personnes des deux sexes, qui ressemblaient à des spectres hideux, et qu'on frottait d'un certain métal parce qu'ils avaient suivi la loi de la nature, et parce que la nature avait, je ne sais comment, pris la

---

1. Cette paraphrase avait été mise par Voltaire dans ses *Questions sur l'Encyclopédie*, VIIIe partie, sous ce titre : Monde, *du meilleur des mondes possibles*. Voyez tome XX, page 108.
2. Malebranche.
3. MM. Desoer et Renouard ont mis *possibles*. Tous les autres éditeurs ont laissé *impossibles*, qu'on lit dans toutes les éditions parues du vivant de l'auteur. (B.)

précaution d'empoisonner en eux la source de la vie[1]. Je remerciai mes deux conducteurs.

Quand on m'eut plongé un fer bien tranchant dans la vessie, et qu'on eut tiré quelques pierres de cette carrière ; quand je fus guéri, et qu'il ne me resta plus que quelques incommodités douloureuses pour le reste de mes jours, je fis mes représentations à mes guides, je pris la liberté de leur dire qu'il y avait du bon dans ce monde, puisqu'on m'avait tiré quatre cailloux du sein de mes entrailles déchirées ; mais que j'aurais encore mieux aimé que les vessies eussent été des lanternes, que non pas qu'elles fussent des carrières. Je leur parlai des calamités et des crimes innombrables qui couvrent cet excellent monde. Le plus intrépide d'entre eux, qui était un Allemand[2], mon compatriote, m'apprit que tout cela n'est qu'une bagatelle.

« Ce fut, dit-il, une grande faveur du ciel envers le genre humain que Tarquin violât Lucrèce, et que Lucrèce se poignardât : parce qu'on chassa les tyrans, et que le viol, le suicide, et la guerre, établirent une république qui fit le bonheur des peuples conquis. » J'eus peine à convenir de ce bonheur. Je ne conçus pas d'abord quelle était la félicité des Gaulois et des Espagnols, dont on dit que César fit périr trois millions. Les dévastations et les rapines me parurent aussi quelque chose de désagréable ; mais le défenseur de l'optimisme n'en démordit point ; il me disait toujours comme le geôlier de don Carlos : *Paix, paix, c'est pour votre bien.* Enfin, étant poussé à bout, il me dit qu'il ne fallait pas prendre garde à ce globule de la terre, où tout va de travers, mais que dans l'étoile de Sirius, dans Orion, dans l'œil du Taureau, et ailleurs, tout est parfait. « Allons-y donc, » lui dis-je.

Un petit théologien me tira alors par le bras ; il me confia que ces gens-là étaient des rêveurs, qu'il n'était point du tout nécessaire qu'il y eût du mal sur la terre, qu'elle avait été formée exprès pour qu'il n'y eût jamais que du bien. « Et pour vous le prouver, sachez, me dit-il, que les choses se passèrent ainsi autrefois pendant dix ou douze jours. — Hélas ! lui répondis-je, c'est bien dommage, mon révérend père, que cela n'ait pas continué. »

XXVII. — *Des monades, etc.*

Le même Allemand se ressaisit alors de moi ; il m'endoctrina, m'apprit clairement ce que c'est que mon âme. « Tout est composé

---

1. Voyez tome XXI, pages 143 et 352.
2. Leibnitz.

de monades dans la nature ; votre âme est une monade ; et comme elle a des rapports avec toutes les autres monades du monde, elle a nécessairement des idées de tout ce qui s'y passe ; ces idées sont confuses, ce qui est très-utile ; et votre monade, ainsi que la mienne, est un miroir concentré de cet univers.

« Mais ne croyez pas que vous agissiez en conséquence de vos pensées. Il y a une harmonie préétablie entre la monade de votre âme et toutes les monades de votre corps, de façon que, quand votre âme a une idée, votre corps a une action, sans que l'une soit la suite de l'autre. Ce sont deux pendules qui vont ensemble ; ou, si vous voulez, cela ressemble à un homme qui prêche tandis qu'un autre fait les gestes. Vous concevez aisément qu'il faut que cela soit ainsi dans le meilleur des mondes. Car...[1] »

XXVIII. — *Des formes plastiques.*

Comme je ne comprenais rien du tout à ces admirables idées, un Anglais, nommé Cudworth[2], s'aperçut de mon ignorance à mes yeux fixes, à mon embarras, à ma tête baissée. « Ces idées, me dit-il, vous semblent profondes parce qu'elles sont creuses. Je vais vous apprendre nettement comment la nature agit. Premièrement, il y a la nature en général, ensuite il y a des natures plastiques qui forment tous les animaux et toutes plantes ; vous entendez bien ? — Pas un mot, monsieur. — Continuons donc.

« Une nature plastique n'est pas une faculté du corps, c'est une substance immatérielle qui agit sans savoir ce qu'elle fait, qui est entièrement aveugle, qui ne sent, ni ne raisonne, ni ne végète ; mais la tulipe a sa forme plastique qui la fait végéter ; le chien a sa forme plastique qui le fait aller à la chasse, et l'homme a la sienne qui le fait raisonner. Ces formes sont les agents immédiats de la Divinité ; il n'y a point de ministres plus fidèles au monde, car elles donnent tout, et ne retiennent rien pour elles. Vous voyez

---

1. Ce qu'on appelle le système des monades est, à plusieurs égards, la manière la plus simple de concevoir une grande partie des phénomènes que nous présente l'observation des êtres sensibles et intelligents. En supposant, en effet, à tous les êtres une égale capacité d'avoir des idées, en faisant dépendre toute la différence entre eux de leurs rapports avec les autres objets, on conçoit très-bien comment il peut se produire à chaque instant un grand nombre d'êtres nouveaux, ayant la conscience distincte du *moi ;* comment ce sentiment peut cesser d'exister sans que rien soit anéanti, se réveiller après avoir été suspendu pendant des intervalles plus ou moins longs, etc., etc. (K.)

2. Né en 1617, mort en 1688 ; auteur du *Vrai Système intellectuel de l'univers,* et d'un traité sur la nature éternelle et immuable de l'univers.

bien que ce sont là les vrais principes des choses, et que les natures plastiques valent bien l'harmonie préétablie et les monades, qui sont les miroirs concentrés de l'univers. » Je lui avouai que l'un valait bien l'autre.

XXIX. — *De Locke.*

Après tant de courses malheureuses, fatigué, harassé, honteux d'avoir cherché tant de vérités, et d'avoir trouvé tant de chimères, je suis revenu à Locke, comme l'enfant prodigue qui retourne chez son père ; je me suis rejeté entre les bras d'un homme modeste, qui ne feint jamais de savoir ce qu'il ne sait pas ; qui, à la vérité, ne possède pas des richesses immenses, mais dont les fonds sont bien assurés, et qui jouit du bien le plus solide sans aucune ostentation. Il me confirme dans l'opinion que j'ai toujours eue, que rien n'entre dans notre entendement que par nos sens ;

Qu'il n'y a point de notions innées ;

Que nous ne pouvons avoir l'idée ni d'un espace infini, ni d'un nombre infini ;

Que je ne pense pas toujours, et que par conséquent la pensée n'est pas l'essence, mais l'action de mon entendement[1] ;

Que je suis libre quand je peux faire ce que je veux ;

Que cette liberté ne peut consister dans ma volonté, puisque, lorsque je demeure volontairement dans ma chambre, dont la porte est fermée, et dont je n'ai pas la clef, je n'ai pas la liberté d'en sortir ; puisque je souffre quand je veux ne pas souffrir ; puisque très-souvent je ne peux rappeler mes idées quand je veux les rappeler ;

Qu'il est donc absurde au fond de dire : *la volonté est libre,* puisqu'il est absurde de dire : *je veux vouloir cette chose ;* car c'est précisément comme si on disait : *je désire de la désirer, je crains de la craindre ;* qu'enfin la volonté n'est pas plus libre qu'elle n'est bleue ou carrée (voyez la *question* XIII) ;

Que je ne puis vouloir qu'en conséquence des idées reçues dans mon cerveau ; que je suis nécessité à me déterminer en

---

1. Il n'est pas prouvé que nous ne sentions rien dans le sommeil le plus profond ; il est même très-vraisemblable que nous avons alors des sensations, trop faibles, à la vérité, pour exciter l'attention ou rester dans la mémoire, trop mal ordonnées pour former un système suivi, ou qui puisse se raccorder à celui des idées que nous avons dans l'état de veille. Autrement il faudrait dire que l'attention nous fait sentir ou ne pas sentir les impressions que nous recevons des objets, ce qui serait peut-être encore plus difficile à concevoir. (K.)

conséquence de ces idées, puisque, sans cela, je me déterminerais sans raison, et qu'il y aurait un effet sans cause;

Que je ne puis avoir une idée positive de l'infini, puisque je suis très-fini;

Que je ne puis connaître aucune substance, parce que je ne puis avoir d'idées que de leurs qualités, et que mille qualités d'une chose ne peuvent me faire connaître la nature intime de cette chose, qui peut avoir cent mille autres qualités ignorées;

Que je ne suis la même personne qu'autant que j'ai de la mémoire, et le sentiment de ma mémoire : car n'ayant pas la moindre partie du corps qui m'appartenait dans mon enfance, et n'ayant pas le moindre souvenir des idées qui m'ont affecté à cet âge, il est clair que je ne suis pas plus ce même enfant que je ne suis Confucius ou Zoroastre. Je suis réputé la même personne par ceux qui m'ont vu croître, et qui ont toujours demeuré avec moi; mais je n'ai en aucune façon la même existence; je ne suis plus l'ancien moi-même; je suis une nouvelle identité, et de là quelles singulières conséquences !

Qu'enfin, conformément à la profonde ignorance dont je me suis convaincu sur les principes des choses, il est impossible que je puisse connaître quelles sont les substances auxquelles Dieu daigne accorder le don de sentir et de penser. En effet y a-t-il des substances dont l'essence soit de penser, qui pensent toujours, et qui pensent par elles-mêmes ? En ce cas ces substances, quelles qu'elles soient, sont des dieux : car elles n'ont nul besoin de l'Être éternel et formateur, puisqu'elles ont leurs essences sans lui, puisqu'elles pensent sans lui.

Secondement, si l'Être éternel a fait le don de sentir et de penser à des êtres, il leur a donné ce qui ne leur appartenait pas essentiellement; il a donc pu donner cette faculté à tout être, quel qu'il soit.

Troisièmement, nous ne connaissons aucun être à fond: donc il est impossible que nous sachions si un être est incapable ou non de recevoir le sentiment et la pensée. Les mots de *matière* et d'*esprit* ne sont que des mots; nous n'avons nulle notion complète de ces deux choses : donc au fond il y a autant de témérité à dire qu'un corps organisé par Dieu même ne peut recevoir la pensée de Dieu même qu'il serait ridicule de dire que l'esprit ne peut penser.

Quatrièmement, je suppose qu'il y ait des substances purement spirituelles qui n'aient jamais eu l'idée de la matière et du mouvement; seront-elles bien reçues à nier que la matière et le mouvement puissent exister ?

Je suppose que la savante congrégation qui condamna Galilée[1] comme impie et comme absurde, pour avoir démontré le mouvement de la terre autour du soleil, eût eu quelque connaissance des idées du chancelier Bacon, qui proposait d'examiner si l'attraction est donnée à la matière; je suppose que le rapporteur de ce tribunal eût remontré à ces graves personnages qu'il y avait des gens assez fous en Angleterre pour soupçonner que Dieu pouvait donner à toute la matière, depuis Saturne jusqu'à notre petit tas de boue, une tendance vers un centre, une attraction, une gravitation, laquelle serait absolument indépendante de toute impulsion, puisque l'impulsion donnée par un fluide en mouvement agit en raison des surfaces, et que cette gravitation agit en raison des solides. Ne voyez-vous pas ces juges de la raison humaine, et de Dieu même, dicter aussitôt leurs arrêts, anathématiser cette gravitation que Newton a démontrée depuis; prononcer que cela est impossible à Dieu, et déclarer que la gravitation vers un centre est un blasphème? Je suis coupable, ce me semble, de la même témérité, quand j'ose assurer que Dieu ne peut faire sentir et penser un être organisé quelconque.

Cinquièmement, je ne puis douter que Dieu n'ait accordé des sensations, de la mémoire, et par conséquent des idées, à la matière organisée dans les animaux[2]. Pourquoi donc nierai-je qu'il puisse faire le même présent à d'autres animaux? On l'a déjà dit[3], la difficulté consiste moins à savoir si la matière organisée peut penser qu'à savoir comment un être, quel qu'il soit, pense.

La pensée a quelque chose de divin; oui sans doute, et c'est pour cela que je ne saurai jamais ce que c'est que l'être pensant. Le principe du mouvement est divin, et je ne saurai jamais la cause de ce mouvement dont tous mes membres exécutent les lois.

L'enfant d'Aristote, étant en nourrice, attirait dans sa bouche le téton qu'il suçait, en formant précisément avec sa langue, qu'il retirait, une machine pneumatique, en pompant l'air, en formant du vide, tandis que son père ne savait rien de tout cela, et disait au hasard que la nature abhorre le vide.

---

1. Voyez tome XII, page 249.
2. Les mêmes preuves qui établiraient l'immatérialité de l'âme humaine serviraient à prouver avec la même force l'immatérialité de l'âme des animaux. Aussi cette raison ne peut être apportée que contre les philosophes qui croient que l'âme humaine et celle des animaux sont d'une nature essentiellement différente. Voyez, ci-après, l'ouvrage intitulé *Il faut prendre un parti*, § x. (K.)
3. En 1741, voyez tome XXII, page 422; et, en 1751, voyez tome XVII, page 158.

L'enfant d'Hippocrate, à l'âge de quatre ans, prouvait la circulation du sang en passant son doigt sur sa main, et Hippocrate ne savait pas que le sang circulât.

Nous sommes ces enfants, tous tant que nous sommes; nous opérons des choses admirables, et aucun des philosophes ne sait comment elles s'opèrent.

Sixièmement, voilà les raisons, ou plutôt les doutes que me fournit ma faculté intellectuelle sur l'assertion modeste de Locke. Je ne dis point, encore une fois, que c'est la matière qui pense en nous; je dis avec lui qu'il ne nous appartient pas de prononcer qu'il soit impossible à Dieu de faire penser la matière, qu'il est absurde de le prononcer, et que ce n'est pas à des vers de terre à borner la puissance de l'Être suprême.

Septièmement, j'ajoute que cette question est absolument étrangère à la morale, parce que, soit que la matière puisse penser ou non, quiconque pense doit être juste, parce que l'atome à qui Dieu aura donné la pensée peut mériter ou démériter, être puni ou récompensé, et durer éternellement, aussi bien que l'être inconnu appelé autrefois *souffle* et aujourd'hui *esprit*, dont nous avons encore moins de notion que d'un atome.

Je sais bien que ceux qui ont cru que l'être nommé *souffle* pouvait seul être susceptible de sentir et de penser ont persécuté[1] ceux qui ont pris le parti du sage Locke, et qui n'ont pas osé borner la puissance de Dieu à n'animer que ce souffle. Mais quand l'univers entier croyait que l'âme était un corps léger, un souffle, une substance de feu, aurait-on bien fait de persécuter ceux qui sont venus nous apprendre que l'âme est immatérielle? Tous les Pères de l'Église, qui ont cru l'âme un corps délié, auraient-ils eu raison de persécuter les autres Pères qui ont apporté aux hommes l'idée de l'immatérialité parfaite? Non sans doute, car le persécuteur est abominable : donc ceux qui admettent l'immatérialité parfaite sans la comprendre ont dû tolérer ceux qui la rejetaient parce qu'ils ne la comprenaient pas. Ceux qui ont refusé à Dieu le pouvoir d'animer l'être inconnu appelé *matière* ont dû tolérer aussi ceux qui n'ont pas osé dépouiller Dieu de ce pouvoir : car il est bien malhonnête de se haïr pour des syllogismes.

---

1. Voltaire avait été, en 1734, persécuté pour ses *Lettres philosophiques*, où il avait loué Locke (voyez tome XXII, page 123).

XXX. — *Qu'ai-je appris jusqu'à présent ?*

J'ai donc compté avec Locke et avec moi-même, et je me suis trouvé possesseur de quatre ou cinq vérités, dégagé d'une centaine d'erreurs, et chargé d'une immense quantité de doutes. Je me suis dit ensuite à moi-même : Ce peu de vérités que j'ai acquises par ma raison sera entre mes mains un bien stérile, si je n'y puis trouver quelque principe de morale. Il est beau à un aussi chétif animal que l'homme de s'être élevé à la connaissance du maître de la nature; mais cela ne me servira pas plus que la science de l'algèbre, si je n'en tire quelque règle pour la conduite de ma vie.

XXXI. — *Y a-t-il une morale ?*

Plus j'ai vu des hommes différents par le climat, les mœurs, le langage, les lois, le culte, et par la mesure de leur intelligence, et plus j'ai remarqué qu'ils ont tous le même fond de morale; ils ont tous une notion grossière du juste et de l'injuste, sans savoir un mot de théologie; ils ont tous acquis cette même notion dans l'âge où la raison se déploie, comme ils ont tous acquis naturellement l'art de soulever des fardeaux avec des bâtons, et de passer un ruisseau sur un morceau de bois, sans avoir appris les mathématiques.

Il m'a donc paru que cette idée du juste et de l'injuste leur était nécessaire, puisque tous s'accordaient en ce point dès qu'ils pouvaient agir et raisonner. L'intelligence suprême qui nous a formés a donc voulu qu'il y eût de la justice sur la terre, pour que nous puissions y vivre un certain temps. Il me semble que n'ayant ni instinct pour nous nourrir comme les animaux, ni armes naturelles comme eux, et végétant plusieurs années dans l'imbécillité d'une enfance exposée à tous les dangers, le peu qui serait resté d'hommes échappés aux dents des bêtes féroces, à la faim, à la misère, se seraient occupés à se disputer quelque nourriture et quelques peaux de bêtes, et qu'ils se seraient bientôt détruits comme les enfants du dragon de Cadmus, sitôt qu'ils auraient pu se servir de quelque arme. Du moins il n'y aurait eu aucune société, si les hommes n'avaient conçu l'idée de quelque justice, qui est le lien de toute société.

Comment l'Égyptien qui élevait des pyramides et des obélisques, et le Scythe errant qui ne connaissait pas même les cabanes, auraient-ils eu les mêmes notions fondamentales du juste et de l'injuste si Dieu n'avait donné de tout temps à l'un et à l'autre cette raison qui, en se développant, leur fait apercevoir les mêmes principes nécessaires, ainsi qu'il leur a donné des organes qui, lorsqu'ils ont atteint le degré de leur énergie, perpétuent nécessairement et de la même façon la race du Scythe et de l'Égyptien? Je vois une horde barbare[1], ignorante, superstitieuse, un peuple sanguinaire et usurier, qui n'avait pas même de terme dans son jargon pour signifier la géométrie et l'astronomie : cependant ce peuple a les mêmes lois fondamentales que le sage Chaldéen qui a connu les routes des astres, et que le Phénicien plus savant encore, qui s'est servi de la connaissance des astres pour aller fonder des colonies aux bornes de l'hémisphère où l'Océan se confond avec la Méditerranée. Tous ces peuples assurent qu'il faut respecter son père et sa mère; que le parjure, la calomnie, l'homicide, sont abominables. Ils tirent donc tous les mêmes conséquences du même principe de leur raison développée.

XXXII. — *Utilité réelle. Notion de la justice.*

La notion de quelque chose de juste me semble si naturelle, si universellement acquise par tous les hommes, qu'elle est indépendante de toute loi, de tout pacte, de toute religion. Que je redemande à un Turc, à un Guèbre, à un Malabare, l'argent que je lui ai prêté pour se nourrir et pour se vêtir, il ne lui tombera jamais dans la tête de me répondre : Attendez que je sache si Mahomet, Zoroastre ou Brama, ordonnent que je vous rende votre argent. Il conviendra qu'il est juste qu'il me paye, et s'il n'en fait rien, c'est que sa pauvreté ou son avarice l'emporteront sur la justice qu'il reconnaît.

Je mets en fait qu'il n'y a aucun peuple chez lequel il soit juste, beau, convenable, honnête, de refuser la nourriture à son père et à sa mère quand on peut leur en donner; que nulle peuplade n'a jamais pu regarder la calomnie comme une bonne action, non pas même une compagnie de bigots fanatiques.

L'idée de justice me paraît tellement une vérité du premier ordre, à laquelle tout l'univers donne son assentiment, que les plus grands crimes qui affligent la société humaine sont tous commis sous un faux prétexte de justice. Le plus grand des crimes, du moins le plus destructif, et par conséquent le plus

---

1. Le peuple juif. (B.)

opposé au but de la nature, est la guerre ; mais il n'y a aucun agresseur qui ne colore ce forfait du prétexte de la justice.

Les déprédateurs romains faisaient déclarer toutes leurs invasions justes par des prêtres nommés *Feciales*. Tout brigand qui se trouve à la tête d'une armée commence ses fureurs par un manifeste, et implore le dieu des armées.

Les petits voleurs eux-mêmes, quand ils sont associés, se gardent bien de dire : Allons voler, allons arracher à la veuve et à l'orphelin leur nourriture ; ils disent : Soyons justes, allons reprendre notre bien des mains des riches qui s'en sont emparés. Ils ont entre eux un dictionnaire qu'on a même imprimé dès le xvie siècle ; et dans ce vocabulaire, qu'ils appellent *argot*[1], les mots de *vol, larcin, rapine*, ne se trouvent point ; ils se servent des termes qui répondent à *gagner, reprendre*.

Le mot d'injustice ne se prononce jamais dans un conseil d'État où l'on propose le meurtre le plus injuste ; les conspirateurs, même les plus sanguinaires, n'ont jamais dit : Commettons un crime. Ils ont tous dit : Vengeons la patrie des crimes du tyran ; punissons ce qui nous paraît une injustice. En un mot, flatteurs lâches, ministres barbares, conspirateurs odieux, voleurs plongés dans l'iniquité, tous rendent hommage, malgré eux, à la vertu même, qu'ils foulent aux pieds.

J'ai toujours été étonné que, chez les Français, qui sont éclairés et polis, on ait souffert sur le théâtre ces maximes aussi affreuses que fausses qui se trouvent dans la première scène de *Pompée*, et qui sont beaucoup plus outrées que celles de Lucain dont elles sont imitées :

> La justice et le droit sont de vaines idées...
> Le droit des rois consiste à ne rien épargner.

Et on met ces abominables paroles dans la bouche de Photin, ministre du jeune Ptolémée. Mais c'est précisément parce qu'il est ministre qu'il devait dire tout le contraire ; il devait représenter la mort de Pompée comme un malheur nécessaire et juste.

Je crois donc que les idées du juste et de l'injuste sont aussi claires, aussi universelles, que les idées de santé et de maladie,

---

1. *Le Jargon, ou Langage de l'argot réformé.* Paris, veuve Du Carroy, in-12, sans date. La veuve Du Carroy était libraire en 1617. Grandval a donné un *Dictionnaire argot-français* et un *Dictionnaire français-argot*, à la suite de son poëme intitulé *le Vice puni, ou Cartouche*, 1726, in-8°.

de vérité et de fausseté, de convenance et de disconvenance. Les limites du juste et de l'injuste sont très-difficiles à poser ; comme l'état mitoyen entre la santé et la maladie, entre ce qui est convenance et la disconvenance des choses, entre le faux et le vrai, est difficile à marquer. Ce sont des nuances qui se mêlent, mais les couleurs tranchantes frappent tous les yeux. Par exemple, tous les hommes avouent qu'on doit rendre ce qu'on nous a prêté ; mais si je sais certainement que celui à qui je dois deux millions s'en servira pour asservir ma patrie, dois-je lui rendre cette arme funeste ? Voilà où les sentiments se partagent ; mais en général je dois observer mon serment quand il n'en résulte aucun mal : c'est de quoi personne n'a jamais douté [1].

XXXIII. — *Consentement universel est-il preuve de vérité ?*

On peut m'objecter que le consentement des hommes de tous les temps et de tous les pays n'est pas une preuve de la vérité. Tous les peuples ont cru à la magie, aux sortiléges, aux démoniaques, aux apparitions, aux influences des astres, à cent autres sottises pareilles : ne pourrait-il pas en être ainsi du juste et de l'injuste ?

Il me semble que non. Premièrement, il est faux que tous les hommes aient cru à ces chimères. Elles étaient, à la vérité, l'aliment de l'imbécillité du vulgaire, et il y a le vulgaire des grands et le vulgaire du peuple ; mais une multitude de sages s'en est toujours moquée : ce grand nombre de sages, au contraire, a toujours admis le juste et l'injuste, tout autant, et même encore plus que le peuple.

La croyance aux sorciers, aux démoniaques, etc., est bien

---

[1]. L'idée de la justice, du droit, se forme nécessairement de la même manière dans tous les êtres sensibles, capables des combinaisons nécessaires pour acquérir ces idées. Elles seront donc uniformes. Ensuite il peut arriver que certains êtres raisonnent mal d'après ces idées, les altèrent en y mêlant des idées accessoires, etc., comme ces mêmes êtres peuvent se tromper sur d'autres objets ; mais puisque tout être raisonnant juste sera conduit aux mêmes idées en morale comme en géométrie, il n'en est pas moins vrai que ces idées ne sont point arbitraires, mais certaines et invariables. Elles sont en effet la suite nécessaire des propriétés des êtres sensibles et capables de raisonner ; elles dérivent de leur nature, en sorte qu'il suffit de supposer l'existence de ces êtres pour que les propositions fondées sur ces notions soient vraies, comme il suffit de supposer l'existence d'un cercle pour établir la vérité des propositions qui en développent les différentes propriétés. Ainsi la réalité des propositions morales, leur vérité, relativement à l'état des êtres réels, des hommes, dépend uniquement de cette vérité de fait : Les hommes sont des êtres sensibles et intelligents. (K.)

éloignée d'être nécessaire au genre humain; la croyance à la justice est d'une nécessité absolue : donc elle est un développement de la raison donnée de Dieu, et l'idée des sorciers et des possédés, etc., est au contraire un pervertissement de cette même raison.

XXXIV. — Contre Locke.

Locke, qui m'instruit et qui m'apprend à me défier de moi-même, ne se trompe-t-il pas quelquefois comme moi-même? Il veut prouver la fausseté des idées innées; mais n'ajoute-t-il pas une bien mauvaise raison à de fort bonnes? Il avoue qu'il n'est pas juste de faire bouillir son prochain dans une chaudière et de le manger. Il dit que cependant il y a eu des nations d'anthropophages, et que ces êtres pensants n'auraient pas mangé des hommes s'ils avaient eu les idées du juste et de l'injuste, que je suppose nécessaires à l'espèce humaine. (Voyez la *question* XXXVI.)

Sans entrer ici dans la question s'il y a eu en effet des nations d'anthropophages [1], sans examiner les relations du voyageur Dampier [2], qui a parcouru toute l'Amérique et qui n'y en a jamais vu, mais qui au contraire a été reçu chez tous les sauvages avec la plus grande humanité, voici ce que je réponds :

Des vainqueurs ont mangé leurs esclaves pris à la guerre : ils ont cru faire une action très-juste; ils ont cru avoir sur eux droit de vie et de mort; et comme ils avaient peu de bons mets pour leur table, ils ont cru qu'il leur était permis de se nourrir du fruit de leur victoire. Ils ont été en cela plus justes que les triomphateurs romains, qui faisaient étrangler sans aucun fruit les princes esclaves qu'ils avaient enchaînés à leur char de triomphe. Les Romains et les sauvages avaient une très-fausse idée de la justice, je l'avoue; mais enfin les uns et les autres croyaient agir justement, et cela est si vrai que les mêmes sauvages, quand ils avaient admis leurs captifs dans leur société, les regardaient comme leurs enfants, et que ces mêmes anciens Romains ont donné mille exemples de justice admirables.

---

1. Voyez dans l'*Essai sur les Mœurs et l'Esprit des nations*, tome XII, la note 3 de la page 389, et dans le *Dictionnaire philosophique*, tome XVII, l'article ANTHROPOPHAGES.
2. Dampier (édition originale), et non Dampierre, comme l'imprime Beuchot, navigateur anglais qui publia, en 1697, un *Voyage autour du monde*, et, en 1701, un *Voyage à la Nouvelle-Hollande*.

XXXV. — *Contre Locke.*

Je conviens, avec le sage Locke, qu'il n'y a point de notion innée, point de principe de pratique inné : c'est une vérité si constante qu'il est évident que les enfants auraient tous une notion claire de Dieu s'ils étaient nés avec cette idée, et que tous les hommes s'accorderaient dans cette même notion, accord que l'on n'a jamais vu. Il n'est pas moins évident que nous ne naissons point avec des principes développés de morale, puisqu'on ne voit pas comment une nation entière pourrait rejeter un principe de morale qui serait gravé dans le cœur de chaque individu de cette nation.

Je suppose que nous soyons tous nés avec le principe moral bien développé qu'il ne faut persécuter personne pour sa manière de penser : comment des peuples entiers auraient-ils été persécuteurs? Je suppose que chaque homme porte en soi la loi évidente qui ordonne qu'on soit fidèle à son serment : comment tous ces hommes réunis en corps auront-ils statué qu'il ne faut pas garder sa parole à des hérétiques? Je répète encore qu'au lieu de ces idées innées chimériques, Dieu nous a donné une raison qui se fortifie avec l'âge, et qui nous apprend à tous, quand nous sommes attentifs, sans passion, sans préjugé, qu'il y a un Dieu, et qu'il faut être juste ; mais je ne puis accorder à Locke les conséquences qu'il en tire. Il semble trop approcher du système de Hobbes, dont il est pourtant très-éloigné.

Voici ses paroles, au premier livre de *l'Entendement humain* : « Considérez une ville prise d'assaut, et voyez s'il paraît dans le cœur des soldats, animés au carnage et au butin, quelque égard pour la vertu, quelque principe de morale, quelques remords de toutes les injustices qu'ils commettent. » Non, ils n'ont point de remords ; et pourquoi? c'est qu'ils croient agir justement. Aucun d'eux n'a supposé injuste la cause du prince pour lequel il va combattre : ils hasardent leur vie pour cette cause ; ils tiennent le marché qu'ils ont fait ; ils pouvaient être tués à l'assaut : donc ils croient être en droit de tuer ; ils pouvaient être dépouillés : donc ils pensent qu'ils peuvent dépouiller. Ajoutez qu'ils sont dans l'enivrement de la fureur, qui ne raisonne pas ; et, pour vous prouver qu'ils n'ont point rejeté l'idée du juste et de l'honnête, proposez à ces mêmes soldats beaucoup plus d'argent que le pillage de la ville ne peut leur en procurer, de plus belles filles que celles qu'ils ont violées, pourvu seulement qu'au lieu d'égorger, dans leur fureur, trois ou quatre mille ennemis qui font encore résistance, et qui peuvent les tuer, ils aillent égorger leur roi, son chancelier, ses secrétaires d'État, et son grand aumônier: vous ne trouverez pas un de ces soldats qui ne rejette vos offres avec horreur. Vous ne leur proposez cependant que six meurtres au lieu de quatre mille, et vous leur présentez une récompense très-forte. Pourquoi vous refusent-ils? c'est qu'ils croient juste de tuer quatre mille ennemis, et que le meurtre de leur souverain, auquel ils ont fait serment, leur paraît abominable.

Locke continue, et, pour mieux prouver qu'aucune règle de pratique n'est innée, il parle des Mingréliens, qui se font un jeu, dit-il, d'enterrer leurs enfants tout vifs, et des Caraïbes, qui châtrent les leurs pour les mieux engraisser, afin de les manger.

On a déjà remarqué ailleurs[1] que ce grand homme a été trop crédule en rapportant ces fables; Lambert[2], qui seul impute aux Mingréliens d'enterrer leurs enfants tout vifs pour leur plaisir, n'est pas un auteur assez accrédité.

Chardin[3], voyageur qui passe pour véridique, et qui a été rançonné en Mingrélie, parlerait de cette horrible coutume si elle existait; et ce ne serait pas assez qu'il le dît pour qu'on le crût: il faudrait que vingt voyageurs, de nations et de religions différentes, s'accordassent à confirmer un fait si étrange, pour qu'on en eût une certitude historique.

Il en est de même des femmes des îles Antilles, qui châtraient leurs enfants pour les manger: cela n'est pas dans la nature d'une mère.

Le cœur humain n'est point ainsi fait; châtrer des enfants est une opération très-délicate, très-dangereuse, qui, loin de les engraisser, les amaigrit au moins une année entière, et qui souvent les tue. Ce raffinement n'a jamais été en usage que chez des grands qui, pervertis par l'excès du luxe et par la jalousie, ont imaginé d'avoir des eunuques pour servir leurs femmes et leurs concubines. Il n'a été adopté en Italie, et à la chapelle du pape, que pour avoir des musiciens dont la voix fût plus belle que celle des femmes. Mais dans les îles Antilles il n'est guère à présumer que des sauvages aient inventé le raffinement de châtrer les petits

---

1. Tome XXII, page 420.
2. Jésuite, auteur d'un *Recueil d'observations curieuses sur les mœurs, les coutumes, les arts et les sciences des différents peuples de l'Asie, de l'Afrique et de l'Amérique*, 1749.
3. Son *Voyage en Perse* fut publié, mais incomplet, en 1686.

garçons pour en faire un bon plat ; et puis qu'auraient-ils fait de leurs petites filles ?

Locke allègue encore des saints de la religion mahométane, qui s'accouplent dévotement avec leurs ânesses pour n'être point tentés de commettre la moindre fornication avec les femmes du pays. Il faut mettre ces contes avec celui du perroquet qui eut une si belle conversation en langue brasilienne avec le prince Maurice, conversation que Locke a la simplicité de rapporter, sans se douter que l'interprète du prince avait pu se moquer de lui. C'est ainsi que l'auteur de *l'Esprit des lois* s'amuse à citer de prétendues lois de Tunquin, de Bantam, de Bornéo, de Formose, sur la foi de quelques voyageurs, ou menteurs ou mal instruits. Locke et lui sont deux grands hommes en qui cette simplicité ne me semble pas excusable.

XXXVI. — *Nature partout la même.*

En abandonnant Locke en ce point, je dis avec le grand Newton : « *Natura est semper sibi consona ;* la nature est toujours semblable à elle-même. » La loi de la gravitation qui agit sur un astre agit sur tous les astres, sur toute la matière : ainsi la loi fondamentale de la morale agit également sur toutes les nations bien connues. Il y a mille différences dans les interprétations de cette loi, en mille circonstances ; mais le fond subsiste toujours le même, et ce fond est l'idée du juste et de l'injuste. On commet prodigieusement d'injustices dans les fureurs de ses passions, comme on perd sa raison dans l'ivresse ; mais quand l'ivresse est passée, la raison revient, et c'est, à mon avis, l'unique cause qui fait subsister la société humaine, cause subordonnée au besoin que nous avons les uns des autres.

Comment donc avons-nous acquis l'idée de la justice ? comme nous avons acquis celle de la prudence, de la vérité, de la convenance : par le sentiment et par la raison. Il est impossible que nous ne trouvions pas très-imprudente l'action d'un homme qui se jetterait dans le feu pour se faire admirer, et qui espérerait d'en réchapper. Il est impossible que nous ne trouvions pas très-injuste l'action d'un homme qui en tue un autre dans sa colère. La société n'est fondée que sur ces notions, qu'on n'arrachera jamais de notre cœur ; et c'est pourquoi toute société subsiste, à quelque superstition bizarre et horrible qu'elle se soit asservie.

Quel est l'âge où nous connaissons le juste et l'injuste ? L'âge où nous connaissons que deux et deux font quatre.

XXXVII. — *De Hobbes.*

Profond et bizarre philosophe, bon citoyen, esprit hardi, ennemi de Descartes, toi qui t'es trompé comme lui, toi dont les erreurs en physique sont grandes, et pardonnables parce que tu étais venu avant Newton, toi qui as dit des vérités qui ne compensent pas tes erreurs, toi qui le premier fis voir quelle est la chimère des idées innées, toi qui fus le précurseur de Locke en plusieurs choses, mais qui le fus aussi de Spinosa, c'est en vain que tu étonnes tes lecteurs en réussissant presque à leur prouver qu'il n'y a aucunes lois dans le monde que des lois de convention; qu'il n'y a de juste et d'injuste que ce qu'on est convenu d'appeler tel dans un pays. Si tu t'étais trouvé seul avec Cromwell dans une île déserte, et que Cromwell eût voulu te tuer pour avoir pris le parti de ton roi dans l'île d'Angleterre, cet attentat ne t'aurait-il pas paru aussi injuste dans ta nouvelle île qu'il te l'aurait paru dans ta patrie?

Tu dis que, dans la loi de nature, « tous ayant droit à tout, chacun a droit sur la vie de son semblable ». Ne confonds-tu pas la puissance avec le droit? Penses-tu qu'en effet le pouvoir donne le droit, et qu'un fils robuste n'ait rien à se reprocher pour avoir assassiné son père languissant et décrépit? Quiconque étudie la morale doit commencer à réfuter ton livre dans son cœur, mais ton propre cœur te réfutait encore davantage : car tu fus vertueux ainsi que Spinosa, et il ne te manqua, comme à lui, que d'enseigner les vrais principes de la vertu, que tu pratiquais et que tu recommandais aux autres.

XXXVIII. — *Morale universelle.*

La morale me paraît tellement universelle, tellement calculée par l'Être universel qui nous a formés, tellement destinée à servir de contre-poids à nos passions funestes, et à soulager les peines inévitables de cette courte vie, que, depuis Zoroastre jusqu'au lord Shaftesbury, je vois tous les philosophes enseigner la même morale, quoiqu'ils aient tous des idées différentes sur les principes des choses. Nous avons vu que Hobbes, Spinosa, et Bayle lui-même, qui ont ou nié les premiers principes, ou qui en ont douté, ont cependant recommandé fortement la justice et toutes les vertus.

Chaque nation eut des rites religieux particuliers, et très-souvent d'absurdes et de révoltantes opinions en métaphysique, en théologie; mais s'agit-il de savoir s'il faut être juste, tout l'univers est d'accord, comme nous l'avons dit à la *question* xxxvi, et comme on ne peut trop le répéter.

XXXIX. — *De Zoroastre*[1].

Je n'examine point en quel temps vivait Zoroastre, à qui les Perses donnèrent neuf mille ans d'antiquité, ainsi que Platon aux anciens Athéniens. Je vois seulement que ses préceptes de morale se sont conservés jusqu'à nos jours : ils sont traduits de l'ancienne langue des mages dans la langue vulgaire des Guèbres, et il paraît bien aux allégories puériles, aux observances ridicules, aux idées fantastiques dont ce recueil est rempli, que la religion de Zoroastre est de l'antiquité la plus haute. C'est là qu'on trouve le nom de *jardin* pour exprimer la récompense des justes; on y voit le mauvais principe sous le nom de Satan, que les Juifs adoptèrent aussi. On y trouve le monde formé en six saisons ou en six temps. Il y est ordonné de réciter un *Abunavar* et un *Ashim vuhu* pour ceux qui éternuent.

Mais enfin, dans ce recueil de cent portes ou préceptes tirés du livre du *Zend*, et où l'on rapporte même les propres paroles de l'ancien Zoroastre, quels devoirs moraux sont prescrits?

Celui d'aimer, de secourir son père et sa mère, de faire l'aumône aux pauvres, de ne jamais manquer à sa parole, de s'abstenir, quand on est dans le doute si l'action qu'on va faire est juste ou non. (*Porte* 30.)

Je m'arrête à ce précepte, parce que nul législateur n'a jamais pu aller au delà; et je me confirme dans l'idée que plus Zoroastre établit de superstitions ridicules en fait de culte, plus la pureté de sa morale fait voir qu'il n'était pas en lui de la corrompre; que plus il s'abandonnait à l'erreur dans ses dogmes, plus il lui était impossible d'errer en enseignant la vertu.

XL. — *Des Brachmanes*.

Il est vraisemblable que les brames ou brachmanes existaient longtemps avant que les Chinois eussent leurs *cinq kings*; et ce qui fonde cette extrême probabilité, c'est qu'à la Chine les antiquités les plus recherchées sont indiennes, et que dans l'Inde il n'y a point d'antiquités chinoises.

---

1. Voyez aussi tome XX, page 616.

Ces anciens brames étaient sans doute d'aussi mauvais métaphysiciens, d'aussi ridicules théologiens que les Chaldéens et les Perses, et toutes les nations qui sont à l'occident de la Chine. Mais quelle sublimité dans la morale! Selon eux la vie n'était qu'une mort de quelques années, après laquelle on vivrait avec la Divinité. Ils ne se bornaient pas à être justes envers les autres, mais ils étaient rigoureux envers eux-mêmes ; le silence, l'abstinence, la contemplation, le renoncement à tous les plaisirs, étaient leurs principaux devoirs. Aussi tous les sages des autres nations allaient chez eux apprendre ce qu'on appelait *la sagesse*.

XLI. — *De Confucius.*

Les Chinois n'eurent aucune superstition, aucun charlatanisme à se reprocher comme les autres peuples. Le gouvernement chinois montrait aux hommes, il y a fort au delà de quatre mille ans, et leur montre encore qu'on peut les régir sans les tromper ; que ce n'est pas par le mensonge qu'on sert le Dieu de vérité ; que la superstition est non-seulement inutile, mais nuisible à la religion. Jamais l'adoration de Dieu ne fut si pure et si sainte qu'à la Chine (*à la révélation près*). Je ne parle pas des sectes du peuple, je parle de la religion du prince, de celle de tous les tribunaux et de tout ce qui n'est pas populace. Quelle est la religion de tous les honnêtes gens à la Chine, depuis tant de siècles? la voici : *Adorez le ciel, et soyez juste.* Aucun empereur n'en a eu d'autre.

On place souvent le grand Confutzée, que nous nommons Confucius[1], parmi les anciens législateurs, parmi les fondateurs de religions : c'est une grande inadvertance. Confutzée est très-moderne ; il ne vivait que six cent cinquante ans avant notre ère. Jamais il n'institua aucun culte, aucun rite ; jamais il ne se dit ni inspiré ni prophète ; il ne fit que rassembler en un corps les anciennes lois de la morale.

Il invite les hommes à pardonner les injures et à ne se souvenir que des bienfaits;

A veiller sans cesse sur soi-même, à corriger aujourd'hui les fautes d'hier;

A réprimer ses passions, et à cultiver l'amitié ; à donner sans faste, et à ne recevoir que l'extrême nécessaire sans bassesse.

Il ne dit point qu'il ne faut pas faire à autrui ce que nous ne

---

1. Voyez tome XI, page 176 ; et XVIII, 150.

voulons pas qu'on fasse à nous-mêmes : ce n'est que défendre le mal ; il fait plus, il recommande le bien : « Traite autrui comme tu veux qu'on te traite. »

Il enseigne non-seulement la modestie, mais encore l'humilité ; il recommande toutes les vertus.

XLII. — *Des philosophes grecs, et d'abord de Pythagore.*

Tous les philosophes grecs ont dit des sottises en physique et en métaphysique. Tous sont excellents dans la morale ; tous égalent Zoroastre, Confutzée, et les brachmanes. Lisez seulement les *Vers dorés* de Pythagore, c'est le précis de sa doctrine ; il n'importe de quelle main ils soient. Dites-moi si une seule vertu y est oubliée.

XLIII. — *De Zaleucus.*

Réunissez tous vos lieux communs, prédicateurs grecs, italiens, espagnols, allemands, français, etc.; qu'on distille toutes vos déclamations, en tirera-t-on un extrait qui soit plus pur que l'exorde des lois de Zaleucus?

« Maîtrisez votre âme, purifiez-la, écartez toute pensée criminelle. Croyez que Dieu ne peut être bien servi par les pervers ; croyez qu'il ne ressemble pas aux faibles mortels, que les louanges et les présents séduisent : la vertu seule peut lui plaire. »

Voilà le précis de toute morale et de toute religion.

XLIV. — *D'Épicure.*

Des pédants de collége, des petits-maîtres de séminaire, ont cru, sur quelques plaisanteries d'Horace et de Pétrone, qu'Épicure avait enseigné la volupté par les préceptes et par l'exemple. Épicure fut toute sa vie un philosophe sage, tempérant, et juste. Dès l'âge de douze à treize ans, il fut sage : car lorsque le grammairien qui l'instruisait lui récita ce vers d'Hésiode :

Le chaos fut produit le premier de tous les êtres,

« Hé ! qui le produisit, dit Épicure, puisqu'il était le premier ? — Je n'en sais rien, dit le grammairien ; il n'y a que les philosophes qui le sachent. — Je vais donc m'instruire chez eux, » repartit l'enfant; et depuis ce temps jusqu'à l'âge de soixante et douze ans il cultiva la philosophie. Son testament, que Diogène de Laërce nous a conservé tout entier, découvre une âme tranquille et juste; il affranchit les esclaves qu'il croit avoir mérité cette grâce; il recommande à ses exécuteurs testamentaires de donner la liberté à ceux qui s'en rendront dignes. Point d'ostentation, point d'injuste préférence; c'est la dernière volonté d'un homme qui n'en a jamais eu que de raisonnables. Seul de tous les philosophes, il eut pour amis tous ses disciples, et sa secte fut la seule où l'on sut aimer, et qui ne se partagea point en plusieurs autres.

Il paraît, après avoir examiné sa doctrine et ce qu'on a écrit pour et contre lui, que tout se réduit à la dispute entre Malebranche et Arnauld. Malebranche avouait que le plaisir rend heureux, Arnauld le niait; c'était une dispute de mots, comme tant d'autres disputes où la philosophie et la théologie apportent leur incertitude, chacune de son côté.

XLV. — *Des stoïciens.*

Si les épicuriens rendirent la nature humaine aimable, les stoïciens la rendirent presque divine. Résignation à l'Être des êtres, ou plutôt élévation de l'âme jusqu'à cet Être; mépris du plaisir, mépris même de la douleur, mépris de la vie et de la mort, inflexibilité dans la justice : tel était le caractère des vrais stoïciens, et tout ce qu'on a pu dire contre eux, c'est qu'ils décourageaient le reste des hommes.

Socrate, qui n'était pas de leur secte, fit voir qu'on pouvait pousser la vertu aussi loin qu'eux sans être d'aucun parti; et la mort de ce martyr de la Divinité est l'éternel opprobre d'Athènes, quoiqu'elle s'en soit repentie.

Le stoïcien Caton est, d'un autre côté, l'éternel honneur de Rome. Épictète, dans l'esclavage, est peut-être supérieur à Caton, en ce qu'il est toujours content de sa misère. « Je suis, dit-il, dans la place où la Providence a voulu que je fusse : m'en plaindre, c'est l'offenser. »

Dirai-je que l'empereur Antonin est encore au-dessus d'Épictète, parce qu'il triompha de plus de séductions, et qu'il était bien plus difficile à un empereur de ne se pas corrompre qu'à un pauvre de ne pas murmurer? Lisez les Pensées de l'un et de l'autre, l'empereur et l'esclave vous paraîtront également grands.

Oserai-je parler ici de l'empereur Julien[1]? Il erra sur le

---

1. Voyez tome XVII, page 316; tome XIX, page 541; et, plus loin, le *Portrait de l'empereur Julien*, en tête du *Discours de l'empereur Julien*.

dogme, mais certes il n'erra pas sur la morale. En un mot, nul philosophe dans l'antiquité qui n'ait voulu rendre les hommes meilleurs.

Il y a eu des gens parmi nous qui ont dit que toutes les vertus de ces grands hommes n'étaient que des péchés illustres[1]. Puisse la terre être couverte de tels coupables!

XLVI. — *Philosophie et vertu.*

Il y eut des sophistes qui furent aux philosophes ce que les singes sont aux hommes. Lucien se moqua d'eux; on les méprisa: ils furent à peu près ce qu'ont été les moines mendiants dans les universités. Mais n'oublions jamais que tous les philosophes ont donné de grands exemples de vertu, et que les sophistes, et même les moines, ont tous respecté la vertu dans leurs écrits.

XLVII. — *D'Ésope.*

Je placerai Ésope parmi ces grands hommes, et même à la tête de ces grands hommes, soit qu'il ait été le Pilpai des Indiens, ou l'ancien précurseur de Pilpai, ou le Lokman des Perses, ou le Hakym des Arabes, ou le Hakam des Phéniciens, il n'importe; je vois que ses fables ont été en vogue chez toutes les nations orientales, et que l'origine s'en perd dans une antiquité dont on ne peut sonder l'abîme. A quoi tendent ces fables aussi profondes qu'ingénues, ces apologues qui semblent visiblement écrits dans un temps où l'on ne doutait pas que les bêtes n'eussent un langage? Elles ont enseigné presque tout notre hémisphère. Ce ne sont point des recueils de sentences fastidieuses, qui lassent plus qu'elles n'éclairent; c'est la vérité elle-même avec le charme de la fable. Tout ce qu'on a pu faire, c'est d'y ajouter des embellissements dans nos langues modernes. Cette ancienne sagesse est simple et nue dans le premier auteur. Les grâces naïves dont on l'a ornée en France n'en ont point caché le fond respectable. Que nous apprennent toutes ces fables? Qu'il faut être juste.

XLVIII. — *De la paix née de la philosophie.*

Puisque tous les philosophes avaient des dogmes différents, il est clair que le dogme et la vertu sont d'une nature entièrement

---

1. *Peccata splendida*, dit saint Augustin; voyez tome XVIII, page 74, et XXV, page 434.

hétérogène. Qu'ils crussent ou non que Téthys était la déesse de la mer, qu'ils fussent persuadés ou non de la guerre des géants et de l'âge d'or, de la boîte de Pandore et de la mort du serpent Python, etc., ces doctrines n'avaient rien de commun avec la morale. C'est une chose admirable dans l'antiquité que la théogonie n'ait jamais troublé la paix des nations.

XLIX. — *Autres questions.*

Ah ! si nous pouvions imiter l'antiquité ! si nous faisions enfin à l'égard des disputes théologiques ce que nous avons fait au bout de dix-sept siècles dans les belles-lettres !

Nous sommes revenus au goût de la saine antiquité, après avoir été plongés dans la barbarie de nos écoles. Jamais les Romains ne furent assez absurdes pour imaginer qu'on pût persécuter un homme parce qu'il croyait le vide ou le plein, parce qu'il prétendait que les accidents ne peuvent pas subsister sans sujet, parce qu'il expliquait en un sens un passage d'un auteur, qu'un autre entendait dans un sens contraire.

Nous avons recours tous les jours à la jurisprudence des Romains; et quand nous manquons de lois (ce qui nous arrive si souvent), nous allons consulter le *Code* et le *Digeste*. Pourquoi ne pas imiter nos maîtres dans leur sage tolérance ?

Qu'importe à l'État qu'on soit du sentiment des réaux ou des nominaux; qu'on tienne pour Scot ou pour Thomas, pour Œcolampade ou pour Mélanchthon; qu'on soit du parti d'un évêque d'Ypres[1] qu'on n'a point lu, ou d'un moine espagnol[2] qu'on a moins lu encore ? N'est-il pas clair que tout cela doit être aussi indifférent au véritable intérêt d'une nation que de traduire bien ou mal un passage de Lycophron ou d'Hésiode ?

L. — *Autres questions.*

Je sais que les hommes sont quelquefois malades du cerveau. Nous avons eu un musicien[3] qui est mort fou parce que sa musique n'avait pas paru assez bonne. Des gens ont cru avoir un nez de verre; mais s'il y en avait d'assez attaqués pour penser,

---

1. Jansénius.
2. Molina.
3. Jean-Joseph Mouret, surintendant de la musique de la duchesse du Maine, né à Avignon en 1682, mort à Charenton le 22 décembre 1738.

par exemple, qu'ils ont toujours raison, y aurait-il assez d'ellébore pour une si étrange maladie?

Et si ces malades, pour soutenir qu'ils ont toujours raison, menaçaient du dernier supplice quiconque pense qu'ils peuvent avoir tort; s'ils établissaient des espions pour découvrir les réfractaires; s'ils décidaient qu'un père, sur le témoignage de son fils, une mère, sur celui de sa fille, doit périr dans les flammes, etc., ne faudrait-il pas lier ces gens-là, et les traiter comme ceux qui sont attaqués de la rage?

LI. — *Ignorance.*

Vous me demandez à quoi bon tout ce sermon si l'homme n'est pas libre? D'abord je ne vous ai point dit que l'homme n'est pas libre; je vous ai dit[1] que sa liberté consiste dans son pouvoir d'agir, et non pas dans le pouvoir chimérique de *vouloir vouloir*. Ensuite je vous dirai que, tout étant lié dans la nature, la Providence éternelle me prédestinait à écrire ces rêveries, et prédestinait cinq ou six lecteurs à en faire leur profit, et cinq ou six autres à les dédaigner, et à les laisser dans la foule immense des écrits inutiles.

Si vous me dites que je ne vous ai rien appris, souvenez-vous que je me suis annoncé comme un ignorant.

LII. — *Autres ignorances.*

Je suis si ignorant que je ne sais pas même les faits anciens dont on me berce; je crains toujours de me tromper de sept à huit cents années au moins quand je cherche en quel temps ont vécu ces antiques héros qu'on dit avoir exercé les premiers le vol et le brigandage dans une grande étendue de pays; et ces premiers sages qui adorèrent des étoiles, ou des poissons, ou des serpents, ou des morts, ou des êtres fantastiques.

Quel est celui qui le premier imagina les six Gahambars[2], et le pont de Tshinavar, et le Dardaroth, et le lac de Karon? En quel temps vivaient le premier Bacchus, le premier Hercule, le premier Orphée?

Toute l'antiquité est si ténébreuse jusqu'à Thucydide et Xénophon que je suis réduit à ne savoir presque pas un mot de ce qui s'est passé sur le globe que j'habite, avant le court espace

---

1. Question XIII, page 56.
2. Génies des Parsis.

d'environ trente siècles; et dans ces trente siècles, encore, que d'obscurités, que d'incertitudes, que de fables!

LIII. — *Plus grande ignorance.*

Mon ignorance me pèse bien davantage, quand je vois que ni moi, ni mes compatriotes, nous ne savons absolument rien de notre patrie. Ma mère m'a dit que j'étais né sur les bords du Rhin; je le veux croire. J'ai demandé à mon ami, le savant Apédeutès [1], natif de Courlande, s'il avait connaissance des anciens peuples du Nord ses voisins, et de son malheureux petit pays : il m'a répondu qu'il n'en avait pas plus de notions que les poissons de la mer Baltique.

Pour moi, tout ce que je sais de mon pays, c'est que César dit, il y a environ dix-huit cents ans, que nous étions des brigands qui étions dans l'usage de sacrifier des hommes à je ne sais quels dieux pour obtenir d'eux quelque bonne proie, et que nous n'allions jamais en course qu'accompagnés de vieilles sorcières qui faisaient ces beaux sacrifices.

Tacite, un siècle après, dit quelques mots de nous, sans nous avoir jamais vus; il nous regarde comme les plus honnêtes gens du monde en comparaison des Romains, car il assure que quand nous n'avions personne à voler, nous passions les jours et les nuits à nous enivrer de mauvaise bière dans nos cabanes.

Depuis ce temps de notre âge d'or, c'est un vide immense jusqu'à l'histoire de Charlemagne. Quand je suis arrivé à ces temps connus, je vois dans Goldast [2] une charte de Charlemagne, datée d'Aix-la-Chapelle, dans laquelle ce savant empereur parle ainsi :

« Vous savez que, chassant un jour auprès de cette ville, je trouvai les thermes et le palais que Granus, frère de Néron et d'Agrippa, avait autrefois bâtis. »

Ce Granus et cet Agrippa, frères de Néron, me font voir que Charlemagne était aussi ignorant que moi, et cela soulage.

LIV. — *Ignorance ridicule.*

L'histoire de l'Église de mon pays ressemble à celle de Granus, frère de Néron et d'Agrippa, et est bien plus merveilleuse. Ce sont

---

1. *Apédeutès* signifie ignorant, privé de science.
2. Goldast de Heiminsfeld, né en 1576, mort en 1635, a publié entre autres ouvrages une *Collection des constitutions impériales*, 4 vol. in-folio, 1613.

de petits garçons ressuscités, des dragons pris avec une étole comme des lapins avec un lacet; des hosties qui saignent d'un coup de couteau qu'un juif leur donne; des saints qui courent après leurs têtes quand on les leur a coupées. Une des légendes les plus avérées dans notre histoire ecclésiastique d'Allemagne est celle du bienheureux Pierre de Luxembourg, qui, dans les deux années 1388 et 89, après sa mort, fit deux mille quatre cents miracles, et, les années suivantes, trois mille de compte fait, parmi lesquels on ne nomme pourtant que quarante-deux morts ressuscités.

Je m'informe si les autres États de l'Europe ont des histoires ecclésiastiques aussi merveilleuses et aussi authentiques. Je trouve partout la même sagesse et la même certitude.

LV. — *Pis qu'ignorance.*

J'ai vu ensuite pour quelles sottises inintelligibles les hommes s'étaient chargés les uns les autres d'imprécations, s'étaient détestés, persécutés, égorgés, pendus, roués, et brûlés; et j'ai dit : S'il y avait eu un sage dans ces abominables temps, il aurait donc fallu que ce sage vécût et mourût dans les déserts.

LVI. — *Commencement de la raison.*

Je vois qu'aujourd'hui, dans ce siècle qui est l'aurore de la raison, quelques têtes de cette hydre du fanatisme renaissent encore. Il paraît que leur poison est moins mortel, et leurs gueules moins dévorantes. Le sang n'a pas coulé pour la grâce versatile, comme il coula si longtemps pour les indulgences plénières qu'on vendait au marché; mais le monstre subsiste encore : quiconque recherchera la vérité risquera d'être persécuté. Faut-il rester oisif dans les ténèbres? ou faut-il allumer un flambeau auquel l'envie et la calomnie rallumeront leurs torches? Pour moi, je crois que la vérité ne doit pas plus se cacher devant ces monstres que l'on ne doit s'abstenir de prendre de la nourriture dans la crainte d'être empoisonné[1].

---

1. Suivent dans les premières éditions : *Petite Digression* (ou *les Aveugles juges des couleurs*), *Aventure indienne traduite par l'Ignorant* (voyez tome XXI), et le *Petit Commentaire de l'Ignorant sur l'Éloge du Dauphin*, par M. Thomas, qu'on a vu au tome XXV.

FIN DU PHILOSOPHE IGNORANT.

ANDRÉ DESTOUCHES

A SIAM[1].

André Destouches[2] était un musicien très-agréable dans le beau siècle de Louis XIV, avant que la musique eût été perfectionnée par Rameau, et gâtée par ceux qui préfèrent la difficulté surmontée au naturel et aux grâces.

Avant d'avoir exercé ses talents il avait été mousquetaire; et avant d'être mousquetaire, il fit, en 1688, le voyage de Siam avec le jésuite Tachard, qui lui donna beaucoup de marques particulières de tendresse pour avoir un amusement sur le vaisseau; et Destouches parla toujours avec admiration du P. Tachard le reste de sa vie.

Il fit connaissance, à Siam, avec un premier commis du barcalon; ce premier commis s'appelait Croutef[3], et il mit par écrit la plupart des questions qu'il avait faites à Croutef, avec les réponses de ce Siamois. Les voici telles qu'on les a trouvées dans ses papiers:

ANDRÉ DESTOUCHES.

Combien avez-vous de soldats?

CROUTEF.

Quatre-vingt mille, fort médiocrement payés.

ANDRÉ DESTOUCHES.

Et de talapoins?

CROUTEF.

Cent vingt mille, tous fainéants et très-riches. Il est vrai que, dans la dernière guerre, nous avons été bien battus; mais, en ré-

---

1. Ce morceau a été imprimé en 1766, à la suite du *Philosophe ignorant*, sous ce titre: *Supplément au Philosophe ignorant.* Voyez la note, page 47.
2. André Destouches, né en 1672, mort en 1749, auteur de l'opéra d'*Issé*.
3. Barcalon est le titre du premier ministre à Siam. Le nom du premier commis paraît forgé par Voltaire.

compense, nos talapoins ont fait très-grande chère, bâti de belles maisons, et entretenu de très-jolies filles.

ANDRÉ DESTOUCHES.

Il n'y a rien de plus sage et de mieux avisé. Et vos finances, en quel état sont-elles ?

CROUTEF.

En fort mauvais état. Nous avons pourtant quatre-vingt-dix mille hommes employés pour les faire fleurir; et s'ils n'en ont pu venir à bout, ce n'est pas leur faute, car il n'y a aucun d'eux qui ne prenne honnêtement tout ce qu'il peut prendre, et qui ne dépouille les cultivateurs pour le bien de l'État.

ANDRÉ DESTOUCHES.

Bravo ! Et votre jurisprudence, est-elle aussi parfaite que tout le reste de votre administration ?

CROUTEF.

Elle est bien supérieure ; nous n'avons point de lois, mais nous avons cinq ou six mille volumes sur les lois. Nous nous conduisons d'ordinaire par des coutumes, car on sait qu'une coutume ayant été établie au hasard est toujours ce qu'il y a de plus sage. Et de plus, chaque coutume ayant nécessairement changé dans chaque province, comme les habillements et les coiffures, les juges peuvent choisir à leur gré l'usage qui était en vogue il y a quatre siècles, ou celui qui régnait l'année passée ; c'est une variété de législation que nos voisins ne cessent d'admirer ; c'est une fortune assurée pour les praticiens, une ressource pour tous les plaideurs de mauvaise foi, et un agrément infini pour les juges, qui peuvent, en sûreté de conscience, décider les causes sans les entendre.

ANDRÉ DESTOUCHES.

Mais pour le criminel, vous avez du moins des lois constantes ?

CROUTEF.

Dieu nous en préserve ! nous pouvons condamner au bannissement, aux galères, à la potence, ou renvoyer hors de cour, selon que la fantaisie nous en prend. Nous nous plaignons quelquefois du pouvoir arbitraire de monsieur le barcalon ; mais nous voulons que tous nos jugements soient arbitraires.

ANDRÉ DESTOUCHES.

Cela est juste. Et de la question, en usez-vous ?

CROUTEF.

C'est notre plus grand plaisir ; nous avons trouvé que c'est un secret infaillible pour sauver un coupable qui a les muscles vigoureux, les jarrets forts et souples, les bras nerveux et les reins doubles ; et nous rouons gaiement tous les innocents à qui la nature a donné des organes faibles. Voici comme nous nous y prenons avec une sagesse et une prudence merveilleuses. Comme il y a des demi-preuves, c'est-à-dire des demi-vérités, il est clair qu'il y a des demi-innocents et des demi-coupables. Nous commençons donc par leur donner une demi-mort, après quoi nous allons déjeuner ; ensuite vient la mort tout entière, ce qui donne dans le monde une grande considération, qui est le revenu du prix de nos charges.

ANDRÉ DESTOUCHES.

Rien n'est plus prudent et plus humain, il faut en convenir. Apprenez-moi ce que deviennent les biens des condamnés.

CROUTEF.

Les enfants en sont privés : car vous savez que rien n'est plus équitable que de punir tous les descendants d'une faute de leur père [1].

ANDRÉ DESTOUCHES.

Oui, il y a longtemps que j'ai entendu parler de cette jurisprudence.

CROUTEF.

Les peuples de Lao, nos voisins, n'admettent ni la question [2], ni les peines arbitraires, ni les coutumes différentes, ni les horribles supplices qui sont parmi nous en usage ; mais aussi nous les regardons comme des barbares qui n'ont aucune idée d'un bon gouvernement. Toute l'Asie convient que nous dansons beaucoup mieux qu'eux, et que par conséquent il est impossible qu'ils approchent de nous en jurisprudence, en commerce, en finances, et surtout dans l'art militaire.

ANDRÉ DESTOUCHES.

Dites-moi, je vous prie, par quels degrés on parvient dans Siam à la magistrature.

CROUTEF.

Par de l'argent comptant. Vous sentez qu'il serait impossible de bien juger si on n'avait pas trente ou quarante mille pièces d'argent toutes prêtes. En vain on saurait par cœur toutes les coutumes, en vain on aurait plaidé cinq cents causes avec succès, en vain on aurait un esprit rempli de justesse et un

---

1. Sur la confiscation, voyez tome XXV, page 570.
2. Voyez tome XX, pages 313 et 533 ; tome XXV, page 557 ; et, plus loin, l'article XXIV du *Prix de la justice et de l'humanité*.

cœur plein de justice ; on ne peut parvenir à aucune magistrature sans argent. C'est encore ce qui nous distingue de tous les peuples de l'Asie, et surtout de ces barbares de Lao, qui ont la manie de récompenser tous les talents, et de ne vendre aucun emploi.

André Destouches, qui était un peu distrait, comme le sont tous les musiciens, répondit au Siamois que la plupart des airs qu'il venait de chanter lui paraissaient un peu discordants, et voulut s'informer à fond de la musique siamoise ; mais Croutef, plein de son sujet, et passionné pour son pays, continua en ces termes :

Il m'importe fort peu que nos voisins qui habitent par delà nos montagnes[1] aient de meilleure musique que nous, et de meilleurs tableaux, pourvu que nous ayons toujours des lois sages et humaines. C'est dans cette partie que nous excellons. Par exemple, il y a mille circonstances où, une fille étant accouchée d'un enfant mort, nous réparons la perte de l'enfant en faisant pendre la mère, moyennant quoi elle est manifestement hors d'état de faire une fausse couche.

Si un homme a volé adroitement trois ou quatre cent mille pièces d'or, nous le respectons et nous allons dîner chez lui ; mais si une pauvre servante s'approprie maladroitement trois ou quatre pièces de cuivre qui étaient dans la cassette de sa maîtresse, nous ne manquons pas de tuer cette servante en place publique : premièrement, de peur qu'elle ne se corrige ; secondement, afin qu'elle ne puisse donner à l'État des enfants en grand nombre, parmi lesquels il s'en trouverait peut-être un ou deux qui pourraient voler trois ou quatre petites pièces de cuivre, ou devenir de grands hommes ; troisièmement, parce qu'il est juste de proportionner la peine au crime, et qu'il serait ridicule d'employer dans une maison de force, à des ouvrages utiles, une personne coupable d'un forfait si énorme.

Mais nous sommes encore plus justes, plus cléments, plus raisonnables, dans les châtiments que nous infligeons à ceux qui ont l'audace de se servir de leurs jambes pour aller où ils veulent. Nous traitons si bien nos guerriers qui nous vendent leur vie, nous leur donnons un si prodigieux salaire, ils ont une part si considérable à nos conquêtes, qu'ils sont sans doute les plus criminels de tous les hommes lorsque, s'étant enrôlés dans un

---

1. Les Italiens.

moment d'ivresse, ils veulent s'en retourner chez leurs parents dans un moment de raison¹. Nous leur faisons tirer à bout portant douze balles de plomb dans la tête pour les faire rester en place après quoi ils deviennent infiniment utiles à leur patrie.

Je ne vous parle pas de la quantité innombrable d'excellentes institutions qui ne vont pas, à la vérité, jusqu'à verser le sang des hommes, mais qui rendent la vie si douce et si agréable qu'il est impossible que les coupables ne deviennent gens de bien. Un cultivateur n'a-t-il point payé à point nommé une taxe qui excédait ses facultés, nous vendons sa marmite et son lit pour le mettre en état de mieux cultiver la terre quand il sera débarrassé de son superflu.

ANDRÉ DESTOUCHES.

Voilà ce qui est tout à fait harmonieux, cela fait un beau concert.

CROUTEF.

Pour faire connaître notre profonde sagesse, sachez que notre base fondamentale consiste à reconnaître pour notre souverain, à plusieurs égards, un étranger tondu qui demeure à neuf cent mille pas de chez nous. Quand nous donnons nos plus belles terres à quelques-uns de nos talapoins, ce qui est très-prudent, il faut que ce talapoin siamois paye la première année de son revenu à ce tondu tartare², sans quoi il est clair que nous n'aurions point de récolte.

Mais où est le temps, l'heureux temps, où ce tondu faisait égorger une moitié de la nation par l'autre pour décider si *Sammonocodom*³ avait joué au cerf-volant ou au trou-madame ; s'il s'était déguisé en éléphant ou en vache ; s'il avait dormi trois cent quatre-vingt-dix jours⁴ sur le côté droit ou sur le gauche ? Ces grandes questions, qui tiennent si essentiellement à la morale, agitaient alors tous les esprits : elles ébranlaient le monde ; le sang coulait pour elles : on massacrait les femmes sur les corps de leurs maris ; on écrasait leurs petits enfants sur la pierre⁵ avec une dévotion, une onction, une componction angéliques. Malheur à nous, enfants dégénérés de nos pieux ancêtres, qui ne faisons plus de ces

---

1. Louis XVI abolit la peine de mort pour désertion ; voyez l'article XXVIII du *Prix de la justice et de l'humanité*.
2. Depuis la Révolution, on ne connaît plus en France les annates. On appelait annates l'impôt prélevé par le pape, du revenu d'une année, pour les bulles de certains bénéficiers, des évêques, etc. Voyez l'article ANNATES, t. XVII, page 259.
3. Voyez ce mot dans le *Dictionnaire philosophique*, tome XX, page 390.
4. Ézéchiel, IV, 4.
5. Psaume CXXXVI, verset 9.

saints sacrifices! Mais au moins il nous reste, grâces au ciel, quelques bonnes âmes qui les imiteraient si on les laissait faire.

ANDRÉ DESTOUCHES.

Dites-moi, je vous prie, monsieur, si vous divisez à Siam le ton majeur en deux comma et deux semi-comma, et si le progrès du son fondamental se fait par 1, 3, et 9.

CROUTEF.

Par Sammonocodom, vous vous moquez de moi. Vous n'avez point de tenue; vous m'avez interrogé sur la forme de notre gouvernement, et vous me parlez de musique.

ANDRÉ DESTOUCHES.

La musique tient à tout; elle était le fondement de toute la politique des Grecs. Mais, pardon; puisque vous avez l'oreille dure, revenons à notre propos. Vous disiez donc que pour faire un accord parfait....

CROUTEF.

Je vous disais qu'autrefois le Tartare tondu prétendait disposer de tous les royaumes de l'Asie, ce qui était fort loin de l'accord parfait; mais il en résultait un grand bien : on était beaucoup plus dévot à Sammonocodom et à son éléphant que dans nos jours, où tout le monde se mêle de prétendre au sens commun avec une indiscrétion qui fait pitié. Cependant tout va; on se réjouit, on danse, on joue, on dîne, on soupe, on fait l'amour : cela fait frémir tous ceux qui ont de bonnes intentions.

ANDRÉ DESTOUCHES.

Et que voulez-vous de plus? Il ne vous manque qu'une bonne musique. Quand vous l'aurez, vous pourrez hardiment vous dire la plus heureuse nation de la terre.

FIN D'ANDRÉ DESTOUCHES A SIAM.

DÉCLARATION

DE M. DE VOLTAIRE[1].

J'ai déjà déclaré[2] que je ne suis point l'auteur de la *Lettre au docteur Pansophe*; que je voudrais l'avoir faite, et que si j'en étais l'auteur je l'avouerais hautement. J'ai écrit et j'ai dû écrire la *Lettre à M. Hume*. J'ai dû repousser la calomnie à l'exemple de M. Hume et de M. d'Alembert : car, quoi qu'en dise M. Dorat, l'agresseur seul a tort, et le calomnié doit se défendre quand il s'agit de faits et de procédés. Je me suis défendu gaiement, et, lorsqu'on dit la vérité en riant, on ne fait pas rire de soi.

J'ai lu les notes que l'on a imprimées sur ma lettre à M. Hume. L'auteur des *Notes*[3] me paraît trop sérieux : il peut savoir mieux que moi les dates des lettres de M. du Theil ; mais je sais mieux que lui qu'il ne faut pas s'appesantir sur les torts d'un homme qui s'est à la vérité rendu malheureux par sa faute, mais qui mérite du ménagement par son malheur même.

VOLTAIRE.

A Ferney, le 29 décembre 1766.

1. Imprimée dans le *Mercure,* 1767, janvier, II, 88-89.
2. Dans la déclaration du 1er décembre 1766; voyez page 45.
3. Voyez ci-dessus, page 35.

FIN DE LA DÉCLARATION.

LETTRE

D'UN MEMBRE DU CONSEIL DE ZURICH

A M. D***, AVOCAT A BESANÇON [1].

(1767)

Nous nous intéressons beaucoup, monsieur, dans notre république, à la triste aventure du sieur Fantet [2]. Il était presque le seul dont nous tirassions les livres qui ont illustré votre patrie, et qui forment l'esprit et les mœurs de notre jeunesse. Nous devons à Fantet les œuvres du chancelier d'Aguesseau et du président de Thou. C'est lui seul qui nous a fait connaître les *Essais de Morale* de Nicole, les *Oraisons funèbres* de Bossuet, les *Sermons* de Massillon et ceux de Bourdaloue, ouvrages propres à toutes les religions; nous lui devons *l'Esprit des lois*, qui est encore un de ces livres qui peuvent instruire toutes les nations de l'Europe.

Je sais en mon particulier que le sieur Fantet joint à l'utilité de sa profession une probité qui doit le rendre cher à tous les honnêtes gens, et qu'il a employé au soulagement de ses parents le peu qu'il a pu gagner par une louable industrie.

Je ne suis point surpris qu'une cabale jalouse ait voulu le perdre. Je vois que votre parlement ne connaît que la justice, qu'il n'a acception de personne, et que, dans toute cette affaire, il n'a consulté que la raison et la loi. Il a voulu et il a dû examiner par lui-même si, dans la multitude des livres dont Fantet fait

---

1. Tel est le titre de cette pièce dans l'édition originale, in-8º de 7 pages, sans date. Les éditeurs de Kehl et leurs successeurs l'ont placée dans la *Correspondance*, au mois de mars 1767. (B.)

2. Fantet, libraire de Besançon, était poursuivi devant le parlement à cause de livres philosophiques saisis chez lui.

commerce, il ne s'en trouverait pas quelques-uns de dangereux, et qu'on ne doit pas mettre entre les mains de la jeunesse ; c'est une affaire de police, une précaution très-sage des magistrats.

Quand on leur a proposé de jeter ce que vous appelez des monitoires, nous voyons qu'ils se sont conduits avec la même équité et la même impartialité, en refusant d'accorder cette procédure extraordinaire. Elle n'est faite que pour les grands crimes ; elle est inconnue chez tous les peuples qui concilient la sévérité des lois avec la liberté du citoyen ; elle ne sert qu'à répandre le trouble dans les consciences et l'alarme dans les familles. C'est une inquisition réelle qui invite tous les citoyens à faire le métier infâme de délateur ; c'est une arme sacrée qu'on met entre les mains de l'envie et de la calomnie pour frapper l'innocent en sûreté de conscience. Elle expose toutes les personnes faibles à se déshonorer, sous prétexte d'un motif de religion ; elle est, en cette occasion, contraire à toutes les lois, puisqu'elle a pour but la réparation d'un délit, et que l'objet de ce monitoire serait d'établir un délit lorsqu'il n'y en a point.

Un monitoire, en ce cas, serait un ordre de chercher, au nom de Dieu, à perdre un citoyen ; ce serait insulter à la fois la loi et la religion, et les rendre toutes deux complices d'un crime infiniment plus grand que celui qu'on impute au sieur Fantet. Un monitoire, en un mot, est une espèce de proscription. Cette manière de procéder serait ici d'autant plus injuste que, de vos prêtres qui avaient accusé Fantet, les uns ont été confondus à la confrontation, les autres se sont rétractés. Un monitoire alors n'eût été qu'une permission accordée aux calomniateurs de chercher à calomnier encore, et d'employer la confession pour se venger. Voyez quel effet horrible ont produit les monitoires contre les Calas et les Sirven !

Votre parlement, en rejetant une voie si odieuse, et en procédant contre Fantet avec toute la sévérité de la loi, a rempli tous les devoirs de la justice, qui doit rechercher les coupables, et ne pas souhaiter qu'il y ait des coupables. Cette conduite lui attire les bénédictions de toutes les provinces voisines.

J'ai interrompu cette lettre, monsieur, pour lire en public les remontrances que votre parlement fait au roi sur cette affaire. Nous les regardons comme un monument d'équité et de sagesse, digne du corps qui les a rédigées, et du roi à qui elles sont adressées. Il nous semble que votre patrie sera toujours heureuse, quand vos souverains continueront de prêter une oreille attentive à ceux qui, en parlant pour le bien public, ne peuvent avoir d'autre intérêt que ce bien public même dont ils sont les ministres.

J'ai l'honneur d'être bien respectueusement, monsieur, etc.,

Desn....,
Du conseil des deux-cents.

P. S. Nous avons admiré le factum en faveur de Fantet. Voilà, monsieur, le triomphe des avocats. Faire servir l'éloquence à protéger, sans intérêt, l'innocent; couvrir de honte les délateurs; inspirer une juste horreur de ces cabales pernicieuses qui n'ont de religion que pour haïr et pour nuire, qui font des choses sacrées l'instrument de leurs passions : c'est là sans doute le plus beau des ministères. C'est ainsi que M. de Beaumont défend à Paris l'innocence des Sirven après avoir si glorieusement combattu pour les Calas. De tels avocats méritent les couronnes qu'on donnait à ceux qui avaient sauvé des citoyens dans les batailles. Mais que méritent ceux qui les oppriment ?

FIN DE LA LETTRE.

ANECDOTE[1]
SUR BÉLISAIRE[2]

(1767)

« Je vous connais, vous êtes un scélérat. Vous voudriez que tous les hommes aimassent un Dieu, père de tous les hommes. Vous vous êtes imaginé, sur la parole de saint Ambroise, qu'un jeune Valentinien, qui n'avait pas été baptisé, n'en avait pas moins été sauvé. Vous avez eu l'insolence de croire, avec saint Jérôme, que plusieurs païens ont vécu saintement. Il est vrai que, tout damné que vous êtes, vous n'avez pas osé aller si loin que saint Jean Chrysostome, qui, dans une de ses homélies[3], dit que les préceptes de Jésus-Christ sont si légers que plusieurs ont été au delà par la seule raison : *Præcepta ejus adeo levia sunt ut multi philosophica tantum ratione excesserint.*

« Vous avez même attiré à vous saint Augustin, sans songer combien de fois il s'est rétracté. On voit bien que vous êtes de son avis quand il dit[4] : « Depuis le commencement du genre « humain, tous ceux qui ont cru en un seul Dieu, et qui ont « entendu sa voix selon leur pouvoir, qui ont vécu avec piété et « justice selon ses préceptes, en quelque endroit et en quelque « temps qu'ils aient vécu, ils ont été sans doute sauvés par lui. »

« Mais ce qu'il y a de pis, déiste et athée que vous êtes, c'est qu'il semble que vous ayez copié mot pour mot saint Paul dans

---

1. Tel est le titre de cet opuscule dans les *Pièces relatives à Bélisaire* (premier cahier). Les éditeurs de Kehl l'avaient intitulé *Première Anecdote sur Bélisaire,* parce qu'ils l'avaient placé immédiatement avant la *Seconde Anecdote,* qu'on verra à sa date. L'*Anecdote sur Bélisaire* est de la fin de mars, puisque d'Alembert en parle dans sa lettre du 6 avril 1767. (B.)
2. Par M. l'abbé Mauduit, qui prie qu'on ne le nomme pas.(*Note de Voltaire.*)
3. IIIe Homélie sur la première épître de saint Paul aux Corinthiens. (*Id.*)
4. Dans sa quarante-neuvième épître : A Deo gratias. (*Id.*)

son Épître aux Romains[1] : « Gloire, honneur, et gloire à quiconque « fait le bien ; premièrement aux Juifs, et puis aux Gentils : car « lorsque les Gentils, qui n'ont point la loi, font naturellement ce « que la loi commande, n'ayant point notre loi, ils sont leur loi « à eux-mêmes. » Et après ces paroles, il reproche aux Juifs de Rome l'usure, l'adultère, et le sacrilège.

« Enfin, détestable enfant de Bélial, vous avez osé prononcer de vous-même ces paroles impies sous le nom de Bélisaire : « Ce « qui m'attache le plus à ma religion[2], c'est qu'elle me rend « meilleur, et plus humain. S'il fallait qu'elle me rendît farouche, « dur, et impitoyable, je l'abandonnerais, et je dirais à Dieu, dans « la fatale alternative d'être incrédule ou méchant : Je fais le choix « qui t'offense le moins. » J'ai vu d'indignes femmes de bien, des militaires trop instruits, de vils magistrats qui ne connaissent que l'équité, des gens de lettres malheureusement plus remplis de goût et de sentiment que de théologie, admirer avec attendrissement tes sottes paroles, et tout ce qui les suit.

« Malheureux ! vous apprendrez ce que c'est que de choquer l'opinion des licenciés de ma licence ; vous, et tous vos damnés de philosophes, vous voudriez bien que Confucius et Socrate ne fussent pas éternellement en enfer ; vous seriez fâchés que le primat d'Angleterre ne fût pas sauvé aussi bien que le primat des Gaules. Cette impiété mérite une punition exemplaire. Apprenez votre catéchisme. Sachez que nous damnons tout le monde, quand nous sommes sur les bancs ; c'est là notre plaisir. Nous comptons[3] environ six cents millions d'habitants sur la terre. A trois générations par siècle, cela fait environ deux milliards ; et en ne comptant seulement que depuis quatre mille années, le calcul

---

1. Chapitre II, 10-14. (*Note de Voltaire*.)
2. Celle qui annonce un Dieu propice, bienfaisant, et qui est la vraie religion. Voyez, dans *Bélisaire*, le fameux chapitre xv, qui n'a pas plus de 15 pages, tandis que la soporifique censure en a plus de cent quarante. (Cl.)
3. Le compte des damnés est tout différent dans la première édition de l'*Anecnote*; on y lit :

« Nous comptons environ deux milliards d'habitants sur la terre : à trois générations par siècle, cela fait environ six milliards, et en ne comptant seulement que depuis quatre mille années, le calcul nous donne deux cent quarante milliards de damnés, sans compter tout ce qui l'a été auparavant et tout ce qui doit l'être après. Il est vrai que sur ces deux cent quarante milliards il faut ôter deux ou trois mille élus qui font le beau petit nombre ; mais c'est une bagatelle, et il est bien doux de pouvoir se dire en sortant de table : « Mes amis, réjouissons-« nous, nous avons au moins deux cent quarante milliards de nos frères, etc. » (B.)

— Voltaire avait, en 1746, donné un calcul encore différent; voyez, tome VIII, une des notes du septième chant de *la Henriade*.

nous donne quatre-vingts milliards de damnés, sans compter tout ce qui l'a été auparavant, et tout ce qui doit l'être après. Il est vrai que, sur ces quatre-vingts milliards, il faut ôter deux ou trois mille élus, qui font le beau petit nombre ; mais c'est une bagatelle, et il est bien doux de pouvoir se dire en sortant de table :
« Mes amis, réjouissons-nous ; nous avons au moins quatre-vingts
« milliards de nos frères dont les âmes toutes spirituelles sont
« pour jamais à la broche, en attendant qu'on retrouve leurs
« corps pour les faire rôtir avec elles. »

« Apprenez, monsieur le réprouvé, que votre grand Henri IV, que vous aimez tant, est damné pour avoir fait tout le bien dont il fut capable ; et que Ravaillac, purgé par le sacrement de pénitence, jouit de la gloire éternelle : voilà la vraie religion. Où est le temps où je vous aurais fait cuire avec Jean Hus, et Jérôme de Prague, avec Arnauld de Bresse, avec le conseiller Dubourg, et avec tous les infâmes qui n'étaient pas de notre avis dans ces siècles du bon sens où nous étions les maîtres de l'opinion des hommes, de leur bourse, et quelquefois de leur vie ? »

Qui proférait ces douces paroles ? C'était un moine sortant de sa licence. A qui les adressait-il ? C'était à un académicien de la première Académie de France[1]. Cette scène se passait chez un magistrat homme de lettres que le licencié[2] était venu solliciter pour un procès, dans lequel il était accusé de simonie. Et dans quel temps se tenait cette conférence à laquelle j'assistai ? C'était après boire, car nous avions dîné avec le magistrat, et le moine avec les valets de chambre ; et le moine était fort échauffé.

« Mon révérend père, lui dit l'académicien, pardonnez-moi, je suis un homme du monde qui n'ai jamais lu les ouvrages de vos docteurs. J'ai fait parler un vieux soldat romain comme aurait parlé notre du Guesclin, notre chevalier Bayard, ou notre Turenne. Vous savez qu'à nous autres gens du siècle il nous échappe bien des sottises ; mais vous les corrigez, et un mot d'un seul de vos bacheliers répare toutes nos fautes. Mais comme Bélisaire n'a pas dit un seul mot du bénéfice que vous demandez, et qu'il n'a point sollicité contre vous, j'espère que vous vous apaiserez, et que vous voudrez bien pardonner à un pauvre ignorant qui a fait le mal sans malice.

— A d'autres, dit le moine ; vous êtes une troupe de coquins qui ne cessez de prêcher la bienfaisance, la douceur, l'indulgence, et

---

1. Marmontel.
2. Coger était licencié en théologie. Voyez la note, tome XXI, page 357.

qui poussez la méchanceté jusqu'à vouloir que Dieu soit bon. En vérité, nous ne vous passerons pas vos petites conspirations. Vous avez à faire au révérend P. Hayer, à l'abbé Dinouart[1], et à moi, et nous verrons comment vous vous en tirerez. Nous savons bien que dans le siècle où la raison, que nous avions partout proscrite, commençait à renaître dans nos climats septentrionaux, ce fut Érasme qui renouvela cette erreur dangereuse; Érasme, qui était tenté de dire : *Sancte Socrates, ora pro nobis;* Érasme, à qui on éleva une statue. Le Vayer, le précepteur de Monsieur, et même de Louis XIV, recueillit tous ces blasphèmes dans son livre de *la Vertu des païens.* Il eut l'insolence d'imprimer que des marauds tels que Confucius, Socrate, Caton, Épictète, Titus, Trajan, les Antonins, Julien, avaient fait quelques actions vertueuses. Nous ne pûmes le brûler, ni lui ni son livre, parce qu'il était conseiller d'État. Mais vous, qui n'êtes qu'académicien, je vous réponds que vous ne serez pas épargné. »

Le magistrat prit alors la parole, et demanda grâce pour le coupable. « Point de grâce, dit le moine; l'Écriture le défend. « *Orabat scelestus ille veniam quam non erat consecuturus*[2]; le scélé- « rat demandait un pardon qu'il ne devait pas obtenir. » *Oportet aliquem mori pro populo*[3]. Toute l'Académie pense comme lui ; il faut qu'il soit puni avec l'Académie.

— Ah! frère Triboulet, dit le magistrat (car Triboulet est le nom du docteur), ce que vous avancez là est bien chrétien, mais n'est pas tout à fait juste. Voudriez-vous que la Sorbonne entière répondit pour vous, comme le P. Bauny[4] se rendait pleige pour la bonne mère, et comme toute la Société de Jésus était pleige pour le P. Bauny? Il ne faut jamais accuser un corps des erreurs des particuliers. Voudriez-vous abolir aujourd'hui la Sorbonne parce qu'un grand nombre de ses membres adhérèrent au plaidoyer du docteur Jean Petit, cordelier, en faveur de l'assassinat du duc d'Orléans? parce que trente-six docteurs de Sorbonne, avec frère Martin[5], inquisiteur pour la foi, condamnèrent la Pucelle d'Orléans à être brûlée vive pour avoir secouru son roi et sa patrie? parce que soixante et onze docteurs de Sorbonne déclarèrent

---

1. Rédacteur du *Journal chrétien.*
2. « Orabat autem hic scelestus Dominum a quo non esset misericordiam consecuturus. » (*Mach.*, livre II, IX, 13.)
3. « Expedit unum hominem mori pro populo. » (Jean, XVIII, 14.)
4. Ce n'est point le P. Bauny, mais le P. Barry, dont Voltaire a déjà parlé, tome XV, page 132, qui se rendait pleige pour la sainte Vierge.
5. Voyez tome XXIV, page 499.

Henri III déchu du trône? parce que quatre-vingts docteurs excommunièrent, au 1ᵉʳ novembre 1592, les bourgeois de Paris qui avaient osé présenter requête pour l'admission de Henri IV dans sa capitale, et qu'ils défendirent qu'on priât Dieu pour ce *mauvais prince?* Voudriez-vous, frère Triboulet, être puni aujourd'hui du crime de vos pères? L'âme de quelqu'un de ces sages maîtres a-t-elle passé dans la vôtre *per modum traducis?* Un peu d'équité, frère. Si vous êtes coupables de simonie, comme votre partie adverse vous en accuse, la cour vous fera mettre au pilori; mais vous y serez seul, et les moines de votre couvent (puisqu'il y a encore des moines) ne seront pas condamnés avec vous. Chacun répond de ses faits, et, comme l'a dit un certain philosophe [1], il ne faut pas purger les petits-fils pour la maladie de leur grand-père. Chacun pour soi, et Dieu pour tous. Il n'y a que le loup qui dise à l'agneau :

Si ce n'est toi, c'est donc ton frère [2].

« Allez, respectez l'Académie, composée des premiers hommes de l'État et de la littérature. Laissez Bélisaire parler en brave soldat et en bon citoyen; n'insultez point un excellent écrivain; continuez à faire de mauvais livres, et laissez-nous lire les bons. »

Frère Triboulet sortit, la queue entre les jambes; et son adversaire resta la tête haute.

Quand le magistrat et le philosophe, ou plutôt quand les deux philosophes purent parler en liberté : « N'admirez-vous pas ce moine? dit le magistrat; il y a quelques jours qu'il était entièrement de votre avis. Savez-vous pourquoi il a si cruellement changé? c'est qu'il est blessé de votre réputation.

— Hélas! dit l'homme de lettres; tout le monde pense comme moi dans le fond de son cœur, et je n'ai fait que développer l'opinion générale. Il y a des pays où personne n'ose établir publiquement ce que tout le monde pense en secret. Il y en a d'autres où le secret n'est plus gardé. L'auguste impératrice de Russie vient d'établir la tolérance dans deux mille lieues de pays. Elle a écrit de sa propre main : *malheur aux persécuteurs* [3] ! Elle a fait grâce à l'évêque de Rostou, condamné par le synode pour avoir soutenu l'opinion des *deux puissances,* et pour n'avoir pas su que l'autorité

---

1. Voltaire lui-même; voyez tome XXV, pages 32 et 266.
2. La Fontaine, *Fables,* I, x.
3. Voyez, dans la *Correspondance,* sa lettre du 30 décembre 1766, vieux style, ou 9 janvier 1767.

ecclésiastique n'est qu'une autorité de persuasion; que c'est la puissance de la vérité, et non la puissance de la force. Elle permet qu'on lise les lettres qu'elle a écrites sur ce sujet important.

— Comme les choses changent selon le temps! dit le magistrat.

— Conformons-nous aux temps[1], » dit l'homme de lettres.

1. Voyez tome XXV, page 315.

FIN DE L'ANECDOTE SUR BÉLISAIRE.

LES HONNÊTETÉS
LITTÉRAIRES[1]

(1767)

On a déjà dit[2] qu'il est ridicule de défendre sa prose et ses vers, quand ce ne sont que des vers et de la prose ; en fait d'ouvrages de goût, il faut faire, et ensuite se taire.

Térence se plaint, dans ses prologues[3], d'un vieux poëte qui suscitait des cabales contre lui, qui tâchait d'empêcher qu'on ne jouât ses pièces, ou de les faire siffler quand on les jouait. Térence avait tort, ou je me trompe. Il devait, comme l'a dit César[4], joindre plus de chaleur et plus de comique au naturel charmant

---

1. Les *Honnêtetés littéraires* sont du mois d'avril 1767, car il en est fait mention dans la lettre de d'Alembert, du 4 mai.
Les *Honnêtetés littéraires* sont au nombre de vingt-six, et sont suivies d'une *Lettre à l'auteur ;* le tout est de Voltaire.
Dans les éditions de Kehl et dans toutes les réimpressions faites jusqu'à ce jour, on trouve une *vingt-septième honnêteté :* ce n'est autre chose que le seizième des *Fragments sur l'Histoire générale,* publiés, en 1773, à la suite de la seconde partie des *Fragments sur l'Inde,* et que je reporte à sa place.
Agir autrement serait commettre un anachronisme, car le morceau que je transpose est sur les *Trois Siècles* de Sabatier de Castres, ouvrage qui ne vit le jour qu'en 1772. (B.)

2. Dans le *Discours préliminaire,* en tête d'*Alzire,* tome II *du Théâtre ;* et dans l'*Appel au public ;* voyez tome XXV, page 585.

3. *Andrienne,* prolog., 6-7.

4. Tu quoque in summis, o dimidiate Menander,
    Poneris, et merito, puri sermonis amator,
    Lenibus atque utinam scriptis adjuncta foret vis
    Comica, ut æquato virtus polleret honore
    Cum Græcis, neque in hac despectus parte jaceres ?
    Unum hoc maceror et doleo tibi deesse, Teren

Ces vers sont attribués à César, dans une *Vie de Térence* qu'on attribue à Donat ou à Suétone. (B.)

et à l'élégance de ses ouvrages. C'était la meilleure façon de répondre à son adversaire.

Corneille disait de ses critiques : « S'ils me disent *pois*, je leur répondrai *fèves*. » En conséquence, il fit contre le modeste Scudéri[1] ce rondeau un peu immodeste :

>Qu'il fasse mieux ce jeune jouvencel,
>A qui *le Cid* donne tant de martel,
>Que d'entasser injure sur injure,
>Rimer de rage une lourde imposture[2],
>Et se cacher ainsi qu'un criminel.
>Chacun connaît son jaloux naturel,
>Le montre au doigt comme un fou solennel,
>Et ne croit pas, en sa bonne écriture,
>   Qu'il fasse mieux.
>
>Paris entier ayant vu son cartel,
>L'envoie au diable, et sa muse au b......
>Moi, j'ai pitié des peines qu'il endure ;
>Et comme ami je le prie et conjure,
>S'il veut ternir un ouvrage immortel,
>   Qu'il fasse mieux.

Il eut ensuite le malheur de répondre à l'abbé d'Aubignac, prédicateur du roi, qui faisait des tragédies comme il prêchait, et qui, pour se consoler des sifflets dont on avait régalé sa *Zénobie*, se mit à dire des injures à l'auteur de *Cinna*. Corneille eût mieux fait de s'envelopper dans sa gloire et dans sa modestie que de répondre *fèves* à l'abbé d'Aubignac, qui lui avait dit *pois*.

Racine, dans quelques-unes de ses préfaces, a fait sentir l'aiguillon à ses critiques ; mais il était bien pardonnable d'être un peu fâché contre ceux qui envoyaient leurs laquais battre des mains à la *Phèdre* de Pradon, et qui retenaient les loges à la *Phèdre* de Racine pour les laisser vides, et pour faire accroire qu'elle était tombée. C'étaient là de grands protecteurs des lettres : c'étaient le duc Zoïle, le comte Bavius, et le marquis Mévius.

Molière s'y prit d'une autre façon. Cotin, Ménage, Boursault, l'avaient attaqué ; il mit Boursault, Cotin et Ménage sur le théâtre.

La Fontaine, qui a tant embelli la vérité dans plusieurs de ses fables, fit de très-mauvais vers contre Furetière, qui le lui

---

1. Ce n'est pas contre Scudéri, mais contre Mairet qu'est fait le rondeau de Corneille.
2. *L'Autheur du vray Cid espagnol à son traducteur françois*, que Corneille attribua à Mairet.

rendit bien. Il en fit de fort médiocres contre Lulli, qui n'avait pas voulu mettre en musique son détestable opéra de *Daphné*, et qui se moqua de son opéra et de sa satire. « J'aimerais mieux, dit-il, mettre en musique sa satire que son opéra. »

Rousseau le poëte fit quelques bons vers et beaucoup de mauvais contre tous les poëtes de son temps, qui le payèrent en même monnaie.

Pour les auteurs qui, dans les discours préliminaires de leurs tragédies ou comédies tombées dans un éternel oubli, entrent amicalement dans tous les détails de leurs pièces, vous prouvent que l'endroit le plus sifflé est le meilleur; que le rôle qui a le plus fait bâiller est le plus intéressant; que leurs vers durs, hérissés de barbarismes et de solécismes, sont des vers dignes de Virgile et de Racine; ces messieurs sont utiles en un point : c'est qu'ils font voir jusqu'où l'amour-propre peut mener les hommes, et cela sert à la morale.

M. de Voltaire écrivit un jour : « *La Henriade* vous déplaît, ne la lisez pas. *Zaïre, Brutus, Alzire, Mérope, Sémiramis, Mahomet, Tancrède,* vous ennuient; n'y allez pas. Le *Siècle de Louis XIV* vous paraît écrit d'un style ridicule, à la bonne heure; vous écrivez bien mieux, et j'en suis fort aise. Je vous jure que je ne serai jamais assez sot pour prendre le parti de ma manière d'écrire contre la vôtre.

« Mais si vous accusez de mauvaise foi et de mensonges imprimés un historien impartial, amateur de la vérité et des hommes; si vous imprimez et réimprimez vous-mêmes des mensonges, soit par la noble envie qui ronge votre belle âme, soit pour tirer dix écus d'un libraire, je tiens qu'alors il faut éclaircir les faits. Il est bon que le public soit instruit, il s'agit ici de son intérêt. J'ai fort bien fait de produire le certificat du roi Stanislas[1], qui atteste la vérité de tous les faits rapportés dans l'*Histoire de Charles XII*. Les aboyeurs folliculaires sont confondus alors, et le public est éclairé.

« Si votre zèle pour la vérité et pour les mœurs va jusqu'à la calomnie la plus atroce, jusqu'à certaines impostures capables de perdre un pauvre auteur auprès du gouvernement et du monarque, il est clair alors que c'est un procès criminel que vous lui faites, et que le malheureux sifflé, opprimé, que vous voudriez encore faire pendre, doit au moins défendre sa cause avec toute la circonspection possible. »

---

1. Voyez, tome XVI, page 142, l'*Avis important sur l'histoire de Charles XII*.

Je pense entièrement comme M. de Voltaire.

Il me semble d'ailleurs que, dans notre Europe occidentale, tout est procès par écrit. Les puissances ont-elles une querelle à démêler; elles plaident d'abord par-devant les gazetiers, qui les jugent en premier ressort, et ensuite elles appellent de ce tribunal à celui de l'artillerie.

Deux citoyens ont-ils un différend sur une clause d'un contrat ou d'un testament; on imprime des factums, et des dupliques, et des mémoires nouveaux. Nous avons des procès de quelques bourgeois plus volumineux que l'*Histoire* de Tacite et de Suétone. Dans ces énormes factums, et même à l'audience, le demandeur soutient que l'intimé est un homme de mauvaise foi, de mauvaises mœurs, un chicaneur, un faussaire; l'intimé répond avec la même politesse. Le procès de Mlle La Cadière et du R. P. Girard contient sept gros volumes[1], et l'*Énéide* n'en contient qu'un petit.

Il est donc permis à un malheureux auteur de bagatelles de plaider par-devant trois ou quatre douzaines de gens oisifs qui se portent pour juges des bagatelles, et qui forment la bonne compagnie, pourvu que ce soit honnêtement, et surtout qu'on ne soit point ennuyeux : car si, dans ces querelles, l'agresseur a tort, l'ennuyeux l'a bien davantage.

J'ai lu autrefois une *Épître sur la Calomnie*[2] : j'en ignore l'auteur, et je ne sais si son style n'est pas un peu familier; mais les derniers vers m'ont paru faits pour le sujet que je traite :

> Voici le point sur lequel je me fonde;
> On entre en guerre en entrant dans le monde.
> Homme privé, vous avez vos jaloux,
> Rampant dans l'ombre, inconnus comme vous,
> Obscurément tourmentant votre vie :
> Homme public, c'est la publique envie
> Qui contre vous lève son front altier.
> Le coq jaloux se bat sur son fumier,
> L'aigle dans l'air, le taureau dans la plaine.
> Tel est l'état de la nature humaine.
> La Jalousie et tous ses noirs enfants
> Sont au théâtre, au conclave, aux couvents.
> Montez au ciel : trois déesses rivales

---

1. Le *Recueil général des pièces concernant le procès entre la demoiselle Cadière et le P. Girard*, La Haye, 1731, a huit volumes in-12.
2. Année 1733; voyez tome X, page 287.

Y vont porter leur haine et leurs scandales [1],
Et le beau ciel de nous autres chrétiens
Tout comme l'autre eut aussi ses vauriens.
Ne voit-on pas, chez cet atrabilaire
Qui d'Olivier fut un temps secrétaire [2].
Ange contre ange, Uriel et Nisroc,
Contre Ariac, Asmodée et Moloc,
Couvrant de sang les célestes campagnes,
Lançant des rocs, ébranlant des montagnes ;
De purs esprits qu'un fendant coupe en deux,
Et du canon tiré de près sur eux ;
Et le Messie allant, dans une armoire,
Prendre sa lance, instrument de sa gloire ?
Vous voyez bien que la guerre est partout.
Point de repos, cela me pousse à bout.
Hé quoi, toujours alerte, en sentinelle !
Que devient donc la paix universelle
Qu'un grand ministre en rêvant proposa,
Et qu'Irénée [3] aux sifflets exposa,
Et que Jean-Jacque orna de sa faconde,
Quand il faisait la guerre à tout le monde [4]
[5] O Patouillet ! ô Nonotte, et consorts !
O mes amis, la paix est chez les morts !
Chrétiennement mon cœur vous la souhaite.
Chez les vivants où trouver sa retraite ?
Où fuir ? que faire ? à quel saint recourir ?
Je n'en sais point : il faut savoir souffrir [6].

Mais, dit-on, Bernard de Fontenelle, après avoir fait quelques épigrammes assez plates contre Nicolas Boileau et contre Racine, ne répondit rien au mauvais livre [7] du R. P. Balthus, de la Société de Jésus, qui l'accusait d'athéisme pour avoir rédigé en

---

1. Les vingt-quatre vers qui suivent ne sont pas dans l'*Épître à M*me *du Châtelet sur la Calomnie*. Voltaire les a ajoutés, après 1760, pour lancer quelques traits à Nonotte, à Patouillet, à Jean-Jacques, et surtout à Milton, qu'il critique à cette heure comme il fait de Shakespeare.

2. Milton, secrétaire d'Olivier Cromwell, et qui justifia le meurtre de Charles Ier dans le plus plat libelle qu'on ait jamais écrit. (*Note de Voltaire.*) — L'ouvrage de Milton est intitulé *Joannis Miltoni Angli pro populo anglicano Defensio contra Claudii anonymi, alias Salmasii defensionem regiam;* Londini, 1652, in-12.

3. Irénée Castel de Saint-Pierre. (*Note de Voltaire.*)

4. Jean-Jacques a fait aussi un très-mauvais ouvrage sur ce sujet. (*Id.*)

5. Ce sont deux ex-jésuites, les plus insolents calomniateurs de leur profession, et il en sera question dans le cours de cet ouvrage. (*Id.*)

6. Ces deux derniers vers appartiennent à l'épître originale, qu'ils terminent.

7. *Réponse à l'Histoire des Oracles de M. de Fontenelle;* Strasbourg, 1707, in-8°.

bon français et avec grâce le livre latin[1] très-savant, mais un peu pesant, de Van Dale; c'est que les RR. PP. Lallemant et Doucin, de la Société de Jésus, firent dire à M. de Fontenelle, par M. l'abbé de Tilladet, que s'il répondait on le mettrait à la Bastille; c'est que, plus de vingt ans après, le R. P. Le Tellier persécuta Fontenelle, qu'il accusa d'avoir engagé Dumarsais à répondre[2]; c'est que Dumarsais était perdu sans le président de Maisons, et Fontenelle sans M. d'Argenson, comme on l'a déjà dit ailleurs[3], et comme Fontenelle le fait entendre lui-même dans le bel éloge de M. d'Argenson le garde des sceaux[4].

Mais à présent que le R. P. Le Tellier ne distribue plus de lettres de cachet, je pose qu'il n'est pas absolument défendu à un barbouilleur de papier, soit mauvais poëte, soit plat prosateur, du nombre desquels j'ai l'honneur d'être, d'exposer les petites erreurs dans lesquelles des gens de bien sont depuis peu tombés, soit en inventant, soit en rapportant des calomnies absurdes, soit en falsifiant des écrits, soit en contrefaisant le style et jusqu'au nom de leurs confrères qu'ils ont voulu perdre; soit en les accusant d'hérésie, de déisme, d'athéisme, à propos d'une recherche d'anatomie, ou de quelques vers de cinq pieds, ou de quelque point de géographie. M. Jean-George Lefranc, évêque du Puy, dit, par exemple, dans une pastorale, à la page 6, « qu'on s'est armé contre le christianisme dans la grammaire ». On n'avait pas encore entendu dire que le substantif et l'adjectif, quand ils s'accordent en genre, en nombre et en cas, conduisent droit à nier l'existence de Dieu.

Je vais, pour l'édification du public, rassembler, preuves en main, quelques tours de passe-passe dans ce goût, qui ont illustré en dernier lieu la littérature. Ce petit morceau pourra être utile à ceux qui entrent dans la carrière heureuse des lettres. C'est un *compendium* de traits d'érudition, de droiture, et de cha-

---

1. *Ant. Van Dale M. D. de Oraculis ethnicorum dissertationes duæ;* Amsterdam, 1683, in-12.
2. Voyez la page 101 de l'excellent ouvrage intitulé *la Destruction des jésuites*, livre écrit du style des *Provinciales*, mais avec plus d'impartialité. Voici comme l'auteur très-instruit s'exprime: « Dans le même temps que Le Tellier persécutait les jansénistes, il déférait Fontenelle à Louis XIV comme un athée, pour avoir fait l'*Histoire des Oracles.* » (*Note de Voltaire.*) — Ouvrage anonyme de d'Alembert; le titre est: *Sur la Destruction des jésuites en France, par un auteur désintéressé.*
3. Tome XIV, page 74.
4. M. Jean-George Lefranc, évêque du Puy en Velay, a renouvelé cette accusation dans une pastorale qui ne vaut pas les pastorales de Fontenelle. (*Note de Voltaire.*) — Voyme XXV, page 1.

rité, qui me fut envoyé, il y a quelque temps, par un bon ami, sous le titre de *Nouvelles Honnêtetés littéraires*.

PREMIÈRE HONNÊTETÉ.

Il y a des sottises convenues qu'on réimprime tous les jours sans conséquence, et qui servent même à l'éducation de la jeunesse. La *Géographie* d'Hubner [1] est mise entre les mains des enfants, depuis Moscou jusqu'à Strasbourg. On y trouve, dès la première page, que Jupiter se changea en taureau pour enlever Europe, treize cents ans avant Jésus-Christ, jour pour jour; mais que les habitants de l'Europe sont enfants de Japhet; qu'ils sont au nombre de trente millions, quoique la seule Allemagne possède environ ce nombre d'habitants. Il affirme ensuite qu'on ne peut trouver en Europe un terrain d'une lieue d'étendue qui ne soit habité, quoiqu'il y ait vingt lieues de pays dans les landes de Bordeaux où l'on ne trouve absolument personne; quoique dans les États du pape, depuis Orviette jusqu'à Terracine, il y ait beaucoup de terrains abandonnés, et quoiqu'il y ait des marécages immenses dans la Pologne, et des déserts dans la Russie, et par tout pays des landes.

Il est dit, dans ce livre, que le roi de France a toujours quarante mille Suisses à sa solde, quoiqu'il n'en ait environ que douze mille.

M. Hubner, en parlant de Marseille, dit que le château de Notre-Dame de la Garde est très-bien fortifié. Si M. Hubner avait ou vu Marseille, ou lu le *Voyage de Bachaumont et de Chapelle*, il aurait eu une connaissance plus exacte de Notre-Dame de la Garde.

> Gouvernement commode et beau,
> A qui suffit pour toute garde
> Un Suisse avec sa hallebarde
> Peint sur la porte du château.

M. Hubner assure qu'à Orange il parut une couronne d'or au ciel en plein midi, lorsque Guillaume, prince d'Orange, depuis roi d'Angleterre, reçut l'hommage des habitants de cette ville, « et que c'est pourquoi il eut toujours beaucoup de bienveillance pour elle ».

---

1. Voltaire reparle de la *Géographie* d'Hubner dans ses *Questions sur l'Encyclopédie*; voyez tome XIX, page 254 et suivantes.

On cite ici le livre d'Hubner parmi cent autres, parce qu'on a été obligé par hasard d'en lire quelque chose, ainsi que du *Spectacle de la nature*[1], où il est dit que Moïse est un grand physicien ; que la lumière arrive des étoiles sur la terre en sept minutes, et que le chien de monsieur le chevalier s'appelle Moufflar.

Ces inepties nombreuses ne font nul mal, ne portent préjudice à personne, et sont aisément rectifiées par les instituteurs qui instruisent la jeunesse. Mais qu'un historien anglais, dans les Annales du siècle, assure que le dernier empereur de la maison d'Autriche, Charles VI, a été empoisonné par un de ses pages, lequel page s'est réfugié paisiblement à Milan ; qu'il dise que le roi de France, à la bataille de Fontenoy, ne passa jamais l'Escaut, lorsqu'il est avéré qu'il était au delà du pont de Calonne à la vue des deux armées ; qu'il dise que les Français empoisonnèrent les balles de leurs fusils en les mâchant, et en y mêlant des morceaux de verre[2] ; qu'il dise que le duc de Cumberland envoya au roi de France un coffre rempli de ces balles ; que ces absurdes mensonges soient répétés encore dans d'autres livres : voilà, ce me semble, des honnêtetés qu'il est juste de relever, et que l'auteur du *Siècle de Louis XIV* n'a pas passées sous silence.

DEUXIÈME HONNÊTETÉ.

Après que *l'Espion turc*[3] eut voyagé en France sous Louis XIV, Dufresny fit voyager un Siamois[4]. Quand ce Siamois fut parti, le président de Montesquieu donna la place vacante à un Persan, qui avait beaucoup plus d'esprit que l'on n'en a à Siam et en Turquie.

Cet exemple encouragea un nouvel introducteur des ambassadeurs, qui, dans la guerre de 1741, fit les honneurs de la France à un *Espion turc*[5], lequel se trouva le plus sot de tous.

Quand la paix fut faite, M. le chevalier Goudard fit les hon-

---

1. De l'abbé Pluche.
2. Voyez tome XV, page 247.
3. *L'Espion du Grand Seigneur*, réimprimé sous le titre d'*Espion dans les cours des princes chrétiens*. L'auteur principal est J.-P. Marana, né à Gênes, mort en 1693.
4. Les *Amusements sérieux et comiques;* l'auteur met ses observations dans la bouche d'un Siamois.
5. *L'Espion turc à Francfort, pendant la diète et le couronnement de l'empereur, en 1741*, a été attribué à M. de Francheville (depuis éditeur du *Siècle de Louis XIV*), qui l'a désavoué.

neurs de presque toute l'Europe à un *Espion chinois* qui résidait à Cologne, et qui parut en six petits volumes[1].

Il dit, page 17 du premier volume, que le roi de France est le roi des gueux[2]; que si l'univers était submergé, Paris serait l'arche où l'on trouverait en hommes et en femmes toutes sortes de bêtes.

Il assure[3] qu'une nation naïve et gaie qui *chambre ensemble* ne doit pas être de mauvaise humeur contre les femmes, et que les auteurs un peu polis ne les invectivent plus dans leurs ouvrages; cependant sa politesse ne l'empêche pas de les traiter fort mal.

Il dit[4] que le peuple de Lyon est d'un degré plus stupide que celui de Paris, et de deux degrés moins bon.

Passe encore, dira-t-on, que l'auteur, pour vendre son livre, attaque les rois, les ministres, les généraux, et les gros bénéficiers : ou ils n'en savent rien; ou, s'ils en savent quelque chose, ils s'en moquent. Il est assez doux d'avoir ses courtisans dans son antichambre, tandis que les écrivains frondeurs sont dans la rue. Mais les pauvres gens de lettres qui n'ont point d'antichambre sont quelquefois fâchés de se voir calomniés par un lettré de la Chine, qui probablement n'a pas plus d'antichambre qu'eux.

Il y a surtout beaucoup de dames nommées par le lettré chinois, lequel proteste toujours de son respect pour le beau sexe. C'est un sûr moyen de vendre son livre. Les dames, à la vérité, ont de quoi se consoler; mais les malheureux auteurs vilipendés n'ont pas les mêmes ressources.

TROISIÈME HONNÊTETÉ.

Le gazetier ecclésiastique[5] outrage pendant trente ans, une fois par semaine, les plus savants hommes de l'Europe, des prélats, des ministres, quelquefois le roi lui-même; mais le tout en citant l'Écriture sainte. Il meurt inconnu, ses ouvrages meurent aussi; et il a un successeur.

QUATRIÈME HONNÊTETÉ.

Un autre gazetier joue dans la littérature le même rôle que l'écrivain des nouvelles ecclésiastiques a joué dans l'Église de

---

1. La première édition est de 1765.
2. Page 21. (*Note de Voltaire.*)
3. Pages 69 et 70. (*Id.*)
4. Page 89. (*Note de Voltaire.*)
5. Voyez les notes, tome XXI, p. 419, et tome XXIII, page 460.

Dieu : c'est l'abbé Desfontaines[1], chassé pour ses mœurs de cette Société de Jésus, chassée de France pour ses intrigues. Il met en vers des psaumes, et on ne lit point ses vers ; il meurt de faim, et il déchire pour vivre tous ceux qui se font lire, et il le déclare ; il est enfermé à Bicêtre, et il fait des feuilles à Bicêtre ; enfin il a un successeur aussi[2]. Ce successeur est l'Élisée de cet Élie, chassé comme lui des jésuites, mis à Bicêtre comme lui, passant de Bicêtre au For-l'Évêque et au Châtelet, couvert d'opprobres publics et secrets, osant écrire et n'osant se montrer. Le nom de Fréron est devenu une injure ; et cependant il aura aussi un successeur[3], dont les sots liront les feuilles en province pour se *former l'esprit et le cœur*[4].

CINQUIÈME HONNÊTETÉ.

L'abbé de Caveyrac, dans sa belle apologie de la révocation de l'édit de Nantes, et dans celle de la Saint-Barthélemy, traite comme des coquins environ douze cent mille personnes qui vivent paisiblement en France sous le nom de nouveaux convertis. Il tombe ensuite sur les avocats ; il déchire les gens de lettres ; il calomnie le ministère. Il se ferait beaucoup d'amis s'il n'avait pas trop peu de lecteurs.

SIXIÈME HONNÊTETÉ.

Un homme de province[5] sollicite une place dans un corps respectable d'une capitale, et l'obtient ; et pour tout remerciement, il dit à ses confrères qu'eux et tous ceux qui aspirent à l'être sont des extravagants, des ennemis de l'État et de la religion, et même des gens sans goût, qui ne lisent point ses cantiques.

Mon correspondant ne me dit point dans quel pays s'est passée cette aventure. Je soupçonne que c'est en Amérique. Il ajoute que ce discours du récipiendaire produisit quelques mauvaises

---

1. Voyez tome XXII, page 386 ; XXIII, 25, 31, 34.
2. Fréron ; voyez tome XXIV, page 181.
3. Voltaire a été prophète ; Fréron a eu un successeur dans l'abbé Geoffroy (Julien-Louis), né à Rennes en 1743, mort en 1814 ; à la mort de Fréron, il le remplaça dans la rédaction de l'*Année littéraire*. De 1800 à 1814, il a donné, dans le *Journal des Débats*, un grand nombre d'articles où il se montra toujours acharné contre Voltaire. (B.)
4. Voyez la note 1, tome IX, page 138.
5. J.-J. Lefranc de Pompignan ; voyez tome XXIV, page 111.

plaisanteries, qu'il faut pardonner aux intéressés. Heureux ceux qui, lorsqu'ils sont outragés, se contentent de rire! Vous savez, mon cher lecteur, que le public est alerte sur les fautes des gens de lettres comme sur l'orgueil, l'avarice, et les petites paillardises qu'on a quelquefois reprochées aux moines. Plus un état exige de circonspection, plus les faiblesses sont remarquées; et si les moines ont fait vœu de chasteté, d'humilité, et de pauvreté, les gens de lettres semblent avoir fait vœu de raison.

SEPTIÈME HONNÊTETÉ.

Lorsque le R. P. La Valette[1], *alias* Duclos, *alias* Lefèvre, eut fait sa première banqueroute, *ad majorem Societatis gloriam;* lorsque des imprimeurs huguenots eurent rafraîchi les premières pages d'une vieille édition du R. P. Busembaum[2], que l'on fit passer pour nouvelle, et qu'ils eurent ainsi jeté, sans le savoir, la première pierre qui a servi à lapider la Société de Jésus; lorsque ces Pères écrivaient en faveur de leur corps tant de petits livres qu'on ne lit plus; lorsque quelques prélats, s'imaginant que la Société de Jésus était immortelle et invulnérable, lui firent leur cour très-maladroitement par quelques écrits; lorsque le bourreau brûla, selon son usage, une belle lettre du révérendissime père en Dieu Jean-George Lefranc, évêque du Puy en Velay[3], il y eut alors une inondation de brochures, et autant d'injures de part et d'autre qu'il y avait de jésuites en France...

La principale honnêteté fut entre les révérends pères dominicains et les révérends pères jésuites. Les jésuites, dans un écrit intitulé *Lettre d'un homme du monde à un théologien,* page 4, complimentèrent les jacobins sur leur frère Politien de Montepulciano[4], qui, dit-on, empoisonna avec une hostie le méchant empereur Henri VII; sur le bienheureux Jacques Clément, ainsi nommé par la Ligue; sur Edmond Bourgoin son prieur; sur frères Pierre Argier et Ridicouse, roués tous deux à Paris.

Les jacobins répondirent à ce compliment par une longue énumération des martyrs de la Société; et cette liste ne finissait

---

1. Voyez tome XVI, page 100.
2. Voyez tome XII, page 559.
3. Lefranc de Pompignan (J.-G.), lors de la destruction des jésuites, fit une *Lettre écrite au roi par M. l'évêque D. P. sur l'affaire des jésuites;* 1762, in-12 de 43 pages. Il est à croire que c'est cet opuscule dont le faux-titre porte: *Lettre d'un évêque au roi,* que Voltaire désigne ici. (B.)
4. Voyez tome XI, pages 530-31; et XIII, 387.

point. Les deux partis appelèrent à leur secours saint Thomas d'Aquin. Il s'agissait de le bien entendre, et c'est là le grand effort de la théologie. Les uns et les autres convenaient des paroles. Ils avouaient que saint Thomas a dit, liv. II, quest. 42, art. 2 :

Que ceux qui délivrent la multitude d'un méchant roi sont très-louables ;

Que le mauvais prince est le seul séditieux ;

Qu'il y a des cas où celui qui le tue mérite récompense ;

Que, selon le même saint Thomas d'Aquin, liv. II, quest. 12, un prince qui a apostasié n'a plus de droit sur ses sujets ;

Que, s'il est excommunié, ses sujets sont *ipso facto* délivrés de leur serment de fidélité, *ejus subditi juramento fidelitatis liberati sunt ;*

Que comme il est permis de résister aux larrons, il est permis de résister aux mauvais princes ; *ut sicut licet resistere latronibus, ita licet in tali casu resistere malis principibus.* Liv. II, quest. 69.

Tout cela se trouve, avec beaucoup d'autres choses également édifiantes, dans *l'Appel à la raison* imprimé en 1762, sous le titre de Bruxelles[1].

On prétend que chez les jacobins, quand il meurt un docteur en théologie, on met une bible[2] de saint Thomas dans sa bière. Des profanes, ayant lu ces grandes questions dans saint Thomas d'Aquin, ont prétendu qu'il eût été à désirer, pour la tranquillité publique, que toutes les *Sommes* de ce bonhomme eussent été enterrées avec tous les jacobins. Mais ce sentiment me paraît un peu trop dur.

Après cette dispute, qui intéressa vivement dix ou douze lecteurs, il en survint une autre entre les mêmes combattants, au sujet du livre *De Matrimonio*, du révérend père Sanchez[3], regardé en Espagne et par tous les jésuites du monde comme un Père de l'Église. Cette dispute se trouve à la page 262 du *Nouvel Appel à la raison*[4], et il faut avouer que la raison doit être bien étonnée qu'on soumette un pareil procès à son tribunal.

---

1. *Appel à la raison des écrits et libelles publiés par la passion contre les jésuites de France;* Bruxelles, 1762, in-12, daté du 15 avril. Une nouvelle édition de la même année, dont chacune des deux parties a sa pagination, est augmentée. L'*Appel* est attribué au P. Balbani. C'est à Caveyrac que l'on attribue le *Nouvel Appel à la raison des écrits et libelles publiés par la passion contre les jésuites de France;* 1762, in-12. Le parlement a condamné Caveyrac comme auteur de l'*Appel;* voyez, tome XXV, la note 1 de la page 6.

2. Toutes les éditions portent *Bible* ; mais je pense qu'il faut lire *Somme*. (B.)

3. Voltaire a déjà parlé de Sanchez, tome XXIV, page 98 ; mais c'est pour un passage autre que celui dont il est question ici.

4. Voyez, ci-dessus, la note 1.

On y discute trois questions tout à fait intéressantes : la première, *quando vas innaturale usurpatur;* la seconde, *quando seminatio non est simultanea;* la troisième, *quando seminatio est extra vas*[1]. Ma pudeur et mon grand respect pour les dames m'empêchent de traduire en français cette dispute théologique. J'ai prétendu me borner à faire voir combien les théologiens sont quelquefois honnêtes.

HUITIÈME HONNÊTETÉ.

Un homme d'un génie vaste, d'une érudition immense, d'un travail infatigable, et dont le nom perce dans l'Europe du sein de la retraite la plus profonde[2], entreprend le plus grand et le plus difficile ouvrage dont la littérature ait jamais été honorée ; le meilleur géomètre de la France se joint à lui. Ce géomètre[3], qui unit à la délicatesse de Fontenelle la force que Fontenelle n'a pas, donne un plan de cette célèbre entreprise, et ce plan vaut lui seul une Encyclopédie. Un homme d'un nom illustre, qui s'est consacré aux lettres toute sa vie, physicien exact, métaphysicien profond, très-versé dans l'histoire et dans les autres genres[4], fait lui seul près du quart de cet ouvrage utile ; des hommes savants, des hommes de génie, s'y dévouent ; d'anciens militaires, d'anciens magistrats, d'habiles médecins, des artistes même, y travaillent avec succès, et tous dans la vue de laisser à l'Europe le dépôt des sciences et des arts, sans aucun intérêt, sans vain amour-propre. Ce n'est que malgré eux que le libraire a publié leurs noms. M. de Voltaire surtout avait prié que son nom ne parût point. Quelle a été la reconnaissance de certains hommes, soi-disant gens de lettres, pour une entreprise si avantageuse à eux-mêmes ? Celle de la décrier, de diffamer les auteurs, de les poursuivre, de les accuser d'irréligion et de lèse-majesté[5].

NEUVIÈME HONNÊTETÉ.

Maître Abraham[6] Chaumeix (je ne sais qui c'est), ayant demandé à travailler à ce grand ouvrage, et ayant été éconduit,

---

1. Ce que Voltaire donne ici comme troisième question fait partie de la seconde. Mais une troisième question est en effet traitée en même temps par Sanchez ; c'est celle-ci : *Quando* (seminatio) *est extra* (vas naturale) *ratione impotentiæ*. (B.)
2. Diderot.
3. D'Alembert.
4. Jaucourt.
5. Voyez tome XXIV, pages 469 et suiv.
6. Voyez tome XVII, page 5 ; et tome XX, page 321.

comme de raison, ne manqua pas de dénoncer juridiquement les auteurs. Il soupçonne que celui qui a principalement contribué à le faire refuser a composé l'article *Ame*, et que puisqu'il est son ennemi il est athée; il le dénonce donc juridiquement comme tel. Il se trouve que l'auteur de l'article est un bon docteur de Sorbonne très-pieux[1]. Il est très-étonné d'apprendre qu'il est accusé de nier l'existence de Dieu et celle de l'âme; et il conclut que si Abraham Chaumeix a une âme, elle est un peu dure et fort ignorante.

Abraham, pour se dépiquer, va se faire maître d'école à Moscou. Que son âme y repose en paix!

DIXIÈME HONNÊTETÉ.

Un gentilhomme de Bretagne, qui a fait des comédies charmantes[2], nous a donné des anecdotes très-curieuses sur la ville de Paris et sur l'histoire de France, imprimées avec privilége, et surtout avec celui de l'approbation publique; aussitôt les auteurs de je ne sais quelles feuilles[3] (car je ne lis point les feuilles) écrivent dans ces feuilles, dédiées à la cour, à douze sous par mois, que l'auteur est incontestablement déiste ou athée, et qu'il est impossible que cela ne soit pas, puisqu'il a dit que Maugiron, Quélus, et Saint-Mégrin, tués sous le règne de Henri III, furent enterrés dans l'église de Saint-Paul, et qu'on n'avait pas voulu inhumer une vieille femme dans la rue de l'Arbre-Sec avant qu'on eût vu son testament.

Le Breton, qui n'entend point raillerie, fait assigner au Châtelet les auteurs des feuilles, par-devant le lieutenant criminel, en réparation d'honneur et de conscience, au mois de juin 1763. Les folliculaires civilisent l'affaire, et sont forcés de demander pardon de leur incivilité.

ONZIÈME HONNÊTETÉ.

Un auteur[4], qui n'aimait pas ceux du grand et utile ouvrage dont on a déjà parlé, les prostitue sur le théâtre, et les introduit

---

1. L'abbé Yvon, docteur de Sorbonne, chanoine de Coutances, mort vers 1784.
2. Saint-Foix, auteur des *Essais sur Paris*. Voyez tome XX, page 323.
3. Ce sont les auteurs du *Journal chrétien*. Or, ce journal n'étant pas bon, on a dit qu'il était mauvais chrétien. (*Note de Voltaire.*)
4. Palissot, auteur de la comédie des *Philosophes;* voyez, tome X, une note du *Russe à Paris*.

volant dans la poche. Ce n'est pas ainsi que Molière a peint Trissotin et Vadius. On me dira que des galériens du temps du roi Charles VII, condamnés pour crime de faux, ayant obtenu leur grâce de leur bon roi, lui volèrent tout son bagage, comme il est rapporté dans l'abbé Trithême[1], page 329[2]; mais on m'avouera que ceux qui font aujourd'hui honneur à la littérature française ne sont point des coupeurs de bourses, et que d'ailleurs ce trait n'est pas assez plaisant.

DOUZIÈME HONNÊTETÉ.

Des folliculaires à la petite semaine ont imprimé que M. d'Alembert est un Rabzacès, un Philistin, un Amorrhéen, une bête puante : je ne sais pas précisément pourquoi ; mais Rabzacès signifie grand échanson en syriaque. Or M. d'Alembert n'est pas un grand échanson, c'est même l'homme du monde qui verse le moins à boire. Il ne peut être à la fois Rabzacès, Syrien, Philistin ou Amorrhéen ; il n'est ni bête ni puant ; je sais seulement qu'il est un des plus grands géomètres, un des plus beaux esprits et une des plus belles âmes de l'Europe : ce qu'on n'a jamais dit de Rabzacès.

1.
Tout est parti. La horde griffonnante
Sous le drapeau du gazetier de Nante,
D'une main prompte et d'un zèle empressé,
Pendant la nuit avait débarrassé
Notre bon roi de son leste équipage.
Ils prétendaient que pour de vrais guerriers,
Selon Platon, le luxe est peu d'usage.
Puis s'esquivant par de petits sentiers,
Au cabaret la proie ils partagèrent.
Là par écrit doctement ils couchèrent
Un beau traité, bien moral, bien chrétien,
Sur le mépris des plaisirs et du bien.
On y prouva que les hommes sont frères,
Nés tous égaux, devant tous partager
Les dons de Dieu, les humaines misères,
Vivre en commun pour se mieux soulager.
Ce livre saint, mis depuis en lumière,
Fut enrichi d'un pieux commentaire
Pour diriger *et l'esprit et le cœur*,
Avec préface et l'avis au lecteur.

(*Note de Voltaire.*)

2. Cette indication de page est une plaisanterie de Voltaire, qui (dans sa *Pucelle*, chant XX, vers 30), dit :

Ce n'est pas moi, c'est le sage Trithême,
Ce digne abbé, qui vous parle lui-même.

Le passage rapporté par Voltaire lui-même, dans la note précédente, fait aujourd'hui partie du dix-huitième chant, vers 272 et suivants. Il n'était pas dans l'édition de 1762 de *la Pucelle;* mais il avait été publié, en 1764, dans le volume intitulé *Contes de Guillaume Vadé.* (B.)

TREIZIÈME HONNÊTETÉ.

Les folliculaires ont eu d'aussi étranges honnêtetés pour M. de Montesquieu et pour M. de Buffon. On a écrit contre l'un des lettres du Pérou[1], qui n'ont pas dû être un Pérou pour l'auteur. On a prouvé à l'autre qu'il était déiste ou athée, cela est égal, parce qu'il avait loué les stoïciens; et on l'a prouvé tout comme le révérend père Hardouin, de la Société de Jésus, avait démontré que Pascal, Nicole, Arnauld, et Malebranche[2], n'ont jamais cru en Dieu.

> Qui méprise Cotin n'estime point son roi[3],
> Et n'a, selon Cotin, ni dieu, ni foi, ni loi.

QUATORZIÈME HONNÊTETÉ.

En voici une d'un goût nouveau : Jean-Jacques Rousseau, qui ne passe ni pour le plus judicieux, ni pour le plus conséquent des hommes, ni pour le plus modeste, ni pour le plus reconnaissant, est mené en Angleterre par un protecteur[4] qui épuise son crédit pour lui faire obtenir une pension *secrète* du roi. Jean-Jacques trouve la pension *secrète* un affront. Aussitôt il écrit une lettre[5], dans laquelle il sacrifie l'éloquence et le goût à son ressentiment contre son bienfaiteur. Il pousse trois arguments contre ce bienfaiteur, M. Hume, et à chaque argument il finit par ces mots : « Premier soufflet, second soufflet, troisième soufflet sur la joue de mon patron. » Ah! Jean-Jacques! trois soufflets pour une pension! c'est trop!

> Tudieu, l'ami, sans nous rien dire,
> Comme vous baillez des soufflets!
> (*Amphitryon*, acte I, scène II.)

Un Genevois qui donne trois soufflets à un Écossais! Cela fait trembler pour les suites. Si le roi d'Angleterre avait donné la pension, Sa Majesté aurait eu le quatrième soufflet. C'est un ter-

---

1. Voltaire veut sans doute parler des *Lettres à un Américain sur l'histoire naturelle de Buffon* (par l'abbé de Lignac), 1751. Ces *Lettres* sont au nombre de douze; voyez les *Cinq Années littéraires*, de Clément, à la date du 15 mai 1752. (B.)
2. Voyez tome XVII, page 472.
3. Boileau, satire IX, vers 305-6.
4. Hume; voyez, ci-devant, la lettre que Voltaire lui adressa le 24 octobre 1766.
5. La lettre de Rousseau est du 10 juillet 1766.

rible homme que ce Jean-Jacques! il prétend, dans je ne sais quel roman intitulé *Héloïse* ou *Aloïsia*[1], s'être battu contre un seigneur anglais de la chambre haute, dont il reçut ensuite l'aumône. Il a fait, on le sait, des miracles à Venise; mais il ne fallait pas calomnier les gens de lettres à Paris. Il y a de ces gens de lettres qui n'attaquent jamais personne, mais qui font une guerre bien vive quand ils sont attaqués, et Dieu est toujours pour la bonne cause. Un des offensés s'amusa à le dessiner par les coups de crayon que voici :

> Cet ennemi du genre humain,
> Singe manqué de l'Arétin,
> Qui se croit celui de Socrate ;
> Ce charlatan trompeur et vain,
> Changeant vingt fois son mithridate;
> Ce basset hargneux et mutin,
> Bâtard du chien de Diogène,
> Mordant également la main
> Ou qui le fesse, ou qui l'enchaîne,
> Ou qui lui présente du pain.

Les honnêtetés de Jean-Jacques lui ont attiré, comme on le voit, de très-grandes honnêtetés. Il y a de la justice dans le monde, et, pour peu que vous soyez poli, vous trouvez à coup sûr des gens fort polis qui ne sont pas en reste avec vous. Cela compose une société charmante.

QUINZIÈME HONNÊTETÉ.

Une honnêteté nouvelle, et dont on ne s'était pas encore avisé dans la littérature, c'est d'imprimer des lettres sous le nom d'un auteur connu, ou de falsifier celles qui ont couru dans le monde par la trop grande facilité de quelques amis, et d'insérer dans ces lettres les plus énormes platitudes avec les calomnies les plus insolentes. C'est ainsi qu'en dernier lieu on a imprimé à Amsterdam, sous le titre de Genève, de prétendues *Lettres secrètes*[2] de l'auteur de *la Henriade*; lesquelles lettres, si elles étaient secrètes, ne devaient pas être publiques. Il y a surtout dans ces *Lettres secrètes* un correspondant nommé le comte de Bar-sur-Aube, qui est un homme sûr ; mais, comme il n'y a jamais eu de comte

---

1. Voyez tome XXIV, page 165.
2. Voyez l'*Appel au public*, tome XXV, page 579.

de Bar-sur-Aube, on ne peut pas avoir grande foi à ces *Lettres secrètes*.

Ensuite le nommé Schneider, libraire d'Amsterdam, a débité, sous le nom de Genève, les *Lettres* du même homme *à ses amis du Parnasse* : c'est là le titre. Il se trouve que ces *amis du Parnasse* sont le roi de Pologne, le roi de Prusse, l'électeur palatin, le duc de Bouillon, etc. Outre la décence de ce titre, on fait dire, dans ces lettres, à l'auteur de *la Henriade* et du *Siècle de Louis XIV*, qu'à la cour de France *il y a d'agréables commères qui aiment Jean-Jacques Rousseau comme leur toutou*. On ajoute à ces gentillesses des notes infâmes contre des personnes respectables ; et il y a surtout trois lettres à un chevalier de Bruan qui n'a jamais existé, et qu'on appelle *mon cher Philinte*. L'éditeur doute si ces trois lettres sont de M. de Montesquieu ou de M. de Voltaire, quoique aucun de leurs laquais n'eût voulu les avoir écrites[1]. On a déjà dit ailleurs[2] que ces bêtises se vendent à la foire de Leipsick, comme on vend du vin d'Orléans pour du vin de Pontac. Il est bon d'en avertir ceux qui ne sont pas gourmets.

SEIZIÈME HONNÊTETÉ.

Il est encore plus utile d'avertir ici que le style simple, sage et noble, orné, mais non surchargé de fleurs, qui caractérisait les bons auteurs du siècle de Louis XIV, paraît aujourd'hui trop froid et trop rampant aux petits auteurs de nos jours ; ils croient être éloquents, lorsqu'ils écrivent avec une violence effrénée ; ils pensent être des Montesquieu, quand ils ont à tort et à travers insulté quelques cours et quelques ministres du fond de leurs greniers, et qu'ils ont entassé sans esprit injure sur injure ; ils croient être des Tacite, lorsqu'ils ont lancé quelques solécismes audacieux à des hommes dont les valets de chambre dédaigneraient de leur parler ; ils s'érigent en Catons et en Brutus la plume à la main. Les bons écrivains du siècle de Louis XIV ont eu de la force ; aujourd'hui, on cherche des contorsions.

---

1. Voici quelques lignes de la dernière à mon cher Philinte : « Il est impossible qu'il y ait un grand homme parmi nos rois, puisqu'ils sont abrutis et avilis dès le berceau par une foule de scélérats qui les environne, et qui les obsède jusqu'au tombeau. »

C'est ainsi qu'on parle des ducs de Montausier et de Beauvilliers, des Bossuet et des Fénelon, et de leurs successeurs ; cela s'appelle écrire avec noblesse, et soutenir les droits de l'humanité. C'est là le style ferme de la nouvelle éloquence. (*Note de Voltaire.*) — Voyez tome XXV, page 583.

2. Voyez tome XXIII, page 513.

Qui croirait qu'un gredin ait imprimé en 1752, dans un livre intitulé *Mes Pensées*[1], les mots que voici, et qu'il croyait dans le vrai goût de Montesquieu ?

« Une république qui ne serait formée que de scélérats du premier ordre produirait bientôt un peuple de sages, de conquérants et de héros. Une république fondée par Cartouche aurait eu de plus sages lois que la république de Solon.

« La mort de Charles Ier a fait plus de bien à l'Angleterre que n'en aurait fait le règne le plus glorieux de ce prince.

« Les forfaits de Cromwell sont si beaux que l'enfant bien né n'entend point prononcer le nom de ce grand homme sans joindre les mains d'admiration. »

Ces pensées ont été pourtant réimprimées, et l'auteur, à la seconde édition, mettait au titre *septième édition*, pour encourager à lire son livre. Il le dédiait à son frère. Il signait *Gonia Palaios*. *Gonia* signifie angle; *Palaios*, vieux. Son nom en effet est l'Anglevieux[2]. Il s'est fait appeler La Beaumelle. C'est lui qui a falsifié les *Lettres de madame de Maintenon*, et qui a rempli les *Mémoires de Maintenon* de contes absurdes et des anecdotes les plus fausses.

DIX-SEPTIÈME HONNÈTETÉ.

On connaît l'histoire du *Siècle de Louis XIV*. Tout impartial qu'est ce livre, il est consacré à la gloire de la nation française, et à celle des arts, et c'est même parce qu'il est impartial qu'il affermit cette gloire. Il a été bien reçu chez tous les peuples de l'Europe, parce qu'on aime partout la vérité. Louis XV, qui a daigné le lire plus d'une fois, en a marqué publiquement sa satisfaction. Je ne parle pas du style, qui sans doute ne vaut rien; je parle des faits.

Ce même La Beaumelle, dont il a bien fallu déjà faire mention, ci-devant précepteur du fils d'un gentilhomme[3] qui a vendu Ferney à l'auteur du *Siècle de Louis XIV*; chassé de la maison de ce gentilhomme, réfugié en Danemark; chassé du Danemark, réfugié à Berlin; chassé de Berlin, réfugié à Gotha; chassé de Gotha, réfugié à Francfort : cet homme, dis-je, s'avise de faire à Francfort l'action du monde la plus honorable à la littérature.

Il vend pour dix-sept louis d'or[4] au libraire Eslinger une édi-

---

1. Voyez tome XV, page 100.
2. Angliviel.
3. Budé de Boisy.
4. Voyez tome XV, page 100

tion du *Siècle de Louis XIV*, qu'il a soin de falsifier en plusieurs endroits importants, et qu'il enrichit de notes de sa main; dans ces notes, il outrage tous les généraux, tous les ministres, le roi même et la famille royale; mais c'est avec ce ton de supériorité et de fierté qui sied si bien à un homme de son état, consommé dans la connaissance de l'histoire.

Il dit très-savamment que les filles hériteraient aujourd'hui de la partie de la Navarre réunie à la couronne; il assure que le maréchal de Vauban n'était qu'un plagiaire; il décide que la Pologne ne peut produire un grand homme; il dit que les savants danois sont tous des ignorants, tous les gentilshommes des imbéciles, et il fait du brave comte de Plélo un portrait ridicule. Il ajoute qu'il ne se fit tuer à Dantzick que parce qu'il *s'ennuyait à périr à Copenhague*. Non content de tant d'insolences, qui ne pouvaient être lues que parce qu'elles étaient des insolences, il attaque la mémoire du maréchal de Villeroi; il rapporte à son sujet des contes de la populace; il s'égaye aux dépens du maréchal de Villars[1]. Un La Beaumelle donner des ridicules au maréchal de Villars ! Il outrage le marquis de Torcy, le marquis de la Vrillière, deux ministres chers à la nation par leur probité. Il exhorte tous les auteurs à *sévir contre* M. Chamillart; ce sont ses termes.

Enfin il calomnie Louis XIV au point de dire qu'il empoisonna le marquis de Louvois; et, après cette criminelle démence, qui l'exposait aux châtiments les plus sévères, il vomit les mêmes calomnies contre le frère et le neveu de Louis XIV[2].

Qu'arrive-t-il d'un tel ouvrage ? De jeunes provinciaux, de jeunes étrangers, cherchent chez des libraires le *Siècle de Louis XIV*. Le libraire demande si on veut ce livre avec des notes savantes. L'acheteur répond qu'il veut sans doute l'ouvrage complet. On lui vend celui de La Beaumelle.

Les donneurs de conseils vous disent : « Méprisez cette infamie, l'auteur ne vaut pas la peine qu'on en parle. » Voilà un plaisant avis. C'est-à-dire qu'il faut laisser triompher l'imposture. Non, il faut la faire connaître. On punit très-souvent ce qu'on méprise; et même, à proprement parler, on ne punit que cela, car tout délit est honteux.

Cependant cet honnête homme ayant osé se montrer à Paris, on s'est contenté de l'enfermer pendant quelque temps à Bicêtre[3];

---

1. Voyez tome XV, page 120.
2. Voyez tome XIV, page 477; XV, 87, 125.
3. A la Bastille.

après quoi on l'a confiné dans son village, près de Montpellier.

Ce La Beaumelle est le même qui a depuis fait imprimer[1] des *Lettres* falsifiées de M. de Voltaire, à Amsterdam, à Avignon, accompagnées de notes infâmes contre les premiers de l'État.

On a *toujours* du goût pour son premier métier[2].

On demande, après de pareils exemples, s'il ne vaut pas mille fois mieux être laquais dans une honnête maison que d'être le bel esprit des laquais ; et on demande si l'auteur d'un petit poëme intitulé *le Pauvre Diable* n'a pas eu raison de dire[3] :

> J'estime plus ces honnêtes enfants
> Qui de Savoie arrivent tous les ans,
> Et dont la main légèrement essuie
> Ces longs canaux engorgés par la suie ;
> J'estime plus celle qui, dans un coin,
> Tricote en paix les bas dont j'ai besoin ;
> Le cordonnier qui vient de ma chaussure
> Prendre à genoux la forme et la mesure,
> Que le métier de tes obscurs Frérons ;
> Maître Abraham et ses vils compagnons
> Sont une espèce encor plus odieuse.
> Quant aux catins, j'en fais assez de cas :
> Leur art est doux, et leur vie est joyeuse ;
> Si quelquefois leurs dangereux appas
> A l'hôpital mènent un pauvre diable,
> Un grand benêt qui fait l'homme agréable,
> Je leur pardonne : il l'a bien mérité.

Je cite ces vers pour faire voir combien ce métier de petits barbouilleurs, de petits folliculaires, de petits calomniateurs, de petits falsificateurs du coin de la rue, est abominable : car, pour celui des belles demoiselles qui ruinent un sot, je n'en fais pas tout à fait le même cas que l'auteur du *Pauvre Diable* ; on doit avoir de l'honnêteté pour elles sans doute, mais avec quelques restrictions.

DIX-HUITIÈME HONNÊTETÉ.

Le fils d'un laquais de M. de Maucroix, lequel fils fut laquais aussi quelque temps, et qui servit souvent à boire à l'abbé d'Oli-

---

1. Dans les diverses éditions le volume est intitulé *Lettres secrètes de M. de Voltaire, publiées par M. L. B.* Mais il paraît certain que l'éditeur fut Robinet, mort en 1817, et qui peut avoir eu l'intention de faire tomber les soupçons sur La Beaumelle.
2. *La Pucelle*, chant IX, vers 302.
3. Vers 386-402.

vet, s'est élevé par son mérite ; et nous sommes bien loin de lui reprocher son premier emploi dont ce mérite l'a tiré, puisque nous avons approuvé la maxime qu'il vaut mieux être le laquais d'un bel esprit que le bel esprit des laquais. Un jeune homme sans fortune sert fidèlement un bon maître ; il s'instruit, il prend un état : il n'y a dans tout cela aucune indignité, rien dont la vertu et l'honneur doivent rougir. Le pape Adrien IV avait été mendiant ; Sixte-Quint avait été gardeur de porcs. Quiconque s'élève a du moins cette espèce de mérite qui contribue à la fortune ; et pourvu que vous ne soyez ni insolent ni méchant, tout le monde honore en vous cette fortune qui est votre ouvrage.

Cet homme nommé d'Étrée, parce que son père était du village d'Étrée, ayant cultivé les belles-lettres au lieu de cultiver son jardin, fut d'abord folliculaire, ensuite faiseur d'almanachs, et il mit au jour l'*Année merveilleuse*[1], pour laquelle il fut incarcéré ; puis il se fit prêtre, puis il se fit généalogiste ; il travailla chez M. d'Hozier, et en sortit... je ne veux pas dire pourquoi ; enfin il obtint un petit prieuré[2] dans le fond d'une province. Monsieur le prieur alla se faire reconnaître dans sa seigneurie en 1763 ; et, comme il est généalogiste, il se fit passer, mais avec circonspection, pour un neveu du cardinal d'Estrées. Il reçut en cette qualité une fête assez belle d'une dame qui a une terre dans le voisinage, et fut traité en homme qui devait être cardinal un jour.

Comme il n'y a point de maison dans son prieuré, il tenait sa cour dans un cabaret du voisinage. Il écrivit une lettre pleine de dignité et de bonté au seigneur de la paroisse, qui se mêle de prose et de vers tout comme l'abbé d'Étrée. Il avertissait ce voisin qu'un jeune homme de sa maison avait osé chasser sur les terres du prieuré, qui ont, je crois, cent toises d'étendue ; qu'il accorderait volontiers le droit de chasse à la seule personne du voisin en qualité de littérateur, parce qu'il avait soixante et onze ans, et qu'il était à peu près aveugle ; mais nul autre ne devait effaroucher le gibier de monsieur le prieur, qui n'a pas plus de gibier que de basse-cour. Le jeune homme qui avait imprudemment tiré à deux ou trois cents pas des terres de l'Église était un gen-

---

1. On attribue généralement à l'abbé Coyer *l'Année merveilleuse, ou les Hommes-femmes*, in-12. C'est probablement l'ouvrage imprimé d'abord sous ce seul titre : *l'Année merveilleuse* (1748), in-4° de huit pages. Mme du Châtelet, sans être nommée, y est plaisantée plus d'une fois. Voltaire peut avoir eu ses raisons pour attribuer *l'Année merveilleuse* à l'abbé d'Étrée ou Destrée, ami de Desfontaines, né à Reims, mais mort on ne sait quand, ni où. D'après les divers petits écrits qu'elle fit naître, il est démontré que *l'Année merveilleuse* est d'un abbé. (B.)
2. Le prieuré de Neufville en Champagne.

tilhomme qui ne crut point devoir de réparation. Autre lettre de monsieur le prieur au voisin ; pas plus de réponse à cette seconde qu'à la première.

Mon homme part en méditant une noble vengeance. Il va en Picardie chez un seigneur à la généalogie duquel il travaillait. Un magistrat considérable du parlement de Paris était dans le voisinage. M. l'abbé d'Étrée accuse auprès de ce magistrat celui qui n'avait pu lui écrire une lettre

> *D'avoir fait un gros livre,* un livre abominable,
> Un livre à mériter la dernière rigueur,
> Dont le fourbe a le front de *le* faire l'auteur.
> (Voyez *le Misanthrope,* acte V [1].)

Voilà monsieur le prieur qui triomphe, et qui écrit à un intendant de ses États : « Il est perdu, il ne s'en relèvera pas, son affaire est faite. » Il se trompa ; mais on a lieu d'espérer qu'il réussira mieux une autre fois.

Pauvres gens de lettres, voyez ce que vous vous attirez, soit que vous écriviez, soit que vous n'écriviez pas. Il faut non-seulement faire son devoir, *taliter qualiter,* comme dit Rabelais, *et dire toujours du bien de monsieur le prieur ;* mais il faut encore répondre aux lettres qu'il vous écrit. Cette négligence a ulcéré quelquefois plus d'un grand cœur ; et vous voyez avec quelle noblesse un prieur se venge.

DIX-NEUVIÈME HONNÊTETÉ.

L'auteur de l'*Histoire de Charles XII* l'avait publiée[2] environ vingt ans[3] avant que le P. Barre donnât son *Histoire d'Allemagne ;* cependant le P. Barre jugea à propos de fondre dans son ouvrage presque tout *Charles XII,* batailles, siéges, discours, caractères, bons mots même. Quelques journalistes ayant entendu parler à quelques lecteurs de cette singulière ressemblance, ne songeant

---

1. Voyez comme du temps de Molière on était aussi méchant que du nôtre. (*Note de Voltaire.*) — Le texte du *Misanthrope,* acte V, scène I, est :

> Il court parmi le monde un livre abominable,
> Et de qui la lecture est même condamnable,
> Un livre à mériter la dernière rigueur,
> Dont le fourbe a le front de me faire l'auteur.

2. Je supprime ici trois mots : *il y a,* qui existent, il est vrai, dans toutes les éditions, mais qui forment un non-sens. (B.)

3. Voyez l'Avertissement de Beuchot en tête de l'*Histoire de Charles XII,* tome XVI.

pas à la date des éditions, et n'ayant pas même lu le P. Barre, qu'on ne lit guère, ne doutèrent pas que M. de Voltaire n'eût volé le P. Barre, ou du moins feignirent de n'en pas douter, et appelèrent l'auteur de *Charles XII* plagiaire ; mais c'est une bagatelle qui ne mérite pas d'être relevée. Ces petits mensonges sont le profit des folliculaires ; il faut que tout le monde vive.

VINGTIÈME HONNÊTETÉ.

C'est encore un secret admirable que celui de déterrer un poëme manuscrit qu'on attribue à un auteur auquel on veut donner des marques de souvenir, et de remplir ce poëme de vers dignes du postillon, du cocher de Vertamon ; d'y insérer des tirades contre Charlemagne et contre saint Louis ; d'y introduire au xve siècle Calvin et Luther, qui sont du xvie ; d'y glisser quelques vers contre des ministres d'État ; et enfin de parler d'amour comme on en parle dans un corps de garde. Les éditeurs espèrent qu'ils vendront avantageusement ces beaux vers et libelles de taverne, et que l'auteur à qui ils les imputent sera infailliblement perdu à la cour.

> Les galants y voyaient double profit à faire :
> Leur bien premièrement, et puis le mal d'autrui[1].

Vous vous trompez, messieurs, on a plus de discernement à Versailles et à Paris que vous ne croyez ; et ceux *quibus est æquus et pater et res*[2] ne sont pas vos dupes. On n'imputera jamais à l'auteur d'*Alzire* ces vers :

> Chandos, suant et soufflant comme un bœuf,
> Cherche du doigt si Jeanne est une fille ;
> « Au diable soit, dit-il, la sotte aiguille ! »
> Bientôt le diable emporte l'étui neuf ;
> Il veut encor secouer sa guenille...
> Chacun avait son trot et son allure,
> Chacun piquait à l'envi sa monture, etc.

On a pris la peine de faire environ trois cents vers dans ce goût, et de les attribuer à l'auteur de *la Henriade :* il y a des vers pour la bonne compagnie, il y en a pour la canaille, et cela est absolument égal pour quelques libraires de Hollande et d'Avignon.

---

1. La Fontaine, livre IX, fable xvii, vers 12-13.
2. Horace, *Art poét.*, 248.

Pour mieux connaître de quoi la basse littérature est capable, il faut savoir que les auteurs de ces gentillesses, ayant manqué leur coup, firent à Liége une nouvelle édition du même ouvrage, dans lequel ils insérèrent les injures qu'ils crurent les plus piquantes contre Mme de Pompadour [1]. Ils lui en firent tenir un exemplaire, qu'elle jeta au feu; ils lui écrivirent des lettres anonymes, qu'elle renvoya à l'homme qu'ils voulaient perdre. C'est une grande ressource que celle des lettres anonymes, et fort usitée chez les âmes généreuses qui disent hardiment la vérité : les gueux de la littérature y sont fort sujets, et celui qui écrit ces mémoires instructifs conserve quatre-vingt-quatorze [2] lettres anonymes qu'il a reçues de ces messieurs.

VINGT-UNIÈME HONNÊTETÉ.

L'ex-révérend père ex-jésuite Nonotte, aussi amateur de la vérité que Varillas, ou Maimbourg, ou Caveyrac, etc., n'étant pas content apparemment de sa portion congrue, mais *suffisante*, qu'on donne aux ci-devant frères de la Société de Jésus, se mit en tête, il y a quatre ans, de gagner quelque argent en vendant à un libraire d'Avignon, nommé Fez, une critique des *Œuvres de Voltaire*, ou attribuées à Voltaire.

Mais Nonotte, aimant mieux encore l'argent que la vérité, fit proposer à M. de Voltaire de lui vendre pour mille écus son édition, ne doutant pas que M. de Voltaire, craignant un aussi grand adversaire que Nonotte, ne se hâtât de se racheter par cette petite somme, après quoi Nonotte et consorts ne manqueraient pas de faire une nouvelle édition de leur libelle, corrigée et augmentée.

J'ai, par malheur pour le petit Nonotte, la lettre de Fez en original. Voici la copie mot pour mot :

« MONSIEUR,

« Avant que de mettre en vente un ouvrage qui vous est relatif, j'ai cru devoir décemment vous en donner avis. Le titre porte : *Erreurs de M. de Voltaire sur les faits historiques, dogmatiques*, etc., en deux volumes in-12, par un auteur anonyme. En conséquence,

---

1. Voyez, tome IX, dans les variantes du chant second de *la Pucelle*, les vers :
   Telle plutôt cette heureuse grisette, etc.
2. Voyez, ci-après, la *Lettre de M. de Voltaire* (datée du 24 avril 1767).

je prends la liberté de vous proposer un parti; le voici. Je vous offre mon édition de quinze cents exemplaires à 2 livres en feuille, montant à 3,000 livres. L'ouvrage est désiré universellement. Je vous l'offre, dis-je, cette édition, de bon cœur, et je ne la ferai paraître que je n'aie auparavant reçu quelque ordre de votre part.

« J'ai l'honneur d'être, avec le respect le plus profond,

« Monsieur,

« Votre très-humble et très-obéissant serviteur,

« Fez,
imprim.-libr., à Avignon [1].

« Avignon, 30 avril 1762. »

M. de Voltaire, accoutumé à de telles propositions de la part des polissons de la littérature [2], fut trop équitable pour acheter une édition aussi considérable à si vil prix. Il fit au libraire Fez son compte net. Il lui fit voir combien Nonotte et Fez perdraient à ce beau marché. Cette lettre fut imprimée par ceux qui impriment tout : on dit qu'elle est plaisante; je ne me connais pas en raillerie, je ne cherche ici que la simple vérité.

VINGT-DEUXIÈME HONNÊTETÉ,

FORT ORDINAIRE.

Je reviens à toi, mon cher Nonotte, et ex-compagnon de Jésus; il faut montrer à quel point tu es honnête et charitable, combien tu connais la vérité, combien tu l'aimes, et avec quel noble zèle tu te joins à un tas de gredins qui jettent de loin leurs ordures à ceux qui cultivent les lettres avec succès.

As-tu gagné par tes deux volumes les mille écus que tu vou-

---

1. Voyez, dans la *Correspondance générale*, la réponse datée du 17 mai 1762.
2. On trouve dans les *Mélanges de littérature* de M. de Voltaire une lettre semblable d'un nommé La Jonchère, et on y apprend aussi que les savants auteurs de l'*Histoire de la régence*, et de la *Vie du duc d'Orléans régent*, ont pris ce La Jonchère pour le trésorier général des guerres, à peu près comme de prétendus esprits fins prennent encore le jeune débauché obscur auteur du *Pétrone* pour le consul Pétrone, l'imbécile et dégoûtant vieillard Trimalcion pour le jeune empereur Néron, la sotte et vilaine Fortunata pour la belle Poppea, et Encolpe pour Sénèque. *In omnibus rebus qui vult decipi decipiatur.* (*Note de Voltaire.*) — Voltaire, n'ayant pas mis son nom aux *Honnêtetés littéraires,* et voulant faire croire qu'il n'en était pas l'auteur, pouvait se citer. (B.) — La lettre de La Jonchère est dans le *Mémoire sur la Satire;* voyez tome XXIII, page 58. On peut voir, sur Pétrone, le chapitre xiv du *Pyrrhonisme de l'histoire.*

lais escamoter à M. de Voltaire par ton libraire Fez? Je t'en fais mon compliment; Garasse n'en savait pas tant que toi, et le contrat mohatra[1] n'approche pas du marché que tu avais proposé. Mais, cher Nonotte, ce n'est pas assez de faire de bons marchés; il faut avoir raison quelquefois.

1° En attaquant un *Essai sur les Mœurs et l'Esprit des nations*, tu ne devais pas commencer par dire que Trajan, si connu par ses vertus, était un barbare et un persécuteur. Et sur quoi le trouves-tu cruel? Parce qu'il ordonne qu'*on ne fasse pas de recherches des chrétiens, et qu'il permet qu'on les dénonce.*

Mais il était très-juste de dénoncer ceux qui, emportés par un zèle indiscret comme Polyeucte, auraient brisé les statues des temples, battu les prêtres, et troublé l'ordre public. Ces fanatiques étaient condamnés par les saints conciles. Un roi aussi bon que Trajan pourrait aujourd'hui, sans être cruel, punir légèrement le chrétien Nonotte s'il était dénoncé comme calomniateur, s'il était convaincu d'avoir publié ses erreurs sous le nom des erreurs d'un autre; d'avoir mis le titre d'Amsterdam, au mépris des ordonnances royales; et d'avoir méchamment et proditoirement médit de son prochain.

2° On t'a déjà dit[2] que tu manquais de bonne foi quand tu reprochais à l'auteur de l'*Essai sur les Mœurs*, etc., ces paroles que tu cites de lui : « L'ignorance chrétienne se représente d'ordinaire Dioclétien comme un ennemi armé sans cesse contre les fidèles. » On a averti, et on avertit encore, que ces mots *l'ignorance chrétienne* ne sont dans aucune des éditions de cet ouvrage, pas même dans l'édition furtive de Jean Neaulme. Que dirais-tu, si tu trouvais dans un bon livre *l'ignorance de Nonotte?* Mettrais-tu à la place *l'ignorance chrétienne de Nonotte?* Ne t'exposerais-tu pas aux soupçons qu'on aurait que ce Nonotte, ex-jésuite, est un fort mauvais chrétien puisqu'il calomnie?

Tu réponds que ce sont des chrétiens mal instruits qui ont dit que Dioclétien avait toujours persécuté, et que par conséquent on peut appeler leur erreur une ignorance chrétienne.

Mon ami, voilà de ta part une ignorance un peu jésuitique. Tu fais là une plaisante distinction; tu allègues une direction d'intention fort comique : il fallait ne point corrompre le texte, avouer ton tort, et te taire.

---

1. C'est racheter à vil prix d'une personne l'objet qu'on lui a vendu fort chèrement. (B.)
2. Tome XXIV, page 484.

3° Tu continues à canoniser l'action du centurion Marcel, qui jeta son ceinturon, son épée, sa baguette, à la tête de sa troupe, et qui déclara devant l'armée qu'il ne fallait pas servir son empereur. Mon ami, prends garde, le ministre de la guerre veut que le service se fasse ; ton Marcel est de mauvais exemple. Sois bon chrétien si tu peux ; mais point de sédition, je t'en prie : souviens-toi de frère Guignard [1], et sois sage.

Tu loues encore le bon chrétien qui déchire l'édit de l'empereur. Nonotte, cela est fort. Prends garde à toi, te dis-je ; le roi n'aime pas qu'on déchire ses édits, il le trouverait mauvais. Sais-tu bien que c'est un crime de lèse-majesté au second chef ? Tu apportes pour raison que cet édit était injuste. Était-ce donc à ce chrétien à décider de la légitimité d'un arrêt du conseil ? Où en serions-nous si chaque jésuite ou chaque janséniste prenait cette liberté ?

4° Petit Nonotte, rabâcheras-tu toujours les contes de la légion thébaine, et du petit Romanus, né bègue [2], dont on ne put arrêter le caquet dès qu'on lui eut coupé la langue ? Faut-il encore t'apprendre qu'il n'y a jamais eu de légion thébaine, que les empereurs romains n'avaient pas plus de légion égyptienne que de légion juive ; que nous avons les noms de toutes les légions dans la notice de l'empire, et qu'il n'y est nullement question de Thébains ; mais qu'il y avait d'ordinaire trois légions romaines en Égypte ?

Faut-il te redire que les faits, les dates et les lieux, déposent contre cette histoire digne de Rabelais ? Faut-il te répéter qu'on ne martyrise point six mille hommes armés dans une gorge de montagnes où il n'en peut tenir trois cents ? Crois-moi, Nonotte, marions les six mille soldats thébains aux onze mille vierges, ce sera à peu près deux filles pour chacun ; ils seront bien pourvus. Et à l'égard de la langue du petit Romanus, je te conseille de retenir la tienne, et pour cause.

5° Sois persuadé comme moi que David laissa en mourant vingt-cinq milliards d'argent comptant dans sa ville d'Hershalaïm, j'y consens ; obtiens que ta portion congrue soit assignée sur ce trésor royal ; cours après les trois cents renards que Samson attacha par la queue ; dîne du poisson qui avala Jonas ; sers de monture à Balaam, et parle, j'y consens encore ; mais, par saint Ignace, ne fais pas le panégyrique d'Aod, qui assassina le roi Églon, et de

---

1. Poursuivi en 1596 pour maximes séditieuses, il fut exécuté.
2. Voyez tome XXIV, pages 486 et 487.

Samuel qui hacha en morceaux le roi Agag parce qu'il était trop gras : ce n'est pas là une raison. Vois-tu ? j'aime les rois, je les respecte, je ne veux pas qu'on les mette en hachis, et les parlements pensent comme moi ; entends-tu, Nonotte ?

6° Tu trouves qu'on n'a pas assez tué d'Albigeois et de calvinistes ; tu approuves le supplice de Jean Hus et de Jérôme de Prague, et celui d'Urbain Grandier, et tu ne dis rien de la mort édifiante du R. P. Malagrida, du R. P. Guignard, du R. P. Garnet, du R. P. Oldcorn, du R. P. Creton. Hé, mon ami, un peu de justice !

7° Ne t'enfonce plus dans la discussion de la donation de Pepin ; doute, ami Nonotte, doute ; et, jusqu'à ce qu'on t'ait montré l'original de la cession de Ravenne, doute, dis-je. Sais-tu bien que Ravenne en ce temps-là était une place plus considérable que Rome, un beau port de mer, et qu'on peut céder des domaines utiles en s'en réservant la propriété ? Sais-tu bien qu'Anastase le bibliothécaire est le premier qui ait parlé de cette propriété ? Croira-t-on de bonne foi que Charlemagne eût parlé, dans son testament, de Rome et de Ravenne comme de villes à lui appartenantes si le pape en avait été le maître absolu ?

J'avoue que saint Pierre écrivit une belle lettre à Pepin du haut du ciel, et que le saint pape envoya la lettre au bon Pepin, qui en fut fort touché ; j'avoue que le pape Étienne vint en France pour sacrer Pepin, qui ravissait la couronne à son maître, et qui s'était déjà fait sacrer par un autre saint ; j'avoue que le pape Étienne étant tombé malade à Saint-Denis fut guéri par saint Pierre et par saint Paul, qui lui apparurent avec saint Denis, suivi d'un diacre et d'un sous-diacre ; j'avoue même, avec l'abbé de Vertot, que le pape, qui avait enfermé dans un couvent Carloman, frère de Pepin, dépouillé par ce bon Pepin, fut soupçonné d'avoir empoisonné ce Carloman pour prévenir toute discussion entre les deux frères.

J'avoue encore qu'un autre pape trouva depuis, sur l'autel de la cathédrale de Ravenne, une lettre de Pepin qui donnait Ravenne au saint-siége ; mais cela n'empêche pas que Charlemagne n'ait gouverné Ravenne et Rome. Les domaines que les archevêques ont dans Reims, dans Rouen, dans Lyon, n'empêchent pas que nos rois ne soient les souverains de Reims, de Rouen, et de Lyon.

Apprends que tous les bons publicistes d'Allemagne mettent aujourd'hui la donation de la souveraineté de l'exarchat par Pepin avec la donation de Constantin. Apprends que la méprise vient de ce que les premiers écrivains, aussi exacts que toi, ont confondu *patrimonium Petri et Pauli* avec *dominium imperiale*. Tu dois savoir, ex-jésuite Nonotte, ce que c'est qu'une équivoque.

8° Hé bien! parleras-tu encore des bigames et trigames de la première race [1]? Un jésuite ferme-t-il la bouche à un autre jésuite? Suffira-t-il de Daniel pour confondre Nonotte? Lis donc ton *Daniel*, quoiqu'il soit bien sec. Lis la page 110 du premier volume in-4°; lis, Nonotte, lis, et tu trouveras que le grand Théodebert épousa la belle Deuterie, quoique la belle Deuterie eût un mari, et que le grand Théodebert eût une femme, et que cette femme s'appelait Visigarde, et que cette Visigarde était fille d'un roi des Lombards nommé Vacon, fort peu connu dans l'histoire; tu verras que Théodebert imitait en cette bigamerie ou bigamie son oncle Clotaire; et voici les propres mots de Daniel :

« Théodebert ne faisait en cela rien de pis que son oncle Clotaire, qui avait épousé la femme de Clodomir son frère, peu de temps après la mort de ce prince, quoiqu'il eût déjà une autre femme; et il en eut trois pendant quelque temps, dont deux étaient sœurs. »

Cela n'est pas trop bien écrit, et tu ne pourras approuver ce style, à moins que tu n'aimes ton prochain comme toi-même; mais, mon ami, si Daniel écrit mal, il dit au moins ici la vérité, et c'est la différence qui est entre vous deux.

Je veux te conter une anecdote au sujet des bigames. Le lord Cowper, grand chancelier d'Angleterre, épousa deux femmes qui vécurent avec lui très-cordialement dans sa maison. Ce fut le meilleur ménage du monde. Ce bigame écrivit un petit livre sur la légitimité de ses deux mariages, et prouva son livre par les faits. M. de Voltaire s'était trompé en racontant cette bigamie; il avait pris le lord Cowper pour le lord Trevor [2]. La famille Trevor l'a redressé avec une extrême politesse; ce n'est pas comme toi, Nonotte, qui te trompes très-impoliment.

9° Mais, mon cher Nonotte, quand tu as fait deux volumes de tes erreurs, que tu appelles les erreurs d'un autre, as-tu pensé qu'on perdrait son temps à répondre à toutes tes bévues? Le public s'amuserait-il beaucoup d'un gros livre intitulé *les Erreurs de Nonotte?* Je ne veux te présenter qu'un petit bouquet, mais j'ai

---

1. Voyez tome XIX, page 100; et XXIV, 489.
2. L'édition de 1761 de l'*Essai sur l'Histoire générale* (devenu l'*Essai sur les Mœurs*) est la première dans laquelle Voltaire parle du chancelier bigame. Il l'y nommait en effet Trevor; mais il a corrigé cette faute. Voyez tome XII, page 298.

peine à choisir les fleurs. Voici, en passant, quelques fleurs pour Nonotte.

« Il n'y a point, dis-tu, de couvent en France où les religieux aient deux cent mille livres de rente. » Il est vrai, les pauvres moines n'ont rien; mais les abbés réguliers ou irréguliers de Cîteaux et de Clairvaux les ont, ces deux cent mille livres; et je te conseille d'être leur fermier, tu y gagneras plus qu'avec le libraire Fez. L'abbé de Cîteaux a commencé un bâtiment [1] dont l'architecte m'a montré le devis : il monte à dix-sept cent mille livres. Nonotte! il y a là de quoi faire de bons marchés.

10° Sache que c'est M. Damilaville [2], connu des principaux gens de lettres de Paris, s'il ne l'est pas de Nonotte, qui, ayant été indigné de l'insolence et de l'absurdité de ton libelle intitulé *les Erreurs*, a daigné imprimer ce qu'il en pensait; c'est lui surtout qui a montré qu'il n'y a point de contradiction à dire que Cromwell fut quelque temps un fanatique, puis un politique profond, et enfin un grand homme, et qu'on peut dire la même chose de Mahomet. Sache que Cromwell rançonna, pilla, saccagea, pendant la guerre, et qu'il fit observer les lois pendant la paix; qu'il ne mit point de nouveaux impôts; « qu'il couvrit par les qualités d'un grand roi les crimes d'un usurpateur [3]; » qu'il craignait avec très-grande raison d'être assassiné; et qu'après avoir pris toutes les précautions pour ne le pas être, il n'en mourut pas moins avec une fermeté connue de tout le monde. M. Damilaville a dit qu'il n'y a rien dans tout cela d'incompatible, et que Nonotte n'a pas le sens commun. A-t-il tort?

11° Que tu es ignorant dans les choses les plus connues! Tu trouves mauvais que le véridique auteur de l'*Essai sur les Mœurs*, etc., dise que le célèbre Guillaume de Nassau, fondateur de la république de Hollande [4], était comte de l'empire au même titre que Philippe II était seigneur d'Anvers. Tu es tout étonné que ce fameux prince d'Orange soit mis en parallèle avec *la maesta del re don Phelippo el discreto* [5]. Tu as raison; Philippe II n'était pas comparable à un héros. Ils étaient tous deux d'une famille impériale; ces deux maisons étaient également descendues de braves gen-

1. Voyez tome XXIV, page 291; et XXV, 275.
2. Voltaire disait que les *Éclaircissements historiques*, publiés sans nom d'auteur, étaient de Damilaville, dont ils portent le nom en 1777; voyez les notes, tome XXIV, pages 483 et 515.
3. Voyez tome XIV, page 165.
4. Voyez tome XII, page 464.
5. M. A.-A. Renouard a remarqué qu'il y a ici erreur typographique. Les mots écrits en italique sont les uns italiens, les autres espagnols.

tilshommes. Est-ce parce que l'assassin du défenseur de la liberté se confessa et communia avant d'exécuter son crime que tu trouves Guillaume coupable? Est-ce parce que ce héros résista à toute la puissance d'un poltron hypocrite? Est-ce parce qu'il rendit sept provinces libres que le petit Franc-Comtois Nonotte insulte à sa mémoire?

12° Que tu es ignorant! te dis-je. Tu ne sais pas que le bourg de Livron[1] en Dauphiné était une ville du temps de la Ligue; qu'elle fut détruite comme tant d'autres petites villes. Et quand on t'a prouvé qu'elle fut assiégée par Henri III en personne, que le maréchal de camp de Bellegarde conduisit le siége avec vingt-deux pièces de canon en 1574, tu réponds, avec une direction d'intention, que « tu voulais parler de l'état où est Livron aujourd'hui, et non de l'état où elle était alors ». Il s'agit bien de l'état où est Livron aujourd'hui! et tu ajoutes savamment : « J'ai nommé le commandant Montbrun, qui refusa de rendre la place. » Tu excuses ton ignorance par une nouvelle erreur; ce n'était pas Montbrun qui commandait dans cette ville: c'était de Roësses, comme le dit de Thou, liv. XLIX. Tu as tort quand tu critiques; tu as plus de tort quand tu dis des injures dignes de ton éducation; et tort encore peut-être quand tu espères qu'on ne te punira pas.

13° Avec quelle audace peux-tu dire que M. de Voltaire n'a jamais lu la taxe[2] de la chancellerie de Rome? Viens dans sa bibliothèque, mon ami, les laquais te laisseront entrer pour cette fois-là, et même te feront sortir par la porte. Tu verras deux exemplaires de ce livre, qu'on ne te prêtera point.

14° Tu fais le savant, Nonotte[3]; tu dis, à propos de théologie, que l'amiral Drake a découvert la terre d'Yesso. Apprends que Drake n'alla jamais au Japon, encore moins à la terre d'Yesso; apprends qu'il mourut en 1596, en allant à Porto-Bello; apprends que ce fut quarante-huit ans après la mort de Drake que les Hollandais découvrirent les premiers cette terre d'Yesso, en 1644; apprends jusqu'au nom du capitaine Martin Jéritson, et de son vaisseau qui s'appelait *le Castrècom*. Crois-tu donner quelque crédit à la théologie en faisant le marin? Tu te trompes sur terre et sur mer; et tu t'applaudis de ton livre, parce que tes fautes sont en deux volumes !

1. Voyez tome XII, page 528; XXIV, 509.
2. Voyez tome XXIV, page 503.
3. Voyez tome XXIV, page 512.

15° Voyons si tu entends la théologie mieux que la marine. L'auteur de l'*Essai sur les Mœurs*, etc., a dit que, selon saint Thomas d'Aquin, il était permis aux séculiers de confesser dans les cas urgents ; que ce n'est pas tout à fait *un sacrement*, mais que c'est *comme sacrement*. Il a cité l'édition et la page de la Somme de saint Thomas ; et là-dessus tu viens dire que tous les critiques conviennent que cette partie de la Somme de saint Thomas n'est pas de lui. Et moi, je te dis qu'aucun vrai critique n'a pu te fournir cette défaite. Je te défie de montrer une seule Somme de Thomas d'Aquin où ce monument ne se trouve pas[1]. La Somme était en telle vénération qu'on n'eût pas osé y coudre l'ouvrage d'un autre. Elle fut un des premiers livres qui sortirent des presses de Rome, dès l'an 1474 ; elle fut imprimée à Venise en 1484. Ce n'est que dans des éditions de Lyon qu'on commença à douter que la troisième partie de la Somme fût de lui. Mais il est aisé de reconnaître sa méthode et son style, qui sont absolument les mêmes.

Au reste, Thomas ne fit que recueillir les opinions de son temps, et nous avons bien d'autres preuves que les laïques avaient le droit de s'entendre en confession les uns les autres, témoin le fameux passage de Joinville, dans lequel il rapporte qu'il confessa le connétable de Chypre. Un jésuite du moins devrait savoir ce que le jésuite Tolet a dit dans son livre de l'*Instruction sacerdotale*, livre I, chap. XVI : Ni femme, ni laïque ne peut absoudre sans privilége; *nec femina, nec laicus, absolvere possunt sine privilegio*. Le pape peut donc permettre aux filles de confesser les hommes, cela sera assez plaisant : tu réjouiras fort Besançon en confessant tes fredaines à la vieille fille que tu fréquentes et que tu endoctrines. Auras-tu l'absolution ?

Je veux t'instruire en t'apprenant que cette ancienne coutume, cette dévotion de se confesser mutuellement, vient de la Syrie. Tu sauras donc, Nonotte, que les bons Juifs se confessaient quelquefois les uns aux autres. Le confesseur et le confessé, quand ils étaient bien pénitents, s'appliquaient tour à tour trente-neuf coups de lanières sur les épaules. Confesse-toi souvent, Nonotte ; mais si tu t'adresses à un jacobin, ne va pas lui dire que la *Somme* de saint Thomas n'est pas de lui ; on ne se bornerait pas à trente-neuf coups d'étrivières. Confesse ta fille, confesse-toi à elle, et elle te fessera plus doucement qu'un jacobin, comme Girard fessait La Cadière, *et vice versa*.

16° Il me prend envie de t'instruire sur l'*Histoire de la Pucelle*

---

1. Voyez, tome XXIV, la note 3 de la page 513.

d'Orléans, car j'aime cette pucelle, et bien d'autres l'aiment aussi[1]. Mais je te renvoie à une dissertation imprimée dans un ouvrage très-connu[2].

Apprends, Nonotte, comme il faut étudier l'histoire quand on ose en parler. Ne fais plus de Jeanne d'Arc une inspirée, mais une idiote hardie qui se croyait inspirée ; une héroïne de village, à qui on fit jouer un grand rôle ; une brave fille, que des inquisiteurs et des docteurs firent brûler avec la plus lâche cruauté. Corrige tes erreurs, et ne les mets plus sur le compte des autres. Souviens-toi du capucin qui, étant monté en chaire, dit à ses auditeurs : « Mes frères, mon dessein était de vous parler de l'immaculée conception ; mais j'ai vu affiché à la porte de l'église : *Réflexions sur les défauts d'autrui*, par le révérend père de Villiers, de la Société de Jésus[3]. Hé, mon ami ! fais des réflexions sur les tiens. Je vous parlerai donc de l'humilité. »

Tu crèves de vanité, Nonotte : on t'a fait l'honneur de répondre ; mais, pour t'inspirer un peu de modestie, sache que l'illustre Montesquieu daigna répondre à l'auteur des *Nouvelles ecclésiastiques*[4], à peu près comme le maréchal de La Feuillade battit une fois un fiacre qui lui barrait le chemin quand il allait en bonne fortune.

17° Oh ! oh ! Nonotte, tu veux brouiller l'auteur du *Siècle de Louis XIV* avec le clergé de France. Ceci passe la raillerie. « Il n'y a point, dis-tu à la page 224, d'hommes aussi méprisables que ceux qui forment ce corps nombreux. » Et, après avoir proféré ces abominables paroles, tu les imputes à l'auteur du *Siècle de Louis XIV !* Sens-tu bien tout ce que tu mérites, calomniateur Nonotte ?

---

1. Dans l'édition originale des *Honnêtetés littéraires* de 1767, on lisait : « ... l'aiment aussi. Ce petit morceau sera utile au public qui se soucie fort peu de tes bévues et de tes querelles, mais qui aime l'histoire. Je tirerai les faits des auteurs contemporains, des actes du procès de Jeanne d'Arc, et de l'histoire très-curieuse de l'Orléanais, écrite par M. le marquis de Luchet, qui n'est pas un Nonotte. Paul Jove, etc. » (voyez tome XXIV, pages 497-503). En reproduisant ce morceau, en 1769, dans le tome X de son édition in-4°, Voltaire avait mis : « Il convient de mettre le lecteur au fait de la véritable histoire de Jeanne d'Arc surnommée la Pucelle. Les particularités de son aventure sont très-peu connues, et pourront faire plaisir au lecteur. Les voici. Paul Jove, etc. »

C'est avec cette dernière version que le morceau faisait partie des *Questions sur l'Encyclopédie* (au mot ARC), en 1770 et 1775. (B.)

2. Ici les éditeurs de Kehl renvoyaient à l'article ARC du *Dictionnaire philosophique*, où ils avaient placé ce morceau. (B.)

3. Depuis abbé de Villiers, assez mauvais poëte. (*Note de Voltaire.*)

4. Voyez le *Remercîment sincère*, tome XXIII, page 457.

L'auteur du *Siècle de Louis XIV* a toujours révéré le clergé en citoyen ; il l'a défendu contre les imputations de ceux qui disent au hasard qu'il a le tiers des revenus du royaume ; il a prouvé, dans son chapitre xxxv, que toute l'Église gallicane, séculière et régulière, ne possède pas au delà de quatre-vingt-dix millions de revenus en fonds et en casuel. Il remarque que le clergé a secouru l'État d'environ quatre millions par an l'un dans l'autre. Il n'a perdu aucune occasion de rendre justice à ce corps.

On trouve, au chapitre iv du *Traité de la Tolérance*, ces paroles : « Le corps des évêques en France est presque tout composé de gens de qualité, qui pensent et qui agissent avec une noblesse digne de leur naissance. » Est-ce là insulter les évêques de France comme tu les outrages ?

Insulte-t-il les évêques quand il parle de l'évêque de Marseille, dans une ode *sur le Fanatisme*[1] ?

> Belsunce, pasteur vénérable,
> Sauvait son peuple périssant ;
> Langeron, guerrier secourable,
> Bravait un trépas renaissant ;
> Tandis que vos lâches cabales,
> Dans la mollesse et les scandales,
> Occupaient votre oisiveté
> De la dispute ridicule
> Et sur Quesnel et sur la bulle,
> Qu'oubliera la postérité.

O ex-jésuite ! c'était rendre justice au digne évêque de Marseille ; il vous l'a rendue à vous, anciens confrères de Nonotte, à vous, Le Tellier, Lallemant, et Doucin[2], qui faisiez attendre des évêques dans la salle basse, avec le frère Vadblé, tandis que vous fabriquiez la bulle qui vous a enfin exterminés.

O Nonotte ! tu oses dire que l'auteur du *Siècle de Louis XIV* n'a jamais cherché qu'à tourner les papes en ridicule et à les rendre odieux.

Mais vois les éloges qu'il donne à la sagesse d'Adrien Ier ; vois comme il justifie le pape Honorius, tant accusé d'hérésie ; vois ce qu'il dit de Léon IV au tome Ier de l'*Essai sur les Mœurs et l'Esprit des nations*[3].

« Le pape Léon IV, prenant dans ce danger une autorité que

1. Voyez tome VIII, page 430.
2. Voyez tome XXV, page 350.
3. Voyez tome XI, page 318.

les généraux de l'empereur Lothaire semblaient abandonner, se montra digne, en défendant Rome, d'y commander en souverain. Il avait employé les richesses de l'Église à réparer les murailles, à élever des tours, à tendre des chaînes sur le Tibre. Il arma les milices à ses dépens, engagea les habitants de Naples et de Gaïète à venir défendre les côtes et le port d'Ostie, sans manquer à la sage précaution de prendre d'eux des otages, sachant bien que ceux qui sont assez puissants pour nous secourir le sont assez pour nous nuire. Il visita lui-même tous les postes, et reçut les Sarrasins à leur descente, non pas en équipage de guerrier, ainsi qu'en avait usé Goslin, évêque de Paris, dans une occasion encore plus pressante, mais comme un pontife qui exhortait un peuple chrétien, et comme un roi qui veillait à la sûreté de ses sujets. Il était né Romain. Le courage des premiers âges de la république revivait en lui dans un temps de lâcheté et de corruption, tel qu'un des beaux monuments de l'ancienne Rome, qu'on trouve quelquefois dans les ruines de la nouvelle. »

Il a poussé l'amour de la vérité jusqu'à justifier la mémoire d'un Alexandre VI contre cette foule d'accusateurs qui prétendent que ce pape mourut du poison préparé par lui-même pour faire périr tous les cardinaux ses convives. Il n'a pas craint de heurter l'opinion publique, et de rayer un crime du nombre des crimes dont ce pontife fut convaincu. Il n'a jamais considéré, n'a chéri, n'a dit que le vrai ; il l'a cherché cinquante ans, et tu ne l'as pas trouvé.

Tu es fâché que le pape Benoît XIV lui ait écrit des lettres agréables, et lui ait envoyé des médailles d'or et des agnus par douzaines ! Tu es fâché que son successeur [1] l'ait gratifié, par la protection et par les mains d'un grand ministre, de belles reliques pour orner l'église paroissiale qu'il a bâtie ! Console-toi, Nonotte, et viens-y servir la messe d'un de tes confrères qui est l'aumônier du château. Il est vrai que le maître ne marchera pas à la procession *derrière un jeune jésuite* [2], comme on a fait dans un beau village de Montauban : il n'est pas de ce goût ; mais enfin vous serez deux jésuites.

> Sæpe premente deo fert deus alter opem.
> (OVID., *Trist.*, liv. I, el. II, 1.)

Enfin, Nonotte, tu emploies l'artillerie des Garasse et des Hardouin, *ultima ratio jesuitarum, et aliquando jansenistarum*. Tu

---

1. Clément XIII.
2. Voyez tome XXIV, page 458.

traites d'athée l'adorateur le plus résigné de la Divinité; tu intentes cette accusation horrible contre l'auteur de *la Henriade*, poëme qui est le triomphe de la religion catholique; tu l'intentes contre l'auteur de *Zaïre* et d'*Alzire*, dont cette même religion est la base; contre celui qui, ayant adopté la nièce du grand Corneille, ne la reçut dans une de ses maisons, située sur le territoire de Genève, qu'à condition qu'elle aurait toutes les facilités d'exercer la religion catholique. Tu le sais, puisque tes complices, pour gagner quelque argent, ont fait imprimer la lettre où il est dit expressément que cette demoiselle aura sur le territoire des protestants tous les secours nécessaires pour l'exercice de sa religion. Tu ne songeais pas que tu donnais ainsi des armes contre toi et tes consorts.

C'est ainsi que les Nonotte, les Patouillet, et autres Welches, ont traité d'athées les principaux magistrats français, et les plus éloquents : les Monclar, les Chauvelin, les La Chalotais, les Duché, les Castillon, et plusieurs autres. Mais aussi il faut considérer que ces messieurs leur ont fait plus de mal que M. de Voltaire.

Après l'exposé des bévues, des insolences, et des injures atroces prodiguées par Nonotte et par ses aides, quelques lecteurs seront bien aises de savoir quels sont les auteurs de ce libelle, et de tant d'autres libelles contre la magistrature de France. Voici la lettre d'un homme en place, écrite de Besançon le 9 janvier 1767; elle peut instruire.

« Jacques Nonotte, âgé de cinquante-quatre ans[1], est né, à Besançon, d'un pauvre homme qui était fendeur de bois et crocheteur. Il paraît à son style et à ses injures qu'il n'a pas dégénéré. Sa mère était blanchisseuse. Le petit Jacques, ayant fait le métier de son père à la porte des jésuites, et ayant montré quelque disposition pour l'étude, fut recueilli par eux, et fut jésuite à l'âge de vingt ans. Il était placé à Avignon en 1759. Ce fut là qu'il commença à compiler, avec quelques-uns de ses confrères, son libelle contre l'*Essai sur les Mœurs*, etc., et contre vous.

« L'imprimeur Fez en tira douze cents exemplaires. Le débit n'ayant pas répondu à leurs espérances, Fez se plaignit amèrement, et les jésuites furent obligés de prendre l'édition pour leur compte. Vous daignâtes, monsieur, vous abaisser à répondre à ce mauvais livre : cela le fit connaître, et a enhardi Nonotte et

---

1. Claude-François (et non Jacques) Nonotte avait cinquante-six ans en 1767. Né en 1711, il est mort en 1793. (B.)

ses associés à en faire une seconde édition pleine d'injures les plus méprisables à la fois et les plus punissables. Le parti jésuitique a fait imprimer cette édition clandestine à Lyon, au mépris des ordonnances.

« Nonotte est actuellement toléré et ignoré dans notre ville. Il demeure à un troisième étage, et il gouverne despotiquement une vieille fille imbécile qui vous a écrit une lettre anonyme. Il dit qu'il s'occupe à un *Dictionnaire antiphilosophique*[1] qui doit paraître cette année. Je crois en effet qu'il en fera un antiraisonnable. Vous voyez que les membres épars de la vipère coupée en morceaux ont encore du venin. Ce misérable est un excrément de collége qu'on ne décrassera jamais, etc. »

Nous conservons l'original de cette lettre.

Si Nonotte a ses censeurs, il a aussi des gens de bon goût pour partisans. M. de Voltaire a reçu une lettre datée de Hennebon en Bretagne, le 18 novembre 1766, signée *le chevalier Brûlé*. Il a bien voulu nous la communiquer ; la voici : elle est en beaux vers.

> L'orgueil du philosophe avait bercé Voltaire
> Dans la flatteuse idée, mais par trop téméraire,
> De mériter un nom par-dessus tous les noms.
> Le voilà bien déchu de sa présomption ;
> David avec sa fronde a terrassé Goliath.

Et puis qu'on dise qu'il n'y a plus de Welches en France. Le chevalier de Brûlé est apparemment un disciple de Nonotte. Les jésuites n'élevaient-ils pas bien la jeunesse ?

PETITE DIGRESSION

Qui contient une réflexion utile sur une partie des vingt-deux honnêtetés précédentes.

Quelle est la source de cette rage de tant de petits auteurs, ou ex-jésuites, ou convulsionnistes, ou précepteurs chassés, ou petits collets sans bénéfices, ou prieurs, ou argumentant en théologie, ou travaillant pour la comédie, ou étalant une boutique de feuilles, ou vendant des mandements et des sermons ? D'où vient qu'ils attaquent les premiers hommes de la littérature avec une fureur si folle ? Pourquoi appellent-ils toujours les Pascal

---

[1] L'ouvrage de Nonotte, qui ne parut que cinq ans après, est intitulé *Dictionnaire philosophique de la religion*; voyez l'Avertissement de Beuchot en tête du *Dictionnaire philosophique*, tome XVII, page x.

porte d'enfer; les Nicole, *loup ravissant,* et les d'Alembert, *bête puante*[1]? Pourquoi, lorsqu'un ouvrage réussit, crient-ils toujours à l'hérétique, au déiste, à l'athée? La prétention au bel esprit est la grande cause de cette maladie épidémique.

Ce n'est certainement pas pour rendre service à la religion catholique, apostolique et romaine, qu'ils crient partout que les premiers mathématiciens du siècle, les premiers philosophes, les plus grands poëtes et orateurs, les plus exacts historiens, les magistrats les plus consommés dans les lois, tous les officiers d'armée qui s'instruisent, ne croient pas à la religion catholique, apostolique et romaine, contre laquelle les portes de l'enfer ne prévaudront jamais[2]. On sent bien que les portes de l'enfer prévaudraient s'il était vrai que tout ce qu'il y a de plus éclairé dans l'Europe déteste en secret cette religion. Ces malheureux lui rendent donc un funeste service, en disant qu'elle a des ennemis dans tous ceux qui pensent.

Ils veulent eux-mêmes la décrier en cherchant des noms célèbres qui la décrient. Il est dit dans les *Erreurs de Nonotte,* renforcées par un autre homme de bien qui l'a aidé, page 118, « qu'à la vérité M. de Voltaire n'attaque point l'autorité des livres divins, qu'il montre même pour eux du respect; mais que cela n'empêche point qu'il ne s'en moque dans son cœur »; et de là il conclut que tout le monde en fait autant, et que lui Nonotte pourrait bien s'en moquer aussi avec une direction d'intention.

Ah! impie Nonotte! blasphémateur Nonotte! Prions Dieu, mes frères, pour sa conversion.

Ce qui damne principalement Nonotte, Patouillet, et consorts, est précisément ce qui a traduit frère Berthier en purgatoire : c'est la rage du bel esprit. Croiriez-vous bien, mes frères, que Nonotte, dans son libelle théologique, trouve mauvais que l'auteur du *Siècle de Louis XIV* ait mis Quinault au rang des grands hommes? Nonotte trouve Quinault plat : quoi! tu n'aimes pas l'auteur d'*Atys* et d'*Armide!* tant pis, Nonotte; cela prouve que tu as l'âme dure, et point d'oreille, ou trop d'oreille.

> Non sa quel che sia amor, non sa che vaglia
> La caritate, e quindi avvien che i Preti
> Sono si ingordi e sì crudel canaglia.
>
> (ARIOSTE, Satire sur le Mariage[3].)

---

1. Voyez la *Douzième Honnêteté*, page 129.
2. « Et portæ inferi non prævalebunt adversus eam. » (Matth., XVI, 18.)
3. Voyez tome XXI, page 477.

Voilà donc l'ex-révérend Nonotte qui, dans un livre dogmatique, pèse le mérite de Quinault dans sa balance. Monsieur l'évêque du Puy en Velay[1] adresse aux habitants du Puy en Velay une énorme pastorale, dans laquelle il leur parle de belles-lettres : *Soyez donc philosophes, mes chers frères,* dit-il aux chaudronniers du Velay, à la page 229. Mais remarquez qu'il ne leur parle ainsi, par l'organe de *Cortiat, secrétaire,* qu'après leur avoir parlé de Perrault, de Lamotte, de l'abbé Terrasson, de Boindin; après avoir outragé la cendre de Fontenelle ; après avoir cité Bacon, Galilée, Descartes, Malebranche, Leibnitz, Newton, et Locke. La bonne compagnie du Puy en Velay a pris tous ces gens-là pour des Pères de l'Église. *Cortiat, secrétaire,* examine, page 23, si Boileau n'était qu'un versificateur; et, page 77, si les corps gravitent vers un centre. Dans le mandement, sous le nom de J.-F.[2], archevêque d'Auch, on examine si un poëte doit se borner à un seul talent, ou en cultiver plusieurs.

Ah! messieurs, *non erat his locus*[3]. Vos troupeaux d'Auch et du Velay ne se mêlent ni de vers ni de philosophie ; ils ne savent pas plus que vous ce que c'est qu'un poëte et qu'un orateur. Parlez le langage de vos brebis.

Vous voulez passer pour de beaux esprits, vous cessez d'être pasteurs ; vous avertissez le monde de ne plus respecter votre caractère. On vous juge comme on jugeait Lamotte et Terrasson dans un café. Voulez-vous être évêques, imitez saint Paul : il ne parle ni d'Homère, ni de Lycophron; il ne discute point si Xénophon l'emporte sur Thucydide ; il parle de la charité. *La charité,* dit-il, *est patiente*[4] ; êtes-vous patients? *elle est bénigne;* êtes-vous bénins? *elle n'est point ambitieuse;* n'avez-vous point eu l'envie de vous élever par votre style? *elle n'est point méchante;* n'avez-vous mis ou laissé mettre aucune malignité dans vos pastorales?

Beaux pasteurs! paissez vos ouailles en paix ; et revenons à nos moutons, à nos honnêtetés littéraires.

---

1. J.-G. Lefranc de Pompignan; voyez tome XXV, page 1.
2. J.-F. de Montillet ; voyez tome XXV, page 469.
3. Horace, *Art. poet.*, 19.
4. I. aux Corinth., xiii, 4-5.

VINGT-TROISIÈME HONNÊTETÉ,

DES PLUS FORTES.

Un ex-jésuite, nommé Patouillet (déjà célébré dans cette diatribe [1]), homme doux et pacifique, décrété de prise de corps à Paris pour un libelle très-profond contre le parlement, se réfugie à Auch, chez l'archevêque, avec un de ses confrères. Tous deux fabriquent une pastorale en 1764, et séduisent l'archevêque jusqu'à lui faire signer de son nom J.-F. cet écrit apostolique qui attaque tous les parlements du royaume; et voici surtout comme la pastorale s'explique sur eux, page 48 : « Ces ennemis des deux puissances mille fois abattus par leur concert, toujours relevés par de sourdes intrigues, toujours animés de la rage la plus noire, etc. » Il n'y a presque point de page où ces deux jésuites n'exhalent contre les parlements une rage qui paraît d'un noir plus foncé. Ce libelle diffamatoire a été condamné, à la vérité, à être brûlé par la main du bourreau [2]; on a recherché les auteurs, mais ils ont échappé à la justice humaine.

Il faut savoir que ces deux faiseurs de pastorales s'étaient imaginé qu'un officier de la maison du roi [3], très-vieux et très-malade, retiré depuis treize ans dans ses terres, avait contribué du coin de son feu à la destruction des jésuites. La chose n'était pas fort vraisemblable, mais ils la crurent, et ils ne manquèrent pas de dire dans le mandement, selon l'usage ordinaire, que ce malin vieillard était déiste et athée; que c'était un *vagabond*, qui à la vérité ne sortait guère de son lit, mais que dans le fond il aimait à courir; que *c'était un vil mercenaire*, qui mariait plusieurs filles de son bien, mais qui avait gagné depuis douze ans quatre cent mille francs avec les éditeurs auxquels il a donné ses ouvrages, et avec les comédiens de Paris, auxquels il a abandonné le profit entier *mammonæ iniquitatis*.

Enfin monsieur J.-F. d'Auch traita ce seigneur de plusieurs paroisses, qui sont assez loin de son diocèse, et très-bien gouvernées, comme le plus vil des hommes, comme s'il était à ses yeux membre d'un parlement. Un parent de l'archevêque, auquel cet officier du roi daignait prêter de l'argent dans ce temps-là même, écrivit à monsieur d'Auch qu'il s'était laissé surprendre, qu'il se

---

1. Voyez pages 151 et 153.
2. Voyez tome XXV, page 469.
3. Voltaire lui-même.

déshonorait, qu'il devait faire une réparation authentique; que lui, son parent, n'oserait plus paraître devant l'offensé : « Je ne suis pas en état, disait-il dans sa lettre, de lui rendre ce qu'il m'a si généreusement prêté. Payez-moi donc ce que vous me devez depuis si longtemps, afin que je sois en état de satisfaire à mon devoir. »

Monsieur d'Auch fut si honteux de son procédé qu'il se tut. La famille nombreuse de l'offensé répondit à son silence par cette lettre, qui fut envoyée de Paris à monsieur d'Auch [1].

Réflexion morale.

C'est une chose digne de l'examen d'un sage que la fureur avec laquelle les jésuites ont combattu les jansénistes, et la même fureur que ces deux partis, ruinés l'un par l'autre, exhalent contre les gens de lettres. Ce sont des soldats réformés qui deviennent voleurs de grand chemin. Le jésuite chassé de son collége, le convulsionnaire échappé de l'hôpital, errants chacun de leur côté, et ne pouvant plus se mordre, se jettent sur les passants.

Cette manie ne leur est pas particulière : c'est une maladie des écoles; c'est la vérole de la théologie. Les malheureux argumentants n'ont point de profession honnête. Un bon menuisier, un sculpteur, un tailleur, un horloger, sont utiles; ils nourrissent leur famille de leur art. Le père de Nonotte était un brave et renommé crocheteur de Besançon. Ne vaudrait-il pas mieux pour son fils scier du bois honnêtement que d'aller de libraire en libraire chercher quelque dupe qui imprime ses libelles? On avait besoin de Nonotte père, et point du tout de Nonotte fils. Dès qu'on s'est mêlé de controverse, on n'est plus bon à rien, on est forcé de croupir dans son ordure le reste de sa vie; et, pour peu qu'on trouve quelque vieille idiote qu'on ait séduite, on se croit un Chrysostome, un Ambroise, pendant que les petits garçons se moquent de vous dans la rue. O frère Nonotte! frère Pichon! frère Duplessis! votre temps est passé; vous ressemblez à de vieux acteurs chassés des chœurs de l'Opéra, qui vont fredonnant de vieux airs sur le Pont-Neuf pour obtenir quelque aumône. Croyez-moi, pauvre gens, un meilleur moyen pour obtenir du pain serait de ne plus chanter.

---

1. Ici Voltaire reproduisait la *Lettre pastorale* qu'on a vue, tome XXV, page 469, et qu'il était inutile de répéter.

VINGT-QUATRIÈME HONNÊTETÉ,
DES PLUS MÉDIOCRES.

Un abbé Guyon, qui a écrit une *Histoire du Bas-Empire* dans un style convenable au titre, dégoûté d'écrire l'histoire, se mit, il y a peu d'années, à faire un roman[1]. Il alla, dit-il, dans un château qui n'existe point; il y fut très-bien reçu : accueil auquel il n'est pas apparemment accoutumé. Le maître de la maison, qu'il n'a jamais vu, lui confia, immédiatement après le dîner, tous ses secrets. Il lui avoua que M. B. est un hérétique; M. C., un déiste; M. D., un socinien; M. F., un athée, et M. G., quelque chose de pis; et que, pour lui, seigneur du château, il avait l'honneur d'être l'antechrist, et qu'il lui offrait un drapeau dans ses troupes sous les ordres de MM. Da, De, Di, Do, Du[2], ses capitaines. Il dit qu'il fit très-bonne chère chez l'antechrist : c'est en effet un des caractères de ce seigneur, que nous attendons, et c'est par là en partie qu'il séduira les élus.

L'abbé Guyon parle ensuite de Louis XIV : il dit que ce monarque « n'allait à la guerre qu'accompagné de plusieurs cours brillantes; mais que son médaillon a deux faces »; il ajoute que, dans les dernières années de ce prince, il n'y a rien d'intéressant, « sinon les quatre-vingt mille livres de pension qu'obtint Mme de Maintenon à la mort de ce monarque ». Voilà la manière dont ledit Guyon veut qu'on écrive l'histoire. Laissons-le faire la fonction d'aumônier auprès de l'antechrist, et n'en parlons plus.

VINGT-CINQUIÈME HONNÊTETÉ,
FORT MINCE.

Cette vingt-cinquième honnêteté est celle d'un nommé Larnet, prédicant d'un village près de Carcassonne en Languedoc[3]. Ce prédicant a fait un libelle de *Lettres* en deux volumes, contre sept ou huit personnes qu'il ne connaît pas, dédié à un grand seigneur qu'il connaît encore moins. Ces écrivains de lettres ont toujours des correspondants, comme les poëtes ont des *Phyllis* et des *Ama-*

---

1. *L'Oracle des nouveaux philosophes, pour servir de suite et d'éclaircissement aux OEuvres de M. de Voltaire*, 1759, in-12; 1760, in-12; et *Suite de l'Oracle des nouveaux philosophes*, 1760, in-12.
2. Voyez page 346 de l'édition de 1760 de l'*Oracle*, etc.
3. Sous le nom de Larnet, Voltaire désigne Vernet, auteur des *Lettres critiques d'un voyageur anglais;* voyez tome XXV, pages 492-93.

rantes en l'air. Larnet commence par dire, page 50, que c'est le pape qui est l'antechrist. Oh! accordez-vous donc, messieurs; car l'abbé Guyon assure qu'il a vu l'antechrist dans son château [1] auprès de Lausanne. Or l'antechrist ne peut pas siéger à Lausanne et à Rome : il faut opter; il n'appartient pas à l'antechrist d'être en plusieurs lieux à la fois.

Le prédicant appelle à son secours le pauvre Michel Servet, qui assurait que l'antechrist siége à Rome. Si c'était le sentiment du sage Servet, il ne fallait donc pas que de sages prédicants le fissent brûler; mais,

> Ami, Servet est mort, laissons en paix sa cendre [2].
> Que m'importe qu'on grille ou Servet ou Larnet?

Tout cela m'est fort égal. Il est un peu ennuyeux, à ce qu'on dit, ce Larnet, prédicant de Carcassonne en Languedoc. Cependant il a quelques amis. M. Robert Covelle, qui joue, comme on sait, un grand rôle dans la littérature, lui est fort attaché. Dans le dernier voyage que M. Robert fit à Carcassonne, il dédia à son ami Larnet une petite pièce de poésie intitulée *Maître Guignard, ou de l'Hypocrisie*. Cette épître n'est pas limée. M. Covelle est un homme de bonne compagnie, qui hait le travail, et qui peut dire avec Chapelle :

> Tout bon fainéant du Marais
> Fait des vers qui ne coûtent guère :
> Pour moi c'est ainsi que j'en fais;
> Et si je les voulais mieux faire,
> Je les ferais bien plus mauvais [3].

VINGT-SIXIÈME HONNÊTETÉ.

« Vous êtes un impudent, un menteur, un faussaire, un traître, qui imputez à des Anglais de mauvais vers que vous dites avoir

---

1. Voyez la page précédente.
2. Parodie d'un vers d'*OEdipe*, acte IV, scène II; voyez tome Ier du *Théâtre*.
3. Après ces vers de Chapelle, dans l'édition originale des *Honnêtetés littéraires* on lisait :

« Voici donc le petit morceau de M. Robert Covelle pour égayer un peu cette triste liste des *honnêtetés littéraires*. Sans enjouement et sans variété vous ne tenez rien. »

Puis on lisait la satire intitulée *Éloge de l'Hypocrisie* (voyez tome X), mais sous le titre de : *Maître Guignard, ou de l'Hypocrisie, diatribe par M. Robert Covelle, dediée à M. Isaac Bernet, prédicant de Carcassonne en Languedoc.* (B.)

traduits en français. Vous êtes le seul auteur de ces vers abominables; et, de plus, vous n'avez jamais entendu ni Locke ni Newton : car frère Berthier a dit que vous cherchiez la trisection de l'angle par la géométrie ordinaire. »

Ce sont à peu près les paroles des Nonotte, Patouillet, Guyon, etc., à ce pauvre vieillard qui est hors d'état de leur répondre. Je prends toujours son parti comme je le dois. La plupart des gens de lettres abandonnent leurs amis pillés et vexés; ils ressemblent à ces animaux qu'on dit amis de l'homme, et qui, quand ils voient un de leurs camarades mort de ses blessures dans un grand chemin, lèchent son sang, et passent sans se soucier du défunt. Je ne suis pas de ce caractère, je défends mon ami *unguibus et rostro*.

M. Middleton, à qui nous devons la vie de Cicéron, et des morceaux de littérature très-curieux, voyageant en France dans sa jeunesse, fit des vers charmants sur ce qu'il avait vu dans notre patrie; les voici d'après le recueil où ils sont imprimés. Ceux qui entendent l'anglais les liront sans doute avec plaisir.

> A nation here I pity and admire,
> Whom noblest sentiments of glory fire;
> Yet taught by custom's force, and bigot fear,
> To serve with pride, and boast the yoke they bear :
> Whose nobles born to cringe and to command,
> In courts a mean, in camps a gen'rous band;
> From priests and stock-jobbers content receive
> Those laws their dreaded arms to Europe give :
> Whose people vain in want, in bondage blest;
> Tho'plunder'd, gay; industrious, tho opprest ;
> With happy follies rise above their fate;
> The jest and envy of a wiser state.
>
> Yet here the muses deign'd a while to sport
> In the short sun-shine of a fav'ring court;
> Here Boileau, strong in sense, and sharp in wit,
> Who *from* the ancients, like the ancients writ,
> Permission gain'd inferior vice to blame,
> By lying incense to his master's fame.
>
> With more delight those pleasing shades I view,
> Where Condé from an envious court withdrew,
> Where sick of glory, faction, power and pride,
> Sure judge how empty all, who oll had try'd,
> Beneath his palms, the wary chief repos'd,
> And life's great scene in quiet virtue clos'd.

Voici comme M. de Voltaire, mon ami, traduit assez fidèlement tout cet excellent morceau, autant qu'une traduction en vers peut être fidèle :

> Tel est l'esprit français; je l'admire et le plains[1].
> Dans son abaissement quel excès de courage!
> La tête sous le joug, les lauriers dans les mains,
> Il chérit à la fois la gloire et l'esclavage.
> Ses exploits et sa honte ont rempli l'univers[2].
> Vainqueur dans les combats, enchaîné par ses maîtres,
> Pillé par des traitants, aveuglé par des prêtres;
> Dans la disette il chante, il danse avec ses fers.
> Fier dans la servitude, heureux dans sa folie,
> De l'Anglais libre et sage il est encor l'envie.
>
> Les muses cependant ont habité ces bords,
> Lorsqu'à leurs favoris prodiguant ses trésors,
> Louis encourageait l'imitateur d'Horace :
> Ce Boileau plein de sel encor plus que de grâce,
> Courtisan satirique, ayant le double emploi
> De censeur des Cotin, et de flatteur du roi.
>
> Mais je t'aime encor mieux, ô respectable asile!
> Chantilly, des héros séjour noble et tranquille,
> Lieux où l'on vit Condé, fuyant de vains honneurs,
> Lassé de factions, de gloire, et de grandeurs,
> Caché sous ses lauriers, dérobant sa vieillesse
> Aux dangers d'une cour infidèle et traîtresse,
> Ayant éprouvé tout, dire avec vérité :
> Rien ne remplit le cœur, et tout est vanité.

J'avoue que ces vers français peuvent n'avoir pas toute l'énergie anglaise. Hélas! c'est le sort des traducteurs en toute langue d'être au-dessous de leurs originaux.

J'avoue encore qu'il y a quelques vers de Middleton injurieux à la nation française. M. de Voltaire a souvent repoussé toutes ces injures modestement, selon sa coutume.

En voilà assez pour ce qui regarde les vers. Quant à la trisection de l'angle, cela pourrait ennuyer les dames, dont il faut toujours ménager la délicatesse[3].

---

1. Les douze premiers vers sont déjà tome XXIII, page 528.
2. C'était dans la guerre de 1689. (*Note de Voltaire.*)
3. C'est entre cet alinéa et le suivant que les éditeurs de Kehl, copiés par tous leurs successeurs, avaient placé, comme *vingt-septième honnêteté*, le morceau dont il est parlé dans la note de la page 115.

S'il se passe quelques nouvelles honnêtetés dans la turbulente république des lettres, on n'a qu'à nous en avertir: nous en ferons bonne et briève justice.

LETTRE A L'AUTEUR

DES HONNÊTETÉS LITTÉRAIRES,

SUR LES *MÉMOIRES DE MADAME DE MAINTENON,*

PUBLIÉS PAR LA BEAUMELLE.

On ne peut lire sans quelque indignation les *Mémoires pour servir à l'Histoire de madame de Maintenon et à celle du siècle passé.* Ce sont cinq volumes d'antithèses et de mensonges. Et l'auteur est encore plus coupable que ridicule, puisque, ayant fait imprimer les *Lettres de madame de Maintenon,* dont il avait escroqué une copie, il ne tenait qu'à lui de faire une histoire vraie, fondée sur ces mêmes lettres, et sur les mémoires accrédités que nous avons. Mais la littérature étant devenue le vil objet d'un vil commerce, l'auteur n'a songé qu'à enfler son ouvrage, et à gagner de l'argent aux dépens de la vérité. Il faut regarder son livre comme les *Mémoires de Gatien de Courtilz*[1], et comme tant d'autres libelles qui se sont débités dans leur temps, et qui sont tombés dans le dernier mépris. L'auteur commence par un portrait de la société de Mᵐᵉ Scarron, comme s'il avait vécu avec elle. Il met de cette société M. de Charleval, qu'il appelle le plus élégant de nos poëtes négligés, et dont nous n'avons que trois ou quatre petites pièces qui sont au rang des plus médiocres; il y associe le comte de Coligny, qu'il dit « avoir été à Paris le prosélyte de Ninon, et à la cour l'émule de Condé ». En quoi le comte de Coligny[2] pouvait-il être l'émule du prince de Condé? quelle rivalité de rang, de gloire et de crédit, pouvait être entre le premier prince du sang, célèbre dans l'Europe par trois victoires, et un gentilhomme qui s'était à peine distingué alors? Il ajoute à cette prétendue société « le marquis de La Sablière, qui avait, dit-il, dans ses propos toute la légèreté d'une femme ». La Sablière était un citoyen de

---

1. Voyez tome XIV, page 57.
2. Voyez la note, tome XIV, page 231.

Paris qui n'a jamais été marquis. Qui a dit à l'auteur que ce La Sablière était si léger dans ses propos ?

Sied-il bien à cet écrivain de dire que « les assemblées qui se tenaient chez Scarron ne ressemblaient point à ces coteries littéraires dans qui la marquise de Lambert avait formé le projet de détruire le bon goût » ? Cet homme a-t-il connu Mme de Lambert, qui était une femme très-respectable ? A-t-il jamais approché d'elle ? Est-ce à lui de parler de goût ?

Pourquoi dit-il que dans la maison de Scarron on cassait souvent les arrêts de l'Académie ? Il n'y a pas dans tous les ouvrages de Scarron un seul trait dont l'Académie ait pu se plaindre. Ne découvre-t-on pas dans ces réflexions satiriques, si étrangères à son sujet, un jeune étourdi de province qui croit se faire valoir en affectant des mépris pour un corps composé des premiers hommes de l'État et des premiers de la littérature ?

Comment a-t-il assez peu de pudeur pour répéter une chanson infâme de Scarron contre sa femme, dans un ouvrage qu'il prétend avoir entrepris à la gloire de cette même femme, et pour mériter l'approbation de la maison de Saint-Cyr ? Il attribue aussi à Mme de Maintenon plusieurs vers[1] qu'on sait être de l'abbé Têtu, et d'autres qui sont de M. de Fieubet. On voit à chaque page un homme qui parle au hasard d'un pays qu'il n'a jamais connu, et qui ne songe qu'à faire un roman.

« Mlle de La Vallière, dans un déshabillé léger, s'était jetée dans un fauteuil ; là elle pensait à loisir à son amant ; souvent le jour la retrouvait assise sur une chaise, accoudée sur une table, l'œil fixe dans l'extase de l'amour. » Hé, mon ami ! l'as-tu vue dans ce déshabillé léger ? L'as-tu vue accoudée sur cette table ? Est-il permis d'écrire ainsi l'histoire ?

Ce romancier, sous prétexte d'écrire les *Mémoires de madame de Maintenon*, parle de tous les événements auxquels Mme de Maintenon n'a jamais eu la moindre part : il grossit ses prétendus mémoires des aventures de Mademoiselle avec le comte de Lauzun. Pourrait-on croire qu'il a l'audace de citer les *Mémoires de Mademoiselle*, et de supposer des faits qui ne se trouvent pas dans ces mémoires ? Il atteste les propres paroles de Mademoiselle : « Elle lui déclara sa passion, dit-il, par un billet qu'elle lui remit entre les mains au milieu du Louvre, à la face de ses dieux domestiques, en 1671 ; » il y lut ces mots : « C'est M. le comte de Lauzun que j'aime, et que je veux épouser. » Il cite les *Mémoires de Montpensier*,

---

1. Voyez l'article XI des *Fragments sur l'histoire*.

tome VI, page 53. Il n'y a pas un mot de cela dans les *Mémoires de Montpensier*. Mademoiselle écrivit seulement sur un papier : *C'est vous*, et rien de plus. Il faut en croire cette princesse plutôt que La Beaumelle. *La présence des dieux domestiques* est fort convenable et du vrai style de l'histoire.

Ce qui révolte presque à chaque page, ce sont les conversations que l'auteur suppose entre le roi, Mme de Montespan, et la veuve de Scarron, comme s'il y avait été présent. « Louis, dit-il, n'eût point aimé la vérité dans une bouche ridicule *en pie-grièche*, que Mme de Maintenon savait envelopper dans des paroles de soie.

« Mme de Maintenon savait, dit-il, que les amours et les craintes de Mme de Montespan avaient sauvé la Hollande. » Où a-t-il lu que Mme de Montespan sauva la Hollande, qui allait être entièrement envahie si les Hollandais n'avaient pas eu le temps de rompre leurs digues et d'inonder le pays ?

Comment ose-t-il dire que lorsque Mme de Maintenon mena le duc du Maine à Barèges, elle dit au maréchal d'Albret, en voyant le Château-Trompette : « Voilà où j'ai été élevée ; mais je connais une plus rude prison, et mon lit n'est pas meilleur que mon berceau » ? Tout le monde sait qu'elle était née à Niort, et non pas à Bordeaux, et qu'elle n'avait jamais été élevée au Château-Trompette. Comment peut-on accumuler tant de sottises et de mensonges ?

Il fait dire par Mme de Maintenon à Mme de Montespan : « J'ai rêvé que nous étions l'une et l'autre sur le grand escalier de Versailles ; je montais, vous descendiez ; je m'élevais jusqu'aux nues, et vous allâtes à Fontevrault. » Il est difficile de s'élever jusqu'aux nues par un escalier. Ce conte est imité d'une ancienne anecdote du duc d'Épernon, qui, montant[1] l'escalier de Saint-Germain, rencontra le cardinal de Richelieu, dont le pouvoir commençait à s'affermir. Le cardinal lui demanda s'il ne savait point quelques nouvelles. *Oui*, lui dit-il ; *vous montez, et je descends*. Notre romancier cite les *Lettres de madame de Sévigné* ; et il n'y a pas un mot, dans ces lettres, de la prétendue réponse de Mme de Maintenon.

Il faut être bien hardi, et croire ses lecteurs bien imbéciles, pour oser dire qu'en 1681 le duc de Lorraine envoya à Mademoiselle un agent secret déguisé en pauvre, qui, en lui demandant l'aumône dans l'église, lui donna une lettre de ce prince

---

1. Il faudrait *descendant ;* mais les éditions de 1767, et toutes celles que j'ai vues, portent *montant*. (B.)

par laquelle il la demandait en mariage. On sait assez que ce conte est tiré de l'*Histoire de Clotilde*, histoire presque aussi fausse en tout que les *Mémoires de Maintenon*. On sait assez que Mademoiselle n'aurait point omis un événement si singulier dans ses mémoires, et qu'elle n'en dit pas un seul mot. On sait que si le duc de Lorraine avait eu de telles propositions à faire, il le pouvait très-aisément sans le secours d'un homme déguisé en mendiant. Enfin, en 1681, Charles, duc de Lorraine, était marié avec Marie-Éléonore, fille de l'empereur Ferdinand III, veuve de Michel, roi de Pologne. On ne peut guère imprimer des impostures plus sottes et plus grossières.

Il fait dire à Mme d'Aiguillon : « Mes neveux vont de mal en pis : l'aîné épouse la veuve d'un homme que personne ne connaît ; le second, la fille d'une servante de la reine ; j'espère que le troisième épousera la fille du bourreau. » Est-il possible qu'un homme de la lie du peuple écrive du fond de sa province des choses si extravagantes et si outrageantes contre une maison si respectable, et cela sans la moindre vraisemblance, et avec une insolence dont aucun libelle n'a encore approché? Cet homme, aussi ignorant que dépourvu de bon sens, dit, pour justifier le goût de Louis XIV pour Mme de Maintenon, que « Cléopâtre déjà vieille enchaîna Auguste, et que Henri II brûla pour la maîtresse de son père ». Il n'y a rien de si connu dans l'histoire romaine que la conduite d'Auguste et de Cléopâtre, qu'il voulait mener à Rome en triomphe à la suite de son char. Aucun historien ne le soupçonna d'avoir la moindre faiblesse pour Cléopâtre ; et à l'égard de Henri II, qui brûla pour la duchesse de Valentinois, aucun historien sérieux n'assure qu'elle ait été la maîtresse de François Ier. On soupçonna à la vérité, et Mézerai le dit assez légèrement, que « Saint-Vallier eut sa grâce sur l'échafaud pour la beauté de Diane, sa fille unique » ; mais elle n'avait alors que quatorze ans[1] ; et, si elle avait été en effet maîtresse du roi, Brantôme n'aurait pas omis cette anecdote.

Ce falsificateur de toute l'histoire cite Gourville, qui reproche au prince d'Orange d'avoir livré la bataille de Saint-Denis ayant la paix dans sa poche ; mais il oublie que ce même Gourville dit, page 222 de ses Mémoires, que « le prince d'Orange ne reçut le traité que le lendemain de la bataille ».

Il nous dit hardiment que « les jurisconsultes d'Angleterre avaient proposé cette question du temps de la fuite de Jacques II :

---

1. Voyez tome XV, page 492.

Un peuple a-t-il droit de se révolter contre l'autorité qui veut le forcer à croire? » Jamais on ne proposa cette question ; on ne la trouve nulle part. La question était de savoir si le roi d'Angleterre avait le droit de dispenser des lois portées contre les non-conformistes. C'est précisément tout le contraire de ce que dit l'auteur.

Il s'avise de rapporter une prétendue lettre de Louis XIV, écrite vers l'an 1698 au prince d'Orange, depuis roi d'Angleterre. conçue en ces termes : « J'ai reçu la lettre par laquelle vous me demandez mon amitié : je vous l'accorderai quand vous en serez digne; sur ce, je prie Dieu qu'il vous ait en sa sainte garde. »

Quel ministre, quel historien, quel homme instruit a jamais rapporté une pareille lettre de Louis XIV? Est-ce là le ton de sa politesse et de sa prudence? Est-ce ainsi qu'on s'exprime après avoir conclu un traité? Est-ce ainsi qu'on parle à un prince d'une maison impériale qui a gagné des batailles? Lui parle-t-on de *sainte garde?* Cette lettre n'est assurément ni dans les archives de la maison d'Orange, ni dans celles de France; elle n'est que chez l'imposteur.

C'est avec la même audace qu'il prétend que Louis XIV, pendant le siége de Lille, dit à Mme de Maintenon : « Vos prières sont exaucées, madame; Vendôme tient mes ennemis, vous serez reine de France. » Si un prince du sang avait entendu ces paroles, à peine pourrait-on le croire. Et c'est un polisson nommé La Beaumelle qui les rapporte sans citer le moindre garant! Le roi pouvait-il supposer que le duc de Vendôme tînt ses ennemis pendant qu'ils étaient victorieux et qu'ils assiégeaient Lille? Quel rapport y avait-il entre la levée du siége de Lille et le couronnement de Mme de Maintenon déclarée reine?

Qui lui a dit que Mme la duchesse de Bourgogne eut le crédit d'empêcher le roi de déclarer reine Mme de Maintenon? Dans quelle bibliothèque à papier bleu a-t-il trouvé que les Impériaux et les Anglais jetaient de leur camp des billets dans Lille, et que ces billets portaient : « Rassurez-vous, Français, la Maintenon ne sera pas votre reine ; nous ne lèverons pas le siége »? Comment des assiégeants jettent-ils des billets dans une ville assiégée? Comment ces assiégeants savaient-ils que Louis XIV devait faire Mme de Maintenon reine quand le siége serait levé? Peut-on entasser tant de sottises avec un ton de confiance que l'homme le plus important du royaume n'oserait pas prendre, s'il faisait des mémoires pleins de vérité et de raison?

L'histoire du prétendu mariage de monseigneur le dauphin

avec Mlle Chouin [1] est digne de toutes ces pauvretés, et n'a de fondement que des bruits adoptés par la canaille.

On lève les épaules quand on voit un tel homme prêter continuellement ses idées et ses discours à Louis XIV, à Mme de Maintenon, au roi d'Espagne, à la princesse des Ursins, au duc d'Orléans, etc. Mme de Maintenon assure, selon lui, que le prince de Conti ne commandera jamais les armées, « parce que le roi a toujours été résolu de ne les point confier à un prince du sang ». Et cependant le grand Condé et le duc d'Orléans les ont commandées.

C'est avec le même jugement et la même vérité que, pendant le siége de Toulon, il fait dire à Charles XII, occupé du soin de poursuivre le czar à cinq cents lieues de là : « Si Toulon est pris, je l'irai reprendre. »

De tous les princes qu'il attaque avec une étourderie qui serait très-punissable si elle n'était pas méprisée, M. le duc d'Orléans, régent du royaume, est celui qu'il ose calomnier avec la violence la plus cynique et la plus absurde. Il commence par dire qu'en 1713 le duc d'Orléans traversait le mariage du duc de Bourbon et de la princesse de Conti, et que le roi lui dit tête à tête dans son cabinet : « Je suis surpris qu'après vous avoir pardonné une chose où il allait de votre vie, vous ayez l'insolence de cabaler chez moi contre moi. » La Beaumelle était sans doute caché dans le cabinet du roi quand il entendit ces paroles. Ce mot d'*insolence* est surtout dans les mœurs de Louis XIV, et bien appliqué à l'héritier présomptif du royaume ! Tout ce qu'il dit de ce prince est aussi bien fondé.

Il faut avouer qu'il est très-bien instruit, quand il dit que le duc d'Orléans fut reconnu régent au parlement, « malgré le président de Lubert, et le président de Maisons, et plusieurs membres de l'assemblée », etc. Le président de Lubert [2] était un président des enquêtes qui ne se mêlait de rien. M. de Maisons [3] n'a jamais été premier président ; il était très-attaché au régent, et il allait être garde des sceaux lorsqu'il mourut presque subitement ; et il n'y eut pas un membre du parlement, pas un pair, qui ne donnât sa voix d'un concours unanime. Autant de mots, autant d'erreurs grossières dans ce narré de La Beaumelle, sur lequel il lui était si aisé de s'instruire, pour peu qu'il eût parlé seule-

---

1. Voyez ci-après l'*Extrait des souvenirs de madame de Caylus.*
2. Père de Mlle de Lubert, qu'on appelait *Muse et Grâce*, et à qui Voltaire avait adressé une épître en 1732. Voyez tome X, page 272.
3. Voyez, ci-après, la *Défense de Louis XIV.*

ment à un colporteur de ce temps-là, ou au portier d'une maison.

Je ne parlerai point des calomnies odieuses et méprisées que ce La Beaumelle a vomies contre la maison d'Orléans dans plus d'un ouvrage. Il en a été puni, et il ne faut pas renouveler ces horreurs ensevelies dans un oubli éternel.

Mais comment peut-il être assez ignorant des usages du monde, et en même temps assez téméraire, pour dire que « la duchesse de Berry avoua qu'elle était mariée à M. le comte de Riom, et que sur-le-champ M. de Mouchy demanda la charge de grand maître de la garde-robe de ce gentilhomme »? M. de Riom avoir un grand maître de la garde-robe! quelle pitié! le premier prince du sang n'en a point : cette charge n'est connue que chez le roi. Enfin tout cet ouvrage n'est qu'un tissu d'impostures ridicules, dont aucune n'a la plus légère vraisemblance. C'est un livre d'un petit huguenot élevé pour être prédicant, qui n'a jamais rien vu ; qui a parlé comme s'il avait tout vu ; qui a écrit dans un style aussi audacieux qu'impertinent pour avoir du pain ; qui n'en méritait pas, et qui n'aurait été digne que de la corde, s'il ne l'avait pas été des petites-maisons.

Il se peut que quelques provinciaux, qui n'avaient aucune connaissance des affaires publiques, aient été trompés quelque temps par les faussetés que ce misérable calomniateur débite avec tant d'assurance. Mais son livre a été regardé à Paris avec autant d'horreur que de dédain. Il est au rang de ces productions mercenaires qu'on tâche de rendre satiriques pour les débiter, ne pouvant les rendre raisonnables, et qui sont enfin oubliées pour jamais.

FIN DES HONNÊTETÉS LITTÉRAIRES.

SECONDE ANECDOTE

SUR BÉLISAIRE[1]

Frère Triboulet, de l'ordre de frère Montepulciano[2], de frère Jacques Clément, de frère Ridicous[3], etc., etc., et de plus docteur de Sorbonne, chargé de rédiger la censure de la fille aînée du roi, appelée *le concile perpétuel des Gaules*, contre Bélisaire, s'en retournait à son couvent tout pensif. Il rencontra dans la rue des Maçons la petite Fanchon, dont il est le directeur, fille du cabaretier qui a l'honneur de fournir du vin pour le *prima mensis*[4] de messieurs les maîtres.

Le père de Fanchon est un peu théologien, comme le sont tous les cabaretiers du quartier de la Sorbonne. Fanchon est jolie, et frère Triboulet entra pour... boire un coup.

Quand Triboulet eut bien bu, il se mit à feuilleter les livres d'un habitué de paroisse, frère du cabaretier, homme curieux, qui possède une bibliothèque assez bien fournie.

Il consulta tous les passages par lesquels on prouve évidemment que tous ceux qui n'avaient pas demeuré dans le quartier de la Sorbonne, comme, par exemple, les Chinois, les Indiens, les Scythes, les Grecs, les Romains, les Germains, les Africains, les Américains, les blancs, les noirs, les jaunes, les rouges, les têtes à laine, les têtes à cheveux, les mentons barbus, les mentons imberbes, étaient tous damnés sans miséricorde, comme cela est juste, et qu'il n'y a qu'une âme atroce et abominable qui puisse jamais penser que Dieu ait pu avoir pitié d'un seul de ces bonnes gens.

---

1. Cette *Seconde Anecdote* suivit d'assez près la première (qu'on a vue à la page 109); car il en est question dans la lettre de Voltaire à d'Alembert, du 3 mai 1767.
2. Bernard-Politien de Montepulciano, dominicain, est accusé d'avoir empoisonné Henri VII avec du vin consacré; voyez tome XI, page 530; et XIII, 387.
3. Consultez les *Mémoires de L'Estoile*, et vous verrez ce qui arriva en place de Grève à ce pauvre frère Ridicous. (*Note de Voltaire*.)
4. Ce mot composé signifiait une assemblée réunie, le premier de chaque mois, *prima mensis die*, pour conférer des affaires de la faculté de théologie. Voyez, plus loin, la *Prophétie de la Sorbonne*. (Cl.)

. Il compilait, compilait, compilait[1], quoique ce ne soit plus la mode de compiler; et Fanchon lui donnait de temps en temps de petits soufflets sur ses grosses joues; et frère Triboulet écrivait; et Fanchon chantait, lorsqu'ils entendirent dans la rue la voix du docteur Tamponet[2], et de frère Bonhomme, cordelier à la grande manche, et du grand couvent, qui argumentaient vivement l'un contre l'autre, et qui ameutaient les passants. Fanchon mit la tête à la fenêtre; elle est fort connue de ces deux docteurs, et ils entrèrent aussi pour... boire.

« Pourquoi faisiez-vous tant de bruit dans la rue ? dit Fanchon. — C'est que nous ne sommes pas d'accord, dit frère Bonhomme. — Est-ce que vous avez jamais été d'accord en Sorbonne ? dit Fanchon. — Non, dit Tamponet; mais nous donnons toujours des décrets; et nous fixons à la pluralité des voix ce que l'univers doit penser. — Et si l'univers s'en moque, ou n'en sait rien ? dit Fanchon. — Tant pis pour l'univers, dit Tamponet. — Mais de quoi diable vous mêlez-vous ? dit Fanchon. — Comment, ma petite! dit frère Triboulet, il s'agit de savoir si le cabaretier qui logeait dans ta maison, il y a deux mille ans, a pu être sauvé ou non. — Cela ne me fait rien, dit Fanchon. — Ni à moi non plus, dit Tamponet ; mais certainement nous donnerons un décret. »

Frère Triboulet lut alors tous les passages qui appuyaient l'opinion que Dieu n'a jamais pu faire grâce qu'à ceux qui ont pris leurs degrés en Sorbonne, ou à ceux qui pensaient comme s'ils avaient pris leurs degrés; et Fanchon riait, et frère Triboulet la laissait rire. Tamponet était entièrement de l'avis du jacobin; mais le cordelier Bonhomme était un peu plus indulgent. Il pensait que Dieu pouvait à toute force faire grâce à un homme de bien qui aurait le malheur d'ignorer notre théologie, soit en lui dépêchant un ange, soit en lui envoyant un cordelier pour l'instruire.

« Cela est impossible, s'écria Triboulet; car tous les grands hommes de l'antiquité étaient des paillards. Dieu aurait pu, je l'avoue, leur envoyer des cordeliers; mais certainement il ne leur aurait jamais député des anges. Et pour vous prouver, frère Bonhomme, par vos propres docteurs, que tous les héros de l'antiquité sont damnés sans exception, lisez ce qu'un de vos plus grands docteurs séraphiques déclare expressément dans un livre que Mlle Fanchon m'a prêté. Voici les paroles de l'auteur :

---

1. Vers du *Pauvre Diable;* voyez tome X.
2. C'est le nom d'un docteur qui avait censuré la thèse de l'abbé de Prades en 1751. — Voyez le *Tombeau de la Sorbonne*, tome XXIV, page 17.

> Le cordelier, plein d'une sainte horreur,
> Baise à genoux l'ergot de son seigneur ;
> Puis d'un air morne il jette au loin la vue
> Sur cette vaste et brûlante étendue,
> Séjour de feu qu'habitent pour jamais
> L'affreuse Mort, les Tourments, les Forfaits ;
> Trône éternel où sied l'esprit immonde,
> Abîme immense où s'engloutit le monde ;
> Sépulcre où gît la docte antiquité,
> Esprit, amour, savoir, grâce, beauté,
> Et cette foule immortelle, innombrable,
> D'enfants du ciel créés tous pour le diable.
> Tu sais, lecteur, qu'en ces feux dévorants
> Les meilleurs rois sont avec les tyrans.
> Nous y plaçons Antonin, Marc-Aurèle,
> Ce bon Trajan, des princes le modèle ;
> Ce doux Titus, l'amour de l'univers ;
> Les deux Catons, ces fléaux des pervers ;
> Ce Scipion, maître de son courage,
> Lui qui vainquit et l'amour et Carthage.
> Vous y grillez, sage et docte Platon,
> Divin Homère, éloquent Cicéron ;
> Et vous, Socrate, enfant de la sagesse,
> Martyr de Dieu dans la profane Grèce ;
> Juste Aristide, et vertueux Solon :
> Tous malheureux morts sans confession. »
>
> (*Pucelle*, chant V, vers 64 et suiv.)

Tamponet écoutait ce passage avec des larmes de joie. « Cher frère Triboulet, dans quel Père de l'Église as-tu trouvé cette brave décision ? — Cela est de l'abbé Trithème, répondit Triboulet ; et pour vous le prouver *a posteriori*, d'une manière invincible, voici la déclaration expresse du modeste traducteur, au chapitre xvi de sa *Moelle théologique* :

> Cette prière est de l'abbé Trithême,
> Non pas de moi : car mon œil effronté
> Ne peut percer jusqu'à la cour suprême ;
> Je n'aurais pas tant de témérité[1]. »

Frère Bonhomme prit le livre pour se convaincre par ses propres yeux, et ayant lu quelques pages avec beaucoup d'édification : « Ah ! ah ! dit-il au jacobin, vous ne vous vantiez pas de tout. C'est un cordelier en enfer qui parle ; mais vous avez oublié

---

1. *Pucelle*, chant XVI, 11-14.

qu'il y rencontre saint Dominique, et que ce saint est damné pour avoir été persécuteur, ce qui est bien pis que d'avoir été païen. »

Frère Triboulet, piqué, lui reprocha beaucoup de bonnes aventures de cordeliers. Bonhomme ne demeura pas en reste: il reprocha aux jacobins de croire à l'immaculation en Sorbonne, et d'avoir obtenu des papes une permission de n'y pas croire dans leur couvent. La querelle s'échauffa, ils allaient se gourmer. Fanchon les apaisa en leur donnant à chacun un gros baiser. Tamponet leur remontra qu'ils ne devaient dire des injures qu'aux profanes, et leur cita ces deux vers qu'il dit avoir lus autrefois dans les ouvrages d'un licencié nommé Molière:

> N'apprêtons point à rire aux hommes
> En nous disant nos vérités [1].

Enfin, ils minutèrent tous trois le décret, qui fut ensuite signé par tous les sages maîtres.

« Nous, assemblés extraordinairement dans la ville des Facéties, et dans les mêmes écoles où nous recommandâmes, au nombre de soixante et onze, à tous les sujets de garder leur serment de fidélité à leur roi Henri III, et, en l'année 1592, recommandâmes pareillement de prier Dieu pour Henri IV, etc., etc.

« Animés du même esprit qui nous guide toujours, nous donnons à tous les diables un nommé Bélisaire, général d'armée, en son vivant, d'un nommé Justinien, lequel Bélisaire, outrepassant ses pouvoirs, aurait méchamment et proditoirement conseillé audit Justinien d'être bon et indulgent, et aurait insinué avec malice que Dieu était miséricordieux; condamnons cette proposition comme blasphématoire, impie, hérétique, sentant l'hérésie; défendons sous peine de damnation éternelle, selon le droit que nous en avons, de lire ledit livre sentant l'hérésie, et enjoignons à tous les fidèles de nous rapporter les exemplaires dudit livre, lesquels ne valaient précédemment qu'un écu, et que nous revendrons un louis d'or avec le décret ci-joint. »

A peine ce décret fut-il signé qu'on apprit que tous les jésuites avaient été chassés d'Espagne; et ce fut une si grande joie dans Paris qu'on ne pensa plus à la Sorbonne.

1. *Amphitryon*, prologue, 146-47.

FIN DE LA SECONDE ANECDOTE.

LES
QUESTIONS DE ZAPATA[1]

TRADUITES

PAR LE SIEUR TAMPONET[2], DOCTEUR DE SORBONNE.

Le licencié Zapata, nommé professeur en théologie dans l'université de Salamanque, présenta ces questions à la junta des docteurs en 1629. Elles furent supprimées. L'exemplaire espagnol est dans la bibliothèque de Brunsvick[3].

SAGES MAÎTRES,

1° Comment dois-je m'y prendre pour prouver que les Juifs, que nous faisons brûler par centaines, furent, pendant quatre mille ans, le peuple chéri de Dieu ?

2° Pourquoi Dieu, qu'on ne peut sans blasphème regarder comme injuste, a-t-il pu abandonner la terre entière pour la petite horde juive, et ensuite abandonner sa petite horde pour une autre, qui fut pendant deux cents ans beaucoup plus petite et plus méprisée ?

3° Pourquoi a-t-il fait une foule de miracles incompréhensibles, en faveur de cette chétive nation, avant les temps qu'on nomme historiques ? Pourquoi n'en fait-il plus depuis quelques siècles ? et pourquoi n'en voyons-nous jamais, nous qui sommes le peuple de Dieu ?

4° Si Dieu est le Dieu d'Abraham, pourquoi brûlez-vous les enfants d'Abraham ? et si vous les brûlez, pourquoi récitez-vous leurs prières, même en les brûlant ? Comment, vous qui adorez

---

1. La première édition de ces *Questions* porte le millésime 1766 ; cependant je les crois de 1767 : il en est question dans les *Mémoires secrets*, à la date des 30 avril et 16 mai 1767. (B.)
2. Voyez la note 2 de la page 170.
3. Un prince de Brunswick était venu en pèlerinage à Ferney.

le livre de leur loi, les faites-vous mourir pour avoir suivi leur loi ?

5° Comment concilierai-je la chronologie des Chinois, des Chaldéens, des Phéniciens, des Égyptiens, avec celle des Juifs ? et comment accorderai-je entre elles quarante manières différentes de supputer les temps chez les commentateurs ? Je dirai que Dieu dicta ce livre ; et on me répondra que Dieu ne sait donc pas la chronologie.

6° Par quels arguments prouverai-je que les livres attribués à Moïse furent écrits par lui dans le désert ? A-t-il pu dire qu'il écrivait au delà du Jourdain, quand il n'a jamais passé le Jourdain ? On me répondra que Dieu ne sait donc pas la géographie.

7° Le livre intitulé *Josué* dit[1] que Josué fit graver le *Deutéronome* sur des pierres enduites de mortier : ce passage de Josué et ceux des anciens auteurs prouvent évidemment que, du temps de Moïse et de Josué, les peuples orientaux gravaient sur la pierre et sur la brique leurs lois et leurs observations. Le *Pentateuque*[2] nous dit que le peuple juif manquait, dans le désert, de nourriture et de vêtements; il était peu probable qu'on eût des gens assez habiles pour graver un gros livre, lorsqu'on n'avait ni tailleurs ni cordonniers. Mais comment conserva-t-on ce gros ouvrage gravé sur du mortier ?

8° Quelle est la meilleure manière de réfuter les objections des savants, qui trouvent dans le *Pentateuque* des noms de villes qui n'existaient pas alors, des préceptes pour les rois que les Juifs avaient alors en horreur, et qui ne gouvernèrent que sept cents ans après Moïse; enfin, des passages où l'auteur, très-postérieur à Moïse, se trahit lui-même en disant: « Le lit d'Og[3] qu'on voit encore aujourd'hui à Ramatha... Le Chananéen[4] était alors dans le pays.... » etc., etc., etc. ?

Ces savants, fondés sur des difficultés et sur des contradictions qu'ils imputent aux chroniques juives, pourraient faire quelque peine à un licencié.

9° Le livre de la *Genèse* est-il physique ou allégorique ? Dieu ôta-t-il en effet une côte à Adam pour en faire une femme ? et comment est-il dit auparavant qu'il le créa mâle et femelle ? comment Dieu créa-t-il la lumière avant le soleil ? comment divisa-t-il la lumière des ténèbres, puisque les ténèbres ne sont autre chose que la privation de la lumière ? comment fit-il le jour avant

---

1. VIII, 32.
2. *Exode*, XVI, 3.
3. *Deutéronome*, III, 11.
4. *Genèse*, XII, 6.

que le soleil fût fait? comment le firmament fut-il formé au milieu des eaux, puisqu'il n'y a point de firmament, et que cette fausse notion d'un firmament n'est qu'une imagination des anciens Grecs? Il y a des gens qui conjecturent que la *Genèse* ne fut écrite que quand les Juifs eurent quelque connaissance de la philosophie erronée des autres peuples, et j'aurai la douleur d'entendre dire que Dieu ne sait pas plus la physique que la chronologie et la géographie.

10° Que dirai-je du jardin d'Éden, dont il sortait un fleuve qui se divisait en quatre fleuves: le Tigre; l'Euphrate; le Phison, qu'on croit le Phase; le Géhon, qui coule dans le pays d'Éthiopie[1], et qui par conséquent ne peut être que le Nil, et dont la source est distante de mille lieues de la source de l'Euphrate? On me dira encore[2] que Dieu est un mauvais géographe.

11° Je voudrais de tout mon cœur manger du fruit qui pendait à l'arbre de la science, et il me semble que la défense d'en manger est étrange : car Dieu ayant donné la raison à l'homme, il devait l'encourager à s'instruire. Voulait-il n'être servi que par un sot? Je voudrais parler aussi au serpent, puisqu'il a tant d'esprit; mais je voudrais savoir quelle langue il parlait. L'empereur Julien, ce grand philosophe, le demanda au grand saint Cyrille, qui ne put satisfaire à cette question, mais qui répondit à ce sage empereur : « C'est vous qui êtes le serpent. » Saint Cyrille n'était pas pas poli; mais vous remarquerez qu'il ne répondit cette impertinence théologique que quand Julien fut mort.

La *Genèse* dit que le serpent mange de la terre; vous savez que la *Genèse* se trompe, et que la terre seule ne nourrit personne. A l'égard de Dieu, qui venait se promener familièrement tous les jours à midi dans le jardin, et qui s'entretenait avec Adam et Ève et avec le serpent, il serait fort doux d'être en quatrième. Mais comme je vous crois plus faits pour la compagnie que Joseph et Marie avaient dans l'étable de Bethléem, je ne vous proposerai point un voyage au jardin d'Éden, surtout depuis que la porte en est gardée par un chérubin armé jusqu'aux dents. Il est vrai que, selon les rabbins, *chérubin* signifie bœuf. Voilà un étrange portier. De grâce, dites-moi au moins ce que c'est qu'un chérubin.

12° Comment expliquerai-je l'histoire des anges qui devinrent amoureux des filles des hommes, et qui engendrèrent les géants?

---

1. Voyez une des notes sur la *Genèse*, dans la *Bible enfin expliquée*.
2. Voyez page 174, et le § 1er de l'*Instruction du gardien des capucins*.

Ne m'objectera-t-on pas que ce trait est tiré des fables païennes ? Mais puisque les Juifs inventèrent tout dans le désert, et qu'ils étaient fort ingénieux, il est clair que toutes les autres nations ont pris d'eux leur science. Homère, Platon, Cicéron, Virgile, n'ont rien su que par les Juifs. Cela n'est-il pas démontré ?

13° Comment me tirerai-je du déluge, des cataractes du ciel, qui n'a point de cataractes, de tous les animaux arrivés du Japon, de l'Afrique, de l'Amérique et des terres australes, enfermés dans un grand coffre avec leurs provisions pour boire et pour manger pendant un an, sans compter le temps où la terre, trop humide encore, ne put rien produire pour leur nourriture ? Comment le petit ménage de Noé put-il suffire à donner à tous ces animaux leurs aliments convenables ? Il n'était composé que de huit personnes.

14° Comment rendrai-je l'histoire de la tour de Babel vraisemblable ? Il faut bien que cette tour fût plus haute que les pyramides d'Égypte, puisque Dieu laissa bâtir les pyramides. Allait-elle jusqu'à Vénus, ou du moins jusqu'à la lune ?

15° Par quel art justifierai-je les deux mensonges d'Abraham, le père des croyants, qui, à l'âge de cent trente-cinq ans à bien compter, fit passer la belle Sara pour sa sœur en Égypte et à Gérare, afin que les rois de ce pays-là en fussent amoureux, et lui fissent des présents ? Fi ! qu'il est vilain de vendre sa femme !

16° Donnez-moi des raisons qui m'expliquent pourquoi Dieu ayant ordonné à Abraham que toute sa postérité fût circoncise, elle ne le fut point sous Moïse.

17° Puis-je par moi-même savoir si les trois anges à qui Sara servit un veau tout entier à manger avaient un corps, ou s'ils en empruntaient un ? et comment il se peut faire que, Dieu ayant envoyé deux anges à Sodome, les Sodomites voulussent commettre certain péché avec ces anges ? Ils devaient être bien jolis. Mais pourquoi Loth le juste offrit-il ses deux filles à la place des deux anges aux Sodomites ? Quelles commères ! elles couchèrent un peu avec leur père. Ah ! sages maîtres, cela n'est pas honnête !

18° Mon auditoire me croira-t-il quand je lui dirai que la femme de Loth fut changée en une statue de sel ? Que répondrai-je à ceux qui me diront que c'est peut-être une imitation grossière de l'ancienne fable d'Eurydice, et que la statue de sel ne pouvait pas tenir à la pluie ?

19° Que dirai-je quand il faudra justifier les bénédictions tombées sur Jacob le juste, qui trompa Isaac son père, et qui vola Laban son beau-père ? Comment expliquerai-je que Dieu lui apparut au haut d'une échelle? et comment Jacob se battit-il toute la nuit contre un ange? etc., etc.

20° Comment dois-je traiter le séjour des Juifs en Égypte, et leur évasion? L'*Exode* dit qu'ils restèrent quatre cents ans[1] en Égypte; et en faisant le compte juste, on ne trouve que deux cent cinq ans[2]. Pourquoi la fille de Pharaon se baignait-elle dans le Nil, où l'on ne se baigne jamais à cause des crocodiles? etc., etc.

21° Moïse ayant épousé la fille d'un idolâtre, comment Dieu le prit-il pour son prophète sans lui en faire des reproches? Comment les magiciens de Pharaon firent-ils les mêmes miracles que Moïse, excepté ceux de couvrir le pays de poux et de vermine? Comment changèrent-ils en sang toutes les eaux qui étaient déjà changées en sang par Moïse? Comment Moïse, conduit par Dieu même, et se trouvant à la tête de six cent trente mille combattants, s'enfuit-il avec son peuple, au lieu de s'emparer de l'Égypte, dont tous les premiers nés avaient été mis à mort par Dieu même? L'Égypte n'a jamais pu rassembler une armée de cent mille hommes, depuis qu'il est fait mention d'elle dans les temps historiques. Comment Moïse, en s'enfuyant avec ces troupes de la terre de Gessen, au lieu d'aller en droite ligne dans le pays de Chanaan, traversa-t-il la moitié de l'Égypte, et remonta-t-il jusque vis-à-vis de Memphis, entre Baal-Séphon et la mer Rouge? Enfin, comment Pharaon put-il le poursuivre avec toute sa cavalerie, puisque, dans la cinquième plaie de l'Égypte, Dieu venait de faire périr tous les chevaux et toutes les bêtes, et que d'ailleurs l'Égypte, coupée par tant de canaux, eut toujours très-peu de cavalerie?

22° Comment concilierai-je ce qui est dit dans l'*Exode* avec le discours de saint Étienne dans les *Actes des apôtres*, et avec les passages de Jérémie et d'Amos? L'*Exode*[3] dit qu'on sacrifia à Jéhova pendant quarante ans dans le désert; Jérémie[4], Amos[5], et saint Étienne[6], disent qu'on n'offrit ni sacrifice ni hostie pendant tout ce temps-là. L'*Exode*[7] dit qu'on fit le tabernacle dans lequel était l'arche de l'alliance; et saint Étienne, dans les *Actes*[8], dit qu'on portait le tabernacle de Moloch et de Remphan.

23° Je ne suis pas assez bon chimiste pour me tirer heureusement du veau d'or, que l'*Exode*[9] dit avoir été formé en un seul

---

1. L'*Exode*, XII, 40, dit quatre cent trente ans.
2. Voyez tome XXV, page 374.
3. XVI, 35.
4. Jérémie ne dit pas cela. (B.)
5. Amos, V, 25.
6. *Actes*, VII, 42.
7. XL, 3.
8. VII, 43.
9. XXXII, 4.

jour, et que Moïse réduisit en cendre. Sont-ce deux miracles ? sont-ce deux choses possibles à l'art humain ?

24° Est-ce encore un miracle que le conducteur d'une nation dans un désert ait fait égorger vingt-trois mille hommes de cette nation par une seule des douze tribus, et que vingt-trois mille hommes se soient laissé massacrer sans se défendre ?

25° Dois-je encore regarder comme un miracle, ou comme un acte de justice ordinaire, qu'on fît mourir vingt-quatre mille Hébreux parce qu'un d'entre eux avait couché avec une Madianite, tandis que Moïse lui-même avait pris une Madianite pour femme ? et ces Hébreux, qu'on nous peint si féroces, n'étaient-ils pas de bonnes gens de se laisser ainsi égorger pour des filles ? Et à propos de filles, pourrai-je tenir mon sérieux quand je dirai que Moïse trouva trente-deux mille pucelles dans le camp madianite, avec soixante et un mille ânes ? Ce n'est pas deux ânes par pucelle.

26° Quelle explication donnerai-je à la loi qui défend de manger du lièvre[1], « parce qu'il rumine et qu'il n'a pas le pied fendu, » tandis que les lièvres ont le pied fendu, et ne ruminent pas ? Nous avons déjà vu que ce beau livre a fait de Dieu un mauvais géographe, un mauvais chronologiste, un mauvais physicien ; il ne le fait pas meilleur naturaliste. Quelles raisons donnerai-je de plusieurs autres lois non moins sages, comme celle des eaux de jalousie, et de la punition de mort contre un homme qui a couché avec sa femme dans le temps qu'elle a ses règles ? etc., etc., etc. Pourrai-je justifier ces lois barbares et ridicules, qu'on dit émanées de Dieu même ?

27° Que répondrai-je à ceux qui seront étonnés qu'il ait fallu un miracle pour faire passer le Jourdain, qui, dans sa plus grande largeur, n'a pas plus de quarante-cinq pieds, qu'on pouvait si aisément franchir avec le moindre radeau, et qui était guéable en tant d'endroits, témoin les quarante-deux mille Éphraïmites égorgés à un gué de ce fleuve par leurs frères ?

28° Que répondrai-je à ceux qui demanderont comment les murs de Jéricho tombèrent au seul son des trompettes, et pourquoi les autres villes ne tombèrent pas de même ?

29° Comment excuserai-je l'action de la courtisane Rahab, qui trahit Jéricho sa patrie ? En quoi cette trahison était-elle nécessaire, puisqu'il suffisait de sonner de la trompette pour prendre la ville ? Et comment sonderai-je la profondeur des décrets divins,

---

1. *Deutéronome*, XIV, 7.

qui ont voulu que notre divin Sauveur Jésus-Christ naquît de cette courtisane Rahab, aussi bien que de l'inceste que Thamar commit avec Juda son beau-père, et de l'adultère de David et de Bethzabée? Tant les voies de Dieu sont incompréhensibles!

30° Quelle approbation pourrai-je donner à Josué, qui fit pendre trente et un roitelets, dont il usurpa les petits États, c'est-à-dire les villages?

31° Comment parlerai-je de la bataille de Josué contre les Amorrhéens à Béthoron sur le chemin de Gabaon? Le Seigneur fait pleuvoir du ciel de grosses pierres, depuis Béthoron jusqu'à Azéca; il y a cinq lieues de Béthoron à Azéca; ainsi les Amorrhéens furent exterminés par des rochers qui tombaient du ciel pendant l'espace de cinq lieues. L'Écriture dit qu'il était midi; pourquoi donc Josué commande-t-il au soleil et à la lune de s'arrêter au milieu du ciel pour donner le temps d'achever la défaite d'une petite troupe qui était déjà exterminée? pourquoi dit-il à la lune de s'arrêter à midi? comment le soleil et la lune restèrent-ils un jour à la même place? A quel commentateur aurai-je recours pour expliquer cette vérité extraordinaire?

32° Que dirai-je de Jephté, qui immola sa fille et qui fit égorger quarante-deux mille Juifs de la tribu d'Éphraïm, qui ne pouvaient pas prononcer *shiboleth?*

33° Dois-je avouer ou nier que la loi des Juifs n'annonce en aucun endroit des peines ou des récompenses après la mort? Comment se peut-il que ni Moïse ni Josué n'aient parlé de l'immortalité de l'âme, dogme connu des anciens Égyptiens, des Chaldéens, des Persans, et des Grecs; dogme qui ne fut un peu en vogue chez les Juifs qu'après Alexandre, et que les saducéens réprouvèrent toujours, parce qu'il n'est pas dans le *Pentateuque?*

34° Quelle couleur faudra-t-il que je donne à l'histoire du lévite qui, étant venu sur son âne à Gabaa, ville des Benjamites, devint l'objet de la passion sodomitique de tous les Gabaonites, qui voulurent le violer? Il leur abandonna sa femme, avec laquelle les Gabaonites couchèrent pendant toute la nuit : elle en mourut le lendemain. Si les Sodomites avaient accepté les deux filles de Loth au lieu des deux anges, en seraient-elles mortes?

35° J'ai besoin de vos enseignements pour entendre ce verset 19 du premier chapitre des *Juges :* « Le Seigneur accompagna Juda, et il se rendit maître des montagnes; mais il ne put défaire les habitants de la vallée, parce qu'ils avaient une grande quantité de chariots armés de faux. » Je ne puis comprendre par mes faibles lumières comment le Dieu du ciel et de la terre, qui avait changé tant de fois l'ordre de la nature, et suspendu les lois éternelles en faveur de son peuple juif, ne put venir à bout de vaincre les habitants d'une vallée, parce qu'ils avaient des chariots. Serait-il vrai, comme plusieurs savants le prétendent, que les Juifs regardassent alors leur Dieu comme une divinité locale et protectrice, qui tantôt était plus puissante que les dieux ennemis, et tantôt était moins puissante? Et cela n'est-il pas encore prouvé par cette réponse de Jephté[1] : « Vous possédez de droit ce que votre dieu Chamos vous a donné ; souffrez donc que nous prenions ce que notre dieu Adonaï nous a promis? »

36° J'ajouterai encore qu'il est difficile de croire qu'il y eût tant de chariots armés de faux dans un pays de montagnes, où l'Écriture dit en tant d'endroits que la grande magnificence était d'être monté sur un âne.

37° L'histoire d'Aod me fait beaucoup plus de peine. Je vois les Juifs presque toujours asservis, malgré le secours de leur Dieu, qui leur avait promis avec serment de leur donner tout le pays qui est entre le Nil, la mer et l'Euphrate. Il y avait dix-huit ans qu'ils étaient sujets d'un roitelet nommé Églon, lorsque Dieu suscita en leur faveur Aod, fils de Géra, qui se servait de la main gauche comme de la main droite. Aod, fils de Géra, s'étant fait faire un poignard à deux tranchants, le cacha sous son manteau, comme firent depuis Jacques Clément et Ravaillac. Il demande au roitelet une audience secrète ; il dit qu'il a un mystère de la dernière importance à lui communiquer de la part de Dieu. Églon se lève respectueusement, et Aod, de la main gauche, lui enfonce son poignard dans le ventre. Dieu favorisa en tout cette action, qui, dans la morale de toutes les nations de la terre, paraît un peu dure. Apprenez-moi quel est l'assassinat le plus divin, ou celui de ce saint Aod, ou de ce saint David, qui fit assassiner son cocu Uriah, ou du bienheureux Salomon, qui, ayant sept cents femmes et trois cents concubines[2], assassina son frère Adonias parce qu'il lui en demandait une, etc., etc., etc., etc.

38° Je vous prie de me dire par quelle adresse Samson prit trois cents renards, les lia les uns aux autres par la queue, et leur attacha des flambeaux allumés au cul pour mettre le feu aux moissons des Philistins. Les renards n'habitent guère que les pays couverts de bois. Il n'y avait point de forêt dans ce canton, et il semble assez difficile de prendre trois cents renards en vie,

---

1. *Juges*, xi, 24.
2. III. *Rois*, xi, 3.

et de les attacher par la queue. Il est dit ensuite qu'il tua mille Philistins avec une mâchoire d'âne, et que d'une des dents de cette mâchoire il sortit une fontaine. Quand il s'agit de mâchoires d'âne, vous me devez des éclaircissements.

39° Je vous demande les mêmes instructions sur le bonhomme Tobie, qui dormait les yeux ouverts, et qui fut aveuglé par une chiasse d'hirondelle; sur l'ange qui descendit exprès de ce qu'on appelle l'empyrée pour aller chercher avec Tobie fils de l'argent que le juif Gabel devait à Tobie père; sur la femme à Tobie fils, qui avait eu sept maris à qui le diable avait tordu le cou; et sur la manière de rendre la vue aux aveugles avec le fiel d'un poisson. Ces histoires sont curieuses, et il n'y a rien de plus digne d'attention, après les romans espagnols : on ne peut leur comparer que les histoires de Judith et d'Esther. Mais pourrai-je bien interpréter le texte sacré, qui dit que la belle Judith[1] descendait de Siméon, fils de Ruben, quoique Siméon soit frère de Ruben, selon le même texte sacré[2], qui ne peut mentir?

J'aime fort Esther, et je trouve le prétendu roi Assuérus fort sensé d'épouser une Juive, et de coucher avec elle six mois sans savoir qui elle est; et comme tout le reste est de cette force, vous m'aiderez, s'il vous plaît, vous qui êtes mes sages maîtres.

40° J'ai besoin de votre secours dans l'histoire des *Rois*, autant pour le moins que dans celle des *Juges*, et de Tobie, et de son chien, et d'Esther, et de Judith, et de Ruth, etc., etc. Lorsque Saül fut déclaré roi, les Juifs étaient esclaves des Philistins. Leurs vainqueurs ne leur permettaient pas d'avoir des épées ni des lances; ils étaient même obligés d'aller chez les Philistins pour faire aiguiser le soc de leurs charrues et leurs cognées. Cependant Saül donne une bataille aux Philistins, et remporte sur eux la victoire; et dans cette bataille il est à la tête de trois cent trente mille soldats, dans un petit pays qui ne peut pas nourrir trente mille âmes: car il n'avait alors que le tiers de la Terre Sainte tout au plus, et ce pays stérile ne nourrit pas aujourd'hui vingt mille habitants. Le surplus était obligé d'aller gagner sa vie à faire le métier de courtier à Balk, à Damas, à Tyr, à Babylone.

41° Je ne sais comment je justifierai l'action de Samuel, qui trancha en morceaux le roi Agag, que Saül avait fait prisonnier, et qu'il avait mis à rançon.

Je ne sais si notre roi Philippe, ayant pris un roi maure pri-

---

1. *Judith*, VIII, 1.
2. I. *Par.*, II, 1.

sonnier, et ayant composé avec lui, serait bien reçu à couper en pièces ce roi prisonnier.

42° Nous devons un grand respect à David, qui était un homme selon le cœur de Dieu ; mais je craindrais de manquer de science pour justifier, par les lois ordinaires, la conduite de David, qui s'associe quatre cents hommes de mauvaise vie, et accablés de dettes, comme dit l'Écriture[1] ; qui marche pour aller saccager la maison de Nabal, serviteur du roi, et qui, huit jours après, épouse sa veuve ; qui va offrir ses services à Achis, ennemi de son roi, et qui met à feu et à sang les terres des alliés d'Achis, sans pardonner ni au sexe ni à l'âge ; qui, dès qu'il est sur le trône, prend de nouvelles concubines ; et qui, non content encore de ses concubines, ravit Bethzabée à son mari, et fait tuer celui qu'il déshonore. J'ai quelque peine encore à imaginer que Dieu naisse ensuite en Judée de cette femme adultère et homicide que l'on compte entre les aïeules de l'Être éternel[2]. Je vous ai déjà prévenus sur cet article, qui fait une peine extrême aux âmes dévotes.

43° Les richesses de David et de Salomon, qui se montent à plus de cinq milliards de ducats d'or, paraissent difficiles à concilier avec la pauvreté du pays, et avec l'état où étaient réduits les Juifs sous Saül, quand ils n'avaient pas de quoi faire aiguiser leurs socs et leurs cognées. Nos colonels de cavalerie lèveront les épaules, si je leur dis que Salomon avait quatre cent mille chevaux dans un petit pays où l'on n'eut jamais et où il n'y a encore que des ânes, comme j'ai déjà eu l'honneur de vous le représenter[3].

44° S'il me faut parcourir l'histoire des cruautés effroyables de presque tous les rois de Juda et d'Israël, je crains de scandaliser les faibles plutôt que de les édifier. Tous ces rois-là s'assassinent un peu trop souvent les uns les autres. C'est une mauvaise politique, si je ne me trompe.

45° Je vois ce petit peuple presque toujours esclave sous les Phéniciens, sous les Babyloniens, sous les Perses, sous les Syriens, sous les Romains ; et j'aurai peut-être quelque peine à concilier tant de misères avec les magnifiques promesses de leurs prophètes.

46° Je sais que toutes les nations orientales ont eu des prophètes, mais je ne sais comment interpréter ceux des Juifs. Que

---

1. I. *Rois*, xxii, 2.
2. Voyez ci-dessus, n° 29, page 178.
3. Voyez n° 36, page 180.

dois-je entendre par la vision d'Ézéchiel, fils de Buzi, près du fleuve Chobar; par quatre animaux qui avaient chacun quatre faces et quatre ailes avec des pieds de veau ; par une roue qui avait quatre faces; par un firmament au-dessus de la tête des animaux ? Comment expliquer l'ordre de Dieu donné à Ézéchiel de manger un livre de parchemin, de se faire lier, de demeurer couché sur le côté gauche pendant trois cent quatre-vingt-dix jours, et sur le côté droit pendant quarante jours, et de manger son pain couvert de ses excréments ? Je ne peux pénétrer le sens caché de ce que dit Ézéchiel au chapitre XVI: « Lorsque votre gorge s'est formée, et que vous avez eu du poil, je me suis étendu sur vous, j'ai couvert votre nudité, je vous ai donné des robes, des chaussures, des ceintures, des ornements, des pendants d'oreilles ; mais ensuite vous vous êtes bâti un b....., et vous vous êtes prostituée dans les places publiques; » et au chapitre XXIII le prophète dit « qu'Ooliba a désiré avec fureur la couche de ceux qui ont le membre viril comme les ânes, et qui répandent leur semence comme les chevaux ». Sages maîtres, dites-moi si vous êtes dignes des faveurs d'Ooliba.

47° Mon devoir sera d'expliquer la grande prophétie d'Isaïe qui regarde notre Seigneur Jésus-Christ; c'est, comme vous savez, au chapitre VII. Razîn, roi de Syrie, et Phacée, roitelet d'Israël, assiégeaient Jérusalem. Achaz, roitelet de Jérusalem, consulte le prophète Isaïe sur l'événement du siége; Isaïe lui répond : « Dieu vous donnera un signe; une fille ou femme concevra et enfantera un fils qui s'appellera Emmanuel. Il mangera du beurre et du miel avant qu'il soit en âge de discerner le mal et le bien. Et avant qu'il soit en état de rejeter le mal et de choisir le bien, le pays sera délivré des deux rois.... et le Seigneur sifflera aux mouches qui sont à l'extrémité des fleuves d'Égypte, et aux abeilles du pays d'Assur..... et dans ce jour le Seigneur prendra un rasoir de louage dans ceux qui sont au delà du fleuve, et rasera la tête et le poil du pénil et toute la barbe du roi d'Assyrie. »

Ensuite, au chapitre VIII, le prophète, pour accomplir la prophétie, couche avec la prophétesse ; elle enfanta un fils, et le Seigneur dit à Isaïe: « Vous appellerez ce fils Maher-Salal-has-bas, *hâtez-vous de prendre les dépouilles, courez vite au butin*; et avant que l'enfant sache nommer son père et sa mère, la puissance de Damas sera renversée. » Je ne puis sans votre secours expliquer nettement cette prophétie.

48° Comment dois-je entendre l'histoire de Jonas, envoyé à Ninive pour y prêcher la pénitence? Ninive n'était point israélite, et il semble que Jonas devait l'instruire de la loi judaïque avant de l'induire à cette pénitence. Le prophète, au lieu d'obéir au Seigneur, s'enfuit à Tharsis ; une tempête s'élève, les matelots jettent Jonas dans la mer pour apaiser l'orage. Dieu envoie un grand poisson qui avale Jonas ; il demeure trois jours et trois nuits dans le ventre du poisson. Dieu commande au poisson de rendre Jonas : le poisson obéit ; Jonas débarque sur le rivage de Joppé. Dieu lui ordonne d'aller dire à Ninive que dans quarante jours elle sera renversée si elle ne fait pénitence. De Joppé à Ninive il y a plus de quatre cents milles. Toutes ces histoires ne demandent-elles pas des connaissances supérieures qui me manquent? Je voudrais bien confondre les savants qui prétendent que cette fable est tirée de la fable de l'ancien Hercule. Cet Hercule fut enfermé trois jours dans le ventre d'une baleine ; mais il y fit bonne chère, car il mangea sur le gril le foie de la baleine. Jonas ne fut pas si adroit.

49° Enseignez-moi l'art de faire entendre les premiers versets du prophète Osée. Dieu lui ordonne expressément de prendre une p....., et de lui faire des fils de p.....[1].

Le prophète obéit ponctuellement ; il s'adresse à la dona Gomer, fille de don Debelaïm ; il la garde trois ans, et lui fait trois enfants, ce qui est un type. Ensuite Dieu veut un autre type. Il lui ordonne de coucher avec une autre cantonera qui soit mariée[2], et qui ait déjà planté cornes au front de son mari. Le bonhomme Osée, toujours obéissant, n'a pas de peine à trouver une belle dame de ce caractère, et il ne lui en coûte que quinze dragmes et une mesure d'orge. Je vous prie de vouloir bien m'enseigner combien la dragme valait alors chez le peuple juif, et ce que vous donnez aujourd'hui aux filles par ordres du Seigneur.

50° J'ai encore plus besoin de vos sages instructions sur le Nouveau Testament ; j'ai peur de ne savoir que dire quand il faudra concorder les deux généalogies de Jésus. Car on me dira que Matthieu donne Jacob pour père à Joseph, et que Luc le fait fils d'Héli, et que cela est impossible, à moins qu'on ne change *he* en *ja*, et *li* en *cob*. On me demandera comment l'un compte cinquante-six générations, et comment l'autre n'en compte que quarante-deux, et pourquoi ces générations sont toutes différentes, et encore pourquoi, dans les quarante-deux qu'on a pro-

---

1. Osée, chap. 1ᵉʳ.
2. *Ibid.*, chap. III.

mises, il ne s'en trouve que quarante et une ; et enfin, pourquoi cet arbre généalogique est celui de Joseph, qui n'était pas le père de Jésus ? J'ai peur de ne répondre que des sottises, comme ont fait tous mes prédécesseurs. J'espère que vous me tirerez de ce labyrinthe. Êtes-vous de l'avis de saint Ambroise, qui dit que l'ange fit à Marie un enfant par l'oreille, *Maria per aurem imprægnata est*; ou de l'avis du R. P. Sanchez, qui dit que la Vierge répandit de la semence[1] dans sa copulation avec le Saint-Esprit ? La question est curieuse ; le sage Sanchez ne doute pas que le Saint-Esprit et la sainte Vierge n'aient fait tous deux une émission de semence au même moment : car il pense que cette rencontre simultanée des deux semences est nécessaire pour la génération. On voit bien que Sanchez sait plus sa théologie que sa physique, et que le métier de faire des enfants n'est pas celui des jésuites.

51° Si j'annonce, d'après Luc, qu'Auguste avait ordonné un dénombrement de toute la terre quand Marie fut grosse, et que Cyrénius ou Quirinus, gouverneur de Syrie, publia ce dénombrement, et que Joseph et Marie allèrent à Bethléem pour s'y faire dénombrer ; et si on me rit au nez ; si les antiquaires m'apprennent qu'il n'y eut jamais de dénombrement de l'empire romain ; que c'était Quintilius Varus, et non pas Cyrénius, qui était alors gouverneur de la Syrie ; que Cyrénius ne gouverna la Syrie que dix ans après la naissance de Jésus ; je serai très-embarrassé, et sans doute vous éclaircirez cette petite difficulté. Car, s'il y avait un seul mensonge dans un livre sacré, ce livre serait-il sacré ?

52° Quand j'enseignerai que la famille alla en Égypte selon Matthieu, on me répondra que cela n'est pas vrai, et qu'elle resta en Judée selon les autres évangélistes ; et si alors j'accorde qu'elle resta en Judée, on me soutiendra qu'elle a été en Égypte. N'est-il pas plus court de dire que l'on peut être en deux endroits à la fois, comme cela est arrivé à saint François Xavier, et à plusieurs autres saints ?

53° Les astronomes pourront bien se moquer de l'étoile des trois rois qui les conduisit dans une étable. Mais vous êtes de grands astrologues ; vous rendrez raison de ce phénomène. Dites-moi surtout combien d'or ces rois offrirent : car vous êtes accoutumés à en tirer beaucoup des rois et des peuples. Et à l'égard du quatrième roi, qui était Hérode, pourquoi craignait-il que Jésus, né dans cette étable, devînt roi des Juifs ? Hérode n'était roi que par la grâce des Romains ; c'était l'affaire d'Auguste. Le massacre des

---

1. Voyez la note 4, tome XXIV, page 98.

innocents est un peu bizarre. Je suis fâché qu'aucun historien romain n'ait parlé de ces choses. Un ancien martyrologe très-véridique (comme ils le sont tous) compte quatorze mille enfants martyrisés. Si vous voulez que j'en ajoute encore quelques milliers, vous n'avez qu'à dire.

54° Vous me direz comment le diable emporta Dieu et le percha sur une colline de Galilée, d'où l'on découvrait tous les royaumes de la terre. Le diable qui promet tous ces royaumes à Dieu, pourvu que Dieu adore le diable, pourra scandaliser beaucoup d'honnêtes gens, pour lesquels je vous demande un mot de recommandation.

55° Je vous prie, quand vous irez à la noce, de me dire de quelle manière Dieu, qui allait aussi à la noce, s'y prenait pour changer l'eau en vin en faveur de gens qui étaient déjà ivres.

56° En mangeant des figues à votre déjeuner à la fin de juillet, je vous supplie de me dire pourquoi Dieu, ayant faim, chercha des figues au commencement du mois de mars, quand ce n'était pas le temps des figues.

57° Après avoir reçu vos instructions sur tous les prodiges de cette espèce, il faudra que je dise que Dieu a été condamné à être pendu pour le péché originel. Mais si on me répond que jamais il ne fut question du péché originel, ni dans l'Ancien Testament, ni dans le Nouveau; qu'il est seulement dit qu'Adam fut condamné à mourir le jour qu'il aurait mangé de l'arbre de la science, mais qu'il n'en mourut pas; et qu'Augustin, évêque d'Hippone, ci-devant manichéen, est le premier qui ait établi le système du péché originel, je vous avoue que, n'ayant pas pour auditeurs des gens d'Hippone, je pourrais me faire moquer de moi en parlant beaucoup sans rien dire. Car, lorsque certains disputeurs sont venus me remontrer qu'il était impossible que Dieu fût supplicié pour une pomme mangée quatre mille ans avant sa mort, impossible qu'en rachetant le genre humain il ne le rachetât pas, et le laissât encore tout entier entre les griffes du diable, à quelques élus près; je ne répondais à cela que du verbiage, et j'allais me cacher de honte.

58° Communiquez-moi vos lumières sur la prédiction que fait notre Seigneur dans saint Luc, au chap. XXI[1]. Jésus y dit expressément « qu'il viendra dans les nuées avec une grande puissance et une grande majesté, avant que la génération à laquelle il parle soit passée ». Il n'en a rien fait, il n'est point venu dans les nuées;

---

1. Verset 27.

s'il est venu dans quelques brouillards, nous n'en savons rien; dites-moi ce que vous en savez. Paul, apôtre, dit aussi à ses disciples thessaloniciens[1] « qu'ils iront dans les nuées avec lui au-devant de Jésus ». Pourquoi n'ont-ils pas fait ce voyage? en coûte-t-il plus d'aller dans les nuées qu'au troisième ciel[2]? Je vous demande pardon, mais j'aime mieux les *Nuées*[3] d'Aristophane que celles de Paul.

59° Dirai-je avec Luc que Jésus est monté au ciel, du petit village de Béthanie? Insinuerai-je, avec Matthieu, que ce fut de la Galilée, où les disciples le virent pour la dernière fois? En croirai-je un grave docteur qui dit que Jésus avait un pied en Galilée et l'autre à Béthanie? Cette opinion me paraît la plus probable, mais j'attendrai sur cela votre décision.

60° On me demandera ensuite si Pierre a été à Rome[4]; je répondrai, sans doute, qu'il y a été pape vingt-cinq ans, et la grande raison que j'en rapporterai, c'est que nous avons une épître de ce bonhomme, qui ne savait ni lire ni écrire, et que cette lettre est datée de Babylone; il n'y a pas de réplique à cela, mais je voudrais quelque chose de plus fort.

61° Instruisez-moi pourquoi le *Credo*, qu'on appelle le *Symbole des apôtres*, ne fut fait que du temps de Jérôme et de Rufin, quatre cents ans après les apôtres? Dites-moi pourquoi les premiers Pères de l'Église ne citent jamais que les évangiles appelés aujourd'hui apocryphes? N'est-ce pas une preuve évidente que les quatre canoniques n'étaient pas encore faits?

62° N'êtes-vous pas fâchés comme moi que les premiers chrétiens aient forgé tant de mauvais vers, qu'ils attribuèrent aux sibylles; qu'ils aient forgé des lettres de saint Paul à Sénèque, des lettres de Jésus, des lettres de Marie, des lettres de Pilate; et qu'ils aient ainsi établi leur secte par cent crimes de faux qu'on punirait dans tous les tribunaux de la terre? Ces fraudes sont aujourd'hui reconnues de tous les savants. On est réduit à les appeler pieuses. Mais n'est-il pas triste que votre vérité ne soit fondée que sur des mensonges?

63° Dites-moi pourquoi Jésus n'ayant point institué sept sacrements, nous avons sept sacrements? Pourquoi Jésus n'ayant jamais dit qu'il est *trin*, qu'il a deux natures avec deux volontés et

---

1. I. Thess., IV, 17.
2. II. Cor., XII, 2.
3. Titre d'une comédie d'Aristophane.
4. Voyez tome XX, pages 213 et 502.

une personne, nous le faisons *trin*[1] avec une personne et deux natures? Pourquoi avec deux volontés n'a-t-il pas eu celle de nous instruire des dogmes de la religion chrétienne?

Et pourquoi, lorsqu'il a dit que parmi ses disciples il n'y aurait ni premiers ni derniers, monsieur l'archevêque de Tolède a-t-il un million de ducats de rente, tandis que je suis réduit à une portion congrue[2]?

64° Je sais bien que l'Église est infaillible; mais est-ce l'Église grecque, ou l'Église latine, ou celle d'Angleterre, ou celle de Danemark et de Suède, ou celle de la superbe ville de Neufchâtel, ou celle des primitifs appelés quakers, ou celle des anabaptistes, ou celle des moraves? L'Église turque a aussi du bon, mais on dit que l'Église chinoise est beaucoup plus ancienne.

65° Le pape est-il infaillible quand il couche avec sa maîtresse ou avec sa propre fille, et qu'il apporte à souper une bouteille de vin empoisonnée pour le cardinal Adriano di Corneto[3]?

Quand deux conciles s'anathématisent l'un l'autre, comme il est arrivé vingt fois, quel est le concile infaillible?

66° Enfin ne vaudrait-il pas mieux ne point s'enfoncer dans ces labyrinthes, et prêcher simplement la vertu? Quand Dieu nous jugera, je doute fort qu'il nous demande si la grâce est versatile ou concomitante; si le mariage est le signe visible d'une chose invisible; si nous croyons qu'il y ait dix chœurs d'anges ou neuf; si le pape est au-dessus du concile, ou le concile au-dessus du pape. Sera-ce un crime à ses yeux de lui avoir adressé des prières en espagnol quand on ne sait pas le latin? Serons-nous les objets de son éternelle colère pour avoir mangé pour la valeur de douze maravédis de mauvaise viande un certain jour? Et serons-nous récompensés à jamais si nous avons mangé avec vous, sages maîtres, pour cent piastres de turbots, de soles et d'esturgeons? Vous ne le croyez pas dans le fond de vos cœurs; vous pensez que Dieu nous jugera selon nos œuvres, et non selon les idées de Thomas ou de Bonaventure.

Ne rendrai-je pas service aux hommes en ne leur annonçant que la morale? Cette morale est si pure, si sainte, si universelle, si claire, si ancienne, qu'elle semble venir de Dieu même, comme

---

1. Du mot latin *trinus*, triple.
2. On appelait *portion congrue* une somme que l'on faisait payer aux curés par les gros décimateurs de leurs paroisses, pour leur donner de quoi vivre. Elle variait de 200 à 300 livres. (G. A.)
3. L'auteur voulait apparemment parler du pape Alexandre VI. (*Note de Voltaire.*) — Voyez tome XII, page 190.

la lumière qui passe parmi nous pour son premier ouvrage. N'a-t-il pas donné aux hommes l'amour-propre, pour veiller à leur conservation ; la bienveillance, la bienfaisance, la vertu, pour veiller sur l'amour-propre ; les besoins mutuels, pour former la société ; le plaisir, pour en jouir ; la douleur, qui avertit de jouir avec modération ; les passions, qui nous portent aux grandes choses, et la sagesse, qui met un frein à ces passions ?

N'est-il pas enfin inspiré à tous les hommes réunis en société d'idée d'un Être suprême, afin que l'adoration qu'on doit à cet Être soit le plus fort lien de la société ? Les sauvages qui errent dans les bois n'ont pas besoin de cette connaissance : les devoirs de la société qu'ils ignorent ne les regardent point ; mais sitôt que les hommes sont rassemblés, Dieu se manifeste à leur raison : ils ont besoin de justice, ils adorent en lui le principe de toute justice. Dieu, qui n'a que faire de leurs vaines adorations, les reçoit comme nécessaires pour eux et non pour lui. Et de même qu'il leur donne le génie des arts, sans lesquels toute société périt, il leur donne l'esprit de religion, la première des sciences et la plus naturelle : science divine dont le principe est certain, quoiqu'on en tire tous les jours des conséquences incertaines. Me permettrez-vous d'annoncer ces vérités aux nobles Espagnols ?

67° Si vous voulez que je cache cette vérité ; si vous m'ordonnez absolument d'annoncer les miracles de Saint-Jacques en Galice, et de Notre-Dame d'Atocha[1], et de Marie d'Agréda qui montrait son cul aux petits garçons dans ses extases, dites-moi comment j'en dois user avec les réfractaires qui oseront douter : faudra-t-il que je leur fasse donner, avec édification, la question ordinaire et extraordinaire ? Quand je rencontrerai des filles juives, dois-je coucher avec elles avant de les faire brûler ? et lorsqu'on les mettra au feu, n'ai-je pas le droit d'en prendre une cuisse ou une fesse pour mon souper avec des filles catholiques ?

J'attends l'honneur de votre réponse.

DOMINICO ZAPATA,
Y verdadero, y honrado, y caritativo[2].

Zapata, n'ayant point eu de réponse, se mit à prêcher Dieu tout simplement. Il annonça aux hommes le père des hommes,

---

1. Voyez une des notes sur l'*Extrait d'un journal de la cour de Louis XIV* (ou *Mémoires de Dangeau*).

2. Véridique, plein d'honneur et de charité.

rémunérateur, punisseur, et pardonneur. Il dégagea la vérité des mensonges, et sépara la religion du fanatisme ; il enseigna et il pratiqua la vertu. Il fut doux, bienfaisant, modeste ; et fut rôti à Valladolid, l'an de grâce 1631. Priez Dieu pour l'âme de frère Zapata.

FIN DES QUESTIONS DE ZAPATA.

LETTRE

DE M. DE VOLTAIRE [1]

Parmi un grand nombre de lettres anonymes, j'en ai reçu une de Lyon, datée du 17 avril, commençant par ces mots : *J'ose risquer une 95ᵉ lettre anonyme* [2]. Je l'ai envoyée au ministère, qui fait réprimer ces délits, et qui est persuadé que tout écrivain de lettres anonymes est un lâche et un coquin : un lâche, parce qu'il se cache, et un coquin, parce qu'il trouble la société.

Cet homme, entre autres sottises, me reproche d'avoir dit qu'un *nommé La Beaumelle est huguenot* [3]. Je ne me souviens point de l'avoir dit, et je ne sais si on s'est servi de mon nom pour le dire. Il m'importe fort peu que l'on soit huguenot. Il est assez public que je n'ai jamais regardé ce titre comme une injure, et il n'est pas moins public que j'ai rendu des services assez importants à des personnes de cette communion. Mais ceux qui ont dit ou écrit que La Beaumelle était protestant et prédicant ne se sont certainement pas trompés, et l'auteur de la lettre anonyme a menti quand il a écrit le contraire.

On trouve dans les registres de la compagnie des ministres

---

1. Tel est l'intitulé de cette pièce dans l'édition originale, in-8° de 4 pages. Elle a échappé à tous les éditeurs qui m'ont précédé; cependant elle avait été réimprimée textuellement, et avec commentaire, à la page 98 du *Tableau philosophique de l'esprit de M. de Voltaire* (par Sabatier de Castres), 1771, in-8° et in-12. Malgré l'intitulé de cette pièce, je n'ai pu me décider à la classer dans la *Correspondance*, ne la regardant pas comme une missive. On trouvera dans ce volume un autre *Mémoire* contre La Beaumelle. (B.)

2. Dans la XXᵉ des *Honnêtetés littéraires* (voyez page 139), il est question d'une 94ᵉ lettre anonyme. Les *Honnêtetés littéraires* ont donc précédé la pièce que je donne aujourd'hui. (B.)

3. Sabatier prétend que le nom d'*huguenot* a été donné vingt fois par Voltaire à La Beaumelle ; et il cite la lettre à Albergati Capacelli. Cela n'est point exact. Dans la lettre à Albergati Capacelli, du 23 décembre 1760, Voltaire a dit *calviniste;* il n'y a pas employé le mot *huguenot*.

de Genève que Laurent Anglevieux[1], dit La Beaumelle, natif du Languedoc, fut reçu proposant en théologie le 12 octobre 1745, sous le rectorat de M. Ami de La Rive. Il prêcha à l'hôpital et dans plusieurs églises pendant deux ans. Il fut précepteur du fils de M. Budé de Boissy. Il alla ensuite solliciter à Copenhague une place de professeur, et fut ensuite chassé de Copenhague.

Si cet homme s'était contenté de faire de mauvais sermons, je me dispenserais de répondre à la lettre anonyme, quoiqu'elle soit la quatre-vingt-quinzième que j'aie reçue ; mais La Beaumelle est le même homme qui, ayant falsifié l'histoire de Louis XIV[2], la fit imprimer, avec des notes, à Francfort, chez Eslinger, en 1752. Il dit dans ces notes, en parlant de Louis XIV et de Louis XV, *qu'un roi qui veut le bien est un être de raison*. Il ose soupçonner Louis XIV d'avoir empoisonné le marquis de Louvois ; il insulte la mémoire du maréchal de Villars, et de M. le marquis de La Vrillière, de M. le marquis de Torcy, de M. de Chamillart. Il pousse la démence jusqu'à faire entendre que le duc d'Orléans, régent, empoisonna la famille royale. Son infâme ouvrage, écrit du style d'un laquais insolent, se débita, grâce à l'excès même de cette insolence. C'est le sort passager de tous les libelles écrits contre les gouvernements et contre les citoyens : ils inondent et ils inonderont toujours l'Europe, tant qu'il y aura des fous sans éducation, sans fortune et sans honneur, qui, sachant barbouiller quelques phrases, feront, pour avoir du pain, ce métier aussi facile qu'infâme.

Le prédicant La Beaumelle, qui osa retourner en France, ne fut puni que par quelques mois de Bicêtre[3] ; mais son châtiment étant peu connu, et son crime étant public, mon devoir est de prévenir dans toutes les occasions les suites de ce crime, et de faire connaître aux Français et aux étrangers quel est l'homme qui a falsifié ainsi l'histoire du siècle de Louis XIV, et qui a tourné en un indigne libelle un monument si justement élevé à l'honneur de ma patrie.

Comme il a fait contre moi plusieurs autres libelles calomnieux, je dois demander quelle foi on doit ajouter à un homme qui, dans un autre libelle intitulé *Mes Pensées*, a insulté les plus illustres magistrats du conseil de Berne, en les nommant par leur nom, et monseigneur le duc de Saxe-Gotha, à qui je suis

---

1. Le nom était Angliviel.
2. Voyez tome XV, pages 87, 100 ; XXIV, 49 ; XXV, 589 ; et, dans le présent volume, page 133.
3. Ce ne fut pas à Bicêtre, mais à la Bastille que La Beaumelle fut enfermé.

très-attaché depuis longtemps. J'atteste ce prince, et Mme la duchesse de Saxe-Gotha, qu'il s'enfuit de leur ville capitale avec une servante, après un vol fait à la maîtresse de cette servante. Je ne relèverais pas cette turpitude criminelle, si je n'y étais forcé par la lettre insolente qu'on m'écrit. Je déclare publiquement que je garantis la vérité de tout ce que j'énonce. Voilà ma réponse à tous ces libelles écrits par les plus vils des hommes, méprisés à la fin de la canaille même pour laquelle seule ils ont été faits. Je suis indulgent, je suis tolérant, on le sait, et j'ai fait du bien à des coupables qui se sont repentis ; mais je ne pardonne jamais aux calomniateurs.

Fait au château de Ferney, 24 avril 1767.

VOLTAIRE.

FIN DE LA LETTRE.

EXAMEN

IMPORTANT

DE MILORD BOLINGBROKE

OU

LE TOMBEAU DU FANATISME

ÉCRIT SUR LA FIN DE 1736.

AVIS DES ÉDITEURS[1].

Nous donnons une nouvelle édition du livre le plus éloquent, le plus profond, et le plus fort qu'on ait encore écrit contre le

---

1. Cet *Avis* existe dans les éditions de 1767, in-8° de 230 pages; de 1771, in-8° de viij et 190 pages; de 1775, in-8° de viij et 148 pages; de 1776, in-8° de viij et 216 pages. La première édition de l'*Examen important* est l'impression qui fait partie du *Recueil nécessaire* (voyez les notes, tome XXIV, page 523, et XXV, page 125). Les *Mémoires secrets*, à la date du 7 mai 1767, parlent de l'*Examen important* comme d'une nouveauté. Je crois que sa publication est du mois d'avril.
L'édition de l'*Examen* qui fait partie du *Recueil nécessaire* n'a que trente et un chapitres; dans l'édition de 1767 le dernier chapitre est numéroté xxxvii; il n'y a pourtant que cinq chapitres d'ajoutés (aujourd'hui les iv, v, xxxv, xxxvi, xxxvii). Il n'y a point de chapitre ix, l'imprimeur ayant du n° viii passé au n° x. Dans l'édition de 1771, on a conservé cette faute. C'est de cette année qu'est l'addition du chapitre xxxviii. Dans l'édition de 1775, on a du chapitre vii fait les chapitres vii et viii; du chapitre viii, le ixe : par ce moyen disparaît la faute de 1767 et 1771.
Dans l'édition de 1776, le dernier chapitre porte le chiffre xli; mais, comme dans l'édition de 1775, ce qui y forme les chapitres vii et viii ne compose que le chapitre vii des autres éditions; par faute d'impression, le chapitre qui vient après le xxxiv est numéroté xxxvi (c'est-à-dire qu'il n'y a point de chapitre xxxv). Ce qui forme le chapitre xxxvi était la reproduction du morceau *Des Globes de feu*, etc. faisant partie de l'article Apostat dans les *Questions sur l'Encyclopédie* (voyez tome XVII, pages 319-321); la seule addition faite à cette édition de 1776 consiste

fanatisme. Nous nous sommes fait un devoir devant Dieu de multiplier ces secours contre le monstre qui dévore la substance d'une partie du genre humain. Ce précis de la doctrine de milord Bolingbroke, recueillie tout entière dans les six volumes de ses OEuvres posthumes, fut adressé par lui, peu d'années avant sa mort, à milord Cornsbury. Cette édition est beaucoup plus ample que la première [1]; nous l'avons collationnée avec le manuscrit.

Nous supplions les sages, à qui nous faisons parvenir cet ouvrage si utile, d'avoir autant de discrétion que de sagesse, et de répandre la lumière sans dire de quelle main cette lumière leur est parvenue. Grand Dieu ! protégez les sages ; confondez les délateurs et les persécuteurs.

AVANT-PROPOS.

L'ambition de dominer sur les esprits est une des plus fortes passions. Un théologien, un missionnaire, un homme de parti veut conquérir comme un prince ; et il y a beaucoup plus de sectes dans le monde qu'il n'y a de souverainetés. A qui soumettrai-je mon âme ? Serai-je chrétien, parce que je serai de Londres ou de Madrid ? Serai-je musulman, parce que je serai né en Turquie ? Je ne dois penser que par moi-même et pour moi-même ; le choix d'une religion est mon plus grand intérêt. Tu adores un Dieu par Mahomet; et toi, par le grand lama; et toi, par le pape. Eh, malheureux! adore un Dieu par ta propre raison.

La stupide indolence dans laquelle la plupart des hommes croupissent sur l'objet le plus important semblerait prouver qu'ils sont de misérables machines animales, dont l'instinct ne s'occupe que du moment présent. Nous traitons notre intelligence

---

dans le chapitre qui était alors le XIIe, mais qui n'est que le XIe : *Quelle idée il faut se former de Jésus*, etc.

Les notes de l'*Examen important* sont de diverses époques. J'ai mis la date à chaque note. On verra que quelquefois la fin est de beaucoup postérieure au commencement. Lorsque j'ai eu à faire des additions à des notes, j'ai mis ces additions entre deux crochets ; ce qui est entre parenthèses est de Voltaire.

Dans beaucoup d'éditions des OEuvres de Voltaire, à la suite de l'*Examen important* on a placé une *Défense de milord Bolingbroke*, qui n'y a aucun rapport, qui lui est antérieure de quinze ans, et que j'ai, par cette raison, mise à sa date voyez tome XXIII, page 547). (B.)

1. Voyez la note de la page précédente.

comme notre corps ; nous les abandonnons souvent l'un et l'autre pour quelque argent à des charlatans. La populace meurt, en Espagne, entre les mains d'un vil moine et d'un empirique ; et la nôtre, à peu près de même [1]. Un vicaire, un dissenter, assiégent leurs derniers moments.

Un très-petit nombre d'hommes examine ; mais l'esprit de parti, l'envie de se faire valoir les préoccupe. Un grand homme [2], parmi nous, n'a été chrétien que parce qu'il était ennemi de Collins ; notre Whiston [3] n'était chrétien que parce qu'il était arien. Grotius ne voulait que confondre les gomaristes. Bossuet soutint le papisme contre Claude, qui combattait pour la secte calviniste. Dans les premiers siècles, les ariens combattaient contre les athanasiens. L'empereur Julien et son parti combattaient contre ces deux sectes ; et le reste de la terre contre les chrétiens, qui disputaient avec les juifs. A qui croire ? il faut donc examiner : c'est un devoir que personne ne révoque en doute. Un homme qui reçoit sa religion sans examen ne diffère pas d'un bœuf qu'on attelle.

Cette multitude prodigieuse de sectes dans le christianisme forme déjà une grande présomption que toutes sont des systèmes d'erreur. L'homme sage se dit à lui-même : Si Dieu avait voulu me faire connaître son culte, c'est que ce culte serait nécessaire à notre espèce. S'il était nécessaire, il nous l'aurait donné à tous lui-même, comme il a donné à tous deux yeux et une bouche. Il serait partout uniforme, puisque les choses nécessaires à tous les

1. Non ; milord Bolingbroke va trop loin : on vit et on meurt comme on veut chez nous. Il n'y a que les lâches et les superstitieux qui envoient chercher un prêtre. Et ce prêtre se moque d'eux. Il sait bien qu'il n'est pas ambassadeur de Dieu auprès des moribonds.

Mais, dans les pays papistes, il faut qu'au troisième accès de fièvre on vienne vous effrayer en cérémonie, qu'on déploie devant vous tout l'attirail d'une extrême-onction et tous les étendards de la mort. On vous apporte le Dieu des papistes escorté de six flambeaux. Tous les gueux ont le droit d'entrer dans votre chambre ; plus on met d'appareil à cette pompe lugubre, plus le bas clergé y gagne. Il vous prononce votre sentence, et va boire au cabaret les épices du procès. Les esprits faibles sont si frappés de l'horreur de cette cérémonie que plusieurs en meurent. Je sais que M. Falconet, un des médecins du roi de France, ayant vu une de ses malades tourner à la mort au seul spectacle de son extrême-onction, déclara au roi qu'il ne ferait jamais plus administrer les sacrements à personne. (*Note de Voltaire*, 1771.)

2. Je crois que Voltaire veut ici parler de Samuel Clarke (né en 1675, mort en 1729), qui a publié une réfutation de l'ouvrage de Collins sur la liberté de l'homme. (B.)

3. Guillaume Whiston, né en 1667, mort en 1752. Il vivait encore à la date où l'*Examen important* est censé avoir été composé.

hommes sont uniformes. Les principes de la raison universelle sont communs à toutes les nations policées, toutes reconnaissent un Dieu : elles peuvent donc se flatter que cette connaissance est une vérité. Mais chacune d'elles a une religion différente; elles peuvent donc conclure qu'ayant raison d'adorer un Dieu, elles ont tort dans tout ce qu'elles ont imaginé au delà.

Si le principe dans lequel l'univers s'accorde paraît vraisemblable, les conséquences diamétralement opposées qu'on en tire paraissent bien fausses; il est naturel de s'en défier. La défiance augmente quand on voit que le but de tous ceux qui sont à la tête des sectes est de dominer et de s'enrichir autant qu'ils le peuvent, et que, depuis les daïris du Japon jusqu'aux évêques de Rome, on ne s'est occupé que d'élever à un pontife un trône fondé sur la misère des peuples, et souvent cimenté de leur sang.

Que les Japonais examinent comment les daïris les ont longtemps subjugués; que les Tartares se servent de leur raison pour juger si le grand lama est immortel; que les Turcs jugent leur *Alcoran;* mais, nous autres chrétiens, examinons notre *Évangile.*

Dès là que je veux sincèrement examiner, j'ai droit d'affirmer que je ne tromperai pas : ceux qui n'ont écrit que pour prouver leur sentiment me sont suspects.

Pascal commence par révolter ses lecteurs, dans ses pensées informes qu'on a recueillies : « Que ceux qui combattent la religion chrétienne, dit-il, apprennent à la connaître, etc. [1] » Je vois à ces mots un homme de parti qui veut subjuguer.

On m'apprend qu'un curé, en France, nommé Jean Meslier, mort depuis peu [2], a demandé pardon à Dieu, en mourant, d'avoir enseigné le christianisme [3]. Cette disposition d'un prêtre à l'article de la mort fait sur moi plus d'effet que l'enthousiasme de Pascal. J'ai vu en Dorsetshire, diocèse de Bristol, un curé renoncer à une cure de deux cents livres sterling, et avouer à ses paroissiens que sa conscience ne lui permettait pas de leur prêcher les absurdes horreurs de la secte chrétienne. Mais ni le *testament* de Jean Meslier, ni la déclaration de ce digne curé, ne

---

1. Pascal a dit : « Que ceux qui combattent la religion apprennent au moins quelle elle est avant de la combattre. » (B.)

2. L'*Examen important* est censé écrit en 1736. Meslier était mort en 1733. Voyez, tome XXIV, page 293 et suiv., l'*Extrait des sentiments de Jean Meslier.*

3. Cela est très-vrai; il était curé d'Étrépigny, près Rocroi, sur les frontières de la Champagne. Plusieurs curieux ont des extraits de son testament. (*Note de Voltaire,* 1776.)

sont pour moi des preuves décisives. Le juif Uriel Acosta[1] renonça publiquement à l'Ancien Testament dans Amsterdam ; mais je ne croirai pas plus le juif Acosta que le curé Meslier. Je dois lire les pièces du procès avec une attention sévère, ne me laisser séduire par aucun des avocats, peser devant Dieu les raisons des deux partis, et décider suivant ma conscience. C'est à moi de discuter les arguments de Wollaston et de Clarke, mais je ne puis en croire que ma raison.

J'avertis d'abord que je ne veux pas toucher à notre Église anglicane, en tant qu'elle est établie par actes de parlement. Je la regarde d'ailleurs comme la plus savante et la plus régulière de l'Europe. Je ne suis point de l'avis du *Whig indépendant*, qui semble vouloir abolir tout sacerdoce, et le remettre aux mains des pères de famille, comme du temps des patriarches. Notre société, telle qu'elle est, ne permet pas un pareil changement. Je pense qu'il est nécessaire d'entretenir des prêtres, pour être les maîtres des mœurs et pour offrir à Dieu nos prières. Nous verrons s'ils doivent être des joueurs de gobelets, des trompettes de discorde, et des persécuteurs sanguinaires. Commençons d'abord par m'instruire moi-même.

CHAPITRE I.

DES LIVRES DE MOÏSE.

Le christianisme est fondé sur le judaïsme[2] : voyons donc si le judaïsme est l'ouvrage de Dieu. On me donne à lire les livres de Moïse, je dois m'informer d'abord si ces livres sont de lui.

1. Voyez son article dans la neuvième des *Lettres à S. A. monseigneur le prince de* ***.
2. Supposé, par un impossible, qu'une secte aussi absurde et aussi affreuse que le judaïsme fût l'ouvrage de Dieu, il serait démontré en ce cas, et par cette seule supposition, que la secte des galiléens n'est fondée que sur l'imposture. Cela est démontré en rigueur.

Dès qu'on suppose une vérité quelconque, énoncée par Dieu même, constatée par les plus épouvantables prodiges, scellée du sang humain ; dès que Dieu, selon vous, a dit cent fois que cette vérité, cette loi, sera éternelle ; dès qu'il a dit dans cette loi qu'il faut tuer sans miséricorde celui qui voudra retrancher de sa loi ou y ajouter ; dès qu'il a commandé que tout prophète [*Deut.*, XIII, 1, 5, 6] qui ferait des miracles pour substituer une nouveauté à cette ancienne loi fût mis à mort par son meilleur ami, par son frère : il est clair comme le jour que le

CHAPITRE I.

1° Est-il vraisemblable que Moïse ait fait graver le *Pentateuque*, ou du moins les livres de la loi, sur la pierre, et qu'il ait eu des graveurs et des polisseurs de pierre dans un désert affreux, où il est dit que son peuple n'avait ni tailleurs, ni faiseurs de sandales, ni d'étoffes pour se vêtir, ni de pain pour manger, et où Dieu fut obligé de faire un miracle continuel pendant quarante années[1] pour conserver les vêtements de ce peuple, et pour le nourrir?

2° Il est dit dans le livre de *Josué*[2] que l'on écrivit le *Deutéronome* sur un autel de pierres brutes enduites de mortier. Comment écrivit-on tout un livre sur du mortier? comment ces lettres ne furent-elles pas effacées par le sang qui coulait continuellement sur cet autel? et comment cet autel, ce monument du *Deutéronome*, subsista-t-il dans le pays où les Juifs furent si longtemps réduits à un esclavage que leurs brigandages avaient tant mérité?

3° Les fautes innombrables de géographie, de chronologie, et les contradictions qui se trouvent dans le *Pentateuque*, ont forcé plusieurs Juifs et plusieurs chrétiens à soutenir que le *Pentateuque* ne pouvait être de Moïse. Le savant Leclerc, une foule de théologiens, et même notre grand Newton, ont embrassé cette opinion; elle est donc au moins très-vraisemblable.

4° Ne suffit-il pas du simple sens commun pour juger qu'un livre qui commence par ces mots: « Voici[3] les paroles que prononça Moïse au delà du Jourdain, » ne peut être que d'un faussaire maladroit, puisque le même livre assure que Moïse ne passa jamais le Jourdain[4]? La réponse d'Abbadie, qu'on peut entendre en deçà par au delà, n'est-elle pas ridicule? et doit-on croire à

christianisme, qui abolit le judaïsme dans tous ses rites, est une religion fausse et directement ennemie de Dieu même.

On allègue que la secte des chrétiens est fondée sur la secte juive. C'est comme si on disait que le mahométisme est fondé sur la religion antique des Sabéens: il est né dans leur pays; mais, loin d'être né du sabisme, il l'a détruit.

Ajoutez à ces raisons un argument beaucoup plus fort: c'est qu'il n'est pas possible que l'Être immuable, ayant donné une loi à ce prétendu Noé, ignoré de toutes les nations, excepté des Juifs, en ait donné ensuite une autre du temps d'un Pharaon, et enfin une troisième du temps de Tibère. Cette indigne fable d'un Dieu qui donne trois religions différentes et universelles à un misérable petit peuple ignoré serait ce que l'esprit humain a jamais inventé de plus absurde, si tous les détails suivants ne l'étaient davantage. (*Note de Voltaire*, 1771.)

1. *Deutéronome*, xxix, 5.
2. viii, 32.
3. *Deutéronome*, i, 1.
4. *Deutéronome*, iii, 27, et xxxi, 2; Dieu dit à Moïse: « Vous ne passerez pas le Jourdain. » Voyez aussi *ibid.*, xxxiv, 4; et *Nombres*, xx, 12.

un prédicant mort fou en Irlande, plutôt qu'à Newton, le plus grand homme qui ait jamais été?

De plus, je demande à tout homme raisonnable s'il y a quelque vraisemblance que Moïse eût donné dans le désert des préceptes aux rois juifs, qui ne vinrent que tant de siècles après lui, et s'il est possible que, dans ce même désert, il eût assigné[1] quarante-huit villes avec leurs faubourgs pour la seule tribu des lévites, indépendamment des décimes que les autres tribus devaient leur payer[2]? Il est sans doute très-naturel que des prêtres aient tâché d'engloutir tout; mais il ne l'est pas qu'on leur ait donné quarante-huit villes dans un petit canton où il y avait à peine alors deux villages : il eût fallu au moins autant de villes pour chacune des autres hordes juives; le total aurait monté à quatre cent quatre-vingts villes avec leurs faubourgs. Les Juifs n'ont pas écrit autrement leur histoire. Chaque trait est une hyperbole ridicule, un mensonge grossier, une fable absurde[3].

CHAPITRE II.

DE LA PERSONNE DE MOÏSE[4].

Y a-t-il eu un Moïse? Tout est si prodigieux en lui depuis sa naissance jusqu'à sa mort qu'il paraît un personnage fantastique,

1. *Deutéronome*, chap. xiv. (*Note de Voltaire.*)
2. *Nombres*, chap. xxxv, verset 7. (*Id.*)
3. Milord Bolingbroke s'est contenté d'un petit nombre de ces preuves; s'il avait voulu, il en aurait rapporté plus de deux cents. Une des plus fortes, à notre avis, qui font voir que les livres qu'on prétend écrits du temps de Moïse et de Josué sont écrits en effet du temps des rois, c'est que le même livre est cité dans l'histoire de Josué, et dans celle des rois juifs. Ce livre est celui que nous appelons *le Droiturier*, et que les papistes appellent l'Histoire des *Justes*, ou le Livre du *Roi*.
Quand l'auteur du *Josué* parle du soleil qui s'arrêta sur Gabaon, et de la lune qui s'arrêta sur Aïalon en plein midi, il cite ce Livre des *Justes*. (*Josué*, chap. x, verset 13.)
Quand l'auteur des chroniques ou des Livres des *Rois* parle du cantique composé par David sur la mort de Saül et de son fils Jonathas, il cite encore ce Livre des *Justes*. (*Rois*, livre II, chapitre i, verset 18.)
Or, s'il vous plaît, comment le même livre peut-il avoir été écrit dans le temps qui touchait à Moïse, et dans le temps de David? Cette horrible bévue n'avait point échappé au lord Bolingbroke; il en parle ailleurs. C'est un plaisir de voir l'embarras de cet innocent de dom Calmet, qui cherche en vain à pallier une telle absurdité. (*Note de Voltaire*, 1771.) — Le mot *ailleurs*, employé dans l'avant-dernière phrase de cette note, désigne probablement le chapitre xv de *Dieu et les Hommes*, ouvrage qui est de 1769, et conséquemment antérieur à cette note. (B.)
4. Voyez tome XX, page 95; et les chapitres xxii à xxvii de *Dieu et les Hommes*.

comme notre enchanteur Merlin. S'il avait existé, s'il avait opéré les miracles épouvantables qu'il est supposé avoir faits en Égypte, serait-il possible qu'aucun auteur égyptien n'eût parlé de ces miracles, que les Grecs, ces amateurs du merveilleux, n'en eussent pas dit un seul mot? Flavius Josèphe, qui, pour faire valoir sa nation méprisée, recherche tous les témoignages des auteurs égyptiens qui ont parlé des Juifs, n'a pas le front d'en citer un seul qui fasse mention des prodiges de Moïse. Ce silence universel n'est-il pas une présomption que Moïse est un personnage fabuleux?

Pour peu qu'on ait étudié l'antiquité, on sait que les anciens Arabes furent les inventeurs de plusieurs fables qui, avec le temps, ont eu cours chez les autres peuples. Ils avaient imaginé l'histoire de l'ancien Bacchus, qu'on supposait très-antérieur au temps où les Juifs disent que parut leur Moïse. Ce Bacchus ou Back[1], né dans l'Arabie, avait écrit ses lois sur deux tables de pierre; on l'appela Misem, nom qui ressemble fort à celui de Moïse; il avait été sauvé des eaux dans un coffre, et ce nom signifiait *sauvé des eaux*; il avait une baguette avec laquelle il opérait des miracles; cette verge se changeait en serpent quand il voulait. Ce même Misem passa la mer Rouge à pied sec, à la tête de son armée; il divisa les eaux de l'Oronte et de l'Hydaspe, et les suspendit à droite et à gauche; une colonne de feu éclairait son armée pendant la nuit. Les anciens vers orphiques qu'on chantait dans les orgies de Bacchus célébraient une partie de ces extravagances. Cette fable était si ancienne que les Pères de l'Église ont cru que ce Misem, ce Bacchus, était leur Noé[2].

1. Voyez tome XI, page 79.
2. Il faut observer que Bacchus était connu en Égypte, en Syrie, dans l'Asie Mineure, dans la Grèce, chez les Étrusques, longtemps avant qu'aucune nation eût entendu parler de Moïse, et surtout de Noé et de toute sa généalogie. Tout ce qui ne se trouve que dans les écrits juifs était absolument ignoré des nations orientales et occidentales, depuis le nom d'Adam jusqu'à celui de David.

Le misérable peuple juif avait sa chronologie et ses fables à part, lesquelles ne ressemblaient que de très-loin à celles des autres peuples. Ses écrivains, qui ne travaillèrent que très-tard, pillèrent tout ce qu'ils trouvèrent chez leurs voisins, et déguisèrent mal leurs larcins : témoin la fable de Moïse, qu'ils empruntèrent de Bacchus; témoin leur ridicule Samson, pris chez Hercule; la fille de Jephté, chez Iphigénie; la femme de Loth, imitée d'Eurydice, etc. (*Note de Voltaire*, 1771.) Eusèbe nous a conservé de précieux fragments de Sanchoniathon, qui vivait incontestablement avant le temps où les Juifs placent leur Moïse. Ce Sanchoniathon ne parle pas de la horde juive. Si elle avait existé, s'il y avait eu quelque chose de vrai dans la *Genèse*, certainement il en aurait dit quelques mots. Eusèbe n'aurait pas manqué de les faire valoir. Le Phénicien Sanchoniathon n'en a rien dit : donc la horde juive n'existait pas alors en corps de peuple; donc les fables de la *Genèse* n'avaient encore été inventées par personne. (*Id.*, 1776.)

N'est-il pas de la plus grande vraisemblance que les Juifs adoptèrent cette fable, et qu'ensuite ils l'écrivirent quand ils commencèrent à avoir quelque connaissance des lettres sous leurs rois? Il leur fallait du merveilleux comme aux autres peuples; mais ils n'étaient pas inventeurs : jamais plus petite nation ne fut plus grossière; tous leurs mensonges étaient des plagiats, comme toutes leurs cérémonies étaient visiblement une imitation des Phéniciens, des Syriens, et des Égyptiens.

Ce qu'ils ont ajouté d'eux-mêmes paraît d'une grossièreté et d'une absurdité si révoltante qu'elle excite l'indignation et la pitié. Dans quel ridicule roman souffrirait-on un homme qui change toutes les eaux en sang, d'un coup de baguette, au nom d'un dieu inconnu, et des magiciens qui en font autant au nom des dieux du pays. La seule supériorité qu'ait Moïse sur les sorciers du roi, c'est qu'il fit naître des poux, ce que les sorciers ne purent faire : sur quoi un grand prince[1] a dit que les Juifs, en fait de poux, en savaient plus que tous les magiciens du monde.

Comment un ange du Seigneur vient-il tuer tous les animaux d'Égypte? Et comment, après cela, le roi d'Égypte a-t-il une armée de cavalerie? Et comment cette cavalerie entre-t-elle dans le fond de la mer Rouge?

Comment le même ange du Seigneur vient-il couper le cou pendant la nuit à tous les aînés des familles égyptiennes? C'était bien alors que le prétendu Moïse devait s'emparer de ce beau pays, au lieu de s'enfuir en lâche et en coquin avec deux ou trois millions d'hommes parmi lesquels il avait, dit-on, six cent trente mille combattants. C'est avec cette prodigieuse multitude qu'il fuit devant les cadets de ceux que l'ange avait tués. Il s'en va errer dans les déserts, où l'on ne trouve pas seulement de l'eau à boire, et, pour lui faciliter cette belle expédition, son dieu divise les eaux de la mer, en fait deux montagnes à droite et à gauche, afin que son peuple favori aille mourir de faim et de soif.

Tout le reste de l'histoire de Moïse est également absurde et barbare. Ses cailles, sa manne, ses entretiens avec Dieu; vingt-trois mille hommes de son peuple égorgés à son ordre par des prêtres; vingt-quatre mille massacrés une autre fois; six cent trente mille combattants dans un désert où il n'y a jamais eu deux

---

1. Frédéric II, auquel Voltaire (voyez tome XXIV, page 437) voulut faire attribuer le *Sermon des cinquante*, où se trouve (voyez tome XXIV, page 446) ce que Voltaire rapporte ici. Il est possible, au reste, que l'idée soit de Frédéric.

mille hommes : tout cela paraît assurément le comble de l'extravagance; et quelqu'un a dit que l'*Orlando furioso* et *Don Quichotte* sont des livres de géométrie en comparaison des livres hébreux. S'il y avait seulement quelques actions honnêtes et naturelles dans la fable de Moïse, on pourrait croire à toute force que ce personnage a existé.

On a le front de nous dire que la fête de Pâques chez les Juifs est une preuve du passage de la mer Rouge. On remerciait le Dieu des Juifs, à cette fête, de la bonté avec laquelle il avait égorgé tous les premiers nés d'Égypte : donc, dit-on, rien n'était plus vrai que cette sainte et divine boucherie.

Conçoit-on bien, dit le déclamateur et le mauvais raisonneur Abbadie, que « Moïse ait pu instituer des mémoriaux sensibles d'un événement reconnu pour faux par plus de six cent mille témoins »? Pauvre homme ! tu devais dire par plus de deux millions de témoins, car six cent trente mille combattants, fugitifs ou non, supposent assurément plus de deux millions de personnes. Tu dis donc que Moïse lut son *Pentateuque* à ces deux ou trois millions de Juifs ! Tu crois donc que ces deux ou trois millions d'hommes auraient écrit contre Moïse, s'ils avaient découvert quelque erreur dans son *Pentateuque*, et qu'ils eussent fait insérer leurs remarques dans les journaux du pays ! Il ne te manque plus que de dire que ces trois millions d'hommes ont signé comme témoins, et que tu as vu leur signature.

Tu crois donc que les temples et les rites institués en l'honneur de Bacchus, d'Hercule, et de Persée, prouvent évidemment que Persée, Hercule, et Bacchus, étaient fils de Jupiter, et que, chez les Romains, le temple de Castor et de Pollux était une démonstration que Castor et Pollux avaient combattu pour les Romains ! C'est ainsi qu'on suppose toujours ce qui est en question ; et les trafiquants en controverse débitent sur la cause la plus importante au genre humain des arguments que lady Blackacre[1] n'oserait pas hasarder dans la salle de *common plays*. C'est là ce que des fous ont écrit, ce que des imbéciles commentent, ce que des fripons enseignent, ce qu'on fait apprendre par cœur aux petits enfants ; et on appelle blasphémateur le sage qui s'indigne et qui s'irrite des plus abominables inepties qui aient jamais déshonoré la nature humaine !

---

1. Lady Blackacre est un personnage extrêmement plaisant dans la comédie du *Plain dealer*. (*Note de Voltaire*, 1767.) — Le *Plain dealer* est une comédie de Wicherley. Voltaire en a tiré le sujet de *la Prude;* voyez tome III du *Théâtre*.

CHAPITRE III.

DE LA DIVINITÉ ATTRIBUÉE AUX LIVRES JUIFS.

Comment a-t-on osé supposer que Dieu choisit une horde d'Arabes voleurs pour être son peuple chéri, et pour armer cette horde contre toutes les autres nations? Et comment, en combattant à sa tête, a-t-il souffert que son peuple fût si souvent vaincu et esclave?

Comment, en donnant des lois à ces brigands, a-t-il oublié de contenir ce petit peuple de voleurs par la croyance de l'immortalité de l'âme et des peines après la mort[1], tandis que toutes les grandes nations voisines, Chaldéens, Égyptiens, Syriens, Phéniciens, avaient embrassé depuis si longtemps cette croyance utile?

Est-il possible que Dieu eût pu prescrire aux Juifs la manière d'aller à la selle dans le désert[2], et leur cacher le dogme d'une vie future? Hérodote nous apprend que le fameux temple de Tyr était bâti deux mille trois cents ans avant lui. On dit que Moïse conduisait sa troupe dans le désert environ seize cents ans avant notre ère. Hérodote écrivait cinq cents ans avant cette ère vul-

---

1. Voilà le plus fort argument contre la loi juive, et que le grand Bolingbroke n'a pas assez pressé. Quoi! les législateurs indiens, égyptiens, babyloniens, grecs, romains, enseignèrent tous l'immortalité de l'âme; on la trouve en vingt endroits dans Homère même; et le prétendu Moïse n'en parle pas! il n'en est pas dit un seul mot ni dans le *Décalogue* juif, ni dans tout le *Pentateuque!* Il a fallu que des commentateurs ou très-ignorants, ou aussi fripons que sots, aient tordu quelques passages de Job, qui n'est point Juif, pour faire accroire à des hommes plus ignorants qu'eux-mêmes que Job avait parlé d'une vie à venir, parce qu'il dit [XIX, 25, 26] : « Je pourrai me lever de mon fumier dans quelque temps; mon protecteur est vivant; je reprendrai ma première peau, je le verrai dans ma chair; gardez-vous donc de me décrier et de me persécuter. »

Quel rapport, je vous prie, d'un malade qui souffre et qui espère de guérir, avec l'immortalité de l'âme, avec l'enfer et le paradis? Si notre Warburton s'en était tenu à démontrer que la loi juive n'enseigna jamais une autre vie, il aurait rendu un très-grand service. Mais, par la démence la plus incompréhensible, il a voulu faire accroire que la grossièreté du *Pentateuque* était une preuve de sa divinité; et, par l'excès de son orgueil, il a soutenu cette chimère avec la plus extrême insolence. (*Note de Voltaire*, 1771.)

2. Le doyen Swift disait que, selon le *Pentateuque*, Dieu avait eu bien plus soin du derrière des Juifs que de leurs âmes. (*Id.*, 1771.) Voyez le *Deutéronome*, chap. XXIII [12, 13]; vous jugerez que le doyen avait bien raison. (*Id.*, 1776.) — Dans une note sur le *Deutéronome* (voyez la *Bible enfin expliquée*), Voltaire attribue à Collins la plaisanterie qu'il rapporte ici comme étant de Swift.

gaire: donc le temple des Phéniciens subsistait douze cents ans avant Moïse; donc la religion phénicienne était établie depuis plus longtemps encore. Cette religion annonçait l'immortalité de l'âme, ainsi que les Chaldéens et les Égyptiens. La horde juive n'eut jamais ce dogme pour fondement de sa secte. C'était, dit-on, un peuple grossier auquel Dieu se proportionnait. Dieu se proportionner! Et à qui ? à des voleurs juifs! Dieu être plus grossier qu'eux! n'est-ce pas un blasphème ?

CHAPITRE IV[1].

QUI EST L'AUTEUR DU PENTATEUQUE?

On me demande qui est l'auteur du *Pentateuque* : j'aimerais autant qu'on me demandât qui a écrit *les quatre Fils Aymon, Robert le Diable*, et l'histoire de l'enchanteur Merlin.

Newton, qui s'est avili jusqu'à examiner sérieusement cette question, prétend que ce fut Samuel qui écrivit ces rêveries, apparemment pour rendre les rois odieux à la horde juive, que ce détestable prêtre voulait gouverner. Pour moi, je pense que les Juifs ne surent lire et écrire que pendant leur captivité chez les Chaldéens, attendu que leurs lettres furent d'abord chaldaïques, et ensuite syriaques; nous n'avons jamais connu d'alphabet purement hébreu.

Je conjecture qu'Esdras forgea tous ces *contes du Tonneau*[2] au retour de la captivité. Il les écrivit en lettres chaldéennes, dans le jargon du pays, comme des paysans du nord d'Irlande écriraient aujourd'hui en caractères anglais.

Les Cuthéens, qui habitaient le pays de Samarie, écrivirent ce même *Pentateuque* en lettres phéniciennes, qui étaient le caractère courant de leur nation, et nous avons encore aujourd'hui ce *Pentateuque*.

Je crois que Jérémie put contribuer beaucoup à la composition de ce roman. Jérémie était fort attaché, comme on sait, aux rois de Babylone; il est évident, par ses rapsodies, qu'il était payé par les Babyloniens, et qu'il trahissait son pays ; il veut toujours qu'on se rende au roi de Babylone. Les Égyptiens étaient

---

1. Ce chapitre a été ajouté en 1767; voyez la note de la page 195.
2. *Le Conte du Tonneau*, ouvrage facétieux de Swift, a été traduit en français par Van Effen, 1721, trois volumes in-12.

alors les ennemis des Babyloniens. C'est pour faire sa cour au grand roi maître d'Hershalaïm Kedusha, nommé par nous Jérusalem[1], que Jérémie, et ensuite Esdras, inspirent tant d'horreur aux Juifs pour les Égyptiens. Ils se gardent bien de rien dire contre les peuples de l'Euphrate. Ce sont des esclaves qui ménagent leurs maîtres. Ils avouent bien que la horde juive a presque toujours été asservie; mais ils respectent ceux qu'ils servaient alors.

Que d'autres Juifs aient écrit les faits et gestes de leurs roitelets, c'est ce qui m'importe aussi peu que l'histoire des chevaliers de la Table ronde et des douze pairs de Charlemagne; et je regarde comme la plus futile de toutes les recherches celle de savoir le nom de l'auteur d'un livre ridicule.

Qui a écrit le premier l'histoire de Jupiter, de Neptune, et de Pluton? Je n'en sais rien, et je ne me soucie pas de le savoir.

Il y a une très-ancienne Vie de Moïse écrite en hébreu[2], mais qui n'a point été insérée dans le canon judaïque. On en ignore l'auteur, ainsi qu'on ignore les auteurs des autres livres juifs; elle est écrite dans ce style des *Mille et une Nuits,* qui est celui de toute l'antiquité asiatique. En voici quelques échantillons.

L'an 130 après la transmigration des Juifs en Égypte, soixante ans après la mort de Joseph, le pharaon, pendant son sommeil, vit en songe un vieillard qui tenait en ses mains une balance. Dans l'un des bassins étaient tous les Égyptiens avec leurs enfants et leurs femmes; dans l'autre, un seul enfant à la mamelle, qui pesait plus que toute l'Égypte entière. Le roi fit aussitôt appeler tous ses magiciens, qui furent tous saisis d'étonnement et de crainte. Un des conseillers du roi devina qu'il y aurait un enfant hébreu qui serait la ruine de l'Égypte. Il conseilla au roi de faire tuer tous les petits garçons de la nation juive.

L'aventure de Moïse sauvé des eaux est à peu près la même que dans l'*Exode*. On appela d'abord Moïse Schabar, et sa mère Jéchotiel. A l'âge de trois ans, Moïse, jouant avec Pharaon, prit sa couronne et s'en couvrit la tête. Le roi voulut le faire tuer, mais l'ange Gabriel descendit du ciel, et pria le roi de n'en rien

---

1. Hershalaïm était le nom de Jérusalem, et Kedusha était son nom secret. Toutes les villes avaient un nom mystérieux que l'on cachait soigneusement aux ennemis, de peur qu'ils ne mêlassent ce nom dans des enchantements, et par là ne se rendissent les maîtres de la ville. A tout prendre, les Juifs n'étaient peut-être pas plus superstitieux que leurs voisins; ils furent seulement plus cruels, plus usuriers, et plus ignorants. (*Note de Voltaire,* 1771.)

2. Cette vie de Moïse a été imprimée à Hambourg, en hébreu et en latin. (*Id.*, 1767.)

faire. « C'est un enfant, lui dit-il, qui n'y a pas entendu malice. Pour vous prouver combien il est simple, montrez-lui une escarboucle et un charbon ardent, vous verrez qu'il choisira le charbon. » Le roi en fit l'expérience ; le petit Moïse ne manqua pas de choisir l'escarboucle ; mais l'ange Gabriel l'escamota, et mit le charbon ardent à la place ; le petit Moïse se brûla la main jusqu'aux os. Le roi lui pardonna, le croyant un sot. Ainsi Moïse, ayant été sauvé par l'eau, fut encore une fois sauvé par le feu.

Tout le reste de l'histoire est sur le même ton. Il est difficile de décider lequel est le plus admirable de cette fable de Moïse, ou de la fable du *Pentateuque*. Je laisse cette question à ceux qui ont plus de temps à perdre que moi. Mais j'admire surtout les pédants, comme Grotius, Abbadie, et même cet abbé Houteville[1], longtemps entremetteur d'un fermier général à Paris, ensuite secrétaire de ce fameux cardinal Dubois, à qui j'ai entendu dire qu'il défiait tous les cardinaux d'être plus athées que lui. Tous ces gens-là se distillent le cerveau pour faire accroire (ce qu'ils ne croient point) que le *Pentateuque* est de Moïse. Eh! mes amis, que prouveriez-vous là? que Moïse était un fou. Il est bien sûr que je ferais enfermer à Bedlam[2] un homme qui écrirait aujourd'hui de pareilles extravagances.

CHAPITRE V[3].

QUE LES JUIFS ONT TOUT PRIS DES AUTRES NATIONS.

On l'a déjà dit souvent, c'est le petit peuple asservi qui tâche d'imiter ses maîtres ; c'est la nation faible et grossière qui se conforme grossièrement aux usages de la grande nation[4]. C'est Cornouailles qui est le singe de Londres, et non pas Londres qui est le singe de Cornouailles. Est-il rien de plus naturel que les Juifs aient pris ce qu'ils ont pu du culte, des lois, des coutumes de leurs voisins?

Nous sommes déjà certains que leur dieu prononcé par nous Jéhovah, et par eux Jaho, était le nom ineffable du dieu des Phéniciens et des Égyptiens ; c'était une chose connue dans l'antiquité. Clément d'Alexandrie, au premier livre de ses *Stromates*,

---

1. Voyez tome XXIII, page 32.
2. Bedlam, la maison des fous à Londres. (*Note de Voltaire*, 1767.)
3. Addition de 1767; voyez la note, page 195.
4. Voyez tome XI, page 41 ; XX, 98, à la note.

rapporte que ceux qui entraient dans les temples d'Égypte étaient obligés de porter sur eux une espèce de talisman composé de ce mot Jaho; et quand on savait prononcer ce mot d'une certaine façon, celui qui l'entendait tombait roide mort, ou du moins évanoui. C'était du moins ce que les charlatans des temples tâchaient de persuader aux superstitieux.

On sait assez que la figure du serpent, les chérubins, la cérémonie de la vache rousse, les ablutions nommées depuis baptême, les robes de lin réservées aux prêtres, les jeûnes, l'abstinence du porc et d'autres viandes, la circoncision, le bouc émissaire, tout enfin fut imité de l'Égypte.

Les Juifs avouent qu'ils n'ont eu un temple que fort tard, et plus de cinq cents ans après leur Moïse, selon leur chronologie toujours erronée. Ils envahirent enfin une petite ville dans laquelle ils bâtirent un temple à l'imitation des grands peuples. Qu'avaient-ils auparavant? un coffre. C'était l'usage des nomades et des peuples chananéens de l'intérieur des terres, qui étaient pauvres. Il y avait une ancienne tradition chez la horde juive, que lorsqu'elle fut nomade, c'est-à-dire lorsqu'elle fut errante dans les déserts de l'Arabie Pétrée, elle portait un coffre où était le simulacre grossier d'un dieu nommé Remphan, où une espèce d'étoile taillée en bois [1]. Vous verrez des traces de ce culte dans quelques prophètes, et surtout dans les prétendus discours que les *Actes des apôtres* [2] mettent dans la bouche d'Étienne.

Selon les Juifs mêmes, les Phéniciens (qu'ils appellent Philistins) avaient le temple de Dagon avant que la troupe judaïque eût une maison. Si la chose est ainsi, si tout leur culte dans le désert consista dans un coffre à l'honneur du dieu Remphan, qui n'était qu'une étoile révérée par les Arabes, il est clair que les Juifs n'étaient autre chose, dans leur origine, qu'une bande d'Arabes vagabonds qui s'établirent par le brigandage dans la Palestine, et qui enfin se firent une religion à leur mode, et se composèrent une histoire toute pleine de fables. Ils prirent une

---

1. M'avez-vous offert sacrifice au désert durant quarante ans? Avez-vous porté le tabernacle de Moloch et de votre dieu Remphan? (*Actes*, vii, 43; *Amos*, v, 26; *Jérémie*, xxxii, 35.) Voilà de singulières contradictions. Joignez à cela l'histoire de l'idole de Michas, adorée par toute la tribu de Dan, et desservie par un petit-fils de Moïse même, ainsi que le lecteur peut le vérifier dans le livre des *Juges*, chap. xvii et xviii. C'est pourtant cet amas d'absurdités contradictoires qui vaut douze mille guinées de rente à milord de Kenterbury, et un royaume à un prêtre qui prétend être successeur de Céphas, et qui s'est mis sans façon dans Rome à la place de l'empereur. (*Note de Voltaire*, 1766.)

2. Chapitre vii.

partie de la fable de l'ancien *Back* ou *Bacchus*, dont ils firent leur *Moïse*. Mais, que ces fables soient révérées par nous ; que nous en ayons fait la base de notre religion, et que ces fables mêmes aient encore un certain crédit dans le siècle de la philosophie, c'est là surtout ce qui indigne les sages. L'Église chrétienne chante les prières juives, et fait brûler quiconque judaïse. Quelle pitié! quelle contradiction! et quelle horreur!

CHAPITRE VI.

DE LA GENÈSE.

Tous les peuples dont les Juifs étaient entourés avaient une *Genèse*, une *Théogonie*, une *Cosmogonie*, longtemps avant que ces Juifs existassent. Ne voit-on pas évidemment que la *Genèse* des Juifs était prise des anciennes fables de leurs voisins?

Jaho, l'ancien dieu des Phéniciens, débrouilla le chaos, le Khaütereb[1]; il arrangea Muth, la matière ; il forma l'homme de son souffle, Calpi ; il lui fit habiter un jardin, Aden ou Éden ; il le défendit contre le grand serpent Ophionée, comme le dit l'ancien fragment de Phérécide. Que de conformité avec la *Genèse* juive! N'est-il pas naturel que le petit peuple grossier ait, dans la suite des temps, emprunté les fables du grand peuple[2] inventeur des arts?

C'était encore une opinion reçue dans l'Asie que Dieu avait formé le monde en six temps, appelés chez les Chaldéens, si antérieurs aux Juifs, les *six gahambârs*.

C'était aussi une opinion des anciens Indiens. Les Juifs, qui écrivirent la *Genèse*, ne sont donc que des imitateurs; ils mêlèrent leurs propres absurdités à ces fables, et il faut avouer qu'on ne peut s'empêcher de rire quand on voit un serpent parlant familièrement à Ève, Dieu parlant au serpent, Dieu se promenant chaque jour à midi dans le jardin d'Éden, Dieu faisant une culotte pour Adam et un pagne à sa femme Ève. Tout le reste paraît aussi insensé; plusieurs Juifs eux-mêmes en rougirent ; ils traitèrent dans la suite ces imaginations de fables allégoriques. Comment pourrions-nous prendre au pied de la lettre ce que les Juifs ont regardé comme des contes?

---

1. Voyez le § XIII de l'*Introduction à l'Essai sur les Mœurs*, tome XI, page 40.
2. Voyez page 208.

Ni l'histoire des *Juges*, ni celle des *Rois*, ni aucun prophète, ne cite un seul passage de la *Genèse*. Nul n'a parlé ni de la côte d'Adam, tirée de sa poitrine pour en pétrir une femme, ni de l'arbre de la science du bien et du mal, ni du serpent qui séduisit Ève, ni du péché originel, ni enfin d'aucune de ces imaginations. Encore une fois, est-ce à nous de les croire?

Leurs rapsodies démontrent qu'ils ont pillé toutes leurs idées chez les Phéniciens, les Chaldéens, les Égyptiens, comme ils ont pillé leurs biens quand ils l'ont pu. Le nom même d'Israël, ils l'ont pris chez les Chaldéens, comme Philon l'avoue dans la première page du récit de sa députation auprès de Caligula [1]; et nous serions assez imbéciles dans notre Occident pour penser que tout ce que ces barbares d'Orient avaient volé leur appartenait en propre!

CHAPITRE VII.

DES MŒURS DES JUIFS.

Si nous passons des fables des Juifs aux mœurs de ce peuple, ne sont-elles pas aussi abominables que leurs contes sont absurdes? C'est, de leur aveu, un peuple de brigands qui emportent dans un désert tout ce qu'ils ont volé aux Égyptiens. Leur chef Josué passe le Jourdain par un miracle semblable au miracle de la mer Rouge; pourquoi? pour aller mettre à feu et à sang une ville qu'il ne connaissait pas, une ville dont son Dieu fait tomber les murs au son du cornet.

Les fables des Grecs étaient plus humaines. Amphion bâtissait des villes au son de la flûte, Josué les détruit; il livre au fer et aux flammes vieillards, femmes, enfants et bestiaux : y a-t-il une horreur plus insensée? Il ne pardonne qu'à une prostituée qui avait trahi sa patrie; quel besoin avait-il de la perfidie de cette malheureuse, puisque son cornet faisait tomber les murs, comme celui d'Astolphe faisait fuir tout le monde? Et remarquons en passant que cette femme, nommée Rahab la paillarde, est une des aïeules de ce Juif dont nous avons fait depuis un dieu, lequel dieu compte encore parmi celles dont il est né l'incestueuse Thamar, l'impudente Ruth, et l'adultère Bethsabée.

On nous conte ensuite que ce même Josué [2] fit pendre trente

---

1. Voici les paroles de Philon : « Les Chaldéens donnent aux justes le nom d'Israël, voyant Dieu. » (*Note de Voltaire*, 1771.)

2. xii, 24.

et un rois du pays, c'est-à-dire trente et un capitaines de village qui avaient combattu pour leurs foyers contre cette troupe d'assassins. Si l'auteur de cette histoire avait formé le dessein de rendre les Juifs exécrables aux autres nations, s'y serait-il pris autrement? L'auteur, pour ajouter le blasphème au brigandage et à la barbarie, ose dire que toutes ces abominations se commettaient au nom de Dieu, par ordre exprès de Dieu, et étaient autant de sacrifices de sang humain offerts à Dieu.

C'est là le peuple saint! Certes, les Hurons, les Canadiens, les Iroquois, ont été des philosophes pleins d'humanité, comparés aux enfants d'Israël; et c'est en faveur de ces monstres qu'on fait arrêter le soleil [1] et la lune en plein midi! et pourquoi? pour leur donner le temps de poursuivre et d'égorger de pauvres Amorrhéens déjà écrasés par une pluie de grosses pierres que Dieu avait lancées sur eux du haut des airs pendant cinq grandes lieues de chemin. Est-ce l'histoire de Gargantua? est-ce celle du peuple de Dieu? Et qu'y a-t-il ici de plus insupportable, ou l'excès de l'horreur, ou l'excès du ridicule? Ne serait-ce pas même un autre ridicule que de s'amuser à combattre ce détestable amas de fables qui outragent également le bon sens, la vertu, la nature, et la Divinité? Si malheureusement une seule des aventures de ce peuple était vraie, toutes les nations se seraient réunies pour l'exterminer; si elles sont fausses, on ne peut mentir plus sottement.

Que dirons-nous d'un Jephté qui immole sa propre fille à son Dieu sanguinaire, et de l'ambidextre Aod qui assassine Églon son roi au nom du Seigneur, et de la divine Jahel, qui assassine le général Sizara avec un clou qu'elle lui enfonce dans la tête; et du débauché Samson, que Dieu favorise de tant de miracles, grossière imitation de la fable d'Hercule?

Parlerons-nous d'un lévite qui vient sur son âne avec sa concubine, et de la paille et du foin, dans Gabaa, de la tribu de Benjamin? et voilà les Benjamites qui veulent commettre le péché de sodomie avec ce vilain prêtre, comme les Sodomites avaient voulu le commettre avec des anges [2]. Le lévite compose avec eux,

---

1. *Josué*, chap. x, versets 11, 12, 13.
2. L'illustre auteur a oublié de parler des anges de Sodome. Cependant cet article en valait bien la peine. Si jamais il y eut des abominations extravagantes dans l'histoire du peuple juif, celle des anges que les magistrats, les portefaix, et jusqu'aux petits garçons d'une ville, veulent absolument violer, est une horreur dont aucune fable païenne n'approche, et qui fait dresser les cheveux à la tête. Et on ose commenter ces abominations! et on les fait respecter à la jeunesse! et

et leur abandonne sa maîtresse ou sa femme, dont ils jouissent toute la nuit, et qui en meurt le lendemain matin. Le lévite coupe sa concubine en douze morceaux avec son couteau, ce qui n'est pourtant pas une chose si aisée, et de là s'ensuit une guerre civile.

¹ Les onze tribus arment quatre cent mille soldats contre la tribu de Benjamin. Quatre cent mille soldats, grand Dieu! dans un territoire qui n'était pas alors de quinze lieues de longueur sur cinq ou six de largeur. Le Grand Turc n'a jamais eu la moitié d'une telle armée. Ces Israélites exterminent la tribu de Benjamin, vieillards, jeunes gens, femmes, filles, selon leur louable coutume. Il échappe six cents garçons. Il ne faut pas qu'une des tribus périsse: il faut donner six cents filles au moins à ces six cents garçons. Que font les Israélites? Il y avait dans le voisinage une petite ville nommée Jabès; ils la surprennent, tuent tout, massacrent tout, jusqu'aux animaux, réservent quatre cents filles pour quatre cents Benjamites. Deux cents garçons restent à pourvoir; on convient avec eux qu'ils raviront deux cents filles de Silo, quand elles iront danser aux portes de Silo. Allons, Abbadie, Sherlockh, Houteville et consorts, faites des phrases pour justifier ces fables de cannibales ; prouvez que tout cela est un type, une figure qui nous annonce Jésus-Christ.

CHAPITRE VIII.

DES MŒURS DES JUIFS SOUS LEURS MELCHIM OU ROITELETS, ET SOUS LEURS PONTIFES, JUSQU'A LA DESTRUCTION DE JÉRUSALEM PAR LES ROMAINS.

Les Juifs ont un roi malgré le prêtre Samuel, qui fait ce qu'il peut pour conserver son autorité usurpée²; et il a la hardiesse de dire que *c'est renoncer à Dieu que d'avoir un roi.* Enfin, un pâtre

---

on a l'insolence de plaindre les brames de l'Inde et les mages de Perse, à qui Dieu n'avait pas révélé ces choses, et qui n'étaient pas le peuple de Dieu! et il se trouve encore parmi nous des âmes de boue assez lâches à la fois et assez impudentes pour nous dire : Croyez ces infamies, croyez, ou le courroux d'un Dieu vengeur tombera sur vous ; croyez, ou nous vous persécuterons, soit dans le consistoire, soit dans le conclave, soit à l'officialité, soit dans le parquet, soit à la buvette. Jusqu'à quand des coquins feront-ils trembler des sages? (*Note de Voltaire*, 1771.) Quel est l'homme de bien qui ne se sente ému de tant d'horreurs? et on les souffre! que dis-je? on les adore! Que d'imbéciles, mais que de monstres! (*Id.*, 1776.)

1. *Juges*, xx, 2. (*Id.*)
2. I. *Rois*, chap. viii. (*Id.*)

qui cherchait des ânesses est élu roi par le sort. Les Juifs étaient alors sous le joug des Chananéens; ils n'avaient jamais eu de temple; leur sanctuaire, comme nous l'avons vu[1], était un coffre qu'on mettait dans une charrette: les Chananéens leur avaient pris leur coffre; Dieu, qui en fut très-irrité, l'avait pourtant laissé prendre; mais, pour se venger, il avait donné des hémorroïdes aux vainqueurs et envoyé des rats dans leurs champs. Les vainqueurs l'apaisèrent en lui renvoyant son coffre accompagné de cinq rats d'or et de cinq trous du cul aussi d'or[2]. Il n'y a point de vengeance ni d'offrande plus digne du Dieu des Juifs. Il pardonne aux Chananéens, mais il fait mourir cinquante mille et soixante et dix hommes des siens pour avoir regardé son coffre.

C'est dans ces belles circonstances que Saül est élu roi des Juifs. Il n'y avait dans leur petit pays ni épée ni lance; les Chananéens ou Philistins ne permettaient pas aux Juifs, leurs esclaves, d'aiguiser seulement les socs de leurs charrues et leurs cognées; ils étaient obligés d'aller aux ouvriers philistins pour ces faibles secours : et cependant on nous conte que le roi Saül[3] eut d'abord une armée de trois cent mille hommes, avec lesquels il gagna une grande bataille[4]. Notre Gulliver a de pareilles fables, mais non de telles contradictions.

Ce Saül, dans une autre bataille, reçoit le prétendu roi Agag à composition. Le prophète Samuel arrive de la part du Seigneur, et lui dit[5] : *Pourquoi n'avez-vous pas tout tué?* Et il prend un saint couperet, et il hache en morceaux le roi Agag. Si une telle action est véritable, quel peuple était le peuple juif, et quels prêtres étaient ses prêtres!

Saül, réprouvé du Seigneur pour n'avoir pas lui-même haché en pièces le roi Agag son prisonnier, va enfin combattre contre les Philistins après la mort du doux prophète Samuel. Il consulte sur le succès de la bataille une femme qui a un esprit de Python : on sait que les femmes qui ont un esprit de Python font apparaître des ombres. La pythonisse montre à Saül l'ombre de Samuel, qui sortait de la terre. Mais ceci ne regarde que la belle philosophie du peuple juif ; venons à sa morale.

Un joueur de harpe, pour qui l'Éternel avait pris une tendre affection, s'est fait sacrer roi pendant que Samuel vivait encore;

---

1. Ci-dessus, chap. v, page 209.
2. *Rois*, liv. Ier, chap. vi, v. 5. (*Note de Voltaire.*)
3. I. *Rois*, chap. xi, v. 8. (*Id.*)
4. *Ibid.*, chap. xv. (*Id.*)
5. *Ibid.*, chap. xv, v. 19. (*Id.*)

il se révolte contre son souverain ; il ramasse quatre cents malheureux, et, comme dit la sainte Écriture[1], « tous ceux qui avaient de mauvaises affaires, qui étaient perdus de dettes, et d'un esprit méchant, s'assemblèrent avec lui ».

C'était un homme *selon le cœur de Dieu*[2]; aussi la première chose qu'il veut faire est d'assassiner un tenancier nommé Nabal, qui lui refuse des contributions : il épouse sa veuve ; il épouse dix-huit femmes, sans compter les concubines[3]; il s'enfuit chez le roi Achis, ennemi de son pays ; il y est bien reçu, et pour récompense il va saccager les villages des alliés d'Achis : il égorge tout, sans épargner les enfants à la mamelle, comme l'ordonne toujours le rite juif, et il fait accroire au roi Achis qu'il a saccagé les villages hébreux. Il faut avouer que nos voleurs de grand chemin ont été moins coupables aux yeux des hommes ; mais les voies du Dieu des Juifs ne sont pas les nôtres.

Le bon roi David ravit le trône à Isboseth, fils de Saül. Il fait assassiner Miphiboseth, fils de son protecteur Jonathas. Il livre aux Gabaonites deux enfants de Saül et cinq de ses petits-enfants, pour les faire tous pendre. Il assassine Urie pour couvrir son adultère avec Bethsabée ; et c'est encore cette abominable Bethsabée, mère de Salomon, qui est une aïeule de Jésus-Christ.

La suite de l'*Histoire juive* n'est qu'un tissu de forfaits consacrés. Salomon commence par égorger son frère Adonias. Si Dieu accorda à ce Salomon le don de la sagesse, il paraît qu'il lui refusa ceux de l'humanité, de la justice, de la continence, et de la foi. Il a sept cents femmes et trois cents concubines. Le cantique qu'on lui impute est dans le goût de ces livres érotiques qui font rougir la pudeur. Il n'y est parlé que de tétons, de baisers sur la bouche, de ventre qui est semblable à un monceau de froment, d'attitudes voluptueuses, de doigts mis dans l'ouverture, de tressaillement ; et enfin il finit par dire : « Que ferons-nous de notre petite sœur ? Elle n'a point encore de tétons ; si c'est un mur, bâtissons dessus ; si c'est une porte, fermons-la. » Telles sont les mœurs du plus sage des Juifs, ou du moins les mœurs que lui imputent avec respect de misérables rabbins et des théologiens chrétiens encore plus absurdes.

Enfin, pour joindre l'excès du ridicule à cet excès d'impureté, la secte des papistes a décidé que le ventre de la Sulamite et son

---

1. I. *Rois*, chap. xxii, v. 2. (*Note de Voltaire.*)
2. *Ibid.*, chap. xxv. (*Id.*)
3. *Ibid.*, chap. xxvii. (*Id.*)

ouverture, ses tétons et ses baisers sur la bouche, sont l'emblème, le type du mariage de Jésus-Christ avec son Église[1].

De tous les rois de Juda et de Samarie, il y en a très-peu qui ne soient assassins ou assassinés, jusqu'à ce qu'enfin ce ramas de brigands qui se massacraient les uns les autres dans les places publiques et dans le temple, pendant que Titus les assiégeait, tombe sous le fer, et dans les chaînes des Romains avec le reste de ce petit peuple de Dieu, dont dix douzièmes avaient été dispersés depuis si longtemps en Asie, et soit vendu dans les marchés des villes romaines, chaque tête juive étant évaluée au prix d'un porc, animal moins impur que cette nation même, si elle fut telle que ses historiens et ses prophètes le racontent.

Personne ne peut nier que les Juifs n'aient écrit ces abominations. Quand on les rassemble ainsi sous les yeux, le cœur se soulève. Ce sont donc là les hérauts de la Providence, les précurseurs du règne de Jésus! Toute l'histoire juive, dites-vous, ô Abbadie! est la prédiction de l'Église; tous les prophètes ont prédit Jésus; examinons donc les prophètes.

CHAPITRE IX.

DES PROPHÈTES.

Prophète, *nabi, roëh, parlant, voyant, devin,* c'est la même chose. Tous les anciens auteurs conviennent que les Égyptiens, les Chaldéens, toutes les nations asiatiques, avaient leurs prophètes, leurs devins. Ces nations étaient bien antérieures au petit peuple juif, qui, lorsqu'il eut composé une horde dans un coin de terre, n'eut d'autre langage que celui de ses voisins, et qui, comme on l'a dit ailleurs [2], emprunta des Phéniciens jusqu'au nom de Dieu Eloha, Jehova, Adonaï, Sadaï; qui enfin prit tous les rites, tous les usages des peuples dont il était environné, en déclamant toujours contre ces mêmes peuples.

---

1. On sait que les théologiens chrétiens font passer ce livre impudique pour une prédiction du mariage de Jésus-Christ avec son Église. Comme si Jésus prenait les tétons de son Église, et mettait la main à son ouverture; et sur quoi cette belle explication est-elle fondée? sur ce que *Christus* est masculin, et *ecclesia* féminin. Mais si, au lieu du féminin *ecclesia*, on s'était servi du mot masculin *cœtus, conventus,* que serait-il arrivé? Quel notaire aurait fait ce contrat de mariage? (*Note de Voltaire.*) — Les huit derniers mots de cette note ont paru, pour la première fois, dans les éditions de Kehl. Le reste est de 1771. (B.)

2. Voyez tome XI, page 40; XX, 98; et XXIV, 441.

Quelqu'un a dit[1] que le premier devin, le premier prophète fut le premier fripon qui rencontra un imbécile; ainsi la prophétie est de l'antiquité la plus haute. Mais à la fraude ajoutons encore le fanatisme; ces deux monstres habitent aisément ensemble dans les cervelles humaines. Nous avons vu arriver à Londres par troupes, du fond du Languedoc et du Vivarais, des prophètes, tout semblables à ceux des Juifs, joindre le plus horrible enthousiasme aux plus dégoûtants mensonges. Nous avons vu Jurieu prophétiser en Hollande. Il y eut de tout temps de tels imposteurs, et non-seulement des misérables qui faisaient des prédictions, mais d'autres misérables qui supposaient des prophéties faites par d'anciens personnages.

Le monde a été plein de sibylles et de Nostradamus. L'*Alcoran* compte deux cent vingt-quatre mille prophètes. L'évêque Épiphane, dans ses notes sur le canon prétendu des apôtres, compte soixante et treize prophètes juifs et dix prophétesses. Le métier de prophète chez les Juifs n'était ni une dignité, ni un grade, ni une profession dans l'État; on n'était point reçu prophète comme on est reçu docteur à Oxford ou à Cambridge : prophétisait qui voulait; il suffisait d'avoir, ou de croire avoir, ou de feindre d'avoir la vocation et l'esprit de Dieu. On annonçait l'avenir en dansant et en jouant du psaltérion. Saül, tout réprouvé qu'il était, s'avisa d'être prophète. Chaque parti dans les guerres civiles avait ses prophètes, comme nous avons nos écrivains de Grub-street[2]. Les deux partis se traitaient réciproquement de fous, de visionnaires, de menteurs, de fripons, et en cela seul ils disaient la vérité. *Scitote Israel stultum prophetam, insanum virum spiritualem*[3], dit Osée, selon la *Vulgate*.

Les prophètes de Jérusalem sont des extravagants, des hommes sans foi, dit Sophoniah, prophète de Jérusalem[4]. Ils sont tous comme notre apothicaire Moore, qui met dans nos gazettes : *Prenez de mes pilules, gardez-vous des contrefaites.*

Le prophète Michée prédisant des malheurs aux rois de Samarie et de Juda, le prophète Sédékias lui applique un énorme soufflet, en lui disant : *Comment l'esprit de Dieu est-il passé par moi pour aller à toi*[5].

---

1. Voltaire lui-même; voyez tome XI, page 88.
2. Grub-street est la rue où l'on imprime la plupart des mauvais pamphlets qu'on fait journellement à Londres. (*Note de Voltaire*, 1767.)
3. Osée, chapitre ix, v. 7. (*Id.*)
4. *Soph.*, chapitre iii, 4. (*Id.*)
5. II. *Paralip.*, xviii, 23. (*Id.*)

Jérémie, qui prophétisait en faveur de Nabuchodonosor, tyran des Juifs, s'était mis des cordes au cou[1] et un bât ou un joug sur le dos, car c'était un type; et il devait envoyer ce type aux petits roitelets voisins, pour les inviter à se soumettre à Nabuchodonosor. Le prophète Hananias, qui regardait Jérémie comme un traître, lui arrache ses cordes[2], les rompt, et jette son bât à terre.

Ici, c'est Osée à qui Dieu ordonne de prendre une p..... et d'avoir des fils de p.....[3]: *Vade, sume tibi uxorem fornicationum, et fac tibi filios fornicationum*, dit la *Vulgate*. Osée obéit ponctuellement; il prend Gomer, fille d'Ébalaïm; il en a trois enfants: ainsi cette prophétie et ce putanisme durèrent au moins trois années. Cela ne suffit pas au Dieu des Juifs; il veut qu'Osée[4] couche avec une femme qui ait fait déjà son mari cocu. Il n'en coûte au prophète que quinze drachmes et un boisseau et demi d'orge: c'est assez bon marché pour un adultère[5]. Il en avait coûté encore moins au patriarche Juda pour son inceste avec sa bru Thamar.

Là, c'est Ézéchiel[6] qui, après avoir reçu de Dieu l'ordre de dormir trois cent nonante jours sur le côté gauche, et quarante sur le côté droit, d'avaler un livre de parchemin, de manger un *sir reverend*[7] sur son pain, introduit Dieu lui-même, le créateur du monde, parlant ainsi à la jeune Oolla : « Tu es devenue grande, tes tétons ont paru, ton petit poil a commencé à croître; je t'ai couverte, mais tu t'es bâti un mauvais lieu; tu as ouvert tes cuisses à tous les passants..... Ta sœur Ooliba s'est prostituée avec plus d'emportement[8]; elle a recherché ceux qui ont le membre d'un âne, et qui déchargent comme des chevaux. »

Notre ami le général Withers, à qui on lisait un jour ces

---

1. Jérémie, xxvii, 2.
2. *Ibid.*, xxviii, 10.
3. Osée, chapitre i. (*Note de Voltaire.*)
4. *Ibid.*, chapitre iii. (*Id.*)
5. Remarquez que le prophète se sert du mot propre *fodi eam* : je la f.... O abomination ! Et on met ces livres infâmes entre les mains des jeunes garçons et des jeunes filles, et des séducteurs entraînent ces jeunes victimes dans des couvents ! (*Id.*, 1771.)
6. Ézéch., chapitre iv. (*Id.*)
7. Un *sir reverend*, en anglais, est un étron. (*Id.*, 1767.) Quoi ! Dieu aurait ordonné de sa bouche à un prophète de manger de la merde pendant trois cent quatre-vingt-dix jours, couché sur le côté gauche ! Quel fou de Bedlam, couché dans son ordure, pourrait imaginer ces dégoûtantes horreurs ? Et on les débite chez un peuple qui a calculé la gravitation et l'aberration de la lumière des étoiles fixes ! (*Id.*, 1776.)
8. Ézéch., chapitre xxiii. (*Id.*)

prophéties, demanda dans quel b..... on avait fait l'Écriture sainte[1].

On lit rarement les prophéties; il est difficile de soutenir la lecture de ces longs et énormes galimatias. Les gens du monde, qui ont lu *Gulliver* et *l'Atlantis*, ne connaissent ni Osée ni Ézéchiel.

Quand on fait voir à des personnes sensées ces passages exécrables, noyés dans le fatras des prophéties, elles ne reviennent point de leur étonnement. Elles ne peuvent concevoir qu'un Isaïe[2] marche tout nu au milieu de Jérusalem, qu'un Ézéchiel[3] coupe sa barbe en trois portions, qu'un Jonas[4] soit trois jours dans le ventre d'une baleine, etc. Si elles lisaient ces extravagances et ces impuretés dans un des livres qu'on appelle profanes, elles jetteraient le livre avec horreur. C'est la Bible : elles demeurent confondues; elles hésitent, elles condamnent ces abominations, et n'osent d'abord condamner le livre qui les contient. Ce n'est qu'avec le temps qu'elles osent faire usage de leur sens commun; elles finissent enfin par détester ce que des fripons et des imbéciles leur ont fait adorer.

Quand ces livres sans raison et sans pudeur ont-ils été écrits? Personne n'en sait rien. L'opinion la plus vraisemblable est que la plupart des livres attribués à Salomon, à Daniel, et à d'autres, ont été faits dans Alexandrie; mais qu'importe, encore une fois, le temps et le lieu? Ne suffit-il pas de voir avec évidence que ce sont des monuments de la folie la plus outrée et de la plus infâme débauche?

Comment donc les Juifs ont-ils pu les vénérer? C'est qu'ils étaient des Juifs. Il faut encore considérer que tous ces monuments d'extravagance ne se conservaient guère que chez les prêtres et les scribes. On sait combien les livres étaient rares dans tous les pays où l'imprimerie, inventée par les Chinois, ne parvint que si tard. Nous serons encore plus étonnés quand nous verrons les Pères de l'Église adopter ces rêveries dégoûtantes, ou les alléguer en preuve de leur secte.

Venons enfin de l'Ancien Testament au Nouveau. Venons à Jésus, et à l'établissement du christianisme; et, pour y arriver, passons par-dessus les assassinats de tant de rois, et par-dessus les enfants jetés au milieu des flammes dans la vallée de Tophet,

---

1. Voyez, dans la *Bible enfin expliquée,* une des notes sur le second livre des *Rois.*
2. Isaïe, xx, 2.
3. Ézéchiel, v, 2.
4. Jonas, ii, 1.

ou écrasés dans des torrents sous des pierres. Glissons sur cette suite affreuse et non interrompue d'horreurs sacriléges. Misérables Juifs ! c'est donc chez vous que naquit un homme de la lie du peuple qui portait le nom très-commun de Jésus ! Voyons quel était ce Jésus.

CHAPITRE X.

DE LA PERSONNE DE JÉSUS.

Jésus naquit dans un temps où le fanatisme dominait encore, mais où il y avait un peu plus de décence. Le long commerce des Juifs avec les Grecs et les Romains avait donné aux principaux de la nation des mœurs un peu moins déraisonnables et moins grossières. Mais la populace, toujours incorrigible, conservait son esprit de démence. Quelques Juifs, opprimés sous les rois de Syrie et sous les Romains, avaient imaginé alors que leur Dieu leur enverrait quelque jour un libérateur, un messie. Cette attente devait naturellement être remplie par Hérode. Il était leur roi, il était l'allié des Romains, il avait rebâti leur temple, dont l'architecture surpassait de beaucoup celle du temple de Salomon, puisqu'il avait comblé un précipice sur lequel cet édifice était établi. Le peuple ne gémissait plus sous une domination étrangère; il ne payait d'impôts qu'à son monarque; le culte juif florissait, les lois antiques étaient respectées; Jérusalem, il faut l'avouer, était au temps de sa plus grande splendeur.

L'oisiveté et la superstition firent naître plusieurs factions ou sociétés religieuses, saducéens, pharisiens, esséniens, judaïtes, thérapeutes, joannistes ou disciples de Jean; à peu près comme les papistes ont des molinistes, des jansénistes, des jacobins, et des cordeliers. Mais personne alors ne parlait de l'attente du messie. Ni Flavius Josèphe, ni Philon, qui sont entrés dans de si grands détails sur l'histoire juive, ne disent qu'on se flattait alors qu'il viendrait un christ, un oint, un libérateur, un rédempteur, dont ils avaient moins besoin que jamais; et s'il y en avait un, c'était Hérode. En effet, il y eut un parti, une secte, qu'on appela les hérodiens, et qui reconnut Hérode pour l'envoyé de Dieu [1].

---

[1]. Cette secte des hérodiens ne dura pas longtemps. Le titre d'envoyé de Dieu était un nom qu'ils donnaient indifféremment à quiconque leur avait fait du bien, soit à Hérode l'Arabe, soit à Judas Machabée, soit aux rois persans, soit

DE LA PERSONNE DE JÉSUS.

De tout temps ce peuple avait donné le nom d'oint, de messie, de christ, à quiconque leur avait fait un peu de bien : tantôt à leurs pontifes, tantôt aux princes étrangers. Le Juif qui compila les rêveries d'Isaïe lui fait dire[1], par une lâche flatterie bien digne d'un Juif esclave : « Ainsi a dit l'Éternel à Cyrus, son oint, son messie, duquel j'ai pris la main droite, afin que je terrasse les nations devant lui. » Le quatrième livre des *Rois*[2] appelle le scélérat Jehu oint, messie. Un prophète annonce à Hazaël[3], roi de Damas, qu'il est messie et oint du Très-Haut. Ézéchiel dit au roi de Tyr[4] : « Tu es un chérubin, un oint, un messie, le sceau de la ressemblance de Dieu. » Si ce roi de Tyr avait su qu'on lui donnait ces titres en Judée, il ne tenait qu'à lui de se faire une espèce de dieu ; il y avait un droit assez apparent, supposé qu'Ézéchiel eût été inspiré. Les évangélistes n'en ont pas tant dit de Jésus.

Quoi qu'il en soit, il est certain que nul Juif n'espérait, ne désirait, n'annonçait un oint, un messie, du temps d'Hérode le Grand, sous lequel on dit que naquit Jésus. Lorsqu'après la mort d'Hérode le Grand la Judée fut gouvernée en province romaine, et qu'un autre Hérode fut établi par les Romains tétrarque du petit canton barbare de Galilée, plusieurs fanatiques s'ingérèrent de prêcher le bas peuple, surtout dans cette Galilée, où les Juifs étaient plus grossiers qu'ailleurs. C'est ainsi que Fox[5], un misérable paysan, établit de nos jours la secte des quakers parmi les paysans d'une de nos provinces. Le premier qui fonda en France une église calviniste fut un cardeur de laine nommé Jean Leclerc. C'est ainsi que Muncer[6], Jean de Leyde, et d'autres, fondèrent l'anabaptisme dans le bas peuple de quelques cantons d'Allemagne.

J'ai vu en France les convulsionnaires instituer une petite secte parmi la canaille d'un faubourg de Paris. Tous les sectaires commencent ainsi dans toute la terre. Ce sont pour la plupart des gueux qui crient contre le gouvernement, et qui finissent ou

---

aux Babyloniens. Les Juifs de Rome célébrèrent la fête d'Hérode jusqu'au temps de l'empereur Néron. Perse le dit expressément (sat. v, v. 180) :

> Herodis venere dies, unctaque fenestra
> Dispositæ pinguem nebulam vomuere lucernæ;
> . . . . . Tumet alba fidelia vino.

(*Note de Voltaire*, 1771.)

1. Isaïe, XLV, 1.
2. C'est dans II. *Paralip.*, XXII, 7.
3. IV. *Rois*, VIII, 13.
4. XXVIII, 12, 14, 16.
5. Voyez tome XXII, page 88.
6. Voyez tome XII, page 299.

par être chefs de parti, ou par être pendus. Jésus fut pendu à Jérusalem sans avoir été oint. Jean le baptiseur y avait déjà été condamné au supplice. Tous deux laissèrent quelques disciples dans la lie du peuple. Ceux de Jean s'établirent vers l'Arabie, où ils sont encore[1]. Ceux de Jésus furent d'abord très-obscurs; mais quand ils se furent associés à quelques Grecs, ils commencèrent à être connus.

Les Juifs ayant, sous Tibère, poussé plus loin que jamais leurs friponneries ordinaires, ayant surtout séduit et volé Fulvia, femme de Saturninus, furent chassés de Rome, et ils n'y furent rétablis qu'en donnant beaucoup d'argent. On les punit encore sévèrement sous Caligula et sous Claude.

Leurs désastres enhardirent le peu de Galiléens qui composaient la secte nouvelle à se séparer de la communion juive. Ils trouvèrent enfin quelques gens un peu lettrés qui se mirent à leur tête, et qui écrivirent en leur faveur contre les Juifs. Ce fut ce qui produisit cette énorme quantité d'*Évangiles*, mot grec qui signifie *bonne nouvelle*. Chacun donnait une *Vie de Jésus;* aucunes n'étaient d'accord, mais toutes se ressemblaient par la quantité de prodiges incroyables qu'ils attribuaient à l'envi à leur fondateur.

La synagogue, de son côté, voyant qu'une secte nouvelle, née dans son sein, débitait une *Vie de Jésus* très-injurieuse au sanhédrin et à la nation, rechercha quel était cet homme auquel elle n'avait point fait d'attention jusqu'alors. Il nous reste encore un mauvais ouvrage de ce temps-là, intitulé *Sepher Toldos Jeschut* [2]. Il paraît qu'il est fait plusieurs années après le supplice de Jésus, dans le temps que l'on compilait les *Évangiles*. Ce petit livre est rempli de prodiges, comme tous les livres juifs et chrétiens; mais, tout extravagant qu'il est, on est forcé de convenir qu'il y a des choses beaucoup plus vraisemblables que dans nos *Évangiles*.

Il est dit, dans le *Toldos Jeschut*, que Jésus était le fils d'une nommée Mirja, mariée dans Bethléem à un pauvre homme nommé Jocanam. Il y avait dans le voisinage un soldat dont le nom était Joseph Panther, homme d'une riche taille, et d'une assez grande beauté ; il devient amoureux de Mirja ou Maria (car les Hébreux, n'exprimant point les voyelles, prenaient souvent un A pour un I).

---

1. Ces chrétiens de saint Jean sont principalement établis à Mosul, et vers Bassora. (*Note de Voltaire*, 1771.)
2. Voyez tome XX, pages 71 et suiv.

Mirja devint grosse de la façon de Panther; Jocanam, confus et désespéré, quitta Bethléem, et alla se cacher dans la Babylonie, où il y avait encore beaucoup de Juifs. La conduite de Mirja la déshonora; son fils Jésu ou Jeschut fut déclaré bâtard par les juges de la ville. Quand il fut parvenu à l'âge d'aller à l'école publique, il se plaça parmi les enfants légitimes; on le fit sortir de ce rang : de là son animosité contre les prêtres, qu'il manifesta quand il eut atteint l'âge mûr; il leur prodigua les injures les plus atroces, les appelant *races de vipères*[1], *sépulcres blanchis*[2]. Enfin, ayant pris querelle avec le Juif Judas sur quelque matière d'intérêt, comme sur des points de religion, Judas le dénonça au sanhédrin[3]; il fut arrêté, se mit à pleurer, demanda pardon, mais en vain : on le fouetta, on le lapida, et ensuite on le pendit.

Telle est la substance de cette histoire. On y ajouta depuis des fables insipides, des miracles impertinents, qui firent grand tort au fond; mais le livre était connu dans le second siècle; Celse le cita, Origène le réfuta; il nous est parvenu fort défiguré.

Ce fond que je viens de citer est certainement plus croyable, plus naturel, plus conforme à ce qui se passe tous les jours dans le monde qu'aucun des cinquante *Évangiles* des christicoles. Il est plus vraisemblable que Joseph Panther avait fait un enfant à Mirja qu'il ne l'est qu'un ange soit venu par les airs faire un compliment de la part de Dieu à la femme d'un charpentier, comme Jupiter envoya Mercure auprès d'Alcmène[4].

Tout ce qu'on nous conte de ce Jésus est digne de l'Ancien Testament et de Bedlam. On fait venir je ne sais quel *agion pneuma*, un saint souffle, un Saint-Esprit dont on n'avait jamais entendu parler, et dont on a fait depuis la tierce partie de Dieu, Dieu lui-même, Dieu le créateur du monde; il engrosse Marie, ce qui a donné lieu au jésuite Sanchez d'examiner, dans sa

---

1. Matthieu, xii, 34.
2. Marc, xxiii, 27.
3. Matth., xxiii.
4. On trouve d'autres particularités dans Suidas, au mot Jésus. L'article est curieux, et, de plus, est un exemple singulier de ces fraudes pieuses si multipliées dans les siècles d'ignorance. Cela paraît avoir été écrit un peu après le règne de Justinien Ier, mort en 565, et l'on connaîtrait vers quel temps vivait Suidas s'il était le véritable auteur de cet article; mais on en trouve dans son *Lexique* beaucoup d'autres qui semblent être de différentes mains, et plusieurs qui ne peuvent y avoir été ajoutés avant la fin du xie siècle. C'est ce qui a donné lieu aux diverses conjectures des critiques sur cet ouvrage et sur son auteur. (*Note de Decroix.*)

Somme théologique, si Dieu eut beaucoup de plaisir avec Maria, s'il répandit de la semence, et si Maria répandit aussi de sa semence[1].

Jésus devient donc un fils de Dieu et d'une Juive, non encore Dieu lui-même, mais une créature supérieure. Il fait des miracles. Le premier qu'il opère, c'est de se faire emporter par le diable[2] sur le haut d'une montagne de Judée, d'où l'on découvre tous les royaumes de la terre. Ses vêtements paraissent tout blancs[3]; quel miracle! il change l'eau en vin[4] dans un repas où tous les convives étaient déjà ivres[5]. Il fait sécher un figuier[6] qui ne lui a pas donné de figues à son déjeuner à la fin de février; et l'auteur de ce conte a l'honnêteté du moins de remarquer que ce n'était pas le temps des figues.

Il va souper chez des filles[7], et puis chez les douaniers; et cependant, on prétend, dans son histoire, qu'il regarde ces douaniers, ces publicains, comme des gens abominables[8]. Il entre dans le temple[9], c'est-à-dire dans cette grande enceinte où demeuraient les prêtres, dans cette cour où de petits marchands étaient autorisés par la loi à vendre des poules, des pigeons, des agneaux, à ceux qui venaient sacrifier. Il prend un grand fouet, en donne sur les épaules de tous les marchands, les chasse à coups de lanières, eux, leurs poules, leurs pigeons, leurs moutons, et leurs bœufs même, jette tout leur argent par terre, et on le laisse faire! Et si l'on en croit le livre attribué à Jean, on se contente de lui demander un miracle[10] pour prouver qu'il a droit de faire un pareil tapage dans un lieu si respectable.

1. Voyez tome XXIV, page 99.
2. Matth., IV, 8; Luc, IV, 5.
3. Matth., XVII, 2; Marc, IX, 2.
4. Jean, II, 9.
5. Il est difficile de dire quel est le plus ridicule de tous ces prétendus prodiges. Bien des gens tiennent pour le vin de la noce de Cana. Que Dieu dise à sa mère juive [Jean, II, 4]: *Femme, qu'y a-t-il entre toi et moi?* c'est déjà une étrange chose; mais que Dieu boive et mange avec des ivrognes, et qu'il change six cruches d'eau en six cruches de vin pour ces ivrognes, qui n'avaient déjà que trop bu, quel blasphème aussi exécrable qu'impertinent! L'hébreu se sert d'un mot qui répond au mot *grisés;* la *Vulgate*, au chapitre II, v. 10, dit *inebriati*, enivrés.
Saint Chrysostome, bouche d'or, assure que ce fut le meilleur vin qu'on eût jamais bu; et plusieurs Pères de l'Église ont prétendu que ce vin signifiait le sang de Jésus-Christ dans l'Eucharistie. O folie de la superstition, dans quel abîme d'extravagances nous avez-vous plongés! (*Note de Voltaire*, 1771.)
6. Matth., XI, 19; Marc,, XI, 13.
7. Jean, XII, 2.
8. Matt., XVIII, 17.
9. Jean, II, 15-18.
10. Jean, II, 19, 20.

DE LA PERSONNE DE JÉSUS.

C'était déjà un fort grand miracle que trente ou quarante marchands se laissassent fesser par un seul homme, et perdissent leur argent sans rien dire. Il n'y a rien dans *Don Quichotte* qui approche de cette extravagance. Mais au lieu de faire le miracle qu'on lui demande, il se contente de dire : *Détruisez ce temple, et je le rebâtirai en trois jours.* Les Juifs repartent, selon Jean : *On a mis quarante-six ans à bâtir ce temple, comment en trois jours le rebâtiras-tu ?*

Il était bien faux qu'Hérode eût employé quarante-six ans à bâtir le temple de Jérusalem. Les Juifs ne pouvaient pas répondre une pareille fausseté. Et, pour le dire en passant, cela fait bien voir que les *Évangiles* ont été écrits par des gens qui n'étaient au fait de rien.

Tous ces miracles semblent faits par nos charlatans de Smithfields. Notre Toland et notre Woolston les ont traités comme ils le méritent. Le plus beau de tous, à mon gré, est celui par lequel Jésus envoie le diable dans le corps de deux mille cochons[1], dans un pays où il n'y avait point de cochons.

Après cette belle équipée on fait prêcher Jésus dans les villages. Quels discours lui fait-on tenir? Il compare le royaume des cieux à un grain de moutarde, à un morceau de levain mêlé dans trois mesures de farine, à un filet avec lequel on pêche de bon et de mauvais poisson, à un roi qui a tué ses volailles pour les noces de son fils, et qui envoie ses domestiques prier les voisins à la noce. Les voisins tuent les gens qui viennent les prier à dîner; le roi tue ceux qui ont tué ses gens, et brûle leurs villes; il envoie prendre les gueux qu'on rencontre sur le grand chemin pour venir dîner avec lui. Il aperçoit un pauvre convive qui n'avait point de robe, et au lieu de lui en donner une, il le fait jeter dans un cachot. Voilà ce que c'est que le royaume des cieux selon Matthieu.

Dans les autres sermons, le royaume des cieux est toujours comparé à un usurier qui veut absolument avoir cent pour cent de bénéfice. On m'avouera que notre archevêque Tillotson[2] prêche dans un autre goût.

Par où finit l'histoire de Jésus? par l'aventure qui est arrivée chez nous et dans le reste du monde à bien des gens qui ont voulu ameuter la populace, sans être assez habiles, ou pour armer cette populace, ou pour se faire de puissants protecteurs;

---

1. Matt., VIII; Marc, V; Luc, VIII.
2. Voyez tome XXV, pages 510, 534.

ils finissent la plupart par être pendus. Jésus le fut en effet pour avoir appelé ses supérieurs races de vipères [1] et sépulcres blanchis [2]. Il fut exécuté publiquement, mais il ressuscita en secret. Ensuite il monta au ciel [3] en présence de quatre-vingts de ses disciples [4], sans qu'aucune autre personne de la Judée le vît monter dans les nuées : ce qui était pourtant fort aisé à voir, et qui aurait fait dans le monde une assez grande nouvelle.

Notre symbole, que les papistes appellent le *Credo*, symbole attribué aux apôtres, et évidemment fabriqué plus de quatre cents ans après ces apôtres, nous apprend que Jésus, avant de monter au ciel, était allé faire un tour aux enfers. Vous remarquerez qu'il n'en est pas dit un seul mot dans les *Évangiles*, et cependant c'est un des principaux articles de la foi des christicoles ; on n'est point chrétien si on ne croit pas que Jésus est allé aux enfers.

Qui donc a imaginé le premier ce voyage? Ce fut Athanase, environ trois cent cinquante ans après ; c'est dans son traité contre Apollinaire, sur l'incarnation du Seigneur, qu'il dit que l'âme de Jésus descendit en enfer, tandis que son corps était dans le sépulcre. Ces paroles sont dignes d'attention, et font voir avec quelle sagacité et quelle sagesse Athanase raisonnait. Voici ses propres paroles :

« Il fallait qu'après sa mort ses parties essentiellement diverses eussent diverses fonctions ; que son corps reposât dans le sépulcre pour détruire la corruption, et que son âme allât aux enfers pour vaincre la mort. »

L'Africain Augustin est du sentiment d'Athanase dans une lettre qu'il écrivit à Évode : *Quis ergo nisi infidelis negaverit fuisse apud inferos Christum?* Jérôme, son contemporain, fut à peu près du même avis, et ce fut du temps d'Augustin et de Jérôme que l'on composa ce symbole, ce *Credo*, qui passe chez les ignorants pour le symbole des apôtres [5].

1. Matt., xii, 34.
2. Marc, xxiii, 27.
3. *Actes*, i, 9, 10.
4. Monter au ciel en ligne perpendiculaire, pourquoi pas en ligne horizontale ? Monter est contre les règles de la gravitation. Il pouvait raser l'horizon, et aller dans Mercure, ou Vénus, ou Mars, ou Jupiter, ou Saturne, ou quelque étoile, ou la lune, si l'un de ces astres se couchait alors. Quelle sottise que ces mots *aller au ciel, descendre du ciel!* comme si nous étions le centre de tous les globes, comme si notre terre n'était pas l'une des planètes qui roulent dans l'étendue autour de tant de soleils, et qui entrent dans la composition de cet univers, que nous nommons le ciel si mal à propos. (*Note de Voltaire*, 1771.)
5. Vous voyez évidemment, lecteur, qu'on n'osa pas imaginer d'abord tant de fictions révoltantes. Quelques adhérents du Juif Jésus se contentent, dans les com-

Ainsi s'établissent les opinions, les croyances, les sectes. Mais comment ces détestables fadaises ont-elles pu s'accréditer? comment ont-elles renversé les autres fadaises des Grecs et des Romains, et enfin l'empire même? comment ont-elles causé tant de maux, tant de guerres civiles, allumé tant de bûchers, et fait couler tant de sang? C'est de quoi nous rendrons un compte exact.

CHAPITRE XI[1].

QUELLE IDÉE IL FAUT SE FORMER DE JÉSUS ET DE SES DISCIPLES.

Jésus est évidemment un paysan grossier de la Judée, plus éveillé, sans doute, que la plupart des habitants de son canton. Il voulut, sans savoir, à ce qu'il paraît, ni lire ni écrire, former une petite secte pour l'opposer à celles des récabites, des judaïtes, des thérapeutes, des esséniens, des pharisiens, des saducéens, des hérodiens : car tout était secte chez les malheureux Juifs, depuis leur établissement dans Alexandrie. Je l'ai déjà comparé à notre Fox[2], qui était comme lui un ignorant de la lie du peuple, prêchant quelquefois comme lui une bonne morale, et prêchant surtout l'égalité, qui flatte tant la canaille. Fox établit comme lui une société qui s'écarta peu de temps après de ses principes, supposé qu'il en eût. La même chose était arrivée à la secte de Jésus. Tous deux parlèrent ouvertement contre les prêtres de leur temps ; mais les lois étant plus humaines en Angleterre qu'en Judée, tout ce que les prêtres purent obtenir des juges, c'est qu'on mît Fox au pilori ; mais les prêtres juifs forcèrent le président Pilate à faire fouetter Jésus, et à le faire pendre à une potence en forme

---

mencements, de dire que c'était un homme de bien injustement crucifié, comme depuis nous avons, nous et les autres chrétiens, assassiné tant d'hommes vertueux. Puis on s'enhardit ; on ose écrire que Dieu l'a ressuscité. Bientôt après on fait sa légende. L'un suppose qu'il est allé au ciel et aux enfers ; l'autre dit qu'il viendra juger les vivants et les morts dans la vallée de Josaphat ; enfin on en fait un Dieu. On fait trois dieux. On pousse le sophisme jusqu'à dire que ces trois dieux n'en font qu'un. De ces trois dieux on en mange un, et on en boit un ; on le rend en urine et en matière fécale. On persécute, on brûle, on roue ceux qui nient ces horreurs ; et tout cela, pour que tel et tel jouissent en Angleterre de dix mille pièces d'or de rente, et qu'ils en aient bien davantage dans d'autres pays. (*Note de Voltaire*, 1771.)

1. Ce chapitre n'était pas dans les éditions de Kehl. Il me fut communiqué en manuscrit, et je le croyais inédit lorsque je le publiai en 1818. Depuis je l'ai trouvé dans l'édition de 1776, dont j'ai parlé précédemment (page 195). (B.)

2. Voyez page 221.

de croix, comme un coquin d'esclave. Cela est barbare; chaque nation a ses mœurs. De savoir si on lui cloua les pieds et les mains, c'est ce dont il faut peu s'embarrasser. Il est, ce me semble, assez difficile de trouver sur-le-champ un clou assez long pour percer deux pieds l'un sur l'autre, comme on le prétend; mais les Juifs étaient bien capables de cette abominable atrocité.

Les disciples demeurèrent aussi attachés à leur patriarche pendu que les quakers l'ont été à leur patriarche pilorié. Les voilà qui s'avisent, au bout de quelque temps, de répandre le bruit que leur maître est ressuscité en secret. Cette imagination fut d'autant mieux reçue chez les confrères que c'était précisément le temps de la grande querelle élevée entre les sectes juives pour savoir si la résurrection était possible ou non. Le platonisme, qui était fort en vogue dans Alexandrie, et que plusieurs Juifs étudièrent, secourut bientôt la secte naissante; et de là tous les mystères, tous les dogmes absurdes dont elle fut farcie. C'est ce que nous allons développer.

CHAPITRE XII.

DE L'ÉTABLISSEMENT DE LA SECTE CHRÉTIENNE, ET PARTICULIÈREMENT DE PAUL.

Quand les premiers Galiléens se répandirent parmi la populace des Grecs et des Romains, ils trouvèrent cette populace infectée de toutes les traditions absurdes qui peuvent entrer dans des cervelles ignorantes qui aiment les fables; des dieux déguisés en taureaux, en chevaux, en cygnes, en serpents, pour séduire des femmes et des filles. Les magistrats, les principaux citoyens, n'admettaient pas ces extravagances; mais la populace s'en nourrissait, et c'était la canaille juive qui parlait à la canaille païenne. Il me semble voir chez nous les disciples de Fox disputer contre les disciples de Brown[1]. Il n'était pas difficile à des énergumènes juifs de faire croire leurs rêveries à des imbéciles qui croyaient des rêveries non moins impertinentes. L'attrait de la nouveauté attirait des esprits faibles, lassés de leurs anciennes sottises, et qui couraient à de nouvelles erreurs, comme la populace de la

---

1. Évêque de Cork, dont il est parlé tome XVIII, page 19.

foire de Barthélémy[1], dégoûtée d'une ancienne farce qu'elle a trop souvent entendue, demande une farce nouvelle.

Si l'on en croit les propres livres des christicoles, Pierre, fils de Jone, demeurait à Joppé, chez Simon le corroyeur, dans un galetas où il ressuscita la couturière Dorcas.

Voyez le chapitre de Lucien, intitulé *Philopatris*, dans lequel il parle de ce *Galiléen*[2] *au front chauve et au grand nez, qui fut enlevé au troisième ciel*. Voyez comme il traite une assemblée de chrétiens où il se trouva. Nos presbytériens d'Écosse, et les gueux de Saint-Médard de Paris, sont précisément la même chose. Des hommes déguenillés, presque nus, au regard farouche, à la démarche d'énergumènes, poussant des soupirs, faisant des contorsions, jurant par le Fils *qui est sorti du Père*, prédisaient mille malheurs à l'empire, blasphémaient contre l'empereur. Tels étaient ces premiers chrétiens.

Celui qui avait donné le plus de vogue à la secte était ce Paul au grand nez et au front chauve, dont Lucien se moque. Il suffit, ce me semble, des écrits de ce Paul, pour voir combien Lucien avait raison. Quel galimatias quand il écrit à la société des chrétiens qui se formait à Rome dans la fange juive ! « La circoncision vous est profitable[3] si vous observez la loi; mais si vous êtes prévaricateurs de la loi, votre circoncision devient prépuce, etc... Détruisons-nous donc la loi par la foi[4]? à Dieu ne plaise! mais nous établissons la foi... Si Abraham[5] a été justifié par ses œuvres, il a de quoi se glorifier, mais non devant Dieu. » Ce Paul, en s'exprimant ainsi, parlait évidemment en juif, et non en chrétien; mais il parlait encore plus en énergumène insensé qui ne peut pas mettre deux idées cohérentes à côté l'une de l'autre.

---

1. Bartholomew-fair, où il y a encore des charlatans et des astrologues. (*Note de Voltaire*, 1767.)

2. Il est fort douteux que Lucien ait vu Paul, et même qu'il soit l'auteur du chapitre intitulé *Philopatris*. Cependant il se pourrait bien faire que Paul, qui vivait du temps de Néron, eût encore vécu jusque sous Trajan, temps auquel Lucien commença, dit-on, à écrire.

On demande comment ce Paul put réussir à former une secte avec son détestable galimatias, pour lequel le cardinal Bembo avait un si profond mépris? Nous répondons que sans ce galimatias même il n'aurait jamais réussi auprès des énergumènes qu'il gouvernait. Pense-t-on que notre Fox, qui a fondé chez nous la secte des primitifs appelés quakers, ait eu plus de bon sens que ce Paul? Il y a longtemps qu'on a dit que ce sont les fous qui fondent les sectes, et que les prudents les gouvernent. (*Note de Voltaire*, 1771.) — Sur le *Philopatris*, voyez la note, tome XIX, page 594.

3. Aux Rom., II, 25.
4. *Ibid.*, III, 31.
5. *Ibid.*, IV, 2.

Quel discours aux Corinthiens[1]! *Nos pères ont été baptisés en Moïse dans la nuée et dans la mer.* Le cardinal Bembo n'avait-il pas raison d'appeler ces épîtres *epistolaccie*, et de conseiller de ne les point lire?

Que penser d'un homme qui dit aux Thessaloniciens[2]: *Je ne permets point aux femmes de parler dans l'église;* et qui dans la même épître[3] annonce qu'elles doivent parler et prophétiser avec un voile?

Sa querelle avec les autres apôtres est-elle d'un homme sage et modéré? Tout ne décèle-t-il pas en lui un homme de parti? Il s'est fait chrétien, il enseigne le christianisme, et il va sacrifier sept jours de suite dans le temple de Jérusalem par le conseil de Jacques, afin de ne point passer pour chrétien. Il écrit aux Galates[4] : « Je vous dis, moi Paul, que si vous vous faites circoncire, Jésus-Christ ne vous servira de rien. » Et ensuite il circoncit son disciple Timothée, que les Juifs prétendent être fils d'un Grec et d'une prostituée. Il est intrus parmi les apôtres, et il se vante aux Corinthiens, Ire épître, chap. ix[5], d'être aussi apôtre que les autres : « Ne suis-je pas apôtre? n'ai-je pas vu notre Seigneur Jésus-Christ? n'êtes-vous pas mon ouvrage? Quand je ne serais pas apôtre à l'égard des autres, je le suis au moins à votre égard. N'avons-nous pas le droit d'être nourris à vos dépens? n'avons-nous pas le pouvoir de mener avec nous une femme qui soit notre sœur (ou si l'on veut, une sœur qui soit notre femme), comme font les autres apôtres et les frères de notre Seigneur? Qui est-ce qui va jamais à la guerre à ses dépens? etc. »

Que de choses dans ce passage! le droit de vivre aux dépens de ceux qu'il a subjugués, le droit de leur faire payer les dépenses de sa femme ou de sa sœur, enfin la preuve que Jésus avait des frères, et la présomption que Marie ou Mirja était accouchée plus d'une fois.

Je voudrais bien savoir de qui il parle encore dans la seconde lettre aux Corinthiens, chap. xi[6] : « Ce sont de faux apôtres.... mais ce qu'ils osent[7], je l'ose aussi. Sont-ils Hébreux? je le suis aussi. Sont-ils de la race d'Abraham? j'en suis aussi. Sont-ils ministres de Jésus-Christ? quand ils devraient m'accuser d'impudence, je le suis encore plus qu'eux. J'ai plus travaillé qu'eux;

---

1. I. Cor., x, 2.
2. Ce n'est pas dans l'épître aux Thessaloniciens, mais dans la Ire aux Corinthiens, xvi, 34.
3. *Ibid.*, xi, 5.
4. v, 2.
5. Versets 1-7.
6. Verset 13.
7. 21-25.

j'ai été plus repris de justice, plus souvent enfermé dans les cachots qu'eux. J'ai reçu trente-neuf coups de fouet cinq fois ; des coups de bâton trois fois ; j'ai été lapidé une fois ; j'ai été un jour et une nuit au fond de la mer. »

Voilà donc ce Paul qui a été vingt-quatre heures au fond de la mer sans être noyé : c'est le tiers de l'aventure de Jonas. Mais n'est-il pas clair qu'il manifeste ici sa basse jalousie contre Pierre et les autres apôtres, et qu'il veut l'emporter sur eux pour avoir été plus repris de justice et plus fouetté qu'eux ?

La fureur de la domination ne paraît-elle pas dans toute son insolence quand il dit aux mêmes Corinthiens : « Je viens à vous pour la troisième fois ; je jugerai tout par deux ou trois témoins ; je ne pardonnerai à aucun de ceux qui ont péché, ni aux autres ? » (IIe épître, chap. XIII [1].)

A quels imbéciles et quels cœurs abrutis de la vile populace écrivait-il ainsi en maître tyrannique ? à ceux auxquels il osait dire qu'il avait été ravi au troisième ciel. Lâche et impudent imposteur ! où est ce troisième ciel dans lequel tu as voyagé ? est-ce dans Vénus ou dans Mars ? Nous rions de Mahomet quand ses commentateurs prétendent qu'il alla visiter sept cieux tout de suite dans une nuit. Mais Mahomet au moins ne parle pas dans son *Alcoran* d'une telle extravagance qu'on lui impute ; et Paul ose dire qu'il a fait près de la moitié de ce voyage !

Quel était donc ce Paul qui fait encore tant de bruit, et qui est cité tous les jours à tort et à travers ? Il dit qu'il était citoyen romain[2] ; j'ose affirmer qu'il ment impudemment. Aucun Juif ne fut citoyen romain que sous les Décius et les Philippe. S'il était de Tarsis[3], Tarsis ne fut colonie romaine, cité romaine, que plus de cent ans après Paul. S'il était de Giscale, comme le dit Jérôme, ce village était en Galilée ; et jamais les Galiléens n'eurent assurément l'honneur d'être citoyens romains.

Il fut élevé aux pieds de Gamaliel[4], c'est-à-dire qu'il fut domestique de Gamaliel. En effet, on remarque qu'il gardait les manteaux[5] de ceux qui lapidèrent Étienne, ce qui est l'emploi d'un valet, et d'un valet de bourreau. Les Juifs prétendirent qu'il voulait épouser la fille de Gamaliel. On voit quelque trace de cette aventure dans l'ancien livre qui contient l'histoire de Thècle. Il n'est pas étonnant que la fille de Gamaliel n'ait pas voulu d'un

---

1. 1-2.
2. *Actes*, XVI, 37.
3. Voyez tome XVII, page 328.
4. *Actes*, XXII, 3.
5. VII, 57.

petit valet chauve, dont les sourcils se joignaient sur un nez difforme, et qui avait les jambes crochues : c'est ainsi que les *Actes de Thècle* le dépeignent. Dédaigné par Gamaliel et par sa fille, comme il méritait de l'être, il se joignit à la secte naissante de Céphas, de Jacques, de Matthieu, de Barnabé, pour mettre le trouble chez les Juifs.

Pour peu qu'on ait une étincelle de raison, on jugera que cette cause de l'apostasie de ce malheureux Juif est plus naturelle que celle qu'on lui attribue. Comment se persuadera-t-on qu'une lumière céleste l'ait fait tomber de cheval en plein midi, qu'une voix céleste se soit fait entendre à lui, que Dieu lui ait dit[1] : « Saul, Saul, pourquoi me persécutes-tu? » Ne rougit-on pas d'une telle sottise?

Si Dieu avait voulu empêcher que les disciples de Jésus ne fussent persécutés, n'aurait-il point parlé aux princes de la nation plutôt qu'à un valet de Gamaliel? En ont-ils moins été châtiés depuis que Saul tomba de cheval? Saul Paul ne fut-il pas châtié lui-même? à quoi bon ce ridicule miracle? Je prends le ciel et la terre à témoin (s'il est permis de se servir de ces mots impropres, le ciel et la terre) qu'il n'y a jamais eu de légende plus folle, plus fanatique, plus dégoûtante, plus digne d'horreur et de mépris[2].

CHAPITRE XIII.

DES ÉVANGILES.

Dès que les sociétés de demi-juifs demi-chrétiens se furent insensiblement établies dans le bas peuple à Jérusalem, à Antioche, à Éphèse, à Corinthe, dans Alexandrie, quelque temps

---

1. IX, 4.
2. Ce qu'il faut, ce me semble, remarquer avec soin dans ce Juif Paul, c'est qu'il ne dit jamais que Jésus soit Dieu. Tous les honneurs possibles, il les lui donne, mais le mot de *Dieu* n'est jamais pour lui. Il a été prédestiné dans l'*Épître aux Romains*, chap. I. Il veut qu'on ait la paix avec Dieu, par Jésus, chap. V. Il compte sur la grâce de Dieu par un seul homme, qui est Jésus. Il appelle ses disciples héritiers de Dieu, et cohéritiers de Jésus, même chapitre. Il n'y a qu'un seul verset dans tous les écrits de Paul où le mot de *Dieu* pourrait tomber sur Jésus : c'est dans cette *Épître aux Romains*, chap. IX. Mais Érasme et Grotius ont prouvé que cet endroit est falsifié et mal interprété. En effet, il serait trop étrange que Paul, reconnaissant Jésus pour Dieu, ne lui eût donné ce nom qu'une seule fois. C'eût été alors un blasphème.

Pour le mot de *Trinité*, il ne se trouve jamais dans *Paul*, qui cependant est regardé comme le fondateur du christianisme. (*Note de Voltaire*, 1771.)

après Vespasien, chacun de ces petits troupeaux voulut faire son *Évangile*. On en compta cinquante-quatre[1], et il y en eut beaucoup davantage. Tous se contredisent, comme on le sait, et cela ne pouvait être autrement, puisque tous étaient forgés dans des lieux différents. Tous conviennent seulement que leur Jésus était fils de Maria ou Mirja, et qu'il fut pendu : et tous lui attribuent d'ailleurs autant de prodiges qu'il y en a dans les *Métamorphoses* d'Ovide.

Luc lui dresse une généalogie absolument différente de celle que Matthieu lui forge; et aucun d'eux ne songe à faire la généalogie de Marie, de laquelle seule on le fait naître. L'enthousiaste Pascal s'écrie : « Cela ne s'est pas fait de concert. » Non, sans doute, chacun a écrit des extravagances à sa fantaisie pour sa petite société. De là vient qu'un évangéliste prétend que le petit Jésus fut élevé en Égypte; un autre dit qu'il fut toujours élevé à Bethléem; celui-ci le fait aller une seule fois à Jérusalem, celui-là trois fois. L'un fait arriver trois mages que nous nommons les trois rois, conduits par une étoile nouvelle, et fait égorger tous les petits enfants du pays par le premier Hérode, qui était alors près de sa fin[2]. L'autre passe sous silence et l'étoile, et les mages, et le massacre des innocents.

On a été obligé enfin, pour expliquer cette foule de contradictions, de faire une concordance; et cette concordance est encore moins concordante que ce qu'on a voulu concorder. Presque tous ces *Évangiles*, que les chrétiens ne communiquaient qu'à leurs petits troupeaux, ont été visiblement forgés après la prise de Jérusalem : on en a une preuve bien sensible dans celui qui est attribué à Matthieu. Ce livre[3] met dans la bouche de Jésus ces paroles aux Juifs : « Vous rendrez compte de tout le sang répandu depuis le juste Abel jusqu'à Zacharie, fils de Barachie, que vous avez tué entre le temple et l'autel. »

Un faussaire se découvre toujours par quelque endroit. Il y

---

1. Voyez, ci-après, la *Collection d'anciens évangiles*.
2. Le massacre des innocents est assurément le comble de l'ineptie, aussi bien que le conte des trois mages conduits par une étoile. Comment Hérode, qui se mourait alors, pouvait-il craindre que le fils d'un charpentier, qui venait de naître dans un village, le détrônât? Hérode tenait son royaume des Romains. Il aurait donc fallu que cet enfant eût fait la guerre à l'empire. Une telle crainte peut-elle tomber dans la tête d'un homme qui n'est pas absolument fou? Est-il possible qu'on ait proposé à la crédulité humaine de pareilles bêtises qui sont si au-dessous de *Robert le Diable* et de *Jean de Paris*? L'homme est donc une espèce bien méprisable, puisqu'elle est ainsi gouvernée. (*Note de Voltaire*, 1771.)
3. Matthieu, XXIII, 35.

eut, pendant le siége de Jérusalem, un Zacharie, fils d'un Barachie[1], assassiné entre le temple et l'autel par la faction des zélés. Par là l'imposture est facilement découverte; mais pour la découvrir alors, il eût fallu lire toute la *Bible*. Les Grecs et les Romains ne la lisaient guère : ces fadaises et les *Évangiles* leur étaient entièrement inconnus; on pouvait mentir impunément.

Une preuve évidente que l'*Évangile* attribué à Matthieu n'a été écrit que très-longtemps après lui, par quelque malheureux demi-juif demi-chrétien helléniste, c'est ce passage fameux : « S'il n'écoute pas l'Église[2], qu'il soit à vos yeux comme un païen et un publicain. » Il n'y avait point d'Église du temps de Jésus et de Matthieu. Ce mot *église* est grec. L'assemblée du peuple d'Athènes s'appelait *ecclesia*. Cette expression ne fut adoptée par les chrétiens que dans la suite des temps, quand il y eut quelque forme de gouvernement. Il est donc clair qu'un faussaire prit le nom de Matthieu pour écrire cet *Évangile* en très-mauvais grec. J'avoue qu'il serait assez comique que Matthieu, qui avait été publicain, comparât les païens aux publicains. Mais quel que soit l'auteur de cette comparaison ridicule, ce ne peut être qu'un écervelé de la boue du peuple qui regarde un chevalier romain, chargé de recouvrer les impôts établis par le gouvernement, comme un homme abominable. Cette idée seule est destructive de toute administration, et non-seulement indigne d'un homme inspiré de Dieu, mais indigne du laquais d'un honnête citoyen.

Il y a deux *Évangiles de l'enfance*[3] : le premier nous raconte qu'un jeune gueux donna une tape sur le derrière au petit Jésus son camarade, et que le petit Jésus le fit mourir sur-le-champ, καὶ παραχρῆμα πεσὼν ἀπέθανεν. Une autre fois il faisait des petits oiseaux de terre glaise, et ils s'envolaient. La manière dont il apprenait son alphabet était encore tout à fait divine. Ces contes ne sont pas plus ridicules que ceux de l'enlèvement de Jésus par le diable, de la transfiguration sur le Thabor, de l'eau changée en vin, des diables envoyés dans un troupeau de cochons. Aussi cet *Évangile de l'enfance* fut longtemps en vénération.

Le second livre de l'enfance n'est pas moins curieux. Marie, emmenant son fils en Égypte, rencontre des filles désolées de ce que leur frère avait été changé en mulet : Marie et le petit ne manquèrent pas de rendre à ce mulet sa forme d'homme, et l'on

---

1. Matthieu, xxiii, 35.
2. Matthieu, xviii, 17.
3. Voyez, ci-après, la *Collection d'anciens évangiles.*

ne sait si ce malheureux gagna au marché. Chemin faisant, la famille errante rencontre deux voleurs, l'un nommé Dumachus, et l'autre Titus[1]. Dumachus voulait absolument voler la sainte Vierge, et lui faire pis. Titus prit le parti de Marie, et donna quarante drachmes à Dumachus pour l'engager à laisser passer la famille sans lui faire de mal. Jésus déclara à la sainte Vierge que Dumachus serait le mauvais larron, et Titus le bon larron ; qu'ils seraient un jour pendus avec lui, que Titus irait en paradis, et Dumachus à tous les diables.

L'*Évangile selon saint Jacques*, frère aîné de Jésus, ou *selon Pierre Barjone*, Évangile reconnu et vanté par Tertullien et par Origène, fut encore en plus grande recommandation. On l'appelait *protevangelion*, premier Évangile. C'est peut-être le premier qui ait parlé de la nouvelle étoile, de l'arrivée des mages, et des petits enfants que le premier Hérode fit égorger.

Il y a encore une espèce d'*Évangile*, ou d'*Actes de Jean*, dans lequel on fait danser Jésus avec ses apôtres la veille de sa mort ; et la chose est d'autant plus vraisemblable que les thérapeutes étaient en effet dans l'usage de danser en rond, ce qui doit plaire beaucoup au Père céleste[2].

---

[1]. Voilà de plaisants noms pour des Égyptiens. (*Note de Voltaire*, 1771.)

[2]. Il n'est point dit dans saint Matthieu que Jésus-Christ dansa avec ses apôtres, mais il est dit dans saint Matthieu, chap. xxvi, v. 30 : « Ils chantèrent un hymne, et allèrent au mont Olivet. »

Il est vrai que dans cet hymne on trouve ce couplet : « Je veux chanter, dansez tous de joie. » Ce qui fait voir qu'en effet on mêla la danse au chant, comme dans toutes les cérémonies religieuses de ce temps-là. Saint Augustin rapporte cette chanson dans sa Lettre à Cérétius.

Il est fort indifférent de savoir si en effet cette chanson rapportée par Augustin fut chantée ou non, la voici :

> Je veux délier, et je veux être délié.
> Je veux sauver, et je veux être sauvé.
> Je veux engendrer, et je veux être engendré.
> Je veux chanter, dansez tous de joie.
> Je veux pleurer, frappez-vous tous de douleur.
> Je veux orner, et je veux être orné.
> Je suis la lampe pour vous qui me voyez.
> Je suis la porte pour vous qui y frappez.
> Vous qui voyez ce que je fais, ne dites point ce que je fais.
> J'ai joué tout cela dans ce discours, et je n'ai point du tout été joué.

Voilà une étrange chanson ; elle est peu digne de l'Être suprême. Ce petit cantique n'est autre chose que ce qu'on appelle du persiflage en France, et du *non-sense* chez nous. Il n'est point du tout prouvé que Jésus ait chanté après avoir fait la pâque ; mais il est prouvé, par tous les *Évangiles*, qu'il fit la pâque à la juive, et non pas à la chrétienne. Et nous dirons ici en passant ce que milord Bolingbroke insinue ailleurs, qu'on ne trouve dans la vie de Jésus-Christ aucune action, aucun dogme, aucun rite, aucun discours qui ait le moindre rapport au

Pourquoi le chrétien le plus scrupuleux rit-il aujourd'hui sans remords de tous ces *Évangiles*, de tous ces *Actes*, qui ne sont plus dans le canon, et n'ose-t-il rire de ceux qui sont adoptés par l'Église ? Ce sont à peu près les mêmes contes ; mais le fanatique adore sous un nom ce qui lui paraît le comble du ridicule sous un autre.

Enfin on choisit quatre *Évangiles;* et la grande raison, au rapport de saint Irénée, c'est qu'il n'y a que quatre vents cardinaux ; c'est que Dieu est assis sur les chérubins, et que les chérubins ont quatre formes. Saint Jérôme ou Hiéronyme, dans sa préface sur l'*Évangile de Marc*, ajoute aux quatre vents et aux quatre animaux les quatre anneaux qui servaient aux bâtons sur lesquels on portait le coffre appelé l'arche.

Théophile d'Antioche prouve que le Lazare ayant été mort pendant quatre jours, on ne pouvait conséquemment admettre que quatre *Évangiles*. Saint Cyprien prouve la même chose par les quatre fleuves qui arrosaient le paradis terrestre. Il faudrait être bien impie pour ne pas se rendre à de telles raisons.

Mais avant qu'on eût donné quelque préférence à ces quatre *Évangiles,* les Pères des deux premiers siècles ne citaient presque jamais que les *Évangiles* nommés aujourd'hui apocryphes. C'est une preuve incontestable que nos quatre *Évangiles* ne sont pas de ceux à qui on les attribue.

Je veux qu'ils en soient ; je veux, par exemple, que Luc ait écrit celui qui est sous son nom. Je dirais à Luc : Comment oses-tu avancer que Jésus naquit sous le gouvernement de Cyrinus ou Quirinus, tandis qu'il est avéré que Quirinus ne fut gouverneur de Syrie que plus de dix ans après? Comment as-tu le front de dire qu'Auguste avait ordonné le *dénombrement de toute la terre,* et que Marie alla à Bethléem pour se faire dénombrer? Le dénombrement de toute la terre! Quelle expression! Tu as ouï dire qu'Auguste avait un livre de raison qui contenait le détail des forces de l'empire et de ses finances ; mais un dénombrement de tous les sujets de l'empire! c'est à quoi il ne pensa jamais ; encore moins un dénombrement de la terre entière ; aucun écrivain romain, ou grec, ou barbare, n'a jamais dit cette extravagance. Te voilà donc convaincu par toi-même du plus énorme mensonge ; et il faudra qu'on adore ton livre!

---

christianisme d'aujourd'hui, et encore moins au christianisme de Rome qu'à tous les autres. (*Note de Voltaire.*) — Toute cette note est de 1771, sauf la première phrase du dernier alinéa, qui fut ajoutée en 1775. Voltaire cite encore ailleurs la chanson rapportée par saint Augustin; voyez tome XVII, page 62.

Mais qui a fabriqué ces quatre *Évangiles?* n'est-il pas très-probable que ce sont des chrétiens hellénistes, puisque l'Ancien Testament n'y est presque jamais cité que suivant la version des *Septante*, version inconnue en Judée? Les apôtres ne savaient pas plus le grec que Jésus ne l'avait su. Comment auraient-ils cité les *Septante?* Il n'y a que le miracle de la Pentecôte qui ait pu enseigner le grec à des Juifs ignorants.

Quelle foule de contrariétés et d'impostures est restée dans ces quatre *Évangiles!* N'y en eût-il qu'une seule, elle suffirait pour démontrer que c'est un ouvrage de ténèbres. N'y eût-il que le conte qu'on trouve dans *Luc*, que Jésus naquit sous le gouvernement de Cyrinus, lorsque Auguste fit faire le dénombrement de tout l'empire, cette seule fausseté ne suffirait-elle pas pour faire jeter le livre avec mépris? 1° Il n'y eut jamais de tel dénombrement, et aucun auteur n'en parle. 2° Cyrinus ne fut gouverneur de Syrie que dix ans après l'époque de la naissance de ce Jésus. Autant de mots, autant d'erreurs dans les *Évangiles*. Et c'est ainsi qu'on réussit avec le peuple.

CHAPITRE XIV.

COMMENT LES PREMIERS CHRÉTIENS SE CONDUISIRENT AVEC LES ROMAINS, ET COMMENT ILS FORGÈRENT DES VERS ATTRIBUÉS AUX SIBYLLES, ETC.

Des gens de bon sens demandent comment ce tissu de fables qui outragent si platement la raison, et de blasphèmes qui imputent tant d'horreurs à la Divinité, put trouver quelque créance. Ils devraient en effet être bien étonnés si les premiers sectaires chrétiens avaient persuadé la cour des empereurs et le sénat de Rome; mais une canaille abjecte s'adressait à une populace non moins méprisable. Cela est si vrai que l'empereur Julien dit dans son discours aux christicoles[1] : « C'était d'abord assez pour vous de séduire quelques servantes, quelques gueux comme Corneille et Serge. Qu'on me regarde comme le plus effronté des imposteurs si, parmi ceux qui embrassèrent votre secte sous Tibère et sous Claude, il y a eu un seul homme de naissance ou de mérite[2]. »

---

1. Voyez, plus loin, le *Discours de l'empereur Julien.*
2. Il est étrange que l'empereur Julien ait appelé Sergius un homme de néant, un gueux. Il faut qu'il eût lu avec peu d'attention les *Évangiles,* ou qu'il manquât de mémoire dans ce moment, ce qui est assez commun à ceux qui, étant

Les premiers raisonneurs chrétiens disaient donc dans les carrefours et dans les auberges, aux païens qui se mêlaient de raisonner : Ne soyez point effarouchés de nos mystères ; vous recourez aux expiations pour vous purger de vos crimes : nous avons une expiation bien plus salutaire. Vos oracles ne valent pas les nôtres ; et pour vous convaincre que notre secte est la seule bonne, c'est que vos propres oracles ont prédit tout ce que nous vous enseignons, et tout ce qu'a fait notre Seigneur Jésus-Christ. N'avez-vous pas entendu parler des sibylles ? — Oui, répondent les disputeurs païens aux disputeurs galiléens ; toutes les sibylles ont été inspirées par Jupiter même ; leurs prédictions sont toutes véritables. — Eh bien, repartent les galiléens, nous vous montrerons des vers de sibylles qui annoncent clairement Jésus-Christ, et alors il faudra bien vous rendre.

Aussitôt les voilà qui se mettent à forger les plus mauvais vers grecs qu'on ait jamais composés, des vers semblables à ceux de notre Grub-street, de Blackmore, et de Gibson. Ils les attribuent aux sibylles, et pendant plus de quatre cents ans ils ne cessent de fonder le christianisme sur cette preuve, qui était éga-

---

chargés des plus grandes affaires, veulent encore prendre sur eux le fardeau de la controverse. Il se trompe, et les *Actes des apôtres*, qu'il réfute, se trompent évidemment aussi. Sergius n'était ni un homme de néant, comme le dit Julien, ni proconsul, ni gouverneur de Chypre, comme le disent les *Actes* [xiii, 7].

Il n'y avait qu'un proconsul en Syrie, dont l'île de Chypre dépendait, et c'était ce proconsul de Syrie qui nommait le propréteur de Chypre. Mais ce propréteur était toujours un homme considérable.

Peut-être l'empereur Julien veut-il parler d'un autre Sergius, que les *Actes des apôtres* auront maladroitement transformé en proconsul ou en propréteur. Ces *Actes* sont une rapsodie informe, remplie de contradictions, comme tout ce que les Juifs et les Galiléens ont écrit.

Ils disent que Paul et Barnabé trouvèrent à Paphos un Juif magicien, nommé Bar-Jésu, qui voulait empêcher le propréteur Sergius de se faire chrétien ; c'est au chap. xiii. Ensuite ils disent que ce Bar-Jésu s'appelait Élymas, et que Paul et Barnabé le rendirent aveugle pour quelques jours, et que ce miracle détermina le propréteur à se faire chrétien. On sent assez la valeur d'un pareil conte. On n'a qu'à lire le discours que tient Paul à ce Sergius pour voir que Sergius n'aurait pu y rien comprendre.

Ce chapitre finit par dire que Paul et Barnabé furent chassés de l'île de Chypre. Comment ce Sergius, qui était le maître, les aurait-il laissé chasser s'il avait embrassé leur religion ? Mais comment aussi ce Sergius, ayant la principale dignité dans l'île, et par conséquent n'étant point un imbécile, se serait-il fait chrétien tout d'un coup ?

Tous ces *contes du Tonneau* ne sont-ils pas d'une absurdité palpable ?

Remarquons surtout que Jésus, dans les *Actes des apôtres*, et dans tous les discours de Paul, n'est jamais regardé que comme un homme, et qu'il n'y a pas un seul texte authentique où il soit question de sa prétendue divinité. (*Note de Voltaire*, 1771.) — *Le Conte du Tonneau* est un ouvrage facétieux de Swift ; voyez page 206.

lement à la portée des trompeurs et des trompés. Ce premier pas étant fait, on vit ces faussaires puérils mettre sur le compte des sibylles jusqu'à des vers acrostiches qui commençaient tous par les lettres qui composent le nom de Jésus-Christ.

Lactance nous a conservé une grande partie de ces rapsodies, comme des pièces authentiques. A ces fables ils ajoutaient des miracles, qu'ils faisaient même quelquefois en public. Il est vrai qu'ils ne ressuscitaient point de morts comme Élisée ; ils n'arrêtaient pas le soleil comme Josué ; ils ne passaient point la mer à pied sec comme Moïse ; ils ne se faisaient pas transporter par le diable comme Jésus sur le haut d'une petite montagne de Galilée, d'où l'on découvrait toute la terre ; mais ils guérissaient la fièvre quand elle était sur son déclin, et même la gale, lorsque le galeux avait été baigné, saigné, purgé, frotté. Ils chassaient surtout les démons : c'était le principal objet de la mission des apôtres. Il est dit, dans plus d'un *Évangile*[1], que Jésus les envoya exprès pour les chasser.

C'était une ancienne prérogative du peuple de Dieu. Il y avait, comme on sait, des exorcistes à Jérusalem qui guérissaient les possédés en leur mettant sous le nez un peu de la racine nommée *barath*, et en marmottant quelques paroles tirées de la *Clavicule* de Salomon. Jésus lui-même avoue que les Juifs avaient ce pouvoir. Rien n'était plus aisé au diable que d'entrer dans le corps d'un gueux, moyennant un ou deux schellings. Un Juif ou un Galiléen un peu à son aise pouvait chasser dix diables par jour pour une guinée. Les diables n'osaient jamais s'emparer d'un gouverneur de province, d'un sénateur, pas même d'un centurion : il n'y eut jamais que ceux qui ne possédaient rien du tout qui fussent possédés.

Si le diable dut se saisir de quelqu'un, c'était de Pilate ; cependant il n'osa jamais en approcher. On a longtemps exorcisé la canaille en Angleterre, et encore plus ailleurs ; mais quoique la secte chrétienne soit précisément établie pour cet usage, il est aboli presque partout, excepté dans les États de l'obédience du pape, et dans quelques pays grossiers d'Allemagne, malheureusement soumis à des évêques et à des moines.

Ce qu'ont enfin pu faire de mieux tous les gouvernements a été d'abolir tous les premiers usages du christianisme : baptême des filles adultes toutes nues, dans des cuves, par des hommes ; baptême abominable des morts ; exorcisme, possessions du diable,

---

1. Matthieu, x, 1 ; Marc, iii, 15 ; Luc, ix, 1.

inspirations; agapes qui produisaient tant d'impuretés : tout cela est détruit, et cependant la secte demeure.

Les chrétiens s'accréditèrent ainsi dans le petit peuple pendant tout un siècle. On les laissa faire ; on les regarda comme une secte de Juifs, et les Juifs étaient tolérés. On ne persécutait ni pharisiens, ni saducéens, ni thérapeutes, ni esséniens, ni judaïtes ; à plus forte raison laissait-on ramper dans l'obscurité ces chrétiens qu'on ignorait. Ils étaient si peu de chose que ni Flavius Josèphe, ni Philon, ni Plutarque, ne daignent en parler ; et si Tacite en veut bien dire un mot, c'est en les confondant avec les Juifs et en leur marquant le plus profond mépris. Ils eurent donc la plus grande facilité d'étendre leur secte. On les rechercha un peu sous Domitien ; quelques-uns furent punis sous Trajan, et ce fut alors qu'ils commencèrent à mêler mille faux actes de martyres à quelques-uns qui n'étaient que trop véritables.

CHAPITRE XV.

COMMENT LES CHRÉTIENS SE CONDUISIRENT AVEC LES JUIFS. LEUR EXPLICATION RIDICULE DES PROPHÈTES.

Les chrétiens ne purent jamais prévaloir auprès des Juifs comme auprès de la populace des Gentils. Tandis qu'ils continuèrent à vivre selon la loi mosaïque, comme avait fait Jésus toute sa vie, à s'abstenir des viandes prétendues impures, et qu'ils ne proscrivirent point la circoncision, ils ne furent regardés que comme une société particulière de Juifs, telle que celle des saducéens, des esséniens, des thérapeutes. Ils disaient qu'on avait eu tort de pendre Jésus, que c'était un saint homme envoyé de Dieu, et qu'il était ressuscité.

Ces discours, à la vérité, étaient punis dans Jérusalem : il en coûta même la vie à Étienne, à ce qu'ils disent ; mais ailleurs cette scission ne produisit que des altercations entre les Juifs rigides et les demi-chrétiens. On disputait ; les chrétiens crurent trouver dans les Écritures quelques passages qu'on pouvait tordre en faveur de leur cause. Ils prétendirent que les prophètes juifs avaient prédit Jésus-Christ ; ils citaient Isaïe, qui disait au roi Achaz :

« Une fille, ou une jeune femme (*alma*)[1] sera grosse, et accou-

---

1. Par quelle impudente mauvaise foi les christicoles ont-ils soutenu qu'*alma* signifiait toujours *vierge ?* Il y a dans l'Ancien Testament vingt passages où *alma*

chera d'un fils qui s'appellera Emmanuel; il mangera du beurre et du miel, afin qu'il sache rejeter le mal et choisir le bien. La terre que vous détestez sera délivrée de ses deux rois, et le Seigneur sifflera aux mouches qui sont à l'extrémité des fleuves d'Égypte, et aux abeilles du pays d'Assur. Et il prendra un rasoir de louage, et il rasera la tête, le poil du pénil, et la barbe du roi d'Assur[1]. »

« Et le Seigneur me dit[2] : Prenez un grand livre, et écrivez en lettres lisibles : *Maher-salal-has-bas*, prenez vite les dépouilles. Et j'allai coucher avec la prophétesse, et elle fut grosse, et elle mit au monde un fils, et le Seigneur me dit : Appelez-le *Maher-salal-has-bas*, prenez vite les dépouilles. »

Vous voyez bien, disaient les chrétiens, que tout cela signifie évidemment l'avénement de Jésus-Christ. La fille qui fait un enfant, c'est la vierge Marie; *Emmanuel* et *prenez vite les dépouilles*, c'est notre Seigneur Jésus. Pour le rasoir de louage avec lequel on rase le poil du pénil du roi d'Assur, c'est une autre affaire. Toutes ces explications ressemblent parfaitement à celle de milord Pierre dans *le Conte du Tonneau* de notre cher doyen Swift[3].

Les Juifs répondaient : Nous ne voyons pas si clairement que vous que *prenez vite les dépouilles* et *Emmanuel* signifient Jésus, que la jeune femme d'Isaïe soit une vierge, et qu'*alma*, qui exprime également *fille* ou *jeune femme*, signifie *Maria*; et ils riaient au nez des chrétiens.

Quand les chrétiens disaient : Jésus est prédit par le patriarche Juda, car le patriarche Juda *devait lier*[4] *son ânon à la vigne, et laver son manteau dans le sang de la vigne*; et Jésus est entré dans Jérusalem sur un âne, donc Juda est la figure de Jésus : alors les Juifs riaient encore plus fort de Jésus et de son âne.

S'ils prétendaient que Jésus était le Silo qui devait venir quand le sceptre ne serait plus dans Juda, les Juifs les confondaient en disant que, depuis la captivité en Babylone, le sceptre ou la verge d'entre les jambes n'avait jamais été dans Juda, et que, du temps même de Saül, la verge n'était pas dans Juda. Ainsi les chrétiens,

---

est pris pour *femme*, et même pour *concubine*, comme dans le *Cantique des cantiques*, chap. VI; Joël, chap. 1ᵉʳ. Jusqu'à l'abbé Trithême, il n'y a eu aucun docteur de l'Église qui ait su l'hébreu, excepté Origène, Jérôme et Éphrem, qui étaient du pays. (*Note de Voltaire*, 1771.)

1. VII, 14-20. La *Vulgate* ne dit pas *alma*, mais *virgo*.
2. VIII, 1-2.
3. Voyez la note 2 de la page 206.
4. *Genèse*, XLIX, 11.

loin de convertir les Juifs, en furent méprisés, détestés, et le sont encore. Ils furent regardés comme des bâtards qui voulaient dépouiller le fils de la maison, en prétextant de faux titres. Ils renoncèrent donc à l'espérance d'attirer les Juifs à eux, et s'adressèrent uniquement aux Gentils.

CHAPITRE XVI.

DES FAUSSES CITATIONS ET DES FAUSSES PRÉDICTIONS DANS LES ÉVANGILES.

Pour encourager les premiers catéchumènes, il était bon de citer d'anciennes prophéties et d'en faire de nouvelles. On cita donc dans les *Évangiles* les anciennes prophéties à tort et à travers. Matthieu, ou celui qui prit son nom, dit[1] : « Joseph habita dans une ville qui s'appelle Nazareth, pour accomplir ce qui a été prédit par les prophètes : Il s'appellera Nazaréen. » Aucun prophète n'avait dit ces paroles; Matthieu parlait donc au hasard. Luc ose dire, au chapitre XXI[2]: « Il y aura des signes dans la lune et dans les étoiles ; des bruits de la mer et des flots ; les hommes séchant de crainte attendront ce qui doit arriver à l'univers entier. Les vertus des cieux seront ébranlées, et alors ils verront le Fils de l'homme venant dans une nuée avec grande puissance et grande majesté. En vérité, je vous dis que la génération présente ne passera point que tout cela ne s'accomplisse[3]. »

La génération passa, et si rien de tout cela n'arriva, ce n'est pas ma faute. Paul en dit à peu près autant dans son épître à ceux de Thessalonique[4] : « Nous qui vivons et qui vous parlons, nous serons emportés dans les nuées pour aller au-devant du Seigneur au milieu de l'air. »

Que chacun s'interroge ici; qu'il voie si l'on peut pousser plus loin l'imposture et la bêtise du fanatisme. Quand on vit qu'on avait mis en avant des mensonges si grossiers, les Pères de l'Église ne manquèrent pas de dire que Luc et Paul avaient entendu, par ces prédictions, la ruine de Jérusalem. Mais quel rapport, je vous prie, de la prise de Jérusalem avec Jésus

---

1. Matth., II, 23. (*Note de Voltaire.*)
2. 25-32.
3. Voyez le *Dîner du comte de Boulainvilliers* (second entretien).
4. IV, 17.

venant dans les nuées avec grande puissance et grande majesté[1]?

Il y a dans l'*Évangile* attribué à Jean un passage qui fait bien voir que ce livre ne fut pas composé par un Juif. Jésus dit : «[2] Je vous fais un commandement nouveau, c'est que vous vous aimiez mutuellement. » Ce commandement, loin d'être nouveau, se trouve expressément, et d'une manière bien plus forte, dans le *Lévitique*[3] : « Tu aimeras ton prochain comme toi-même. »

Enfin, quiconque se donnera la peine de lire avec attention ne trouvera, dans tous les passages où l'on allègue l'Ancien Testament, qu'un manifeste abus de paroles, et le sceau du mensonge presque à chaque page.

CHAPITRE XVII.

DE LA FIN DU MONDE, ET DE LA JÉRUSALEM NOUVELLE.

Non-seulement on a introduit Jésus sur la scène prédisant la fin du monde pour le temps même où il vivait; mais ce fanatisme fut celui de tous ceux qu'on nomme apôtres et disciples. Pierre Barjone, dans la première épître qu'on lui attribue, dit[4] que « l'Évangile a été prêché aux morts, et que la fin du monde approche ».

Dans la seconde épître[5] : « Nous attendons de nouveaux cieux et une nouvelle terre. »

La première épître attribuée à Jean dit formellement[6] : « Il y a dès à présent plusieurs antechrists : ce qui nous fait connaître que voici la dernière heure. »

L'épître qu'on met sur le compte de ce Thadée surnommé Jude annonce la même folie[7] : « Voilà le Seigneur qui va venir avec des millions de saints pour juger les hommes. »

Cette ridicule idée subsista de siècle en siècle. Si le monde ne finit pas sous Constantin, il devait finir sous Théodose; si la fin n'arrivait pas sous Théodose, elle devait arriver sous Attila. Et

---

1. On fut si longtemps infatué de cette attente de la fin du monde qu'aux vi[e], viie, et viiie siècles, beaucoup de chartres, de donations aux moines, commencent ainsi : « Christ régnant, la fin du monde approchant, moi, pour le remède de mon âme, etc. » (*Note de Voltaire*, 1771.)

2. Jean, xiii, 34. (*Id.*)
3. *Lévitique*, xix, 18. (*Id.*)
4. Chap. iv, 6. 7. (*Id.*)
5. Chap. iii, 13. (*Note de Voltaire.*)
6. ii, 18.
7. Jude, xv, 14, 15. (*Id.*)

jusqu'au xɪɪᵉ siècle cette opinion enrichit tous les couvents ; car, pour raisonner conséquemment selon les moines, dès qu'il n'y aura plus ni hommes ni terres, il faut bien que toutes les terres appartiennent à ces moines.

Enfin, c'est sur cette démence qu'on fonda cette autre démence d'une nouvelle ville de Jérusalem qui devait descendre du ciel. L'*Apocalypse*[1] annonça cette prochaine aventure : tous les christicoles la crurent. On fit de nouveaux vers sibyllins dans lesquels cette Jérusalem était prédite ; elle parut même cette ville nouvelle où les christicoles devaient loger pendant mille ans après l'embrasement du monde. Elle descendit du ciel pendant quarante nuits consécutives. Tertullien la vit de ses yeux. Un temps viendra où tous les honnêtes gens diront : Est-il possible qu'on ait perdu son temps à réfuter ce *conte du Tonneau!*

Voilà donc pour quelles opinions la moitié de la terre a été ravagée ! voilà ce qui a valu des principautés, des royaumes, à des prêtres imposteurs, et ce qui précipite encore tous les jours des imbéciles dans les cachots des cloîtres chez les papistes ! C'est avec ces toiles d'araignée qu'on a tissu les liens qui nous serrent ; on a trouvé le secret de les changer en chaînes de fer. Grand Dieu ! c'est pour ces sottises que l'Europe a nagé dans le sang, et que notre roi Charles Iᵉʳ est mort sur un échafaud ! O destinée ! quand des demi-juifs écrivaient leurs plates impertinences dans leurs greniers, prévoyaient-ils qu'ils préparaient un trône pour l'abominable Alexandre VI, et pour ce brave scélérat de Cromwell ?

CHAPITRE XVIII.

DES ALLÉGORIES.

Ceux qu'on appelle Pères de l'Église s'avisèrent d'un tour assez singulier pour confirmer leurs catéchumènes dans leur nouvelle créance. Il se trouva avec le temps des disciples qui raisonnèrent un peu : on prit le parti de leur dire que tout l'Ancien Testament n'est qu'une figure du Nouveau. Le petit morceau de drap rouge que mettait la paillarde Rahab à sa fenêtre pour avertir les espions de Josué signifie le sang de Jésus répandu pour nos péchés. Sara et sa servante Agar, Lia la chassieuse, et la belle Rachel, sont la synagogue et l'Église. Moïse levant les mains

---

1. xxi, 2.

quand il donne la bataille aux Amalécites, c'est évidemment la croix, car on a la figure d'une croix quand on étend les bras à droite et à gauche. Joseph vendu par ses frères, c'est Jésus-Christ; la manne, c'est l'eucharistie; les quatre vents sont les quatre *Évangiles;* les baisers que donne la Sulamite sur la bouche, etc., dans le *Cantique des cantiques,* sont visiblement le mariage de Jésus-Christ avec son Église. La mariée n'avait pas encore de dot, elle n'était pas encore bien établie.

On ne savait ce qu'on devait croire; aucun dogme précis n'était encore constaté. Jésus n'avait jamais rien écrit. C'était un étrange législateur qu'un homme de la main duquel on n'avait pas une ligne. Il fallut donc écrire pour lui; on s'abandonna donc à ces *bonnes nouvelles*, à ces Évangiles, à ces actes dont nous avons déjà parlé[1], et on tourna tout l'Ancien Testament en allégories du Nouveau. Il n'est pas étonnant que des catéchumènes fascinés par ceux qui voulaient former un parti se laissassent séduire par ces images qui plaisent toujours au peuple. Cette méthode contribua plus que toute autre chose à la propagation du christianisme, qui s'étendait secrètement d'un bout de l'empire à l'autre, sans qu'alors les magistrats daignassent presque y prendre garde.

Plaisante et folle imagination, de faire de toute l'histoire d'une troupe de gueux la figure et la prophétie de tout ce qui devait arriver au monde entier dans la suite des siècles!

CHAPITRE XIX.

DES FALSIFICATIONS, ET DES LIVRES SUPPOSÉS.

Pour mieux séduire les catéchumènes des premiers siècles, on ne manqua point de supposer que la secte avait été respectée par les Romains et par les empereurs eux-mêmes. Ce n'était pas assez de forger mille écrits qu'on attribuait à Jésus, on fit encore écrire Pilate. Justin, Tertullien, citent ces actes; on les inséra dans l'*Évangile de Nicodème*[2]. Voici quelques passages de la première lettre de Pilate à Tibère; ils sont curieux.

« Il est arrivé depuis peu, et je l'ai vérifié, que les Juifs par leur envie se sont attiré une cruelle condamnation : leur Dieu

---

1. Ci-dessus, chap. x, page 222.
2. Voyez ci-après la *Collection d'anciens évangiles.*

leur ayant promis de leur envoyer son saint du haut du ciel, qui serait leur roi à bien juste titre, et ayant promis qu'il serait fils d'une vierge, le dieu des Hébreux l'a envoyé en effet, moi étant président en Judée. Les principaux des Juifs me l'ont dénoncé comme un magicien; je l'ai cru; je l'ai bien fait fouetter; je le leur ai abandonné : ils l'ont crucifié ; ils ont mis des gardes auprès de sa fosse; il est ressuscité le troisième jour. »

Cette lettre très-ancienne est fort importante, en ce qu'elle fait voir qu'en ces premiers temps les chrétiens n'osaient encore imaginer que Jésus fût Dieu; ils l'appelaient seulement envoyé de Dieu. S'il avait été Dieu alors, Pilate, qu'ils font parler, n'eût pas manqué de le dire.

Dans la seconde lettre, il dit que, s'il n'avait pas craint une sédition, peut-être ce *noble Juif* vivrait encore ; *fortasse vir ille nobilis viveret.* On forgea encore une relation de Pilate plus circonstanciée.

Eusèbe de Césarée, au livre VII de son *Histoire ecclésiastique*, assure que l'hémorroïsse guérie par Jésus-Christ était citoyenne de Césarée : il a vu sa statue aux pieds de celle de Jésus-Christ. Il y a autour de la base des herbes qui guérissent toutes sortes de maladies. On a conservé une requête de cette hémorroïsse, dont le nom était, comme on sait, Véronique ; elle y rend compte à Hérode du miracle que Jésus-Christ a opéré sur elle. Elle demande à Hérode la permission d'ériger une statue à Jésus; mais ce n'est pas dans Césarée, c'est dans la ville de Paniade, et cela est triste pour Eusèbe.

On fit courir un prétendu édit de Tibère pour mettre Jésus au rang des dieux. On supposa des lettres de Paul à Sénèque, et de Sénèque à Paul. Empereurs, philosophes, apôtres, tout fut mis à contribution; c'est une suite non interrompue de fraudes : les unes sont seulement fanatiques, les autres sont politiques. Un mensonge fanatique, par exemple, est d'avoir écrit, sous le nom de Jean, l'*Apocalypse*, qui n'est qu'absurde; un mensonge politique est le livre des constitutions attribué aux apôtres. On veut, au chapitre xxv du livre II, que les évêques recueillent les décimes et les prémices. On y appelle les évêques *rois* au chapitre xxvi : *Qui episcopus est, hic vester rex et dynastes.*

Il faut, chap. xxviii, quand on fait le repas des agapes [1], envoyer

---

[1]. On accuse plusieurs sociétés chrétiennes d'avoir fait de ces agapes des scènes de la plus infâme dissolution, accompagnées de mystères. Et ce qu'il faut observer, c'est que les chrétiens s'en accusaient les uns les autres. Épiphane est convaincu

les meilleurs plats à l'évêque, s'il n'est pas à table. Il faut donner double portion au prêtre et au diacre. Les portions des évêques ont bien augmenté, et surtout celle de l'évêque de Rome.

Au chap. xxxiv, on met les évêques bien au-dessus des empereurs et des rois, précepte dont l'Église s'est écartée le moins qu'elle a pu : *Quanto animus præstat corpore, tantum sacerdotium regno.* C'est là l'origine cachée de cette terrible puissance que les évêques de Rome ont usurpée pendant tant de siècles. Tous ces livres supposés, tous ces mensonges qu'on a osé nommer pieux, n'étaient qu'entre les mains des fidèles. C'était un péché énorme de les communiquer aux Romains, qui n'en eurent presque aucune connaissance pendant deux cents ans; ainsi le troupeau grossissait tous les jours.

CHAPITRE XX.

DES PRINCIPALES IMPOSTURES DES PREMIERS CHRÉTIENS.

Une des plus anciennes impostures de ces novateurs énergumènes fut le *Testament des douze patriarches*[1], que nous avons encore tout entier en grec de la traduction de Jean surnommé saint Chrysostome. Cet ancien livre, qui est du premier siècle de notre ère, est visiblement d'un chrétien, puisqu'on y fait dire à Lévi, à l'article 8 de son Testament: « Le troisième aura un nom nouveau, parce qu'il sera un roi de Juda, et qu'il sera peut-être d'un nouveau sacerdoce pour toutes les nations, etc.; » ce qui désigne leur Jésus-Christ, qui n'a jamais pu être désigné que par de telles

---

que les gnostiques, qui étaient parmi eux la seule société savante, étaient aussi la plus impudique. Voici ce qu'il dit d'eux au livre Ier, contre les hérésies :

« Après qu'ils se sont prostitués les uns aux autres, ils montrent au jour ce qui est sorti d'eux. Une femme en met dans ses mains. Un homme remplit aussi sa main de l'éjaculation d'un garçon; et ils disent à Dieu : « Nous te présentons cette « offrande qui est le corps de Christ. » Ensuite hommes et femmes avalent ce sperme, et s'écrient : « C'est la pâque. » Puis on prend du sang d'une femme qui a ses ordinaires, on l'avale, et on dit : « C'est le sang de Christ. »

Si un Père de l'Église a reproché ces horreurs à des chrétiens, nous ne devons pas regarder comme des calomniateurs insensés, des adorateurs de Zeus, de Jupiter, qui leur ont fait les mêmes imputations. Il se peut qu'ils se soient trompés. Il se peut aussi que les chrétiens aient été coupables de ces abominations, et qu'ils se soient corrigés dans la suite, comme la cour romaine substitue depuis longtemps la décence aux horribles débauches dont elle fut souillée pendant près de cinq cents ans. (*Note de Voltaire*, 1771.)

1. Voyez tome XVII, page 302.

impostures. On fait encore prédire clairement ce Jésus dans tout l'article 18, après avoir fait dire à Lévi, dans l'article 17, que les prêtres des Juifs font le péché de la chair avec des bêtes[1].

On supposa le testament de Moïse, d'Énoch, et de Joseph, leur ascension ou assomption dans le ciel, celle de Moïse, d'Abraham, d'Elda, de Moda, d'Élie, de Sophonie, de Zacharie, d'Habacuc.

On forgea, dans le même temps, le fameux livre d'Énoch, qui est le seul fondement de tout le mystère du christianisme, puisque c'est dans ce seul livre qu'on trouve l'histoire des anges[2] révoltés qui ont péché en paradis, et qui sont devenus diables en enfer. Il est démontré que les écrits attribués aux apôtres ne furent composés qu'après cette fable d'Énoch, écrite en grec par quelque chrétien d'Alexandrie : Jude, dans son épître, cite cet Énoch plus d'une fois ; il rapporte ses propres paroles ; il est assez dépourvu de sens pour assurer[3] qu'Énoch, *septième homme après Adam, a écrit des prophéties.*

Voilà donc ici deux impostures grossières avérées : celle du chrétien qui suppose des livres d'Énoch, et celle du chrétien qui suppose l'épître de Jude, dans laquelle les paroles d'Énoch sont rapportées ; il n'y eut jamais un mensonge plus grossier.

Il est très-inutile de rechercher quel fut le principal auteur de ces mensonges accrédités insensiblement ; mais il y a quelque apparence que ce fut un nommé Hégésippe, dont les fables eurent beaucoup de cours, et qui est cité par Tertullien, et ensuite copié par Eusèbe. C'est cet Hégésippe qui rapporte que Jude était de la race de David, que ses petits-fils vivaient sous l'empereur Domitien. Cet empereur, si on le croit, fut très-effrayé d'apprendre qu'il y avait des descendants de ce grand roi David, lesquels avaient un droit incontestable au trône de Jérusalem, et par conséquent au trône de l'univers entier. Il fit venir devant lui ces illustres princes ; mais, ayant vu ce qu'ils étaient, des gueux de l'ostière, il les renvoya sans leur faire de mal.

1 C'est une chose étonnante qu'il soit toujours parlé de la bestialité chez les Juifs. Nous n'avons, dans les auteurs romains, qu'un vers de Virgile (*Buc.*, III, 8) :

Novimus et qui te...

et des passages d'Apulée où il soit question de cette infamie. (*Note de Voltaire*, 1771.)

2. La fable du péché des anges vient des Indes, dont tout nous est venu ; elle fut connue des Juifs d'Alexandrie, et des chrétiens, qui l'adoptèrent fort tard. C'est la première pierre de l'édifice du christianisme. (*Id.*) — Le commencement de cette note jusqu'au mot *adoptèrent* inclusivement est de 1771 ; le reste, de 1775. (B.)

3. Verset 14.

Pour Jude, leur grand-père, qu'on met au rang des apôtres, on l'appelle tantôt Thadée, et tantôt Lebbée, comme nos coupeurs de bourse, qui ont toujours deux ou trois noms de guerre.

La prétendue lettre de Jésus-Christ à un prétendu roitelet de la ville d'Édesse, qui n'avait point alors de roitelet, le voyage de ce même Thadée auprès de ce roitelet, furent quatre cents ans en vogue chez les premiers chrétiens.

Quiconque écrivait un Évangile, ou quiconque se mêlait d'enseigner son petit troupeau naissant imputait à Jésus des discours et des actions dont nos quatre *Évangiles* ne parlent pas. C'est ainsi que dans les *Actes des apôtres*, au chapitre xx (verset 35), Paul cite ces paroles de Jésus : « Μακάριον ἔστι διδόναι μᾶλλον ἤ λαμβάνειν; il vaut mieux donner que de recevoir. » Ces paroles ne se trouvent ni dans Matthieu, ni dans Marc, ni dans Luc, ni dans Jean.

Les Voyages de Pierre, l'Apocalypse de Pierre, les Actes de Pierre, les Actes de Paul, de Thècle, les Lettres de Paul à Sénèque et de Sénèque à Paul, les Actes de Pilate, les Lettres de Pilate, sont assez connus des savants ; et ce n'est pas la peine de fouiller dans ces archives du mensonge et de l'ineptie.

On a poussé le ridicule jusqu'à écrire l'histoire de Claudia Procula, femme de Pilate.

Un malheureux nommé Abdias, qui passa incontestablement pour avoir vécu avec Jésus-Christ, et pour avoir été un des plus fameux disciples des apôtres, est celui qui nous a fourni l'histoire du combat de Pierre avec Simon, le prétendu magicien, si célèbre chez les premiers chrétiens. C'est sur cette seule imposture que s'est établie la croyance que Pierre est venu à Rome ; c'est à cette fable que les papes doivent toute leur grandeur, si honteuse pour le genre humain ; et cela seul rendrait cette grandeur précaire bien ridicule, si une foule de crimes ne l'avait rendue odieuse.

Voici donc ce que raconte cet Abdias, qui se prétend témoin oculaire. Simon Pierre Barjone étant venu à Rome sous Néron, Simon le Magicien y vint aussi. Un jeune homme, proche parent de Néron, mourut ; il fallait bien ressusciter un parent de l'empereur ; les deux Simons s'offrirent pour cette affaire. Simon le Magicien y mit la condition qu'on ferait mourir celui des deux qui ne pourrait pas réussir. Simon Pierre l'accepta, et l'autre Simon commença ses opérations ; le mort branla la tête : tout le peuple jeta des cris de joie. Simon Pierre demanda qu'on fît silence, et dit : « Messieurs, si le défunt est en vie, qu'il ait la bonté de se lever, de marcher, et de causer avec nous ; » le mort s'en donna bien de garde; alors Pierre lui dit de loin : « Mon fils, levez-vous, notre Seigneur Jésus-Christ vous guérit. » Le jeune homme se leva, parla, et marcha; et Simon Barjone le rendit à sa mère. Simon, son adversaire, alla se plaindre à Néron, et lui dit que Pierre n'était qu'un misérable charlatan et un ignorant. Pierre comparut devant l'empereur, et lui dit à l'oreille : « Croyez-moi, j'en sais plus que lui, et, pour vous le prouver, faites-moi donner secrètement deux pains d'orge; vous verrez que je devinerai ses pensées, et qu'il ne devinera pas les miennes. » On apporte à Pierre ces deux pains, il les cache dans sa manche. Aussitôt Simon fit paraître deux gros chiens, qui étaient ses anges tutélaires : ils voulurent dévorer Pierre, mais le madré leur jeta ses deux pains; les chiens les mangèrent, et ne firent nul mal à l'apôtre. « Eh bien, dit Pierre, vous voyez que je connaissais ses pensées, et qu'il ne connaissait pas les miennes. »

Le magicien demanda sa revanche; il promit qu'il volerait dans les airs comme Dédale; on lui assigna un jour : il vola en effet ; mais saint Pierre pria Dieu avec tant de larmes que Simon tomba et se cassa le cou. Néron, indigné d'avoir perdu un si bon machiniste par les prières de Simon Pierre, ne manqua pas de faire crucifier ce Juif la tête en bas.

Qui croirait que cette histoire est contée non-seulement par Abdias, mais par deux autres chrétiens contemporains, Hégésippe, dont nous avons déjà parlé[1], et Marcel? Mais ce Marcel ajoute de belles particularités de sa façon. Il ressemble aux écrivains d'évangile, qui se contredisent les uns les autres. Ce Marcel met Paul de la partie ; il ajoute seulement que Simon le Magicien, pour convaincre l'empereur de son savoir-faire, dit à ce prince : « Faites-moi le plaisir de me couper la tête, je vous promets de ressusciter le troisième jour. » L'empereur essaya la chose; on coupa la tête au magicien, qui reparut le troisième jour devant Néron avec la plus belle tête du monde sur ses épaules.

Que le lecteur maintenant fasse une réflexion avec moi : je suppose que les trois imbéciles Abdias, Hégésippe, et Marcel, qui racontent ces pauvretés, eussent été moins maladroits, qu'ils eussent inventé des contes plus vraisemblables sur les deux Simons, ne seraient-ils pas regardés aujourd'hui comme des Pères de l'Église irréfragables? Tous nos docteurs ne les citeraient-

---

1. Ci-dessus, page 248.

ils pas tous les jours comme d'irréprochables témoins? Ne prouverait-on pas à Oxford et en Sorbonne la vérité de leurs écrits par leur conformité avec les *Actes des apôtres*, et la vérité des *Actes des apôtres* par ces mêmes écrits d'Abdias, d'Hégésippe, et de Marcel? Leurs histoires sont assurément aussi authentiques que les *Actes des apôtres* et les *Évangiles;* elles sont parvenues jusqu'à nous de siècle en siècle par la même voie, et il n'y a pas plus de raison de rejeter les unes que les autres.

Je passe sous silence le reste de cette histoire, les beaux faits d'André, de Jacques le Majeur, de Jean, de Jacques le Mineur, de Matthieu, et de Thomas. Lira qui voudra ces inepties. Le même fanatisme, la même imbécillité, les ont toutes dictées; mais un ridicule trop long est trop insipide[1].

CHAPITRE XXI.

DES DOGMES ET DE LA MÉTAPHYSIQUE DES CHRÉTIENS DES PREMIERS SIÈCLES. — DE JUSTIN.

Justin, qui vivait sous les Antonins, est un des premiers qui aient eu quelque teinture de ce qu'on appelait philosophie: il fut aussi un des premiers qui donnèrent du crédit aux oracles des sibylles, à la Jérusalem nouvelle, et au séjour que Jésus-Christ devait faire sur la terre pendant mille ans. Il prétendit que toute la science des Grecs venait des Juifs. Il certifie, dans sa seconde apologie pour les chrétiens, que les dieux n'étaient que des diables qui venaient, en forme d'incubes et de succubes, coucher avec

---

1. Milord Bolingbroke a bien raison. C'est ce mortel ennui qu'on éprouve à la lecture de tous ces livres qui les sauve de l'examen auquel ils ne pourraient résister. Où sont les magistrats, les guerriers, les négociants, les cultivateurs, les gens de lettres même, qui aient jamais seulement entendu parler des Gestes du bienheureux apôtre André, de la Lettre de saint Ignace le martyr à la vierge Marie, et de la Réponse de la Vierge? Connaîtrait-on même un seul des livres des Juifs et des premiers chrétiens, si des hommes gagés pour les faire valoir n'en rebattaient pas continuellement nos oreilles, s'ils ne s'étaient pas fait un patrimoine de notre crédulité? Y a-t-il rien au monde de plus ridicule et de plus grossier que la fable du voyage de Simon Barjone à Rome? C'est cependant sur cette impertinence qu'est fondé le trône du pape: c'est ce qui a plongé tous les évêques de sa communion dans sa dépendance; c'est ce qui fait qu'ils s'intitulent évêques par la permission du saint-siége, quoiqu'ils soient égaux à lui par les lois de leur Église. C'est enfin ce qui a donné aux papes les domaines des empereurs en Italie. C'est ce qui a dépouillé trente seigneurs italiens pour enrichir cette idole. (*Note de Voltaire*, 1771.)

les hommes et avec les femmes, et que Socrate ne fut condamné à la ciguë que pour avoir prêché aux Athéniens cette vérité.

On ne voit pas que personne avant lui ait parlé du mystère de la Trinité, comme on en parle aujourd'hui. Si l'on n'a pas falsifié son ouvrage, il dit nettement, dans son exposition de la foi, « qu'au commencement il n'y eut qu'un Dieu en trois personnes, qui sont le Père, le Fils, et le Saint-Esprit; que le Père n'est pas engendré, et que le Saint-Esprit procède [1] ». Mais, pour expliquer cette Trinité d'une manière différente de Platon, il compare la Trinité à Adam. Adam, dit-il, ne fut point engendré; Adam s'identifie avec ses descendants : ainsi le Père s'identifie avec le Fils et le Saint-Esprit. Ensuite ce Justin écrivit contre Aristote; et on peut assurer que si Aristote ne s'entendait pas, Justin ne l'entendait pas davantage.

Il assure, dans l'article XLIII de ses réponses aux orthodoxes, que les hommes et les femmes ressusciteront avec les parties de la génération, attendu que ces parties les feront continuellement souvenir que sans elles ils n'auraient jamais connu Jésus-Christ, puisqu'ils ne seraient pas nés. Tous les Pères, sans exception, ont raisonné à peu près comme Justin ; et pour mener le vulgaire il ne faut pas de meilleurs raisonnements. Locke et Newton n'auraient point fait de religion.

Au reste ce Justin, et tous les Pères qui le suivirent, croyaient, comme Platon, à la préexistence des âmes ; et en admettant que l'âme est spirituelle, une espèce de vent, de souffle, d'air invisible, ils la faisaient en effet un composé de matière subtile. « L'âme est manifestement composée, dit Tatien dans son *Discours aux Grecs;* car comment pourrait-elle se faire connaître sans corps? » Arnobe parle encore bien plus positivement de la corporalité des âmes. « Qui ne voit, dit-il, que ce qui est immortel et simple ne peut souffrir aucune douleur ? L'âme n'est autre chose que le ferment de la vie, l'électuaire d'une chose dissoluble ; *fermentum vitæ, rei dissociabilis glutinum.* »

---

1. Il est très-vraisemblable que ces paroles ont été en effet ajoutées au texte de Justin, car comment se pourrait-il que Justin, qui vivait si longtemps avant Lactance, eût parlé ainsi de la Trinité, et que Lactance n'eût jamais parlé que du Père et du Fils?

Au reste, il est clair que les chrétiens n'ont jamais mis en avant ce dogme de la Trinité qu'à l'aide des platoniciens de leur secte. La Trinité est un dogme de Platon, et n'est certainement pas un dogme de Jésus, qui n'en avait jamais entendu parler dans son village. (*Note de Voltaire*, 1771.)

CHAPITRE XXII.

DE TERTULLIEN.

L'Africain Tertullien parut après Justin. Le métaphysicien Malebranche, homme célèbre dans son pays, lui donne sans détour l'épithète de fou, et les écrits de cet Africain justifient Malebranche. Le seul ouvrage de Tertullien qu'on lise aujourd'hui est son *Apologie pour la religion chrétienne*. Abbadie, Houteville [1], la regardent comme un chef-d'œuvre, sans qu'ils en citent aucun passage. Ce chef-d'œuvre consiste à injurier les Romains au lieu de les adoucir; à leur imputer des crimes, et à produire avec pétulance des assertions dont il n'apporte pas la plus légère preuve.

Il reproche aux Romains (chapitre IX) que les peuples de Carthage immolaient encore quelquefois en secret des enfants à Saturne, malgré les défenses expresses des empereurs sous peine de la vie [2]. C'était une occasion de louer la sagesse romaine, et non pas de l'insulter. Il leur reproche les combats des gladiateurs qu'on faisait combattre contre des animaux farouches, en avouant qu'on n'exposait ainsi que des criminels condamnés à la mort. C'était un moyen qu'on leur donnait de sauver leur vie par leur courage. Il fallait encore en louer les Romains : c'était les combats des gladiateurs volontaires qu'il eût dû condamner, et c'est de quoi il ne parle pas.

Il s'emporte (chapitre XXIII) jusqu'à dire : « Amenez-moi votre vierge céleste qui promet des pluies, et votre Esculape qui conserve la vie à ceux qui la doivent perdre quelque temps après : s'ils ne confessent pas qu'ils sont des diables (n'osant mentir

---

1. Abbadie et Houteville n'étaient-ils pas aussi fous que Tertullien ? (*Note de Voltaire*, 1776.)

2. Peut-on rien voir de plus ridicule que ce reproche de Tertullien aux Romains, de ce que les Carthaginois ont éludé la sagesse et la bonté de leurs lois en immolant des enfants secrètement?

Mais ce qu'il y a de plus horrible, c'est qu'il prétend, dans ce même chapitre IX, que plusieurs dames romaines avalaient le sperme de leurs amants. Quel rapport cette étrange impudicité pouvait-elle avoir avec la religion?

Tertullien était réellement fou; son livre du *Manteau* en est un assez bon témoignage. Il dit qu'il a quitté la robe pour le manteau, parce que les serpents changent leur peau, et les paons leurs plumes. C'est avec de pareilles raisons qu'il prouve son christianisme. Le fanatisme ne veut pas de meilleurs raisonnements. (*Id.*, 1771.)

devant un chrétien), versez le sang de ce chrétien téméraire; qu'y a-t-il de plus manifeste ? qu'y a-t-il de plus prouvé ? »

A cela tout lecteur sage répond : Qu'y a-t-il de plus extravagant et de plus fanatique que ce discours? Comment des statues auraient-elles avoué au premier chrétien venu qu'elles étaient des diables? En quel temps, en quel lieu, a-t-on vu un pareil prodige? Il fallait que Tertullien fût bien sûr que les Romains ne liraient pas sa ridicule apologie, et qu'on ne lui donnerait pas des statues d'Esculape à exorciser, pour qu'il osât avancer de telles absurdités.

Son chapitre xxxiie, qu'on n'a jamais remarqué, est très-remarquable. « *Nous prions Dieu*, dit-il, pour les empereurs et pour l'empire ; mais c'est que nous savons que la dissolution générale qui menace l'univers et la consommation des siècles en sera retardée. »

Misérable! tu n'aurais donc pas prié pour tes maîtres, si tu avais su que le monde dût subsister encore.

Que Tertullien veut-il dire dans son latin barbare? Entend-il le règne de mille ans? entend-il la fin du monde annoncée par Luc et par Paul, et qui n'était point arrivée? entend-il qu'un chrétien peut, par sa prière, empêcher Dieu de mettre fin à l'univers, quand Dieu a résolu de briser son ouvrage ? N'est-ce pas là l'idée d'un énergumène, quelque sens qu'on puisse lui donner ?

Une observation beaucoup plus importante, c'est qu'à la fin du second siècle il y avait déjà des chrétiens très-riches. Il n'est pas étonnant qu'en deux cents années leurs missionnaires ardents et infatigables eussent attiré enfin à leur parti des gens d'honnêtes familles. Exclus des dignités, parce qu'ils ne voulaient pas assister aux cérémonies instituées pour la prospérité de l'empire, ils exerçaient le négoce comme les presbytériens et autres non-conformistes ont fait en France et font chez nous ; ils s'enrichissaient. Leurs agapes étaient de grands festins; on leur reprochait déjà le luxe et la bonne chère. Tertullien en convient (chapitre xxxix) : « Oui, dit-il; mais dans les mystères d'Athènes et d'Égypte, ne fait-on pas bonne chère aussi ? Quelque dépense que nous fassions, elle est utile et pieuse, puisque les pauvres en profitent. *Quantiscumque sumptibus constet, lucrum est pietatis, siquidem inopes refrigerio isto juvamus.* »

Enfin le fougueux Tertullien se plaint de ce qu'on ne persécute pas les philosophes, et de ce qu'on réprime les chrétiens (chapitre xlvi). « Y a-t-il quelqu'un, dit-il, qui force un philosophe à sacrifier, à jurer par vos dieux? *Quis enim philosophum sacrificare aut dejerare*, etc. » Cette différence prouve évidemment que les philosophes n'étaient pas dangereux, et que les chrétiens l'étaient. Les philosophes se moquaient, avec tous les magistrats, des superstitions populaires; mais ils ne faisaient pas un parti, une faction dans l'empire, et les chrétiens commençaient à composer une faction si dangereuse qu'à la fin elle contribua à la destruction de l'empire romain. On voit, par ce seul trait, qu'ils auraient été les plus cruels persécuteurs s'ils avaient été les maîtres : leur secte, insociable, intolérante, n'attendait que le moment d'être en pleine liberté pour ravir la liberté au reste du genre humain.

Déjà Rutilius, préfet de Rome [1], disait de cette faction demi-juive et demi-chrétienne :

> Atque utinam nunquam Judæa subacta fuisset
> Pompeii bellis, imperioque Titi !
> Latius excisæ pestis contagia serpunt;
> Victoresque suos natio victa premit [2].

> Plût aux dieux que Titus, plût aux dieux que Pompée,
> N'eussent jamais dompté cette infâme Judée !
> Ses poisons parmi nous en sont plus répandus :
> Les vainqueurs opprimés vont céder aux vaincus.

On voit par ces vers que les chrétiens osaient étaler le dogme affreux de l'intolérance : ils criaient partout qu'il fallait détruire l'ancienne religion de l'empire, et on entrevoyait qu'il n'y avait

---

1. Milord Bolingbroke se trompe ici. Rutilius vivait plus d'un siècle après Justin ; mais cela même prouve combien tous les honnêtes Romains étaient indignés des progrès de la superstition. Elle fit des progrès prodigieux au IIIe siècle; elle devint un État dans l'État, et ce fut une très-grande politique dans Constance Chlore et dans son fils de se mettre à la tête d'une faction devenue si riche et si puissante. Il n'en était pas de même du temps de Tertullien. Son *Apologétique*, faite par un homme si obscur, en Afrique, ne fut pas plus connue des empereurs que les fatras de nos presbytériens n'ont été connus de la reine Anne. Aucun Romain n'a parlé de ce Tertullien. Tout ce que les chrétiens d'aujourd'hui débitent avec tant de faste était alors très-ignoré. Cette faction a prévalu : à la bonne heure; il faut bien qu'il y en ait une qui l'emporte sur les autres dans un pays. Mais que du moins elle ne soit point tyrannique; ou, si elle veut toujours ravir nos biens et se baigner dans notre sang, qu'on mette un frein à son avarice et à sa cruauté. (*Note de Voltaire*, 1771.)

2. Ces vers se trouvent dans le premier livre du poëme de Claudius Rutilius Numatianus, intitulé *Itinerarium*, ou *De Reditu*. L'auteur était Gaulois, et florissait au commencement du Ve siècle. Il ne reste de son ouvrage que le premier livre et soixante-huit vers du second. J.-J. Lefranc de Pompignan l'a traduit en français. (B.)

plus de milieu entre la nécessité de les exterminer, ou d'être bientôt exterminé par eux. Cependant telle fut l'indulgence du sénat qu'il y eut très-peu de condamnations à mort, comme l'avoue Origène dans sa réponse à Celse, au livre III.

Nous ne ferons pas ici une analyse des autres écrits de Tertullien : nous n'examinerons point son livre qu'il intitule le *Scorpion*, parce que les gnostiques piquent, à ce qu'il prétend, comme des scorpions ; ni son livre sur les manteaux, dont Malebranche s'est assez moqué. Mais ne passons pas sous silence son ouvrage sur l'âme : non-seulement il cherche à prouver qu'elle est matérielle, comme l'ont pensé tous les Pères des trois premiers siècles ; non-seulement il s'appuie de l'autorité du grand poëte Lucrèce,

> Tangere enim ac tangi, nisi corpus, nulla potest res;
> (Lib. I, v. 305.)

mais il assure que l'âme est figurée et colorée : voilà les champions de l'Église ; voilà ses Pères. Au reste, n'oublions pas qu'il était prêtre et marié : ces deux états n'étaient pas encore des sacrements, et les évêques de Rome ne défendirent le mariage aux prêtres que quand ils furent assez puissants et assez ambitieux pour avoir, dans une partie de l'Europe, une milice qui, étant sans famille et sans patrie, fût plus soumise à ses ordres.

CHAPITRE XXIII.

DE CLÉMENT D'ALEXANDRIE.

Clément, prêtre d'Alexandrie, appelle toujours les chrétiens *gnostiques*. Était-il d'une de ces sectes qui divisèrent les chrétiens et qui les diviseront toujours ? ou bien les chrétiens prenaient-ils alors le titre de *gnostiques* ? Quoi qu'il en soit, la seule chose qui puisse instruire et plaire dans ses ouvrages, c'est cette profusion de vers d'Homère, et même d'Orphée, de Musée, d'Hésiode, de Sophocle, d'Euripide, et de Ménandre, qu'il cite à la vérité mal à propos, mais qu'on relit toujours avec plaisir. C'est le seul des Pères des trois premiers siècles qui ait écrit dans ce goût ; il étale, dans son *Exhortation aux nations* et dans ses *Stromates*, une grande connaissance des anciens livres grecs, et des rites asiatiques et égyptiens ; il ne raisonne guère, et c'est tant mieux pour le lecteur.

Son plus grand défaut est de prendre toujours des fables inventées par des poëtes et par des romanciers pour le fond de la religion des Gentils, défaut commun aux autres Pères, et à tous les écrivains polémistes. Plus on impute de sottises à ses adversaires, plus on croit en être exempt ; ou plutôt on fait compensation de ridicule. On dit : Si vous trouvez mauvais que notre Jésus soit fils de Dieu, vous avez votre Bacchus, votre Hercule, votre Persée, qui sont fils de Dieu ; si notre Jésus a été transporté par le diable sur une montagne, vos géants ont jeté des montagnes à la tête de Jupiter. Si vous ne voulez pas croire que notre Jésus ait changé l'eau en vin dans une noce de village, nous ne croirons pas que les filles d'Anius aient changé tout ce qu'elles touchaient en blé, en vin, et en huile.

Le parallèle est très-long et très-exact des deux côtés.

Le plus singulier miracle de toute l'antiquité païenne, que rapporte Clément d'Alexandrie dans son *Exhortation*, c'est celui de Bacchus aux enfers. Bacchus ne savait pas le chemin ; un nommé Prosymnus, que Pausanias et Hygin appellent autrement, s'offrit à le lui enseigner, à condition qu'à son retour Bacchus (qui était fort joli) le payerait en faveurs, et qu'il souffrirait de lui ce que Jupiter fit à Ganymède, et Apollon à Hyacinthe. Bacchus accepta le marché, il alla aux enfers ; mais à son retour il trouva Prosymnus mort ; il ne voulut pas manquer à sa promesse, et, rencontrant un figuier auprès du tombeau de Prosymnus, il tailla une branche bien proprement en priape, il se l'enfonça, au nom de son bienfaiteur, dans la partie destinée à remplir sa promesse, et n'eut rien à se reprocher.

De pareilles extravagances, communes à presque toutes les anciennes religions, prouvent invinciblement que quiconque s'est écarté de la vraie religion, de la vraie philosophie, qui est l'adoration d'un Dieu sans aucun mélange ; quiconque, en un mot, s'est pu livrer aux superstitions, n'a pu dire que des choses insensées.

Mais, en bonne foi, ces fables milésiennes étaient-elles la religion romaine? Le sénat a-t-il jamais élevé un temple à Bacchus se sodomisant lui-même? à Mercure voleur? Ganymède a-t-il eu des temples? Adrien, à la vérité, fit ériger un temple à son ami Antinoüs, comme Alexandre à Éphestion ; mais les honorait-on en qualité de gitons? Y a-t-il une médaille, un monument, dont l'inscription fût à Antinoüs pédéraste? Les Pères de l'Église s'égayaient aux dépens de ceux qu'ils appelaient Gentils ; mais que les Gentils avaient de représailles à faire! et qu'un prétendu

Joseph mis dans la grande confrérie par un ange; et qu'un Dieu charpentier dont les aïeules étaient des adultères, des incestueuses, des prostituées; et qu'un Paul voyageant au troisième ciel; et qu'un mari[1] et sa femme frappés de mort pour n'avoir pas donné tout leur bien à Simon Barjone, fournissaient aux Gentils de terribles armes! Les anges de Sodome ne valent-ils pas bien Bacchus et Prosymnus, ou la fable d'Apollon et d'Hyacinthe?

Le bon sens est le même dans ce Clément que dans tous ses confrères[2]. Dieu, selon lui, a fait le monde en six jours, et s'est reposé le septième, parce qu'il y a sept étoiles errantes; parce que la petite ourse est composée de sept étoiles, ainsi que les pléiades; parce qu'il y a sept principaux anges; parce que la lune change de face tous les sept jours; parce que le septième jour est critique dans les maladies. C'est là ce qu'ils appellent la vraie philosophie, τὴν ἀληθῆν φιλοσοφίαν γνωστικήν. Voilà, encore une fois, les gens qui se préfèrent à Platon et à Cicéron; et il nous faudra révérer aujourd'hui tous ces obscurs pédants, que l'indulgence des Romains laissait débiter leurs rêveries fanatiques dans Alexandrie, où les dogmes du christianisme se formèrent principalement!

CHAPITRE XXIV.

D'IRÉNÉE.

Irénée, à la vérité, n'a ni science, ni philosophie, ni éloquence : il se borne presque toujours à répéter ce que disaient Justin, Tertullien, et les autres; il croit avec eux que l'âme est une figure légère et aérienne; il est persuadé du règne de mille ans dans une nouvelle Jérusalem descendue du ciel en terre. On voit dans son cinquième livre, chapitre XXXIII, quelle énorme quantité de farine produira chaque grain de blé, et combien de futailles il faudra pour chaque grappe de raisin dans cette belle ville[3]; il attend l'antechrist au bout de ces mille années, et explique merveilleusement le chiffre 666, qui est la marque de la bête. Nous avouons qu'en tout cela il ne diffère point des autres Pères de l'Église.

---

1. Ananias; voyez *Actes des apôtres*, chap. v.
2. *Stromat.*, VI. (*Note de Voltaire*, 1767.)
3. Chaque cep produisait dix mille grappes; chaque grappe, dix mille raisins; chaque raisin, dix mille amphores. (*Id.* 1771.)

Mais une chose assez importante, et qu'on n'a peut-être pas assez relevée, c'est qu'il assure que Jésus est mort à cinquante ans passés, et non pas à trente et un, ou à trente-trois, comme on peut l'inférer des *Évangiles*.

Irénée [1] atteste les *Évangiles* pour garants de cette opinion; il prend à témoin tous les vieillards qui ont vécu avec Jean, et avec les autres apôtres; il déclare positivement qu'il n'y a que ceux qui sont venus trop tard pour connaître les apôtres qui puissent être d'une opinion contraire. Il ajoute même, contre sa coutume, à ces preuves de fait un raisonnement assez concluant.

L'*Évangile de Jean* fait dire à Jésus [2] : « Votre père Abraham a été exalté pour voir mes jours: il les a vus, et il s'en est bien réjoui; » et les Juifs lui répondirent [3] : « Es-tu fou? tu n'as pas encore cinquante ans, et tu te vantes d'avoir vu notre père Abraham ? »

Irénée conclut de là que Jésus était près de sa cinquantième quand les Juifs lui parlaient ainsi. En effet, si ce Jésus avait été alors âgé de trente années au plus, on ne lui aurait pas parlé de cinquante années. Enfin, puisque Irénée appelle en témoignage tous les *Évangiles* et tous les vieillards qui avaient ces écrits entre les mains, les *Évangiles* de ce temps-là n'étaient donc pas ceux que nous avons aujourd'hui. Ils ont été altérés comme tant d'autres livres. Mais, puisqu'on les changea, on devait donc les rendre un peu plus raisonnables.

CHAPITRE XXV.

D'ORIGÈNE, ET DE LA TRINITÉ.

Clément d'Alexandrie avait été le premier savant parmi les chrétiens. Origène fut le premier raisonneur. Mais quelle philosophie que celle de son temps! Il fut au rang des enfants célèbres, et enseigna de très-bonne heure dans cette grande ville d'Alexandrie, où les chrétiens tenaient une école publique: les chrétiens n'en avaient point à Rome. Et en effet, parmi ceux qui prenaient le titre d'évêques de Rome, on ne compte pas un seul homme illustre : ce qui est très-remarquable. Cette Église, qui devint

---

1. Irénée, liv. II, chap. xxii, édition de Paris, 1710. (*Note de Voltaire*, 1767.)
2. viii, 56.
3. viii, 57.

ensuite si puissante et si fière, tint tout des Égyptiens et des Grecs.

Il y avait sans doute une grande dose de folie dans la philosophie d'Origène, puisqu'il s'avisa de se couper les testicules. Épiphane a écrit qu'un préfet d'Alexandrie lui avait donné l'alternative, de servir de Ganymède à un Éthiopien, ou de sacrifier aux dieux, et qu'il avait sacrifié pour n'être point sodomisé par un vilain Éthiopien [1].

Si c'est là ce qui le détermina à se faire eunuque, ou si ce fut une autre raison, c'est ce que je laisse à examiner aux savants qui entreprendront l'histoire des eunuques; je me borne ici à l'histoire des sottises de l'esprit humain.

Il fut le premier qui donna de la vogue au *nonsense*, au galimatias de la Trinité, qu'on avait oublié depuis Justin. On commençait dès lors chez les chrétiens à oser regarder le fils de Marie comme Dieu, comme une émanation du Père, comme le premier *Éon,* comme identifié en quelque sorte avec le Père; mais on n'avait pas fait encore un Dieu du Saint-Esprit. On ne s'était pas avisé de falsifier je ne sais quelle épître attribuée à Jean, dans laquelle on inséra ces paroles ridicules [2] : « Il y en a trois qui donnent témoignage dans le ciel, le Père, le Verbe, et l'Esprit saint. » Serait-ce ainsi qu'on devrait parler de trois substances ou personnes divines, composant ensemble le Dieu créateur du monde? dirait-on qu'ils donnent témoignage? D'autres exemplaires portent ces paroles plus ridicules encore : « Il y en a trois qui rendent témoignage en terre, l'esprit, l'eau, et le sang, et ces trois ne sont qu'un [3]. » On ajouta encore dans d'autres copies : *et*

---

1. Épiphan., *Hæres.* 64, chap. II. (*Note de Voltaire,* 1767.)
2. Ire épître de saint Jean, v. 7.
3. On se tourmente beaucoup pour savoir si ces paroles sont de Jean, ou si elles n'en sont pas. Ceux des christicoles qui les rejettent attestent l'ancien manuscrit du Vatican, où elles ne se trouvent point ; ceux qui les admettent se prévalent de manuscrits plus nouveaux. Mais, sans entrer dans cette discussion inutile, ou ces lignes sont de Jean, ou elles n'en sont pas. Si elles en sont, il fallait enfermer Jean dans le Bedlam de ces temps-là, s'il y en avait un; s'il n'en est pas l'auteur, elles sont d'un faussaire bien sot et bien impudent.

Il faut avouer que rien n'était plus commun chez les premiers christicoles que ces suppositions hardies. On ne pouvait en découvrir la fausseté, tant ces œuvres de mensonge étaient rares, tant la faction naissante les dérobait avec soin à ceux qui n'étaient pas initiés à leurs mystères !

Nous avons déjà remarqué que le crime le plus horrible aux yeux de cette secte était de montrer aux Gentils ce qu'elle appelait les saints livres. Quelle abominable contradiction chez ces malheureux! Ils disaient : Nous devons prêcher le christianisme dans toute la terre ; et ils ne montraient à personne les écrits dans lesquels ce christianisme est contenu. Que diriez-vous d'une douzaine de gueux *ces trois sont un en Jésus.* Aucun de ces passages, tous différents les uns des autres, ne se trouve dans les anciens manuscrits ; aucun des Pères des trois premiers siècles ne les cite ; et d'ailleurs quel fruit en pourraient recueillir ceux qui admettent ces falsifications ? comment pourront-ils entendre que l'esprit, l'eau, et le sang, font la Trinité, et ne sont qu'un ? est-ce parce qu'il est dit[1] que Jésus sua sang et eau, et qu'il rendit l'esprit ? Quel rapport de ces trois choses à un Dieu en trois hypostases ?

La trinité de Platon était d'une autre espèce ; on ne la connaît guère : la voici telle qu'on peut la découvrir dans son *Timée*. Le Demiourgos éternel est la première cause de tout ce qui existe ; son idée archétype est la seconde ; l'âme universelle, qui est son ouvrage, est la troisième. Il y a quelque sens dans cette opinion de Platon. Dieu conçoit l'idée du monde, Dieu le fait, Dieu l'anime ; mais jamais Platon n'a été assez fou pour dire que cela composait trois personnes en Dieu. Origène était platonicien ; il prit ce qu'il put de Platon, il fit une trinité à sa mode. Ce système resta si obscur dans les premiers siècles que Lactance, du temps de l'empereur Constantin, parlant au nom de tous les chrétiens, expliquant la créance de l'Église, et s'adressant à l'empereur même, ne dit pas un mot de la Trinité ; au contraire, voici comme il parle, au chapitre XXIX du livre IV de ses *Institutions* : « Peut-être quelqu'un me demandera comment nous adorons un seul Dieu, quand nous assurons qu'il y en a deux, le Père et le Fils ; mais nous ne les distinguons point parce que le Père ne peut pas être sans son Fils, et le Fils sans son Père. »

Le Saint-Esprit fut entièrement oublié par Lactance, et quelques années après on n'en fit qu'une commémoration fort légère, et par manière d'acquit, au concile de Nicée : car après avoir fait la déclaration aussi solennelle qu'inintelligible de ce dogme son ouvrage, que le Fils est consubstantiel au Père, le concile se contente de dire simplement : *Nous croyons aussi au Saint-Esprit*[2].

---

qui viendraient dans la salle de Westminster réclamer le bien d'un homme mort dans le pays de Galles, et qui ne voudraient pas montrer son testament ? (*Note de Voltaire*, 1771.) — C'est ci-dessus, page 247, et tome XIX, page 42, que Voltaire avait fait la remarque dont il parle au commencement du dernier alinéa.

1. Luc, XXII, 44.

2. Quelle malheureuse équivoque que ce Saint-Esprit, cet *agion pneuma*, dont ces christicoles ont fait un troisième Dieu ! ce mot ne signifiait que souffle. Vous trouverez dans l'*Évangile* attribué à Jean, chapitre XX, v. 22 : « Quand il dit ces choses, il souffla sur eux, et leur dit : Recevez le Saint-Esprit. »

Remarquez que c'était une ancienne cérémonie des magiciens, de souffler dans la bouche de ceux qu'ils voulaient ensorceler. Voilà donc l'origine du troi-

On peut dire qu'Origène jeta les premiers fondements de cette métaphysique chimérique qui n'a été qu'une source de discorde, et qui était absolument inutile à la morale. Il est évident qu'on pouvait être aussi honnête homme, aussi sage, aussi modéré, avec une hypostase qu'avec trois, et que ces inventions théologiques n'ont rien de commun avec nos devoirs.

Origène attribue un corps délié à Dieu, aussi bien qu'aux anges et à toutes les âmes ; et il dit que Dieu le père et Dieu le fils sont deux substances différentes ; que le Père est plus grand que le Fils, le Fils plus grand que le Saint-Esprit, et le Saint-Esprit plus grand que les anges. Il dit que le Père est bon par lui-même ; mais que le Fils n'est pas bon par lui-même ; que le Fils n'est pas la vérité part rapport à son Père, mais l'image de la vérité par rapport à nous ; qu'il ne faut pas adorer le Fils, mais le Père ; que c'est au Père seul qu'on doit adresser ses prières ; que le Fils apporta du ciel la chair dont il se revêtit dans le sein de Marie, et qu'en montant au ciel il laissa son corps dans le soleil.

Il avoue que la vierge Marie, en accouchant du Fils de Dieu, se délivra d'un arrière-faix comme une autre ; ce qui l'obligea de se purifier dans le temple juif : car on sait bien que rien n'est si impur qu'un arrière-faix. Le dur et pétulant Jérôme lui a reproché aigrement, environ cent cinquante années après sa mort, beaucoup d'opinions semblables qui valent bien les opinions de Jérôme : car dès que les premiers chrétiens se mêlèrent d'avoir des dogmes, ils se dirent de grosses injures, et annoncèrent de loin les guerres civiles qui devaient désoler le monde pour des arguments.

N'oublions pas qu'Origène se signala plus que tout autre en tournant tous les faits de l'Écriture en allégories ; et il faut avouer que ces allégories sont fort plaisantes. La graisse des sacrifices est l'âme de Jésus-Christ ; la queue des animaux sacrifiés est la persévérance dans les bonnes œuvres. S'il est dit dans l'*Exode*, chapitre XXXIII, que Dieu met Moïse dans la fente d'un rocher afin que Moïse voie les fesses de Dieu, mais non pas son visage, cette fente du rocher est Jésus-Christ, au travers duquel on voit Dieu le père par derrière[1].

---

sième dieu de ces énergumènes ; y a-t-il rien au fond de plus blasphématoire et de plus impie ? et les musulmans n'ont-ils pas raison de les regarder comme d'infâmes idolâtres ? (*Note de Voltaire*, 1771.)

1. C'était une très-ancienne croyance superstitieuse, chez presque tous les peuples, qu'on ne pouvait voir les dieux tels qu'ils sont, sans mourir. C'est pourquoi Sémélé fut consumée pour avoir voulu coucher avec Jupiter tel qu'il était.

En voilà, je pense, assez pour faire connaître les Pères, et pour faire voir sur quels fondements on a bâti l'édifice le plus monstrueux qui ait jamais déshonoré la raison. Cette raison a dit à tous les hommes : La religion doit être claire, simple, universelle, à la portée de tous les esprits, parce qu'elle est faite pour tous les cœurs; sa morale ne doit point être étouffée sous le dogme, rien d'absurde ne doit la défigurer. En vain la raison a tenu ce langage; le fanatisme a crié plus haut qu'elle. Et quels maux n'a pas produits ce fanatisme?

CHAPITRE XXVI.

DES MARTYRS.

Pourquoi les Romains ne persécutèrent-ils jamais pour leur religion aucun de ces malheureux Juifs abhorrés, ne les obligèrent-ils jamais de renoncer à leurs superstitions, leur laissèrent-ils leurs rites et leurs lois, et leur permirent-ils des synagogues dans Rome, les comptèrent-ils même parmi les citoyens à qui on faisait des largesses de blé? Et d'où vient que ces mêmes Romains, si indulgents, si libéraux envers ces malheureux Juifs, furent-ils, vers le IIIe siècle, plus sévères envers les adorateurs d'un Juif? N'est-ce point parce que les Juifs, occupés de vendre des chiffons et des philtres, n'avaient pas la rage d'exterminer la religion de l'empire, et que les chrétiens intolérants étaient possédés de cette rage[1]?

Une des plus fortes contradictions innombrables dont tous les livres juifs fourmillent se trouve dans ce verset de l'*Exode* [XXXIII, 23] : « Tu ne pourras voir que mon derrière. » Le livre des *Nombres*, chapitre XII [verset 8], dit expressément que Dieu se faisait voir à Moïse comme un ami à un ami; qu'il voyait Dieu face à face, et qu'ils se parlaient bouche à bouche.

Nos pauvres théologiens se tirent d'affaire en disant qu'il faut entendre un passage dans le sens propre, et l'autre dans un sens figuré. Ne faudrait-il pas leur donner des vessies de cochons par le nez, dans le sens figuré et dans le sens propre? (*Note de Voltaire*, 1771.)

1. Il n'y a rien certainement à répondre à cette assertion de milord Bolingbroke. Il est démontré que les anciens Romains ne persécutèrent personne pour ses dogmes. Cette exécrable horreur n'a jamais été commise que par les chrétiens, et surtout par les Romains modernes. Aujourd'hui même encore, il y a dix mille Juifs à Rome qui sont très-protégés, quoi qu'on sache bien qu'ils regardent Jésus comme un imposteur. Mais si un chrétien s'avise de crier dans l'église de Saint-Pierre, ou dans la place Navone, que trois font trois, et que le pape n'est pas infaillible, il sera brûlé infailliblement.

Je mets en fait que les chrétiens ne furent jamais persécutés que comme des

On punit en effet au iiie siècle quelques-uns des plus fanatiques ; mais en si petit nombre qu'aucun historien romain n'a daigné en parler. Les Juifs, révoltés sous Vespasien, sous Trajan, sous Adrien, furent toujours cruellement châtiés comme ils le méritaient : on leur défendit même d'aller dans leur petite ville de Jérusalem, dont on abolit jusqu'au nom, parce qu'elle avait été toujours le centre de la révolte ; mais il leur fut permis de circoncire leurs enfants sous les murs du Capitole, et dans toutes les provinces de l'empire.

Les prêtres d'Isis furent punis à Rome sous Tibère. Leur temple fut démoli, parce que ce temple était un marché de prostitution, et un repaire de brigands ; mais on permit aux prêtres et prêtresses d'Isis d'exercer leur métier partout ailleurs. Leurs troupes allaient impunément en procession de ville en ville ; ils faisaient des miracles, guérissaient les maladies, disaient la bonne aventure, dansaient la danse d'Isis avec des castagnettes. C'est ce qu'on peut voir amplement dans *Apulée*. Nous observerons ici que ces mêmes processions se sont perpétuées jusqu'à nos jours. Il y a encore en Italie quelques restes de ces anciens vagabonds, qu'on appelle *Zingari*, et chez nous *Gipsies*, qui est l'abrégé d'Égyptiens, et qu'on a, je crois, nommés Bohèmes en France. La seule différence entre eux et les Juifs, c'est que les Juifs, ayant toujours exercé le commerce comme les Banians, se sont maintenus ainsi que les Banians, et que les troupes d'Isis, étant en très-petit nombre, sont presque anéanties.

Les magistrats romains, qui donnaient tant de liberté aux Isiaques et aux Juifs, en usaient de même avec toutes les autres sectes du monde. Chaque dieu était bienvenu à Rome :

Dignus Roma locus, quo deus omnis eat.
(Ovide, *Fast.*, lib. IV, v. 270.)

Tous les dieux de la terre étaient devenus citoyens de Rome. Aucune secte n'était assez folle pour vouloir subjuguer les autres ; ainsi toutes vivaient en paix.

La secte chrétienne fut la seule qui, sur la fin du second siècle de notre ère, osât dire qu'elle voulait donner l'exclusion à tous les rites de l'empire, et qu'elle devait non-seulement dominer, mais écraser toutes les religions ; les christicoles ne cessaient de

factieux destructeurs des lois de l'empire ; et ce qui démontre qu'ils voulaient commettre ce crime, c'est qu'ils l'ont commis. (*Note de Voltaire*, 1771.)

dire que leur Dieu était un Dieu jaloux : belle définition de l'Être des êtres, que de lui imputer le plus lâche des vices!

Les enthousiastes, qui prêchaient dans leurs assemblées, formaient un peuple de fanatiques. Il était impossible que parmi tant de têtes échauffées il ne se trouvât des insensés qui insultassent les prêtres des dieux, qui troublassent l'ordre public, qui commissent des indécences punissables. C'est ce que nous avons vu arriver chez tous les sectaires de l'Europe, qui tous, comme nous le prouverons, ont eu infiniment plus de martyrs égorgés par nos mains que les chrétiens n'en ont jamais eu sous les empereurs.

Les magistrats romains, excités par les plaintes du peuple, purent s'emporter quelquefois à des cruautés indignes ; ils purent envoyer des femmes à la mort, quoique assurément cette barbarie ne soit point prouvée. Mais qui osera reprendre les Romains d'avoir été trop sévères, quand on voit le chrétien Marcel, centurion[1], jeter sa ceinture militaire et son bâton de commandant au milieu des aigles romaines, en criant d'un voix séditieuse : « Je ne veux servir que Jésus-Christ, le roi éternel ; je renonce aux empereurs » ? Dans quelle armée aurait-on laissé impunie une insolence si pernicieuse? Je ne l'aurais pas soufferte assurément dans le temps que j'étais secrétaire d'État de la guerre, et le duc de Marlborough ne l'eût pas soufferte plus que moi.

S'il est vrai que Polyeucte en Arménie, le jour où l'on rendait grâces aux dieux dans le temple pour une victoire signalée, ait choisi ce moment pour renverser les statues, pour jeter l'encens par terre, n'est-ce pas en tout pays le crime d'un insensé?

Quand le diacre Laurent refuse au préfet de Rome de contribuer aux charges publiques ; quand, ayant promis de donner quelque argent du trésor des chrétiens, qui était considérable, il n'amène que des gueux au lieu d'argent, n'est-ce pas visiblement insulter l'empereur, n'est-ce pas être criminel de lèse-majesté? Il est fort douteux qu'on ait fait faire un gril de six pieds pour cuire Laurent, mais il est certain qu'il méritait punition.

L'ampoulé Grégoire de Nysse fait l'éloge de saint Théodore, qui s'avisa de brûler dans Amazée le temple de Cybèle, comme on dit qu'Érostrate avait brûlé le temple de Diane. On a osé faire un saint de cet incendiaire, qui certainement méritait le plus grand supplice. On nous fait adorer ce que nous punissons par le dernier supplice.

---

1. Voyez tome XVIII, page 386 ; et XXIV, 485.

Tous les martyres d'ailleurs, que tant d'écrivains ont copiés de siècle en siècle, ressemblent tellement à la *Légende dorée* qu'en vérité il n'y a pas un seul de ces contes qui ne fasse pitié. Un de ces premiers contes est celui de Perpétue et de Félicité. Perpétue vit une échelle d'or qui allait jusqu'au ciel. (Jacob n'en avait vu qu'une de bois : cela marque la supériorité de la loi nouvelle.) Perpétue monte à l'échelle : elle voit dans un jardin un grand berger blanc qui trayait ses brebis, et qui lui donne une cuillerée de lait caillé. Après trois ou quatre visions pareilles, on expose Perpétue et Félicité à un ours et à une vache.

Un bénédictin français, nommé Ruinart[1], croyant répondre à notre savant compatriote Dodwell, a recueilli de prétendus actes de martyrs, qu'il appelle les *Actes sincères*. Ruinart commence par le martyre de Jacques, frère aîné de Jésus, rapporté dans l'*Histoire ecclésiastique* d'Eusèbe, trois cent trente années après l'événement.

Ne cessons jamais d'observer que Dieu avait des frères hommes. Ce frère aîné, dit-on, était un Juif très-dévot ; il ne cessait de prier ni de sacrifier dans le temple juif, même après la descente du Saint-Esprit ; il n'était donc pas chrétien. Les Juifs l'appelaient *Oblia le juste* ; on le prie de monter sur la plate-forme du temple pour déclarer que Jésus était un imposteur : ces Juifs étaient donc bien sots de s'adresser au frère de Jésus. Il ne manqua pas de déclarer sur la plate-forme que son cadet était le sauveur du monde, et il fut lapidé.

Que dirons-nous de la conversation d'Ignace avec l'empereur Trajan, qui lui dit : *Qui es-tu, esprit impur ?* et de la bienheureuse Symphorose, qui fut dénoncée à l'empereur Adrien par ses dieux lares? et de Polycarpe, à qui les flammes d'un bûcher n'osèrent toucher, mais qui ne put résister au tranchant du glaive? et du soulier de la martyre sainte Épipode, qui guérit un gentilhomme de la fièvre?

Et de saint Cassien, maître d'école, qui fut fessé par ses écoliers? et de sainte Potamienne, qui, n'ayant pas voulu coucher avec le gouverneur d'Alexandrie, fut plongée trois heures entières dans la poix-résine bouillante, et en sortit avec la peau la plus blanche et la plus fine?

Et de Pionius, qui resta sain et sauf au milieu des flammes, et qui en mourut je ne sais comment?

Et du comédien Genest, qui devint chrétien en jouant une

---

1. Voyez tome XIV, page 125.

farce[1] devant l'empereur Dioclétien, et qui fut condamné par cet empereur dans le temps qu'il favorisait le plus les chrétiens? Et d'une légion thébaine, laquelle fut envoyée d'Orient en Occident pour aller réprimer la sédition des Bagaudes, qui était déjà réprimée, et qui fut martyrisée tout entière dans un temps où l'on ne martyrisait personne, et dans un lieu où il n'est pas possible de mettre quatre cents hommes en bataille; et qui enfin fut transmise au public par écrit, deux cents ans après cette belle aventure?

Ce serait un ennui insupportable de rapporter tous ces prétendus martyrs. Cependant je ne peux m'empêcher de jeter encore un coup d'œil sur quelques martyrs des plus célèbres.

Nilus, témoin oculaire à la vérité, mais qui est inconnu (et c'est grand dommage), assure que son ami saint Théodote, cabaretier de son métier, faisait tous les miracles qu'il voulait. C'était à lui de changer l'eau en vin; mais il aimait mieux guérir les malades en les touchant du bout du doigt. Le cabaretier Théodote[2] rencontra un curé de la ville d'Ancyre dans un pré; ils trouvèrent ce pré tout à fait propre à y bâtir une chapelle dans un temps de persécution : « Je le veux bien, dit le prêtre, mais il me faut des reliques. — Qu'à cela ne tienne, dit le saint, vous en aurez bientôt; et voilà ma bague que je vous donne en gage. » Il était bien sûr de son fait, comme vous l'allez voir.

On condamna bientôt sept vierges chrétiennes d'Ancyre, de soixante et dix ans chacune, à *être livrées aux brutales passions des jeunes gens de la ville*. La *Légende* ne manque pas de remarquer que ces demoiselles étaient très-ridées; et ce qui est fort étonnant, c'est que ces jeunes gens ne leur firent pas la moindre avance, à l'exception d'un seul qui, ayant en sa personne *de quoi négliger ce point-là,* voulut tenter l'aventure, et s'en dégoûta bientôt. Le gouverneur, extrêmement irrité que ces sept vieilles n'eussent pas subi le supplice qu'il leur destinait, les fit prêtresses de Diane : ce que ces vierges chrétiennes acceptèrent sans difficulté. Elles furent nommées pour aller laver la statue de Diane dans le lac voisin; elles étaient toutes nues, car c'était sans doute l'usage que la chaste Diane ne fût jamais servie que par des filles nues, quoiqu'on n'approchât jamais d'elle qu'avec un grand voile. Deux

---

1. Il contrefaisait le malade, disent les *Actes sincères*. « Je suis bien lourd, disait Genest. — Veux-tu qu'on te fasse raboter? — Non, je veux qu'on me donne l'extrême-onction des chrétiens. » Aussitôt deux acteurs l'oignirent, et il fut converti sur-le-champ. Vous remarquerez que, du temps de Dioclétien, l'extrême-onction était absolument inconnue dans l'Église latine. (*Note de Voltaire*, 1771.)

2. Voyez tome XX, page 42.

chœurs de ménades et de bacchantes, armées de thyrses, précédaient le char, selon la remarque judicieuse de l'auteur, qui prend ici Diane pour Bacchus ; mais, comme il a été témoin oculaire, il n'y a rien à lui dire.

Saint Théodote tremblait que ces sept vierges ne succombassent à quelques tentations : il était en prières, lorsque sa femme vint lui apprendre qu'on venait de jeter les sept vieilles dans le lac ; il remercia Dieu d'avoir ainsi sauvé leur pudicité. Le gouverneur fit faire une garde exacte autour du lac, pour empêcher les chrétiens, qui avaient coutume de marcher sur les eaux, de venir enlever leurs corps. Le saint cabaretier était au désespoir : il allait d'église en église, car tout était plein de belles églises pendant ces affreuses persécutions ; mais les païens, rusés, avaient bouché toutes les portes. Le cabaretier prit alors le parti de dormir : l'une des vieilles lui apparut dans son premier sommeil ; c'était, ne vous déplaise, sainte Thécuse, qui lui dit en propres mots : « Mon cher Théodote, souffrirez-vous que nos corps soient mangés par des poissons ? »

Théodote s'éveille, il résolut de repêcher les saintes du fond du lac au péril de sa vie. Il fait tant qu'au bout de trois jours, ayant donné aux poissons le temps de les manger, il court au lac par une nuit noire avec deux braves chrétiens.

Un cavalier céleste se met à leur tête, portant un grand flambeau devant eux pour empêcher les gardes de les découvrir : le cavalier prend sa lance, fond sur les gardes, les met en fuite ; c'était, comme chacun sait, saint Sozlandre, ancien ami de Théodote, lequel avait été martyrisé depuis peu. Ce n'est pas tout ; un orage violent mêlé de foudres et d'éclairs et accompagné d'une pluie prodigieuse, avait mis le lac à sec. Les sept vieilles sont repêchées et proprement enterrées.

Vous croyez bien que l'attentat de Théodote fut bientôt découvert ; le cavalier céleste ne put l'empêcher d'être fouetté et appliqué à la question. Quand Théodote eut été bien étrillé, il cria aux chrétiens et aux idolâtres : « Voyez, mes amis, de quelles grâces notre Seigneur Jésus comble ses serviteurs ! il les fait fouetter jusqu'à ce qu'ils n'aient plus de peau, et leur donne la force de supporter tout cela ; » enfin il fut pendu.

Son ami Fronton le curé fit bien voir alors que le saint était cabaretier : car en ayant reçu précédemment quelques bouteilles d'excellent vin, il enivra les gardes, et emporta le pendu, lequel lui dit : « Monsieur le curé, je vous avais promis des reliques, je vous ai tenu parole. »

Cette histoire admirable est une des plus avérées. Qui pourrait en douter après le témoignage du jésuite Bollandus et du bénédictin Ruinart ?

Ces contes de vieilles me dégoûtent ; je n'en parlerai pas davantage. J'avoue qu'il y eut en effet quelques chrétiens suppliciés en divers temps, comme des séditieux qui avaient l'insolence d'être intolérants et d'insulter le gouvernement. Ils eurent la couronne du martyre, et la méritaient bien. Ce que je plains, c'est de pauvres femmes imbéciles, séduites par ces non-conformistes. Ils étaient bien coupables d'abuser de la facilité de ces faibles créatures, et d'en faire des énergumènes ; mais les juges qui en firent mourir quelques-unes étaient des barbares.

Dieu merci, il y eut peu de ces exécutions. Les païens furent bien loin d'exercer sur ces énergumènes les cruautés que nous avons depuis si longtemps déployées les uns contre les autres. Il semble que surtout les papistes aient forgé tant de martyrs imaginaires dans les premiers siècles pour justifier les massacres dont leur Église s'est souillée.

Une preuve bien forte qu'il n'y eut jamais de grandes persécutions contre les premiers chrétiens, c'est qu'Alexandrie, qui était le centre, le chef-lieu de la secte, eut toujours publiquement une école du christianisme ouverte, comme le Lycée, le Portique, et l'Académie d'Athènes. Il y eut une suite de professeurs chrétiens. Pantène succéda publiquement à un Marc, qu'on a pris mal à propos pour Marc l'apôtre. Après Pantène vient Clément d'Alexandrie, dont la chaire fut ensuite occupée par Origène, qui laissa une foule de disciples. Tant qu'ils se bornèrent à ergoter, ils furent paisibles ; mais lorsqu'ils s'élevèrent contre les lois et la police publique, ils furent punis. On les réprima surtout sous l'empire de Décius ; Origène même fut mis en prison. Cyprien, évêque de Carthage, ne dissimule pas que les chrétiens s'étaient attiré cette persécution. « Chacun d'eux, dit-il dans son livre *Des Tombés*, court après les biens et les honneurs avec une fureur insatiable. Les évêques sont sans religion, les femmes sans pudeur ; la friponnerie règne ; on jure, on se parjure ; les animosités divisent les chrétiens ; les évêques abandonnent les chaires pour courir aux foires, et pour s'enrichir par le négoce ; enfin nous nous plaisons à nous seuls, et nous déplaisons à tout le monde. »

Il n'est pas étonnant que ces chrétiens eussent de violentes querelles avec les partisans de la religion de l'empire, que l'intérêt entrât dans ces querelles, qu'elles causassent souvent des troubles violents, et qu'enfin ils s'attirassent une persécution. Le fameux jurisconsulte Ulpien avait regardé la secte comme une faction très-dangereuse, et qui pouvait un jour servir à la ruine de l'État; en quoi il ne se trompa point.

CHAPITRE XXVII.

DES MIRACLES.

Après les merveilles orientales de l'Ancien Testament; après que, dans le Nouveau, Dieu, emporté sur une montagne par le diable[1], en est descendu pour changer des cruches d'eau en cruches de vin[2]; qu'il a séché un figuier[3], parce que ce figuier n'avait pas de figues sur la fin de l'hiver; qu'il a envoyé des diables[4] dans le corps de deux mille cochons; après, dis-je, qu'on a vu toutes ces belles choses, il n'est pas étonnant qu'elles aient été imitées.

Pierre Simon Barjone a très-bien fait de ressusciter la couturière Dorcas : c'est bien le moins qu'on puisse faire pour une fille qui raccommodait *gratis* les tuniques des fidèles. Mais je ne passe point à Simon Pierre Barjone d'avoir fait mourir de mort subite Ananie et sa femme Saphire[5], deux bonnes créatures, qu'on suppose avoir été assez sottes pour donner tous leurs biens aux apôtres. Leur crime était d'avoir retenu de quoi subvenir à leurs besoins pressants.

O Pierre! ô apôtres désintéressés! quoi! déjà vous persuadez à vos dirigés de vous donner leur bien! De quel droit ravissez-vous ainsi toute la fortune d'une famille? Voilà donc le premier exemple de la rapine de votre secte, et de la rapine la plus punissable? Venez à Londres faire le même manége, et vous verrez si les héritiers de Saphire et d'Ananie ne vous feront pas rendre gorge, et si le grand juré vous laissera impunis. — Mais ils ont donné leur argent de bon gré! — Mais vous les avez séduits pour les dépouiller de leur bon gré.—Ils ont retenu quelque chose pour eux! — Lâches ravisseurs, vous osez leur faire un crime d'avoir gardé de quoi ne pas mourir de faim! Ils ont menti, dites-vous.

---

1. Matthieu, IV, 8; Luc, IV, 9.
2. Jean, II, 9.
3. Matthieu, XXI, 19; Marc, XI, 13.
4. Matthieu, VIII, 32; Marc, V, 13; Jean, II, 9.
5. *Actes*, chap. V.

Étaient-ils obligés de vous dire leur secret? Si un escroc vient me dire : Avez-vous de l'argent? je ferai très-bien de lui répondre : Je n'en ai point. Voilà, en un mot, le plus abominable miracle qu'on puisse trouver dans la légende des miracles. Aucun de tous ceux qu'on a faits depuis n'en approche; et si la chose était vraie, ce serait la plus exécrable des choses vraies.

Il est doux d'avoir le don des langues; il serait plus doux d'avoir le sens commun. Les Pères de l'Église eurent du moins le don de la langue, car ils parlèrent beaucoup; mais il n'y eut parmi eux qu'Origène et Jérôme qui sussent l'hébreu. Augustin, Ambroise, Jean Chrysostome, n'en savaient pas un mot.

Nous avons déjà vu les beaux miracles des martyrs, qui se laissaient toujours couper la tête pour dernier prodige. Origène à la vérité, dans son premier livre contre Celse, dit que les chrétiens ont des visions, mais il n'ose prétendre qu'ils ressuscitent des morts.

Le christianisme opéra toujours de grandes choses dans les premiers siècles. Saint Jean, par exemple, enterré dans Éphèse, remuait continuellement dans sa fosse; ce miracle utile dura jusqu'au temps de l'évêque d'Hippone Augustin[1]. Les prédictions, les exorcismes, ne manquaient jamais; Lucien même en rend témoignage. Voici comme il rend gloire à la vérité dans le chapitre de la mort du chrétien Peregrinus, qui eut la vanité de se brûler : « Dès qu'un joueur de gobelets habile se fait chrétien, il est sûr de faire fortune aux dépens des sots fanatiques auxquels il a à faire. »

Les chrétiens faisaient tous les jours des miracles, dont aucun Romain n'entendit jamais parler. Ceux de Grégoire le thaumaturge, ou le merveilleux, sont en effet dignes de ce surnom. Premièrement, un beau vieillard descend du ciel pour lui dicter le catéchisme qu'il doit enseigner. Chemin faisant il écrit une lettre au diable; la lettre parvient à son adresse, et le diable ne manque pas de faire ce que Grégoire lui ordonne.

Deux frères se disputent un étang; Grégoire sèche l'étang, et le fait disparaître pour apaiser la noise. Il rencontre un charbonnier[2], et le fait évêque. C'est apparemment depuis ce temps-là que la foi du charbonnier est passée en proverbe. Mais ce miracle n'est pas grand; j'ai vu quelques évêques[3] dans mes voyages qui

---

1. Augustin, tome III, page 189. (*Note de Voltaire.*)
2. Alexandre, évêque de Comane.
3. Voltaire désigne ici Biord, petit-fils d'un maçon et évêque d'Annecy, mais qui n'avait pas le mortier liant, dit Voltaire dans sa lettre à d'Alembert, du

n'en savaient pas plus que le charbonnier de Grégoire. Un miracle plus rare, c'est qu'un jour les païens couraient après Grégoire et son diacre pour leur faire un mauvais parti ; les voilà qui se changent tous les deux en arbres. Ce thaumaturge était un vrai Protée. Mais quel nom donnera-t-on à ceux qui ont écrit ces inepties? et comment se peut-il que Fleury les ait copiées dans son *Histoire ecclésiastique?* Est-il possible qu'un homme qui avait quelque sens, et qui raisonnait tolérablement sur d'autres sujets, ait rapporté sérieusement que Dieu rendit folle une vieille pour empêcher qu'on ne découvrît saint Félix de Nole pendant la persécution [1] ?

On me répondra que Fleury s'est borné à transcrire, et moi je répondrai qu'il ne fallait pas transcrire des bêtises injurieuses à la Divinité ; qu'il a été coupable s'il les a copiées sans les croire, et qu'il a été un imbécile s'il les a crues.

CHAPITRE XXVIII.

DES CHRÉTIENS DEPUIS DIOCLÉTIEN JUSQU'A CONSTANTIN.

Les chrétiens furent bien plus souvent tolérés et même protégés qu'ils n'essuyèrent de persécutions. Le règne de Dioclétien fut, pendant dix-huit années entières, un règne de paix et de faveurs signalées pour eux. Les deux principaux officiers du palais, Gorgonius et Dorothée, étaient chrétiens. On n'exigeait plus qu'ils sacrifiassent aux dieux de l'empire pour entrer dans les emplois publics. Enfin Prisca, femme de Dioclétien, était chrétienne ; aussi jouissaient-ils des plus grands avantages. Ils bâtissaient des temples superbes, après avoir tous dit, dans les premiers siècles, qu'il ne fallait ni temples ni autels à Dieu ; et,

---

24 mai 1769. (B.)—Voyez aussi tome XIX, 82 ; XX, 195, 313 ; et, ci-après, la *Lettre à l'evêque d'Annecy.*

1. Voyez, sur tous ces miracles, les sixième et septième livres de Fleury. Voyez plutôt le *Recueil des miracles opérés à Saint-Médard, à Paris,* présenté au roi de France Louis XV, par un nommé Carré de Montgeron, conseiller au parlement de Paris. Les convulsionnaires avaient fait ou vu plus de mille miracles ; Fatio et Daudé ne prétendirent-ils pas ressusciter un mort chez nous en 1707? La cour de Rome ne canonise-t-elle pas encore tous les jours, pour de l'argent, des saints qui ont fait des miracles dont elle se moque? Et combien de miracles faisaient nos moines avant que, sous un Henri VIII, on eût étalé dans la place publique tous les instruments de leurs abominables impostures? (*Note de Voltaire.*) — La première phrase de cette note est de 1767 ; tout le reste, de 1771.

passant de la simplicité d'une église pauvre et cachée à la magnificence d'une église opulente et pleine d'ostentation, ils étalaient des vases d'or et des ornements éblouissants; quelques-uns de leurs temples s'élevaient sur les ruines d'anciens périptères païens abandonnés. Leur temple, à Nicomédie, dominait sur le palais impérial; et, comme le remarque Eusèbe, tant de prospérité avait produit l'insolence, l'usure, la mollesse, et la dépravation des mœurs. On ne voyait, dit Eusèbe, qu'envie, médisance, discorde, et sédition.

Ce fut cet esprit de sédition qui lassa la patience du césar Galère-Maximien. Les chrétiens l'irritèrent précisément dans le temps que Dioclétien venait de publier des édits fulminants contre les manichéens. Un des édits de cet empereur commence ainsi : « Nous avons appris depuis peu que des manichéens, sortis de la Perse, notre ancienne ennemie, inondent notre monde.. »

Ces manichéens n'avaient encore causé aucun trouble : ils étaient nombreux dans Alexandrie et dans l'Afrique; mais ils ne disputaient que contre les chrétiens, et il n'y a jamais eu le moindre monument d'une querelle entre la religion des anciens Romains et la secte de Manès. Les différentes sectes des chrétiens, au contraire, gnostiques, marcionites, valentiniens, ébionites, galiléens, opposées les unes aux autres, et toutes ennemies de la religion dominante, répandaient la confusion dans l'empire.

N'est-il pas bien vraisemblable que les chrétiens eurent assez de crédit au palais pour obtenir un édit de l'empereur contre le manichéisme? Cette secte, qui était un mélange de l'ancienne religion des mages et du christianisme, était très-dangereuse, surtout en Orient, pour l'Église naissante. L'idée de réunir ce que l'Orient avait de plus sacré avec la secte des chrétiens faisait déjà beaucoup d'impression.

La théologie obscure et sublime des mages, mêlée avec la théologie non moins obscure des chrétiens platoniciens, était bien propre à séduire des esprits romanesques qui se payaient de paroles. Enfin, puisqu'au bout d'un siècle le fameux pasteur d'Hippone, Augustin, fut manichéen, il est bien sûr que cette secte avait des charmes pour les imaginations allumées. Manès avait été crucifié en Perse, si l'on en croit Chondemir; et les chrétiens, amoureux de leur crucifié, n'en voulaient pas un second.

Je sais que nous n'avons aucune preuve que les chrétiens obtinrent l'édit contre le manichéisme; mais enfin il y en eut un sanglant; et il n'y en avait point contre les chrétiens. Quelle fut donc ensuite la cause de la disgrâce des chrétiens, les deux dernières années du règne d'un empereur assez philosophe pour abdiquer l'empire, pour vivre en solitaire, et pour ne s'en repentir jamais?

Les chrétiens étaient attachés à Constance le Pâle, père du célèbre Constantin, qu'il eut d'une servante de sa maison nommée Hélène[1].

Constance les protégea toujours ouvertement. On ne sait si le césar Galérius fut jaloux de la préférence que les chrétiens donnaient sur lui à Constance le Pâle, ou s'il eut quelque autre sujet de se plaindre d'eux; mais il trouva fort mauvais qu'ils bâtissent une église qui offusquait son palais. Il sollicita longtemps Dioclétien de faire abattre cette église et de prohiber l'exercice de la religion chrétienne. Dioclétien résista; il assembla enfin un conseil composé des principaux officiers de l'empire. Je me souviens d'avoir lu dans l'*Histoire ecclésiastique* de Fleury que « cet empereur avait la malice de ne point consulter quand il voulait faire du bien, et de consulter quand il s'agissait de faire du mal ». Ce que Fleury appelle malice, je l'avoue, me paraît le plus grand éloge d'un souverain. Y a-t-il rien de plus beau que de faire le bien par soi-même? Un grand cœur alors ne consulte personne; mais dans les actions de rigueur, un homme juste et sage ne fait rien sans conseil.

L'église de Nicomédie fut enfin démolie en 303; mais Dioclétien se contenta de décerner que les chrétiens ne seraient plus élevés aux dignités de l'empire : c'était retirer ses grâces, mais ce n'était point persécuter. Il arriva qu'un chrétien eut l'insolence d'arracher publiquement l'édit de l'empereur, de le déchirer, et de le fouler aux pieds. Ce crime fut puni, comme il méritait de l'être, par la mort du coupable. Alors Prisca, femme de l'empereur, n'osa plus protéger des séditieux; elle quitta même la religion chrétienne, quand elle vit qu'elle ne conduisait qu'au fanatisme et à la révolte. Galérius fut alors en pleine liberté d'exercer sa vengeance.

Il y avait en ce temps beaucoup de chrétiens dans l'Arménie et dans la Syrie: il s'y fit des soulèvements; les chrétiens même furent accusés d'avoir mis le feu au palais de Galérius. Il était

---

1. Cette Hélène, dont on a fait une sainte, était *stabularia*, préposée à l'écurie chez Constance-Chlore, comme l'avouent Eusèbe, Ambroise, Nicéphore, Jérôme. La *Chronique d'Alexandrie* appelle Constantin bâtard; Zosime le certifie; et certainement on n'aurait point fait cet affront à la famille d'un empereur si puissant s'il y avait eu le moindre doute sur sa naissance. (*Note de Voltaire*, 1767.)

bien naturel de croire que des gens qui avaient déchiré publiquement les édits, et qui avaient brûlé des temples comme ils l'avaient fait souvent, avaient aussi brûlé le palais ; cependant il est très-faux qu'il y eût une persécution générale contre eux. Il faut bien qu'on n'eût sévi que légalement contre les réfractaires, puisque Dioclétien ordonna qu'on enterrât les suppliciés, ce qu'il n'aurait point fait si on avait persécuté sans forme de procès. On ne trouve aucun édit qui condamne à la mort uniquement pour faire profession du christianisme. Cela eût été aussi insensé et aussi horrible que la Saint-Barthélemy, que les massacres d'Irlande, et que la croisade contre les Albigeois : car alors un cinquième ou un sixième de l'empire était chrétien. Une telle persécution eût forcé cette sixième partie de l'empire de courir aux armes, et le désespoir qui l'eût armée l'aurait rendue terrible.

Des déclamateurs, comme Eusèbe de Césarée et ceux qui l'ont suivi, disent en général qu'il y eut une quantité incroyable de chrétiens immolés. Mais d'où vient que l'historien Zosime n'en dit pas un seul mot ? Pourquoi Zonare, chrétien, ne nomme-t-il aucun de ces fameux martyrs ? D'où vient que l'exagération ecclésiastique ne nous a pas conservé les noms de cinquante chrétiens livrés à la mort ?

Si on examinait avec des yeux critiques ces prétendus massacres que la *Légende* impute vaguement à Dioclétien, il y aurait prodigieusement à rabattre, ou plutôt on aurait le plus profond mépris pour ces impostures, et on cesserait de regarder Dioclétien comme un persécuteur.

C'est en effet sous ce prince qu'on place la ridicule aventure du cabaretier Théodote, la prétendue légion thébaine immolée, le petit Romain né bègue, qui parle avec une volubilité incroyable sitôt que le médecin de l'empereur, devenu bourreau, lui a coupé la langue ; et vingt autres aventures pareilles que les vieilles radoteuses de Cornouailles auraient honte aujourd'hui de débiter à leurs petits enfants [1].

1. Si, dans le IVe siècle de notre ridicule computation, il y eut quelques chrétiens punis pour les crimes et pour les abominations qu'on leur imputait, faut-il s'en étonner ? N'avons-nous pas vu que des évêques leur reprochaient les choses les plus monstrueuses ? [Voyez page 246.] Le savant Hume nous a fait remarquer la plus horrible abomination, que milord Bolingbroke avait oubliée, et qui est rapportée par saint Épiphane. Vous la trouverez dans l'édition de Paris, 1564, page 185. Il y est question d'une société de chrétiens qui immolent un enfant païen à l'enfant Jésus, en le faisant périr à coups d'aiguilles. J'avoue que je ne suis point étonné de ce raffinement d'horreur, après les incroyables excès où se portèrent les papistes contre les protestants dans les massacres d'Irlande. La superstition est capable de tout. (*Note de Decroix.*)

CHAPITRE XXIX.

DE CONSTANTIN.

Quel est l'homme qui, ayant reçu une éducation tolérable, puisse ignorer ce que c'était que Constantin ? Il se fait reconnaître empereur au fond de l'Angleterre par une petite armée d'étrangers : avait-il plus de droit à l'empire que Maxence, élu par le sénat ou par les armées romaines ?

Quelque temps après, il vient en Gaule et ramasse des soldats chrétiens attachés à son père; il passe les Alpes, grossissant toujours son armée; il attaque son rival, qui tombe dans le Tibre au milieu de la bataille. On ne manque pas de dire qu'il y a eu du miracle dans sa victoire, et qu'on a vu dans les nuées un étendard et une croix céleste où chacun pouvait lire en lettres grecques : *Tu vaincras par ce signe.* Car les Gaulois, les Bretons, les Allobroges, les Insubriens, qu'il traînait à sa suite, entendaient tous le grec parfaitement, et Dieu aimait mieux leur parler grec que latin.

Cependant, malgré ce beau miracle qu'il fit lui-même divulguer, il ne se fit point encore chrétien ; il se contenta, en bon politique, de donner liberté de conscience à tout le monde, et il fit une profession si ouverte du paganisme qu'il prit le titre de grand pontife : ainsi il est démontré qu'il ménageait les deux religions; en quoi il se conduisait très-prudemment dans les premières années de sa tyrannie. Je me sers ici du mot de tyrannie sans aucun scrupule, car je ne me suis pas acoutumé à reconnaître pour souverain un homme qui n'a d'autres droits que la force ; et je me sens trop humain pour ne pas appeler tyran un barbare qui a fait assassiner son beau-père Maximien-Hercule à Marseille, sous le prétexte le moins spécieux, et l'empereur Licinius, son beau-frère, à Thessalonique, par la plus lâche perfidie.

J'appelle tyran sans doute celui qui fait égorger son fils Crispus, étouffer sa femme Fausta, et qui, souillé de meurtres et de parricides, étalant le faste le plus révoltant, se livrait à tous les plaisirs dans la plus infâme mollesse.

Que de lâches flatteurs ecclésiastiques lui prodiguent des éloges, même en avouant ses crimes; qu'ils voient, s'ils veulent, en lui un grand homme, un saint, parce qu'il s'est fait plonger rois fois dans une cuve d'eau ; un homme de ma nation et de mon caractère, et qui a servi une souveraine vertueuse, ne s'avilira jamais jusqu'à prononcer le nom de Constantin sans horreur.

Zosime rapporte, et cela est bien vraisemblable, que Constantin, aussi faible que cruel, mêlant la superstition aux crimes, comme tant d'autres princes, crut trouver dans le christianisme l'expiation de ses forfaits. A la bonne heure que les évêques intéressés lui aient fait croire que le Dieu des chrétiens lui pardonnait tout, et lui saurait un gré infini de leur avoir donné de l'argent et des honneurs; pour moi, je n'aurais point trouvé de Dieu qui eût reçu en grâce un cœur si fourbe et si inhumain; il n'appartient qu'à des prêtres de canoniser l'assassin d'Urie chez les Juifs, et le meurtrier de sa femme et de son fils chez les chrétiens.

Le caractère de Constantin, son faste et ses cruautés, sont assez bien exprimés dans ces deux vers, qu'un de ses malheureux courtisans, nommé Ablavius, afficha à la porte du palais :

> Saturni aurea secla quis requirat?
> Sunt hæc gemmea, sed Neroniana[1].

> Qui peut regretter le siècle d'or de Saturne?
> Celui-ci est de pierreries, mais il est de Néron.

Mais qu'aurait dû dire cet Ablavius du zèle charitable des chrétiens, qui, dès qu'ils furent mis par Constantin en pleine liberté, assassinèrent Candidien, fils de l'empereur Galérius, un fils de l'empereur Maximien, âgé de huit ans, sa fille, âgée de sept, et noyèrent leur mère dans l'Oronte? Ils poursuivirent longtemps la vieille impératrice Valérie, veuve de Galérius, qui fuyait leur vengeance. Ils l'atteignirent à Thessalonique, la massacrèrent, et jetèrent son corps dans la mer. C'est ainsi qu'ils signalèrent leur douceur évangélique; et ils se plaignent d'avoir eu des martyrs !

CHAPITRE XXX.

DES QUERELLES CHRÉTIENNES AVANT CONSTANTIN ET SOUS SON RÈGNE.

Avant, pendant, et après Constantin, la secte chrétienne fut toujours divisée en plusieurs sectes, en plusieurs factions, et en

---

1. Ces deux vers, qui ont été conservés par Sidoine Apollinaire (livre V, épître VIII), sont tout ce qui existe d'Ablavius.

plusieurs schismes. Il était impossible que des gens qui n'avaient aucun système suivi, qui n'avaient pas même ce petit *Credo*[1] si faussement imputé depuis aux apôtres, différant entre eux de nation, de langage, et de mœurs, fussent réunis dans la même créance.

Saturnin, Basilide, Carpocrate, Euphrate, Valentin, Cerdon, Marcion, Hermogène, Hermas, Justin, Tertullien, Origène, eurent tous des opinions contraires ; et tandis que les magistrats romains tâchaient quelquefois de réprimer les chrétiens, on les voyait tous, acharnés les uns contre les autres, s'excommunier, s'anathématiser réciproquement, et se combattre du fond de leurs cachots : c'était bien là le plus sensible et le plus déplorable effet du fanatisme.

La fureur de dominer ouvrit une autre source de discorde : on se disputa ce qu'on appelait une dignité d'évêque, avec le même emportement et les mêmes fraudes qui signalèrent depuis les schismes de quarante antipapes. On était aussi jaloux de commander à une petite populace obscure que les Urbain, les Jean, l'ont été de donner des ordres à des rois.

Novat disputa la première place chrétienne dans Carthage à Cyprien, qui fut élu. Novatien disputa l'évêché de Rome à Corneille ; chacun d'eux reçut l'imposition des mains par les évêques de son parti. Ils osaient déjà troubler Rome, et les compilateurs théologiques osent s'étonner aujourd'hui que Décius ait fait punir quelques-uns de ces perturbateurs ! Cependant Décius, sous lequel Cyprien fut supplicié, ne punit ni Novatien ni Corneille ; on laissa ces rivaux obscurs se déclarer la guerre, comme on laisse des chiens se battre dans une basse-cour, pourvu qu'ils ne mordent pas leurs maîtres.

Du temps de Constantin il y eut un pareil schisme à Carthage ; deux antipapes africains, ou antiévêques, Cécilien et Majorin, se disputèrent la chaire, qui commençait à devenir un objet d'ambition. Il y avait des femmes dans chaque parti. Donat succéda

---

1. Ce *Credo*, ce symbole appelé le *Symbole des apôtres*, n'est pas plus des apôtres que de l'évêque de Londres. Il fut composé au v⁰ siècle par le prêtre Rufin. Toute la religion chrétienne a été faite de pièces et de morceaux : c'est là qu'il est dit que Jésus, après sa mort, descendit aux enfers. Nous eûmes une grande dispute, du temps d'Édouard VI, pour savoir s'il y était descendu en corps et en âme ; nous décidâmes que l'âme seule de Jésus avait été prêcher en enfer, tandis que son corps était dans son sépulcre : comme si en effet on avait mis dans un sépulcre le corps d'un supplicié, comme si l'usage n'avait pas été de jeter ces corps à la voirie. Je voudrais bien savoir ce que son âme serait allée faire en enfer. Nous étions bien sots du temps d'Édouard VI. (*Note de Voltaire*, 1771.)

à Majorin, et forma le premier des schismes sanglants qui devaient souiller le christianisme. Eusèbe rapporte qu'on se battait avec des massues, parce que Jésus, dit-on, avait ordonné à Pierre de remettre son épée[1] dans le fourreau. Dans la suite on fut moins scrupuleux; les donatistes et les cyprianistes se battirent avec le fer. Il s'ouvrait dans le même temps une scène de trois cents ans de carnage pour la querelle d'Alexandre et d'Arius, d'Athanase et d'Eusèbe, pour savoir si Jésus était précisément de la même substance que Dieu, ou d'une substance semblable à Dieu.

CHAPITRE XXXI.

ARIANISME ET ATHANASIANISME.

Qu'un Juif nommé Jésus ait été semblable à Dieu, ou consubstantiel à Dieu, cela est également absurde et impie.

Qu'il y ait trois personnes dans une substance, cela est également absurde.

Qu'il y ait trois dieux dans un dieu, cela est également absurde.

Rien de tout cela n'était un système chrétien, puisque rien de toute cette doctrine ne se trouve dans aucun *Évangile*, seul fondement reconnu du christianisme. Ce ne fut que quand on voulut platoniser qu'on se perdit dans ces idées chimériques. Plus le christianisme s'étendit, plus ses docteurs se fatiguèrent à le rendre incompréhensible. Les subtilités sauvèrent ce que le fond avait de bas et de grossier.

Mais à quoi servent toutes ces imaginations métaphysiques? Qu'importe à la société humaine, aux mœurs, aux devoirs, qu'il y ait en Dieu une personne ou trois ou quatre mille? En sera-t-on plus homme de bien pour prononcer des mots qu'on n'entend pas? La religion, qui est la soumission à la Providence, et l'amour de la vertu, a-t-elle donc besoin de devenir ridicule pour être embrassée?

Il y avait déjà longtemps qu'on disputait sur la nature du *Logos*, du verbe inconnu, quand Alexandre, pape d'Alexandrie, souleva contre lui l'esprit de plusieurs papes, en prêchant que la Trinité était une monade. Au reste, ce nom de pape était donné indistinctement alors aux évêques et aux prêtres. Alexandre était évêque; le prêtre Arius se mit à la tête des mécontents: il se

---

1. Jean, XVIII, 11.

forma deux partis violents; et la question ayant bientôt changé
d'objet, comme il arrive souvent, Arius soutint que Jésus avait
été créé, et Alexandre qu'il avait été engendré.

Cette dispute creuse ressemblait assez à celle qui a divisé depuis
Constantinople, pour savoir si la lumière que les moines voyaient
à leur nombril était celle du Thabor, et si la lumière du Thabor
et de leur nombril était créée ou éternelle.

Il ne fut plus question de trois hypostases entre les disputants.
Le Père et le Fils occupèrent les esprits, et le Saint-Esprit fut
négligé.

Alexandre fit excommunier Arius par son parti. Eusèbe, évêque
de Nicomédie, protecteur d'Arius, assembla un petit concile où
l'on déclara erronée la doctrine qui est aujourd'hui l'orthodoxe;
la querelle devint violente; l'évêque Alexandre, et le diacre Athanase, qui se signalait déjà par son inflexibilité et par ses intrigues,
remuèrent toute l'Égypte. L'empereur Constantin était despotique
et dur; mais il avait du bon sens : il sentit tout le ridicule de la
dispute.

On connaît assez cette fameuse lettre qu'il fit porter par Osius
aux chefs des deux factions. « Ces questions, dit-il, ne viennent
que de votre oisiveté curieuse ; vous êtes divisés pour un sujet
bien mince. Cette conduite est basse et puérile, indigne d'hommes
sensés. » La lettre les exhortait à la paix ; mais il ne connaissait
pas encore les théologiens.

Le vieil Osius conseilla à l'empereur d'assembler un concile
nombreux. Constantin, qui aimait l'éclat et le faste, convoqua
l'assemblée à Nicée. Il y parut comme en triomphe avec la robe
impériale, la couronne en tête, et couvert de pierreries. Osius y
présida comme le plus ancien des évêques. Les écrivains de la
secte papiste ont prétendu depuis que cet Osius n'avait présidé
qu'au nom du pape de Rome Silvestre. Cet insigne mensonge,
qui doit être placé à côté de la donation de Constantin, est assez
confondu par les noms des députés de Silvestre, Titus et Vin-
cent, chargés de sa procuration. Les papes romains étaient à la
vérité regardés comme les évêques de la ville impériale, et comme
les métropolitains des villes suburbicaires dans la province de
Rome ; mais ils étaient bien loin d'avoir aucune autorité sur les
évêques de l'Orient et de l'Afrique.

Le concile, à la plus grande pluralité des voix, dressa un
formulaire dans lequel le nom de Trinité n'est pas seulement prononcé. « Nous croyons en un seul Dieu et en un seul Seigneur
Jésus-Christ, fils unique de Dieu, engendré du Père, et non fait

consubstantiel au Père. » Après ces mots inexplicables, on met, par surérogation : « Nous croyons aussi au Saint-Esprit, » sans dire ce que c'est que ce Saint-Esprit, s'il est engendré, s'il est fait, s'il est créé, s'il procède, s'il est consubstantiel. Ensuite on ajoute : « Anathème à ceux qui disent qu'il y a eu un temps où le Fils n'était pas. »

Mais ce qu'il y eut de plus plaisant au concile de Nicée, ce fut la décision sur quelques livres canoniques. Les Pères étaient fort embarrassés sur le choix des *Évangiles* et des autres écrits. On prit le parti de les entasser tous sur un autel, et de prier le Saint-Esprit de jeter à terre tous ceux qui n'étaient pas légitimes. Le Saint-Esprit ne manqua pas d'exaucer sur-le-champ la requête de Pères[1]. Une centaine de volumes tombèrent d'eux-mêmes sous l'autel; c'est un moyen infaillible de connaître la vérité, et c'est ce qui est rapporté dans l'*Appendix* des actes de ce concile : c'est un des faits de l'histoire ecclésiastique les mieux avérés.

Notre savant et sage Middleton a découvert une chronique d'Alexandrie, écrite par deux patriarches d'Égypte, dans laquelle il est dit que non-seulement dix-sept évêques, mais encore deux mille prêtres, protestèrent contre la décision du concile.

Les évêques vainqueurs obtinrent de Constantin qu'il exilât Arius et trois ou quatre évêques vaincus; mais ensuite Athanase ayant été élu évêque d'Alexandrie, et ayant trop abusé du crédit de sa place, les évêques et Arius exilés furent rappelés, et Athanase exilé à son tour. De deux choses l'une, ou les deux partis avaient également tort, ou Constantin était très-injuste. Le fait est que les disputeurs de ce temps-là étaient des cabaleurs comme ceux de ce temps-ci, et que les princes du IVe siècle ressemblaient à ceux du nôtre, qui n'entendent rien à la matière, ni eux, ni leurs ministres, et qui exilent à tort et à travers. Heureusement nous avons ôté à nos rois le pouvoir d'exiler; et si nous n'avons pu guérir dans nos prêtres la rage de cabaler, nous avons rendu cette rage inutile.

Il y eut un concile à Tyr, où Arius fut réhabilité, et Athanase condamné. Eusèbe de Nicomédie allait faire entrer pompeusement son ami Arius dans l'église de Constantinople; mais un saint catholique, nommé Macaire, pria Dieu avec tant de ferveur et de larmes de faire mourir Arius d'apoplexie que Dieu, qui est bon, l'exauça. Ils disent que tous les boyaux d'Arius lui sortirent

---

1. Cela est rapporté dans l'*Appendix des actes du concile*, pièce qui a toujours été réputée authentique. (*Note de Voltaire*, 1771.)

par le fondement ; cela est difficile : ces gens-là n'étaient pas anatomistes. Mais saint Macaire ayant oublié de demander la paix de l'Église chrétienne, Dieu ne la donna jamais. Constantin, quelque temps après, mourut entre les bras d'un prêtre arien ; apparemment que saint Macaire avait encore oublié de prier Dieu pour le salut de Constantin.

CHAPITRE XXXII.

DES ENFANTS DE CONSTANTIN, ET DE JULIEN LE PHILOSOPHE, SURNOMMÉ L'APOSTAT PAR LES CHRÉTIENS[1].

Les enfants de Constantin furent aussi chrétiens, aussi ambitieux, et aussi cruels que leur père ; ils étaient trois qui partagèrent l'empire, Constantin II, Constantius, et Constant. L'empereur Constantin Ier avait laissé un frère, nommé Jule, et deux neveux, auxquels il avait donné quelques terres. On commença par égorger le père, pour arrondir la part des nouveaux empereurs. Ils furent d'abord unis par le crime, et bientôt désunis. Constant fit assassiner Constantin, son frère aîné, et il fut ensuite tué lui-même.

Constantius, demeuré seul maître de l'empire, avait exterminé presque tout le reste de la famille impériale. Ce Jule, qu'il avait fait mourir, laissait deux enfants, l'un nommé Gallus, et l'autre le célèbre Julien. On tua Gallus, et on épargna Julien, parce qu'ayant du goût pour la retraite et pour l'étude on jugea qu'il ne serait jamais dangereux.

S'il est quelque chose de vrai dans l'histoire, il est vrai que ces deux premiers empereurs chrétiens, Constantin, et Constantius son fils, furent des monstres de despotisme et de cruauté. Il se peut, comme nous l'avons déjà insinué, que, dans le fond de leur cœur, ils ne crussent aucun Dieu ; et que, se moquant également des superstitions païennes et du fanatisme chrétien, ils se persuadassent malheureusement que la Divinité n'existe pas, parce que ni Jupiter le Crétois, ni Hercule le Thébain, ni Jésus le Juif, ne sont des dieux.

Il est possible aussi que des tyrans, qui joignent presque tou-

---

1. Voyez tome XVII, page 316; XIX, 541; voyez le *Portrait de Julien*, à la tête du *Discours de l'empereur Julien;* et les chapitres xx et xxi de l'*Histoire de l'établissement du christianisme.*

jours la lâcheté à la barbarie, aient été séduits et encouragés au crime par la croyance où étaient alors tous les chrétiens sans exception que trois immersions dans une cuve d'eau avant la mort effaçaient tous les forfaits, et tenaient lieu de toutes les vertus. Cette malheureuse croyance a été plus funeste au genre humain que les passions les plus noires.

Quoi qu'il en soit, Constantius se déclara orthodoxe, c'est-à-dire arien, car l'arianisme prévalait alors dans tout l'Orient contre la secte d'Athanase ; et les ariens, auparavant persécutés, étaient dans ce temps-là persécuteurs.

Athanase fut condamné dans un concile de Sardique, dans un autre tenu dans la ville d'Arles, dans un troisième tenu à Milan : il parcourait tout l'empire romain, tantôt suivi de ses partisans, tantôt exilé, tantôt rappelé. Le trouble était dans toutes les villes pour ce seul mot *consubstantiel*. C'était un fléau que jamais on n'avait connu jusque-là dans l'histoire du monde. L'ancienne religion de l'empire, qui subsistait encore avec quelque splendeur, tirait de toutes ces divisions un grand avantage contre le christianisme.

Cependant Julien, dont Constantius avait assassiné le frère et toute la famille, fut obligé d'embrasser à l'extérieur le christianisme, comme notre reine Élisabeth fut quelque temps forcée de dissimuler sa religion sous le règne tyrannique de notre infâme Marie, et comme, en France, Charles IX força le grand Henri IV d'aller à la messe après la Saint-Barthélemy. Julien était stoïcien, de cette secte ensemble philosophique et religieuse qui produisit tant de grands hommes, et qui n'en eut jamais un méchant, secte plus divine qu'humaine, dans laquelle on voit la sévérité des brachmanes et de quelques moines, sans qu'elle en eût la superstition : la secte enfin des Caton, des Marc-Aurèle, et des Épictète.

Ce fut une chose honteuse et déplorable que ce grand homme se vît réduit à cacher tous ses talents sous Constantius, comme le premier des Brutus sous Tarquin. Il feignit d'être chrétien et presque imbécile pour sauver sa vie. Il fut même forcé d'embrasser quelque temps la vie monastique. Enfin Constantius, qui n'avait point d'enfants, déclara Julien césar; mais il l'envoya dans les Gaules comme dans une espèce d'exil ; il y était presque sans troupes et sans argent, environné de surveillants, et presque sans autorité.

Différents peuples de la Germanie passaient souvent le Rhin et venaient ravager les Gaules, comme ils avaient fait avant

César, et comme ils firent souvent depuis, jusqu'à ce qu'enfin ils les envahirent, et que la seule petite nation des Francs subjugua sans peine toutes ces provinces.

Julien forma des troupes, les disciplina, s'en fit aimer; il les conduisit jusqu'à Strasbourg, passa le Rhin sur un pont de bateaux, et, à la tête d'une armée très-faible en nombre, mais animée de son courage, il défit une multitude prodigieuse de barbares, prit leur chef prisonnier, les poursuivit jusqu'à la forêt Hercynienne, se fit rendre tous les captifs romains et gaulois, toutes les dépouilles qu'avaient prises les barbares, et leur imposa des tributs.

A cette conduite de César il joignit les vertus de Titus et de Trajan, faisant venir de tous côtés du blé pour nourrir des peuples dans des campagnes dévastées, faisant défricher ces campagnes, rebâtissant les villes, encourageant la population, les arts et les talents par des priviléges, s'oubliant lui-même, et travaillant jour et nuit au bonheur des hommes.

Constantius, pour récompense, voulut lui ôter les Gaules, où il était trop aimé; il lui demanda d'abord deux légions que lui-même avait formées. L'armée, indignée, s'y opposa : elle proclama Julien empereur malgré lui. La terre fut alors délivrée de Constantius, lorsqu'il allait marcher contre les Perses.

Julien le stoïcien, si sottement nommé l'Apostat par des prêtres, fut reconnu unanimement empereur par tous les peuples de l'Orient et de l'Occident.

La force de la vérité est telle que les historiens chrétiens sont obligés d'avouer qu'il vécut sur le trône comme il avait fait dans les Gaules. Jamais sa philosophie ne se démentit. Il commença par réformer dans le palais de Constantinople le luxe de Constantin et de Constantius. Les empereurs, à leur couronnement, recevaient de pesantes couronnes d'or de toutes les villes; il réduisit presque à rien ces présents onéreux. La frugale simplicité du philosophe n'ôta rien à la majesté et à la justice du souverain. Tous les abus et tous les brigandages de la cour furent réformés; mais il n'y eut que deux concussionnaires publics d'exécutés à mort.

Il renonça, il est vrai, à son baptême; mais il ne renonça jamais à la vertu. On lui reproche de la superstition : donc au moins, par ce reproche, on avoue qu'il avait de la religion. Pourquoi n'aurait-il pas choisi celle de l'empire romain? pourquoi aurait-il été coupable de se conformer à celle des Scipion et des César plutôt qu'à celle des Grégoire de Nazianze et des Théodoret? Le paganisme et le christianisme partageaient l'empire. Il donna la préférence à la secte de ses pères, et il avait grande raison en politique, puisque, sous l'ancienne religion, Rome avait triomphé de la moitié de la terre, et que, sous la nouvelle, tout tombait en décadence.

Loin de persécuter les chrétiens, il voulut apaiser leurs indignes querelles. Je ne veux pour preuve que sa cinquante-deuxième lettre. « Sous mon prédécesseur plusieurs chrétiens ont été chassés, emprisonnés, persécutés; on a égorgé une grande multitude de ceux qu'on nomme hérétiques, à Samosate, en Paphlagonie, en Bithynie, en Galatie, en plusieurs autres provinces; on a pillé, on a ruiné des villes. Sous mon règne, au contraire, les bannis ont été rappelés, les biens confisqués ont été rendus. Cependant ils sont venus à ce point de fureur qu'ils se plaignent de ce qu'il ne leur est plus permis d'être cruels, et de se tyranniser les uns les autres. »

Cette seule lettre ne suffirait-elle pas pour confondre les calomnies dont les prêtres chrétiens l'accablèrent?

Il y avait dans Alexandrie un évêque nommé George, le plus séditieux et le plus emporté des chrétiens; il se faisait suivre par des satellites; il battait les païens de ses mains; il démolissait leurs temples. Le peuple d'Alexandrie le tua. Voici comment Julien parle aux Alexandrins dans son épître dixième :

« Quoi! au lieu de me réserver la connaissance de vos outrages, vous vous êtes laissé emporter à la colère! vous vous êtes livrés aux mêmes excès que vous reprochez à vos ennemis! George méritait d'être traité ainsi, mais ce n'était pas à vous d'être ses exécuteurs. Vous avez des lois, il fallait demander justice, etc. »

Je ne prétends point répéter ici et réfuter tout ce qui est écrit dans l'*Histoire ecclésiastique*, que l'esprit de parti et de faction a toujours dictée. Je passe à la mort de Julien, qui vécut trop peu pour la gloire et pour le bonheur de l'empire. Il fut tué au milieu de ses victoires contre les Perses, après avoir passé le Tigre et l'Euphrate, à l'âge de trente et un ans, et mourut comme il avait vécu, avec la résignation d'un stoïcien, remerciant l'Être des êtres, qui allait rejoindre son âme à l'âme universelle et divine.

On est saisi d'indignation quand on lit dans Grégoire de Nazianze et dans Théodoret que Julien jeta tout son sang vers le ciel en disant : *Galiléen, tu as vaincu*. Quelle misère! quelle absurdité! Julien combattait-il contre Jésus? et Jésus était-il le Dieu des Perses?

On ne peut lire sans horreur les discours que le fougueux

Grégoire de Nazianze prononça contre lui après sa mort. Il est vrai que, si Julien avait vécu, le christianisme courait risque d'être aboli. Certainement Julien était un plus grand homme que Mahomet, qui a détruit la secte chrétienne dans toute l'Asie et dans toute l'Afrique ; mais tout cède à la destinée, et un Arabe sans lettres a écrasé la secte d'un Juif sans lettres, ce qu'un grand empereur et un philosophe n'a pu faire. Mais c'est que Mahomet vécut assez, et Julien trop peu.

Les christicoles ont osé dire que Julien n'avait vécu que trente et un ans, en punition de son impiété; et ils ne songent pas que leur prétendu Dieu n'a pas vécu davantage[1].

CHAPITRE XXXIII.

CONSIDÉRATIONS SUR JULIEN.

Julien, stoïcien de pratique, et d'une vertu supérieure à celle de sa secte même, était platonicien de théorie : son esprit sublime avait embrassé la sublime idée de Platon, prise des anciens Chaldéens, que Dieu existant de toute éternité avait créé des êtres de toute éternité. Ce Dieu immuable, pur, immortel, ne put former que des êtres semblables à lui, des images de sa splendeur, auxquels il ordonna de créer les substances mortelles : ainsi Dieu fit les dieux, et les dieux firent les hommes.

Ce magnifique système n'était pas prouvé; mais une telle imagination vaut sans doute mieux qu'un jardin dans lequel on a établi les sources du Nil et de l'Euphrate, qui sont à huit cents grandes lieues l'une de l'autre; un arbre qui donne la connaissance du bien et du mal; une femme tirée de la côte d'un homme; un serpent qui parle, un chérubin qui garde la porte; et toutes les dégoûtantes rêveries dont la grossièreté juive a farci cette fable, empruntée des Phéniciens. Aussi faut-il voir, dans Cyrille, avec quelle éloquence Julien confondit ces absurdités. Cyrille eut assez d'orgueil pour rapporter les raisons de Julien, et pour croire lui répondre.

Julien daigne faire voir combien il répugne à la nature de Dieu d'avoir mis dans le jardin d'Éden des fruits qui donnaient la connaissance du bien et du mal, et d'avoir défendu d'en manger. Il fallait, au contraire, comme nous l'avons déjà remar-

---

1. Voyez page 259.

qué[1], recommander à l'homme de se nourrir de ce fruit nécessaire. La distinction du bien et du mal, du juste et de l'injuste, était le lait dont Dieu devait nourrir des créatures sorties de ses mains. Il aurait mieux valu leur crever les deux yeux que leur boucher l'entendement.

Si le rédacteur de ce roman asiatique de la *Genèse* avait eu la moindre étincelle d'esprit, il aurait supposé deux arbres dans le paradis : les fruits de l'un nourrissaient l'âme, et faisaient connaître et aimer la justice ; les fruits de l'autre enflammaient le cœur de passions funestes. L'homme négligea l'arbre de la science, et s'attacha à celui de la cupidité.

Voilà du moins une allégorie juste, une image sensible du fréquent abus que les hommes font de leur raison. Je m'étonne que Julien ne l'ait pas proposée ; mais il dédaignait trop ce livre pour descendre à le corriger.

C'est avec très-grande raison que Julien méprise ce fameux *Décalogue* que les Juifs regardaient comme un code divin : c'était, en effet, une plaisante législation, en comparaison des lois romaines, de défendre le vol, l'adultère et l'homicide. Chez quel peuple barbare la nature n'a-t-elle pas dicté ces lois avec beaucoup plus d'étendue? Quelle pitié de faire descendre Dieu au milieu des éclairs et des tonnerres, sur une petite montagne pelée, pour enseigner qu'il ne faut pas être voleur! encore peut-on dire que ce n'était pas à ce Dieu qui avait ordonné aux Juifs de voler les Égyptiens, et qui leur proposait l'usure avec les étrangers comme leur plus digne récompense, et qui avait récompensé le voleur Jacob ; que ce n'était pas, dis-je, à ce Dieu, de défendre le larcin.

C'est avec beaucoup de sagacité que ce digne empereur détruit les prétendues prophéties juives, sur lesquelles les christicoles appuyaient leurs rêveries, et la verge de Juda qui ne manquerait point entre les jambes, et la fille ou la femme qui fera un enfant, et surtout ces paroles attribuées à Moïse[2], lesquelles regardent Josué, et qu'on applique si mal à propos à Jésus : « Dieu vous suscitera un prophète semblable à moi. » Certainement un prophète semblable à Moïse ne veut pas dire Dieu et fils de Dieu. Rien n'est si palpable, rien n'est si fort à la portée des esprits les plus grossiers.

---

1. Tome XI, page 29, à la note ; tome XXV, page 134 ; et, dans le présent volume, page 175.
2. *Deutéronome*, xviii, 18.

Mais Julien croyait, ou feignait de croire, par politique, aux divinations, aux augures, à l'efficacité des sacrifices : car enfin les peuples n'étaient pas philosophes ; il fallait opter entre la démence des christicoles et celle des païens.

Je pense que si ce grand homme eût vécu, il eût, avec le temps, dégagé la religion des superstitions les plus grossières, et qu'il eût accoutumé les Romains à reconnaître un Dieu formateur des dieux et des hommes, et à lui adresser tous les hommages.

Mais Cyrille et Grégoire, et les autres prêtres chrétiens, profitèrent de la nécessité où il semblait être de professer publiquement la religion païenne, pour le décrier chez les fanatiques. Les ariens et les athanasiens se réunirent contre lui, et le plus grand homme qui peut-être ait jamais été devint inutile au monde.

CHAPITRE XXXIV[1].

DES CHRÉTIENS JUSQU'A THÉODOSE.

Après la mort de Julien, les ariens et les athanasiens, dont il avait réprimé la fureur, recommencèrent à troubler tout l'empire. Les évêques des deux partis ne furent plus que des chefs de séditieux. Des moines fanatiques sortirent des déserts de la Thébaïde pour souffler le feu de la discorde, ne parlant que de miracles extravagants, tels qu'on les trouve dans l'histoire des *papas* du désert; insultant les empereurs, et montrant de loin ce que devaient être un jour des moines.

Il y eut un empereur sage qui, pour éteindre, s'il se pouvait, toutes ces querelles, donna une liberté entière de conscience, et la prit pour lui-même : ce fut Valentinien I*er*. De son temps, toutes les sectes vécurent au moins quelques années dans une paix extérieure, se bornant à s'anathématiser sans s'égorger; païens, juifs, athanasiens, ariens, macédoniens, donatistes, cyprianistes manichéens, apollinaristes, tous furent étonnés de leur tran-

---

1. Entre ce chapitre et celui qui précède, l'édition de 1776, dont j'ai parlé précédemment (page 195), en contient un intitulé *Du prétendu miracle arrivé sous Julien dans les fondements du temple de Jérusalem*. Mais ce n'est que la reproduction du morceau ayant pour titre : *Des Globes de feu*, etc., que l'auteur avait donné en 1770, dans ses *Questions sur l'Encyclopédie* (voyez tome XVII, pages 319-321). Toutefois le dernier alinéa de 1770 ne faisait pas partie de la réimpression de 1776, qui se terminait par les mots *hauteur révoltante*. (B.)

quillité. Valentinien apprit à tous ceux qui sont nés pour gouverner que si deux sectes déchirent un État, trente sectes tolérées laissent l'État en repos.

Théodose ne pensa pas ainsi, et fut sur le point de tout perdre : il fut le premier qui prit parti pour les athanasiens, et il fit renaître la discorde par son intolérance. Il persécuta les païens et les aliéna. Il se crut alors obligé de donner lâchement des provinces entières aux Goths, sur la rive droite du Danube ; et par cette malheureuse précaution, prise contre ses peuples, il prépara la chute de l'empire romain.

Les évêques, à l'imitation de l'empereur, s'abandonnèrent à la fureur de la persécution. Il y avait un tyran qui, ayant détrôné et assassiné un collègue de Théodose, nommé Gratien, s'était rendu maître de l'Angleterre, des Gaules et de l'Espagne. Je ne sais quel Priscillien en Espagne, ayant dogmatisé comme tant d'autres, et ayant dit que les âmes étaient des émanations de Dieu, quelques évêques espagnols, qui ne savaient pas plus que Priscillien d'où venaient les âmes, le déférèrent, lui et ses principaux sectateurs, au tyran Maxime. Ce monstre, pour faire sa cour aux évêques, dont il avait besoin pour se maintenir dans son usurpation, fit condamner à mort Priscillien et sept de ses partisans. Un évêque, nommé Itace [1], fut assez barbare pour leur faire donner la question en sa présence. Le peuple, toujours sot et toujours cruel quand on lâche la bride à sa superstition, assomma, dans Bordeaux, à coups de pierres, une femme de qualité qu'on disait être priscillianiste.

Ce jugement de Priscillien est plus avéré que celui de tous les martyrs, dont les chrétiens avaient fait tant de bruit sous les premiers empereurs. Les malheureux croyaient plaire à Dieu en se souillant des crimes dont ils s'étaient plaints. Les chrétiens, depuis ce temps, furent comme des chiens qu'on avait mis en curée : ils furent avides de carnage, non pas en défendant l'empire, qu'ils laissèrent envahir par vingt nations barbares, mais en persécutant tantôt les sectateurs de l'antique religion romaine, et tantôt leurs frères qui ne pensaient pas comme eux.

Y a-t-il rien de plus horrible et de plus lâche que l'action des prêtres de l'évêque Cyrille, que les chrétiens appellent saint Cyrille ? Il y avait dans Alexandrie une fille célèbre par sa beauté et par son esprit ; son nom était Hypatie [2]. Élevée par le philo-

---

1. Voyez tome XV, page 497 ; XXV, 542.
2. Voyez tome XIX, page 393.

sophe Théon, son père, elle occupait, en 415, la chaire qu'il avait eue, et fut applaudie pour sa science autant qu'honorée pour ses mœurs ; mais elle était païenne. Les dogues tonsurés de Cyrille, suivis d'une troupe de fanatiques, l'assaillirent dans la rue lorsqu'elle revenait de dicter ses leçons, la traînèrent par les cheveux, la lapidèrent et la brûlèrent, sans que Cyrille le saint leur fît la plus légère réprimande, et sans que Théodose le jeune et la dévote Pulchérie, sa sœur, qui le gouvernait et partageait l'empire avec lui, condamnassent cet excès d'inhumanité. Un tel mépris des lois en cette circonstance eût paru moins étonnant sous le règne de leur aïeul Théodose Ier, qui s'était souillé si lâchement du sang des peuples de Thessalonique[1].

CHAPITRE XXXV[2].

DES SECTES ET DES MALHEURS DES CHRÉTIENS JUSQU'A L'ÉTABLISSEMENT DU MAHOMÉTISME.

Les disputes, les anathèmes, les persécutions, ne cessèrent d'inonder l'Église chrétienne. Ce n'était pas assez d'avoir uni dans Jésus la nature divine avec la nature humaine : on s'avisa d'agiter la question si Marie était mère de Dieu. Ce titre de mère de Dieu parut un blasphème à Nestorius, évêque de Constantinople. Son sentiment était le plus probable ; mais, comme il avait été persécuteur, il trouva des évêques qui le persécutèrent. On le chassa de son siége au concile d'Éphèse ; mais aussi trente évê-

---

1. Rien ne caractérise mieux les prêtres du christianisme que les louanges prodiguées par eux si longtemps à Théodose et à Constantin. Il est certain que ce Théodose, surnommé le Grand et quelquefois le Saint, était un des plus méchants hommes qui eussent gouverné l'empire romain, puisque, après avoir promis une amnistie entière pendant six mois aux citoyens de Thessalonique, ce Cantabre, aussi perfide que cruel, invita, en 390, ces citoyens à des jeux publics dans lesquels il fit égorger hommes, femmes, enfants, sans qu'il en réchappât un seul. Peut-on n'être pas saisi de la plus violente indignation contre les panégyristes de ce barbare, qui s'extasient sur sa pénitence? Il fut vraiment, disent-ils, plusieurs mois sans entendre la messe. N'est-ce pas insulter à l'humanité entière que d'oser parler d'une telle satisfaction? Si les auteurs des massacres d'Irlande avaient passé six mois sans entendre la messe, auraient-ils bien expié leurs crimes? En est-on quitte pour ne point assister à une cérémonie aussi idolâtre que ridicule, lorsqu'on est souillé du sang de sa patrie?

Quant à Constantin, je suis de l'avis du consul Ablavius, qui déclara que Constantin était un Néron. (*Note de Voltaire*, 1771.) — Voyez page 277.

2. Chapitre ajouté en 1767; voyez la note de la page 195.

ques de ce même concile déposèrent ce saint Cyrille, l'ennemi mortel de Nestorius ; et tout l'Orient fut partagé.

Ce n'était pas assez ; il fallut savoir précisément si ce Jésus avait eu deux natures, deux personnes, deux âmes, deux volontés ; si, quand il faisait les fonctions animales de l'homme, la partie divine s'en mêlait ou ne s'en mêlait pas. Toutes ces questions ne méritaient d'être traitées que par Rabelais, ou par notre cher doyen Swift, ou par Punch[1]. Cela fit trois partis dans l'empire par le fanatisme d'un Eutychès, misérable moine ennemi de Nestorius, et combattu par d'autres moines. On voyait, dans toutes ces disputes, monastères opposés à monastères, dévotes à dévotes, eunuques à eunuques, conciles à conciles, et souvent empereurs à empereurs.

Pendant que les descendants des Camille, des Brutus, des Scipion, des Caton, mêlés aux Grecs et aux barbares, barbotaient ainsi dans la fange de la théologie, et que l'esprit de vertige était répandu sur la face de l'empire romain, des brigands du Nord, qui ne savaient que combattre, vinrent démembrer ce grand colosse devenu faible et ridicule,

Quand ils eurent vaincu, il fallut gouverner des peuples fanatiques ; il fallut prendre leur religion, et mener ces bêtes de somme par les licous qu'elles s'étaient faits elles-mêmes.

Les évêques de chaque secte tâchèrent de séduire leurs vainqueurs ; ainsi les princes ostrogoths, visigoths et bourguignons, se firent ariens ; les princes francs furent athanasiens[2].

L'empire romain d'Occident détruit fut partagé en provinces ruisselantes de sang, qui continuèrent à s'anathématiser avec une sainteté réciproque. Il y eut autant de confusion et une abjection aussi misérable dans la religion que dans l'empire.

Les méprisables empereurs de Constantinople affectèrent de prétendre toujours sur l'Italie, et sur les autres provinces qu'ils

---

1. Appelons les choses par leur nom. On a poussé le blasphème jusqu'à faire un article de foi que Dieu est venu chier et pisser sur la terre ; que nous le mangeons après qu'il a été pendu ; que nous le chions et que nous le pissons. Et on dispute gravement si c'était la nature divine ou la nature humaine qui chiait et qui pissait ! grand Dieu ! (*Note de Voltaire.*) — Cette note est de 1776, sauf les deux derniers mots, qui ont été ajoutés dans les éditions de Kehl. (B.)

2. Quel athanasien, quel bon catholique que ce Clovis, qui fit massacrer trois rois, ses voisins, pour voler leur argent comptant ! Quels bons catholiques que ses fils, qui égorgèrent de leurs propres mains leurs neveux au berceau ! *By God !* En lisant l'histoire des premiers rois chrétiens, on croit lire l'histoire des rois de Juda et d'Israël, ou celle des voleurs de grands chemins. (*Note de Voltaire.*) — Ce qui forme cette note fut ajouté en 1776, mais faisait alors partie du texte. (B.)

n'avaient plus, les droits qu'ils croyaient avoir. Mais au vii° siècle il s'éleva une religion nouvelle qui ruina bientôt les sectes chrétiennes dans l'Asie, dans l'Afrique, et dans une grande partie de l'Europe.

Le mahométisme était sans doute plus sensé que le christianisme. On n'y adorait point un Juif en abhorrant les Juifs; on n'y appelait point une Juive mère de Dieu; on n'y tombait point dans le blasphème extravagant de dire que trois dieux font un dieu; enfin on n'y mangeait pas ce dieu qu'on adorait, et on n'allait pas rendre à la selle son créateur. Croire un seul Dieu tout-puissant était le seul dogme, et si on n'y avait pas ajouté que Mahomet est son prophète, c'eût été une religion aussi pure, aussi belle que celle des lettrés chinois. C'était le simple théisme, la religion naturelle, et par conséquent la seule véritable. Mais on peut dire que les musulmans étaient en quelque sorte excusables d'appeler Mahomet l'organe de Dieu, puisque en effet il avait enseigné aux Arabes qu'il n'y a qu'un Dieu.

Les musulmans, par les armes et par la parole, firent taire le christianisme jusqu'aux portes de Constantinople; et les chrétiens, resserrés dans quelques provinces d'Occident, continuèrent à disputer et à se déchirer.

CHAPITRE XXXVI[1].

DISCOURS SOMMAIRE DES USURPATIONS PAPALES[2].

Ce fut un état bien déplorable que celui où l'inondation des barbares réduisit l'Europe. Il n'y eut que le temps de Théodoric et de Charlemagne qui fut signalé par quelques bonnes lois; encore Charlemagne, moitié Franc, moitié Germain, exerça des barbaries dont aucun souverain n'oserait se souiller aujourd'hui. Il n'y a que de lâches écrivains de la secte romaine qui puissent louer ce prince d'avoir égorgé la moitié des Saxons pour convertir l'autre.

Les évêques de Rome, dans la décadence de la famille de Charlemagne, commencèrent à tenter de s'attribuer un pouvoir

1. Addition de 1767; voyez la note de la page 195.
2. Milord ne parle pas assez de la tyrannie des papes. Grégoire surtout, surnommé le Grand, brûla tous les auteurs latins qu'il put trouver. Il y a encore de lui une lettre à un évêque de Cagliari, dans laquelle il lui dit : « Je veux qu'on force tous les païens de la Sardaigne à se convertir. » (*Note de Voltaire*, 1771.)

DE L'EXCÈS DES PERSÉCUTIONS CHRÉTIENNES. 293

souverain, et de ressembler aux califes, qui réunissaient les droits du trône et de l'autel. Les divisions des princes et l'ignorance des peuples favorisèrent bientôt leur entreprise. L'évêque de Rome Grégoire VII fut celui qui étala ces desseins audacieux avec le plus d'insolence. Heureusement pour nous, Guillaume de Normandie, qui avait usurpé notre trône, ne distinguant plus la gloire de notre nation de la sienne propre, réprima l'insolence de Grégoire VII, et empêcha quelque temps que nous ne payassions le denier de saint Pierre, que nous avions donné d'abord comme une aumône, et que les évêques de Rome exigeaient comme un tribut.

Tous nos rois n'eurent pas la même fermeté, et lorsque les papes, si peu puissants par leur petit territoire, devinrent les maîtres de l'Europe par les croisades et par les moines; lorsqu'ils eurent déposé tant d'empereurs et de rois, et qu'ils eurent fait de la religion une arme terrible qui perçait tous les souverains, notre île vit le misérable roi Jean sans Terre se déclarer à genoux vassal du pape, faire serment de fidélité aux pieds du légat Pandolfe, s'obliger, lui et ses successeurs, à payer aux évêques de Rome un tribut annuel de mille marcs[1] : ce qui faisait presque le revenu de la couronne. Comme un de mes ancêtres eut le malheur de signer ce traité[2], le plus infâme des traités, je dois en parler avec plus d'horreur qu'un autre : c'est une amende honorable que je dois à la dignité de la nature humaine avilie.

CHAPITRE XXXVII[3].

DE L'EXCÈS ÉPOUVANTABLE DES PERSÉCUTIONS CHRÉTIENNES.

Il ne faut pas douter que les nouveaux dogmes inventés chaque jour ne contribuassent beaucoup à fortifier les usurpations des papes. Le *hocus pocus*[4], ou la transsubstantiation, dont

---

1. Le légat foula à ses pieds l'argent avant de l'emporter. Notre île était alors un pays d'obédience. Nous étions réellement serfs du pape. Quel infâme esclavage! grand Dieu! Nous ne sommes pas assez vengés. Nous avons envoyé des vaisseaux de guerre à Gibraltar, et nous n'en avons pas envoyé au Tibre! (*Note de Voltaire.*) — La première phrase de cette note est de 1771; le reste, de 1776.
2. Cette phrase est peut-être une plaisanterie de Voltaire : je n'ai trouvé ce traité dans aucune des trois éditions du recueil de Rymer, intitulé *Fœdera, Conventiones*, etc. (B.)
3. Addition de 1767; voyez la note de la page 195.
4. Nous appelons *hocus pocus* un tour de gobelets, un tour de gibecière, un

le nom seul est ridicule, s'établit peu à peu, après avoir été inconnu aux premiers siècles du christianisme. On peut se figurer quelle vénération s'attirait un prêtre, un moine, qui faisait un dieu avec quatre paroles, et non-seulement un dieu, mais autant de dieux qu'il voulait : avec quel respect voisin de l'adoration ne devait-on pas regarder celui qui s'était rendu le maître absolu de tous ces faiseurs de dieux? Il était le souverain des prêtres, il l'était des rois; il était dieu lui-même, et à Rome encore, quand le pape officie, on dit : Le *vénérable* porte le *vénérable*.

Cependant, au milieu de cette fange dans laquelle l'espèce humaine était plongée en Europe, il s'éleva toujours des hommes qui protestèrent contre ces nouveautés : ils savaient que, dans les premiers siècles de l'Église, on n'avait jamais prétendu changer du pain en dieu dans le souper du Seigneur; que la cène faite par Jésus avait été un agneau cuit avec des laitues, que cela ne ressemblait nullement à la communion de la messe; que les premiers chrétiens avaient eu les images en horreur; que même encore sous Charlemagne, le fameux concile de Francfort les avait proscrites.

Plusieurs autres articles les révoltaient; ils osaient même douter quelquefois que le pape, tout dieu qu'il était, pût de droit divin déposer un roi pour avoir épousé sa commère ou sa parente au septième degré. Ils rejetaient donc secrètement quelques points de la créance chrétienne, et ils en admettaient d'autres non moins absurdes : semblables aux animaux, qu'on prétendit autrefois être formés du limon du Nil, et qui avaient la vie dans une partie de leur corps, tandis que l'autre n'était encore que de la boue.

Mais quand ils voulurent parler, comment furent-ils traités? On avait, dans l'Orient, employé dix siècles de persécutions à exterminer les manichéens, et sous la régence d'une impératrice Théodora, dévote et barbare[1], on en avait fait périr plus de cent

---

escamotage de charlatan. Ce sont deux mots latins abrégés, ou plutôt estropiés, d'après ces paroles de la messe latine : *hoc est corpus meum*. (*Note de Voltaire,* 1771.)

1. Est-il possible que cette horrible proscription, cette Saint-Barthélemy anticipée soit si peu connue! Elle s'est perdue dans la foule. Cependant Fleury n'omet pas cette horreur dans son livre quarante-huitième, sous l'année 850; il en parle comme d'un événement très-ordinaire. Bayle, à l'article PAULICIENS, aurait bien dû en faire quelque mention; d'autant plus que les pauliciens échappés à ce massacre se joignirent aux musulmans, et les aidèrent à détruire ce détestable empire d'Orient, qui savait proscrire et qui ne savait pas combattre. Mais ce qui met le comble à l'atrocité chrétienne, c'est que cette furie de Théodora fut déclarée sainte, et qu'on a longtemps célébré sa fête dans l'Église grecque. (*Note de Voltaire,* 1771.)

mille dans les supplices. Les Occidentaux, entendant confusément parler de ces boucheries, s'accoutumèrent à nommer manichéens tous ceux qui combattaient quelques dogmes de l'Église papiste, et à les poursuivre avec la même barbarie. C'est ainsi qu'un Robert de France fit brûler à ses yeux le confesseur de sa femme et plusieurs prêtres.

Quand les Vaudois et les Albigeois parurent, on les appela manichéens, pour les rendre plus odieux.

Qui ne connaît les cruautés horribles exercées dans les provinces méridionales de France, contre ces malheureux dont le crime était de nier qu'on pût faire Dieu avec des paroles?

Lorsque ensuite les disciples de notre Wiclef, de Jean Hus, et enfin ceux de Luther et de Zuingle, voulurent secouer le joug papal, on sait que l'Europe presque entière fut bientôt partagée en deux espèces, l'une de bourreaux, et l'autre de suppliciés. Les réformés firent ensuite ce qu'avaient fait les chrétiens des IV° et V° siècles : après avoir été persécutés, ils devinrent persécuteurs à leur tour. Si on voulait compter les guerres civiles que les disputes sur le christianisme ont excitées, on verrait qu'il y en a plus de cent. Notre Grande-Bretagne a été saccagée : les massacres d'Irlande sont comparables à ceux de la Saint-Barthélemy, et je ne sais s'il y eut plus d'abominations commises, plus de sang répandu en France qu'en Irlande. La femme de Sir Henri Spotswood[1], sœur de ma bisaïeule, fut égorgée avec deux de ses filles. Ainsi, dans cet examen, j'ai toujours à venger le genre humain et moi-même.

---

1. Milord Bolingbroke a bien raison de comparer les massacres d'Irlande à ceux de la Saint-Barthélemy en France; je crois même que le nombre des assassinats irlandais surpassa celui des assassinats français.

Il fut prouvé juridiquement par Henri Shampart, James Shaw, et autres, que les confesseurs des catholiques leur avaient dénoncé l'excommunication et la damnation éternelle s'ils ne tuaient pas tous les protestants, avec les femmes et les enfants qu'ils pourraient mettre à mort; et que les mêmes confesseurs leur enjoignirent de ne pas épargner le bétail appartenant aux Anglais, afin de mieux ressembler au saint peuple juif, quand Dieu lui livra Jéricho.

On trouva dans la poche du lord Macguire, lorsqu'il fut pris, une bulle du pape Urbain VIII, du 25 mai 1643, laquelle promettait aux Irlandais la rémission de tous les crimes, et les relevait de tous leurs vœux, excepté de celui de chasteté.

Le chevalier Clarendon et le chevalier Temple disent que, depuis l'automne de 1641 jusqu'à l'été de 1643, il y eut cent cinquante mille protestants d'assassinés, et qu'on n'épargna ni les enfants ni les femmes. Un Irlandais nommé Brooke, zélé pour son pays, prétend qu'on n'en égorgea que quarante mille. Prenons un terme moyen, nous aurons quatre-vingt-quinze mille victimes en vingt et un mois. (*Note de Voltaire*, 1771.)

Que dirai-je du tribunal de l'Inquisition, qui subsiste encore ? Les sacrifices de sang humain qu'on reproche aux anciennes nations ont été plus rares que ceux dont les Espagnols et les Portugais se sont souillés dans leurs *actes de foi*.

Est-il quelqu'un maintenant qui veuille comparer ce long amas de destruction et de carnage au martyre de sainte Potamienne, de sainte Barbe, de saint Pionius, et de saint Eustache ? Nous avons nagé dans le sang comme des tigres acharnés pendant des siècles, et nous osons flétrir les Trajan et les Antonins du nom de persécuteurs !

Il m'est arrivé quelquefois de représenter à des prêtres l'énormité de toutes ces désolations dont nos aïeux ont été les victimes : ils me répondaient froidement que c'était un bon arbre qui avait produit de mauvais fruits ; je leur disais que c'était un blasphème de prétendre qu'un arbre qui avait porté tant et de si horribles poisons a été planté des mains de Dieu même. En vérité, il n'y a point de prêtre qui ne doive baisser les yeux et rougir devant un honnête homme.

CHAPITRE XXXVIII[1].

EXCÈS DE L'ÉGLISE ROMAINE.

Ce n'est que dans l'Église romaine incorporée avec la férocité des descendants des Huns, des Goths, et des Vandales, qu'on voit cette série continue de scandales et de barbaries inconnues chez tous les prêtres des autres religions du monde.

Les prêtres ont partout abusé, parce qu'ils sont hommes. Il fut même, et il est encore chez les brames des fripons et des scélérats, quoique cette ancienne secte soit sans contredit la plus honnête de toutes. L'Église romaine l'a emporté en crimes sur toutes les sectes du monde, parce qu'elle a eu des richesses et du pouvoir.

Elle l'a emporté en débauches obscènes, parce que, pour mieux gouverner les hommes, elle s'est interdit le mariage, qui est le plus grand frein à l'impudicité *vulgivague* et à la pédérastie.

Je m'en tiens à ce que j'ai vu de mes yeux, et à ce qui s'est passé peu d'années avant ma naissance. Y eut-il jamais un brigand qui respectât moins la foi publique, le sang des hommes,

---

1. Chapitre ajouté en 1771 ; voyez la note de la page 195.

et l'honneur des femmes, que ce Bernard Van Galen, évêque de Munster, qui se faisait soudoyer tantôt par les Hollandais contre ses voisins, tantôt par Louis XIV contre les Hollandais? Il s'enivra de vin et de sang toute sa vie. Il passait du lit de ses concubines aux champs du meurtre, comme une bête en rut et carnassière. Le sot peuple cependant se mettait à genoux devant lui, et recevait humblement sa bénédiction.

J'ai vu un de ses bâtards, qui, malgré sa naissance, trouva le moyen d'être chanoine d'une collégiale ; il était plus méchant que son père, et beaucoup plus dissolu : je sais qu'il assassina une de ses maîtresses.

Je demande s'il n'est pas probable que l'évêque, marié à une Allemande femme de bien, et son fils, né en légitime mariage et bien élevé, auraient mené l'un et l'autre une vie moins abominable. Je demande s'il y a quelque chose au monde plus capable de modérer nos fureurs que les regards d'une épouse et d'une mère respectée, si les devoirs d'un père de famille n'ont pas étouffé mille crimes dans leur germe.

Combien d'assassinats commis par des prêtres n'ai-je pas vus en Italie, il n'y a pas quarante ans ? Je n'exagère point ; il y avait peu de jours où un prêtre corse n'allât, après avoir dit la messe, arquebuser son ennemi ou son rival derrière un buisson ; et quand l'assassiné respirait encore, le prêtre lui offrait de le confesser et de lui donner l'absolution. C'est ainsi que ceux que le pape Alexandre VI faisait égorger pour s'emparer de leur bien lui demandaient *unam indulgentiam in articulo mortis*.

Je lisais hier ce qui est rapporté dans nos histoires d'un évêque de Liége, du temps de notre Henri V. Cet évêque n'est appelé que *Jean sans pitié*. Il avait un prêtre qui lui servait de bourreau ; et après l'avoir employé à pendre, à rouer, à éventrer plus de deux mille personnes, il le fit pendre lui-même.

Que dirai-je de l'archevêque d'Upsal, nommé Troll, qui, de concert avec le roi de Danemark, Christian II, fit massacrer devant lui quatre-vingt-quatorze sénateurs, et livra la ville de Stockholm au pillage, une bulle du pape à la main?

Il n'y a point d'État chrétien où les prêtres n'aient étalé des scènes à peu près semblables.

On me dira que je ne parle que des crimes ecclésiastiques, et que je passe sous silence ceux des séculiers. C'est que les abominations des prêtres, et surtout des prêtres papistes, font un plus grand contraste avec ce qu'ils enseignent au peuple ; c'est qu'ils joignent à la foule de leurs forfaits un crime non moins affreux, s'il est possible, celui de l'hypocrisie ; c'est que plus leurs mœurs doivent être pures, plus ils sont coupables. Ils insultent au genre humain ; ils persuadent à des imbéciles de s'enterrer vivants dans un monastère. Ils prêchent une vêture, ils administrent leurs huiles, et au sortir de là ils vont se plonger dans la volupté ou dans le carnage : c'est ainsi que l'Église fut gouvernée depuis les fureurs d'Athanase et d'Arius jusqu'à nos jours.

Qu'on me parle avec la même bonne foi que je m'explique ; pense-t-on qu'il y ait eu un seul de ces monstres qui ait cru les dogmes impertinents qu'ils ont prêchés? Y a-t-il eu un seul pape qui, pour peu qu'il ait eu de sens commun, ait cru l'incarnation de Dieu, la mort de Dieu, la résurrection de Dieu, la Trinité de Dieu, la transsubstantiation de la farine en Dieu, et toutes ces odieuses chimères qui ont mis les chrétiens au-dessous des brutes? Certes ils n'en ont rien cru, et parce qu'ils ont senti l'horrible absurdité du christianisme ils se sont imaginé qu'il n'y a point de Dieu. C'est là l'origine de toutes les horreurs dont ils se sont souillés ; prenons-y garde, c'est l'absurdité des dogmes chrétiens qui fait les athées.

CONCLUSION.

Je conclus que tout homme sensé, tout homme de bien, doit avoir la secte chrétienne en horreur. *Le grand nom de théiste, qu'on ne révère pas assez*[1], est le seul nom qu'on doive prendre. Le seul Évangile qu'on doive lire, c'est le grand livre de la nature, écrit de la main de Dieu, et scellé de son cachet. La seule religion qu'on doive professer est celle *d'adorer Dieu et d'être honnête homme*. Il est aussi impossible que cette religion pure et éternelle produise du mal qu'il était impossible que le fanatisme chrétien n'en fît pas.

On ne pourra jamais faire dire à la religion naturelle : *Je suis venue apporter*[2], *non pas la paix, mais le glaive*. Au lieu que c'est la première confession de foi qu'on met dans la bouche du Juif qu'on a nommé le Christ.

Les hommes sont bien aveugles et bien malheureux de préférer une secte absurde, sanguinaire, soutenue par des bourreaux,

---

1. *N. B.* Ces paroles sont prises des *Caractéristiques* de lord Shaftesbury. (*Note de Voltaire*, 1767.)
2. Matthieu, xv, 34.

et entourée de bûchers ; une secte qui ne peut être approuvée que par ceux à qui elle donne du pouvoir et des richesses ; une secte particulière qui n'est reçue que dans une petite partie du monde ; à une religion simple et universelle qui, de l'aveu même des christicoles, était la religion du genre humain du temps de Seth, d'Énoch, de Noé. Si la religion de leurs premiers patriarches est vraie, certes la secte de Jésus est fausse. Les souverains se sont soumis à cette secte, croyant qu'ils en seraient plus chers à leurs peuples, en se chargeant eux-mêmes du joug que leurs peuples portaient. Ils n'ont pas vu qu'ils se faisaient les premiers esclaves des prêtres, et ils n'ont pu encore parvenir dans la moitié de l'Europe à se rendre indépendants.

Et quel roi, je vous prie, quel magistrat, quel père de famille, n'aimera pas mieux être le maître chez lui que d'être l'esclave d'un prêtre?

Quoi! le nombre innombrable des citoyens molestés, excommuniés, réduits à la mendicité, égorgés, jetés à la voirie, le nombre des princes détrônés et assassinés, n'a pas encore ouvert les yeux des hommes! Et si on les entr'ouvre, on n'a pas encore renversé cette idole funeste!

Que mettrons-nous à la place? dites-vous. Quoi! un animal féroce a sucé le sang de mes proches : je vous dis de vous défaire de cette bête, et vous me demandez ce qu'on mettra à sa place! Vous me le demandez! vous, cent fois plus odieux que les pontifes païens, qui se contentaient tranquillement de leurs cérémonies et de leurs sacrifices, qui ne prétendaient point enchaîner les esprits par des dogmes, qui ne disputèrent jamais aux magistrats leur puissance, qui n'introduisirent point la discorde chez les hommes. Vous avez le front de demander ce qu'il faut mettre à la place de vos fables! Je vous réponds : Dieu, la vérité, la vertu, des lois, des peines, et des récompenses. Préchez la probité, et non le dogme. Soyez les prêtres de Dieu, et non d'un homme.

Après avoir pesé devant Dieu le christianisme dans les balances de la vérité, il faut le peser dans celles de la politique. Telle est la misérable condition humaine que le vrai n'est pas toujours avantageux. Il y aurait du danger et peu de raison à vouloir faire tout d'un coup du christianisme ce qu'on a fait du papisme. Je tiens que, dans notre île, on doit laisser subsister la hiérarchie établie par un acte de parlement, en la soumettant toujours à la législation civile, et en l'empêchant de nuire. Il serait sans doute à désirer que l'idole fût renversée, et qu'on offrît à Dieu des hommages plus purs ; mais le peuple n'en est pas encore digne. Il suffit, pour le présent, que notre Église soit contenue dans ses bornes. Plus les laïques seront éclairés, moins les prêtres pourront faire de mal. Tâchons de les éclairer eux-mêmes, de les faire rougir de leurs erreurs, et de les amener peu à peu jusqu'à être citoyens[1].

---

1. Il n'est pas possible à l'esprit humain, quelque dépravé qu'il puisse être, de répondre un mot raisonnable à tout ce qu'a dit milord Bolingbroke. Moi-même, avec un des plus grands mathématiciens de notre île, j'ai essayé d'imaginer ce que les christicoles pourraient alléguer de plausible, et je ne l'ai pu trouver. Ce livre est un foudre qui écrase la superstition. Tout ce que nos *divines* (*divine*, en anglais, signifie *théologien*) ont à faire, c'est de ne prêcher jamais que la morale, et de rendre à jamais le papisme exécrable à toutes les nations. Par là, ils seront chers à la nôtre. Qu'ils fassent adorer un Dieu, et qu'ils fassent détester une secte abominable fondée sur l'imposture, la persécution, la rapine, et le carnage; une secte l'ennemie des rois et des peuples, et surtout l'ennemie de notre constitution, de cette constitution la plus heureuse de l'univers. Il a été donné à milord Bolingbroke de détruire des démences théologiques, comme il a été donné à Newton d'anéantir les erreurs physiques. Puisse bientôt l'Europe entière s'éclairer à cette lumière! *Amen.* A Londres, le 18 mars 1767. MALLET. (*Note de Voltaire.* 1771.) — Mallet était mort en 1765.

TRADUCTION

D'UNE LETTRE DE MILORD BOLINGBROKE

A MILORD CORNSBURY [1].

Ne soyez point étonné, milord, que Grotius et Pascal aient eu les travers que nous leur reprochons. La vanité, la passion de se distinguer, et surtout celle de dominer sur l'esprit des autres, ont corrompu bien des génies et obscurci bien des lumières.

Vous avez vu chez nous d'excellents conseillers de loi soutenir les causes les plus mauvaises. Notre Whiston, bon géomètre et très-savant homme, s'est rendu très-ridicule par ses systèmes. Descartes était certainement un excellent géomètre pour son temps; cependant quelles sottises énormes n'a-t-il pas dites en physique et en métaphysique? A-t-on jamais vu un roman plus extravagant que celui de son Monde?

Le docteur Clarke passera toujours pour un métaphysicien très-profond; mais cela n'empêche pas que la partie de son livre qui regarde la religion ne soit sifflée de tous les penseurs.

J'ai lu, il y a quelques mois, le manuscrit du *Commentaire de l'Apocalypse* de Newton, que m'a prêté son neveu Conduit. Je vous avoue que sur ce livre je le ferais mettre à Bedlam, si je ne savais d'ailleurs qu'il est, dans les choses de sa compétence, le plus grand homme qu'on ait jamais eu. J'en dirais bien autant d'Augustin, évêque d'Hippone, c'est-à-dire que je le jugerais digne de Bedlam sur quelques-unes de ses contradictions et de ses allégories; mais je ne prétends pas dire que je le regarderais comme un grand homme.

On est tout étonné de lire dans son sermon sur le septième psaume ces belles paroles : « Il est clair que le nombre de quatre a rapport au corps humain, à cause des quatre éléments, des

---

1. Cette *Lettre de milord Bolingbroke*, et celle de *milord Cornsbury* qui la suit, sont dans les éditions de 1767 de l'*Examen important*.

quatre qualités dont il est composé, le froid, le chaud, le sec, et l'humide. Le nombre de quatre a rapport au vieil homme et au Vieux Testament, et celui de trois a rapport au nouvel homme et au Nouveau Testament. Tout se fait donc par quatre et par trois qui font sept, et quand le nombre de sept jours sera passé, le huitième sera le jour du jugement. »

Les raisons que donne Augustin pourquoi Dieu dit à l'homme, aux poissons, et aux oiseaux : Croissez et multipliez, et ne le dit point aux autres animaux, sont encore excellentes. Cela se trouve à la fin des *Confessions* d'Augustin, et je vous exhorte à les lire.

Pascal était assez éloquent, et était surtout un bon plaisant. Il est à croire qu'il serait devenu même un profond géomètre : ce qui ne s'accorde guère avec la raillerie et le comique qui règnent dans ses *Lettres provinciales;* mais sa mauvaise santé le rendit bientôt incapable de faire des études suivies. Il était extrêmement ignorant sur l'histoire des premiers siècles de l'Église, ainsi que sur presque toute autre histoire. Quelques jansénistes même m'avouèrent, lorsque j'étais à Paris, qu'il n'avait jamais lu l'Ancien Testament tout entier; et je crois qu'en effet peu d'hommes ont fait cette lecture, excepté ceux qui ont eu la manie de le commenter.

Pascal n'avait lu aucun des livres des jésuites dont il se moque dans ses lettres. C'étaient des manœuvres littéraires de Port-Royal qui lui fournissaient les passages qu'il tournait si bien en ridicule.

Ses *Pensées*[1] sont d'un enthousiaste, et non d'un philosophe. Si le livre qu'il méditait eût été composé avec de pareils matériaux, il n'eût été qu'un édifice monstrueux bâti sur du sable mouvant. Mais il était lui-même incapable d'élever ce bâtiment, non-seulement à cause de son peu de science, mais parce que son cerveau se dérangea sur les dernières années de sa vie, qui fut courte. C'est une chose bien singulière que Pascal et Abbadie, les deux défenseurs de la religion chrétienne, que l'on cite le plus, soient tous deux morts fous. Pascal, comme vous savez, croyait toujours voir un précipice à côté de sa chaise; et Abbadie courait les rues de Dublin avec tous les petits gueux de son quartier. C'est une des raisons qui ont engagé notre pauvre doyen Swift à faire une fondation pour les fous.

A l'égard de Grotius, il s'en faut beaucoup qu'il eût le génie de Pascal, mais il était savant; j'entends savant de cette pédan-

---

1. Voyez tome XXII, page 27.

terie qui entasse beaucoup de faits, et qui possède quelques langues étrangères. Son *Traité de la Vérité de la religion chrétienne* est superficiel, sec, aride, et aussi pauvre en raisonnement qu'en éloquence, supposant toujours ce qui est en question, et ne le prouvant jamais. Il pousse même quelquefois la faiblesse du raisonnement jusqu'au plus grand ridicule.

Connaissez-vous, milord, rien de plus impertinent que les preuves qu'il donne du jugement dernier au chapitre XXII de son premier livre? Il prétend que l'embrasement de l'univers est annoncé dans Hystaspe et dans les sibylles. Il fortifie ce beau témoignage des noms de deux grands philosophes, Ovide et Lucain. Enfin il pousse l'extravagance jusqu'à citer des astronomes, qu'il appelle astrologues, lesquels, dit-il, ont remarqué que le soleil s'approche insensiblement de la terre, ce qui est un acheminement à la destruction universelle[1]. Certainement ces astrologues avaient très-mal remarqué; et Grotius les citait bien mal à propos.

Il s'avise de dire, au chapitre XIV du premier livre, qu'une des grandes preuves de la vérité et de l'antiquité de la religion des Juifs était la circoncision. C'est une opération, dit-il, si douloureuse, et qui les rendait si ridicules aux yeux des étrangers, qu'ils n'en auraient pas fait le symbole de leur religion s'ils n'avaient pas su que Dieu l'avait expressément ordonnée.

Il est pourtant vrai que les Ismaélites et les autres Arabes, les Égyptiens, les Éthiopiens, avaient pratiqué la circoncision longtemps avant les Juifs, et qu'ils ne pouvaient se moquer d'une coutume que ces Juifs avaient prise d'eux.

Il s'imagine démontrer la vérité de la secte juive en faisant une longue énumération des peuples qui croyaient l'existence des âmes et leur immortalité. Il ne voit pas que c'est cela même qui démontre invinciblement la grossièreté stupide des Juifs, puisque, dans leur *Pentateuque*, non-seulement l'immortalité de l'âme est inconnue, mais le mot hébreu qui peut répondre au mot *âme* ne signifie jamais que la vie animale.

C'est avec le même discernement que Grotius, au chapitre XVI, livre I*er*, pour rendre l'histoire de Jonas vraisemblable, cite un mauvais poëte grec, Lycophron, selon lequel Hercule demeura trois

---

1. Il n'est pas impossible qu'en vertu des perturbations que les planètes causent dans l'orbite de la terre, elle ne se rapproche continuellement du soleil, qu'il n'existe pour la terre une équation séculaire. Cette question ne peut être encore décidée, et il s'en fallait beaucoup qu'on pût en savoir quelque chose du temps de Grotius. (K.)

jours dans le ventre d'une baleine. Mais Hercule fut bien plus habile que Jonas, car il trouva le secret de griller le foie du poisson, et de faire bonne chère dans sa prison. On ne nous dit pas où il trouva un gril et des charbons; mais c'est en cela que consiste le prodige, et il faut avouer que rien n'est plus divin que ces deux aventures du prophète Jonas et du prophète Hercule.

Je m'étonne que ce savant Batave ne se soit pas servi de l'exemple de ce même Hercule, qui passa le détroit de Calpé et d'Abila dans sa tasse, pour nous prouver le passage de la mer Rouge à pied sec : car assurément il est aussi beau de naviguer dans un gobelet[1] que de passer la mer sans vaisseau.

En un mot, je ne connais guère de livre plus méprisable que ce *Traité de la religion chrétienne* de Grotius. Il me paraît de la force de ses harangues au roi Louis XIII et à la reine Anne sa femme. Il dit à cette reine, lorsqu'elle fut grosse, qu'elle ressemblait à la Juive Anne, qui eut des enfants dans sa vieillesse; que les dauphins, en faisant des gambades sur l'eau, annonçaient la fin des tempêtes; et que le petit dauphin dont elle était grosse, en remuant dans son ventre, annonçait la fin des troubles du royaume.

A la naissance du dauphin, il dit à Louis XIII : « La constellation du dauphin est du présage le plus heureux chez les astrologues. Il a autour de lui l'Aigle, Pégase, la Flèche, le Verseur d'eau, et le Cygne. L'Aigle désigne clairement que le dauphin sera un aigle en affaires; Pégase montre qu'il aura une belle cavalerie; la Flèche signifie son infanterie; on voit par le Cygne qu'il sera célébré par les poëtes, les historiens, et les orateurs; et les neuf étoiles qui composent le signe du dauphin marquent évidemment les neuf Muses qu'il cultivera. »

Ce Grotius fit une tragédie de *Joseph*, qui est tout entière dans ce grand goût, et une autre tragédie de *Sophompanée*, dont le style est digne du sujet. Voilà quel était cet apôtre de la religion chrétienne; voilà les hommes qu'on nous donne pour des oracles.

Je crois d'ailleurs l'auteur aussi mauvais politique que mauvais raisonneur. Vous savez qu'il avait la chimère de vouloir réunir toutes les sectes des chrétiens. Il m'importe fort peu que dans le fond il ait été socinien, comme tant de gens le lui ont reproché; je ne me soucie point de savoir s'il a cru Jésus éternellement engendré, ou éternellement fait, ou fait dans le temps, ou engendré dans le temps, ou consubstantiel ou non consubstantiel : ce sont

---

1. Voyez la note, tome XXI, page 530.

des choses qu'il faut renvoyer avec milord Pierre à l'auteur du *Conte du Tonneau*, et qu'un esprit de votre trempe n'examinera jamais sérieusement. Vous êtes né, milord, pour des choses plus utiles, pour servir votre patrie, et pour mépriser ces rêveries scolastiques, etc.

LETTRE DE MILORD CORNSBURY

A MILORD BOLINGBROKE.

Personne n'a jamais mieux développé que vous, milord, l'établissement et les progrès de la secte chrétienne. Elle ressemble dans son origine à nos quakers. Le platonisme vint bientôt après mêler sa métaphysique chimérique et imposante au fanatisme des galiléens. Enfin le pontife de Rome imita le despotisme des califes. Je crois que, depuis notre révolution, l'Angleterre est le pays où le christianisme fait le moins de mal. La raison en est que ce torrent est divisé chez nous en dix ou douze ruisseaux, soit presbytériens, soit autres dissenters, sans quoi il nous aurait peut-être submergés.

C'est un mal que nos évêques siégent en parlement comme barons; ce n'était pas là leur place. Rien n'est plus directement contraire à l'institut primitif. Mais quand je vois des évêques et des moines souverains en Allemagne, et un vieux godenot à Rome sur le trône des Trajan et des Antonins, je pardonne à nos sauvages ancêtres qui laissèrent nos évêques usurper des baronnies.

Il est certain que notre Église anglicane est moins superstitieuse et moins absurde que la romaine. J'entends que nos charlatans ne nous empoisonnent qu'avec cinq ou six drogues, au lieu que les montebanks[1] papistes empoisonnent avec une vingtaine.

Ce fut un grand trait de sagesse dans le feu czar Pierre Ier, d'abolir dans ses vastes États la dignité de patriarche. Mais il était le maître; les princes catholiques ne le sont pas de détruire l'idole du pape. L'empereur ne pourrait s'emparer de Rome et reprendre son patrimoine sans exciter contre lui tous les souverains de l'Europe méridionale. Ces messieurs sont, comme le Dieu des chrétiens, fort jaloux.

La secte subsistera donc, et la mahométane aussi, pour faire contre-poids. Les dogmes de celle-ci sont bien moins extravagants. L'incarnation et la trinité sont d'une absurdité qui fait frémir.

---

1. Mot anglais qui signifie *saltimbanques*.

De tous les rites de la communion papistique, la confession des filles à des hommes est d'une indécence et d'un danger qui ne nous frappe pas assez dans des climats où nous laissons tant de liberté au sexe. Cela serait abominable dans tout l'Orient. Comment oserait-on mettre une jeune fille tête à tête aux genoux d'un homme, dans des pays où elles sont gardées avec un soin si scrupuleux ?

Vous savez quels désordres souvent funestes cette infâme coutume produit tous les jours en Italie et en Espagne. La France n'en est pas exempte. L'aventure du curé de Versailles [1] est encore toute fraîche. Ce drôle volait ses pénitents dans la poche, et débauchait ses pénitentes : on s'est contenté de le chasser, et le duc d'Orléans lui fit une pension. Il méritait la corde.

C'est une plaisante chose que les sacrements de l'Église romaine. On en rit à Paris comme à Londres; mais, tout en riant, on s'y soumet. Les Égyptiens riaient sans doute de voir des singes et des chats sur l'autel; mais ils se prosternaient. Les hommes en général ne méritent pas d'être autrement gouvernés. Cicéron écrivit contre les augures, et les augures subsistèrent; ils burent le meilleur vin du temps d'Horace :

> Pontificum potiore cœnis.
>
> (Lib. II, od. xiv.)

Ils le boiront toujours. Ils seront dans le fond du cœur de votre avis; mais ils soutiendront une religion qui leur procure tant d'honneurs et d'argent en public, et tant de plaisirs en secret. Vous éclairerez le petit nombre, mais le grand nombre sera pour eux. Il en est aujourd'hui dans Rome, dans Londres, dans Paris, dans toutes les grandes villes, en fait de religion, comme dans Alexandrie du temps de l'empereur Adrien. Vous connaissez sa lettre [2] à Servianus, écrite d'Alexandrie :

« Tous n'ont qu'un Dieu. Chrétiens, juifs, et tous les autres, l'adorent avec la même ardeur: c'est l'argent. »

Voilà le dieu du pape et de l'archevêque de Kenterbury.

---

1. Fantin; voyez, tome IX, page 293, une note du chant XVIII de *la Pucelle;* t. XVIII, page 378; XIX, 39; XXIII, 551; XXIV, 240.
2. Voyez le texte de cette lettre, tome XVII, page 114.

LETTRE

SUR LES PANÉGYRIQUES

PAR IRÉNÉE ALETHÈS,

PROFESSEUR EN DROIT DANS LE CANTON D'URI

(1767[1])

Vous avez raison, monsieur, de vous défier des panégyriques : ils sont presque tous composés par des sujets qui flattent un maître, ou, ce qui est pis encore, par des petits qui présentent à un grand un encens prodigué avec bassesse et reçu avec dédain.

Je suis toujours étonné que le consul Pline, digne ami de Trajan, ait eu la patience de le louer pendant trois heures, et Trajan celle de l'entendre. On dit, pour excuser l'un et l'autre, que Pline supprima, pour la commodité des auditeurs, une grande partie de son énorme discours; mais s'il en épargna la moitié à l'audience, il était encore trop long d'un quart.

Une seule chose me réconcilie avec ce panégyrique, c'est qu'étant prononcé devant le sénat et devant les principaux chevaliers romains, en l'honneur d'un prince qui regardait leurs suffrages comme sa plus noble récompense, ce discours était devenu une espèce de traité entre la république et l'empereur. Pline, en louant Trajan d'avoir été laborieux, équitable, humain, bienfaisant, l'engageait à l'être toujours, et Trajan justifia Pline le reste de sa vie.

---

1. Cette pièce est d'avril ou mai 1767. Mme du Deffant en parle dans sa lettre à H. Walpole, du 23 mai. Le même jour, d'Alembert en accusait réception à Voltaire. Catherine II en remercia l'auteur dans sa lettre du 18-29 mai. (B.)

Eusèbe de Césarée voulut, deux siècles après, faire dans une église, en faveur de Constantin, ce que Pline avait fait en faveur de Trajan dans le Capitole. Je ne sais si le héros d'Eusèbe est comparable en rien à celui de Pline; mais je sais que l'éloquence de l'évêque est un peu différente de celle du consul :

« Dieu, dit-il, a donné des qualités à la matière; d'abord il l'a embellie par le nombre de deux, ensuite il l'a perfectionnée par le nombre de trois, en lui donnant la longueur, la largeur et la profondeur; puis, ayant doublé le nombre de deux, il s'en est formé les quatre éléments. Ce nombre de quatre a produit celui de dix; trois fois dix ont fait un mois, etc...; la lune, ainsi parée de trois fois dix unités, qui font trente, reparaît toujours avec un éclat nouveau : il est donc évident que notre grand empereur Constantin est le digne favori de Dieu, puisqu'il a régné trente années. »

C'est ainsi que raisonne l'évêque, auteur de la *Préparation évangélique*, dans un discours pour le moins aussi long que celui de Pline le Jeune.

En général, nous ne louons aujourd'hui les grands en face que très-rarement, et encore ce n'est que dans des épîtres dédicatoires qui ne sont lues de personne, pas même de ceux à qui elles sont adressées.

La méthode des oraisons funèbres eut un grand cours dans le beau siècle de Louis XIV. Il s'éleva un homme éloquent[1], né pour ce genre d'écrire, qui fit non-seulement supporter ses déclamations, mais qui les fit admirer. Il avait l'art de peindre avec la parole. Il savait tirer de grandes beautés d'un sujet aride. Il imitait ce Simonide qui célébrait les dieux quand il avait à louer des personnages médiocres.

Il est vrai qu'on voit trop souvent un étrange contraste entre les couleurs vraies de l'histoire et le vernis brillant des oraisons funèbres. Lisez l'éloge de Michel Le Tellier, chancelier de France, dans Bossuet : c'est un sage, c'est un juste; voyez ses actions dans les *Lettres de madame de Sévigné* : c'est un courtisan intrigant et dur, qui trahit la cour dans le temps de la Fronde, et ensuite ses amis pour la cour; qui traita Fouquet, dans sa prison, avec la cruauté d'un geôlier, qui le jugea avec barbarie, et qui mendia des voix pour le condamner à la mort. Il n'ouvrait jamais dans le conseil que des avis tyranniques. Le comte de Grammont, en le voyant sortir du cabinet du roi, le comparait à une

---

1. Bossuet.

fouine qui sort d'une basse-cour en se léchant le museau teint du sang des animaux qu'elle a égorgés.

Ce contraste a d'abord jeté quelque ridicule sur les oraisons funèbres; ensuite la multiplicité de ces déclamations a fait naître le dégoût. On les a regardées comme de vaines cérémonies, comme la partie la plus ennuyeuse d'une pompe funéraire, comme un fatigant hommage qu'on rend à la place, et non au mérite.

Qui n'a rien fait doit être oublié. L'épouse de Louis XIV n'était que la fille d'un roi puissant et la femme d'un grand homme. Son oraison funèbre est l'une des plus médiocres que Bossuet ait composées. Celles de Condé[1] et de Turenne[2] ont immortalisé leurs auteurs. Mais qu'avait fait Anne de Gonzague, comtesse palatine du Rhin, que Bossuet voulut aussi rendre immortelle[3]. Retirée dans Paris, elle eut des amants et des amis. Femme d'esprit, elle étala des sentiments hardis tant qu'elle jouit de la santé et de la beauté; vieille et infirme, elle fut dévote. Il importe peut-être assez peu aux nations qu'Anne de Gonzague se soit convertie pour avoir vu un aveugle, une poule et un chien, en songe[4], et qu'elle soit morte entre les mains d'un directeur.

Louis XIV, longtemps vainqueur et pacificateur, plus grand dans les revers que modeste dans la prospérité, protecteur des rois malheureux, bienfaiteur des arts, législateur, méritait sans doute, malgré ses grandes fautes, que sa mémoire fût consacrée; mais il ne fut pas si heureusement loué après sa mort que de son vivant, soit que les malheurs de la fin de son règne eussent glacé

1. Par Bossuet.
2. Par Fléchier.
3. Voyez tome XVII, page 335.
4. *N. B.* « Ce fut par cette vision qu'elle comprit, dit Bossuet, qu'il manque un sens aux *incrédules*. Trois mois entiers furent employés à repasser avec larmes ses ans écoulés dans les illusions, et à préparer sa confession. Dans l'approche du jour désiré où elle espérait de la faire, elle tomba dans une syncope qui ne lui laissait ni couleur, ni pouls, ni respiration. Revenue d'une si étrange défaillance, elle se vit replongée dans un plus grand mal ; et, après les approches de la mort, elle ressentit toutes les horreurs de l'enfer. Digne effet des sacrements de l'Église! etc. » (Édit. de 1749. p. 315 et 316.)

« Elle vit aussi une poule qui arrachait un de ses poussins de la gueule d'un chien, et elle entendit cette poule qui disait : Non, je ne le rendrai jamais. » (Voyez page 319 de la même édition.)

C'est donc là ce que rapporte cet illustre Bossuet, qui s'élevait, dans le même temps, avec un acharnement si impitoyable contre les visions de l'élégant et sensible archevêque de Cambrai. O Démosthène et Sophocle! ô Cicéron et Virgile! qu'eussiez-vous dit si, dans votre temps, des hommes, d'ailleurs éloquents, avaient débité sérieusement de pareilles pauvretés ? (*Note de Voltaire.*)

les orateurs et indisposé le public, soit que son *Panégyrique*, prononcé en 1671 publiquement par Pellisson à l'Académie, fût en effet plus éloquent que toutes les oraisons composées après sa mort; soit plutôt que les beaux jours de son règne, l'éclat de sa gloire, se répandît sur l'ouvrage de Pellisson même. Mais ce qui fut honorable à Louis XIV, c'est que, de son vivant, on prononça douze éloges de ce monarque dans douze villes d'Italie [1]. Ils lui furent envoyés par le marquis Zampieri, dans une reliure d'or. Cet hommage singulier et unanime rendu par des étrangers, sans crainte et sans espérance, était le prix de l'encouragement que Louis XIV avait donné dans l'Europe aux beaux-arts, dont il était alors l'unique protecteur.

Un académicien français [2] fit, en 1748, le *panégyrique de Louis XV*. Cette pièce a cela de singulier que l'on n'y voit aucune adulation, pas une seule phrase qui sente le déclamateur ou le faiseur de dédicace. L'auteur ne loue que par les faits. Le roi de France venait de finir une guerre dans laquelle il avait gagné deux batailles en personne, et de conclure une paix dans laquelle il ne voulut jamais stipuler pour lui le moindre avantage. Cette conduite, supérieure à la politique ordinaire, n'eût pas été célébrée par Machiavel; mais elle le fut par un citoyen philosophe. Ce citoyen étant sujet du monarque auquel il rendait justice, craignit que sa qualité de sujet ne le fît passer pour flatteur; il ne se nomma pas : l'ouvrage fut traduit en latin, en espagnol, en italien, en anglais [3]. On ignora longtemps en quelle langue il avait d'abord été écrit; l'auteur fut inconnu, et probablement le prince ignore encore quel fut l'homme obscur qui fit cet éloge désintéressé.

Vous voulez, monsieur, prononcer dans votre Académie le panégyrique de l'impératrice de Russie; vous le pouvez avec d'autant plus de bienséance et de dignité que, n'étant point son sujet, vous lui rendrez librement les mêmes honneurs que le marquis Zampieri rendit à Louis XIV.

Elle se signale précisément comme ce monarque, par la protection qu'elle donne aux arts, par les bienfaits qu'elle a répandus hors de son empire, et surtout par les nobles secours dont elle a honoré l'innocence des Calas et des Sirven, dans des pays qui n'étaient pas connus de ses anciens prédécesseurs.

---

1. Voyez tome XIV, page 444.
2. Voltaire lui-même; voyez tome XXIII, page 263.
3. Voyez la note, tome XXIII, page 264.

Je remplis mon devoir, monsieur, en vous fournissant quelques couleurs que vos pinceaux mettront en œuvre; et si c'est une indiscrétion, je commets une faute dont l'impératrice seule pourra me savoir mauvais gré, et dont l'Europe m'applaudira. Vous verrez que si Pierre le Grand fut le vrai fondateur de son empire, s'il fit des soldats et des matelots, si l'on peut dire qu'il créa des hommes, on pourra dire que Catherine II a formé leurs âmes.

Elle a introduit dans sa cour les beaux-arts et le goût, ces marques certaines de la splendeur d'un empire; elle en assure la durée sur le fondement des lois. Elle est la seule de tous les monarques du monde qui ait rassemblé des députés de toutes les villes d'Europe et d'Asie pour former avec elle un corps de jurisprudence universelle et uniforme. Justinien ne confia qu'à quelques jurisconsultes le soin de rédiger un code; elle confie ce grand intérêt de la nation à la nation même, jugeant avec autant d'équité que de grandeur qu'on ne doit donner aux hommes que les lois qu'ils approuvent, et prévoyant qu'ils chériront à jamais un établissement qui sera leur ouvrage.

C'est dans ce code qu'elle rappelle les hommes à la compassion, à l'humanité que la nature inspire et que la tyrannie étouffe; c'est là qu'elle abolit ces supplices si cruels, si recherchés, si disproportionnés aux délits; c'est là qu'elle rend les peines des coupables utiles à la société; c'est là qu'elle interdit l'affreux usage de la question, invention odieuse à toutes les âmes honnêtes, contraire à la raison humaine et à la miséricorde recommandée par Dieu même; barbarie inconnue aux Grecs, exercée par les Romains contre les seuls esclaves, en horreur aux braves Anglais, proscrite dans d'autres États, mitigée enfin quelquefois chez ces nations qui sont esclaves de leurs anciens préjugés, et qui reviennent toujours les dernières à la nature et à la vérité en tout genre.

Souveraine absolue, elle gémit sur l'esclavage, et elle l'abhorre. Ses lumières lui font aisément discerner combien ces lois de servitude, apportées autrefois du Nord dans une si grande partie de la terre, avilissent la nature humaine; dans quelle misère une nation croupit quand l'agriculture n'est que le partage des esclaves; à quel point les hommes ont été barbares, quand le gouvernement des Huns, des Goths, des Vandales, des Francs, des Bourguignons, a dégradé le genre humain.

Elle a senti que le grand nombre, qui ne travaille jamais pour lui-même, et qui se croit né pour servir le plus petit nombre, ne peut se tirer de cet abîme si on ne lui tend une main favorable. Mille talents périssent étouffés, nul art ne peut être exercé ; une immense multitude est inutile à elle-même et à ses maîtres. Les premiers de l'État, mal servis par des esclaves ineptes, sont eux-mêmes les esclaves de l'ignorance commune. Ils ne jouissent d'aucune consolation de la vie ; ils sont sans secours au milieu de l'opulence. Tels étaient autrefois les rois francs et tous ces vassaux grossiers de leur couronne, lorsqu'ils étaient obligés de faire venir un médecin, un astronome arabe, un musicien d'Italie, une horloge de Perse, et que les courtiers juifs fournissaient la grossière magnificence de leurs cours plénières.

L'âme de Catherine a conçu le dessein d'être la libératrice du genre humain dans l'espace de plus de onze cent mille de nos grandes lieues carrées. Elle n'entreprend point tout ce grand ouvrage par la force, mais par la seule raison ; elle invite les grands seigneurs de son empire à devenir plus grands en commandant à des hommes libres ; elle en donne l'exemple, elle affranchit des serfs de ses domaines ; elle arrache plus de cinq cent mille esclaves à l'Église sans la faire murmurer et en la dédommageant ; elle la rend respectable en la sauvant du reproche que la terre entière lui faisait d'asservir les hommes qu'elle devait instruire et soulager.

« Les sujets de l'Église, dit-elle dans une de ses lettres[1], souffrant des vexations souvent tyranniques auxquelles les fréquents changements des maîtres contribuaient beaucoup, se révoltèrent vers la fin du règne de l'impératrice Élisabeth, et ils étaient à mon avènement plus de cent mille en armes. C'est ce qui fit qu'en 1762 j'exécutai le projet de changer entièrement l'administration des biens du clergé, et de fixer ses revenus. Arsène, évêque de Rostou, s'y opposa, poussé par quelques-uns de ses confrères, qui ne trouvèrent pas à propos de se nommer. Il envoya deux mémoires où il voulait établir le principe absurde des deux puissances. Il avait déjà fait cette tentative du temps de l'impératrice Élisabeth : on s'était contenté de lui imposer silence ; mais son insolence et sa folie redoublant, il fut jugé par le métropolitain de Novogorod et par le synode entier, condamné comme fanatique, coupable d'une entreprise contraire à la foi orthodoxe autant qu'au pouvoir souverain, déchu de sa dignité

---

1. Du 11-22 auguste 1765. Voltaire reproduisit presque toute la fin de cette pièce dans ses *Questions sur l'Encyclopédie,* au mot PUISSANCE ; voyez tome XX, page 302.

et de la prêtrise, et livré au bras séculier. Je lui fis grâce, et je me contentai de le réduire à la condition de moine. »

Telles sont, monsieur, ses propres paroles. Il en résulte qu'elle sait soutenir l'Église et la contenir ; qu'elle respecte l'humanité autant que la religion ; qu'elle protége le laboureur autant que le prêtre ; que tous les ordres de l'État doivent la bénir.

J'aurai encore l'indiscrétion de transcrire ici un passage d'une de ses lettres[1].

« La tolérance est établie chez nous ; elle fait loi de l'État, et il est défendu de persécuter. Nous avons, il est vrai, des fanatiques qui, faute de persécution, se brûlent eux-mêmes ; mais, si ceux des autres pays en faisaient autant, il n'y aurait pas grand mal : le monde n'en serait que plus tranquille, et Calas n'aurait pas été roué. »

Ne croyez pas qu'elle écrive ainsi par un enthousiasme passager et vain qu'on désavoue ensuite dans la pratique, ni même par le désir louable d'obtenir dans l'Europe les suffrages des hommes qui pensent et qui enseignent à penser. Elle pose ces principes pour base de son gouvernement. Elle a écrit de sa main, dans le conseil de législation, ces paroles, qu'il faut graver aux portes de toutes les villes :

« [2] Dans un grand empire, qui étend sa domination sur autant de peuples divers qu'il y a de différentes croyances parmi les hommes, la faute la plus nuisible serait l'intolérance. » Remarquez qu'elle n'hésite pas de mettre l'intolérance au rang des fautes, j'ai presque dit des délits. Ainsi une impératrice despotique détruit dans le fond du Nord la persécution et l'esclavage, tandis que dans le Midi...

Jugez après cela, monsieur, s'il se trouvera un honnête homme dans l'Europe qui ne sera pas prêt à signer le panégyrique que vous méditez. Non-seulement cette princesse est tolérante, mais elle veut que ses voisins le soient[3]. Voilà la première fois qu'on a déployé le pouvoir suprême pour établir la liberté de conscience. C'est la plus grande époque que je connaisse dans l'histoire moderne.

C'est à peu près ainsi que les Syracusains défendirent aux Carthaginois d'immoler des hommes.

Plût à Dieu qu'au lieu des barbares qui fondirent autrefois

---

1. Du 28 novembre 1765.
2. Lettre du 9 juillet 1766.
3. Voyez, plus loin, l'*Essai sur les dissensions des églises de Pologne*.

des plaines de la Scythie et des montagnes de l'Immaüs et du Caucase vers les Alpes et les Pyrénées pour tout ravager, on vit descendre aujourd'hui des armées pour renverser le tribunal de l'Inquisition, tribunal plus horrible que les sacrifices de sang humain tant reprochés à nos pères!

Enfin ce génie supérieur veut faire entendre à ses voisins ce que l'on commence à comprendre en Europe, que des opinions métaphysiques inintelligibles, qui sont les filles de l'absurdité, sont les mères de la discorde; et que l'Église, au lieu de dire: « Je viens apporter le glaive et non la paix[1], » doit dire hautement: « J'apporte la paix et non le glaive. » Aussi l'impératrice ne veut-elle tirer l'épée que contre ceux qui veulent opprimer les dissidents.

J'ignore quelles suites aura la querelle qui divise la Pologne; mais je n'ignore pas que tous les esprits doivent être un jour unis dans l'amour de cette liberté précieuse qui enseigne aux hommes à regarder Dieu comme leur père commun, et à le servir en paix, sans inquiéter, sans avilir, sans haïr ceux qui l'adorent avec des cérémonies différentes des nôtres.

Je sais encore que le roi de Pologne[2] est un prince philosophe digne d'être l'ami de l'impératrice de Russie; un prince fait pour rendre les Polonais heureux, si jamais ils consentent à l'être. Je ne me mêle point de politique; ma seule étude est celle du bonheur du genre humain, etc., etc.

1. Matthieu, x, 34.
2. Voyez la note 5, tome XXI, page 405.

FIN DE LA LETTRE.

HOMÉLIES

PRONONCÉES A LONDRES EN 1765

DANS UNE ASSEMBLÉE PARTICULIÈRE[1].

PREMIÈRE HOMELIE.

SUR L'ATHÉISME.

Mes Frères,

Puissent mes paroles passer de mon cœur dans le vôtre ! Puissé-je écarter les vaines déclamations, et n'être point un comédien en chaire qui cherche à faire applaudir sa voix, ses gestes et sa fausse éloquence ! Je n'ai pas l'insolence de vous instruire ; j'examine avec vous la vérité. Ce n'est ni l'espérance des richesses et des honneurs, ni l'attrait de la considération, ni la passion effrénée de dominer sur les esprits qui anime ma faible voix. Choisi par vous pour m'éclairer avec vous, et non pour parler en maître, voyons ensemble, dans la sincérité de nos cœurs, ce que la raison, de concert avec l'intérêt du genre humain, nous ordonne de croire et de pratiquer. Nous devons commencer par l'existence d'un Dieu. Ce sujet a été traité chez toutes les nations ; il est épuisé : c'est par cette raison-là même que je vous en parle, car vous préviendrez tout ce que je vous dirai ; nous nous affermirons ensemble dans la connaissance de notre premier devoir ; nous sommes ici des enfants assemblés pour nous entretenir de notre père.

---

1. Ces quatre homélies, qu'on donne comme prononcées en 1765, ne parurent que deux ans après. Les *Mémoires secrets* en parlent comme d'une nouveauté, sous la date du 10 mai 1767. L'édition originale, petit in-8° de 78 pages, porte le millésime M DCC LXVII. Une cinquième homélie fut publiée en 1769, et se trouvera à cette date.

C'est une belle démarche de l'esprit humain, un élancement divin de notre raison, si j'ose ainsi parler, que cet ancien argument : *J'existe, donc quelque chose existe de toute éternité.* C'est embrasser tous les temps du premier pas et du premier coup d'œil. Rien n'est plus grand; mais rien n'est plus simple. Cette vérité est aussi démontrée que les propositions les plus claires de l'arithmétique et de la géométrie : elle peut étonner un moment un esprit inattentif; mais elle le subjugue invinciblement le moment d'après. Enfin, elle n'a été niée par personne, car, à l'instant qu'on réfléchit, on voit évidemment que si rien n'existait de toute éternité, tout serait produit par le néant : notre existence n'aurait nulle cause, ce qui est une contradiction absurde.

Nous sommes intelligents : donc il y a une intelligence éternelle. L'univers ne nous atteste-t-il pas qu'il est l'ouvrage de cette intelligence? Si une simple maison bâtie sur la terre, ou un vaisseau qui fait sur les mers le tour de notre petit globe, prouve invinciblement l'existence d'un ouvrier, le cours des astres et toute la nature démontrent l'existence de leur auteur.

Non, me répond un partisan de Straton ou de Zénon, le mouvement est essentiel à la matière; toutes les combinaisons sont possibles avec le mouvement: donc, dans un mouvement éternel, il fallait absolument que la combinaison de l'univers actuel eût sa place. Jetez mille dés pendant l'éternité, il faudra que la chance de mille surfaces semblables arrive, et on assigne même ce qu'on doit parier pour et contre.

Ce sophisme a souvent étonné des esprits sages, et confondu les superficiels; mais voyons s'il n'est pas une illusion trompeuse.

Premièrement, il n'y a nulle preuve que le mouvement soit essentiel à la matière ; au contraire, tous les sages conviennent qu'elle est indifférente au mouvement et au repos, et un seul atome ne remuant pas de sa place détruit l'opinion de ce mouvement essentiel.

Secondement, quand même il serait nécessaire que la matière fût en motion, comme il est nécessaire qu'elle soit figurée, cela ne prouverait rien contre l'intelligence qui dirige son mouvement, et qui modèle ses diverses figures.

Troisièmement, l'exemple de mille dés qui amènent une chance est bien plus étranger à la question qu'on ne croit. Il ne s'agit pas de savoir si le mouvement rangera différemment des cubes; il est sans doute très-possible que mille dés amènent mille *six* ou mille *as*, quoique cela soit très-difficile. Ce n'est là qu'un arrangement de matière sans aucun dessein, sans organisation, sans utilité;

mais que le mouvement seul produise des êtres pourvus d'organes, dont le jeu est incompréhensible; que ces organes soient toujours proportionnés les uns aux autres; que des efforts innombrables produisent des effets innombrables dans une régularité qui ne se dément jamais; que tous les êtres vivants produisent leurs semblables; que le sentiment de la vue, qui, au fond, n'a rien de commun avec les yeux, s'exerce toujours quand les yeux reçoivent les rayons qui partent des objets; que le sentiment de l'ouïe, qui est totalement étranger à l'oreille, nous fasse à tous entendre les mêmes sons quand l'oreille est frappée des vibrations de l'air: c'est là le véritable nœud de la question; c'est là ce que nulle combinaison ne peut opérer sans un artisan. Il n'y a nul rapport des mouvements de la matière au sentiment, encore moins à la pensée. Une éternité de tous les mouvements possibles ne donnera jamais ni une sensation, ni une idée; et, qu'on me le pardonne, il faut avoir perdu le sens ou la bonne foi pour dire que le seul mouvement de la matière fait des êtres sentants et pensants.

Aussi Spinosa, qui raisonnait méthodiquement, avouait-il qu'il y a dans le monde une intelligence universelle.

Cette intelligence, dit-il avec plusieurs philosophes, existe nécessairement avec la matière: elle en est l'âme; l'une ne peut être sans l'autre. L'intelligence universelle brille dans les astres, nage dans les éléments, pense dans les hommes, végète dans les plantes.

Mens agitat molem, et magno se corpore miscet.
(Virg., Æn., VI, 727.)

Ils sont donc forcés de reconnaître une intelligence suprême; mais ils la font aveugle et purement mécanique : ils ne la reconnaissent point comme un principe libre, indépendant et puissant.

Il n'y a selon eux qu'une seule substance, et une substance n'en peut produire une autre. Cette substance est l'universalité des choses, qui est à la fois pensante, sentante, étendue, figurée.

Mais raisonnons de bonne foi : n'apercevons-nous pas un choix dans tout ce qui existe? Pourquoi y a-t-il un certain nombre d'espèces? Ne pourrait-il pas évidemment en exister moins? Ne pourrait-il pas en exister davantage? Pourquoi, dit le judicieux Clarke, les planètes tournent-elles en un sens plutôt qu'en un autre? J'avoue que, parmi d'autres arguments plus forts, celui-ci me frappe vivement; il y a un choix : donc il y a un maître qui agit par sa volonté.

Cet argument est encore combattu par nos adversaires; vous les entendez dire tous les jours : Ce que vous voyez est nécessaire, puisqu'il existe. — Eh bien, leur répondrai-je, tout ce qu'on pourra déduire de votre supposition, c'est que, pour former le monde, il était nécessaire que l'intelligence suprême fît un choix : ce choix est fait; nous sentons, nous pensons en vertu des rapports que Dieu a mis entre nos perceptions et nos organes. Examinez, d'un côté, des nerfs et des fibres; de l'autre, des pensées sublimes, et avouez qu'un Être suprême peut seul allier des choses si dissemblables.

Quel est cet Être? Existe-t-il dans l'immensité? L'espace est-il un de ses attributs? Est-il dans un lieu, ou en tous lieux, ou hors d'un lieu? Puisse-t-il me préserver à jamais d'entrer dans ces subtilités métaphysiques! J'abuserais trop de ma faible raison, si je cherchais à comprendre pleinement l'Être qui, par sa nature et par la mienne, doit m'être incompréhensible. Je ressemblerais à un insensé qui, sachant qu'une maison a été bâtie par un architecte, croirait que cette seule notion suffît pour connaître à fond sa personne.

Bornons donc notre insatiable et inutile curiosité; attachons-nous à notre véritable intérêt. L'artisan suprême qui a fait le monde et nous est-il notre maître? Est-il bienfaisant? Lui devons-nous de la reconnaissance?

Il est notre maître sans doute : nous sentons à tous moments un pouvoir aussi invisible qu'irrésistible. Il est notre bienfaiteur, puisque nous vivons. Notre vie est un bienfait, puisque nous aimons tous la vie, quelque misérable qu'elle puisse devenir. Le soutien de cette vie nous a été donné par cet Être suprême et incompréhensible, puisque nul de nous ne peut former la moindre des plantes, dont nous tirons la nourriture qu'il nous donne, et puisque même nul de nous ne sait comment ces végétaux se forment.

L'ingrat peut dire qu'il fallait absolument que Dieu nous fournît des aliments, s'il voulait que nous existassions un certain temps. Il dira : Nous sommes des machines qui se succèdent les unes aux autres, et dont la plupart tombent brisées et fracassées dès les premiers pas de leur carrière. Tous les éléments conspirent à nous détruire, et nous allons par les souffrances à la mort. Tout cela n'est que trop vrai; mais aussi il faut convenir que s'il n'y avait qu'un seul homme qui eût reçu de la nature un corps sain et robuste, un sens droit, un cœur honnête, cet homme aurait de grandes grâces à rendre à son auteur. Or, certainement, il y a beaucoup d'hommes à qui la nature a fait ces dons : ceux-là du moins doivent regarder Dieu comme bienfaisant.

A l'égard de ceux que le concours des lois éternelles, établies par l'Être des êtres, a rendus misérables, que pouvons-nous faire, sinon les secourir? Que pouvons-nous dire, sinon que nous ne savons pas pourquoi ils sont misérables ?

Le mal inonde la terre. Qu'en inférerons-nous par nos faibles raisonnements? Qu'il n'y a point de Dieu? Mais il nous a été démontré qu'il existe. Dirons-nous que ce Dieu est méchant? Mais cette idée est absurde, horrible, contradictoire. Soupçonnerons-nous que Dieu est impuissant, et que celui qui a si bien organisé tous les astres n'a pu bien organiser tous les hommes? Cette supposition n'est pas moins intolérable. Dirons-nous qu'il y a un mauvais principe qui altère les ouvrages d'un principe bienfaisant, ou qui en produit d'exécrables? Mais pourquoi ce mauvais principe ne dérange-t-il pas le cours du reste de la nature? Pourquoi s'acharnerait-il à tourmenter quelques faibles animaux sur un globe si chétif, pendant qu'il respecterait les autres ouvrages de son ennemi? Comment n'attaquerait-il pas Dieu dans ces millions de mondes qui roulent régulièrement dans l'espace? Comment deux dieux ennemis l'un de l'autre seraient-ils chacun également l'Être nécessaire? Comment subsisteraient-ils ensemble?

Prendrons-nous le parti de l'optimisme ? Ce n'est au fond que celui d'une fatalité désespérante. Le lord Shaftesbury, l'un des plus hardis philosophes d'Angleterre, accrédita le premier ce triste système. « Les lois, dit-il, du pouvoir central et de la végétation ne seront point changées pour l'amour d'un chétif et faible animal qui, tout protégé qu'il est par ces mêmes lois, sera bientôt réduit par elles en poussière. »

L'illustre lord Bolingbroke est allé beaucoup plus loin ; et le célèbre Pope a osé redire que le bien général est composé de tous les maux particuliers [1].

Le seul exposé de ce paradoxe en démontre la fausseté. Il serait aussi raisonnable de dire que la vie est le résultat d'un nombre infini de morts, que le plaisir est formé de toutes les douleurs, et que la vertu est la somme de tous les crimes.

Le mal physique et le mal moral sont l'effet de la constitution de ce monde, sans doute; et cela ne peut être autrement. Quand on dit que *tout est bien,* cela ne veut dire autre chose sinon que tout est arrangé suivant des lois physiques; mais assurément tout n'est pas bien pour la foule innombrable des êtres qui souffrent, et de ceux qui font souffrir les autres. Tous les moralistes l'avouent

---

1. Voyez, tome IX, la préface du *Poëme sur le Désastre de Lisbonne.*

dans leurs discours; tous les hommes le crient dans les maux dont ils sont les victimes.

Quel exécrable soulagement prétendez-vous donner à des malheureux persécutés et calomniés, expirant dans les tourments, en leur disant : *Tout est bien; vous n'avez rien à espérer de mieux ?* Ce serait un discours à tenir à ces êtres qu'on suppose éternellement coupables, et qu'on dit nécessairement condamnés avant le temps à des supplices éternels.

Le stoïcien [1] qu'on prétend avoir dit dans un violent accès de goutte : *Non, la goutte n'est point un mal*, avait un orgueil moins absurde que ces prétendus philosophes, qui, dans la pauvreté, dans la persécution, dans le mépris, dans toutes les horreurs de la vie la plus misérable, ont encore la vanité de crier : *Tout est bien*. Qu'ils aient de la résignation, à la bonne heure, puisqu'ils feignent de ne vouloir pas de compassion ; mais qu'en souffrant, et en voyant presque toute la terre souffrir, ils disent : *Tout est bien, sans aucune espérance de mieux*, c'est un délire déplorable.

Supposerons-nous enfin qu'un Être suprême nécessairement bon abandonne la terre à quelque être subalterne qui la ravage, à un geôlier qui nous met à la torture? Mais c'est faire de Dieu un tyran lâche, qui, n'osant commettre le mal par lui-même, le fait continuellement commettre par ses esclaves.

Quel parti nous reste-t-il donc à prendre ? N'est-ce pas celui que tous les sages de l'antiquité embrassèrent dans les Indes, dans la Chaldée, dans l'Égypte, dans la Grèce, dans Rome ? Celui de croire que Dieu nous fera passer de cette malheureuse vie à une meilleure, qui sera le développement de notre nature ? Car enfin il est clair que nous avons éprouvé déjà différentes sortes d'existences. Nous étions avant qu'un nouvel assemblage d'organes nous contînt dans la matrice; notre être pendant neuf mois fut très-différent de ce qu'il était auparavant; l'enfance ne ressembla point à l'embryon; l'âge mûr n'eut rien de l'enfance ; la mort peut nous donner une manière différente d'exister.

Ce n'est là qu'une espérance, me crient des infortunés qui sentent et qui raisonnent ; vous nous renvoyez à la boîte de Pandore ; le mal est réel, et l'espérance peut n'être qu'une illusion : le malheur et le crime assiégent la vie que nous avons, et vous nous parlez d'une vie que nous n'avons pas, que nous n'aurons peut-être pas, et dont nous n'avons aucune idée. Il n'est aucun

---

1. Posidonius, le même qui est, avec Lucrèce, interlocuteur des *Dialogues*, tome XXIV, pages 57-70.

rapport de ce que nous sommes aujourd'hui avec ce que nous étions dans le sein de nos mères ; quel rapport pourrions-nous avoir dans le sépulcre avec notre existence présente ?

Les Juifs, que vous dites avoir été conduits par Dieu même, ne connurent jamais cette autre vie. Vous dites que Dieu leur donna des lois, et dans ces lois il ne se trouve pas un seul mot qui annonce les peines et les récompenses après la mort. Cessez donc de présenter une consolation chimérique à des calamités trop véritables.

Mes frères, ne répondons point encore en chrétiens à ces objections douloureuses; il n'est pas encore temps. Commençons à les réfuter avec les sages, avant de les confondre par le secours de ceux qui sont au-dessus des sages mêmes.

Nous ignorons ce qui pense en nous, et par conséquent nous ne pouvons savoir si cet être inconnu ne survivra pas à notre corps. Il se peut physiquement qu'il y ait en nous une monade indestructible, une flamme cachée, une particule du feu divin, qui subsiste éternellement sous des apparences diverses. Je ne dirai pas que cela soit démontré ; mais, sans vouloir tromper les hommes, on peut dire que nous avons autant de raison de croire que de nier l'immortalité de l'être qui pense. Si les Juifs ne l'ont point connue autrefois, ils l'admettent aujourd'hui. Toutes les nations policées sont d'accord sur ce point. Cette opinion si ancienne et si générale est la seule peut-être qui puisse justifier la Providence. Il faut reconnaître un Dieu rémunérateur et vengeur, ou n'en point reconnaître du tout. Il ne paraît pas qu'il y ait de milieu : ou il n'y a point de Dieu, ou Dieu est juste. Nous avons une idée de la justice, nous, dont l'intelligence est si bornée; comment cette justice ne serait-elle pas dans l'intelligence suprême? Nous sentons combien il serait absurde de dire que Dieu est ignorant, qu'il est faible, qu'il est menteur : oserons-nous dire qu'il est cruel? Il vaudrait mieux s'en tenir à la nécessité fatale des choses, il vaudrait mieux n'admettre qu'un destin invincible que d'admettre un Dieu qui aurait fait une seule créature pour la rendre malheureuse.

On me dit que la justice de Dieu n'est pas la nôtre. J'aimerais autant qu'on me dît que l'égalité de deux fois deux et quatre n'est pas la même pour Dieu et pour moi. Ce qui est vrai l'est à mes yeux comme aux siens. Toutes les propositions mathématiques sont démontrées pour l'être fini comme pour l'être infini. Il n'y a pas en cela deux différentes sortes de vrai. La seule différence est probablement que l'intelligence suprême comprend toutes les vérités à la fois, et que nous nous traînons à pas lents vers quelques-unes. S'il n'y a pas deux sortes de vérité dans la même proposition, pourquoi y aurait-il deux sortes de justice dans la même action ? Nous ne pouvons comprendre la justice de Dieu que par l'idée que nous avons de la justice. C'est en qualité d'êtres pensants que nous connaissons le juste et l'injuste. Dieu infiniment pensant doit être infiniment juste.

Voyons du moins, mes frères, combien cette croyance est utile, combien nous sommes intéressés à la graver dans tous les cœurs.

Nulle société ne peut subsister sans récompense et sans châtiment. Cette vérité est si sensible et si reconnue que les anciens Juifs admettaient au moins des peines temporelles. « Si vous prévariquez, dit leur loi [1], le Seigneur vous enverra la faim et la pauvreté, de la poussière au lieu de pluie...... des démangeaisons incurables au fondement..... des ulcères malins dans les genoux..... et dans les jambes..... Vous épouserez une femme afin qu'un autre couche avec elle, etc. »

Ces malédictions pouvaient contenir un peuple grossier dans le devoir ; mais il pouvait arriver aussi qu'un homme coupable des plus grands crimes n'eût point d'ulcères dans les jambes, et ne languît point dans la pauvreté et dans la famine. Salomon devint idolâtre, et il n'est point dit qu'il fut puni par aucun de ces fléaux. On sait assez que la terre est couverte de scélérats heureux et d'innocents opprimés. Il fallut donc nécessairement recourir à la théologie des nations plus nombreuses et plus policées, qui longtemps auparavant avaient posé pour fondement de leur religion des peines et des récompenses, dans le développement de la nature humaine, qui est probablement une vie nouvelle.

Il semble que cette doctrine soit un cri de la nature, que tous les anciens peuples avaient écouté, et qui ne fut étouffé qu'un temps chez les Juifs, pour retentir ensuite dans toute sa force.

Il y a, chez tous les peuples qui font usage de leur raison, des opinions universelles qui paraissent empreintes par le maître de nos cœurs. Telle est la persuation de l'existence d'un Dieu et de sa justice miséricordieuse ; tels sont les premiers principes de morale, communs aux Chinois, aux Indiens, et aux Romains, et qui n'ont jamais varié, tandis que notre globe a été bouleversé mille fois.

---

1. *Deutéronome*, XXVIII, 20-30.

Ces principes sont nécessaires à la conservation de l'espèce humaine. Otez aux hommes l'opinion d'un Dieu vengeur et rémunérateur, Sylla et Marius se baignent alors avec délices dans le sang de leurs concitoyens; Auguste, Antoine et Lépide, surpassent les fureurs de Sylla ; Néron ordonne de sang-froid le meurtre de sa mère. Il est certain que la doctrine d'un Dieu vengeur était éteinte alors chez les Romains; l'athéisme dominait, et il ne serait pas difficile de prouver par l'histoire que l'athéisme peut causer quelquefois autant de mal que les superstitions les plus barbares.

Pensez-vous en effet qu'Alexandre VI reconnût un Dieu, quand, pour agrandir le fils de son inceste, il employait tour à tour la trahison, la force ouverte, le stylet, la corde, le poison ; et qu'insultant encore à la superstitieuse faiblesse de ceux qu'il assassinait, il leur donnait une absolution et des indulgences au milieu des convulsions de la mort? Certes, il insultait la Divinité, dont il se moquait, en même temps qu'il exerçait sur les hommes ces épouvantables barbaries. Avouons tous, quand nous lisons l'histoire de ce monstre et de son abominable fils, que nous souhaitons qu'ils soient châtiés. L'idée d'un Dieu vengeur est donc nécessaire.

Il se peut, et il arrive trop souvent que la persuasion de la justice divine n'est pas un frein à l'emportement d'une passion. On est alors dans l'ivresse ; les remords ne viennent que quand la raison a repris ses droits ; mais enfin ils tourmentent le coupable. L'athée peut sentir, au lieu de remords, cette horreur secrète et sombre qui accompagne les grands crimes. La situation de son âme est importune et cruelle ; un homme souillé de sang n'est plus sensible aux douceurs de la société ; son âme, devenue atroce, est incapable de toutes les consolations de la vie ; il rugit en furieux, mais il ne se repent pas. Il ne craint point qu'on lui demande compte des proies qu'il a déchirées ; il sera toujours méchant, il s'endurcira dans ses férocités. L'homme, au contraire, qui croit en Dieu rentrera en lui-même. Le premier est un monstre pour toute sa vie, le second n'aura été barbare qu'un moment. Pourquoi? C'est que l'un a un frein, l'autre n'a rien qui l'arrête.

Nous ne lisons point que l'archevêque Troll, qui fit égorger sous ses yeux[1] tous les magistrats de Stockholm, ait jamais daigné seulement feindre d'expier son crime par la moindre pé-

---

1. Voyez tome XII, page 228.

nitence. L'athée fourbe, ingrat, calomniateur, brigand, sanguinaire, raisonne et agit conséquemment, s'il est sûr de l'impunité de la part des hommes. Car, s'il n'y a point de Dieu, ce monstre est son Dieu à lui-même; il s'immole tout ce qu'il désire, ou tout ce qui lui fait obstacle. Les prières les plus tendres, les meilleurs raisonnements, ne peuvent pas plus sur lui que sur un loup affamé de carnage.

Lorsque le pape Sixte IV faisait assassiner les deux Médicis dans l'église de la Reparade[1], au moment où l'on élevait aux yeux du peuple le Dieu que ce peuple adorait, Sixte IV, tranquille dans son palais, n'avait rien à craindre, soit que la conjuration réussît, soit qu'elle échouât; il était sûr que les Florentins n'oseraient se venger, qu'il les excommunierait en pleine liberté, et qu'ils lui demanderaient pardon à genoux d'avoir osé se plaindre.

Il est très-vraisemblable que l'athéisme a été la philosophie de tous les hommes puissants qui ont passé leur vie dans ce cercle de crimes que les imbéciles appellent *politique, coup d'État, art de gouverner.*

On ne me persuadera jamais qu'un cardinal[2], ministre célèbre, crût agir en la présence de Dieu lorsqu'il faisait condamner à mort un des grands de l'État par douze meurtriers en robe, esclaves à ses gages, dans sa propre maison de campagne, et pendant qu'il se plongeait dans la dissolution avec ses courtisanes, à côté de l'appartement où ses valets, décorés du nom de *juges*, menaçaient de la torture un maréchal de France dont il savourait déjà la mort.

Quelques-uns de vous, mes frères, m'ont demandé si un prince juif[3] avait une véritable notion de la Divinité quand, à l'article de la mort, au lieu de demander pardon à Dieu de ses adultères, de ses homicides, de ses cruautés sans nombre, il persiste dans la soif du sang, et dans la fureur atroce des vengeances; quand, d'une bouche prête à se fermer pour jamais, il recommande à son successeur de faire assassiner le vieillard Séméï son ministre[4], et son général Joab?

J'avoue avec vous que cette action, dont saint Ambroise voulut en vain faire l'apologie, est la plus horrible peut-être qu'on puisse lire dans les annales des nations. Le moment de la mort

---

1. Voyez tome XII, page 168.
2. Richelieu; voyez, tome XIII, pages 14 et suiv., l'histoire du procès du maréchal de Marillac.
3. David.
4. III. *Rois,* II, 5, 8.

est pour tous les hommes le moment du repentir et de la clémence : vouloir se venger en mourant, et ne l'oser ; charger un autre par ses dernières paroles d'être un infâme meurtrier, c'est le comble de la lâcheté et de la fureur réunies.

Je n'examinerai point ici si cette histoire révoltante est vraie, ni en quel temps elle fut écrite. Je ne discuterai point avec vous s'il faut regarder les chroniques des Juifs du même œil dont on lit les commandements de leur loi ; si on a eu tort, dans des temps d'ignorance et de superstition, de confondre ce qui était sacré chez les Juifs avec leurs livres profanes. Les lois de Numa furent sacrées chez les Romains, et leurs historiens ne le furent pas. Mais si un Juif a été barbare jusqu'à son dernier moment, que nous importe ? Sommes-nous Juifs ? Quel rapport les absurdités et les horreurs de ce petit peuple ont-elles avec nous ? On a consacré des crimes chez presque tous les peuples du monde : que devons-nous faire ? Les détester, et adorer le Dieu qui les condamne.

Il est reconnu que les Juifs crurent Dieu corporel. Est-ce une raison pour que nous ayons cette idée de l'Être suprême ?

S'il est avéré qu'ils crurent Dieu corporel, il n'est pas moins clair qu'ils reconnaissaient un Dieu formateur de l'univers.

Longtemps avant qu'ils vinssent dans la Palestine, les Phéniciens avaient leur Dieu unique *Jaho*, nom qui fut sacré chez eux, et qui le fut ensuite chez les Égyptiens et chez les Hébreux. Ils donnaient à l'Être suprême un nom plus commun, *El.* Ce nom était originairement chaldéen. C'est de là que la ville appelée par nous *Babylone* fut nommée Babel, *la porte de Dieu.* C'est de là que le peuple hébreu, quand il vint, dans la suite des temps, s'établir en Palestine, prit le surnom d'Israël, qui signifie *voyant Dieu*, comme nous l'apprend Philon, dans son *Traité des récompenses et des peines*, et comme nous le dit l'historien Josèphe dans sa réponse à Appien.

Les Égyptiens reconnurent un Dieu suprême malgré toutes leurs superstitions ; ils le nommaient *Knef*, et ils le représentaient sous la forme d'un globe.

L'ancien *Zerdust*, que nous nommons *Zoroastre*, n'enseignait qu'un seul Dieu, auquel le mauvais principe était subordonné. Les Indiens, qui se vantent d'être la plus antique société de l'univers, ont encore leurs anciens livres, qu'ils prétendent avoir été écrits il y a quatre mille huit cent soixante et six ans. L'ange *Brama* ou *Habrama*, disent-ils, l'envoyé de Dieu, le ministre de l'Être suprême, dicta ce livre dans la langue du *Hanscrit*. Ce livre saint se nomme *Shastabad*, et il est beaucoup plus ancien que le

Veidam même, qui est depuis si longtemps le livre sacré sur les bords du Gange.

Ces deux volumes, qui sont la loi de toutes les sectes des brames, l'*Ézour-Veidam*, qui est le commencement du *Veidam*, ne parlent jamais que d'un Dieu unique.

Le ciel a voulu qu'un de nos compatriotes, qui a résidé trente années à Bengale, et qui sait parfaitement la langue des anciens brames, nous ait donné un extrait de ce *Shastabad*, écrit mille années avant le *Veidam*. Il est divisé en cinq chapitres. Le premier traite de Dieu et de ses attributs, et il commence ainsi : « Dieu est un ; il a formé tout ce qui est ; il est semblable à une sphère parfaite sans fin ni commencement. Il gouverne tout par une sagesse générale. Tu ne chercheras point son essence et sa nature, cette entreprise serait vaine et criminelle. Qu'il te suffise d'admirer jour et nuit ses ouvrages, sa sagesse, sa puissance, sa bonté. Sois heureux en l'adorant. »

Le second chapitre traite de la création des intelligences célestes ;

Le troisième, de la chute de ces dieux secondaires ;

Le quatrième, de leur punition ;

Le cinquième, de la clémence de Dieu.

Les Chinois, dont les histoires et les rites attestent une antiquité si reculée, mais moins ancienne que celle des Indiens, ont toujours adoré le *Tien*, le *Chang-ti*, la *Vertu céleste*. Tous leurs livres de morale, tous les édits des empereurs, recommandent de se rendre agréable au *Tien*, au *Chang-ti*, et de mériter ses bienfaits.

Confucius n'a point établi de religion chez les Chinois, comme les ignorants le prétendent. Longtemps avant lui les empereurs allaient au temple quatre fois par année présenter au *Chang-ti* les fruits de la terre.

Ainsi vous voyez que tous les peuples policés, Indiens, Chinois, Égyptiens, Persans, Chaldéens, Phéniciens, reconnurent un Dieu suprême. Je ne nierai pas que, chez ces nations si antiques, il n'y ait eu des athées ; je sais qu'il y en a beaucoup à la Chine ; nous en voyons en Turquie, il y en a dans notre patrie et chez toutes les nations de l'Europe. Mais pourquoi leur erreur ébranlerait-elle notre croyance ? Les sentiments erronés de tous les philosophes sur la lumière nous empêcheront-ils de croire fermement aux découvertes de Newton sur cet élément incompréhensible ? La mauvaise physique des Grecs et leurs ridicules sophismes détruiront-ils dans nous la science intuitive que nous donne la physique expérimentale ?

Il y a eu des athées chez tous les peuples connus; mais je doute beaucoup que cet athéisme ait été une persuasion pleine, une conviction lumineuse, dans laquelle l'esprit se repose sans aucun doute, comme dans une démonstration géométrique. N'était-ce pas plutôt une demi-persuasion fortifiée par la rage d'une passion violente, et par l'orgueil, qui tiennent lieu d'une conviction entière? Les Phalaris, les Busiris (et il y en a dans toutes les conditions), se moquaient avec raison des fables de Cerbère et des Euménides : ils voyaient bien qu'il était ridicule d'imaginer que Thésée fût éternellement assis sur une escabelle, et qu'un vautour déchirât toujours le foie renaissant de Prométhée. Ces extravagances, qui déshonoraient la Divinité, l'anéantissaient à leurs yeux. Ils disaient confusément dans leur cœur : On ne nous a jamais dit que des inepties sur la Divinité; cette Divinité n'est donc qu'une chimère. Ils foulaient aux pieds une vérité consolante et terrible, parce qu'elle était entourée de mensonges.

O malheureux théologiens de l'école, que cet exemple vous apprenne à ne pas annoncer Dieu ridiculement! C'est vous qui, par vos platitudes, répandez l'athéisme que vous combattez; c'est vous qui faites les athées de cour, auxquels il suffit d'un argument spécieux pour justifier toutes leurs horreurs. Mais si le torrent des affaires et celui de leurs passions funestes leur avaient laissé le temps de rentrer en eux-mêmes, ils auraient dit : Les mensonges des prêtres d'Isis et des prêtres de Cybèle ne doivent m'irriter que contre eux, et non pas contre la Divinité, qu'ils outragent. Si le Phlégéton et le Cocyte n'existent point, cela n'empêche pas que Dieu existe. Je veux mépriser les fables, et adorer la vérité. Si on m'a peint Dieu comme un tyran ridicule, je ne le croirai pas moins sage et moins juste. Je ne dirai pas avec Orphée que les ombres des hommes vertueux se promènent dans les champs Élysées; je n'admettrai point la métempsycose des pharisiens, encore moins l'anéantissement de l'âme avec les saducéens. Je reconnaîtrai une providence éternelle, sans oser deviner quels seront les moyens et les effets de sa miséricorde et de sa justice. Je n'abuserai point de la raison que Dieu m'a donnée; je croirai qu'il y a du vice et de la vertu, comme il y a de la santé et de la maladie; et enfin, puisqu'un pouvoir invisible, dont je sens continuellement l'influence, m'a fait un être pensant et agissant, je conclurai que mes pensées et mes actions doivent être dignes de ce pouvoir qui m'a fait naître.

Ne nous dissimulons point ici qu'il y a eu des athées vertueux.

La secte d'Épicure a produit de très-honnêtes gens : Épicure était lui-même un homme de bien, je l'avoue. L'instinct de la vertu, qui consiste dans un tempérament doux et éloigné de toute violence, peut très-bien subsister avec une philosophie erronée. Les épicuriens et les plus fameux athées de nos jours, occupés des agréments de la société, de l'étude et du soin de posséder leur âme en paix, ont fortifié cet instinct qui les porte à ne jamais nuire, en renonçant au tumulte des affaires qui bouleversent l'âme, et à l'ambition qui la pervertit. Il y a des lois dans la société qui sont plus rigoureusement observées que celles de l'État et de la religion. Quiconque a payé les services de ses amis par une noire ingratitude, quiconque a calomnié un honnête homme, quiconque aura mis dans sa conduite une indécence révoltante, ou qui sera connu par une avarice sordide et impitoyable, ne sera point puni par les lois, mais il le sera par la société des honnêtes gens, qui porteront contre lui un arrêt irrévocable de bannissement; il ne sera jamais reçu parmi eux. Ainsi donc un athée de mœurs douces et agréables, retenu d'ailleurs par le frein que la société des hommes impose, peut très-bien mener une vie innocente, heureuse, honorée. On en a vu des exemples de siècle en siècle, depuis le célèbre Atticus, également ami de César et de Cicéron, jusqu'au fameux magistrat Des Barreaux[1], qui, ayant fait attendre trop longtemps un plaideur dont il rapportait le procès, lui paya de son argent la somme dont il s'agissait.

On me citera encore, si l'on veut, le sophiste géométrique Spinosa, dont la modération, le désintéressement et la générosité, ont été dignes d'Épictète. On me dira que le célèbre athée La Métrie était un homme doux et aimable dans la société, honoré, pendant sa vie et après sa mort, des bontés d'un grand roi[2], qui, sans faire attention à ses sentiments philosophiques, a récompensé en lui les vertus. Mais mettez ces doux et tranquilles athées dans de grandes places; jetez-les dans les factions; qu'ils aient à combattre un César Borgia, ou un Cromwell, ou même un cardinal de Retz; pensez-vous qu'alors ils ne deviendront pas aussi méchants que leurs adversaires? Voyez dans quelle alternative vous les jetez; ils seront des imbéciles s'ils ne sont pas des pervers. Leurs ennemis les attaquent par des crimes; il faut bien

---

1. Voyez tome XIV, page 63; et, ci-après, la VIIe des *Lettres à S. A. monseigneur le prince de* ***.
2. Frédéric II, roi de Prusse; on a de ce monarque un *Éloge du sieur La Métrie*, dans les *Éloges de trois philosophes*, 1753, in-8°.

qu'ils se défendent avec les mêmes armes, ou qu'ils périssent. Certainement leurs principes ne s'opposeront point aux assassinats, aux empoisonnements, qui leur paraîtront nécessaires.

Il est donc démontré que l'athéisme peut tout au plus laisser subsister les vertus sociales dans la tranquille apathie de la vie privée; mais qu'il doit porter à tous les crimes dans les orages de la vie publique.

Une société particulière d'athées, qui ne se disputent rien, et qui perdent doucement leurs jours dans les amusements de la volupté, peut durer quelque temps sans trouble; mais, si le monde était gouverné par des athées, il vaudrait autant être sous l'empire immédiat de ces êtres infernaux qu'on nous peint acharnés contre leurs victimes. En un mot, des athées qui ont en main le pouvoir seraient aussi funestes au genre humain que des superstitieux. Entre ces deux monstres la raison nous tend les bras : et ce sera l'objet de mon second discours.

DEUXIÈME HOMÉLIE.

SUR LA SUPERSTITION.

Mes Frères,

Vous savez assez que toutes les nations bien connues ont établi un culte public. Si les hommes s'assemblèrent de tout temps pour traiter de leurs intérêts, pour se communiquer leurs besoins, il était bien naturel qu'ils commençassent ces assemblées par les témoignages de respect et d'amour qu'ils doivent à l'auteur de la vie. On a comparé ces hommages à ceux que des enfants présentent à un père, et des sujets à un souverain. Ce sont des images trop faibles du culte de Dieu : les relations d'homme à homme n'ont aucune proportion avec la relation de la créature à l'Être suprême ; l'infini les sépare. Ce serait même un blasphème que de rendre hommage à Dieu sous l'image d'un monarque. Un souverain de la terre entière, s'il en pouvait exister un, si tous les hommes étaient assez malheureux pour être subjugués par un homme, ne serait au fond qu'un ver de terre commandant à d'autres vers de terre, et serait encore infiniment moins devant la Divinité. Et puis, dans les républiques, qui sont incontestablement antérieures à toute monarchie, comment aurait-on pu concevoir Dieu sous l'image d'un roi? S'il fallait se faire de Dieu une image sensible, celle d'un père, toute défectueuse qu'elle est, paraîtrait peut-être la plus convenable à notre faiblesse.

Mais les emblèmes de la Divinité furent une des premières sources de la superstition. Dès que nous eûmes fait Dieu à notre image, le culte divin fut perverti. Ayant osé représenter Dieu sous la figure d'un homme, notre misérable imagination, qui ne s'arrête jamais, lui attribua tous les vices des hommes. Nous ne le regardâmes que comme un maître puissant, et nous le chargeâmes de tous les abus de la puissance; nous le célébrâmes comme fier, jaloux, colère, vindicatif, bienfaiteur, capricieux, destructeur impitoyable, dépouillant les uns pour enrichir les autres, sans autre raison que sa volonté. Nous n'avons d'idée que de proche en proche; nous ne concevons presque rien que par similitude : ainsi, quand la terre fut couverte de tyrans, on fit Dieu le premier des tyrans. Ce fut bien pis quand la Divinité fut annoncée par des emblèmes tirés des animaux et des plantes. Dieu devint bœuf, serpent, crocodile, singe, chat, et agneau, broutant, sifflant, bêlant, dévorant, et dévoré.

La superstition a été si horrible chez presque toutes les nations que s'il n'en existait pas encore des monuments, il ne serait pas possible de croire ce qu'on nous en raconte. L'histoire du monde est celle du fanatisme.

Mais parmi les superstitions monstrueuses qui ont couvert la terre, y en a-t-il eu d'innocentes? Ne pourrons-nous point distinguer entre des poisons dont on a su faire des remèdes, et des poisons qui ont conservé leur nature meurtrière? Cet examen mérite, si je ne me trompe, toute l'attention des esprits raisonnables.

Un homme fait du bien aux hommes ses frères, celui-là détruit des animaux carnassiers, celui-ci invente des arts par la force de son génie. On les voit par conséquent plus favorisés de Dieu que le vulgaire; on imagine qu'ils sont enfants de Dieu, on en fait des demi-dieux après leur mort, des dieux secondaires. On les propose non-seulement pour modèle au reste des hommes, mais pour objet de leur culte. Celui qui adore Hercule et Persée s'excite à les imiter. Des autels deviennent le prix du génie et du courage. Je ne vois là qu'une erreur dont il résulte du bien. Les hommes ne sont trompés alors que pour leur avantage. Si les anciens Romains n'avaient mis au rang des dieux secondaires que des Scipion, des Titus, des Trajan, des Marc-Aurèle, qu'aurions-nous à leur reprocher?

Il y a l'infini entre Dieu et un homme: d'accord; mais si, dans le système des anciens on a regardé l'âme humaine comme une portion finie de l'intelligence infinie, qui se replonge dans le grand tout sans l'augmenter ; si on suppose que Dieu habita dans l'âme de Marc-Aurèle, si cette âme fut supérieure aux autres par la vertu pendant sa vie, pourquoi ne pas supposer qu'elle est encore supérieure quand elle est dégagée de son corps mortel ?

Nos frères les catholiques romains (car tous les hommes sont nos frères) ont peuplé le ciel de demi-dieux qu'ils appellent *saints*. S'ils avaient toujours fait d'heureux choix, avouons sans détour que leur erreur eût été un service rendu à la nature humaine. Nous leur prodiguons les injures et le mépris quand ils fêtent un Ignace, chevalier de la Vierge ; un Dominique, persécuteur ; un François, fanatique en démence, qui marche tout nu, qui parle aux bêtes, qui catéchise un loup, qui se fait une femme de neige. Nous ne pardonnons pas à Jérôme, traducteur, savant, mais fautif, de livres juifs, d'avoir, dans son *Histoire des Pères du désert*, exigé nos respects pour un saint Pacôme qui allait faire ses visites monté sur un crocodile. Nous sommes surtout saisis d'indignation en voyant qu'à Rome on a canonisé Grégoire VII, l'incendiaire de l'Europe.

Mais il n'en est pas ainsi du culte qu'on rend, en France, au roi Louis IX, qui fut juste et courageux. Et si c'est trop que de l'invoquer, ce n'est pas trop de le révérer ; c'est seulement dire aux autres princes : Imitez ses vertus.

Je vais plus loin : je suppose qu'on ait placé dans une basilique la statue du roi Henri IV, qui conquit son royaume avec la valeur d'Alexandre et la clémence de Titus, qui fut bon et compatissant, qui sut choisir les meilleurs ministres, et fut son premier ministre lui-même ; je suppose que, malgré ses faiblesses, on lui paye des hommages au-dessus des respects qu'on rend à la mémoire des grands hommes, quel mal pourra-t-il en résulter ? Il vaudrait certainement mieux fléchir le genou devant lui que devant cette multitude de saints inconnus, dont les noms même sont devenus un sujet d'opprobre et de ridicule. Ce serait une superstition, j'en conviens, mais une superstition qui ne pourrait nuire, un enthousiasme patriotique, et non un fanatisme pernicieux. Si l'homme est né pour l'erreur, souhaitons-lui des erreurs vertueuses.

La superstition qu'il faut bannir de la terre est celle qui, faisant de Dieu un tyran, invite les hommes à être tyrans. Celui qui dit le premier qu'on doit avoir les réprouvés en horreur mit le poignard à la main de tous ceux qui osèrent se croire fidèles ;

celui qui le premier défendit toute communication avec ceux qui n'étaient pas de son avis sonna le tocsin des guerres civiles dans toute la terre.

Je crois ce qui paraît impossible à ma raison, c'est-à-dire je crois ce que je ne crois pas : donc je dois haïr ceux qui se vantent de croire une absurdité contraire à la mienne. Telle est la logique des superstitieux, ou plutôt telle est leur exécrable démence. Adorer l'Être suprême, l'aimer, le servir, être utile aux hommes, ce n'est rien : c'est même, selon quelques-uns, une fausse vertu qu'ils appellent un *péché splendide*[1]. Ainsi, depuis qu'on se fit un devoir sacré de disputer sur ce qu'on ne peut entendre; depuis qu'on plaça la vertu dans la prononciation de quelques paroles inexplicables que chacun voulut expliquer, les pays chrétiens furent un théâtre de discorde et de carnage.

Vous me direz qu'on doit imputer cette peste universelle à la rage de l'ambition plutôt qu'à celle du fanatisme. Je vous répondrai qu'on en est redevable à l'une et à l'autre. La soif de la domination s'est abreuvée du sang des imbéciles. Je n'aspire point à guérir les hommes puissants de cette passion furieuse d'asservir les esprits : c'est une maladie incurable. Tout homme voudrait que les autres s'empressassent à le servir, et, pour être servi mieux, il leur fera croire, s'il peut, que leur devoir et leur bonheur consistent à être ses esclaves. Allez trouver un homme qui jouit de quinze à seize millions de revenu, et qui a dans l'Europe quatre ou cinq cent mille sujets dispersés, lesquels ne lui coûtent rien, sans compter ses gardes et sa milice; remontrez-lui que le Christ, dont il se dit le vicaire et l'imitateur, a vécu dans la pauvreté et dans l'humilité : il vous répond que les temps sont changés; et, pour vous le prouver, il vous condamne à périr dans les flammes. Vous n'avez corrigé ni cet homme, ni un cardinal de Lorraine, possesseur de sept évêchés à la fois. Que fait-on alors ? On s'adresse aux peuples, on leur parle, et, tout abrutis qu'ils sont, ils écoutent, ils ouvrent à demi les yeux; ils secouent une partie du joug le plus avilissant qu'on ait jamais porté; ils se défont de quelques erreurs, ils reprennent un peu de leur liberté, cet apanage ou plutôt cette essence de l'homme, dont on les avait dépouillés. Si on ne peut guérir les puissants de l'ambition, on peut donc guérir les peuples de la superstition; on peut donc, en parlant, en écrivant, rendre les hommes plus éclairés et meilleurs.

---

1. Cette expression est de saint Augustin; voyez tome XVIII, page 74; XXV, 434; et page 91 du présent volume.

Il est bien aisé de leur faire voir ce qu'ils ont souffert pendant quinze cents années. Peu de personnes lisent ; mais toutes peuvent entendre. Écoutez donc, mes chers frères, et voyez les calamités qui accablèrent les générations passées.

A peine les chrétiens, respirant en liberté sous Constantin, avaient trempé leurs mains dans le sang de la vertueuse Valérie, fille, femme, et mère de césars, et dans le sang du jeune Candidien son fils, l'espérance de l'empire ; à peine avaient-ils [1] égorgé le fils de l'empereur Maximin, âgé de huit ans, et sa fille, âgée de sept ; à peine ces hommes qu'on nous peint si patients pendant deux siècles avaient ainsi signalé leurs fureurs au commencement du quatrième, que la controverse fit naître des discordes civiles qui, se succédant les unes aux autres sans aucun moment de relâche, agitent encore l'Europe. Quels sont les sujets de ces querelles sanguinaires? Des subtilités, mes frères, dont on ne trouve pas le moindre mot dans l'Évangile. On veut savoir si le Fils est engendré, ou fait ; s'il est engendré dans le temps, ou avant le temps ; s'il est consubstantiel ou semblable au Père ; si la *monade de Dieu*, comme dit Athanase, est trine [2] en trois hypostases ; si le Saint-Esprit est engendré, ou procédant, ou s'il procède du Père seul, ou du Père et du Fils ; si Jésus eut deux volontés ou une, une ou deux natures, une ou deux personnes.

Enfin, depuis la *consubstantialité* jusqu'à la *transsubstantiation*, termes aussi difficiles à prononcer qu'à comprendre, tout a été sujet de dispute, et toute dispute a fait couler des torrents de sang.

Vous savez combien en fit verser notre superstitieuse Marie, fille du tyran Henri VIII, et digne épouse du tyran espagnol Philippe II. Le trône de Charles Ier fut changé en échafaud, et ce roi périt par le dernier supplice, après que plus de deux cent mille hommes eurent été égorgés pour une liturgie.

Vous connaissez les guerres civiles de France. Une troupe de théologiens fanatiques, appelée *la Sorbonne*, déclare le roi Henri III déchu du trône, et soudain un apprenti théologien l'assassine [3]. Elle déclare le grand Henri IV, notre allié, incapable de régner, et vingt meurtriers se succèdent les uns aux autres, jusqu'à ce qu'enfin, sur la seule nouvelle que ce héros va protéger ses anciens alliés contre les adhérents du pape, un moine feuillant [4],

---

1. En 313 (*Note de Voltaire.*)
2. Du mot latin *trinus*, triple.
3. Jacques Clément ; voyez tome VIII, l'*Essai sur les Guerres civiles de France*.
4. Ravaillac ; voyez *ibid*.

un maître d'école, plonge le couteau dans le cœur du plus vaillant des rois et du meilleur des hommes, au milieu de sa capitale, aux yeux de son peuple, et dans les bras de ses amis ; et, par une contradiction inconcevable, sa mémoire est à jamais adorée, et la troupe de Sorbonne, qui le proscrivit, qui l'excommunia, qui excommunia ses sujets fidèles, et qui n'a droit d'excommunier personne, subsiste encore à la honte de la France.

Ce ne sont pas les peuples, mes frères, ce ne sont pas les cultivateurs, les artisans ignorants et paisibles, qui ont élevé ces querelles ridicules et funestes, sources de tant d'horreurs et de tant de parricides. Il n'en est malheureusement aucune dont les théologiens n'aient été les auteurs. Des hommes nourris de vos travaux, dans une heureuse oisiveté, enrichis de vos sueurs et de votre misère, combattirent à qui aurait le plus de partisans et le plus d'esclaves ; ils vous inspirèrent un fanatisme destructeur, pour être vos maîtres ; ils vous rendirent superstitieux, non pas pour que vous craignissiez Dieu davantage, mais afin que vous les craignissiez.

L'Évangile n'a pas dit à Jacques et Pierre, à Barthélemy : Nagez dans l'opulence ; pavanez-vous dans les honneurs ; marchez entourés de gardes. Il ne leur a pas dit non plus : Troublez le monde par vos questions incompréhensibles. Jésus, mes frères, n'agita aucune de ces questions. Voudrions-nous être plus théologiens que celui que vous reconnaissez pour votre unique maître ? Quoi ! il vous a dit : Tout consiste à aimer Dieu et son prochain ; et vous rechercheriez autre chose ?

Y a-t-il quelqu'un parmi vous ? que dis-je ! y a-t-il quelqu'un sur la terre qui puisse penser que Dieu le jugera sur des points de théologie, et non pas sur ses actions ?

Qu'est-ce qu'une opinion théologique ? C'est une idée qui peut être vraie ou fausse, sans que la morale y soit intéressée. Il est bien évident que vous devez être vertueux, soit que le Saint-Esprit procède du Père par spiration, ou qu'il procède du Père et du Fils. Il n'est pas moins évident que vous ne comprendrez jamais aucune proposition de cette espèce. Vous n'aurez jamais la plus légère notion comment Jésus avait deux natures et deux volontés dans une personne. S'il avait voulu que vous en fussiez informés, il vous l'aurait dit. Je choisis ces exemples entre cent autres, et je passe sous silence d'autres disputes, pour ne pas réveiller des plaies qui saignent encore.

Dieu vous a donné l'entendement ; il ne peut vouloir que vous le pervertissiez. Comment une proposition dont vous ne pouvez jamais avoir d'idée pourrait-elle vous être nécessaire? Que Dieu, qui donne tout, ait donné à un homme plus de lumières, plus de talents qu'à un autre, cela se voit tous les jours. Qu'il ait choisi un homme pour s'unir de plus près à lui qu'aux autres hommes ; qu'il en ait fait le modèle de la raison et de la vertu, cela ne révolte point notre bon sens. Personne ne doit nier qu'il soit possible à Dieu de verser ses plus beaux dons sur un de ses ouvrages. On peut donc croire en Jésus, qui a enseigné la vertu et qui l'a pratiquée ; mais craignons qu'en voulant aller trop au delà nous ne renversions tout l'édifice.

Le superstitieux verse du poison sur les aliments les plus salutaires ; il est son propre ennemi et celui des hommes. Il se croira l'objet des vengeances éternelles s'il a mangé de la viande un certain jour ; il pense qu'une longue robe grise, avec un capuce pointu et une grande barbe, est beaucoup plus agréable à Dieu qu'un visage rasé et une tête qui porte ses cheveux ; il s'imagine que son salut est attaché à des formules latines qu'il n'entend point. Il a élevé sa fille dans ces principes : elle s'enterre dans un cachot dès qu'elle est nubile ; elle trahit la postérité pour plaire à Dieu, plus coupable envers le genre humain que l'Indienne qui se précipite dans le bûcher de son mari après lui avoir donné des enfants.

Anachorètes des parties méridionales de l'Europe, condamnés par vous-mêmes à une vie aussi abjecte qu'affreuse, ne vous comparez pas aux pénitents des bords du Gange : vos austérités n'approchent pas de leurs supplices volontaires ; mais ne pensez pas que Dieu approuve dans vous ce que vous avouez qu'il condamne dans eux.

Le superstitieux est son propre bourreau : il est encore celui de quiconque ne pense pas comme lui. La délation la plus infâme, il l'appelle *correction fraternelle;* il accuse la naïve innocence qui n'est pas sur ses gardes, et qui, dans la simplicité de son cœur, n'a pas mis le sceau sur ses lèvres. Il la dénonce à ces tyrans des âmes, qui rient en même temps de l'accusé et de l'accusateur.

Enfin le superstitieux devient fanatique, et c'est alors que son zèle est capable de tous les crimes au nom du Seigneur.

Nous ne sommes plus, il est vrai, dans ces temps abominables où les parents et les amis s'égorgeaient, où cent batailles rangées couvraient la terre de cadavres pour quelques arguments de l'école ; mais des cendres de ce vaste incendie il renaît tous les jours quelques étincelles : les princes ne marchent plus aux combats à la voix d'un prêtre ou d'un moine; mais les citoyens se persécutent encore dans le sein des villes, et la vie privée est souvent empoisonnée de la peste de la superstition. Que diriez-vous d'une famille qui serait toujours prête à se battre pour deviner de quelle manière il faut saluer son père ? Eh, mes enfants, il s'agit de l'aimer : vous le saluerez comme vous pourrez. N'êtes-vous frères que pour être divisés, et faudra-t-il que ce qui doit vous unir soit toujours ce qui vous sépare ?

Je ne connais pas une seule guerre civile entre les Turcs pour la religion. Que dis-je ! une guerre civile ? L'histoire n'a remarqué aucune sédition, aucun trouble parmi eux, excité par la controverse. Est-ce parce qu'ayant moins de dogmes, ils ont moins de prétextes de disputes ? Est-ce parce qu'ils sont nés moins inquiets et plus sages que nous? Ils ne s'informent pas de quelle secte vous êtes, pourvu que vous payiez exactement un tribut léger. Chrétiens latins, chrétiens grecs, jacobites, monothélites, cophtes, protestants, réformés, tout est bien venu chez eux, tandis qu'il n'y a pas trois nations chez les chrétiens qui exercent cette humanité.

Enfin, mes frères, Jésus ne fut point superstitieux; il ne fut point intolérant; il communiquait avec les Samaritains; il n'a pas proféré une seule parole contre le culte des Romains, dont sa patrie était environnée. Imitons son indulgence, et méritons qu'on en ait pour nous.

Ne nous effrayons pas de cet argument barbare si souvent répété. Le voici, je crois, dans toute sa force.

« Vous croyez qu'un homme de bien peut trouver grâce devant l'Être des êtres, devant le Dieu de justice et de miséricorde, dans quelque temps, dans quelque lieu, dans quelque religion qu'il ait consumé sa courte vie; et nous, au contraire, nous affirmons qu'on ne peut plaire à Dieu qu'en étant né parmi nous, ou ayant été enseigné par nous : il nous est démontré que nous sommes les seuls dans le monde qui ayons raison. Nous savons que Dieu étant venu sur la terre, et étant mort du dernier supplice pour tous les hommes, il ne veut pourtant avoir pitié que de notre petite assemblée, et que même, dans cette assemblée, il n'y a que fort peu de personnes qui pourront échapper à des peines éternelles. Prenez donc le parti le plus sûr; entrez dans notre petite assemblée, et tâchez d'être élu chez nous. »

Remercions nos frères qui nous tiennent ce langage; félicitons-les d'être certains que tout l'univers est damné, hors un petit nombre d'entre eux, et croyons que notre secte vaut mieux que la leur, par cela seul qu'elle est plus raisonnable et plus compatissante. Quiconque me dit : *Pense comme moi, ou Dieu te damnera,* me dira bientôt : *Pense comme moi, ou je t'assassinerai.* Prions Dieu qu'il adoucisse ces cœurs atroces, et qu'il inspire à tous ses enfants des sentiments de frères. Nous voilà dans notre île où la secte épiscopale domine depuis Douvres jusqu'à la petite rivière de Tweed. De là jusqu'à la dernière des Orcades le presbytérianisme est en crédit, et, sous ces deux religions régnantes, il y en a dix ou douze autres particulières. Allez en Italie, vous trouverez le despotisme papiste sur le trône. Ce n'est plus la même chose en France ; elle est traitée à Rome de demi-hérétique. Passez en Suisse, en Allemagne, vous couchez aujourd'hui dans une ville calviniste, demain dans une papiste, après-demain dans une luthérienne. Allez jusqu'en Russie, vous ne voyez plus rien de tout cela. C'est une secte tout différente. La cour y est éclairée, à la vérité, par une impératrice philosophe. L'auguste Catherine a mis la raison sur le trône, comme elle y a placé la magnificence et la générosité ; mais le peuple de ses provinces déteste encore également et luthériens, et calvinistes, et papistes. Il ne voudrait ni manger avec aucun d'eux, ni boire dans le même verre. Or, je vous demande, mes frères, ce qui arriverait si, dans une assemblée de tous ces sectaires, chacun se croyait autorisé par l'esprit divin à faire triompher son opinion ? Ne voyez-vous pas les épées tirées, les potences dressées, les bûchers allumés d'un bout de l'Europe à l'autre ? Quel est donc celui qui a raison dans ce chaos de disputes ? Le tolérant, le bienfaisant. Ne dites pas qu'en prêchant la tolérance nous prêchons l'indifférence. Non, mes frères ; celui qui adore Dieu et qui fait du bien aux hommes n'est point indifférent. Ce nom convient bien davantage au superstitieux, qui pense que Dieu lui saura gré d'avoir proféré des formules inintelligibles tandis qu'il est en effet très-indifférent sur le sort de son frère, qu'il laisse périr sans secours, ou qu'il abandonne dans la disgrâce, ou qu'il flatte dans la prospérité, ou qu'il persécute s'il est d'une autre secte, s'il est sans appui et sans protection. Plus le superstitieux se concentre dans des pratiques et dans des croyances absurdes, plus il a d'indifférence pour les vrais devoirs de l'humanité. Souvenons-nous à jamais d'un de nos charitables compatriotes. Il fondait un hôpital pour les vieillards, dans sa province ; on lui demandait si c'était pour des papistes, des luthériens, des presbytériens, des quakers, des sociniens, des anabaptistes, des méthodistes, des mennonites. Il répondit : « Pour des hommes. »

O mon Dieu! écarte de nous l'erreur de l'athéisme, qui nie ton existence; et délivre-nous de la superstition, qui outrage ton existence et qui rend la nôtre affreuse.

TROISIÈME HOMÉLIE.

SUR L'INTERPRÉTATION DE L'ANCIEN TESTAMENT.

Mes Frères,

Les livres gouvernent le monde, ou du moins toutes les nations qui ont l'usage de l'écriture; les autres ne méritent pas qu'on les compte. Le *Zend-Avesta,* attribué au premier Zoroastre, fut la loi des Persans. Le *Veidam* et le *Shastabad* sont encore celle des brames. Les Égyptiens furent régis par les livres de Thaut, qu'on appela le *Premier Mercure*. L'*Alcoran* ou le *Koran* gouverne aujourd'hui l'Afrique, l'Égypte, l'Arabie, les Indes, une partie de la Tartarie, la Perse entière, la Scythie dans la Chersonèse, l'Asie Mineure, la Syrie, la Thrace, la Thessalie, et toute la Grèce jusqu'au détroit qui sépare Naples de l'Épire. Le *Pentateuque* gouverne les Juifs, et, par une singulière providence, il est aujourd'hui notre règle. Notre devoir est de lire ensemble cet ouvrage divin, qui est le fondement de notre foi.

« Au commencement Dieu créa les cieux et la terre. Et la terre était sans forme et vide; les ténèbres étaient sur la face de l'abîme, et l'esprit de Dieu se mouvait sur le dessus des eaux. Et Dieu dit : Que la lumière soit; et la lumière fut. Et Dieu vit que la lumière était bonne, et Dieu sépara la lumière d'avec les ténèbres. Et Dieu nomma la lumière *jour*, et les ténèbres *nuit*. Ainsi fut le soir, ainsi fut le matin : ce fut le premier jour. Puis Dieu dit : Qu'il y ait une étendue entre les eaux, et qu'elle sépare les eaux d'avec les eaux. Dieu donc fit l'étendue, et sépara les eaux qui sont au-dessous de l'étendue, d'avec celles qui sont au-dessus de l'étendue; et il fut ainsi. Et Dieu nomma l'étendue *cieux*. Ainsi fut le soir, ainsi fut le matin : ce fut le second jour. Puis Dieu dit : Que les eaux qui sont au-dessous des cieux soient rassemblées en un lieu, et que le sec paraisse; et il fut ainsi, etc. »

Nous savons, mes frères, que Dieu, en parlant ainsi aux Juifs, daigna se proportionner à leur intelligence encore grossière. Personne n'ignore que notre terre n'est qu'un point en comparaison de l'espace que nous nommons improprement le *ciel*, dans lequel brille cette prodigieuse quantité de soleils, autour desquels roulent des planètes très-supérieures à la nôtre. On sait que la lumière n'a pas été faite avant le jour, et que notre lumière vient du soleil. On sait que l'étendue solide entre les eaux supérieures et les inférieures, étendue qui, à la lettre, signifie *firmament*, est une erreur de l'ancienne physique adoptée par les Grecs. Mais, puisque Dieu parlait aux Juifs, il daignait s'abaisser à parler leur langage. Personne ne l'aurait certainement entendu dans le désert d'Horeb, s'il avait dit : « J'ai mis le soleil au centre de votre monde; le petit globe de la terre roule avec les autres planètes autour de ce grand astre, par qui toutes les planètes sont illuminées; et la lune tourne en un mois autour de la terre. Ces autres astres que vous voyez sont autant de soleils qui président à d'autres mondes, etc. »

Si l'éternel géomètre s'était exprimé ainsi, il aurait parlé dignement, il est vrai, en maître qui connaît son ouvrage; mais nul Juif n'aurait compris un mot à ces sublimes vérités. Ce peuple était d'un col roide, et dur d'entendement. Il fallut donner des aliments grossiers à un peuple grossier, qui ne pouvait être nourri que par de tels aliments. Il semble que ce premier chapitre de la *Genèse* fut une allégorie proposée par l'Esprit saint pour être expliquée un jour par ceux que Dieu daignerait remplir de ses lumières. C'est du moins l'idée qu'en eurent les principaux Juifs, puisqu'il fut défendu de lire ce livre avant vingt-cinq ans, afin que l'esprit des jeunes gens, disposé par les maîtres, pût lire l'ouvrage avec plus d'intelligence et de respect.

Les docteurs prétendaient donc qu'à la lettre le Nil, l'Euphrate, le Tigre, et l'Araxe, n'avaient pas en effet leurs sources dans le paradis terrestre; mais que ces quatre fleuves qui l'arrosaient signifiaient évidemment quatre vertus nécessaires à l'homme. Il était visible, selon eux, que la femme formée de la côte de l'homme était l'allégorie la plus frappante de la concorde inaltérable qui doit régner dans le mariage; et que les âmes des époux doivent être unies comme leurs corps. C'est le symbole de la paix et de la fidélité qui doivent régner dans leur société.

Le serpent qui séduisit Ève, et qui était *le plus rusé*[1] *de tous les animaux de la terre*, est, si nous en croyons Philon lui-même et plusieurs Pères, une expression figurée qui peint sensiblement nos désirs corrompus. L'usage de la parole, que l'Écriture lui prête, est la voix de nos passions qui parle à nos cœurs. Dieu

---

1. *Genèse*, III, 1.

emploie l'allégorie du serpent, qui était très-commune dans tout l'Orient. Il passait pour subtil, parce qu'il se dérobe avec vitesse à ceux qui le poursuivent, et qu'il s'élance avec adresse sur ceux qui l'attaquent. Son changement de peau était le symbole de l'immortalité. Les Égyptiens portaient un serpent d'argent dans leurs processions. Les Phéniciens, voisins des déserts des Hébreux, avaient depuis longtemps la fable allégorique d'un serpent qui avait fait la guerre à l'homme et à Dieu. Enfin, le serpent qui tenta Ève a été reconnu pour le diable, qui veut toujours nous tenter et nous perdre.

Il est vrai que la doctrine du diable tombé du ciel, et devenu l'ennemi du genre humain, ne fut connue des Juifs que dans la suite des siècles; mais le divin auteur, qui savait bien que cette doctrine serait un jour répandue, daignait en jeter la semence dans les premiers chapitres de la *Genèse*.

Nous ne connaissons, à la vérité, l'histoire de la chute des mauvais anges que par ce peu de mots de l'*Épître* de saint Jude[1] : « Des étoiles errantes, à qui l'obscurité des ténèbres est réservée éternellement, desquelles Énoch, septième homme après Adam, a prophétisé. » On a cru que ces étoiles errantes étaient les anges transformés en démons malfaisants, et on supplée aux prophéties d'Énoch, septième homme après Adam, lesquelles nous n'avons plus. Mais dans quelque labyrinthe que se perdent les savants pour expliquer ces choses incompréhensibles, il en résulte toujours que nous devons entendre dans un sens édifiant tout ce qui peut être entendu à la lettre.

[2] Les anciens brachmanes avaient, comme nous l'avons dit[3], cette théologie plusieurs siècles avant que la nation juive existât. Les anciens Persans avaient donné des noms au diable longtemps avant les Juifs. Et vous savez que, dans le *Pentateuque*, on ne trouve le nom d'aucun bon ou mauvais ange. On ne connut ni Gabriel, ni Raphaël, ni Satan, ni Asmodée, dans les livres juifs, que très-longtemps après, et lorsque ce petit peuple eut appris ces noms dans son esclavage à Babylone. Tout cela prouve au moins que la doctrine des êtres célestes et des êtres infernaux a été commune à de grandes nations. Vous la retrouverez dans le livre de Job, précieux monument de l'antiquité. Job est un personage arabe;

---

1. Verset 14.
2. Cet alinéa et le suivant ne sont pas dans la première édition. Ils ont été ajoutés dans l'impression qui fait partie du tome VI des *Nouveaux Mélanges*, 1768, in-8°.
3. *Examen Important*, chap. vi, ci-dessus, page 210.

c'est en arabe que cette allégorie fut écrite. Il reste encore dans la traduction hébraïque des phrases entières arabes. Voilà donc les Indiens, les Persans, les Arabes et les Juifs, qui, les uns après les autres, admettent à peu près la même théologie. Elle est donc digne d'une grande attention.

Mais ce qui en est bien plus digne, c'est la morale qui doit résulter de toute cette théologie antique. Les hommes, qui ne sont point nés pour être meurtriers, puisque Dieu ne les a point armés comme les lions et les tigres; qui ne sont point nés pour l'imposture, puisqu'ils aiment tous nécessairement la vérité; qui ne sont point nés pour être des brigands ravisseurs, puisque Dieu leur a donné également à tous les fruits de la terre et les toisons des brebis, mais qui cependant sont devenus ravisseurs, parjures, et homicides, sont réellement les anges transformés en démons.

Cherchons toujours, mes frères, dans la sainte Écriture, ce qui nous enseigne la morale et non la physique.

Que l'ingénieux Calmet emploie sa profonde sagacité et sa pénétrante dialectique à trouver la place du paradis terrestre; contentons-nous de mériter, si nous pouvons, le paradis céleste, par la justice, par la tolérance, par la bienfaisance.

« Et quant à l'arbre de la science du bien et du mal, tu n'en mangeras point: car le jour que tu en mangeras tu mourras de mort[1]. »

Les interprètes avouent qu'on n'a jamais connu aucun arbre qui donnât de la science. Adam ne mourut point de mort le jour qu'il en mangea; il vécut encore neuf cent trente années, dit la sainte Écriture. Hélas! que sont neuf siècles entre deux éternités! ce n'est pas même une minute dans le temps, et nos jours passent comme l'ombre. Mais cette allégorie ne nous dit-elle pas clairement que la science mal entendue est capable de nous perdre? L'arbre de la science porte sans doute des fruits bien amers, puisque tant de savants théologiens ont été persécuteurs ou persécutés, et que plusieurs sont morts d'une mort épouvantable. Ah! mes frères, l'Esprit saint a voulu nous faire voir combien une fausse science est dangereuse, combien elle enfle le cœur, et à quel point un docteur est souvent absurde.

C'est de ce passage que saint Augustin conclut l'imputation faite à tous les hommes de la désobéissance du premier. C'est lui qui développa la doctrine du péché originel, soit que la souillure de ce péché ait corrompu nos corps, soit que les âmes qui entrent

---

1. *Genèse*, II, 17. (*Note de Voltaire.*)

dans nos corps en soient abreuvées, mystère en tout point incompréhensible, mais qui nous avertit du moins de ne point vivre dans le crime, si nous sommes nés dans le crime.

« Et l'Éternel mit une marque sur Caïn, afin que quiconque le trouverait ne le tuât point [1]. » C'est ici surtout, mes frères, que les Pères sont opposés les uns aux autres. La famille d'Adam n'était pas encore nombreuse; l'Écriture ne lui donne d'autres enfants qu'Abel et Caïn, dans le temps que ce premier fut assassiné par son frère. Comment Dieu est-il obligé de donner une sauvegarde à Caïn contre tous ceux qui pourront le punir? Remarquons seulement que Dieu pardonne à Caïn un fratricide, après lui avoir donné sans doute des remords. Profitons de cette leçon; ne condamnons pas nos frères aux plus épouvantables supplices pour des causes légères. Quand Dieu daigne avoir de l'indulgence pour un meurtre abominable, imitons le Dieu de miséricorde. On nous objecte que Dieu, en pardonnant à un cruel meurtrier, damne à jamais tous les hommes pour la transgression d'Adam, qui n'était coupable que d'avoir mangé d'un fruit défendu. Il semble à notre faible raison que Dieu soit injuste en flétrissant éternellement tous les enfants de ce coupable, non pas pour expier un fratricide, mais pour une désobéissance qui semble excusable. C'est, dit-on, une contradiction intolérable qu'on ne peut admettre dans l'Être infiniment bon; mais cette contradiction n'est qu'apparente. Dieu, en nous livrant, nous, nos pères, et nos enfants, aux flammes pour la désobéissance d'Adam, nous envoie, quatre mille ans après, Jésus-Christ pour nous délivrer, et il conserve la vie à Caïn pour peupler la terre; ainsi il est partout le Dieu de justice et de miséricorde. Saint Augustin appelle la faute d'Adam une faute heureuse; mais celle de Caïn fut plus heureuse encore, puisque Dieu prit soin de lui mettre lui-même un signe qui était une marque de sa protection.

Tu feras le comble de l'arche d'une coudée de hauteur, etc. [2] Nous voici parvenus au plus grand des miracles, devant lequel il faut que la raison s'humilie et que le cœur se brise. Nous savons assez avec quelle audace dédaigneuse les incrédules s'élèvent contre le prodige d'un déluge universel.

C'est en vain qu'ils objectent que, dans les années les plus pluvieuses, il ne tombe pas trente pouces d'eau sur la terre pen-

---

1. *Genèse*, IV, 15. (*Note de Voltaire.*)
2. *Genèse*, VI, 16, etc. (*Id.*)

dant une année; que même, pendant cette année, il y a autant de terrains qui n'ont point reçu la pluie qu'il y en a d'inondés ; que la loi de la gravitation empêche l'Océan de franchir ses bornes ; que s'il couvrait la terre il laisserait son lit à sec ; qu'en couvrant la terre il ne pourrait surpasser le sommet des montagnes de quinze coudées ; que les animaux qui entraient dans l'arche ne pouvaient venir d'Amérique ni des terres australes; que sept paires d'animaux purs, et deux paires d'animaux impurs pour chaque espèce, n'auraient pu être contenues seulement dans vingt arches; que ces vingt arches n'auraient pu contenir tout le fourrage qu'il leur fallait, non-seulement pendant dix mois, mais pendant l'année suivante, année pendant laquelle la terre, trop abreuvée, ne pouvait rien produire; que les animaux voraces qui se nourrissent de chair seraient péris faute de nourriture; que huit personnes qui étaient dans l'arche n'auraient pu suffire à distribuer aux animaux leur pâture journalière. Enfin ils ne tarissent point sur les difficultés; mais on lève toutes ces difficultés en leur faisant voir que ce grand événement est un miracle : et dès lors toute dispute est finie.

« Or çà, bâtissons une ville et une tour de laquelle le sommet soit jusqu'aux cieux, et acquérons-nous de la réputation, de peur que nous ne soyons dispersés par toute la terre[1]. »

Les incrédules prétendent qu'on peut avoir de la réputation et être dispersé. Ils demandent si les hommes ont pu jamais être assez insensés pour vouloir bâtir une tour qui s'élevât jusqu'au ciel. Ils disent que cette tour ne s'élève que dans l'air, et que si par l'air on entend le ciel, elle sera nécessairement dans le ciel, ne fût-elle haute que de vingt pieds ; que si tous les hommes alors parlaient la même langue, ce qu'ils pouvaient faire de plus sage était de se réunir dans la même ville, et de prévenir la corruption de leur langage. Ils étaient apparemment tous dans leur patrie, puisqu'ils étaient tous d'accord pour y bâtir. Les chasser de leur patrie est tyrannique; leur faire parler de nouvelles langues tout d'un coup est absurde. Par conséquent, disent-ils, on ne peut regarder l'histoire de la tour de Babel que comme un conte oriental.

Je réponds à ce blasphème que ce miracle, étant écrit par un auteur qui a rapporté tant d'autres miracles, doit être cru comme les autres. Les œuvres de Dieu ne doivent ressembler en rien aux œuvres des hommes. Les siècles des patriarches et des prophètes

---

1. *Genèse*, xi, 4. (*Note de Voltaire.*)

ne doivent tenir en rien des siècles des hommes ordinaires. Dieu, qui ne descend plus sur la terre, y descendait alors souvent pour voir lui-même ses ouvrages. C'est la tradition de toutes les grandes nations anciennes. Les Grecs, qui n'eurent aucune connaissance des livres juifs que longtemps après la traduction faite dans Alexandrie par les Juifs hellénistes; les Grecs avaient cru, avant Homère et Hésiode, que le grand Zeus et tous les autres dieux descendaient de l'air pour visiter la terre. Quel fruit pouvons-nous tirer de cette idée généralement établie? que nous sommes toujours en présence de Dieu, et que nous ne devons nous livrer à aucune action, à aucune pensée, qui ne soit conforme à sa justice. En un mot, la tour de Babel n'est pas plus extraordinaire que tout le reste. Le livre est également authentique dans toutes ses parties : on ne peut nier un fait sans nier tous les autres ; il faut soumettre sa raison orgueilleuse, soit qu'on lise cette histoire comme véridique, soit qu'on la regarde comme un emblème.

« Et en ce jour le Seigneur traita alliance avec Abraham, en disant : J'ai donné à ta postérité ce pays, depuis le fleuve d'Égypte jusqu'à l'Euphrate[1]. »

Les incrédules triomphent de voir que les Juifs n'ont jamais possédé qu'une partie de ce que Dieu leur a promis. Ils trouvent même injuste que le Seigneur leur ait donné cette portion. Ils disent que les Juifs n'y avaient pas le moindre droit; qu'un voyage fait autrefois par un Chaldéen, dans un pays barbare, ne pouvait être un prétexte légitime d'envahir ce petit pays ; qu'un homme qui se dirait aujourd'hui descendant de saint Patrick serait mal reçu à venir saccager l'Irlande, en disant qu'il en a reçu l'ordre de Dieu. Mais considérons toujours combien les temps sont changés ; respectons les livres juifs, en nous gardant d'imiter jamais ce peuple. Dieu ne commande plus ce qu'il commandait autrefois.

On demande quel est cet Abraham, et pourquoi on fait remonter le peuple juif à un Chaldéen fils d'un potier idolâtre, qui n'avait aucun rapport avec les gens du pays de Chanaan, et qui ne pouvait entendre leur idiome? Ce Chaldéen va jusqu'à Memphis avec sa femme, courbée sous le poids des ans et cependant belle encore. Pourquoi de Memphis ce couple se transporte-t-il dans le désert de Gérare? Comment y a-t-il un roi dans cet horrible désert? Comment le roi d'Égypte et le roi de Gérare

---

1. *Genèse*, xv, 18. (*Note de Voltaire.*)

sont-ils tous deux amoureux de la vieille épouse d'Abraham ? Ce ne sont là que des difficultés historiques : l'essentiel est d'obéir à Dieu. La sainte Écriture nous représente toujours Abraham comme soumis sans réserve aux volontés du Très-Haut; songeons à l'imiter plutôt qu'à disputer.

Or sur le soir deux anges vinrent à Sodome, etc.[1]. C'est ici une pierre de scandale pour les examinateurs qui n'écoutent que leur raison. Deux anges, c'est-à-dire deux créatures spirituelles, deux ministres célestes de Dieu, qui ont un corps terrestre, qui inspirent des désirs infâmes à toute une ville, et même aux vieillards; un père de famille qui veut prostituer ses deux filles pour sauver l'honneur de ces deux anges; une ville changée en un lac par le feu; une femme métamorphosée en une statue de sel; deux filles qui trompent et qui enivrent leur père pour commettre un inceste avec lui, de peur, disent-elles, que sa race ne périsse, tandis qu'elles ont tous les habitants de la ville de Thsoar parmi lesquels elles peuvent choisir ! Tous ces événements rassemblés forment une image révoltante; mais si nous sommes raisonnables, nous conviendrons avec saint Clément d'Alexandrie, et avec tous les Pères qui l'ont suivi, que tout est ici allégorique.

Souvenons-nous que c'était la manière d'écrire de tout l'Orient. Les paraboles furent si longtemps en usage que l'auteur de toute vérité, quand il vint sur la terre, ne parla aux Juifs qu'en paraboles.

Les paraboles composent toute la théologie profane de l'antiquité. Saturne, qui dévore ses enfants, est visiblement le temps, qui détruit ses propres ouvrages. Minerve est la sagesse; elle est formée dans la tête du maître des dieux. Les flèches de l'enfant Cupidon et son bandeau ne sont que des figures trop sensibles. La chute de Phaéton est un emblème admirable des ambitieux. Tout n'est pas allégorie dans la théologie païenne, tout ne l'est pas non plus dans l'histoire sacrée du peuple juif. Les Pères distinguent tout ce qui est purement historique, ou purement parabole, et ce qui est mêlé de l'un et de l'autre. Il est difficile, j'en conviens, de marcher dans ces chemins escarpés; mais pourvu que nous apprenions à nous conduire dans le chemin de la vertu, qu'importe celui de la science ?

Le crime que Dieu punit ici est horrible; que cela nous suffise. La femme de Loth est changée en statue de sel pour avoir regardé derrière elle. Modérons les emportements de notre

---

1. *Genèse*, XIX tout entier. (*Note de Voltaire*.)

curiosité : en un mot, que toutes les histoires de l'Écriture servent à nous rendre meilleurs, si elles ne nous rendent pas plus éclairés.

Il y a, ce me semble, mes frères, deux manières d'interpréter figurément et dans un sens mystique les saintes Écritures. La première, qui est incontestablement la meilleure, est celle de tirer de tous les faits des instructions pour la conduite de la vie. Si Jacob fait une cruelle injustice à son frère Ésaü, s'il trompe son beau-père Laban, conservons la paix dans nos familles, et agissons avec justice envers nos parents. Si le patriarche Ruben déshonore le lit de son père Jacob, ayons cet inceste en horreur. Si le patriarche Juda commet un inceste encore plus odieux avec Thamar sa belle-fille, n'en ayons que plus d'aversion pour ces iniquités. Quand David ravit la femme d'Uriah et qu'il assassine son mari ; quand Salomon assassine son frère ; quand presque tous les petits rois juifs sont des meurtriers barbares, adoucissons nos mœurs en lisant cette suite affreuse de crimes. Lisons enfin toute la Bible dans cet esprit : elle inquiète celui qui veut être savant, elle console celui qui ne veut être qu'homme de bien.

L'autre manière de développer le sens caché des Écritures est celle de regarder chaque événement comme un emblème historique et physique. C'est la méthode qu'ont employée saint Clément, le grand Origène, le respectable saint Augustin, et tant d'autres Pères. Selon eux, le morceau de drap rouge que la prostituée Rahab pend à sa fenêtre est le sang de Jésus-Christ. Moïse étendant les bras annonce le signe de la croix. Juda liant son ânon à la vigne figure l'entrée de Jésus-Christ dans Jérusalem. Saint Augustin compare l'arche de Noé à Jésus. Saint Ambroise, dans son livre septième *de Arca*, dit que la petite porte de dégagement, pratiquée dans l'arche, signifie l'ouverture par laquelle l'homme jette la partie grossière des aliments. Quand même toutes ces explications seraient vraies, quel fruit en pourrions-nous retirer ? Les hommes en seront-ils plus justes, quand ils sauront ce que signifie la petite porte de l'arche ? Cette méthode d'expliquer l'Écriture sainte n'est qu'une subtilité de l'esprit, et elle peut nuire à la simplicité du cœur.

Écartons tous les sujets de dispute qui divisent les nations, et pénétrons-nous des sentiments qui les réunissent. La soumission à Dieu, la résignation, la justice, la bonté, la compassion, la tolérance, voilà les grands principes. Puissent tous les théologiens de la terre vivre ensemble comme les commerçants, qui, sans examiner dans quel pays ils sont nés, dans quelles pratiques ils ont été nourris, suivent entre eux les règles inviolables de l'équité, de la fidélité, de la confiance réciproque ! Ils sont par ces principes les liens de toutes les nations ; mais ceux qui ne connaissent que leurs opinions, et qui condamnent toutes les autres ; ceux qui croient que la lumière ne luit que pour eux, et que les autres hommes marchent dans les ténèbres ; ceux qui se feraient un scrupule de communiquer avec les religions étrangères, ceux-là ne méritent-ils pas le titre d'ennemis du genre humain [1] ?

Je ne dissimulerai point que les plus savants hommes assurent que le *Pentateuque* n'est point de Moïse. Newton, le grand Newton, qui seul a découvert le premier principe de la nature, qui seul a connu la lumière, cet étonnant génie qui avait tant approfondi l'Histoire ancienne [2], attribue le *Pentateuque* à Samuel. D'autres savants respectables croient qu'il fut fait du temps d'Osias par le scribe Saphan ; d'autres enfin prétendent qu'Esdras en fut l'auteur, au retour de la captivité. Tous s'accordent avec quelques Juifs modernes à ne point croire que cet ouvrage soit de Moïse. Cette grande objection n'est pas si terrible qu'elle le paraît. Nous révérons certainement le *Décalogue*, par quelque main qu'il ait été écrit. Nous sommes en dispute sur la date de plusieurs lois que les uns attribuent à Édouard III, les autres à Édouard II ; mais nous n'en adoptons pas moins ces lois, parce que nous les trouvons justes et utiles. Si même, dans le préambule, il y a des faits qu'on révoque en doute ; si nos compatriotes rejettent ces faits, ils ne rejettent point la loi qui subsiste.

Distinguons toujours l'histoire du dogme, et le dogme de la morale, de cette morale éternelle que tous les législateurs ont enseignée, et que tous les peuples ont reçue.

O morale sainte ! ô mon Dieu qui en êtes le créateur ! je ne vous enfermerai point dans les limites d'une province ; vous régnez sur tous les êtres pensants et sensibles. Vous êtes le Dieu de Jacob ; mais vous êtes le Dieu de l'univers.

Je ne puis finir ce discours, mes chers frères, sans vous parler des prophètes. C'est un des grands objets sur lesquels nos enne-

---

1. Dans l'édition originale on lisait ces mots qui terminaient cette homélie : « Je finirai tous mes discours par vous faire souvenir que tous les hommes sont frères. »
Le texte actuel est de 1768 ; voyez la note 2 de la page 340.

2. *La Chronologie des anciens royaumes*, etc., par Newton, a été traduite en français par Granet, 1728, in-4°.

mis pensent nous accabler : ils disent que, dans l'antiquité, tout peuple avait ses prophètes, ses devins, ses voyants ; mais si les Égyptiens, par exemple, avaient anciennement de faux prophètes, s'ensuit-il que les Juifs ne pussent en avoir de véritables? On prétend qu'ils n'avaient aucune mission, aucun grade, aucune autorisation légale : cela est vrai ; mais ne pouvaient-ils[1] pas être autorisés par Dieu même? Ils s'anathématisaient les uns les autres ; ils se traitaient réciproquement de fourbes et d'insensés, et le prophète Sédékia[2] ose même donner un soufflet au prophète Michée en présence du roi Josaphat : nous n'en disconvenons pas. Les *Paralipomènes* rapportent ce fait ; mais un ministère est-il moins saint quand les ministres le déshonorent? Et nos prêtres n'ont-ils pas fait cent fois pis que de donner des soufflets?

Dieu ordonne à Ézéchiel[3] de manger un livre de parchemin ; de mettre des excréments humains sur son pain ; de partager ensuite ses cheveux en trois parties, et d'en jeter une dans le feu ; de se faire lier ; de coucher trois cent quatre-vingt-dix jours sur le côté gauche, et quarante sur le côté droit. Dieu commande expressément au prophète Osée[4] de prendre une fille de fornication, et d'en avoir des enfants de fornication. Dieu veut ensuite qu'Osée couche avec une femme adultère, pour quinze drachmes et un boisseau et demi d'orge. Tous ces commandements de Dieu scandalisent les esprits qui se disent sages ; mais ne seront-ils pas plus sages s'ils voient que ce sont des allégories, des types, des paraboles, conformes aux mœurs des Israélites ; qu'il ne faut ni demander compte à un peuple de ses usages, ni demander compte à Dieu des ordres qu'il a donnés en conséquence de ces usages reçus?

Dieu n'a pu ordonner sans doute à un prophète d'être débauché et adultère ; mais il a voulu faire connaître qu'il réprouvait les crimes et les adultères de son peuple chéri. Si nous ne lisions pas la Bible dans cet esprit, hélas! nous serions révoltés et indignés à chaque page.

Édifions-nous de ce qui fait le scandale des autres ; tirons une nourriture salutaire de ce qui leur sert de poison. Quand le sens propre et littéral d'un passage paraît conforme à notre raison, tenons-nous-en à ce sens naturel. Quand il paraît contraire à la vérité, aux bonnes mœurs, cherchons un sens caché dans lequel

---

1. L'édition de 1768 porte : *pourraient*.
2. III. *Rois*, xxii, 24.
3. Chap. iii-vi.
4. Chap. i et iii.

la vérité et les bonnes mœurs se concilient avec la sainte Écriture. C'est ainsi qu'en ont usé tous les Pères de l'Église; c'est ainsi que nous agissons tous les jours dans le commerce de la vie : nous interprétons toujours favorablement les discours de nos amis et de nos partisans; traiterons-nous avec plus de dureté les saints livres des Juifs, qui sont l'objet de notre foi? Enfin, lisons les livres juifs pour être chrétiens; et s'ils ne nous rendent pas plus savants, qu'ils servent au moins à nous rendre meilleurs.

QUATRIÈME HOMÉLIE.

SUR L'INTERPRÉTATION DU NOUVEAU TESTAMENT.

Mes Frères,

Il est dans le Nouveau Testament, comme dans l'Ancien, des profondeurs qu'on ne peut sonder, et des sublimités où la faible raison ne peut atteindre. Je ne prétends ici ni concilier les *Évangiles* qui semblent quelquefois se contredire, ni expliquer des mystères qui, de cela même qu'ils sont mystères, doivent être inexplicables. Que des hommes plus savants que moi examinent si la sainte Famille se transporta en Égypte après le massacre des enfants de Bethléem, selon saint Matthieu; ou si elle resta en Judée, selon saint Luc; qu'ils recherchent si le père de Joseph s'appelait Jacob, son grand-père Mathan, son bisaïeul Éléazar; ou bien si son bisaïeul était Lévi, son grand-père Mathat, et son père Héli; qu'ils disposent, selon leurs lumières, de cet arbre généalogique : c'est une étude que je respecte. J'ignore si elle éclairera mon esprit, mais je sais bien qu'elle ne peut parler à mon cœur. La science n'est pas la vertu. Paul, apôtre, dit lui-même, dans sa première *Épître à Timothée*[1], qu'il ne faut pas s'occuper des généalogies. Nous n'en serons pas plus gens de bien quand nous saurons précisément quels étaient les aïeux de Joseph, dans quelle année Jésus vint au monde, et si Jacques était son frère ou son cousin germain. Que nous servira d'avoir consulté tout ce qui nous reste des annales romaines, pour voir si en effet Auguste ordonna qu'on fît un dénombrement des peuples de toute la terre quand Marie était enceinte de Jésus, quand Quirinus était gouverneur de la Syrie, et qu'Hérode régnait encore en

---

[1]. Verset 4.

Judée? Quirinus, que saint Luc appelle Cyrynus (disent les savants), ne fut gouverneur de Syrie que dix ans après : ce n'était pas du temps d'Hérode, c'était du temps d'Archélaüs, et jamais Auguste n'ordonna un dénombrement de l'empire romain.

On nous crie que l'*Épître aux Hébreux*, attribuée à Paul, n'est point de Paul ; que ni l'*Apocalypse* ni l'*Évangile de Jean* ne sont de Jean ; que le premier chapitre de cet Évangile est évidemment d'un Grec platonicien ; qu'il est impossible que ce livre soit d'un Juif ; que jamais un Juif n'aurait fait prononcer ces paroles à Jésus[1] : « Je vous fais un commandement nouveau ; c'est que vous vous aimiez les uns les autres. » Certes, disent-ils, ce commandement n'était point nouveau. Il est énoncé expressément et en termes plus énergiques dans les lois du *Lévitique*[2] : « Tu aimeras ton Dieu plus que toute autre chose, et ton prochain comme toi-même. » Un homme tel que Jésus-Christ, un homme savant dans les Écritures, et qui confondait les docteurs à l'âge de douze ans[3] ; un homme qui parle toujours de la loi, ne pouvait ignorer la loi ; et son disciple bien-aimé ne peut lui avoir imputé une erreur si palpable.

Mes frères, ne nous troublons point, songeons que Jésus parlait un idiome peu intelligible aux Grecs, composé du syriaque et du phénicien ; que nous n'avons l'*Évangile de saint Jean* qu'en grec ; que cet évangile fut écrit plus de cinquante ans après la mort de Jésus, que les copistes peuvent aisément avoir altéré le texte ; qu'il est plus probable que le texte portait : « Je vous fais un commandement qui n'est pas nouveau » qu'il n'est probable qu'il portât en effet ces mots : « Je vous fais un commandement nouveau. » Enfin revenons à notre grand principe : le précepte est bon ; c'est à nous à le suivre si nous pouvons, soit que Zoroastre l'ait annoncé le premier, soit que Moïse l'ait écrit, soit que Jésus l'ait renouvelé.

Irons-nous pénétrer dans les plus épaisses ténèbres de l'antiquité pour voir si les ténèbres qui couvrirent toute la terre à la mort de Jésus furent une éclipse de soleil dans la pleine lune ; si un astronome nommé Phlégon, que nous n'avons plus, a parlé de ce phénomène, ou si quelque autre a jamais observé l'étoile des trois mages ? Ces difficultés peuvent occuper un antiquaire ; mais en consumant un temps précieux à débrouiller ce chaos, il ne

---

1. Jean, XIII, 34.
2. XIX, 18, 34.
3. Luc, II, 42, 46.

l'aura pas employé en bonnes œuvres; il aura plus de doutes que de piété. Mes frères, celui qui partage son pain avec le pauvre vaut mieux que celui qui a comparé le texte hébreu avec le grec, et l'un et l'autre avec le samaritain.

Ce qui ne regarde que l'histoire fait naître mille disputes ; ce qui concerne nos devoirs n'en souffre aucune. Vous ne comprendrez jamais comment le diable emporta Dieu dans le désert; comment il le tenta pendant quarante jours; comment il le transporta au haut d'une colline d'où l'on découvrait tous les royaumes de la terre. Le diable qui offre à Dieu tous ces royaumes, pourvu que Dieu l'adore, pourra révolter votre esprit; vous chercherez quel mystère est caché sous ces paroles et sous tant d'autres; votre entendement se fatiguera en vain : chaque parole vous plongera dans l'incertitude et dans les angoisses d'une curiosité inquiète, qui ne peut se satisfaire. Mais si vous vous bornez à la morale, cet orage se dissipe, vous reposez dans le sein de la vertu.

J'ose me flatter, mes frères, que si les plus grands ennemis de la religion chrétienne nous entendaient dans ce temple écarté où l'amour de la vertu nous rassemble; si les lords Herbert, Shaftesbury, Bolingbroke; si les Tindal, les Toland, les Collins, les Whiston, les Trenchard, les Gordon, les Swift, étaient témoins de notre douce et innocente simplicité, ils auraient pour nous moins de mépris et d'horreur. Ils ne cessent de nous reprocher un fanatisme absurde. Nous ne sommes point fanatiques en étant de la religion de Jésus; il adorait un Dieu, et nous l'adorons; il méprisait de vaines cérémonies, et nous les méprisons. Aucun Évangile n'a dit que sa mère fût mère de Dieu; aucun n'a dit qu'il fût consubstantiel à Dieu, ni qu'il eût deux natures et deux volontés dans une même personne, ni que le Saint-Esprit procédât du Père et du Fils. Vous ne trouverez dans aucun Évangile que les disciples de Jésus doivent s'arroger le titre de *saint Père*, de *milord*, de *monseigneur;* que douze mille pièces d'or doivent être le revenu d'un prêtre qui demeure à Lambeth, tandis que tant de cultivateurs utiles ont à peine de quoi ensemencer les trois ou quatre acres de terre qu'ils labourent, et qu'ils arrosent de pleurs. L'Évangile n'a point dit aux évêques de Rome : Forgez une donation de Constantin pour vous emparer de la ville des Scipions et des Césars, pour oser être suzerains du royaume de Naples; évêques allemands, profitez d'un temps d'anarchie pour envahir la moitié de l'Allemagne. Jésus fut un pauvre qui prêcha des pauvres. Que dirions-nous des disciples de Penn et de Fox, ennemis du faste, ennemis des honneurs, amoureux de la paix, s'ils marchaient une mitre d'or en tête, entourés de soldats; s'ils ravissaient la substance des peuples; s'ils voulaient commander aux rois; si leurs satellites, suivis de bourreaux, criaient à haute voix : Nations imbéciles, croyez à Fox et à Penn, ou vous allez expirer dans les supplices?

Vous savez mieux que moi quel funeste contraste tous les siècles ont vu entre l'humilité de Jésus et l'orgueil de ceux qui se sont parés de son nom; entre leur avarice et sa pauvreté; entre leurs débauches et sa chasteté; entre sa soumission et leur sanguinaire tyrannie.

De toutes ses paroles, mes frères, j'avoue que rien ne m'a plus fait d'impression que ce qu'il répondit à ceux qui eurent la brutalité de le frapper avant qu'on le conduisît au supplice : « Si j'ai mal dit[1], rendez témoignage du mal; et si j'ai bien dit, pourquoi me frappez-vous ? » Voilà ce qu'on a dû dire à tous les persécuteurs. Si j'ai une opinion différente de la vôtre sur des choses qu'il est impossible d'entendre; si je vois la miséricorde de Dieu là où vous ne voulez voir que sa puissance; si j'ai dit que tous les disciples de Jésus étaient égaux, quand vous avez cru les devoir fouler à vos pieds; si je n'ai adoré que Dieu seul, quand vous lui avez donné des associés; enfin, si j'ai mal dit en n'étant pas de votre avis, rendez témoignage du mal; et si j'ai bien dit, pourquoi m'accablez-vous d'injures et d'opprobres? pourquoi me poursuivez-vous, me jetez-vous dans les fers, me livrez-vous aux tortures, aux flammes, m'insultez-vous encore après ma mort? Hélas! si j'avais mal dit, vous ne deviez que me plaindre et m'instruire. Vous êtes sûrs que vous êtes infaillibles; que votre opinion est divine; que les portes de l'enfer[2] ne pourront jamais prévaloir contre elle; que toute la terre embrassera un jour votre opinion; que le monde vous sera soumis; que vous régnerez du mont Atlas aux îles du Japon : en quoi mon opinion peut-elle donc vous nuire? Vous ne me craignez pas, et vous me persécutez! vous me méprisez, et vous me faites périr!

Que répondre, mes frères, à ces modestes et puissants reproches? ce que répond le loup à l'agneau[3] : « Tu as troublé l'eau que je bois. » C'est ainsi que les hommes se sont traités les uns les autres, l'Évangile et le fer à la main; prêchant le désintéressement, et accumulant des trésors; annonçant l'humilité, et mar-

---

1. Jean, XVIII, 23.
2. Matthieu, XVI, 18.
3. Voyez La Fontaine, livre I, fable x.

chant sur les têtes des princes prosternés; recommandant la miséricorde, et faisant couler le sang humain.

Si ces barbares trouvent dans l'Évangile quelque parabole dont le sens puisse être détourné en leur faveur par quelque interprétation frauduleuse, ils s'en saisissent comme d'une enclume sur laquelle ils forgent leurs armes meurtrières.

Est-il parlé de deux glaives suspendus à un plafond, ils s'arment de cent glaives pour frapper. S'il est dit qu'un roi a tué ses bêtes engraissées[1]; a forcé des aveugles, des estropiés, de venir à son festin[2], et a jeté celui qui n'avait pas sa robe nuptiale dans les ténèbres extérieures[3], est-ce une raison, mes frères, qui les mette en droit de vous enfermer dans des cachots comme ce convive, de vous disloquer les membres dans les tortures, de vous arracher les yeux pour vous rendre aveugles comme ceux qui ont été traînés à ce festin ; de vous tuer, comme ce roi a tué ses bêtes engraissées? C'est pourtant sur de telles équivoques que l'on s'est fondé si souvent pour désoler une grande partie de la terre.

Ces terribles paroles[4] : « Je ne suis pas venu apporter la paix, mais le glaive, » ont fait périr plus de chrétiens que la seule ambition n'en a jamais immolé.

Les Juifs dispersés et malheureux se consolent de leur abjection quand ils nous voient toujours opposés les uns aux autres depuis les premiers jours du christianisme, toujours en guerre ou publique ou secrète, persécutés et persécuteurs, oppresseurs et opprimés ; ils sont unis entre eux, et ils rient de nos querelles éternelles. Il semble que nous n'ayons été occupés que du soin de les venger.

Misérables que nous sommes! nous insultons aux païens, et ils n'ont jamais connu nos querelles théologiques ; ils n'ont jamais versé une goutte de sang pour expliquer un dogme ; et nous en avons inondé la terre. Je vous dirai surtout, dans l'amertume de mon cœur : Jésus a été persécuté ; quiconque pensera comme lui sera persécuté comme lui. Car enfin, qu'était Jésus aux yeux des hommes, qui ne pouvaient certainement soupçonner sa divinité? C'était un homme de bien qui, né dans la pauvreté, parlait aux pauvres contre la superstition des riches pharisiens et des prêtres insolents; c'était le Socrate de la Galilée. Vous savez qu'il

1. Matthieu, XXII, 4.
2. Luc, XIV, 23.
3. Matthieu, XXII, 13.
4. Matthieu, X, 34.

dit à ces pharisiens[1] : « Malheur à vous, guides aveugles, qui coulez le moucheron et qui avalez le chameau! Malheur à vous, parce que vous nettoyez les dehors de la coupe et du plat, et que vous êtes au dedans pleins de rapines et d'impuretés[2]! »

Il les appelle souvent[3] *sépulcres blanchis, races de vipères.* Ils étaient pourtant des hommes constitués en dignité. Ils se vengèrent par le dernier supplice. Arnaud de Brescia, Jean Hus, Jérôme de Prague, en dirent beaucoup moins des pontifes de leurs jours, et ils furent suppliciés de même. Ne choquez jamais la superstition dominante, si vous n'êtes assez puissants pour lui résister, ou assez habiles pour échapper à sa poursuite. La fable de Notre-Dame de Lorette est plus extravagante que toutes les métamorphoses d'Ovide, il est vrai; le miracle de San-Genaro à Naples[4] est plus ridicule que celui d'Egnatia dont parle Horace, j'en conviens; mais dites hautement à Naples, à Lorette, ce que vous pensez de ces absurdités, il vous en coûtera la vie. Il n'en est pas ainsi chez quelques nations plus éclairées : le peuple y a ses erreurs, mais moins grossières ; et le peuple le moins superstitieux est toujours le plus tolérant.

Rejetons donc toute superstition afin de devenir plus humains ; mais en parlant contre le fanatisme, n'irritons point les fanatiques : ce sont des malades en délire qui veulent battre leurs médecins. Adoucissons leurs maux, ne les aigrissons jamais, et faisons couler goutte à goutte dans leur âme ce baume divin de la tolérance, qu'ils rejetteraient avec horreur si on le leur présentait à pleine coupe.

1. Matth., XXIII, 24, 25.
2. Matth., XXIII. (*Note de Voltaire.*)
3. Matth., XXIII, 27, 33.
4. Voyez tome XIII, pages 96-97.

FIN DES HOMÉLIES.

MÉMOIRE

POUR ÊTRE MIS A LA TÊTE DE LA NOUVELLE ÉDITION QU'ON PRÉPARE

DU *SIÈCLE DE LOUIS XIV*[1]

ET POUR ÊTRE DISTRIBUÉ A CEUX QUI ONT LES ANCIENNES.

L'auteur du *Siècle de Louis XIV* satisfit à son devoir en commençant cet ouvrage dès qu'il fut nommé historiographe de France[2]. Il l'entreprit avec d'autant plus de zèle que la gloire de ce beau siècle dans les arts, commençant à peu près à l'établissement de l'Académie française, ne s'est pas démentie de nos jours, et que l'administration politique s'est perfectionnée. Ainsi, en étendant son histoire jusqu'à notre temps, il essayait d'élever un monument à l'honneur du siècle passé et du nôtre.

La multiplicité des grands objets l'obligea de les séparer, de traiter à part les événements de la guerre et ceux de la cour, l'administration intérieure, les affaires de l'Église, les progrès de

---

1. L'édition du *Siècle de Louis XIV*, à la tête de laquelle ce *Mémoire* devait être mis, est celle de 1768 (voyez l'Avertissement de Beuchot en tête du tome XIV); mais elle ne le contient pas. Ce *Mémoire* fut imprimé séparément; le pays de Foix et tout le Languedoc en furent inondés, à ce que dit Sabatier de Castres, dans son *Tableau philosophique de l'esprit de M. de Voltaire*, page 114. Beuchot avait reproduit ce Mémoire tel qu'il l'avait trouvé dans le *Journal encyclopédique* des 1ᵉʳ et 15 août 1767, avec des points à la fin de plusieurs alinéas : ce qui semblait indiquer, et indiquait réellement des lacunes. Plus tard, ayant eu de M. Angliviel, bibliothécaire du dépôt de la Marine à Paris, et neveu de La Beaumelle, communication d'un exemplaire de l'édition originale du *Mémoire*, il en rectifia et compléta le texte dans la Préface de la *Table analytique*. Nous donnons ce texte rectifié et complété, en indiquant quelques différences qu'offrait celui du *Journal encyclopédique*.

C'est sans doute de ce *Mémoire* que Voltaire parle dans une lettre au lieutenant de police, du 8 juillet 1767, que nous donnerons dans la *Correspondance*. La Beaumelle s'en plaignit au même magistrat, par une lettre du 13 juillet.

2. Voltaire ne fut nommé historiographe de France qu'en 1745; et, longtemps avant, il s'était occupé de l'histoire de Louis XIV; voyez l'Avertissement de Beuchot en tête du tome XIV; tome XV, page 107; et la lettre à Dubos, du 30 octobre 1738.

l'esprit humain, et de finir par un catalogue raisonné de ceux qui se sont signalés dans les lettres.

C'est un édifice dont la vérité dut préparer tous les matériaux; l'infidélité des histoires de Louis XIV écrites dans les pays étrangers, composées sur des journaux et des gazettes, ou plutôt sur des rumeurs odieuses, exigeait qu'un citoyen à portée d'être instruit se chargeât de ce travail. L'auteur s'y était préparé depuis longtemps. Il avait consulté tous les mémoires manuscrits, et surtout ceux de M. le maréchal de Villars, dont le premier tome a été imprimé depuis [1].

Il ne tira pas moins de lumières de plusieurs anciens courtisans de Louis XIV. Il mettait par écrit tout ce qu'il leur entendait dire, et confrontait leurs récits.

Éclairé par tant de secours, il osa le premier démentir tous les historiens du temps, et même tous les manifestes publiés en Europe, concernant l'origine de la grande révolution qui a mis la maison de France sur les trônes d'Espagne et des Deux-Siciles. Toutes les cours restaient encore persuadées que Louis XIV avait dicté dans Versailles le testament que Charles II, roi d'Espagne, signa dans Madrid.

L'auteur du *Siècle* n'avait alors pour garant du contraire que quelques mots de la main de M. le marquis de Torcy, qu'il conserve encore : *La cour de Versailles n'y a eu aucune part.* Ces mots sont en marge avec d'autres réponses à plusieurs questions. Ce peu de paroles d'un ministre véridique et vertueux, combinées avec toutes les découvertes que l'auteur fit d'ailleurs, l'enhardirent à contredire l'Europe. On vit avec étonnement qu'en effet le dernier descendant de Charles-Quint avait légué, par sa seule volonté, tous ses États au petit-fils de son ennemi. Les critiques s'élevèrent de toutes parts; mais lorsque enfin les *Mémoires du marquis de Torcy* furent publiés [2], les critiques se turent.

Il en fut de même sur l'Homme au masque de fer [3]. Ce fait si peu vraisemblable et si vrai, ce fait unique fut révoqué en doute; tous les ambassadeurs s'en informèrent à une fille de M. de Torcy, qui leur confirma la vérité. Il n'y a aujourd'hui qu'un seul homme qui sache quel était cet infortuné dont l'aventure nous épouvante encore; et cet homme auguste est trop au-dessus des autres pour être cité [4].

1. Voyez tome XIV, page 142.
2. Voyez tome XIV, page 55.
3. Voyez tome XIV, page 427.
4. Louis XV.

Il n'est aucun événement singulier sur lequel l'auteur ne prît scrupuleusement les informations les plus amples. Il lut les ouvrages des écrivains dont il fait le catalogue; il vit les chefs-d'œuvre des peintres, des sculpteurs dont il parle; et surtout il les vit encore par les yeux des meilleurs connaisseurs, craignant d'en croire trop sa propre opinion.

Enfin tous les soins qu'on peut prendre pour rendre justice à son siècle, il les a épuisés; et s'il est encore quelques méprises dans cet ouvrage, qui, bien que court, est d'un détail immense, elles seront corrigées dans la nouvelle édition qu'on prépare.

Il est d'une nécessité absolue de réitérer ici les plaintes qu'on a déjà portées au tribunal du public [1]. Un de ces mauvais Français qui croient faire quelque fortune dans les pays étrangers en décriant leur patrie s'avisa de falsifier cet ouvrage en 1752, et de le charger de notes infâmes contre la mémoire de Louis XIV, contre Sa Majesté aujourd'hui régnante, contre monseigneur le duc d'Orléans, les maréchaux de Villars et de Villeroi, tous les ministres et tous ceux qui ont servi la patrie.

Figurez-vous un gueux échappé des petites-maisons, qui couvrirait de son ordure les statues de Louis XIV et de Louis XV : tel était ce misérable. Il se nomme L'Anglevieu, dit *La Beaumelle*, natif de Castres, né huguenot, élevé dans cette religion à Genève; mais bien éloigné de ressembler aux sages protestants qui, respectant les puissances et les lois, sont toujours attachés à leur patrie. Il avait été inscrit à Genève parmi les protestants qui étudient en théologie, le 12 octobre 1745, sous le rectorat de M. Ami de La Rive, et s'était essayé à prêcher à l'hôpital pendant une année.

Ce fut lui qui, pour un peu d'argent, fit imprimer à Francfort ce tissu d'infamies, qui l'emporte sur tous les libelles que les presses de Hollande ont mis au jour contre nos rois et leurs ministres. C'est dans ce livre qu'il dit qu'un roi qui veut le bien est un être de raison, et que Louis XIV ne réalisa jamais cette chimère; que les libéralités de Louis XIV sont tout ce qu'il y a de beau dans sa vie; que la politesse de la cour de Louis XIV est un être de raison; que Louis XIV avait peu de religion; que le roi n'employait le maréchal de Villars que par faiblesse; qu'il faut que les écrivains sévissent contre Chamillard et les autres ministres; que le comte de Plelo n'avait rien de mieux à faire que de mourir, parce qu'il avait un million de dettes.

---

1. Voyez tome XV, pages 87, 99; XXIV, 49; XXV, 584; et dans le présent volume, page 133.

Il n'ose répéter ici ce qu'il dit contre la famille royale et contre le duc d'Orléans, pages 347 et 348. Ce sont des calomnies si atroces et si absurdes qu'on souillerait le papier en les copiant. On croira sans peine qu'un homme assez dépourvu de sens, assez dépouillé de pudeur pour vomir tant de calomnies, n'a pas assez de science pour ne pas tomber à chaque page dans les erreurs les plus grossières; mais c'est une chose curieuse que le ton de maître dont il les débite.

Il ne s'en est pas tenu là : il a répété les mêmes critiques et les mêmes absurdités dans les prétendus *Mémoires* qu'il a donnés *de madame de Maintenon*.

Ce sont surtout les mêmes outrages à Louis XIV, à tous les princes, à toutes les dames de sa cour, et surtout à Mme la duchesse de Richelieu.

« Qui a loué Louis XIV? dit-il; les sages, les politiques, les bons chrétiens, les bons Français? Non; un tas de moines sans esprit et sans âme, des évêques, des ministres qui ne connaissaient en France d'autre loi que le bon plaisir du maître. »

Il feint d'avoir écrit ces *Mémoires* pour honorer Mme de Maintenon, et ce n'est qu'un libelle contre elle et contre la maison de Noailles; il ramasse tous les vers infâmes qu'on a faits sur elle, et surtout ceux-ci :

> Je naquis demoiselle et je devins servante,
> J'écumai la marmite et pansai les chevaux.

Il imprime de vieux noëls remplis des plus grossières ordures contre le roi, la dauphine, et toutes les princesses.

Il attribue à Mme de Maintenon une parodie impie du *Décalogue*, dans laquelle on trouve ces vers :

> Ton mari cocu tu feras,
> Et ton bon ami mêmement;
> A table en soudart tu boiras
> De tout vin généralement.

On n'imputerait pas de pareils vers à la veuve du cocher de Vertamon, et c'est ce qu'un petit écervelé audacieux ose mettre sur le compte de la femme la plus polie et la plus décente, à la vertu de laquelle il dit qu'il faut rendre justice.

Se tromper en citant de mémoire est une fragilité pardonnable; mais citer le tome, la page de l'histoire écrite par Mademoiselle, et lui faire dire le contraire de ce qu'elle dit, c'est une étrange hardiesse, c'est sa méthode; en voici un exemple.

Il suppose que la princesse de Savoie, promise à Louis XIV, parla en ces termes à Mademoiselle : « Mon mari me déferait de tout ce qui aurait le malheur de me déplaire: on ne m'aimerait pas en vain; on ne me déplairait pas impunément. — Eh! mon Dieu, répondit Mademoiselle épouvantée, que direz-vous, que ferez-vous donc quand vous régnerez? » Il cite le tome IV, page 145; mais voici les propres paroles qu'on y trouve.

« La princesse Marguerite se récria : « Ce que je comprends
« le moins du monde est comment on peut être malheureuse
« comme l'est ma sœur quand on a un mari qui vous aime bien.
« Pour moi, si j'étais à sa place, je voudrais que mon mari me
« défît de tous les gens qui causeraient mon malheur, et je me
« ferais valoir d'une manière que ma sœur ne fait pas. » Tout d'un coup elle se récria : « Que je suis sotte de dire cela! vous
« avez tous deux ma vie entre vos mains. » Je lui répondis : « Pour
« moi, je n'ai rien ouï. » Le maréchal dit : « Pour moi, j'ai tout
« entendu; cela ne fera aucun effet que de me faire connaître
« que vous avez bien de l'esprit et du mérite, et avoir dans mon
« cœur beaucoup d'estime pour vous et ne jamais dire pourquoi. »

Il est donc bien avéré que Mademoiselle ne dit rien de ce que cet homme lui fait dire. Il fait toujours parler le roi et les princesses, et il les fait parler dans son style. Il prétend que Mlle Mancini, nièce du cardinal Mazarin, dit au roi : « Quoi! vous obéissez à un prêtre! Je vous aime comme mes yeux; en Italie, au moins, je ne verrais pas mon amant gouverné en tout. »

On ne relève ces petitesses, assez indifférentes, que pour faire voir avec quelle fidélité ce La Beaumelle écrit l'histoire.

Ses héros et ses héroïnes agissent comme ils parlent.

On ne prétend point du tout ici s'abaisser à faire la critique d'un pareil livre; mais on doit faire connaître le personnage afin que les ministres et le public, sachant qui est cet homme auteur de tant de libelles, sachent aussi que ces libelles ne peuvent nuire.

On passe sous silence tous les contes ridicules et faits pour des femmes de chambre, dont ces rapsodies sont pleines. A la bonne heure qu'un homme sans éducation écrive des sottises; mais de quel front ose-t-il prétendre que le roi écrivit à M. d'Avaux, au sujet de l'évasion des protestants : *Mon royaume se purge*; et que M. d'Avaux lui répondit : *Il deviendra étique*, etc.? Nous avons les lettres de M. d'Avaux au roi, et ses réponses : il n'y a certainement pas un mot de ce que ce menteur avance.

Comment peut-il être assez ignorant de tous les usages et de toutes les choses dont il parle pour dire qu'au temps de la révocation de l'édit de Nantes, « le roi étant à la promenade, en carrosse, avec Mme de Maintenon, Mlle d'Armagnac, et M. Fagon, son premier médecin, la conversation tomba sur les vexations faites aux huguenots, etc. » ? Assurément ni Louis XIV, ni Louis XV, n'ont été en carrosse à la promenade ni avec leur médecin, ni avec leur apothicaire. Fagon ne fut d'ailleurs premier médecin du roi qu'en 1693. A l'égard de la princesse d'Armagnac, dont il parle, elle était née en 1678, et, n'ayant alors que sept ans, elle ne pouvait aller familièrement en carrosse à une promenade avec le roi et Fagon en 1685.

C'est avec la même érudition de cour qu'il dit que le « P. Ferrier se fit donner la feuille des bénéfices, qu'avait auparavant le premier valet de chambre » ; que l'archevêque de Paris dressa l'acte de célébration du mariage du roi avec Mme de Maintenon, et qu'à sa mort on trouva sous la « clef quantité de vieilles culottes, dans l'une desquelles était cet acte ».

Il connaît l'histoire antique comme la moderne; pour justifier le mariage du roi avec Mme de Maintenon, il dit que Cléopâtre, déjà vieille, enchaîna Auguste.

Chaque page est une absurdité ou une imposture. Il réclame le témoignage de Burnet, évêque de Salisbury, et lui fait dire joliment que Guillaume III, roi d'Angleterre, n'aimait que les portes de derrière. Jamais Burnet n'a dit cette infamie; il n'y a pas un seul mot dans aucun de ses ouvrages qui puisse y avoir le moindre rapport.

S'il se bornait à dire au hasard des absurdités sur des choses indifférentes, on aurait pu l'abandonner au mépris dont les auteurs de pareilles indignités sont couverts; mais qu'il ose dire que monseigneur le duc de Bourgogne, père du roi, trahit le royaume, dont il était héritier, et qu'il empêcha que Lille ne fût secourue lorsque cette place était assiégée par le prince Eugène, c'est un crime que les bons Français doivent au moins réprimer, et une calomnie ridicule qu'un historiographe de France serait coupable de ne pas réfuter.

Et sur quoi fonde-t-il cette noire imposture ? Voici ses paroles : « Le roi entra chez Mme de Maintenon, et, dans le premier mouvement de sa joie, lui dit : « Vos prières sont exaucées, madame; « Vendôme tient mes ennemis, Lille sera délivrée, et vous serez « reine de France. » Ces paroles furent entendues et répétées ; Monseigneur les sut : il trembla pour la gloire de la famille royale, et, pour parer le coup qui la menaçait, il écrivit à monseigneur le duc de Bourgogne, qui aimait son père autant qu'il craignait son aïeul, qu'à son retour il trouverait deux maîtres; Mme la duchesse de Bourgogne conjura son époux de ne pas contribuer à lui donner pour souveraine une femme née tout au plus pour la servir. *Le prince, ébranlé par ces instances, empêcha que Lille ne fût secourue.* »

On demande où ce calomniateur du père du roi a trouvé ces paroles de Louis XIV : *Vous serez reine de France ?* Était-il dans la chambre ? Quelqu'un les a-t-il jamais rapportées ? Ce mensonge n'est-il pas aussi méprisable que celui qu'il ajoute ensuite : « De là ces billets que les ennemis jetaient parmi nous : « Rassurez-« vous, Français, elle ne sera pas votre reine, nous ne lèverons « pas le siége ? »

Comment une armée jette-t-elle des billets dans une ville assiégée ? Peut-on joindre plus de sottises à plus d'horreurs ?

Après avoir tenté de jeter cet opprobre sur le père du roi, il vient à son grand-père; il veut lui donner des ridicules; il lui fait épouser Mlle Chouin; il lui donne un fils de la Raizin, au lieu d'une fille, et, aussi instruit des affaires des citoyens que de celles de la famille royale, il avance que ce fils serait mort dans la misère si le trésorier de l'extraordinaire des guerres, La Jonchère, ne lui avait pas donné sa sœur en mariage. Enfin, pour couronner cette impertinence, il confond ce trésorier avec un autre La Jonchère[1], sans emploi, sans talents, et sans fortune, qui a donné, comme tant d'autres, un projet ridicule de finances en quatre petits volumes.

Il fallait bien qu'ayant ainsi calomnié tous les princes, il portât (M. L.) sa fureur sur Louis XIV. Rien n'égale l'atrocité avec laquelle il parle de la mort du marquis de Louvois; il ose dire que ce ministre craignait que le roi ne l'empoisonnât. Ensuite voici comme il s'exprime : « Au sortir du conseil il rentre dans son appartement, et boit un verre d'eau avec précipitation; le chagrin l'avait déjà consumé; il se jette dans un fauteuil, dit quelques mots mal articulés, et expire. Le roi s'en réjouit, et dit que cette année l'avait délivré de trois hommes qu'il ne pouvait plus souffrir : Seignelai, La Feuillade, et Louvois. »

Il est inutile de remarquer que MM. de Seignelai et de Louvois ne moururent point la même année. Une telle remarque serait convenable s'il s'agissait d'une ignorance; mais il est question

---

1. Voyez tome XXIII, page 58; et dans le présent volume, page 140.

du plus grand des crimes dont il ose soupçonner un roi honnête homme; et ce n'est pas la seule fois qu'il a osé parler de poison dans ses abominables libelles. Il dit dans un endroit que le grand-père de l'impératrice reine avait des empoisonneurs à gages; et, dans un autre endroit, il s'exprime, sur l'oncle de son propre roi, d'une façon si criminelle, et en même temps si folle, que l'excès de sa démence prévalant sur celui de son crime, il n'en a été puni que par six mois de cachot[1].

Mais, à peine sorti de prison, comment répare-t-il des crimes qui, sous un ministère moins indulgent, l'auraient conduit au dernier supplice? Il fait publier un libelle intitulé *Lettre de M. L. B.*, à Londres, chez Jean Nourse, 1763. C'est là surtout qu'il aggrave ses calomnies contre le prédécesseur de son roi.

Ce n'est pas assez pour ce monstre[2] de soupçonner Louis XIV d'avoir empoisonné son ministre. L'auteur du *Siècle de Louis XIV* avait dit, dans un écrit à part : « Je défie qu'on me montre une monarchie dans laquelle les lois, la justice distributive, les droits de l'humanité, aient été moins foulés aux pieds, et où l'on ait fait de plus grandes choses pour le bien public que pendant les cinquante-cinq années que Louis XIV régna par lui-même. »

Cette assertion était vraie, elle était d'un citoyen et non d'un flatteur. L. B., l'ennemi de l'auteur du *Siècle de Louis XIV*, qui n'a jamais eu que de tels ennemis, L. B., dis-je, dans sa 13ᵉ lettre, page 88, dit[3] : « Je ne puis lire ce passage sans indignation, quand je me rappelle toutes les injustices générales et particulières que commit le feu roi. Quoi! Louis XIV était juste quand il oubliait (et il oubliait sans cesse) que l'autorité n'était confiée à un seul que pour la félicité de tous? » Et après ces mots, c'est un détail affreux.

[4]Ainsi donc Louis XIV oubliait sans cesse le bien public, lorsque en prenant les rênes de l'État il commença par remettre au peuple trois millions d'impôts, quand il établit le grand hôpital et ceux de tant d'autres villes. Il oubliait le bien public en réparant tous les grands chemins, en contenant dans le devoir ses nombreuses troupes, auparavant aussi redoutables aux

---

1. Voyez tome XV, page 87.
2. Dans le *Journal encyclopédique* il y a : « Ce n'est pas assez pour lui de soupçonner... »
3. *Lettres de M. de La Beaumelle à M. de Voltaire*, 1763, in-12; voyez ce que Beuchot en dit, tome XV, page 88.
4. Ce paragraphe et les trois qui suivent ne se trouvent que dans le *Journal encyclopédique*.

citoyens qu'aux ennemis; en ouvrant au commerce cent routes nouvelles; en formant la compagnie des Indes, à laquelle il fournit de l'argent du trésor royal; en défendant toutes les côtes par une marine formidable qui alla venger en Afrique les insultes faites à nos négociants! Il oublia sans cesse le bien public, lorsqu'il réforma toute la jurisprudence autant qu'il le put, et qu'il étendit ses soins jusque sur cette partie du genre humain qu'on achète chez les derniers Africains pour servir dans un nouveau monde? Oublia-t-il sans cesse le bien public, en fondant dix-neuf chaires au Collége royal, cinq Académies; en logeant dans son palais du Louvre tant d'artistes distingués; en répandant des bienfaits sur les gens de lettres jusqu'aux extrémités de l'Europe, et en donnant plus lui seul aux savants que tous les rois de l'Europe ensemble, comme le dit l'illustre auteur de l'*Abrégé chronologique*[1]?

Enfin, était-ce oublier le bien public que d'ériger l'Hôtel des Invalides pour plus de quatre mille guerriers, et Saint-Cyr pour l'éducation de trois cents filles nobles? Il vaudrait autant dire que Louis XV a négligé le bien public en fondant l'École royale militaire, et en mettant aujourd'hui dans toutes ses troupes, par le génie actif d'un seul homme, cet ordre admirable que les peuples bénissent, que les officiers embrassent à présent avec ardeur, et que les étrangers viennent admirer.

Il y a toujours des esprits mal faits et des cœurs pervers, que toute espèce de gloire irrite, dont toute lumière blesse les yeux, et qui, par un orgueil secret, proportionné à leurs travers, haïssent la nature; mais qu'il se soit trouvé un homme assez aveuglé par ce misérable orgueil, assez lâche, assez bas, assez intéressé pour calomnier, à prix d'argent, tous les noms les plus sacrés et toutes les actions les plus nobles, qu'il aurait louées pour un écu de plus : c'est ce qu'on n'avait point vu encore.

L'intérêt de la société demande qu'on effraye ces criminels insensés : car il peut s'en trouver quelqu'un parmi eux qui joigne un peu d'esprit à ses fureurs. Ses écrits peuvent durer. Bayle lui-même, dans son *Dictionnaire*, a fait revivre cent libelles de cette espèce. Les rois, les princes, les ministres, pourraient dire alors : « A quoi nous servira de faire du bien, si le prix en est la calomnie? »

[2]Il pousse la démence jusqu'à représenter par bravade ses con-

---

1. Le président Hénault.
2. Dans le *Journal encyclopédique* : « L. B. pousse son atroce démence... »

frères les protestants de France (qui le désavouent) comme une multitude redoutable au trône. « Il s'est formé, dit-il, un séminaire de prédicants, sous le nom de ministres du désert, qui ont leurs consistoires, leurs synodes, leur juridiction ecclésiastique. Il y a cinquante mille baptêmes et autant de mariages bénis illicitement en Guienne, des assemblées de vingt mille âmes en Poitou, autant en Dauphiné, en Vivarais, en Béarn, soixante temples en Saintonge, un synode national tenu à Nîmes, composé des députés de toutes les provinces. »

Ainsi, par ces exagérations extravagantes, il se rend le délateur de ses anciens confrères, et en écrivant contre le trône il les exposerait à passer pour les ennemis du trône; il ferait regarder la France, parmi les étrangers, comme nourrissant dans son sein les semences d'une guerre civile prochaine, si on ne savait que toutes ces accusations contre les protestants sont d'un fou également en horreur aux protestants et aux catholiques.

Acharné contre tous les princes de la maison de France, et contre le gouvernement, il prétend que monseigneur le Duc, père de monseigneur le prince de Condé, fit assassiner M. Vergier, commissaire des guerres, en 1720, et que sa mort a été récompensée de la croix de Saint-Louis. L'auteur du *Siècle de Louis XIV* avait démontré la fausseté de ce conte[1]. Tout le monde sait aujourd'hui que Vergier avait été assassiné par la troupe de Cartouche; les assassins l'avouèrent dans leur interrogatoire; le fait est public: n'importe; il faut que L. B. calomnie la maison de Condé, comme il a fait la maison d'Orléans et la famille royale.

De pareilles horreurs semblent incroyables. Personne n'avait joint encore tant de ridicule à tant d'exécrables atrocités. Il paraît même que l'on s'avilit à relever ce ramas d'inconcevables turpitudes; mais on supplie les ministres de Sa Majesté, qui ignorent ces excès, de considérer que ce même L. B., retiré à présent à Mazères en Guienne, outrage continuellement des particuliers qui ne peuvent se défendre.

Non content d'avoir imprimé et falsifié le *Siècle de Louis XIV*, et de l'avoir chargé de calomnies, il a écrit depuis dix ans à l'auteur, ou fait écrire quatre-vingt-quatorze lettres anonymes. Cela est rare et digne de toute sa conduite. On a envoyé la dernière au ministère; elle commence par ces mots: « J'ose risquer une 95ᵉ lettre anonyme, etc. »

---

1. Voyez tome XIV, page 142; et XV, 126.

On sait bien que les écrivains de lettres anonymes prennent assez de précautions pour n'être pas découverts : on méprise ces délits; mais les autres sont plus sérieux. Les impostures de ce ridicule Sç... sont constatées ici par des citations fidèles. Il continue à faire imprimer des libelles affreux, sous le nom même de l'auteur du *Siècle de Louis XIV*. Il était absolument indispensable de mettre un frein à ces horreurs.

On a vu des exemples si frappants d'un emportement à peu près semblable de cette canaille qui ose prétendre à la littérature, qu'on ne peut trop mettre sous les yeux du ministère, des magistrats et du public, cette licence criminelle.

FIN DES FRAGMENTS DU MÉMOIRE.

LA DÉFENSE
DE MON ONCLE

(1767)

AVERTISSEMENT

DE DECROIX,

L'UN DES ÉDITEURS DE L'ÉDITION DE KEHL.

La Philosophie de l'Histoire, qui sert d'introduction à l'*Essai sur les Mœurs et l'Esprit des nations depuis Charlemagne,* avait d'abord été imprimée sous le nom de l'abbé Bazin. Il parut une critique de cet ouvrage, ayant pour titre *Supplément à la Philosophie de l'Histoire*[1]. On suppose que c'est ici le neveu de l'abbé Bazin qui répond à cette critique, et venge la mémoire de feu son oncle.

AVERTISSEMENT

ESSENTIEL OU INUTILE[2].

Lorsque je *mis la plume à la main*[3] pour défendre *unguibus et rostro* la mémoire de mon cher oncle contre un libelle inconnu,

---

1. A ce que j'ai dit de la *Défense de mon oncle* (voyez tome XI, page IX), j'ajouterai qu'elle parut en juin ou juillet 1767. Lorsque, en 1769, Larcher publia sa *Réponse à la Défense de mon oncle,* un anonyme fit imprimer une *Lettre à l'auteur d'une brochure intitulée Réponse à la Défense de mon oncle,* in-8° de 16 pages.

J'ai rétabli, dans la table de la *Défense de mon oncle,* l'intitulé ou sommaire des chapitres tel qu'il était dans les éditions données par Voltaire. Les derniers mots de l'*Avertissement* (ci-après, page 369) en faisaient une obligation. (B.)

2. Cet *Avertissement,* de l'auteur, est de 1767.
3. Voyez ci-après, page 371.

intitulé *Supplément à la Philosophie de l'Histoire*[1], je crus d'abord n'avoir àfaire qu'à un jeune abbé dissolu, qui, pour s'égayer, avait parlé dans sa diatribe des filles de joie de Babylone, de l'usage des garçons, de l'inceste, et de la bestialité. Mais, lorsque je travaillais en digne neveu, j'ai appris que le libelle anonyme est du sieur Larcher, ancien répétiteur de belles-lettres au collége Mazarin. Je lui demande très-humblement pardon de l'avoir pris pour un jeune homme, et j'espère qu'il me pardonnera d'avoir rempli mon devoir en écoutant le cri du sang qui parlait à mon cœur, et la voix de la vérité, qui m'a ordonné de *mettre la plume à la main*.

Il est question ici de grands objets : il ne s'agit pas moins que des mœurs et des lois depuis Pékin jusqu'à Rome, et même des aventures de l'Océan et des montagnes. On trouvera aussi dans ce petit ouvrage une furieuse sortie contre l'évêque Warburton ; mais le lecteur judicieux pardonnera à la chaleur de mon zèle, quand il saura que cet évêque est un hérétique.

J'aurais pu relever toutes les fautes de M. Larcher, mais il aurait fallu faire un livre aussi gros que le sien. Je n'insisterai que sur son impiété. Il est bien douloureux pour des yeux chrétiens de lire dans son ouvrage, page 298, *que les écrivains sacrés ont pu se tromper comme les autres*. Il est vrai qu'il ajoute, pour déguiser le poison, *dans ce qui n'est pas du dogme*.

Mais, notre ami, il n'y a presque point de dogme dans les livres hébreux; tout y est histoire, ou ordonnance légale, ou cantique, ou prophétie, ou morale. La *Genèse*, l'*Exode*, Josué, les *Juges*, les *Rois*, Esdras, les *Machabées*, sont historiques ; le *Lévitique* et le *Deutéronome* sont des lois. Les *Psaumes* sont des cantiques; les livres d'Isaïe, Jérémie, etc., sont prophétiques ; la *Sagesse*, les *Proverbes*, l'*Ecclésiaste*, l'*Ecclésiastique*, sont de la morale. Nul dogme dans tout cela. On ne peut même appeler *dogme* les dix commandements : ce sont des lois. *Dogme* est une *proposition* qu'il faut croire. Jésus-Christ est consubstantiel à Dieu, Marie est mère de Dieu, le Christ a deux natures et deux volontés dans une personne, l'eucharistie est le corps et le sang de Jésus-Christ sous les apparences d'un pain qui n'existe plus : voilà des dogmes. Le *Credo*, qui fut fait du temps de Jérôme et d'Augustin, est une profession de dogmes. A peine y a-t-il trois de ces dogmes dans le Nouveau Testament. Dieu a voulu qu'ils fussent tirés par notre sainte Église du germe qui les contenait.

---

1. Voyez la *Philosophie de l'Histoire*, à la tête de l'*Essai sur les Mœurs et l'Esprit des nations*. (*Note de Voltaire.*)

Vois donc quel est ton blasphème! Tu oses dire que les auteurs des livres sacrés ont pu se tromper dans tout ce qui n'est pas dogme.

Tu prétends donc que le Saint-Esprit, qui a dicté ces livres, a pu se tromper depuis le premier verset de la *Genèse* jusqu'au dernier des *Actes des apôtres;* et, après une telle impiété, tu as l'insolence d'accuser d'impiété des citoyens dont tu n'as jamais approché, chez qui tu ne peux être reçu, et qui ignoreraient ton existence si tu ne les avais pas outragés.

Que les gens de bien se réunissent pour imposer silence à ces malheureux qui, dès qu'il paraît un bon livre, crient à l'impie, comme les fous des petites-maisons, du fond de leurs loges, se plaisent à jeter leur ordure au nez des hommes les plus parés, par ce secret instinct de jalousie qui subsiste encore dans leur démence.

Et vous, *pusille grex*[1], qui lirez la *Défense de mon Oncle*, daignez commencer par jeter des yeux attentifs sur la table des chapitres et choisissez, pour vous amuser, le sujet qui sera le plus de votre goût[2].

EXORDE.

Un des premiers devoirs est d'aider son père, et le second est d'aider son oncle. Je suis neveu de feu M. l'abbé Bazing, à qui un éditeur ignorant a ôté impitoyablement un *g*, qui le distinguait des Bazin de Thuringe, à qui Childéric enleva la reine Bazine[3]. Mon oncle était un profond théologien qui fut aumônier de l'ambassade que l'empereur Charles VI envoya à Constantinople après la paix de Belgrade. Mon oncle savait parfaitement le grec, l'arabe, et le cophte. Il voyagea en Égypte, et dans tout l'Orient, et enfin s'établit à Pétersbourg en qualité d'interprète chinois. Mon grand amour pour la vérité ne me permet pas de dissimuler que, malgré sa piété, il était quelquefois un peu railleur. Quand M. de Guignes fit descendre les Chinois des Égyp-

---

1. Luc, xii, 32.
2. Voyez cette table à la fin du volume. (*Note de Voltaire.*) — Voyez la fin de la note 1, page 367.
3. Vous sentez bien, mon cher lecteur, que Bazin est un nom celtique, et que la femme de Bazin ne pouvait s'appeler que Bazine; c'est ainsi qu'on a écrit l'histoire. (*Note de Voltaire.*)

tiens; quand il prétendit que l'empereur de la Chine Yu était visiblement le roi d'Égypte Ménès, en changeant *nès* en *u*, et *me* en *y* (quoique Ménès ne soit pas un nom égyptien, mais grec), mon oncle alors se permit une petite raillerie innocente[1], laquelle d'ailleurs ne devait point affaiblir l'esprit de charité entre deux interprètes chinois. Car, au fond, mon oncle estimait fort M. de Guignes.

L'abbé Bazin aimait passionnément la vérité et son prochain. Il avait écrit la *Philosophie de l'Histoire* dans un de ses voyages en Orient; son grand but était de juger par le sens commun de toutes les fables de l'antiquité, fables pour la plupart contradictoires. Tout ce qui n'est pas dans la nature lui paraissait absurde, excepté ce qui concerne la foi. Il respectait saint Matthieu autant qu'il se moquait de Ctésias, et quelquefois d'Hérodote ; de plus, très-respectueux pour les dames, ami de la bienséance, et zélé pour les lois. Tel était M. l'abbé Ambroise Bazing, nommé, par l'erreur des typographes, Bazin.

CHAPITRE I.

DE LA PROVIDENCE.

Un cruel vient de troubler sa cendre par un prétendu *Supplément à la Philosophie de l'Histoire*. Il a intitulé ainsi sa scandaleuse satire, croyant que ce titre seul de *Supplément aux Idées de mon Oncle* lui attirerait des lecteurs. Mais, dès la page 33 de sa préface, on découvre ses intentions perverses. Il accuse le pieux abbé Bazin d'avoir dit que la Providence envoie la famine et la peste sur la terre[2]. Quoi ! mécréant, tu oses le nier ! Et de qui donc viennent les fléaux qui nous éprouvent, et les châtiments qui nous punissent ? Dis-moi qui est le maître de la vie et de la mort ? dis-moi donc qui donna le choix à David[3] de la peste, de la guerre, ou de la famine? Dieu ne fit-il pas périr soixante et dix mille Juifs en un quart d'heure, et ne mit-il pas ce frein à la fausse politique du fils de Jessé, qui prétendait connaître à fond

---

1. Dans sa *Préface historique et critique* de l'*Histoire de Russie* (voyez t. XVI, pages 381-82).
2. Voyez, tome XIX, la note 1 de la page 318.
3. III. *Rois*, xxxiv, 13, 15.

la population de son pays ? Ne punit-il pas d'une mort subite cinquante mille soixante et dix Bethsamites[1] qui avaient osé regarder l'arche? La révolte de Coré, Dathan et Abiron, ne coûta-t-elle pas la vie à quatorze mille sept cents Israélites[2], sans compter deux cent cinquante engloutis dans la terre avec leurs chefs? L'ange exterminateur ne descendit-il pas à la voix de l'Éternel, armé du glaive de la mort, tantôt pour frapper les premiers-nés de toute l'Égypte, tantôt pour exterminer l'armée de Sennachérib ?

Que dis-je? il ne tombe pas un cheveu de nos têtes sans l'ordre du maître des choses et des temps. La Providence fait tout : Providence tantôt terrible et tantôt favorable, devant laquelle il faut également se prosterner dans la gloire ou dans l'opprobre, dans la jouissance délicieuse de la vie, et sur le bord du tombeau. Ainsi pensait mon oncle, ainsi pensent tous les sages. Malheur au mécréant qui contredit ces grandes vérités dans sa fatale préface !

CHAPITRE II.

L'APOLOGIE DES DAMES DE BABYLONE.

L'ennemi de mon oncle commence son étrange livre par dire : « Voilà les raisons qui m'ont fait mettre la plume à la main[3]. »

Mettre la plume à la main ! mon ami, quelle expression ! Mon oncle, qui avait presque oublié sa langue dans ses longs voyages, parlait mieux français que toi.

Je te laisse déraisonner et dire des injures à propos de Khamos, et de Ninive, et d'Assur. Trompe-toi tant que tu voudras sur la distance de Ninive à Babylone : cela ne fait rien aux dames, pour qui mon oncle avait un si profond respect, et que tu outrages si barbarement.

Tu veux absolument que, du temps d'Hérodote, toutes les dames de la ville immense de Babylone vinssent religieusement se prostituer dans le temple au premier venu, et même pour de l'argent. Et tu le crois, parce qu'Hérodote l'a dit !

Oh ! que mon oncle était éloigné d'imputer aux dames une

---

1. I. *Rois*, VI, 19.
2. *Nombres*, XVI, 49.
3. La première édition du *Supplément à la Philosophie de l'Histoire* commence ainsi : « J'ai exposé, dans ma Préface, les raisons qui m'ont fait mettre la plume à la main. » Larcher changea ce début dans sa seconde édition.

telle infamie ! Vraiment il ferait beau voir nos princesses, nos duchesses, madame la chancelière, madame la première présidente, et toutes les dames de Paris, donner dans l'église Notre-Dame leurs faveurs pour un écu au premier batelier, au premier fiacre qui se sentirait du goût pour cette auguste cérémonie !

Je sais que les mœurs asiatiques diffèrent des nôtres, et je le sais mieux que toi, puisque j'ai accompagné mon oncle en Asie ; mais la différence en ce point est que les Orientaux ont toujours été plus sévères que nous. Les femmes, en Orient, ont toujours été renfermées, ou du moins elles ne sont jamais sorties de la maison qu'avec un voile. Plus les passions sont vives dans ces climats, plus on a gêné les femmes. C'est pour les garder qu'on a imaginé les eunuques. La jalousie inventa l'art de mutiler les hommes pour s'assurer de la fidélité des femmes et de l'innocence des filles. Les eunuques étaient déjà très-communs dans le temps où les Juifs étaient en république. On voit que Samuel [1], voulant conserver son autorité et détourner les Juifs de prendre un roi, leur dit que ce roi aura des eunuques à son service.

Peut-on croire que dans Babylone, dans la ville la mieux policée de l'Orient, des hommes si jaloux de leurs femmes les aient envoyées toutes se prostituer [2] dans un temple aux plus vils étrangers ? Que tous les époux et tous les pères aient étouffé ainsi l'honneur et la jalousie ? Que toutes les femmes et toutes les filles aient foulé aux pieds la pudeur si naturelle à leur sexe ? Le faiseur de contes Hérodote a pu amuser les Grecs de cette extravagance; mais nul homme sensé n'a dû le croire.

Le détracteur de mon oncle et du beau sexe veut que la chose soit vraie, et sa grande raison, c'est que quelquefois les Gaulois ou Welches ont immolé des hommes (et probablement des captifs) à leur vilain dieu Teutatès. Mais de ce que des barbares ont fait des sacrifices de sang humain; de ce que les Juifs immolèrent au Seigneur trente-deux pucelles [3], des trente-deux mille pucelles trouvées dans le camp des Madianites avec soixante et un mille ânes; et de ce qu'enfin, dans nos derniers temps, nous avons immolé tant de Juifs dans nos auto-da-fé, ou plutôt dans nos autos-de-fé, à Lisbonne, à Goa, à Madrid; s'ensuit-il que toutes les belles Babyloniennes couchassent avec des palefreniers étrangers dans la cathédrale de Babylone ? La religion de Zoroastre

---

1. *Rois*, VIII, 15.
2. Voyez tome XVII, page 512.
3. *Nombres*, XXI, 40.

ne permettait pas aux femmes de manger avec des étrangers; leur aurait-elle permis de coucher avec eux?

L'ennemi de mon oncle, qui me paraît avoir ses raisons pour que cette belle coutume s'établisse dans les grandes villes, appelle le prophète Baruch au secours d'Hérodote, et il cite le sixième chapitre de la prophétie de ce sublime Baruch; mais il ne sait peut-être pas que ce sixième chapitre est précisément celui de tout le livre qui est le plus évidemment supposé. C'est une lettre prétendue de Jérémie aux pauvres Juifs qu'on menait enchaînés à Babylone; saint Jérôme en parle avec le dernier mépris. Pour moi, je ne méprise rien de ce qui est inséré dans les livres juifs. Je sais tout le respect qu'on doit à cet admirable peuple, qui se convertira un jour, et qui sera le maître de toute la terre.

Voici ce qui est dit dans cette lettre supposée : « On voit dans Babylone des femmes qui ont des ceintures de cordelettes (ou de rubans) assises dans les rues, et brûlant des noyaux d'olives. Les passants les choisissent, et celle qui a eu la préférence se moque de sa compagne qui a été négligée, et dont on n'a pas délié la ceinture. »

Je veux bien avouer qu'une mode à peu près semblable s'est établie à Madrid et dans le quartier du Palais-Royal à Paris. Elle est fort en vogue dans les rues de Londres; et les musicos d'Amsterdam ont eu une grande réputation.

L'histoire générale des b...... peut être fort curieuse. Les savants n'ont encore traité ce grand sujet que par parties détachées. Les b...... de Venise et de Rome commencent un peu à dégénérer, parce que tous les beaux-arts tombent en décadence. C'était sans doute la plus belle institution de l'esprit humain avant le voyage de Christophoro Colombo aux îles Antilles. La vérole, que la Providence avait reléguée dans ces îles, a inondé depuis toute la chrétienté; et ces beaux b...... consacrés à la déesse Astarté, ou Dercéto, ou Milita, ou Aphrodise, ou Vénus, ont perdu aujourd'hui toute leur splendeur. Je crois bien que l'ennemi de mon oncle les fréquente encore comme des restes des mœurs antiques; mais enfin ce n'est pas une raison pour qu'il affirme que la superbe Babylone n'était qu'un vaste b......, et que la loi du pays ordonnait aux femmes et aux filles des satrapes, voire même aux filles du roi, d'attendre les passants dans les rues. C'est bien pis que si on disait que les femmes et les filles des bourgmestres d'Amsterdam sont obligées, par la religion calviniste, de se donner, dans les musicos, aux matelots hollandais qui reviennent des Grandes-Indes.

Voilà comme les voyageurs prennent probablement tous les jours un abus de la loi pour la loi même, une grossière coutume du bas peuple pour un usage de la cour. J'ai entendu souvent mon oncle parler sur ce grand sujet avec une extrême édification. Il disait que, sur mille quintaux pesant de relations et d'anciennes histoires, on ne trierait pas dix onces de vérités.

Remarquez, s'il vous plaît, mon cher lecteur, la malice du paillard qui outrage si clandestinement la mémoire de mon oncle; il ajoute au texte sacré de Baruch; il le falsifie pour établir son b..... dans la cathédrale de Babylone même. Le texte sacré de l'apocryphe Baruch[1] porte, dans la *Vulgate* : *Mulieres autem circumdatæ funibus in viis sedent.* Notre ennemi sacrilége traduit : « Des femmes environnées de cordes sont assises dans les allées du temple. » Le mot *temple* n'est nulle part dans le texte.

Peut-on pousser la débauche au point de vouloir qu'on paillarde ainsi dans les églises? Il faut que l'ennemi de mon oncle soit un bien vilain homme.

S'il avait voulu justifier la paillardise par de grands exemples, il aurait pu choisir ce fameux droit de prélibation, de marquette, de jambage, de cuissage, que quelques seigneurs de châteaux s'étaient arrogé dans la chrétienté, dans le commencement du beau gouvernement féodal. Des barons, des évêques, des abbés, devinrent législateurs, et ordonnèrent que, dans tous les mariages autour de leurs châteaux, la première nuit des noces serait pour eux. Il est bien difficile de savoir jusqu'où ils poussaient leur législation ; s'ils se contentaient de mettre une cuisse dans le lit de la mariée, comme quand on épousait une princesse par procureur, ou s'ils y mettaient les deux cuisses. Mais, ce qui est avéré, c'est que ce droit de cuissage, qui était d'abord un droit de guerre, a été vendu enfin aux vassaux par les seigneurs, soit séculiers, soit réguliers, qui ont sagement compris qu'ils pourraient, avec l'argent de ce rachat, avoir des filles plus jolies.

Mais surtout remarquez, mon cher lecteur, que ces coutumes bizarres, établies sur une frontière par quelques brigands, n'ont rien de commun avec les lois des grandes nations ; que jamais le droit de cuissage n'a été approuvé par nos tribunaux ; et jamais les ennemis de mon oncle, tout acharnés qu'ils sont, ne trouveront une loi babylonienne qui ait ordonné à toutes les dames de la cour de coucher avec les passants.

1. VI, 42.

CHAPITRE III.

DE L'ALCORAN.

Notre infâme débauché cherche un subterfuge chez les Turcs pour justifier les dames de Babylone. Il prend la comédie d'*Arlequin Ulla*[1] pour une loi des Turcs. « Dans l'Orient, dit-il, si un mari répudie sa femme, il ne peut la reprendre que lorsqu'elle a épousé un autre homme qui passe la nuit avec elle, etc.[2] » Mon paillard ne sait pas plus son *Alcoran* que son *Baruch*. Qu'il lise le chapitre II du grand livre arabe donné par l'ange Gabriel, et le quarante-cinquième paragraphe de *la Sonna* : c'est dans ce chapitre II, intitulé *la Vache*, que le prophète, qui a toujours grand soin des dames, donne des lois sur leur mariage et sur leur douaire : « Ce ne sera pas un crime, dit-il, de faire divorce avec vos femmes, pourvu que vous ne les ayez pas encore touchées, et que vous n'ayez pas assigné leur douaire ;... et si vous vous séparez d'elles avant de les avoir touchées, et après avoir établi leur douaire, vous serez obligé de leur payer la moitié de leur douaire, etc., à moins que le nouveau mari ne veuille pas le recevoir. »

KISRON HECBALAT DOROMFET ERNAM RABOLA ISRON TAMON ERG BEMIN OULDEG EBORI CARAMOUFEN, ETC.[3]

Il n'y a peut-être point de loi plus sage : on en abuse quelquefois chez les Turcs, comme on abuse de tout. Mais, en géné-

---

1. L'*Arlequin Ulla*, opéra-comique de Le Sage et d'Orneval, fut joué, pour la première fois, en 1716. La comédie de Dominique et Romagnési, qui porte le même titre, est de 1728.
2. En supposant que la loi existe, elle prescrit seulement qu'un homme ne peut reprendre une femme avec laquelle il a fait divorce que lorsqu'elle est veuve d'un autre homme, ou qu'elle a été été répudiée par lui. Cette loi aurait pour but d'empêcher les époux de se séparer pour des causes très-légères. Un homme riche a pu quelquefois, pour éluder la loi, faire jouer cette comédie.
C'est ainsi qu'en Angleterre un homme qui veut se séparer de sa femme avec son consentement se fait surprendre avec une fille. Dirait-on que, par la loi d'Angleterre, un homme ne peut se séparer de sa femme qu'après avoir couché avec une autre devant témoins? Ce serait imiter M. Larcher, et prendre l'abus ridicule d'une mauvaise loi pour la loi même. Mais cette loi, quoique mauvaise, ne prescrit, ni dans l'Orient, ni dans l'Angleterre, une action contraire aux mœurs. (K.)
3. Les passages du *Coran*, cités par Voltaire, sont la traduction fidèle de la partie des versets 237 et 238 du chapitre second intitulé *la Vache*. Mais il plai-

ral, on peut dire que les lois des Arabes, adoptées par les Turcs, leurs vainqueurs, sont bien aussi sensées pour le moins que les coutumes de nos provinces, qui sont toujours en opposition les unes avec les autres.

Mon oncle faisait grand cas de la jurisprudence turque. Je m'aperçus bien, dans mon voyage à Constantinople, que nous connaissons très-peu ce peuple, dont nous sommes si voisins. Nos moines ignorants n'ont cessé de le calomnier. Ils appellent toujours sa religion *sensuelle*; il n'y en a point qui mortifie plus les sens. Une religion qui ordonne cinq prières par jour, l'abstinence du vin, le jeûne le plus rigoureux ; qui défend tous les jeux de hasard ; qui ordonne, sous peine de damnation, de donner deux et demi pour cent de son revenu aux pauvres, n'est certainement pas une religion voluptueuse, et ne flatte pas, comme on l'a tant dit, la cupidité et la mollesse[1]. On s'imagine, chez nous, que chaque bacha a un sérail de sept cents femmes, de trois cents concubines, d'une centaine de jolis pages, et d'autant d'eunuques noirs. Ce sont des fables dignes de nous. Il faut jeter au feu tout ce qu'on a dit jusqu'ici sur les musulmans. Nous prétendons qu'ils sont autant de Sardanapales, parce qu'ils ne croient qu'un seul dieu. Un savant Turc de mes amis, nommé[2] Notmig, travaille à présent à l'histoire de son pays ; on la traduit à mesure : le public sera bientôt détrompé de toutes les erreurs débitées jusqu'à présent sur les fidèles croyants.

sante quand il donne, comme représentant le texte, des mots qui n'ont aucun rapport avec le passage dont il s'agit. On en jugera par la citation suivante, où l'on a figuré, autant que possible, la prononciation arabe :

Verset 237. « La Djunahé aleï Koum in tallaktoumoun ennicaè : malam temessouhounnè av tefridou lehounnè... »

Verset 238. « Oua in tallaktoumouhounnè min cabli an temessouhounnè oua cad faradtoum lehounnè, feridatan sènisfu ma faradtoum. »

Traduction latine de Marraci : « Non erit piaculum super vos si repudietis uxores quandiù non tetigeristis eas per conjugium... Quod si repudietis eas antequam tangatis eas : et jam sanxeritis eis sanctionem, etc. »

Tous les éléments de cette note m'ont été fournis par M. Bianchi, interprète du roi pour les langues orientales. (B.)

1. Voyez tome XI, page 216; XX, 20.

2. M. l'abbé Mignot, conseiller au grand conseil, neveu de M. de Voltaire (K.) — L'*Histoire de l'empire ottoman, par l'abbé Mignot*, a paru en 1771, quatre volumes in-12; 1788, quatre volumes in-8°.

CHAPITRE IV.

DES ROMAINS.

Que M. l'abbé Bazin était chaste! qu'il avait la pudeur en recommandation! Il dit, dans un endroit de son savant livre, page 54 (vol. XV) : « J'aimerais autant croire Dion Cassius, qui assure que les graves sénateurs de Rome proposèrent un décret par lequel César, âgé de cinquante-sept ans, aurait le droit de jouir de toutes les femmes qu'il voudrait. »

« Qu'y a-t-il donc de si extraordinaire dans un tel décret? » s'écrie notre effronté censeur : il trouve cela tout simple ; il présentera bientôt une pareille requête au parlement : je voudrais bien savoir quel âge il a. Tudieu! quel homme! Ce Salomon, possesseur de sept cents femmes et trois cents concubines, n'approchait pas de lui.

CHAPITRE V.

DE LA SODOMIE.

Mon oncle, toujours discret, toujours sage, toujours persuadé que jamais les lois n'ont pu violer les mœurs, s'exprime ainsi dans la *Philosophie de l'Histoire*, page 55 (vol. XV): « Je ne croirai pas davantage Sextus Empiricus, qui prétend que, chez les Perses, la pédérastie était ordonnée. Quelle pitié! Comment imaginer que les hommes eussent fait une loi qui, si elle avait été exécutée, aurait détruit la race des hommes? La pédérastie, au contraire, était expressément défendue dans le livre du *Zend;* et c'est ce qu'on voit dans l'abrégé du *Zend*, le *Sadder*, où il est dit (porte 9) *qu'il n'y a point de plus grand péché.* »

Qui croirait, mon cher lecteur, que l'ennemi de ma famille ne se contente pas de vouloir que toutes les femmes couchent avec le premier venu, mais qu'il veuille encore insinuer adroitement l'amour des garçons? « Les jésuites, dit-il, n'ont rien à démêler ici. » Hé! mon cher enfant, mon oncle n'a point parlé des jésuites. Je sais bien qu'il était à Paris lorsque le R. P. Marsy[1] et

---

1. Voyez tome XIX, page 500.

le R. P. Fréron furent chassés du collège de Louis le Grand pour leurs fredaines; mais cela n'a rien de commun avec Sextus Empiricus : cet écrivain doutait de tout ; mais personne ne doute de l'aventure de ces deux révérends pères.

« Pourquoi troubler mal à propos leurs mânes ? » dis-tu dans l'apologie que tu fais du péché de Sodome. Il est vrai que frère Marsy est mort, mais frère Fréron vit encore. Il n'y a que ses ouvrages qui soient morts ; et quand on a dit de lui qu'il est *ivre-mort* presque tous les jours, c'est par catachrèse, ou, si l'on veut, par une espèce de métonymie.

Tu te complais à citer la dissertation de feu M. Jean-Matthieu Gessner, qui a pour titre : *Socrates sanctus pæderasta*, Socrate le saint b.....[1]. En vérité, cela est intolérable; il pourra bien t'arriver pareille aventure qu'à feu M. Deschaufour ; l'abbé Desfontaines l'esquiva.

C'est une chose bien remarquable dans l'histoire de l'esprit humain que tant d'écrivains folliculaires soient sujets à caution. J'en ai cherché souvent la raison : il m'a paru que les folliculaires sont pour la plupart des crasseux chassés des colléges, qui n'ont jamais pu parvenir à être reçus dans la compagnie des dames ; ces pauvres gens, pressés de leurs vilains besoins, se satisfont avec les petits garçons qui leur apportent de l'imprimerie la feuille à corriger, ou avec les petits décrotteurs du quartier; c'est ce qui était arrivé à l'ex-jésuite Desfontaines, prédécesseur de l'ex-jésuite Fréron [2].

N'es-tu pas honteux, notre ami, de rappeler toutes ces ordures dans un *Supplément à la Philosophie de l'Histoire?* Quoi ! tu veux faire l'histoire de la sodomie ? « Il aura, dit-il, occasion encore d'en parler dans un autre ouvrage. » Il va chercher jusqu'à un Syrien, nommé Bardezane, qui a dit que chez les Welches tous les petits garçons faisaient cette infamie: *Para de Gallois oi neoi gamountai* ; παρα δὴ Γάλλοις οἱ νέοι γαμοῦνται. Fi, vilain! oses-tu

---

1. Qui le croirait, mon cher lecteur ? cela est imprimé à la page 209 du livre de M. Toxotès, intitulé *Supplément à la Philosophie de l'Histoire*. (*Note de Voltaire.*) — Voltaire, dans une note du chapitre XVI, ci-après, page 400, donne l'explication du mot *Toxotès*.

2. Un ramoneur à face basanée,
Le fer en main, les yeux ceints d'un bandeau,
S'allait glissant dans une cheminée,
Quand de Sodome un antique bedeau
Vint endosser sa figure inclinée, etc.
(*Note de Voltaire.*)

— Voyez, tome X, dans les *Poésies mêlées*, la suite de ces vers.

bien mêler ces turpitudes à la sage bienséance dont mon oncle s'est tant piqué ? Oses-tu outrager ainsi les dames, et manquer de respect à ce point à l'auguste impératrice de Russie, à qui j'ai dédié le livre instructif et sage de feu M. l'abbé Bazin ?

CHAPITRE VI.

DE L'INCESTE.

Il ne suffit pas au cruel ennemi de mon oncle d'avoir nié la Providence, d'avoir pris le parti des ridicules fables d'Hérodote contre la droite raison, d'avoir falsifié *Baruch* et l'*Alcoran*, d'avoir fait l'apologie des b...... et de la sodomie ; il veut encore canoniser l'inceste. M. l'abbé Bazin a toujours été convaincu que l'inceste au premier degré, c'est-à-dire entre le père et la fille, entre la mère et le fils, n'a jamais été permis chez les nations policées. L'autorité paternelle, le respect filial, en souffriraient trop. La nature, fortifiée par une éducation honnête, se révolterait avec horreur.

On pouvait épouser sa sœur chez les Juifs, j'en conviens. Lorsque Ammon, fils de David, viola sa sœur Thamar, fille de David, Thamar lui dit[1] en propres mots : « Ne me faites pas de sottises, car je ne pourrais supporter cet opprobre, et vous passerez pour un fou ; mais demandez-moi au roi mon père en mariage, et il ne vous refusera pas. »

Cette coutume est un peu contradictoire avec le *Lévitique* ; mais les contradictoires se concilient souvent. Les Athéniens épousaient leurs sœurs de père ; les Lacédémoniens, leurs sœurs utérines ; les Égyptiens, leurs sœurs de père et de mère. Cela n'était pas permis aux Romains : ils ne pouvaient même se marier avec leurs nièces. L'empereur Claude fut le seul qui obtint cette grâce du sénat. Chez nous autres remués de barbares, on peut épouser sa nièce avec la permission du pape, moyennant la taxe ordinaire, qui va, je crois, à quarante mille petits écus, en comptant les menus frais. J'ai toujours entendu dire qu'il n'en avait coûté que quatre-vingt mille francs à M. de Montmartel. J'en connais qui ont couché avec leurs nièces à bien meilleur marché[2].

---

1. II. *Rois*, XIII, 12, 13.
2. On a fait l'application de cette phrase à Voltaire et à Mme Denis ; je ne sais sur quel motif. (B.)

Enfin, il est incontestable que le pape a, de droit divin, la puissance de dispenser de toutes les lois. Mon oncle croyait même que, dans un cas pressant, Sa Sainteté pouvait permettre à un frère d'épouser sa sœur, surtout s'il s'agissait évidemment de l'avantage de l'Église : car mon oncle était très-grand serviteur du pape.

A l'égard de la dispense pour épouser son père ou sa mère, il croyait le cas très-embarrassant : et il doutait, si j'ose le dire, que le droit divin du saint père pût s'étendre jusque-là. Nous n'en avons, ce me semble, aucun exemple dans l'histoire moderne.

Ovide, à la vérité, dit dans ses belles *Métamorphoses*, lib. X, 331 :

> . . . . . . Gentes tamen esse feruntur
> In quibus et nato genitrix et nata parenti
> Jungitur; et pietas geminato crescit amore.

Ovide avait sans doute en vue les Persans babyloniens, que les Romains, leurs ennemis, accusaient de cette infamie.

Le partisan des péchés de la chair, qui a écrit contre mon oncle, le défie de trouver un autre passage que celui de Catulle. Hé bien ! qu'en résulterait-il ? qu'on n'aurait trouvé qu'un accusateur contre les Perses, et que par conséquent on ne doit point les juger coupables. Mais c'est assez qu'un auteur ait donné crédit à une fausse rumeur, pour que vingt auteurs en soient les échos. Les Hongrois aujourd'hui font aux Turcs mille reproches qui ne sont pas mieux fondés.

Grotius lui-même, dans son assez mauvais livre sur la religion chrétienne[1], va jusqu'à citer la fable du pigeon de Mahomet. On tâche toujours de rendre ses ennemis odieux et ridicules.

Notre ennemi n'a pas lu sans doute un extrait du *Zend-Avesta*, de Zoroastre, communiqué dans Surate à Lordius, par un de ces mages qui subsistent encore. Les ignicoles ont toujours eu la permission d'avoir cinq femmes ; mais il est dit expressément qu'il leur a toujours été défendu d'épouser leurs cousines. Voilà qui est positif. Tavernier, dans son livre IV, avoue que cette vérité lui a été confirmée par un autre mage.

Pourquoi donc notre incestueux adversaire trouve-t-il mauvais que M. l'abbé Bazin ait défendu les anciens Perses ? Pourquoi dit-il qu'il était d'usage de coucher avec sa mère ? Que gagne-t-il

---

1. Il existe cinq traductions françaises du *Traité de la Vérité de la religion chrétienne, par H. Grotius.*

à cela? Veut-il introduire cet usage dans nos familles? Ah! qu'il se contente des bonnes fortunes de Babylone.

CHAPITRE VII.

DE LA BESTIALITÉ, ET DU BOUC DU SABBAT.

Il ne manquait plus au barbare ennemi de mon oncle que le péché de bestialité; il en est enfin convaincu. M. l'abbé Bazin avait étudié à fond l'histoire de la sorcellerie depuis Jannès et Mambrès, conseillers du roi, sorciers, à la cour de Pharaon, jusqu'au R. P. Girard, accusé juridiquement d'avoir endiablé la demoiselle Cadière en soufflant sur elle. Il savait parfaitement tous les différents degrés par lesquels le sabbat et l'adoration du bouc avaient passé. C'est bien dommage que ses manuscrits soient perdus. Il dit un mot de ses grands secrets dans sa *Philosophie de l'Histoire.* « Le bouc avec lequel les sorcières étaient supposées s'accoupler vient de cet ancien commerce que les Juifs eurent avec les boucs dans le désert : ce qui leur est reproché dans le *Lévitique.* »

Remarquez, s'il vous plaît, la discrétion et la pudeur de mon oncle. Il ne dit pas que les sorcières s'accouplent avec un bouc; il dit qu'elles sont supposées s'accoupler.

Et là-dessus voilà mon homme qui s'échauffe comme un Calabrois pour sa chèvre, et qui vous parle à tort et à travers de fornication avec des animaux, et qui vous cite Pindare et Plutarque pour vous prouver que les dames de la dynastie de Mendès[1] couchaient publiquement avec des boucs. Voyez comme il veut justifier les Juifs par les Mendésiennes. Jusqu'à quand outragera-t-il les dames? Ce n'est pas assez qu'il prostitue les princesses de Babylone aux muletiers, il donne des boucs pour amants aux princesses de Mendès. Je l'attends aux Parisiennes.

Il est très-vrai, et je l'avoue en soupirant, que le *Lévitique* fait ce reproche aux dames juives qui erraient dans le désert. Je dirai, pour leur justification, qu'elles ne pouvaient se laver dans un pays qui manque d'eau absolument, et où l'on est encore obligé d'en faire venir à dos de chameau. Elles ne pouvaient changer d'habits, ni de souliers, puisqu'elles conservèrent quarante ans leurs mêmes habits par un miracle spécial. Elles

---

1. Voyez tome XXI, page 495.

n'avaient point de chemise. Les boucs du pays purent très-bien les prendre pour des chèvres à leur odeur. Cette conformité put établir quelque galanterie entre les deux espèces : mon oncle prétendait que ce cas avait été très-rare dans le désert, comme il avait vérifié qu'il est assez rare en Calabre, malgré tout ce qu'on en dit. Mais enfin il lui paraissait évident que quelques dames juives étaient tombées dans ce péché. Ce que dit le *Lévitique* ne permet guère d'en douter. On ne leur aurait pas reproché des intrigues amoureuses dont elles n'auraient pas été coupables.

« Et qu'ils n'offrent plus aux velus avec lesquels ils ont forniqué. » (*Lévitique*, chapitre xvii.)

« Les femmes ne forniqueront point avec les bêtes. » (Chapitre xix.)

« La femme qui aura servi de succube à une bête sera punie avec la bête, et leur sang retombera sur eux. » (Chapitre xx.)

Cette expression remarquable : *leur sang retombera sur eux*, prouve évidemment que les bêtes passaient alors pour avoir de l'intelligence. Non-seulement le serpent et l'ânesse avaient parlé, mais Dieu, après le déluge, avait fait un pacte, une alliance avec les bêtes. C'est pourquoi de très-illustres commentateurs trouvent la punition des bêtes qui avaient subjugué des femmes très-analogue à tout ce qui est dit des bêtes dans la sainte Écriture. Elles étaient capables de bien et de mal. Quant aux velus, on croit dans tout l'Orient que ce sont des singes. Mais il est sûr que les Orientaux se sont trompés en cela, car il n'y a point de singes dans l'Arabie Déserte. Ils sont trop avisés pour venir dans un pays aride où il faut faire venir de loin le manger et le boire. Par les velus, il faut absolument entendre les boucs.

Il est constant que la cohabitation des sorcières avec un bouc, la coutume de le baiser au derrière, qui est passée en proverbe, la danse ronde qu'on exécute autour de lui, les petits coups de verveine dont on le frappe, et toutes les cérémonies de cette orgie, viennent des Juifs, qui les tenaient des Égyptiens : car les Juifs n'ont jamais rien inventé.

Je possède un manuscrit juif qui a, je crois, plus de deux mille ans d'antiquité; il me paraît que l'original doit être du temps du premier ou du second Ptolémée : c'est un détail de toutes les cérémonies de l'adoration du bouc, et c'est probablement sur un exemplaire de cet ouvrage que ceux qui se sont adonnés à la magie ont composé ce qu'on appelle *le Grimoire*. Un grand d'Espagne m'en a offert cent louis d'or; je ne l'aurais pas donné pour deux cents. Jamais le bouc n'est appelé que le *velu* dans cet ouvrage. Il confondrait bien toutes les mauvaises critiques de l'ennemi de feu mon oncle.

Au reste, je suis bien aise d'apprendre à la dernière postérité qu'un savant d'une grande sagacité, ayant vu dans ce chapitre que M.*** est convaincu de *bestialité*, a mis en marge: Lisez *bêtise*[1].

CHAPITRE VIII.

D'ABRAHAM, ET DE NINON L'ENCLOS.

M. l'abbé Bazin était persuadé avec Onkelos, et avec tous les Juifs orientaux, qu'Abraham était âgé d'environ cent trente-cinq ans quand il quitta la Chaldée. Il importe fort peu de savoir précisément quel âge avait le père des croyants. Quand Dieu nous jugera tous dans la vallée de Josaphat, il est probable qu'il ne nous punira pas d'avoir été de mauvais chronologistes comme le détracteur de mon oncle. Il sera puni pour avoir été vain, insolent, grossier et calomniateur, et non pour avoir manqué d'esprit et avoir ennuyé les dames.

Il est bien vrai qu'il est dit dans la *Genèse*[2] qu'Abraham sortit d'Aran, en Mésopotamie, âgé de soixante et quinze ans, après la mort de son père Tharé, le potier; mais il est dit aussi dans la *Genèse*[3] que Tharé son père, l'ayant engendré à soixante et dix ans, vécut jusqu'à deux cent cinq. Il faut donc absolument expliquer l'un des deux passages par l'autre. Si Abraham sortit de la Chaldée après la mort de Tharé, âgé de deux cent cinq ans, et si Tharé l'avait eu à l'âge de soixante et dix, il est clair qu'Abraham avait juste cent trente-cinq ans lorsqu'il se mit à voyager. Notre lourd adversaire propose un autre système pour esquiver la difficulté; il appelle Philon le Juif à son secours, et il croit donner le change à mon cher lecteur en disant que la ville d'Aran est la même que Carrès. Je suis bien sûr du contraire, et je l'ai vérifié sur les lieux. Mais quel rapport, je vous prie, la ville de Carrès a-t-elle avec l'âge d'Abraham et de Sara?

On demandait encore à mon oncle comment Abraham, venu de Mésopotamie, pouvait se faire entendre à Memphis? Mon oncle répondait qu'il n'en savait rien, qu'il ne s'en embarrassait guère;

---

1. Voyez tome XX, page 325.
2. XII, 4.
3. XI, 26, 32.

qu'il croyait tout ce qui se trouve dans la sainte Écriture, sans vouloir l'expliquer, et que c'était l'affaire de messieurs de Sorbonne, qui ne se sont jamais trompés!

Ce qui est bien plus important, c'est l'impiété avec laquelle notre mortel ennemi compara Sara, la femme du père des croyants, avec la fameuse Ninon L'Enclos. Il se demande comment il se peut faire que Sara, âgée de soixante et quinze ans, allant de Sichem à Memphis sur son âne pour chercher du blé, enchantât le cœur du roi de la superbe Égypte, et fît ensuite le même effet sur le petit roi de Gérare, dans l'Arabie Déserte. Il répond à cette difficulté par l'exemple de Ninon. « On sait, dit-il, qu'à l'âge de quatre-vingts ans Ninon sut inspirer à l'abbé Gédoin des sentiments qui ne sont faits que pour la jeunesse ou l'âge viril. » Avouez, mon cher lecteur, que voilà une plaisante manière d'expliquer l'Écriture sainte; il veut s'égayer, il croit que c'est là le bon ton. Il veut imiter mon oncle; mais quand certain animal aux longues oreilles veut donner la patte comme le petit chien[1], vous savez comme on le renvoie.

Il se trompe sur l'histoire moderne comme sur l'ancienne. Personne n'est plus en état que moi de rendre compte des dernières années de Mlle de L'Enclos[2], qui ne ressemblait en rien à Sara. Je suis son légataire : je l'ai vue les dernières années de sa vie; elle était sèche comme une momie. Il est vrai qu'on lui présenta l'abbé Gédoin, qui sortait alors des jésuites, mais non pas pour les mêmes raisons que les Desfontaines et les Fréron en sont sortis. J'allais quelquefois chez elle avec cet abbé, qui n'avait d'autre maison que la nôtre. Il était fort éloigné de sentir des désirs pour une décrépite ridée qui n'avait sur les os qu'une peau jaune tirant sur le noir.

Ce n'était point l'abbé Gédoin à qui on imputait cette folie : c'était à l'abbé de Châteauneuf, frère de celui qui avait été ambassadeur à Constantinople. Châteauneuf avait eu en effet la fantaisie de coucher avec elle vingt ans auparavant. Elle était encore assez belle à l'âge de près de soixante années. Elle lui donna, en riant, un rendez-vous pour un certain jour du mois. « Et pourquoi ce jour-là plutôt qu'un autre? lui dit l'abbé de Châteauneuf.
— C'est que j'aurai alors soixante ans juste, » lui dit-elle. Voilà la vérité de cette historiette, qui a tant couru, et que l'abbé de Châteauneuf, mon bon parrain, à qui je dois mon baptême, m'a

---

1. La Fontaine, livre IV, fable v.
2. Voyez tome XVIII, page 354; et XXIII, 507.

racontée souvent dans mon enfance, *pour me former l'esprit et le cœur*[1]; mais Mlle L'Enclos ne s'attendait pas d'être un jour comparée à Sara dans un libelle fait contre mon oncle.

Quoique Abraham ne m'ait point mis sur son testament, et que Ninon L'Enclos m'ait mis sur le sien, cependant je la quitte ici pour le père des croyants. Je suis obligé d'apprendre à l'abbé Fou....[2], détracteur de mon oncle, ce que pensent d'Abraham tous les Guèbres que j'ai vus dans mes voyages. Ils l'appellent Ébrahim, et lui donnent le surnom de *Zer-ateukt*; c'est notre Zoroastre. Il est constant que ces Guèbres dispersés, et qui n'ont jamais été mêlés avec les autres nations, dominaient dans l'Asie avant l'établissement de la horde juive, et qu'Abraham était de Chaldée, puisque le *Pentateuque* le dit. M. l'abbé Bazin avait approfondi cette matière; il me disait souvent : « Mon neveu, on ne connaît pas assez les Guèbres, on ne connaît pas assez Ébrahim; croyez-moi, lisez avec attention le *Zend-Avesta* et le *Veidam*. »

CHAPITRE IX.

DE THÈBES, DE BOSSUET, ET DE ROLLIN.

Mon oncle, comme je l'ai déjà dit[3] aimait le merveilleux, la fiction en poésie; mais il les détestait dans l'histoire. Il ne pouvait souffrir qu'on mît des conteurs de fables à côté des Tacite, ni des Grégoire de Tours auprès des Rapin-Thoiras. Il fut séduit dans sa jeunesse par le style brillant du discours de Bossuet sur l'*Histoire universelle*. Mais, quand il eut un peu étudié l'histoire et les hommes, il vit que la plupart des auteurs n'avaient voulu écrire que des mensonges agréables, et étonner leurs lecteurs par d'incroyables aventures. Tout fut écrit comme les Amadis. Mon oncle riait quand il voyait Rollin copier Bossuet mot à mot, et Bossuet copier les anciens, qui ont dit que dix mille combattants sortaient par chacune des cent portes de Thèbes, et encore deux cents chariots armés en guerre par chaque porte : cela ferait un million de soldats dans une seule ville, sans compter les cochers

---

1. Voyez la note, tome XXI, page 69.
2. Il s'agit ici de l'abbé Foucher, de l'Académie des belles-lettres, précepteur du duc de La Trimouille. Cet abbé était janséniste : il crut que sa conscience l'obligeait à écrire contre M. de Voltaire; mais la grâce lui manqua. (K.) — Voyez tome XVII, page 52; et, plus loin, les *Lettres à Foucher*.
3. Voyez tome XIX, page 362.

et les guerriers qui étaient sur les chariots, ce qui ferait encore quarante mille hommes de plus, à deux personnes seulement par chariot.

Mon oncle remarquait très-justement[1] qu'il eût fallu au moins cinq ou six millions d'habitants dans cette ville de Thèbes pour fournir ce nombre de guerriers. Il savait qu'il n'y a pas aujourd'hui plus de trois millions de têtes en Égypte; il savait que Diodore de Sicile n'en admettait pas davantage de son temps : ainsi il rabattait beaucoup de toutes les exagérations de l'antiquité.

Il doutait qu'il y eût eu un Sésostris qui partît d'Égypte pour aller conquérir le monde entier avec six cent mille hommes et vingt-sept mille chars de guerre. Cela lui paraissait digne de Picrochole dans Rabelais. La manière dont cette conquête du monde entier fut préparée lui paraissait encore plus ridicule. Le père de Sésostris avait destiné son fils à cette belle expédition sur la foi d'un songe, car les songes alors étaient des avis certains envoyés par le ciel, et le fondement de toutes les entreprises. Le bonhomme, dont on ne dit pas même le nom, s'avisa de destiner tous les enfants qui étaient nés le même jour que son fils à l'aider dans la conquête de la terre; et, pour en faire autant de héros, il ne leur donnait à déjeuner qu'après les avoir fait courir cent quatre-vingts stades tout d'une haleine : c'est bien courir dans un pays fangeux, où l'on enfonce jusqu'à mi-jambe, et où presque tous les messages se font par bateau sur les canaux.

Que fait l'impitoyable censeur de mon oncle? Au lieu de sentir tout le ridicule de cette histoire, il s'avise d'évaluer le grand et le petit stade; et il croit prouver que les petits enfants destinés à vaincre toute la terre ne couraient que trois de nos grandes lieues et demie pour avoir à déjeuner.

Il s'agit bien vraiment de savoir au juste si Sésostris comptait par grand ou petit stade, lui qui n'avait jamais entendu parler de stade, qui est une mesure grecque. Voilà le ridicule de presque tous les commentateurs et des scoliastes : ils s'attachent à l'explication arbitraire d'un mot inutile, et négligent le fond des choses. Il est question ici de détromper les hommes sur les fables dont on les a bercés depuis tant de siècles. Mon oncle pèse les probabilités dans la balance de la raison; il rappelle les lecteurs au bon sens, et on vient nous parler de grands et de petits stades !

J'avouerai encore que mon oncle levait les épaules quand il

---

1. Tome XI page 60.

lisait dans Rollin que Xerxès avait fait donner trois cents coups de fouet à la mer; qu'il avait fait jeter dans l'Hellespont une paire de menottes pour l'enchaîner; qu'il avait écrit une lettre menaçante au mont Athos, et qu'enfin, lorsqu'il arriva au pas des Thermopyles, où deux hommes de front ne peuvent passer, il était suivi de cinq millions deux cent quatre-vingt-trois mille deux cent vingt personnes, comme le dit le véridique et exact Hérodote.

Mon oncle disait toujours : « Serrez, serrez, » en lisant ces contes de ma mère l'oie. Il disait : « Hérodote a bien fait d'amuser et de flatter des Grecs par ces romans, et Rollin a mal fait de ne les pas réduire à leur juste valeur, en écrivant pour des Français du XVIIIe siècle. »

CHAPITRE X.

DES PRÊTRES, OU PROPHÈTES, OU SCHOEN D'ÉGYPTE.

Oui, barbare, les prêtres d'Égypte s'appelaient *schoen*, et la *Genèse* ne leur donne pas d'autre nom; la *Vulgate* même rend ce nom par *sacerdos*. Mais qu'importe les noms? Si tu avais su profiter de la *Philosophie* de mon oncle, tu aurais recherché quelles étaient les fonctions de ces schoen, leurs sciences, leurs impostures; tu aurais tâché d'apprendre si un schoen était toujours, en Égypte, un homme constitué en dignité, comme parmi nous un évêque, et même un archidiacre; ou si quelquefois on s'arrogeait le titre de schoen comme on s'appelle parmi nous *monsieur l'abbé*, sans avoir d'abbaye; si un schoen, pour avoir été précepteur d'un grand seigneur [1], et pour être nourri dans la maison, avait le droit d'attaquer impunément les vivants et les morts, et d'écrire sans esprit contre des Égyptiens qui passaient pour en avoir.

Je ne doute pas qu'il n'y ait eu des schoen fort savants, par exemple ceux qui firent assaut de prodiges avec Moïse, qui changèrent toutes les eaux de l'Égypte en sang, qui couvrirent tout le pays de grenouilles, qui firent naître jusqu'à des poux, mais qui ne purent les chasser, car il y a dans le texte hébreu : « Ils firent ainsi; mais pour chasser les poux, ils ne le purent. » La *Vulgate* [2]

---

1. Il s'agit encore ici de l'abbé Foucher, dont il a déjà été question page 385.
2. *Exode*, VIII, 18; mais, dans la *Vulgate*, les animaux formant la troisième plaie de l'Égypte sont appelés *sciniphes*, moucherons.

les traite plus durement : elle dit qu'ils ne purent même produire des poux.

Je ne sais si tu es schoen, et si tu fais ces beaux prodiges, car on dit que tu es fort initié dans les mystères des schoen de Saint-Médard; mais je préférerai toujours un schoen doux, modeste, honnête, à un schoen qui dit des injures à son prochain; à un schoen qui cite souvent à faux, et qui raisonne comme il cite; à un schoen qui pousse l'horreur jusqu'à dire que M. l'abbé Bazin entendait mal le grec, parce que son typographe a oublié un sigma, et a mis un οι pour un ει[1].

Ah! mon fils, quand on a calomnié ainsi les morts il faut faire pénitence le reste de sa vie.

CHAPITRE XI.

DU TEMPLE DE TYR.

Je passe sous silence une infinité de menues méprises du schoen enragé contre mon oncle; mais je vous demande, mon cher lecteur, la permission de vous faire remarquer comme il est malin. M. l'abbé Bazin avait dit que le temple d'Hercule, à Tyr, n'était pas des plus anciens. Les jeunes dames qui sortent de l'opéra-comique pour aller chanter à table les jolies chansons de M. Collé; les jeunes officiers, les conseillers même de grand'-chambre, messieurs les fermiers généraux, enfin tout ce qu'on appelle à Paris *la bonne compagnie,* se soucieront peut-être fort peu de savoir en quelle année le temple d'Hercule fut bâti. Mon oncle le savait. Son implacable persécuteur se contente de dire vaguement qu'il était aussi ancien que la ville : ce n'est pas là répondre; il faut dire en quel temps la ville fut bâtie. C'est un point trop intéressant dans la situation présente de l'Europe. Voici les propres paroles de l'abbé Bazin (vol. XV, page 151) :

« Il est dit, dans les *Annales de la Chine*, que les premiers empereurs sacrifiaient dans un temple. Celui d'Hercule, à Tyr, ne paraît pas être des plus anciens. Hercule ne fut jamais, chez aucun peuple, qu'une divinité secondaire; cependant le temple de Tyr est très-antérieur à celui de Judée. Hiram en avait un magnifique, lorsque Salomon, *aidé par Hiram*, bâtit le sien. Hérodote, qui voyagea chez les Tyriens, dit que, de son temps, les

---

1. Voyez la note 1, tome XXV, page 232.

archives de Tyr ne donnaient à ce temple que deux mille trois cents ans d'antiquité. »

Il est clair par là que le temple de Tyr n'était antérieur à celui de Salomon que d'environ douze cents années. Ce n'est pas là une antiquité bien reculée, comme tous les sages en conviendront. Hélas ! presque toutes nos antiquités ne sont que d'hier; il n'y a que quatre mille six cents ans qu'on éleva un temple dans Tyr. Vous sentez, ami lecteur, combien quatre mille six cents ans sont peu de chose dans l'étendue des siècles, combien nous sommes peu de chose, et surtout combien un pédant orgueilleux est peu de chose.

Quant au divin Hercule, dieu de Tyr, qui dépucela cinquante demoiselles en une nuit, mon oncle ne l'appelle que *dieu secondaire*. Ce n'est pas qu'il eût trouvé quelque autre dieu des Gentils qui en eût fait davantage ; mais il avait de très-bonnes raisons pour croire que tous les dieux de l'antiquité, ceux mêmes *majorum gentium*, n'étaient que des dieux du second ordre, auxquels présidait le Dieu formateur, le maître de l'univers, le *Deus optimus* des Romains, le *Knef* des Égyptiens, l'*Iaho* des Phéniciens, le *Mithra* des Babyloniens, le *Zeus* des Grecs, maître des dieux et des hommes, l'*Iesad* des anciens Persans. Mon oncle, adorateur de la Divinité, se complaisait à voir l'univers entier adorer un dieu unique, malgré les superstitions abominables dans lesquelles toutes les nations anciennes, excepté les lettrés chinois, se sont plongées.

CHAPITRE XII.

DES CHINOIS.

Quel est donc cet acharnement de notre adversaire contre les Chinois, et contre tous les gens sensés de l'Europe qui rendent justice aux Chinois ? Le barbare n'hésite point à dire que « les petits philosophes ne donnent une si haute antiquité à la Chine que pour décréditer l'Écriture ».

Quoi ! c'est pour décréditer l'Écriture sainte que l'archevêque *Navarrète, Gonzales de Mendoza, Henningius, Louis de Gusman, Semmedo*, et tous les missionnaires, sans en excepter un seul, s'accordent à faire voir que les Chinois doivent être rassemblés en corps de peuple depuis plus de cinq mille années ? Quoi ! c'est pour insulter à la religion chrétienne qu'en dernier lieu le P. Parennin a réfuté avec tant d'évidence la chimère d'une prétendue colonie envoyée d'Égypte à la Chine? Ne se lassera-t-on jamais, au bout de nos terres occidentales, de contester aux peuples de l'Orient leurs titres, leurs arts et leurs usages? Mon oncle était fort irrité contre cette témérité absurde. Mais comment accorderons-nous le texte hébreu avec le samaritain? « Hé, morbleu, comme vous pourrez, disait mon oncle; mais ne vous faites pas moquer des Chinois : laissez-les en paix comme ils vous y laissent. »

Écoute, cruel ennemi de feu mon cher oncle; tâche de répondre à l'argument qu'il poussa vigoureusement dans sa brochure en quatre volumes de l'*Essai sur les Mœurs et l'Esprit des nations*. Mon oncle était aussi savant que toi, mais il était mieux savant, comme dit Montaigne[1]; ou, si tu veux, il était aussi ignorant que toi (car en vérité que savons-nous?); mais il raisonnait, il ne compilait pas. Or voici comme il raisonne puissamment dans le premier volume de cet *Essai sur les Mœurs,* etc. (vol. XV, page 260), où il se moque de beaucoup d'histoires :

« Qu'importe, après tout, que ces livres renferment ou non une chronologie toujours sûre? Je veux que nous ne sachions pas en quel temps précisément vécut Charlemagne : dès qu'il est certain qu'il a fait de vastes conquêtes avec de grandes armées, il est clair qu'il est né chez une nation nombreuse, formée en corps de peuple par une longue suite de siècles. Puis donc que l'empereur Hiao, qui vivait incontestablement plus de deux mille quatre cents ans avant notre ère, conquit tout le pays de la Corée, il est indubitable que son peuple était de l'antiquité la plus reculée. De plus, les Chinois inventèrent un cycle, un comput, qui commence deux mille six cent deux ans avant le nôtre. Est-ce à nous à leur contester une chronologie unanimement reçue chez eux; à nous, qui avons soixante systèmes différents pour compter les temps anciens, et qui ainsi n'en avons pas un?

« Les hommes ne multiplient pas aussi aisément qu'on le pense : le tiers des enfants est mort au bout de dix ans. Les calculateurs de la propagation de l'espèce humaine ont remarqué qu'il faut des circonstances favorables et rares pour qu'une nation s'accroisse d'un vingtième au bout de cent années, et très-souvent il arrive que la peuplade diminue au lieu d'augmenter. De savants chronologistes ont supputé qu'une seule famille, après le déluge, toujours occupée à peupler, et ses enfants s'étant occupés de même, il se

---

1. Montaigne, dans ses *Essais,* livre Ier, chap. xxiv, dit: « Il falloit s'enquérir qui est mieulx sçavant, non qui est plus sçavant.

trouva en deux cent cinquante ans beaucoup plus d'habitants que n'en contient aujourd'hui l'univers. Il s'en faut beaucoup que le *Talmud* et les *Mille et une Nuits* contiennent rien de plus absurde. On ne fait point ainsi des enfants à coups de plume. Voyez nos colonies; voyez ces archipels immenses de l'Asie, dont il ne sort personne. Les Maldives, les Philippines, les Moluques, n'ont pas le nombre d'habitants nécessaires. Tout cela est encore une nouvelle preuve de la prodigieuse antiquité de la population de la Chine. »

Il n'y a rien à répondre, mon ami.

Voici encore comme mon oncle raisonnait. Abraham s'en va chercher du blé avec sa femme en Égypte, l'année qu'on dit être la 1917ᵉ avant notre ère, il y a tout juste trois mille six cent quatre-vingt-quatre ans : c'était quatre cent vingt-huit ans après le déluge universel. Il va trouver le pharaon, le roi d'Égypte; il trouve des rois partout, à Sodome, à Gomorrhe, à Gérare, à Salem : déjà même on avait bâti la tour de Babel environ trois cent quatorze ans avant le voyage d'Abraham en Égypte. Or, pour qu'il y ait tant de rois et qu'on bâtisse de si belles tours, il est clair qu'il faut bien des siècles. L'abbé Bazin s'en tenait là; il laissait le lecteur tirer ses conclusions.

O l'homme discret que feu M. l'abbé Bazin! Aussi avait-il vécu familièrement avec Jérôme Carré[1], Guillaume Vadé[2], feu M. Ralph, auteur de *Candide*[3], et plusieurs autres grands personnages du siècle. Dis-moi qui tu hantes, et je te dirai qui tu es.

CHAPITRE XIII.

DE L'INDE, ET DU VEIDAM.

L'abbé Bazin, avant de mourir, envoya à la Bibliothèque du roi le plus précieux manuscrit qui soit dans tout l'Orient. C'est un ancien commentaire d'un bramé nommé Shumontou[4], sur le *Veidam*, qui est le livre sacré des anciens brachmanes. Ce manu-

---

1. Voltaire a publié, sous le nom de Jérôme Carré, *l'Ecossaise*, voyez tome IV du *Théâtre;* et un morceau *Du Théâtre anglais*, voyez tome XXIV, page 192.
2. Sous ce nom, Voltaire publia, en 1760, *le Pauvre Diable*, voyez tome X; et, en 1764, un volume intitulé *Contes de G. Vadé*.
3. Voyez tome XXI, page 137.
4. Nommé Chumontou, tome XI, page 192.

scrit¹ est incontestablement du temps où l'ancienne religion des gymnosophistes commençait à se corrompre; c'est, après nos livres sacrés, le monument le plus respectable de la croyance de l'unité de Dieu. Il est intitulé *Ézour-Veidam*², comme qui dirait: *le vrai Veidam, le Veidam expliqué, le pur Veidam.* On ne peut pas douter qu'il n'ait été écrit avant l'expédition d'Alexandre dans les Indes, puisque, longtemps avant Alexandre, l'ancienne religion bramine ou abramine, l'ancien culte enseigné par Brama, avait été corrompu par des superstitions et par des fables. Ces superstitions même avaient pénétré jusqu'à la Chine du temps de Confutzée, qui vivait environ trois cents ans avant Alexandre. L'auteur de l'*Ézour-Veidam* combat toutes ces superstitions, qui commençaient à naître de son temps. Or, pour qu'elles aient pu pénétrer de l'Inde à la Chine, il faut un assez grand nombre d'années : ainsi, quand nous supposerons que ce rare manuscrit a été écrit environ quatre cents ans avant la conquête d'une partie de l'Inde par Alexandre, nous ne nous éloignerons pas beaucoup de la vérité.

Shumontou combat toutes les espèces d'idolâtrie dont les Indiens commençaient alors à être infectés, et, ce qui est extrêmement important, c'est qu'il rapporte les propres paroles du *Veidam*, dont aucun homme en Europe, jusqu'à présent, n'avait

1. Le manuscrit dont parle Voltaire, et deux copies de la traduction française, se trouvent encore au cabinet des manuscrits orientaux de la Bibliothèque du roi. La traduction française fut publiée l'année même de la mort de Voltaire, par le baron de Sainte-Croix, sous le titre de : *L'Ézour-Vedam ou Ancien commentaire du Vedam, contenant l'exposition des opinions religieuses et philosophiques des Indiens, traduit du samscretan par un brame, revu et publié avec des observations préliminaires, des notes, et des éclaircissements;* Yverdon, 1778, deux volumes in-12. Mais Voltaire et Sainte-Croix ont été dupes d'une imposture littéraire et religieuse. Le Veidam, ou plutôt les Veidams, car ils sont au nombre de quatre, à savoir: *Rig-Veda, Yadjour-Veda, Sama-Veda, Atharvana-Veda,* sont rédigés dans un ancien idiome sanscrit qui n'est plus entendu que d'un très-petit nombre de savants. Or le manuscrit dont parle Voltaire est écrit dans un dialecte vulgaire. D'ailleurs, bien loin de renfermer la véritable doctrine des anciens brames, ce manuscrit tend à saper cette doctrine pour la remplacer par celle du christianisme. Tout porte à croire que ce prétendu Veda ou commentaire du Veda a été fabriqué par quelque missionnaire catholique, dans le but d'attirer plus facilement les Indous au christianisme. Il existe des exemples de supercheries semblables; on a même retrouvé dans la bibliothèque des missionnaires de Pondichéry les autres parties du Veda travesties de la même manière. Voyez, à ce sujet, le Mémoire que M. Francis Ellis a inséré dans le volume XIV des *Asiatick Researches* ou Mémoires de la société de Calcutta; Calcutta, 1822, in-4°. *(Note communiquée par M. Reinaud, de la Bibliothèque du roi.)* (B.)

2. Voltaire avait déjà parlé de l'*Ézour-Veidam,* tome XI, pages 52 et 192. Il en reparla, en 1769, dans le *Précis du Siècle de Louis XV* (voyez tome XV, page 326); et, en 1771, dans ses *Questions sur l'Encyclopédie* (voyez tome XIX, page 58).

connu un seul passage. Voici donc ces propres paroles du *Veidam* attribué à Brama, citées dans l'*Ézour-Veidam* :

« C'est l'Être suprême[1] qui a tout créé, le sensible et l'insensible ; il y a eu quatre âges différents ; tout périt à la fin de chaque âge, tout est submergé, et le déluge est un passage d'un âge à l'autre, etc.

« Lorsque Dieu existait seul, et que nul autre être n'existait avec lui, il forma le dessein de créer le monde. Il créa d'abord le temps, ensuite l'eau et la terre ; et du mélange des cinq éléments, à savoir, la terre, l'eau, le feu, l'air, et la lumière, il en forma les différents corps, et leur donna la terre pour leur base. Il fit ce globe, que nous habitons, en forme ovale comme un œuf. Au milieu de la terre est la plus haute de toutes les montagnes, nommée Mérou (c'est l'Immaüs). Adimo (c'est le nom du premier homme) sortit des mains de Dieu. Procriti est le nom de son épouse. D'Adimo[2] naquit Brama, qui fut le législateur des nations et le père des brames. »

Une preuve non moins forte que ce livre fut écrit longtemps avant Alexandre, c'est que les noms des fleuves et des montagnes de l'Inde sont les mêmes que dans *le Hanscrit*, qui est la langue sacrée des brachmanes. On ne trouve pas dans l'*Ézour-Veidam* un seul des noms que les Grecs donnèrent aux pays qu'ils subjuguèrent. L'Inde s'appelle *Zomboudipo* ; le Gange, *Zanoubi* ; le mont Immaüs, *Mérou*, etc.

Notre ennemi, jaloux des services que l'abbé Bazin a rendus aux lettres, à la religion et à la patrie, se ligue avec le plus implacable ennemi de notre chère patrie, de nos lettres et de notre religion, le docteur Warburton, devenu, je ne sais comment, évêque de Glocester[3], commentateur de Shakespeare et auteur d'un fatras contre l'immortalité de l'âme, sous le nom de la *Divine Légation de Moïse* : il rapporte une objection de ce brave prêtre hérétique contre l'opinion de l'abbé Bazin, bon catholique, et contre l'évidence que l'*Ézour-Veidam* a été écrit avant Alexandre. Voici l'objection de l'évêque :

« Cela est aussi judicieux qu'il le serait d'observer que les annales des Sarrasins et des Turcs ont été écrites avant les conquêtes d'Alexandre, parce que nous n'y remarquons point les noms que les Grecs imposèrent aux rivières, aux villes, et aux

---

1. Voyez tome XI, page 192.
2. *Ibid.*, pages 17 et 192.
3. Voyez, plus loin, l'opuscule intitulé *A Warburton*.

contrées qu'ils conquirent dans l'Asie Mineure, et qu'on n'y lit que les noms anciens qu'elles avaient depuis les premiers temps. Il n'est jamais entré dans la tête de ce poëte que les Indiens et les Arabes pouvaient exactement avoir la même envie de rendre les noms primitifs aux lieux d'où les Grecs avaient été chassés. »

Warburton ne connaît pas plus les vraisemblances que les bienséances. Les Turcs et les Grecs modernes ignorent aujourd'hui les anciens noms du pays que les uns habitent en vainqueurs et les autres en esclaves. Si nous déterrions un ancien manuscrit grec, dans lequel Stamboul fût appelé Constantinople; l'Atméïdam, Hippodrome; Scutari, le faubourg de Chalcédoine; le cap Janissari, promontoire de Sigée; Cara Denguis, le Pont-Euxin, etc.; nous conclurions que ce manuscrit est d'un temps qui a précédé Mahomet II, et nous jugerions ce manuscrit très-ancien s'il ne contenait que les dogmes de la primitive Église.

Il est donc très-vraisemblable que le brachmane qui écrivait dans le Zomboudipo, c'est-à-dire dans l'Inde, écrivait avant Alexandre, qui donna un autre nom au Zomboudipo; et cette probabilité devient une certitude lorsque ce brachmane écrit dans les premiers temps de la corruption de sa religion, époque évidemment antérieure à l'expédition d'Alexandre.

Warburton, de qui l'abbé Bazin avait relevé quelques fautes avec sa circonspection ordinaire[1], s'en est vengé avec toute l'âcreté du pédantisme. Il s'est imaginé, selon l'ancien usage, que des injures étaient des raisons, et il a poursuivi l'abbé Bazin avec toute la fureur que l'Angleterre entière lui reproche. On n'a qu'à s'informer dans Paris à un ancien membre du parlement de Londres qui vient d'y fixer son séjour, du caractère de cet évêque Warburton, commentateur de Shakespeare et calomniateur de Moïse : on saura ce qu'on doit penser de cet homme, et l'on apprendra comment les savants d'Angleterre, et surtout le célèbre évêque Lowth, ont réprimé son orgueil et confondu ses erreurs.

CHAPITRE XIV.

QUE LES JUIFS HAÏSSAIENT TOUTES LES NATIONS.

L'auteur du *Supplément à la Philosophie de l'Histoire* croit accabler l'abbé Bazin en répétant les injures atroces que lui dit War-

---

1. Voyez tome XI, pages 39 et 108.

burton au sujet des Juifs. Mon oncle était lié avec les plus savants Juifs de l'Asie. Ils lui avouèrent qu'il avait été ordonné à leurs ancêtres d'avoir toutes les nations en horreur; et, en effet, parmi tous les historiens qui ont parlé d'eux, il n'en est aucun qui ne soit convenu de cette vérité; et même, pour peu qu'on ouvre les livres de leurs lois, vous trouverez au chapitre IV (37-38) du *Deutéronome* : « Il vous a conduits avec sa grande puissance pour exterminer à votre entrée de très-grandes nations. »

Au chapitre VII : « Il consumera peu à peu les nations devant vous par parties ; vous ne pourrez les exterminer toutes ensemble, de peur que les bêtes de la terre ne se multiplient trop (v. 22)...

« Il vous livrera leurs rois entre vos mains. Vous détruirez jusqu'à leur nom : rien ne pourra vous résister (v. 24). »

On trouverait plus de cent passages qui indiquent cette horreur pour tous les peuples qu'ils connaissaient. Il ne leur était pas permis de manger avec des Égyptiens ; de même qu'il était défendu aux Égyptiens de manger avec eux. Un Juif était souillé, et le serait encore aujourd'hui, s'il avait tâté d'un mouton tué par un étranger, s'il s'était servi d'une marmite étrangère. Il est donc constant que leur loi les rendait nécessairement les ennemis du genre humain. La *Genèse*, il est vrai, fait descendre toutes les nations du même père. Les Persans, les Phéniciens, les Babyloniens, les Égyptiens, les Indiens, venaient de Noé, comme les Juifs : qu'est-ce que cela prouve, sinon que les Juifs haïssaient leurs frères ? Les Anglais sont aussi les frères des Français. Cette consanguinité empêche-t-elle que Warburton ne nous haïsse ? Il hait jusqu'à ses compatriotes, qui le lui rendent bien.

Il a beau dire que les Juifs ne haïssaient que l'idolâtrie des autres nations, il ne sait pas absolument ce qu'il dit. Les Persans n'étaient point idolâtres, et ils étaient l'objet de la haine juive. Les Persans adoraient un seul Dieu, et n'avaient point alors de simulacres. Les Juifs adoraient un seul Dieu, et avaient des simulacres, douze bœufs dans le temple, deux chérubins dans le saint des saints. Ils devaient regarder tous leurs voisins comme leurs ennemis, puisqu'on leur avait promis qu'ils domineraient d'une mer à l'autre, et depuis les bords du Nil jusqu'à ceux de l'Euphrate. Cette étendue de terrain leur aurait composé un empire immense. Leur loi, qui leur promettait cet empire, les rendait donc nécessairement ennemis de tous les peuples qui habitaient depuis l'Euphrate jusqu'à la Méditerranée. Leur extrême ignorance ne leur permettait pas de connaître d'autres nations, et, en détestant tout ce qu'ils connaissaient, ils croyaient détester toute la terre.

Voilà l'exacte vérité. Warburton prétend que l'abbé Bazin ne s'est exprimé ainsi que parce qu'un Juif, qu'il appelle *grand babillard*, avait fait autrefois une banqueroute audit abbé Bazin. Il est vrai que le juif Médina fit une banqueroute considérable à mon oncle; mais cela empêche-t-il que Josué n'ait fait pendre trente et un rois, selon les saintes Écritures? Je demande à Warburton si l'on aime les gens que l'on fait pendre. *Hang him*[1]!

CHAPITRE XV.

DE WARBURTON.

Contredites un homme qui se donne pour savant, et soyez sûr alors de vous attirer des volumes d'injures. Quand mon oncle apprit que Warburton, après avoir commenté Shakespeare, commentait Moïse, et qu'il avait déjà fait deux gros volumes pour démontrer que les Juifs, instruits par Dieu même, n'avaient aucune idée ni de l'immortalité de l'âme, ni d'un jugement après la mort, cette entreprise lui parut monstrueuse, ainsi qu'à toutes les consciences timorées de l'Angleterre. Il en écrivit son sentiment à M. S....[2] avec sa modération ordinaire. Voici ce que M. S.... lui répondit :

« MONSIEUR,

« C'est une entreprise merveilleusement scandaleuse dans un prêtre, *t'is an undertaking wonderfully scandalous in a priest*, de s'attacher à détruire l'opinion la plus ancienne et la plus utile aux hommes. Il vaudrait bien mieux que ce Warburton commentât l'opéra des gueux, *The beggar's opera*[3], après avoir très-mal commenté Shakespeare, que d'entasser une érudition si mal digérée et si erronée pour détruire la religion : car enfin notre sainte religion est fondée sur la juive. Si Dieu a laissé le peuple de l'Ancien Testament dans l'ignorance de l'immortalité de l'âme, et des peines et des récompenses après la mort, il a

---

1. Pendez-le.
2. Cette initiale désigne M. Silhouette, ministre d'État sous Louis XV, à qui l'on doit les *Dissertations sur l'union de la religion, de la morale, et de la politique, tirées d'un ouvrage de M. Warburton;* 1742, 2 vol. in-12. (B.)
3. *L'Opéra des gueux*, par John Gay, avait été traduit par Patu : *Choix de petites pièces du Théâtre anglais*, 1756.

trompé son peuple chéri ; la religion juive est donc fausse ; la chrétienne, fondée sur la juive, ne s'appuie donc que sur un tronc pourri. Quel est le but de cet homme audacieux? Je n'en sais encore rien. Il flatte le gouvernement : s'il obtient un évêché, il sera chrétien ; s'il n'en obtient point, j'ignore ce qu'il sera. Il a déjà fait deux gros volumes sur la légation de Moïse, dans lesquels il ne dit pas un seul mot de son sujet. Cela ressemble au chapitre *des coches*, où Montaigne parle de tout, excepté de coches ; c'est un chaos de citations dont on ne peut tirer aucune lumière. Il a senti le danger de son audace, et il a voulu l'envelopper dans les obscurités de son style. Il se montre enfin plus à découvert dans son troisième volume. C'est là qu'il entasse tous les passages favorables à son impiété, et qu'il écarte tous ceux qui appuient l'opinion commune. Il va chercher dans Job, qui n'était pas Hébreu, ce passage équivoque [1] : « Comme le nuage qui se dis-
« sipe et s'évanouit, ainsi est au tombeau l'homme, qui ne revien-
« dra plus. »

« Et ce vain discours d'une pauvre femme à David [2] : « Nous
« devons mourir ; nous sommes comme l'eau répandue sur la
« terre, qu'on ne peut plus ramasser. »

« Et ces versets du psaume LXXXVIII [3] : « Les morts ne peuvent
« se souvenir de toi. Qui pourra te rendre des actions de grâces
« dans la tombe ? que me reviendra-t-il de mon sang quand je
« descendrai dans la fosse ? La poussière t'adressera-t-elle des
« vœux ? déclarera-t-elle la vérité ?

« Montreras-tu tes merveilles aux morts ? Les morts se lève-
« ront-ils ? Auras-tu d'eux des prières ? »

« Le livre de l'*Ecclésiaste*, dit-il (page 170), est encore plus positif. « Les vivants savent qu'ils mourront [4], mais les morts
« ne savent rien ; point de récompense pour eux, leur mémoire
« périt à jamais. »

« Il met ainsi à contribution Ézéchiel, Jérémie, et tout ce qu'il peut trouver de favorable à son système.

« Cet acharnement à répandre le dogme funeste de la mortalité de l'âme a soulevé contre lui tout le clergé. Il a tremblé que

---

1. Job, VII, 9.
2. II. *Rois*, XIV, 14.
3. Je ne les ai pas trouvés dans le psaume LXXXVIII. Je n'ai même pu trouver les deux premières phrases de la citation dans aucun psaume. Les deux qui les suivent sont dans le psaume XXIX, verset 11 : *Quæ utilitas in sanguine meo*, etc. La fin est en partie dans le psaume LXXXVII, verset 11 et suiv. (B.)
4. *Ecclésiaste*, IX, 5.

son patron, qui pense comme lui, ne fût pas assez puissant pour lui faire avoir un évêché. Quel parti a-t-il pris alors? celui de dire des injures à tous les philosophes:

> Quis tulerit Gracchos de seditione querentes?
> (Juven, sat. II, v. 24.)

« Il a élevé l étendard du fanatisme d'une main, tandis que de l'autre il déployait celui de l'irréligion. Par là il a ébloui la cour, et en enseignant réellement la mortalité de l'âme, et feignant ensuite de l'admettre, il aura probablement l'évêché qu'il désire. Chez vous, tout chemin mène à Rome ; et chez nous, tout chemin mène à l'évêché. »

Voilà ce que M. S.... écrivait en 1757; et tout ce qu'il a prédit est arrivé. Warburton jouit d'un bon évêché ; il insulte les philosophes. En vain l'évêque Lowth a pulvérisé son livre, il n'en est que plus audacieux, il cherche même à persécuter ; et, s'il pouvait, il ressemblerait au *Peachum in the beggar's opera*, qui se donne le plaisir de faire pendre ses complices. La plupart des hypocrites ont le regard doux du chat, et cachent leurs griffes ; celui-ci découvre les siennes en levant une tête hardie. Il a été ouvertement délateur, et il voudrait être persécuteur.

Les philosophes d'Angleterre lui reprochent l'excès de la mauvaise foi et celui de l'orgueil. L'Église anglicane le regarde comme un homme dangereux ; les gens de lettres, comme un écrivain sans goût et sans méthode, qui ne sait qu'entasser citations sur citations; les politiques, comme un brouillon qui ferait revivre, s'il pouvait, la chambre étoilée ; mais il se moque de tout cela.

Warburton me répondra peut-être qu'il n'a fait que suivre le sentiment de mon oncle, et de plusieurs autres savants qui ont tous avoué qu'il n'est pas parlé expressément de l'immortalité de l'âme dans la loi judaïque. Cela est vrai ; il n'y a que des ignorants qui en doutent, et des gens de mauvaise foi qui affectent d'en douter ; mais le pieux Bazin disait que cette doctrine, sans laquelle il n'est point de religion, n'étant pas expliquée dans l'Ancien Testament, y doit être sous-entendue ; qu'elle y est virtuellement; que si on ne l'y trouve pas *totidem verbis*, elle y est *totidem litteris*, et qu'enfin, si elle n'y est point du tout, ce n'est pas à un évêque à le dire.

Mais mon oncle a toujours soutenu que Dieu est bon ; qu'il a donné l'intelligence à ceux qu'il a favorisés ; qu'il a suppléé à notre ignorance. Mon oncle n'a point dit d'injures aux savants ;

il n'a jamais cherché à persécuter personne : au contraire, il a écrit contre l'intolérance le livre le plus honnête[1], le plus circonspect, le plus chrétien, le plus rempli de piété, qu'on ait fait depuis Thomas Akempis. Mon oncle, quoique un peu enclin à la raillerie, était pétri de douceur et d'indulgence. Il fit plusieurs pièces de théâtre dans sa jeunesse, tandis que l'évêque Warburton ne pouvait que commenter des comédies. Mon oncle, quand on sifflait ses pièces, sifflait comme les autres. Si Warburton a fait imprimer Guillaume Shakespeare avec des notes, l'abbé Bazin a fait imprimer Pierre Corneille aussi avec des notes[2]. Si Warburton gouverne une église, l'abbé Bazin en a fait bâtir une qui n'approche pas à la vérité de la magnificence de M. Lefranc de Pompignan[3], mais enfin qui est assez propre. En un mot, je prendrai toujours le parti de mon oncle.

CHAPITRE XVI.

CONCLUSION DES CHAPITRES PRÉCÉDENTS.

Tout le monde connaît cette réponse prudente d'un cocher à un batelier : « Si tu me dis que mon carrosse est un bélître, je te dirai que ton bateau est un maraud. » Le batelier qui a écrit contre mon oncle a trouvé en moi un cocher qui le mène grand train. Ce sont là de ces *Honnêtetés littéraires*[4] dont on ne saurait fournir trop d'exemples pour former les jeunes gens à la politesse et au beau ton. Mais je préfère encore au beau discours de ce cocher l'apophthegme de Montaigne : « Ne regarde pas qui est le plus savant, mais qui est le mieux savant[5]. » La science ne consiste pas à répéter au hasard ce que les autres ont dit; à coudre à un passage hébreu qu'on n'entend point un passage grec qu'on entend mal; à mettre dans un nouvel in-12 ce qu'on a trouvé dans un vieil in-folio; à crier :

> Nous rédigeons au long, de point en point,
> Ce qu'on pensa; mais nous ne pensons point[6].

---

1. *Traité sur la Tolérance:* voyez tome XXV, page 13.
2. Le *Théâtre de P. Corneille avec des commentaires*, 1764, douze volumes in-8°.
3. Voyez la *Lettre de M. de L'Ecluse*, tome XXIV, page 457.
4. Voyez page 115.
5. Voyez ci-dessus, page 390.
   Ces vers sont de Voltaire; voyez, tome VIII, *le Temple du Goût*.

Le vrai savant est celui qui n'a nourri son esprit que de bons livres, et qui a su mépriser les mauvais ; qui sait distinguer la vérité du mensonge, et le vraisemblable du chimérique ; qui juge d'une nation par ses mœurs plus que par ses lois, parce que les lois peuvent être bonnes, et les mœurs mauvaises. Il n'appuie point un fait incroyable de l'autorité d'un ancien auteur. Il peut, s'il veut, faire voir le peu de foi qu'on doit à cet auteur, par l'intérêt que cet écrivain a eu de mentir, et par le goût de son pays pour les fables ; il peut montrer que l'auteur même est supposé. Mais, ce qui le détermine le plus, c'est quand le livre est plein d'extravagances ; il les réprouve, il les regarde avec dédain, en quelque temps et par quelques mains qu'elles aient été écrites.

S'il voit dans Tite-Live qu'un augure a coupé un caillou avec un rasoir, aux yeux d'un étranger nommé Lucumon, devenu roi de Rome, il dit : Ou Tite-Live a écrit une sottise, ou Lucumon Tarquin et l'augure étaient deux fripons qui trompaient le peuple, pour le mieux gouverner. En un mot, le sot copie, le pédant cite, et le savant juge.

M. Toxotès, qui copie et qui cite, et qui est incapable de juger, qui ne sait que dire des injures de batelier à un homme qu'il n'a jamais vu, a donc eu affaire à un cocher qui lui donne les coups de fouet qu'il méritait ; et le bout de son fouet a cinglé Warburton.

Tout mon chagrin, dans cette affaire, est que personne n'ayant lu la diatribe de M. Toxotès[1], très-peu de gens liront la réponse du neveu de l'abbé Bazin ; cependant le sujet est intéressant : il ne s'agit pas moins que des dames et des petits garçons de Babylone, des boucs de Mendès, de Warburton, et de l'immortalité de l'âme. Mais tous ces objets sont épuisés. Nous avons tant de livres que la mode de lire est passée. Je compte qu'il s'imprime vingt mille feuilles au moins par mois en Europe. Moi, qui suis grand lecteur, je n'en lis pas la quarantième partie ; que fera donc le reste du genre humain ? Je voudrais, dans le fond de mon cœur, que le collége des cardinaux me remerciât d'avoir anathématisé un évêque anglican ; que l'impératrice de Russie, le roi de Pologne, le roi de Prusse, le hospodar de Valachie, et le grand vizir, me fissent des compliments sur ma pieuse tendresse pour l'abbé Bazin mon oncle, qui a été fort connu d'eux. Mais ils ne m'en diront pas un mot, ils ne sauront rien de ma querelle. J'ai beau protester, à la face de l'univers, que M. Toxotès ne sait ce qu'il

---

1. *Toxotès* est un mot grec qui signifie *Larcher* : Τοξοτής. (*Note de Voltaire.*

dit, on me demande qui est M. Toxotès, et on ne m'écoute pas. Je remarque, dans l'amertume de mon cœur, que toutes les disputes littéraires ont une pareille destinée. Le monde est devenu bien tiède : une sottise ne peut plus être célèbre ; elle est étouffée le lendemain par cent sottises qui cèdent la place à d'autres. Les jésuites sont heureux : on parlera d'eux longtemps, depuis La Rochelle jusqu'à Macao. *Vanitas vanitatum*[1].

CHAPITRE XVII.

SUR LA MODESTIE DE WARBURTON, ET SUR SON SYSTÈME ANTIMOSAÏQUE.

La nature de l'homme est si faible, et on a tant d'affaires dans cette vie, que j'ai oublié, en parlant de ce cher Warburton, de remarquer combien cet évêque serait pernicieux à la religion chrétienne, et à toute religion, si mon oncle ne s'était pas opposé vigoureusement à sa hardiesse.

« Les anciens sages, dit Warburton[2], crurent légitime et utile au public de dire le contraire de ce qu'ils pensaient. »

« [3] L'utilité, et non la vérité, était le but de la religion. »

Il emploie un chapitre entier à fortifier ce système par tous les exemples qu'il peut accumuler.

Remarquez que, pour prouver que les Juifs étaient une nation instruite par Dieu même, il dit que la doctrine de l'immortalité de l'âme et d'un jugement après la mort est d'une nécessité absolue, et que les Juifs ne la connaissaient pas. « Tout le monde, dit-il (*all mankind*), et spécialement les nations les plus savantes et les plus sages de l'antiquité, sont convenues de ce principe[4]. »

Voyez, mon cher lecteur, quelle horreur et quelle erreur dans ce peu de paroles qui font le sujet de son livre. Si tout l'univers, et particulièrement les nations les plus sages et les plus savantes, croyaient l'immortalité de l'âme, les Juifs, qui ne la croyaient pas, n'étaient donc qu'un peuple de brutes et d'insensés que Dieu ne conduisait pas. Voilà l'horreur dans un prêtre qui insulte les pauvres laïques. Hélas ! que n'eût-il point dit contre un laïque qui eût avancé les mêmes propositions ! Voici maintenant l'erreur.

C'est que, du temps que les Juifs étaient une petite horde de

---

1. *Ecclésiaste*, I, 2.
2. Tome II, page 89. (*Note de Voltaire.*
3. Tome II, page 91. (*Id.*)
4. Tome I, page 87. (*Id.*)

Bédouins, errante dans les déserts de l'Arabie Pétrée, on ne peut prouver que toutes les nations du monde crussent l'âme immortelle. L'abbé Bazin était persuadé, à la vérité, que cette opinion était reçue chez les Chaldéens, chez les Persans, chez les Égyptiens, c'est-à-dire chez les philosophes de ces nations ; mais il est certain que les Chinois n'en avaient aucune connaissance, et qu'il n'en est point parlé dans les *Cinq Kings,* qui sont antérieurs de plusieurs siècles au temps de l'habitation des Juifs dans les déserts d'Oreb et de Cadès-Barné.

Comment donc ce Warburton, en avançant des choses si dangereuses, et en se trompant si grossièrement, a-t-il pu attaquer les philosophes, et particulièrement l'abbé Bazin, dont il aurait dû rechercher le suffrage?

N'attribuez cette inconséquence, mes frères, qu'à la vanité. C'est elle qui nous fait agir contre nos intérêts. La raison dit : Nous hasardons une entreprise difficile, ayons des partisans. L'amour-propre crie: Écrasons tout pour régner. On croit l'amour-propre ; alors on finit par être écrasé soi-même.

J'ajouterai encore à ce petit appendix que l'abbé Bazin est le premier qui ait prouvé que les Égyptiens sont un peuple très-nouveau [1], quoiqu'ils soient beaucoup plus anciens que les Juifs. Nul savant n'a contredit la raison qu'il en apporte ; c'est qu'un pays inondé quatre mois de l'année depuis qu'il est coupé par des canaux devait être inondé au moins huit mois de l'année avant que ces canaux eussent été faits. Or un pays toujours inondé était inhabitable. Il a fallu des travaux immenses, et par conséquent une multitude de siècles pour former l'Égypte.

Par conséquent les Syriens, les Babyloniens, les Persans, les Indiens, les Chinois, les Japonais, etc., durent être formés en corps de peuples très-longtemps avant que l'Égypte pût devenir une habitation tolérable. On tirera de cette vérité les conclusions qu'on voudra, cela ne me regarde pas. Mais y a-t-il bien des gens qui se soucient de l'antiquité égyptienne ?

CHAPITRE XVIII.

DES HOMMES DE DIFFÉRENTES COULEURS.

Mon devoir m'oblige de dire que l'abbé Bazin admirait la sagesse éternelle dans cette profusion de variétés dont elle a cou-

---

1. Voyez tome XI, page 31.

vert notre petit globe. Il ne pensait pas que les huîtres d'Angleterre fussent engendrées des crocodiles du Nil, ni que les girofliers des îles Moluques tirassent leur origine des sapins des Pyrénées. Il respectait également les barbes des Orientaux, et les mentons dépourvus à jamais de poil follet, que Dieu a donnés aux Américains. Les yeux de perdrix des albinos ; leurs cheveux, qui sont de la plus belle soie et du plus beau blond ; la blancheur éclatante de leur peau, leurs longues oreilles, leur petite taille d'environ trois pieds et demi, le ravissaient en extase quand il les comparait aux nègres leurs voisins, qui ont de la laine sur la tête, et de la barbe au menton, que Dieu a refusée aux albinos. Il avait vu des hommes rouges, il en avait vu de couleur de cuivre, il avait manié le tablier qui pend aux Hottentots et aux Hottentotes, depuis le nombril jusqu'à la moitié des cuisses. O profusion de richesses ! s'écriait-il. O que la nature est féconde !

Je suis bien aise de révéler ici aux cinq ou six lecteurs qui voudront s'instruire dans cette diatribe que l'abbé Bazin a été violemment attaqué dans un journal nommé *Économique*, que j'ai acheté jusqu'à présent, et que je n'achèterai plus. J'ai été sensiblement affligé que cet économe, après m'avoir donné une recette infaillible contre les punaises et contre la rage, et après m'avoir appris le secret d'éteindre en un moment le feu d'une cheminée, s'exprime sur l'abbé Bazin avec une cruauté que vous allez voir :

« [1] L'opinion de M. l'abbé Bazin [2], qui croit ou fait semblant de croire qu'il y a plusieurs espèces d'hommes, est aussi absurde que celle de quelques philosophes païens, qui ont imaginé des atomes blancs et des atomes noirs, dont la réunion fortuite a produit divers hommes et divers animaux. »

M. l'abbé Bazin avait vu dans ses voyages une partie du *reticulum mucosum* d'un nègre, lequel était entièrement noir ; c'est un fait connu de tous les anatomistes de l'Europe. Quiconque voudra faire disséquer un nègre (j'entends après sa mort) trouvera cette membrane muqueuse noire comme de l'encre de la tête aux pieds. Or si ce réseau est noir chez les nègres, et blanc chez nous, c'est donc une différence spécifique. Or une différence spécifique

---

1. Page 309. Recueil de 1765. (*Note de Voltaire.*)
2. Dans le *Journa économique* de juillet 1765, page 309, on lit : « L'opinion de M. de Voltaire, qui croit, etc. » Le *Journal économique* a commencé en 1751. Chacune des années 1751, 52, 53, a six volumes in-12. Les années 1754 à 1757 ont chacune quatre volumes in-12. Les années 1758 à 1777 inclus forment chacune un volume grand in-8°. (B.)

entre deux races forme assurément deux races différentes. Cela n'a nul rapport aux atomes blancs et rouges d'Anaxagore, qui vivait environ deux mille trois cents ans avant mon oncle.

Il vit non-seulement des nègres et des albinos, qu'il examina très-soigneusement, mais il vit aussi quatre rouges qui vinrent en France en 1725. Le même économe lui a nié ces rouges. Il prétend que les habitants des îles Caraïbes ne sont rouges que lorsqu'ils sont peints. On voit bien que cet homme-là n'a pas voyagé en Amérique. Je ne dirai pas que mon oncle y ait été, car je suis vrai; mais voici une lettre que je viens de recevoir d'un homme qui a résidé longtemps à la Guadeloupe, en qualité d'officier du roi:

« Il y a réellement à la Guadeloupe, dans un quartier de la grande terre nommée *le Pistolet*, dépendant de la paroisse de l'anse Bertrand, cinq ou six familles de Caraïbes dont la peau est de la couleur de notre cuivre rouge; ils sont bien faits, et ont de longs cheveux. Je les ai vus deux fois. Ils se gouvernent par leurs propres lois, et ne sont point chrétiens. Tous les Caraïbes sont rougeâtres, etc. *Signé* : Rieu, 20 *mai* 1767. »

Le jésuite Lafitau, qui avait vécu aussi chez les Caraïbes, convient que ces peuples sont rouges[1]; mais il attribue, en homme judicieux, cette couleur à la passion qu'ont eue leurs mères de se peindre en rouge, comme il attribue la couleur des nègres au goût que les dames de Congo et d'Angola ont eu de se peindre en noir. Voici les paroles remarquables du jésuite :

« Ce goût général dans toute la nation, et la vue continuelle de semblables objets, ont dû faire impression sur les femmes enceintes, comme les baguettes de diverses couleurs sur les brebis de Jacob[2] : et c'est ce qui doit avoir contribué en premier lieu à rendre les uns noirs par nature, et les autres rougeâtres, tels qu'ils le sont aujourd'hui. »

Ajoutez à cette belle raison que le jésuite Lafitau prétend que les Caraïbes descendent en droite ligne des peuples de Carie : vous m'avouerez que c'est puissamment raisonner, comme dit l'abbé Grizel[3].

---

1. *Mœurs des sauvages*, page 68, tome I. (*Note de Voltaire.*)
2. *Genèse*, xxx, 39.
3. Voyez tome XXIV, page 243.

CHAPITRE XIX.

DES MONTAGNES ET DES COQUILLES.

J'avouerai ingénument que mon oncle avait le malheur d'être d'un sentiment opposé à celui d'un grand naturaliste[1] qui prétendait que c'est la mer qui a fait les montagnes; qu'après les avoir formées par son flux et son reflux, elle les a couvertes de ses flots, et qu'elle les a laissées toutes semées de ses poissons pétrifiés.

« Voici, mon cher neveu, me disait-il, quelles sont mes raisons :

« 1° Si la mer, par son flux, avait d'abord fait un petit monticule de quelques pieds de sable, depuis l'endroit où est aujourd'hui le cap de Bonne-Espérance jusqu'aux dernières branches du mont Immaüs ou *Mérou*, j'ai grand'peur que le reflux n'eût détruit ce que le flux aurait formé.

« 2° Le flux de l'Océan a certainement amoncelé dans une longue suite de siècles les sables qui forment les dunes de Dunkerque et de l'Angleterre, mais elle n'a pu en faire des rochers; et ces dunes sont fort peu élevées.

« 3° Si, en six mille ans, elle a formé des monticules de sable hauts de quarante pieds, il lui aura fallu juste trente millions d'années pour former la plus haute montagne des Alpes, qui a vingt mille pieds de hauteur; supposé encore qu'il ne se soit point trouvé d'obstacle à cet arrangement, et qu'il y ait toujours eu du sable à point nommé.

« 4° Comment le flux de la mer, qui s'élève tout au plus à huit pieds de haut sur nos côtes, aura-t-il formé des montagnes hautes de vingt mille pieds? Et comment les aura-t-il couvertes pour laisser des poissons sur les cimes?

« 5° Comment les marées et les courants auront-ils formé des enceintes presque circulaires de montagnes, telles que celles qui entourent le royaume de Cachemire, le grand-duché de Toscane, la Savoie, et le pays de Vaud?

« 6° Si la mer avait été pendant tant de siècles au-dessus des montagnes, il aurait donc fallu que tout le reste du globe eût été couvert d'un autre océan égal en hauteur, sans quoi les eaux seraient retombées par leur propre poids. Or un océan qui pen-

---

1. Buffon; voyez ci-après, page 409.

dant tant de siècles aurait couvert les montagnes des quatre parties du monde aurait été égal à plus de quarante de nos océans d'aujourd'hui. Ainsi il faudrait nécessairement qu'il y eût trente-neuf océans au moins d'évanouis, depuis le temps où ces messieurs prétendent qu'il y a des poissons de mer pétrifiés sur le sommet des Alpes et du mont Ararat.

« 7° Considérez, mon cher neveu, que, dans cette supposition des montagnes formées et couvertes par la mer, notre globe n'aurait été habité que par des poissons. C'est, je crois, l'opinion de Telliamed [1]. Il est difficile de comprendre que des marsouins aient produit des hommes.

« 8° Il est évident que si, par impossible, la mer eût si longtemps couvert les Pyrénées, les Alpes, le Caucase, il n'y aurait pas eu d'eau douce pour les bipèdes et les quadrupèdes. Le Rhin, le Rhône, la Saône, le Danube, le Pô[2], l'Euphrate, le Tigre, dont j'ai vu les sources, ne doivent leurs eaux qu'aux neiges et aux pluies qui tombent sur les cimes de ces rochers. Ainsi vous voyez que la nature entière réclame contre cette opinion.

« 9° Ne perdez point de vue cette grande vérité[3] que la nature ne se dément jamais. Toutes les espèces restent toujours les mêmes. Animaux, végétaux, minéraux, métaux, tout est invariable dans cette prodigieuse variété. Tout conserve son essence. L'essence de la terre est d'avoir des montagnes, sans quoi elle serait sans rivières : donc il est impossible que les montagnes ne soient pas aussi anciennes que la terre. Autant vaudrait-il dire que nos corps ont été longtemps sans têtes. Je sais qu'on parle beaucoup de coquilles[4]. J'en ai vu tout comme un autre. Les bords escarpés de plusieurs fleuves et de quelques lacs en sont tapissés; mais je n'y ai jamais remarqué qu'elles fussent les dépouilles des monstres marins : elles ressemblent plutôt aux habits déchirés des moules et d'autres petits crustacés de lacs et de rivières. Il y en a qui ne sont visiblement que du talc qui a pris des formes différentes dans la terre. Enfin nous avons mille productions terrestres qu'on prend pour des productions marines.

1. C'est par plaisanterie que Voltaire suppose cette opinion à de Maillet, qui dit au contraire (tome I, page 76 de l'édition de 1755 du *Telliamed*) : « A quelque élévation que ces eaux de la mer aient été portées au-dessus de nos terrains, elles ne renfermaient point alors de poissons, ni de coquillages; il est constant du moins qu'il ne s'y en trouvait que peu. »

2. Je ne sais si Voltaire a vu les sources du Pô; mais il n'a certainement vu ni celles de l'Euphrate, ni celles du Tigre. (B.)

3. De Newton; voyez tome XXI, page 579.

4. Voyez les chapitres XII et suivants de l'ouvrage *Des Singularités de la nature*.

« Je ne nie pas que la mer ne se soit avancée trente et quarante lieues dans le continent, et que des atterrissements ne l'aient contrainte de reculer. Je sais qu'elle baignait autrefois Ravenne, Fréjus, Aigues-Mortes [1], Alexandrie, Rosette, et qu'elle en est à présent fort éloignée. Mais de ce qu'elle a inondé et quitté tour à tour quelques lieues de terre, il ne faut pas en conclure qu'elle ait été partout. Ces pétrifications dont on parle tant, ces prétendues médailles de son long règne, me sont fort suspectes. J'ai vu plus de mille cornes d'Ammon dans les champs, vers les Alpes. Je n'ai jamais pu concevoir qu'elles aient renfermé autrefois un poisson indien nommé *nautilus*, qui, par parenthèse, n'existe pas. Elles m'ont paru de simples fossiles tournés en volutes, et je n'ai pas été plus tenté de croire qu'elles avaient été le logement d'un poisson des mers de Surate que je n'ai pris les *conchas Veneris* pour des chapelles de Vénus et les pierres étoilées pour des étoiles. J'ai pensé avec plusieurs bons observateurs que la nature, inépuisable dans ses ouvrages, a pu très-bien former une grande quantité de fossiles, que nous prenons mal à propos pour des productions marines. Si la mer avait, dans la succession des siècles, formé des montagnes de couches de sable et de coquilles, on en trouverait des lits d'un bout de la terre à l'autre, et c'est assurément ce qui n'est pas vrai ; la chaîne des hautes montagnes de l'Amérique en est absolument dépourvue. Savez-vous ce qu'on répond à cette objection terrible ? *Qu'on en trouvera un jour.* Attendons donc au moins qu'on en trouve.

« Je suis même tenté de croire que ce fameux falun de Touraine [2] n'est autre chose qu'une espèce de minière : car si c'était un amas de vraies dépouilles de poissons que la mer eût déposées par couches successivement et doucement dans ce canton, pendant quarante ou cinquante mille siècles, pourquoi n'en aurait-elle pas laissé autant en Bretagne et en Normandie ? Certainement si elle a submergé la Touraine si longtemps, elle a couvert à plus forte raison les pays qui sont au delà. Pourquoi donc ces prétendues coquilles dans un seul canton d'une seule province ? Qu'on réponde à cette difficulté.

« J'ai trouvé des pétrifications en cent endroits ; j'ai vu quelques écailles d'huîtres pétrifiées à cent lieues de la mer. Mais j'ai vu aussi sous vingt pieds de terre des monnaies romaines, des anneaux de chevaliers, à plus de neuf cent milles de Rome,

---

1. Voyez, tome XI, la note 1 de la page 4.
2. Voyez le chapitre XVI de l'ouvrage *Des Singularités de la nature*.

et je n'ai point dit : Ces anneaux, ces espèces d'or et d'argent, ont été fabriqués ici. Je n'ai point dit non plus : Ces huîtres sont nées ici. J'ai dit : Des voyageurs ont apporté ici des anneaux, de l'argent, et des huîtres.

« Quand je lus, il y a quarante ans, qu'on avait trouvé dans les Alpes des coquilles de Syrie, je dis, je l'avoue, d'un ton un peu goguenard, que ces coquilles avaient été apparemment apportées par des pèlerins[1] qui revenaient de Jérusalem. M. de Buffon m'en reprit très-vertement dans sa *Théorie de la Terre*, page 281. Je n'ai pas voulu me brouiller avec lui pour des coquilles ; mais je suis demeuré dans mon opinion, parce que l'impossibilité que la mer ait formé les montagnes m'est démontrée. On a beau me dire que le porphyre est fait de pointes d'oursin, je le croirai quand je verrai que le marbre blanc est fait de plumes d'autruche.

« Il y a plusieurs années qu'un Irlandais, jésuite secret, nommé Needham[2], qui disait avoir d'excellents microscopes, crut s'apercevoir qu'il avait fait naître des anguilles avec de l'infusion de blé ergoté dans des bouteilles. Aussitôt voilà des philosophes qui se persuadent que si un jésuite a fait des anguilles sans germe, on pourra faire de même des hommes. On n'a plus besoin de la main du grand Demiourgos ; le maître de la nature n'est plus bon à rien. De la farine grossière produit des anguilles ; une farine plus pure produira des singes, des hommes et des ânes. Les germes sont inutiles : tout naîtra de soi-même. On bâtit sur cette expérience prétendue un nouvel univers, comme nous[3] faisions un monde, il y a cent ans, avec la matière subtile, la globuleuse et la cannelée. Un mauvais plaisant, mais qui raisonnait bien, dit qu'il y avait là anguille sous roche, et que la fausseté se découvrirait bientôt. En effet, il fut constaté que les anguilles n'étaient autre chose que des parties de la farine corrompue qui fermentait, et le nouvel univers disparut.

« Il en avait été de même autrefois. Les vers se formaient par corruption dans la viande exposée à l'air. Les philosophes ne soupçonnaient pas que ces vers pouvaient venir des mouches qui déposaient leurs œufs sur cette viande, et que ces œufs deviennent

---

1. Voyez tome XXIII, page 222 ; mais il n'y a que vingt et un (et non quarante) ans d'intervalle entre la *Dissertation sur les changements arrivés dans notre globle*, et la *Défense de mon oncle*.
2. Voyez tome XVIII, page 372 ; et l'ouvrage *Des Singularités de la nature*, chap. xx.
3. Descartes.

des vers avant d'avoir des ailes. Les cuisiniers enfermèrent leurs viandes dans des treillis de toiles : alors plus de vers, plus de génération par corruption.

« J'ai combattu quelquefois de pareilles chimères, et surtout celle du jésuite Needham [1]. Un des grands agréments de ce monde est que chacun puisse avoir son sentiment sans altérer l'union fraternelle. Je puis estimer la vaste érudition de M. de Guignes, sans lui sacrifier les Chinois, que je croirai toujours la première nation de la terre qui ait été civilisée après les Indiens. Je sais rendre justice aux vastes connaissances et au génie de M. de Buffon, en étant fortement persuadé que les montagnes sont de la date de notre globe, et de toutes les choses, et même en ne croyant point aux molécules organiques. Je puis avouer que le jésuite Needham, déguisé heureusement en laïque, a eu des microscopes; mais je n'ai point prétendu le blesser en doutant qu'il eût créé des anguilles avec de la farine.

« Je conserve l'esprit de charité avec tous les doctes, jusqu'à ce qu'ils me disent des injures, ou qu'ils me jouent quelque mauvais tour : car l'homme est fait de façon qu'il n'aime point du tout à être vilipendé et vexé. Si j'ai été un peu goguenard, et si j'ai par là déplu autrefois à un philosophe lapon [2], qui voulait qu'on perçât un trou jusqu'au centre de la terre, qu'on disséquât des cervelles de géants pour connaître l'essence de la pensée, qu'on exaltât son âme pour prédire l'avenir, et qu'on enduisît tous les malades de poix-résine, c'est que ce Lapon m'avait horriblement molesté; et cependant j'ai bien demandé pardon à Dieu de l'avoir tourné en ridicule, car il ne faut pas affliger son prochain : c'est manquer à la raison universelle.

« Au reste j'ai toujours pris le parti des pauvres gens de lettres, quand ils ont été injustement persécutés : quand, par exemple, on a juridiquement accusé les auteurs d'un dictionnaire en vingt volumes in-folio [3] d'avoir composé ce dictionnaire pour faire enchérir le pain, j'ai beaucoup crié à l'injustice. »

Ce discours de mon bon oncle me fit verser des larmes de tendresse.

---

1. Voyez tome XXV, pages 386-389, 393 et suiv.
2. Maupertuis ; voyez tome XXIII, pages 542, 569, 575.
3. L'*Encyclopédie* a 28 volumes in-folio (non compris le supplément); mais il n'en avait paru que vingt et un au moment où Voltaire écrivait, savoir : les dix-sept volumes de texte, et les quatre premiers des planches.

CHAPITRE XX.

DES TRIBULATIONS DE CES PAUVRES GENS DE LETTRES.

Quand mon oncle m'eut ainsi attendri, je pris la liberté de lui dire : « Vous avez couru une carrière bien épineuse; je sens qu'il vaut mieux être receveur des finances, ou fermier général, ou évêque, qu'homme de lettres : car enfin, quand vous eûtes appris le premier[1] aux Français que les Anglais et les Turcs donnaient la petite vérole à leurs enfants pour les en préserver, vous savez que tout le monde se moqua de vous. Les uns vous prirent pour un hérétique, les autres pour un musulman. Ce fut bien pis lorsque vous vous mêlâtes d'expliquer les découvertes de Newton[2], dont les écoles welches n'avaient pas encore entendu parler : on vous fit passer pour un ennemi de la France. Vous hasardâtes de faire quelques tragédies. *Zaïre, Oreste, Sémiramis, Mahomet*, tombèrent à la première représentation. Vous souvenez-vous, mon cher oncle, comme votre *Adélaïde du Guesclin* fut sifflée d'un bout à l'autre? Quel plaisir c'était! Je me trouvai à la chute de *Tancrède*; on disait, en pleurant et en sanglotant : « Ce pauvre « homme n'a jamais rien fait de si mauvais. »

« Vous fûtes assailli en divers temps d'environ sept cent cinquante brochures, dans lesquelles les uns disaient, pour prouver que *Mérope* et *Alzire* sont des tragédies détestables, que monsieur votre père, qui fut mon grand-père, était un paysan[3]; et d'autres, qu'il était revêtu de la dignité de guichetier porte-clefs du parlement de Paris, charge importante dans l'État, mais de laquelle je n'ai jamais entendu parler, et qui n'aurait d'ailleurs que peu de rapport avec *Alzire* et *Mérope*, ni avec le reste de l'univers, que tout faiseur de brochure doit, comme vous l'avez dit[4], avoir toujours devant les yeux.

« On vous attribuait l'excellent livre intitulé *les Hommes*[5] (je ne sais ce que c'est que ce livre, ni vous non plus), et plusieurs poëmes immortels comme *la Chandelle d'Arras*[6], et *la Poule à ma*

---

1. Voyez tome XXII, page 111.
2. Voyez tome XXII, pages 127, 132, 140, 393 et suiv.
3. Voyez tome XXIII, pages 34 et 61.
4. Voyez tome XXIV, page 231.
5. *Les Hommes* (par l'abbé de Varenne); la quatrième édition est de 1737 deux volumes in-12.
6. Poëme en dix-huit chants (par l'abbé du Laurens), 1765, in-8°.

Tante[1], et le second tome de *Candide*[2], et *le Compère Matthieu*[3]. Combien de lettres anonymes avez-vous reçues? Combien de fois vous a-t-on écrit : « Donnez-moi de l'argent, ou je ferai contre vous « une brochure »? Ceux mêmes à qui vous avez fait l'aumône n'ont-ils pas quelquefois témoigné leur reconnaissance par quelque satire bien mordante?

« Ayant passé ainsi par toutes les épreuves, dites-moi, je vous prie, mon cher oncle, quels sont les ennemis les plus implacables, les plus bas, les plus lâches dans la littérature, et les plus capables de nuire. »

Le bon abbé Bazin me répondit en soupirant : « Mon neveu, après les théologiens, les chiens les plus acharnés à suivre leur proie sont les folliculaires; et, après les folliculaires, marchent les faiseurs de cabales au théâtre. Les critiques en histoire et en physique ne font pas grand bruit. Gardez-vous surtout, mon neveu, du métier de Sophocle et d'Euripide; à moins que vous ne fassiez vos tragédies en latin, comme Grotius, qui nous a laissé ces belles pièces entièrement ignorées d'*Adam chassé*, de *Jésus patient*, et de *Joseph*, sous le nom de *Sofonfoné*, qu'il croit un mot égyptien.

— Hé! pourquoi, mon oncle, ne voulez-vous pas que je fasse des tragédies si j'en ai le talent? Tout homme peut apprendre le latin et le grec, ou la géométrie, ou l'anatomie; tout homme peut écrire l'histoire; mais il est très-rare, comme vous savez, de trouver un bon poëte. Ne serait-ce pas un vrai plaisir de faire de grands vers boursouflés, dans lesquels des *héros déplorables* rimeraient avec des *exemples mémorables*, et les *forfaits* et les *crimes* avec les *cœurs magnanimes*, et les *justes dieux* avec les *exploits glorieux*? Une fière actrice ferait ronfler ce galimatias, elle serait applaudie par cent jeunes courtauds de boutique, et elle me dirait après la pièce : « Sans moi vous auriez été sifflé; vous me devez « votre gloire. » J'avoue qu'un pareil succès tourne la tête quand on a une noble ambition.

— O mon neveu! me répliqua l'abbé Bazin, je conviens que rien n'est plus beau; mais souvenez-vous comment l'auteur de *Cinna*, qui avait appris à la nation à penser et à s'exprimer, fut traité par Claveret, par Chapelain, par Scudéri, gouverneur de Notre-Dame de la Garde, et par l'abbé d'Aubignac, prédicateur du roi.

---

1. *Caquet-bon-bec, la Poule à ma tante* (par de Junquières), 1763, in-12.
2. Voyez l'Avertissement de Beuchot en tête du tome XXI, page xii.
3. Par l'abbé du Laurens; 1766, trois volumes in-8°.

« Songez que le prédicateur auteur de la plus mauvaise tragédie de ce temps[1], et, qui pis est, d'une tragédie en prose, appelle Corneille *Mascarille;* il n'est fait, selon le prédicateur, que pour vivre avec les portiers de comédie : « Corneille piaille toujours, « ricane toujours, et ne dit jamais rien qui vaille. »

« Ce sont là les honneurs qu'on rendait à celui qui avait tiré la France de la barbarie ; il était réduit pour vivre à recevoir une pension du cardinal de Richelieu, qu'il nomme *son maître.* Il était forcé de rechercher la protection de Montauron, de lui dédier *Cinna,* de comparer dans son épître dédicatoire Montauron à Auguste ; et Montauron avait la préférence.

« Jean Racine, égal à Virgile pour l'harmonie et la beauté du langage, supérieur à Euripide et à Sophocle ; Racine, le poëte du cœur, et d'autant plus sublime qu'il ne l'est que quand il faut l'être ; Racine, le seul poëte tragique de son temps dont le génie ait été conduit par le goût ; Racine, le premier homme du siècle de Louis XIV dans les beaux-arts, et la gloire éternelle de la France, a-t-il essuyé moins de dégoût et d'opprobre ? Tous ses chefs-d'œuvre ne furent-ils pas parodiés à la farce dite *italienne?*

« Visé, l'auteur du *Mercure galant,* ne se déchaîna-t-il pas toujours contre lui ? Subligny ne prétendit-il pas le tourner en ridicule ? Vingt cabales ne s'élevèrent-elles pas contre tous ses ouvrages ? N'eut-il pas toujours des ennemis, jusqu'à ce qu'enfin le jésuite La Chaise le rendit suspect de jansénisme auprès du roi, et le fit mourir de chagrin ! Mon neveu, la mode n'est plus d'accuser de jansénisme ; mais si vous avez le malheur de travailler pour le théâtre, et de réussir, on vous accusera d'être athée. »

Ces paroles de mon bon oncle se gravèrent dans mon cœur. J'avais déjà commencé une tragédie ; je l'ai jetée au feu, et je conseille à tous ceux qui ont la manie de travailler en ce genre d'en faire autant.

CHAPITRE XXI.

DES SENTIMENTS THÉOLOGIQUES DE FEU L'ABBÉ BAZIN. DE LA JUSTICE QU'IL RENDAIT A L'ANTIQUITÉ ; ET DES QUATRE DIATRIBES COMPOSÉES PAR LUI A CET EFFET.

Pour mieux faire connaître la piété et l'équité de l'abbé Bazin, je suis bien aise de publier ici quatre diatribes de sa façon, com-

---

1. *Zenobie:* voyez a note, tome XVIII, page 289.

posées seulement pour sa satisfaction particulière. La première est sur la cause et les effets. La seconde traite de Sanchoniathon, l'un des plus anciens écrivains qui aient *mis la plume à la main*[1] pour écrire gravement des sottises. La troisième est sur l'Égypte, dont il faisait assez peu de cas (ce n'est pas de sa diatribe dont il faisait peu de cas, c'est de l'Égypte). Dans la quatrième, il s'agit d'un ancien peuple à qui on coupa le nez, et qu'on envoya dans le désert. Cette dernière élucubration est très-curieuse et très-instructive.

PREMIÈRE DIATRIBE DE L'ABBÉ BAZIN.

SUR LA CAUSE PREMIÈRE.

Un jour le jeune Madétès se promenait vers le port de Pirée ; il rencontra Platon, qu'il n'avait point encore vu. Platon, lui trouvant une physionomie heureuse, lia conversation avec lui ; il découvrit en lui un sens assez droit. Madétès avait été instruit dans les belles-lettres ; mais il ne savait rien, ni en physique, ni en géométrie, ni en astronomie. Cependant il avoua à Platon qu'il était épicurien.

« Mon fils, lui dit Platon, Épicure était un fort honnête homme ; il vécut et il mourut en sage. Sa volupté, dont on a parlé si diversement, consistait à éviter les excès. Il recommanda l'amitié à ses disciples, et jamais précepte n'a été mieux observé. Je voudrais faire autant de cas de sa philosophie que de ses mœurs. Connaissez-vous bien à fond la doctrine d'Épicure ? »

Madétès lui répondit ingénument qu'il ne l'avait point étudiée. « Je sais seulement, dit-il, que les dieux ne se sont jamais mêlés de rien, et que le principe de toute chose est dans les atomes, qui se sont arrangés d'eux-mêmes, de façon qu'ils ont produit ce monde tel qu'il est.

PLATON.

Ainsi donc, mon fils, vous ne croyez pas que ce soit une intelligence qui ait présidé à cet univers dans lequel il y a tant d'êtres intelligents ? Voudriez-vous bien me dire quelle est votre raison d'adopter cette philosophie.

MADÉTÈS.

Ma raison est que je l'ai toujours entendu dire à mes amis et à leurs maîtresses, avec qui je soupe : je m'accommode fort de

---

[1]. Voyez ci-dessus, page 371.

leurs atomes. Je vous avoue que je n'y entends rien; mais cette doctrine m'a paru aussi bonne qu'une autre; il faut bien avoir une opinion quand on commence à fréquenter la bonne compagnie. J'ai beaucoup d'envie de m'instruire; mais il m'a paru jusqu'ici plus commode de penser sans rien savoir. »

Platon lui dit : « Si vous avez quelque désir de vous éclairer, je suis magicien, et je vous ferai voir des choses fort extraordinaires : ayez seulement la bonté de m'accompagner à ma maison de campagne, qui est à cinq cents pas d'ici, et peut-être ne vous repentirez-vous pas de votre complaisance. » Madétès le suivit avec transport. Dès qu'ils furent arrivés, Platon lui montra un squelette; le jeune homme recula d'horreur à ce spectacle nouveau pour lui. Platon lui parla en ces termes :

« Considérez bien cette forme hideuse qui semble être le rebut de la nature; et jugez de mon art par tout ce que je vais opérer avec cet assemblage informe, qui vous a paru si abominable.

« Premièrement, vous voyez cette espèce de boule qui semble couronner tout ce vilain assemblage. Je vais faire passer par la parole, dans le creux de cette boule, une substance moelleuse et douce, partagée en mille petites ramifications, que je ferai descendre imperceptiblement par cette espèce de long bâton à plusieurs nœuds que vous voyez attaché à cette boule, et qui se termine en pointe dans un creux. J'adapterai au haut de ce bâton un tuyau par lequel je ferai entrer l'air, au moyen d'une soupape qui pourra jouer sans cesse; et bientôt après vous verrez cette fabrique se remuer d'elle-même.

« A l'égard de tous ces autres morceaux informes qui vous paraissent comme des restes d'un bois pourri, et qui semblent être sans utilité comme sans force et sans grâce, je n'aurai qu'à parler, et ils seront mis en mouvement par des espèces de cordes d'une structure inconcevable. Je placerai au milieu de ces cordes une infinité de canaux remplis d'une liqueur qui, en passant par des tamis, se changera en plusieurs liqueurs différentes, et coulera dans toute la machine vingt fois par heure. Le tout sera recouvert d'une étoffe blanche, moelleuse et fine. Chaque partie de cette machine aura un mouvement particulier qui ne se démentira point. Je placerai entre ces demi-cerceaux, qui ne semblent bons à rien, un gros réservoir fait à peu près comme une pomme de pin : ce réservoir se contractera et se dilatera à chaque moment avec une force étonnante. Il changera la couleur de la liqueur qui passera dans toute la machine. Je placerai non loin de lui un sac percé en deux endroits, qui ressemblera au tonneau des

Danaïdes : il se remplira et se videra sans cesse; mais il ne se remplira que de ce qui est nécessaire, et ne se videra que du superflu. Cette machine sera un si étonnant laboratoire de chimie, un si profond ouvrage de mécanique et d'hydraulique, que ceux qui l'auront étudié ne pourront jamais le comprendre. De petits mouvements y produiront une force prodigieuse : il sera impossible à l'art humain d'imiter l'artifice qui dirigera cet automate. Mais, ce qui vous surprendra davantage, c'est que cet automate s'étant approché d'une figure à peu près semblable, il s'en formera une troisième figure. Ces machines auront des idées; elles raisonneront, elles parleront comme vous; elles pourront mesurer le ciel et la terre. Mais je ne vous ferai point voir cette rareté si vous ne me promettez que, quand vous l'aurez vue, vous avouerez que j'ai beaucoup d'esprit et de puissance.

MADÉTÈS.

Si la chose est ainsi, j'avouerai que vous en savez plus qu'Épicure, et que tous les philosophes de la Grèce.

PLATON.

Hé bien! tout ce que je vous ai promis est fait. Vous êtes cette machine, c'est ainsi que vous êtes formé, et je ne vous ai pas montré la millième partie des ressorts qui composent votre existence; tous ces ressorts sont exactement proportionnés les uns aux autres; tous s'aident réciproquement : les uns conservent la vie, les autres la donnent, et l'espèce se perpétue de siècle en siècle par un artifice qu'il n'est pas possible de découvrir. Les plus vils animaux sont formés avec un appareil non moins admirable, et les sphères célestes se meuvent dans l'espace avec une mécanique encore plus sublime : jugez après cela si un être intelligent n'a pas formé le monde, si vos atomes n'ont pas eu besoin de cette cause intelligente. »

Madétès, étonné, demanda au magicien qui il était. Platon lui dit son nom : le jeune homme tomba à genoux, adora Dieu, et aima Platon toute sa vie.

Ce qu'il y a de très-remarquable pour nous, c'est qu'il vécut avec les épicuriens comme auparavant. Ils ne furent point scandalisés qu'il eût changé d'avis. Il les aima, il en fut toujours aimé. Les gens de sectes différentes soupaient ensemble gaiement chez les Grecs et chez les Romains. C'était le bon temps.

CHAPITRE XXI.

SECONDE DIATRIBE DE L'ABBÉ BAZIN.

DE SANCHONIATHON.

Sanchoniathon ne peut être un auteur supposé. On ne suppose un ancien livre que dans le même esprit qu'on forge d'anciens titres pour fonder quelque prétention disputée. On employa autrefois des fraudes pieuses pour appuyer des vérités qui n'avaient pas besoin de ce malheureux secours. De zélés indiscrets forgèrent de très-mauvais vers grecs attribués aux sibylles[1], des lettres de Pilate, et l'histoire du magicien Simon, qui tomba du haut des airs aux yeux de Néron. C'est dans le même esprit qu'on imagina la donation de Constantin et les fausses décrétales. Mais ceux dont nous tenons les fragments de Sanchoniathon ne pouvaient avoir aucun intérêt à faire cette lourde friponnerie. Que pouvait gagner Philon de Byblos, qui traduisit en grec *Sanchoniathon*, à mettre cette histoire et cette cosmogonie sous le nom de ce Phénicien! C'est à peu près comme si on disait qu'Hésiode est un auteur supposé.

Eusèbe de Césarée, qui rapporte plusieurs fragments de cette traduction faite par Philon de Byblos, ne s'avisa jamais de soupçonner que Sanchoniathon fût un auteur apocryphe. Il n'y a donc nulle raison de douter que sa *Cosmogonie* ne lui appartienne.

Ce Sanchoniathon vivait à peu près dans le temps où nous plaçons les dernières années de Moïse. Il n'avait probablement aucune connaissance de Moïse, puisqu'il n'en parle pas, quoiqu'il fût dans son voisinage. S'il en avait parlé, Eusèbe n'eût pas manqué de le citer comme un témoignage authentique des prodiges opérés par Moïse. Eusèbe aurait insisté d'autant plus sur ce témoignage que ni Manéthon, ni Cheremon, auteurs égyptiens, ni Ératosthène, ni Hérodote, ni Diodore de Sicile, qui ont tant écrit sur l'Égypte, trop occupés d'autres objets, n'ont jamais dit un seul mot de ces fameux et terribles miracles qui durent laisser d'eux une mémoire durable, et effrayer les hommes de siècle en siècle. Ce silence de Sanchoniathon a même fait soupçonner très-justement à plusieurs docteurs qu'il vivait avant Moïse.

Ceux qui le font contemporain de Gédéon n'appuient leur sentiment que sur un abus des paroles de Sanchoniathon même. Il avoue qu'il a consulté le grand prêtre Jérombal. Or ce Jérom-

---

1. Voyez tome XI, page 91.

bal, disent nos critiques, est vraisemblablement Gédéon. Mais pourquoi, s'il vous plaît, ce Jérombal était-il Gédéon? Il n'est point dit que Gédéon fût prêtre. Si le Phénicien avait consulté le Juif, il aurait parlé de Moïse, et des conquêtes de Josué. Il n'aurait pas admis une cosmogonie absolument contraire à la *Genèse* : il aurait parlé d'Adam ; il n'aurait pas imaginé des générations entièrement différentes de celles que la *Genèse* a consacrées.

Cet ancien auteur phénicien avoue en propres mots qu'il a tiré une partie de son histoire des écrits de Thaut, qui florissait huit cents ans avant lui. Cet aveu, auquel on ne fait pas assez d'attention, est un des plus curieux témoignages que l'antiquité nous ait transmis. Il prouve qu'il y avait donc déjà huit cents ans qu'on avait des livres écrits avec le secours de l'alphabet ; que les nations cultivées pouvaient par ce secours s'entendre les unes les autres, et traduire réciproquement leurs ouvrages. Sanchoniathon entendait les livres de Thaut, écrits en langue égyptienne. Le premier Zoroastre était beaucoup plus ancien, et ses livres étaient la catéchèse des Persans. Les Chaldéens, les Syriens, les Persans, les Phéniciens, les Égyptiens, les Indiens, devaient nécessairement avoir commerce ensemble ; et l'écriture alphabétique devait faciliter ce commerce. Je ne parle pas des Chinois, qui étaient depuis longtemps un grand peuple, et composaient un monde séparé.

Chacun de ces peuples avait déjà son histoire. Lorsque les Juifs entrèrent dans le pays voisin de la Phénicie, ils pénétrèrent jusqu'à la ville de Dabir, qui s'appelait autrefois la ville des lettres. « Alors Caleb dit : Je donnerai ma fille Axa pour femme à celui qui prendra Eta et qui ruinera la ville des lettres. Et Othoniel, fils de Cenès, frère puîné de Caleb, l'ayant prise, il lui donna pour femme sa fille Axa. »

Il paraît par ce passage que Caleb n'aimait pas les gens de lettres ; mais, si on cultivait les sciences anciennement dans cette petite ville de Dabir, combien devaient-elles être en honneur dans la Phénicie, dans Sidon et dans Tyr, qui étaient appelés *le pays des livres*, *le pays des archives*, et qui enseignèrent leur alphabet aux Grecs !

Ce qui est fort étrange, c'est que Sanchoniathon, qui commence son histoire au même temps où commence la *Genèse*, et qui compte le même nombre de générations, ne fait pas cependant plus de mention du déluge que les Chinois. Comment la Phénicie, ce pays si renommé par ses expéditions maritimes, ignorait-elle ce grand événement ?

Cependant l'antiquité le croyait, et la magnifique description qu'en fait Ovide est une preuve que cette idée était bien générale : car, de tous les récits qu'on trouve dans les *Métamorphoses* d'Ovide, il n'en est aucun qui soit de son invention. On prétend même que les Indiens avaient déjà parlé d'un déluge universel avant celui de Deucalion. Plusieurs brachmanes croyaient, dit-on, que la terre avait essuyé trois déluges.

Il n'en est rien dit dans l'*Ézour-Veidam*, ni dans le *Cormo-Veidam*, que j'ai lus avec une grande attention ; mais plusieurs missionnaires, envoyés dans l'Inde, s'accordent à croire que les brames reconnaissent plusieurs déluges. Il est vrai que, chez les Grecs, on ne connaissait que les deux déluges particuliers d'Ogygès et de Deucalion. Le seul auteur grec connu qui ait parlé d'un déluge universel est Apollodore, qui n'est antérieur à notre ère que d'environ cent quarante ans. Ni Homère, ni Hésiode, ni Hérodote, n'ont fait mention du déluge de Noé ; et le nom de Noé ne se trouve chez aucun ancien auteur profane.

La mention de ce déluge universel, faite en détail et avec toutes ses circonstances, n'est que dans nos livres sacrés. Quoique Vossius et plusieurs autres savants aient prétendu que cette inondation n'a pu être universelle, il ne nous est pas permis d'en douter. Je ne rapporte la *Cosmogonie* de Sanchoniathon que comme un ouvrage profane. L'auteur de la *Genèse* était inspiré, et Sanchoniathon ne l'était pas. L'ouvrage de ce Phénicien n'est qu'un monument précieux des anciennes erreurs des hommes.

C'est lui qui nous apprend qu'un des premiers cultes établis sur la terre fut celui des productions de la terre même ; et qu'ainsi les oignons étaient consacrés en Égypte bien longtemps avant les siècles auxquels nous rapportons l'établissement de cette coutume. Voici les paroles de Sanchoniathon : « Ces anciens hommes consacrèrent des plantes que la terre avait produites ; ils les crurent divines : eux et leur postérité, et leurs ancêtres, révérèrent les choses qui les faisaient vivre ; ils leur offrirent leur boire et leur manger. Ces inventions et ce culte étaient conformes à leur faiblesse et à la pusillanimité de leur esprit. »

Ce passage si curieux prouve invinciblement que les Égyptiens adoraient leurs ognons longtemps avant Moïse ; et il est étonnant qu'aucun livre hébraïque ne reproche ce culte aux Égyptiens. Mais voici ce qu'il faut considérer. Sanchoniathon ne parle point expressément d'un Dieu dans sa *Cosmogonie* : tout, chez lui, semble avoir son origine dans le chaos ; et ce chaos est débrouillé par l'esprit vivifiant qui se mêle avec les principes de la nature. Il pousse la hardiesse de son système jusqu'à dire que « des animaux qui n'avaient point de sens engendrèrent des animaux intelligents ».

Il n'est pas étonnant, après cela, qu'il reproche aux Égyptiens d'avoir consacré des plantes. Pour moi, je crois que ce culte des plantes utiles à l'homme n'était pas d'abord si ridicule que Sanchoniathon se l'imagine. Thaut, qui gouvernait une partie de l'Égypte, et qui avait établi la théocratie huit cents ans avant l'écrivain phénicien, était à la fois prêtre et roi. Il était impossible qu'il adorât un ognon comme le maître du monde, et il était impossible qu'il présentât des offrandes d'ognons à un ognon : cela eût été trop absurde, trop contradictoire ; mais il est très-naturel qu'on remerciât les dieux du soin qu'ils prenaient de sustenter notre vie, qu'on leur consacrât longtemps les plantes les plus délicieuses de l'Égypte, et qu'on révérât dans ces plantes les bienfaits des dieux. C'est ce qu'on pratiquait de temps immémorial dans la Chine et dans les Indes.

J'ai déjà dit ailleurs[1] qu'il y a une grande différence entre un ognon consacré et un ognon dieu. Les Égyptiens, après Thaut, consacrèrent des animaux ; mais certainement ils ne croyaient pas que ces animaux eussent formé le ciel et la terre. Le serpent d'airain élevé par Moïse était consacré ; mais on ne le regardait pas comme une divinité. Le térébinthe d'Abraham, le chêne de Mambrès, étaient consacrés, et on fit des sacrifices dans la place même où avaient été ces arbres jusqu'au temps de Constantin ; mais ils n'étaient point des dieux. Les chérubins de l'arche étaient sacrés, et n'étaient pas adorés.

Les prêtres égyptiens, au milieu de toutes leurs superstitions, reconnurent un maître souverain de la nature : ils l'appelaient *Knef* ou *Knufi* ; ils le représentaient par un globe. Les Grecs traduisirent le mot *Knef* par celui de *Demiourgos*, artisan suprême, faiseur du monde.

Ce que je crois très-vraisemblable et très-vrai, c'est que les premiers législateurs étaient des hommes d'un grand sens. Il faut deux choses pour instituer un gouvernement : un courage et un bon sens supérieurs à ceux des autres hommes. Ils imaginent rarement des choses absurdes et ridicules, qui les exposeraient au mépris et à l'insulte. Mais qu'est-il arrivé chez presque toutes les nations de la terre, et surtout chez les Égyptiens ? Le sage commence par consacrer à Dieu le bœuf qui laboure la terre ;

---

1. Voyez tome XI, page 67.

le sot peuple adore à la fin le bœuf, et les fruits mêmes que la nature a produits. Quand cette superstition est enracinée dans l'esprit du vulgaire, il est bien difficile au sage de l'extirper.

Je ne doute pas même que quelque schoen d'Égypte n'ait persuadé aux femmes et aux filles des bateliers du Nil que les chats et les ognons étaient de vrais dieux. Quelques philosophes en auront douté, et sûrement ces philosophes auront été traités de petits esprits insolents, et de blasphémateurs : ils auront été anathématisés et persécutés. Le peuple égyptien regarda comme un athée le Persan Cambyse, adorateur d'un seul dieu, lorsqu'il fit mettre le bœuf Apis à la broche. Quand Mahomet s'éleva, dans la Mecque, contre le culte des étoiles, quand il dit qu'il ne fallait adorer qu'un Dieu unique dont les étoiles étaient l'ouvrage, il fut chassé comme un athée, et sa tête fut mise à prix. Il avait tort avec nous, mais il avait raison avec les Mecquois.

Que conclurons-nous de cette petite excursion sur Sanchoniathon ? Qu'il y a longtemps qu'on se moque de nous; mais qu'en fouillant dans les débris de l'antiquité, on peut encore trouver sous ces ruines quelques monuments précieux, utiles à qui veut s'instruire des sottises de l'esprit humain.

TROISIÈME DIATRIBE DE L'ABBÉ BAZIN.

SUR L'ÉGYPTE.

J'ai vu les pyramides, et je n'en ai point été émerveillé. J'aime mieux les fours à poulets, dont l'invention est, dit-on, aussi ancienne que les pyramides. Une petite chose utile me plaît; une monstruosité qui n'est qu'étonnante n'a nul mérite à mes yeux. Je regarde ces monuments comme des jeux de grands enfants qui ont voulu faire quelque chose d'extraordinaire, sans imaginer d'en tirer le moindre avantage. Les établissements des Invalides, de Saint-Cyr, de l'École militaire, sont des monuments d'hommes.

Quand on m'a voulu faire admirer les restes de ce fameux labyrinthe, de ces palais, de ces temples, dont on parle avec tant d'emphase, j'ai levé les épaules de pitié; je n'ai vu que des piliers sans proportions, qui soutenaient de grandes pierres plates; nul goût d'architecture, nulle beauté; du vaste, il est vrai, mais du grossier. Et j'ai remarqué (je l'ai dit ailleurs[1]) que les Égyptiens n'ont jamais eu rien de beau que de la main des Grecs. Alexan-

---

1. Voyez tome XI, page 73.

drie seule, bâtie par les Grecs, a fait la gloire véritable de l'Égypte.

A l'égard de leurs sciences, si, dans leur vaste bibliothèque, ils avaient eu quelques bons livres d'érudition, les Grecs et les Romains les auraient traduits. Non-seulement nous n'avons aucune traduction, aucun extrait de leurs livres de philosophie, de morale, de belles-lettres, mais rien ne nous apprend qu'on ait jamais daigné en faire.

Quelle idée peut-on se former de la science et de la sagacité d'un peuple qui ne connaissait pas même la source de son fleuve nourricier? Les Éthiopiens, qui subjuguèrent deux fois ce peuple mou, lâche et superstitieux, auraient bien dû lui apprendre au moins que les sources du Nil étaient en Éthiopie. Il est plaisant que ce soit un jésuite portugais[1] qui ait découvert ces sources.

Ce qu'on a vanté du gouvernement égyptien me paraît absurde et abominable. Les terres, dit-on, étaient divisées en trois portions. La première appartenait aux prêtres, la seconde aux rois, et la troisième aux soldats. Si cela est, il est clair que le gouvernement avait été d'abord, et très-longtemps, théocratique, puisque les prêtres avaient pris pour eux la meilleure part. Mais comment les rois souffraient-ils cette distribution? Apparemment ils ressemblaient aux rois fainéants; et comment les soldats ne détruisirent-ils pas cette administration ridicule? Je me flatte que les Persans, et après eux les Ptolémées, y mirent bon ordre; et je suis bien aise qu'après les Ptolémées les Romains, qui réduisirent l'Égypte en province de l'empire, aient rogné la portion sacerdotale.

Tout le reste de cette petite nation, qui n'a jamais monté à plus de trois ou quatre millions d'hommes, n'était donc qu'une foule de sots esclaves. On loue beaucoup la loi par laquelle chacun était obligé d'exercer la profession de son père. C'était le vrai secret d'anéantir tous les talents. Il fallait que celui qui aurait été un bon médecin ou un sculpteur habile restât berger ou vigneron; que le poltron, le faible restât soldat; et qu'un sacristain, qui serait devenu un bon général d'armée, passât sa vie à balayer un temple.

La superstition de ce peuple est, sans contredit, ce qu'il y a jamais eu de plus méprisable. Je ne soupçonne point ses rois et ses prêtres d'avoir été assez imbéciles pour adorer sérieusement des crocodiles, des boucs, des singes, et des chats; mais ils lais-

---

1. Le P. Paez.

sèrent le peuple s'abrutir dans un culte qui le mettait fort au-dessous des animaux qu'il adorait. Les Ptolémées ne purent déraciner cette superstition abominable, ou ne s'en soucièrent pas. Les grands abandonnent le peuple à sa sottise, pourvu qu'il obéisse. Cléopâtre ne s'inquiétait pas plus des superstitions de l'Égypte qu'Hérode de celles de la Judée.

Diodore rapporte que, du temps de Ptolémée Aulètes, il vit le peuple massacrer un Romain qui avait tué un chat par mégarde. La mort de ce Romain fut bien vengée quand les Romains dominèrent. Il ne reste, Dieu merci, de ces malheureux prêtres d'Égypte qu'une mémoire qui doit être à jamais odieuse. Apprenons à ne pas prodiguer notre estime.

QUATRIÈME DIATRIBE DE L'ABBÉ BAZIN.

SUR UN PEUPLE A QUI ON A COUPÉ LE NEZ ET LAISSÉ LES OREILLES.

Il y a bien des sortes de fables ; quelques-unes ne sont que l'histoire défigurée, comme tous les anciens récits de batailles, et les faits gigantesques dont il a plu à presque tous les historiens d'embellir leurs chroniques. D'autres fables sont des allégories ingénieuses. Ainsi Janus a un double visage qui représente l'année passée et l'année commençante. Saturne, qui dévore ses enfants, est le temps qui détruit tout ce qu'il a fait naître. Les muses, filles de la Mémoire, vous enseignent que sans mémoire on n'a point d'esprit, et que, pour combiner des idées, il faut commencer par retenir des idées. Minerve, formée dans le cerveau du maître des dieux, n'a pas besoin d'explication. Vénus, la déesse de la beauté, accompagnée des Grâces, et mère de l'Amour, la ceinture de la mère, les flèches et le bandeau du fils, tout cela parle assez de soi-même.

Des fables qui ne disent rien du tout, comme *Barbe bleue* et les contes d'Hérodote, sont le fruit d'une imagination grossière et déréglée qui veut amuser des enfants, et même malheureusement des hommes : l'*Histoire des deux voleurs* qui venaient toutes les nuits prendre l'argent du roi Rampsinitus, et de la fille du roi, qui épousa un des deux voleurs ; l'*Anneau de Gygès*, et cent autres facéties, sont indignes d'une attention sérieuse.

Mais il faut avouer qu'on trouve dans l'ancienne histoire des traits assez vraisemblables qui ont été négligés dans la foule, et dont on pourrait tirer quelques lumières. Diodore de Sicile, qui avait consulté les anciens historiens d'Égypte, nous rapporte que ce pays fut conquis par des Éthiopiens : je n'ai pas de peine à le croire, car j'ai déjà remarqué[1] que quiconque s'est présenté pour conquérir l'Égypte en est venu à bout en une campagne ; excepté nos extravagants croisés, qui y furent tous tués ou réduits en captivité, parce qu'ils avaient à faire, non aux Égyptiens, qui n'ont jamais su se battre, mais aux mameluks, vainqueurs de l'Égypte, et meilleurs soldats que les croisés. Je n'ai donc nulle répugnance à croire qu'un roi d'Égypte, nommé par les Grecs Amasis, cruel et efféminé, fût vaincu, lui et ses ridicules prêtres, par un chef éthiopien nommé Actisan, qui avait apparemment de l'esprit et du courage.

Les Égyptiens étaient de grands voleurs ; tout le monde en convient. Il est fort naturel que le nombre des voleurs ait augmenté dans le temps de la guerre d'Actisan et d'Amasis. Diodore rapporte, d'après les historiens du pays, que le vainqueur voulut purger l'Égypte de ces brigands, et qu'il les envoya vers les déserts de Sinaï et d'Oreb, après leur avoir préalablement fait couper le bout du nez afin qu'on les reconnût aisément s'ils s'avisaient de venir encore voler en Égypte. Tout cela est très-probable.

Diodore remarque avec raison que le pays où on les envoya ne fournit aucune des commodités de la vie, et qu'il est très-difficile d'y trouver de l'eau et de la nourriture. Telle est en effet cette malheureuse contrée depuis le désert de Pharam jusqu'auprès d'Éber.

Les nez coupés purent se procurer, à force de soins, quelques eaux de citerne, ou se servir de quelques puits qui fournissaient de l'eau saumâtre et malsaine, laquelle donne communément une espèce de scorbut et de lèpre. Ils purent encore, ainsi que le dit Diodore, se faire des filets avec lesquels ils prirent des cailles. On remarque, en effet, que tous les ans des troupes innombrables de cailles passent au-dessus de la mer Rouge, et viennent dans ce désert. Jusque-là cette histoire n'a rien qui révolte l'esprit, rien qui ne soit vraisemblable.

Mais, si on veut en inférer que ces nez coupés sont les pères des Juifs, et que leurs enfants, accoutumés au brigandage, s'avancèrent peu à peu dans la Palestine et en conquirent une partie, c'est ce qui n'est pas permis à des chrétiens. Je sais que c'est le sentiment du consul Maillet, du savant Fréret, de Boulanger, des Herbert, des Bolingbroke, des Toland. Mais quoique leur

---

1. Tome XVII, page 286 ; XXV, 51.

conjecture soit dans l'ordre commun des choses de ce monde, nos livres sacrés donnent une tout autre origine aux Juifs, et les font descendre des Chaldéens par Abraham, Tharé, Nachor, Sarug, Rehu, et Phaleg.

Il est bien vrai que l'*Exode* nous apprend que les Israélites, avant d'avoir habité ce désert, avaient emporté les robes et les ustensiles des Égyptiens, et qu'ils se nourrirent de cailles dans le désert; mais cette légère ressemblance avec le rapport de Diodore de Sicile, tiré des livres d'Égypte, ne nous mettra jamais en droit d'assurer que les Juifs descendent d'une horde de voleurs à qui on avait coupé le nez. Plusieurs auteurs ont en vain tâché d'appuyer cette profane conjecture sur le psaume lxxx, où il est dit que « la fête des trompettes a été instituée pour faire souvenir le peuple saint du temps où il sortit de l'Égypte, et où il entendit alors parler une langue qui lui était inconnue ».

Ces Juifs, dit-on, étaient donc des Égyptiens qui furent étonnés d'entendre parler au delà de la mer Rouge un langage qui n'était pas celui d'Égypte; et de là on conclut qu'il n'est pas hors de vraisemblance que les Juifs soient les descendants de ces brigands que le roi Actisan avait chassés.

Un tel soupçon n'est pas admissible. Premièrement, parce que, s'il est dit dans l'*Exode*[1] que les Juifs enlevèrent les ustensiles des Égyptiens avant d'aller dans le désert, il n'est point dit qu'ils y aient été relégués pour avoir volé. Secondement, soit qu'ils fussent des voleurs ou non, soit qu'ils fussent Égyptiens ou Juifs, ils ne pouvaient guère entendre la langue des petites hordes d'Arabes bédouins qui erraient dans l'Arabie Déserte au nord de la mer Rouge; et on ne peut tirer aucune induction du psaume lxxx, ni en faveur des Juifs, ni contre eux. Toutes les conjectures d'Hérodote, de Diodore de Sicile, de Manéthon, d'Ératosthène, sur les Juifs, doivent céder sans contredit aux vérités qui sont consacrées dans les livres saints. Si ces vérités, qui sont d'un ordre supérieur, ont de grandes difficultés, si elles atterrent nos esprits, c'est précisément parce qu'elles sont d'un ordre supérieur. Moins nous pouvons y atteindre, plus nous devons les respecter.

Quelques écrivains ont soupçonné que ces voleurs chassés sont les mêmes que les Juifs qui errèrent dans le désert, parce que le lieu où ils restèrent quelque temps s'appela depuis *Rhinocolure*, nez coupé, et qu'il n'est pas fort éloigné du mont Carmel,

---

1. xii, 35, 36.

des déserts de Sur, d'Éthan, de Sin, d'Oreb, et de Cadès-Barné.

On croit encore que les Juifs étaient ces mêmes brigands, parce qu'ils n'avaient pas de religion fixe : ce qui convient très-bien, dit-on, à des voleurs ; et on croit prouver qu'ils n'avaient pas de religion fixe, par plusieurs passages de l'Écriture même.

L'abbé de Tilladet, dans sa dissertation sur les Juifs, prétend que la religion juive ne fut établie que très-longtemps après. Examinons ses raisons.

1° Selon l'*Exode*[1], Moïse épousa la fille d'un prêtre de Madian, nommé Jéthro ; et il n'est point dit que les Madianites reconnussent le même dieu qui apparut ensuite à Moïse dans un buisson vers le mont Oreb.

2° Josué, qui fut le chef des fugitifs d'Égypte après Moïse, et sous lequel ils mirent à feu et à sang une partie du petit pays qui est entre le Jourdain et la mer, leur dit, chapitre xxiv[2] : « Otez du milieu de vous les dieux que vos pères ont adorés dans la Mésopotamie et dans l'Égypte, et servez Adonaï.... Choisissez ce qu'il vous plaira d'adorer, ou les dieux qu'ont servis vos pères dans la Mésopotamie, ou les dieux des Amorrhéens, dans la terre desquels vous habitez. »

3° Une autre preuve, ajoute-t-on, que leur religion n'était pas encore fixée, c'est qu'il est dit au livre des *Juges*, chapitre 1er[3] : « Adonaï (le Seigneur) conduisit Juda, et se rendit maître des montagnes ; mais il ne put se rendre maître des vallées. »

L'abbé de Tilladet et Boulanger infèrent de là que ces brigands, dont les repaires étaient dans les creux des rochers dont la Palestine est pleine, reconnaissaient un dieu des rochers et un des vallées.

4° Ils ajoutent à ces prétendues preuves ce que Jephté dit aux chefs des Ammonites, chapitre xi, v. 24 : « Ce que Chamos votre dieu possède ne vous est-il pas dû de droit? De même ce que notre dieu vainqueur a obtenu doit être en notre possession. »

M. Fréret infère de ces paroles que les Juifs reconnaissaient Chamos pour dieu aussi bien qu'Adonaï, et qu'ils pensaient que chaque nation avait sa divinité locale.

5° On fortifie encore cette opinion dangereuse par ce discours de Jérémie, au commencement du chapitre xlix : « Pour-

---

1. ii, 21.
2. 14, 15.
3. 19.

quoi le dieu Melchom s'est-il emparé du pays de Gad ?» Et on en conclut que les Juifs avouaient la divinité du dieu Melchom.

Le même Jérémie dit au chapitre vii [1], en faisant parler Dieu aux Juifs : « Je n'ai point ordonné à vos pères, au jour que je les tirai d'Égypte, de m'offrir des holocaustes et des victimes. »

6° Isaïe se plaint, au chapitre lvii [2], que les Juifs adoraient plusieurs dieux. « Vous cherchez votre consolation dans vos dieux au milieu des bocages ; vous leur sacrifiez de petits enfants dans des torrents, sous de grandes pierres. » Il n'est pas vraisemblable, dit-on, que les Juifs eussent immolé leurs enfants à des dieux dans des torrents sous de grandes pierres, s'ils avaient eu alors leur loi, qui leur défend de sacrifier aux dieux.

7° On cite encore en preuve le prophète Amos, qui assure, au chapitre v [3], que jamais les Juifs n'ont sacrifié au Seigneur pendant quarante ans dans le désert ; « au contraire, dit Amos, vous y avez porté le tabernacle de votre dieu Moloch, les images de vos idoles, et l'étoile de votre dieu (Remphan) ».

8° C'était, dit-on, une opinion si constante que saint Étienne, le premier martyr, dit au chapitre vii des *Actes des apôtres* [4] que les Juifs, dans le désert, adoraient la milice du ciel, c'est-à-dire les étoiles, et qu'ils portèrent le tabernacle de Moloch et l'astre du dieu Remphan pour les adorer.

Des savants, tels que MM. Maillet et Dumarsais, ont conclu des recherches de l'abbé de Tilladet que les Juifs ne commencèrent à former leur religion, telle qu'ils l'ont encore aujourd'hui, qu'au retour de la captivité de Babylone. Ils s'obstinent dans l'idée que ces Juifs, si longtemps esclaves et si longtemps privés d'une religion bien nettement reconnue, ne pouvaient être que les descendants d'une troupe de voleurs sans mœurs et sans lois. Cette opinion paraît d'autant plus vraisemblable que le temps auquel le roi d'Éthiopie et d'Égypte Actisan bannit dans le désert une troupe de brigands, qu'il avait fait mutiler, se rapporte au temps auquel on place la fuite des Israélites conduits par Moïse : car Flavien Josèphe dit que Moïse fit la guerre aux Éthiopiens, et ce que Josèphe appelle guerre pouvait très-bien être réputé brigandage par les historiens d'Égypte.

Ce qui achève d'éblouir ces savants, c'est la conformité qu'ils trouvent entre les mœurs des Israélites et celles d'un peuple de voleurs, ne se souvenant pas assez que Dieu lui-même dirigeait

---

1. 22.
2. 5.
3. 25, 26.
4. Versets 42, 43.

ces Israélites, et qu'il punit par leurs mains les peuples de Chanaan. Il paraît à ces critiques que les Hébreux n'avaient aucun droit sur ce pays de Chanaan, et que, s'ils en avaient, ils n'auraient pas dû mettre à feu et à sang un pays qu'ils auraient cru leur héritage.

Ces audacieux critiques supposent donc que les Hébreux firent toujours leur premier métier de brigands. Ils pensent trouver des témoignages de l'origine de ce peuple dans sa haine constante pour l'Égypte, où l'on avait coupé le nez de ses pères, et dans la conformité de plusieurs pratiques égyptiennes qu'il retint, comme le sacrifice de la vache rousse, le bouc émissaire, les ablutions, les habillements des prêtres, la circoncision, l'abstinence du porc, les viandes pures et impures. Il n'est pas rare, disent-ils, qu'une nation haïsse un peuple voisin dont elle a imité les coutumes et les lois. La populace d'Angleterre et de France en est un exemple frappant.

Enfin ces doctes, trop confiants en leurs propres lumières, dont il faut toujours se défier, ont prétendu que l'origine qu'ils attribuent aux Hébreux est plus vraisemblable que celle dont les Hébreux se glorifient.

« Vous convenez avec nous, leur dit M. Toland, que vous avez volé les Égyptiens en vous enfuyant de l'Égypte, que vous leur avez pris des vases d'or et d'argent, et des habits. Toute la différence entre votre aveu et notre opinion, c'est que vous prétendez n'avoir commis ce larcin que par ordre de Dieu. Mais, à ne juger que par la raison, il n'y a point de voleur qui n'en puisse dire autant. Est-il bien ordinaire que Dieu fasse tant de miracles en faveur d'une troupe de fuyards qui avoue qu'elle a volé ses maîtres? Dans quel pays de la terre laisserait-on une telle rapine impunie? Supposons que les Grecs de Constantinople prennent toutes les garde-robes des Turcs et toute leur vaisselle pour aller dire la messe dans un désert : en bonne foi, croirez-vous que Dieu noiera tous les Turcs dans la Propontide pour favoriser ce vol, quoiqu'il soit fait à bonne intention? »

Ces détracteurs ne se contentent pas de ces assertions, auxquelles il est si aisé de répondre ; ils vont jusqu'à dire que le *Pentateuque* n'a pu être écrit que dans le temps où les Juifs commencèrent à fixer leur culte, qui avait été jusque-là fort incertain. Ce fut, disent-ils, au temps d'Esdras et de Néhémie. Ils apportent pour preuve le quatrième livre d'Esdras, longtemps reçu pour canonique; mais ils oublient que ce livre a été rejeté par le concile de Trente. Ils s'appuient du sentiment d'Aben-Esra, et d'une foule de théologiens tous hérétiques; ils s'appuient enfin de la décision de Newton lui-même. Mais que peuvent tous ces cris de l'hérésie et de l'infidélité contre un concile œcuménique?

De plus, ils se trompent en croyant que Newton attribue le *Pentateuque* à Esdras : Newton croit que Samuel en fut l'auteur, ou plutôt le rédacteur.

C'est encore un grand blasphème de dire avec quelques savants que Moïse, tel qu'on nous le dépeint, n'a jamais existé; que toute sa vie est fabuleuse depuis son berceau jusqu'à sa mort; que ce n'est qu'une imitation de l'ancienne fable arabe de Bacchus, transmise aux Grecs et ensuite adoptée par les Hébreux. Bacchus, disent-ils, avait été sauvé des eaux; Bacchus avait passé la mer Rouge à pied sec; une colonne de feu conduisait son armée; il écrivit ses lois sur deux tables de pierre; des rayons sortaient de sa tête. Ces conformités leur font soupçonner que les Juifs attribuèrent cette ancienne tradition de Bacchus à leur Moïse. Les écrits des Grecs étaient connus dans toute l'Asie, et les écrits des Juifs étaient soigneusement cachés aux autres nations. Il est vraisemblable, selon ces téméraires, que la métamorphose d'Édith, femme de Loth, en statue de sel, est prise de la fable d'Eurydice; que Samson est la copie d'Hercule, et le sacrifice de la fille de Jephté imité de celui d'Iphigénie. Ils prétendent que le peuple grossier qui n'a jamais inventé aucun art doit avoir tout puisé chez les peuples inventeurs.

Il est aisé de ruiner tous ces systèmes en montrant seulement que les auteurs grecs, excepté Homère, sont postérieurs à Esdras, qui rassembla et restaura les livres canoniques.

Dès que ces livres sont restaurés du temps de Cyrus et d'Artaxerce, ils ont précédé Hérodote, le premier historien des Grecs. Non-seulement ils sont antérieurs à Hérodote, mais le *Pentateuque* est beaucoup plus ancien qu'Homère.

Si on demande pourquoi ces livres si anciens et si divins ont été inconnus aux nations jusqu'au temps où les premiers chrétiens répandirent la traduction faite en grec sous Ptolémée Philadelphe, je répondrai qu'il ne nous appartient pas d'interroger la Providence. Elle a voulu que ces anciens monuments, reconnus pour authentiques, annonçassent des merveilles, et que ces merveilles fussent ignorées de tous les peuples jusqu'au temps où une nouvelle lumière vînt se manifester. Le christianisme a rendu témoignage à la loi mosaïque, au-dessus de laquelle il s'est élevé et par laquelle il fut prédit. Soumettons-nous, prions, adorons, et ne disputons pas.

ÉPILOGUE.

Ce sont là les dernières lignes qu'écrivit mon oncle ; il mourut avec cette résignation à l'Être suprême, persuadé que tous les savants peuvent se tromper, et reconnaissant que l'Église romaine est seule infaillible. L'Église grecque lui en sut très-mauvais gré, et lui en fit de vifs reproches à ses derniers moments. Mon oncle en fut affligé, et, pour mourir en paix, il dit à l'archevêque d'Astracan : « Allez, ne vous attristez pas. Ne voyez-vous pas que je vous crois infaillible aussi ? » C'est du moins ce qui m'a été raconté dans mon dernier voyage à Moscou ; mais je doute toujours de ces anecdotes qu'on débite sur les vivants et sur les mourants.

CHAPITRE XXII.

DÉFENSE D'UN GÉNÉRAL D'ARMÉE ATTAQUÉ PAR DES CUISTRES [1].

Après avoir vengé la mémoire d'un honnête prêtre, je cède au noble désir de venger celle de Bélisaire. Ce n'est pas que je croie Bélisaire exempt des faiblesses humaines. J'ai avoué avec candeur que l'abbé Bazin avait été trop goguenard [2], et j'ai quelque pente à croire que Bélisaire fut très-ambitieux, grand pillard, et quelquefois cruel, courtisan tantôt adroit et tantôt maladroit, ce qui n'est point du tout rare.

Je ne veux rien dissimuler à mon cher lecteur. Il sait que l'évêque de Rome Silverius, fils de l'évêque de Rome Hormisdas, avait acheté sa papauté du roi des Goths Théodat. Il sait que Bélisaire, se croyant trahi par ce pape, le dépouilla de sa simarre épiscopale, le fit revêtir d'un habit de palefrenier, et l'envoya en prison à Patare en Lycie. Il sait que ce même Bélisaire vendit la papauté à un sous-diacre nommé Vigile pour quatre cents marcs d'or de douze onces à la livre, et qu'à la fin le sage Justinien fit mourir le bon pape Silvère dans l'île Palmeria. Ce ne sont là que de petites tracasseries de cour dont les panégyristes ne tiennent point de compte.

Justinien et Bélisaire avaient pour femmes les deux plus im-

---

1. Voyez ci-dessus, page 109, l'*Anecdote sur Bélisaire;* et page 169, la *Seconde Anecdote sur Bélisaire.*
2. Voyez ci-dessus, pages 369, 408, 409.

pudentes carognes qui fussent dans tout l'empire. La plus grande faute de Bélisaire, à mon sens, fut de ne savoir pas être cocu. Justinien son maître était bien plus habile que lui en cette partie. Il avait épousé une baladine des rues, une gueuse qui s'était prostituée en plein théâtre, et cela ne me donne pas grande opinion de la sagesse de cet empereur, malgré les lois qu'il fit compiler, ou plutôt abréger par son fripon Trébonien. Il était d'ailleurs poltron et vain, avare et prodigue, défiant et sanguinaire; mais il sut fermer les yeux sur la lubricité énorme de Théodora, et Bélisaire voulut faire assassiner l'amant d'Antonine. On accuse aussi Bélisaire de beaucoup de rapines.

Quoi qu'il en soit, il est certain que le vieux Bélisaire, qui n'était pas si aveugle que le vieux Justinien, lui donna, sur la fin de sa vie, de très-bons conseils dont l'empereur ne profita guère. Un Grec très-ingénieux, et qui avait conservé le véritable goût de l'éloquence dans la décadence de la littérature, nous a transmis ces conversations de Bélisaire avec Justinien. Dès qu'elles parurent, tout Constantinole en fut charmé. La quinzième conversation[1] surtout enchanta tous les esprits raisonnables.

Pour avoir une parfaite connaissance de cette anecdote, il faut savoir que Justinien était un vieux fou qui se mêlait de théologie. Il s'avisa de déclarer, par un édit, en 564, que le corps de Jésus-Christ avait été impassible et incorruptible, et qu'il n'avait jamais eu besoin de manger ni pendant sa vie, ni après sa résurrection.

Plusieurs évêques trouvèrent son édit fort scandaleux. Il leur annonça qu'ils seraient damnés dans l'autre monde, et persécutés dans celui-ci; et, pour le prouver par les faits, il exila le patriarche de Constantinople, et plusieurs autres prélats, comme il avait exilé le pape Silvère.

C'est à ce sujet que Bélisaire fait à l'empereur de très-sages remontrances. Il lui dit qu'il ne faut pas damner si légèrement son prochain, encore moins le persécuter ; que Dieu est le père des hommes; que ceux qui sont en quelque façon ses images sur la terre (si on ose le dire) doivent imiter sa clémence, et qu'il ne fallait pas faire mourir de faim le patriarche de Constantinople sous prétexte que Jésus-Christ n'avait pas eu besoin de manger. Rien n'est plus tolérant, plus humain, plus divin peut-être, que cet admirable discours de Bélisaire: je l'aime beaucoup

---

1. Le quinzième chapitre du *Bélisaire* de Marmontel fut principalement l'objet du courroux des théologiens.

mieux que sa dernière campagne en Italie, dans laquelle on lui reprocha de n'avoir fait que des sottises.

Les savants, il est vrai, pensent que ce discours n'est pas de lui, qu'il ne parlait pas si bien, et qu'un homme qui avait mis le pape Silvère dans un cul de basse-fosse, et vendu sa place quatre cents marcs d'or de douze onces à la livre, n'était pas homme à parler de clémence et de tolérance : ils soupçonnent que tout ce discours est de l'éloquent grec Marmontelos, qui le publia. Cela peut être; mais considérez, mon cher lecteur, que Bélisaire était vieux et malheureux : alors on change d'avis; on devient compatissant.

Il y avait alors quelques petits Grecs envieux, pédants, ignorants, et qui faisaient des brochures pour gagner du pain. Un de ces animaux, nommé Cogéos[1], eut l'impudence d'écrire contre Bélisaire parce qu'il croyait que ce vieux général était mal en cour.

Bélisaire, depuis sa disgrâce, était devenu dévot : c'est souvent la ressource des vieux courtisans disgraciés, et même encore aujourd'hui les grands vizirs prennent le parti de la dévotion quand, au lieu de les étrangler avec un cordon de soie, on les relègue dans l'île de Mitylène. Les belles dames aussi se font dévotes, comme on sait, vers les cinquante ans, surtout si elles sont bien enlaidies; et plus elles sont laides, plus elles sont ferventes. La dévotion de Bélisaire était très-humaine; il croyait que Jésus-Christ était mort pour tous, et non pas pour plusieurs. Il disait à Justinien que Dieu voulait le bonheur de tous les hommes, et cela même tenait encore un peu du courtisan, car Justinien avait bien des péchés à se reprocher; et Bélisaire, dans la conversation, lui fit une peinture si touchante de la miséricorde divine que la conscience du malin vieillard couronné en devait être rassurée.

Les ennemis secrets de Justinien et de Bélisaire suscitèrent donc quelques pédants qui écrivirent violemment contre la bonté de Dieu. Le folliculaire Cogéos, entre autres, s'écria dans sa brochure, page 63 : *Il n'y aura donc plus de réprouvés!* « Si fait, lui répondit-on, tu seras très-réprouvé : console-toi, l'ami; sois réprouvé, toi et tes semblables, et sois sûr que tout Constantinople en rira. » Ah! cuistres de collége, que vous êtes loin de soupçonner ce qui se passe dans la bonne compagnie de Constantinople!

---

1. Coger (voyez la note, tome XXI, page 357), que Voltaire appelle aussi Cogé, et *Coge pecus.*

POST-SCRIPTUM.

DÉFENSE D'UN JARDINIER.

Le même Cogéos attaqua non moins cruellement un pauvre jardinier d'une province de Cappadoce, et l'accusa, page 54, d'avoir écrit ces propres mots : « Notre religion, avec toute sa révélation, n'est et ne peut être que la religion naturelle perfectionnée. »

Voyez, mon cher lecteur, la malignité et la calomnie! Ce bon jardinier était un des meilleurs chrétiens du canton, qui nourrissait les pauvres des légumes qu'il avait semés, et qui pendant l'hiver s'amusait à écrire pour édifier son prochain, qu'il aimait. Il n'avait jamais écrit ces paroles ridicules et presque impies : *avec toute sa révélation* (une telle expression est toujours méprisante); cet homme, *avec tout son latin;* ce critique, *avec tout son fatras.* Il n'y a pas un seul mot dans ce passage du jardinier qui ait le moindre rapport à cette imputation. Ses œuvres ont été recueillies, et dans la dernière édition de 1764, page 252, ainsi que dans toutes les autres éditions, on trouve le passage que Cogéos ou Cogé a si lâchement falsifié. Le voici en français, tel qu'il a été fidèlement traduit du grec[1].

« Celui qui pense que Dieu a daigné mettre un rapport entre lui et les hommes, qu'il les a faits libres, capables du bien et du mal, et qu'il leur a donné à tous ce bon sens qui est l'instinct de l'homme, et sur lequel est fondée la loi naturelle, celui-là sans doute a une religion, et une religion beaucoup meilleure que toutes les sectes qui sont hors de notre Église: car toutes ces sectes sont fausses, et la loi naturelle est vraie. Notre religion révélée n'est même et ne pouvait être que cette loi naturelle perfectionnée. Ainsi le théisme est le bon sens qui n'est pas encore instruit de la révélation, et les autres religions sont le bon sens perverti par la superstition. »

Ce morceau avait été honoré de l'approbation du patriarche de Constantinople et de plusieurs évêques : il n'y a rien de plus chrétien, de plus catholique, de plus sage.

Comment donc ce Cogé osa-t-il mêler son venin aux eaux pures de ce jardinier? Pourquoi voulut-il perdre ce bonhomme, et faire condamner Bélisaire? N'est-ce pas assez d'être dans la

---

1. Tome XX, page 506.

dernière classe des derniers écrivains? Faut-il encore être faussaire? Ne savais-tu pas, ô Cogé! quels châtiments étaient ordonnés pour les crimes de faux? Tes pareils sont d'ordinaire aussi mal instruits des lois que des principes de l'honneur. Que ne lisais-tu les *Institutes de Justinien,* au titre *De publicis Judiciis,* et la loi *Cornelia?*

Ami Cogé, la falsification est comme la polygamie : *c'est un cas, un cas pendable* [1].

Écoute, misérable, vois combien je suis bon : je te pardonne.

DERNIER AVIS AU LECTEUR.

Ami lecteur, je vous ai entretenu des plus grands objets qui puissent intéresser les doctes, de la formation du monde selon les Phéniciens, du déluge, des dames de Babylone, de l'Égypte, des Juifs, des montagnes, et de Ninon. Vous aimez mieux une bonne comédie, un bon opéra-comique ; et moi aussi. Réjouissez-vous, et laissez ergoter les pédants. La vie est courte. Il n'y a rien de bon, dit Salomon [2], que de vivre avec son amie, et de se réjouir dans ses œuvres.

1. Molière, *Monsieur de Pourceaugnac,* acte II, scène XIII.
2. *Ecclésiaste,* III, 12.

FIN DE LA DÉFENSE DE MON ONCLE.

A WARBURTON

Tu exerces ton insolence et tes fureurs sur les étrangers comme sur tes compatriotes. Tu voulais que ton nom fût partout en horreur, tu as réussi : après avoir commenté Shakespeare, tu as commenté Moïse; tu as écrit une rapsodie en quatre gros volumes[2] pour montrer que Dieu n'a jamais enseigné l'immortalité de l'âme pendant près de quatre mille ans, et tandis qu'Homère l'annonce, tu veux qu'elle soit ignorée dans l'Écriture sainte. Ce dogme est celui de toutes les nations policées, et tu prétends que les Juifs ne le connaissaient pas.

Ayant mis ainsi le vrai Dieu au-dessous des faux dieux, tu feins de soutenir une religion que tu as violemment combattue; tu crois expier ton scandale en attaquant les sages; tu penses te laver en les couvrant de ton ordure; tu crois écraser d'une main la religion chrétienne, et tous les littérateurs de l'autre : tel est ton caractère. Ce mélange d'orgueil, d'envie, et de témérité, n'est pas ordinaire. Il t'a effrayé toi-même; tu t'es enveloppé dans les nuages de l'antiquité, et dans l'obscurité de ton style; tu as couvert d'un masque ton affreux visage. Voyons si l'on peut faire tomber d'un seul coup ce masque ridicule.

Tous les sages s'accordent à penser que la législation des Juifs les rendait nécessairement les ennemis des nations.

Tu contredis cette opinion si générale, et si vraie, dans ton style de *billingsgate*[3]. Voici tes paroles : « Je ne crois pas qu'il

1. D'Alembert, dans sa lettre du 4 auguste 1767, à Voltaire, lui dit que cette réponse à Warburton était trop amère, encore bien que le patriarche ne fît qu'user de représailles contre le pédant évêque de Glocester; et Grimm, tout en avouant, dans sa *Correspondance*, que cette lettre n'est pas tendre, ajoute que Warburton pouvait passer, en Angleterre, pour le La Beaumelle de Voltaire : ce qui s'accorde avec ce qu'en dit ce dernier dans les chapitres XIII, XIV et XV de la *Défense de mon oncle*. Nous pensons, au surplus, que cette soi-disant facétie fut composée vers le mois de juillet 1767. (CL.) — Voyez aussi, ci-dessus, le chap. XV de la *Défense de mon oncle*.
2. *Divine Legation of Moses;* 1766, cinq volumes in-8°.
3. Style de *Billingsgate* signifie *langage des halles*.

soit aisé d'entasser, même dans le plus sale égout de l'irréligion, tant de faussetés, d'absurdités, et de malice... Comment peut-il soutenir à visage découvert, et à la face du soleil, que la loi mosaïque ordonnait aux Juifs d'entreprendre de vastes conquêtes, ou qu'elle les y encourageait, puisqu'elle leur assignait un district très-borné? »

Je passe sous silence les injures aussi grossières que lâches, dignes des portefaix de Londres et de toi, et je viens à ce que tu oses appeler des raisons : elles sont moins fortes que tes injures.

Voyons d'abord s'il est vrai qu'on ait promis aux Juifs un si petit district.

« En ce jour[1], le Seigneur fit un pacte avec Abraham, et lui dit : Je donnerai à ta semence la terre depuis le fleuve d'Égypte jusqu'au grand fleuve d'Euphrate. »

C'était promettre aux Juifs, par serment, l'isthme de Suez, une partie de l'Égypte, l'Arabie entière, tout ce qui fut depuis le royaume des Séleucides. Si c'est là un petit pays, il faut que les Juifs fussent difficiles : il est vrai qu'ils ne l'ont pas possédé, mais il ne leur a pas été moins promis.

Les Juifs renfermés dans le Chanaan vécurent des siècles sans connaître ces vastes contrées, et ils n'eurent guère de notions de l'Euphrate et du Tigre que pour y être traînés en esclavage. Mais voici bien d'autres promesses; voyez Isaïe au chapitre XLIX[2].

« Le Seigneur a dit : J'étendrai mes mains sur toutes les nations; j'élèverai mon signe sur les peuples : ils vous apporteront leurs fils dans leurs bras, et leurs filles sur leurs épaules; les rois seront vos nourriciers, et leurs filles vos nourrices; ils vous adoreront, le visage en terre, et ils lécheront la poudre de vos pieds. »

N'est-ce pas leur promettre évidemment qu'ils seront les maîtres du monde, et que tous les rois seront leurs esclaves? Eh bien! Warburton, que dis-tu de ce petit district?

Tu sais sur combien de passages les Juifs fondaient leur orgueil et leurs vaines espérances; mais ceux-ci suffisent pour démontrer que tu n'as pas même entendu les livres saints, contre lesquels tu as écrit. Vois si le sale égout de l'irréligion n'est pas celui dans lequel tu barbotes.

Venons maintenant[3] à la haine invétérée que les Israélites

---

1. *Genèse*, xv, 18.
2. Verset 22.
3. Voyez tome XI, page 122.

avaient conçue contre toutes les nations. Dis-moi si on égorge les pères et les mères, les fils et les filles, les enfants à la mamelle, et les animaux même sans haïr? Tu hais, tu calomnies; on te déteste dans ton pays, et tu détestes; mais si tu avais trempé dans le sang tes mains qui dégouttent de fiel et d'encre, oserais-tu dire que tu aurais assassiné sans colère et sans haine? Relis tous les passages où il est ordonné aux Juifs de ne pas laisser une âme en vie, et dis, si tu en as le front, qu'il ne leur était pas permis de haïr. Est-il possible qu'un cœur tel que le tien se trompe si grossièrement sur la haine? C'est un usurier qui ne sait pas compter.

Quoi! ordonner qu'on ne mange pas dans le plat dont un étranger s'est servi, de ne pas toucher ses habits, ce n'est pas ordonner l'aversion pour les étrangers?

On me dira qu'il y a beaucoup d'honnêtes gens qui, sans te montrer de colère, ne veulent pas dîner avec toi, par la seule raison que ton pédantisme les ennuie, et que ton insolence les révolte; mais sois sûr qu'ils te haïssent, toi et tous les pédants barbares qui te ressemblent.

Les Juifs, dis-tu, ne haïssent que l'idolâtrie, et non les idolâtres : plaisante distinction!

Un jour, un tigre rassasié de carnage rencontra des brebis qui prirent la fuite; il courut après elles, et leur dit : « Mes enfants, vous vous imaginez que je ne vous aime point, vous avez tort : c'est votre bêlement que je hais; mais j'ai du goût pour vos personnes, et je vous chéris au point que je ne veux faire qu'une chair avec vous: je m'unis à vous par la chair et le sang; je bois l'un, je mange l'autre pour vous incorporer à moi. Jugez si l'on peut aimer plus intimement. »

Bonsoir, Warburton.

FIN.

FRAGMENT DES INSTRUCTIONS

POUR

LE PRINCE ROYAL DE***

1752[1]

I.

Vous devez d'abord, mon cher cousin, vous affermir dans la persuasion qu'il existe un Dieu tout-puissant qui punit le crime, et qui récompense la vertu. Vous savez assez de physique pour voir que ces anciennes erreurs, qu'il faut le grain pourrisse[2] et meure en terre pour germer, etc., détruiraient plutôt l'idée d'un Dieu formateur du monde qu'elles ne l'établiraient. Vous avez appris assez d'astronomie pour être sûr qu'il n'y a ni premier ni troisième ciel, ni région de feu auprès de la lune, ni firmament auquel les étoiles soient attachées, etc., mais un nombre innombrable de globes disposés dans l'espace par la main de l'éternel géomètre. On vous a montré assez d'anatomie pour que vous ayez admiré par quels incompréhensibles ressorts vous vivez. Vous n'êtes point ébranlé par les objections de quelques athées ; vous

---

1. Cette date a été mise par Voltaire; mais elle est supposée. Le *Fragment des instructions*, etc., fut publié, pour la première fois, à la fin de juillet 1767. Dans l'édition originale, à la suite du *Fragment*, on avait placé plusieurs morceaux : 1° *Du Divorce* (c'est le *Mémoire d'un magistrat*, qui est au tome XVII, pages 68-70); 2° *De la Liberté de conscience*, article qui fait aussi partie du *Dictionnaire philosophique* (voyez tome XVIII, page 238); 3° la première *Anecdote sur Bélisaire* (voyez ci-dessus, page 109), avec la date du 20 mars 1767. Une autre édition encadrée, sous le millésime 1768, contient de plus la *Seconde Anecdote sur Bélisaire* (voyez ci-dessus, page 109), et la *Lettre de l'archevêque de Cantorbéry à l'archevêque de Paris*. (B.)

— Un prince, dans ce morceau, conseille un autre prince. Cet autre prince ne serait-il pas Frédéric-Guillaume, prince royal de Prusse, alors âgé de vingt-trois ans? (G. A.)

2. I. Cor., xv, 36.

pensez que Dieu a fait l'univers, comme vous croyez, si j'ose me servir de cette faible comparaison, que le palais que vous habitez a été élevé par le roi votre grand-père. Vous laissez les taupes enterrées sous vos gazons nier, si elles l'osent, l'existence du soleil.

Toute la nature vous a démontré l'existence du Dieu suprême: c'est à votre cœur à sentir l'existence du Dieu juste. Comment pourriez-vous être juste, si Dieu ne l'était pas ? Et comment pourrait-il l'être, s'il ne savait ni punir ni récompenser ?

Je ne vous dirai pas quel sera le prix et quelle sera la peine. Je ne vous répéterai point : « Il y aura des pleurs[1] et des grincements de dents, » parce qu'il ne m'est pas démontré qu'après la mort nous ayons des yeux et des dents. Les Grecs et les Romains riaient de leurs furies, les chrétiens se moquent ouvertement de leurs diables, et Belzébuth n'a pas plus de crédit que Tisiphone. C'est une très-grande sottise de joindre à la religion des chimères qui la rendent ridicule. On risque d'anéantir toute religion, dans les esprits faibles et pervers, quand on déshonore celle qu'on leur annonce par des absurdités. Il y a une ineptie cent fois plus horrible, c'est d'attribuer à l'Être suprême des injustices, des cruautés, que nous punirions du dernier supplice dans les hommes.

Servez Dieu par vous-même, et non sur la foi des autres. Ne le blasphémez jamais ni en libertin ni en fanatique. Adorez l'Être suprême en prince, et non en moine. Soyez résigné comme Épictète, et bienfaisant comme Marc-Aurèle.

II.

Parmi la multitude des sectes qui partagent aujourd'hui le monde, il en est une qui domine dans cinq ou six provinces de l'Europe, et qui ose se dire universelle[2], parce qu'elle a envoyé des missionnaires en Amérique et en Asie. C'est comme si le roi de Danemark s'intitulait *seigneur du monde entier*, parce qu'il possède un établissement sur la côte de Coromandel et deux petites îles dans l'Amérique.

Si cette Église s'en tenait à cette vanité de s'appeler universelle dans le coin du monde qu'elle occupe, ce ne serait qu'un ridicule ; mais elle pousse la témérité, disons mieux, l'insolence, jusqu'à dévouer aux flammes éternelles quiconque n'est pas dans son sein.

---

1. Matth., viii, 12.
2. Voyez., dans le présent volume, l'*Avis à tous les Orientaux*.

Elle ne prie pour aucun des princes de la terre qui sont d'une secte différente. C'est elle qui, en forçant ces autres sociétés à l'imiter, a rompu tous les liens qui doivent unir les hommes.

Elle ose se dire *chrétienne, catholique*, et elle n'est assurément ni l'une ni l'autre. Qu'y a-t-il en effet de moins chrétien que d'être en tout opposé au Christ? Le Christ et ses disciples ont été pauvres; ils ont fui les honneurs; ils ont chéri l'abaissement et les souffrances. Reconnaît-on à ces traits des moines, des évêques, qui regorgent de trésors, qui ont usurpé dans plusieurs pays les droits régaliens; un pontife qui règne dans la ville des Scipions et des Césars, et qui ne daigne jamais parler à un prince si ce prince n'a pas auparavant baisé ses pieds? Ce contraste extravagant ne révolte pas assez les hommes.

On le souffre en riant dans la communion romaine, parce qu'il est établi dès longtemps; s'il était nouveau, il exciterait l'indignation et l'horreur. Les hommes, tout éclairés qu'ils sont aujourd'hui, sont les esclaves de seize siècles d'ignorance qui les ont précédés.

Conçoit-on rien de plus avilissant pour les souverains de la communion soi-disant catholique que de reconnaître un maître étranger? Car quoiqu'ils déguisent ce joug, ils le portent. L'auteur du *Siècle de Louis XIV*, que vous lisez avec fruit, a beau dire[1] que le pape est une idole dont on baise les pieds et dont on lie les mains, ces souverains envoient à cette pagode une ambassade d'obédience; ils ont à Rome un cardinal protecteur de leur couronne; ils lui payent des tributs en annates, en premiers fruits. Mille causes ecclésiastiques dans leurs États sont jugées par des commissaires que ce prêtre étranger délègue.

Enfin plus d'un roi souffre chez lui l'infâme tribunal de l'Inquisition, érigé par des papes et rempli par des moines: il est mitigé; mais il subsiste, à la honte du trône et de la nature humaine.

Vous ne pouvez, sans un rire de pitié, entendre parler de ces troupeaux de fainéants tondus, blancs, gris, noirs, chaussés, déchaux, en culottes ou sans culottes, pétris de crasse et d'arguments, dirigeant des dévotes imbéciles, mettant à contribution la populace, disant des messes pour faire retrouver les choses perdues, et faisant Dieu tous les matins pour quelques sous, tous étrangers, tous à charge à leur patrie, et tous sujets de Rome.

---

1. Voyez tome XIV, page 165.

Il y a tel royaume qui nourrit cent mille de ces animaux paresseux et voraces, dont on aurait fait de bons matelots et de braves soldats.

Grâces au ciel et à la raison, les États sur lesquels vous devez régner un jour sont préservés de ces fléaux et de cet opprobre. Remarquez qu'ils n'ont fleuri que depuis que vos étables d'Augias ont été nettoyées de ces immondices.

Voyez surtout l'Angleterre, avilie autrefois jusqu'à être une province de Rome, province dépeuplée, pauvre, ignorante et turbulente; maintenant elle partage l'Amérique avec l'Espagne [1], et elle en possède la partie réellement la meilleure: car si l'Espagne a les métaux, l'Angleterre a les moissons que ces métaux achètent. Elle a dans ce continent les seules terres qui produisent les hommes robustes et courageux; et, tandis que de misérables théologiens de la communion romaine disputent pour savoir si les Américains sont enfants de leur Adam, les Anglais s'occupent à fertiliser, à peupler et enrichir deux mille lieues de terrain, et à y faire un commerce de trente millions d'écus par année. Ils règnent sur la côte de Coromandel au bout de l'Asie; leurs flottes dominent sur les mers, et ne craindraient pas les flottes de l'Europe entière réunies.

Vous voyez clairement que, toutes choses d'ailleurs égales, un royaume protestant doit l'emporter sur un royaume catholique, puisqu'il possède en matelots, en soldats, en cultivateurs, en manufactures, ce que l'autre possède en prêtres, en moines et en reliques; il doit avoir plus d'argent comptant, puisque son argent n'est point enterré dans des trésors de Notre-Dame de Lorette, et qu'il sert au commerce, au lieu de couvrir des os de morts qu'on appelle des *corps saints;* il doit avoir de plus riches moissons, puisqu'il a moins de jours d'oisiveté consacrés à de vaines cérémonies, au cabaret et à la débauche. Enfin les soldats des pays protestants doivent être les meilleurs, car le Nord est plus fécond en hommes vigoureux, capables des longues fatigues, et patients dans les travaux, que les peuples du Midi, occupés de processions, énervés par le luxe, et affaiblis par un mal honteux qui a fait dégénérer l'espèce si sensiblement que, dans mes voyages, j'ai vu deux cours brillantes où il n'y avait pas dix hommes ca-

---

1. L'Angleterre et l'Espagne ne possèdent plus que quelques îles en Amérique. Les colonies anglaises du nord de l'Amérique sont devenues les États-Unis. Le Mexique et les autres colonies espagnoles du continent ont successivement, depuis le commencement de ce siècle, secoué le joug de la métropole. Le Brésil, qui était une colonie portugaise, est un État indépendant; voyez tome XII, page 405.

pables de supporter les travaux militaires. Aussi a-t-on vu un seul prince du Nord[1], dont les États n'étaient pas comptés pour une puissance dans le siècle passé, résister à tous les efforts des maisons d'Autriche et de France.

III.

Ne persécutez jamais personne pour ses sentiments sur la religion : cela est horrible devant Dieu et devant les hommes. Jésus-Christ, loin d'être oppresseur, a été opprimé. S'il y avait dans l'univers un être puissant et méchant, ennemi de Dieu, comme l'ont prétendu les manichéens, son partage serait de persécuter les hommes. Il y a trois religions établies de droit humain dans l'empire : je voudrais qu'il y en eût cinquante dans vos États, ils en seraient plus riches, et vous en seriez plus puissant. Rendez toute superstition ridicule et odieuse, vous n'aurez jamais rien à craindre de la religion. Elle n'a été terrible et sanguinaire, elle n'a renversé des trônes, que lorsque les fables ont été accréditées et les erreurs réputées saintes. C'est l'insolente absurdité des deux glaives; c'est la prétendue donation de Constantin; c'est la ridicule opinion qu'un paysan juif de Galilée[2] avait joui vingt-cinq ans à Rome des honneurs du souverain pontificat; c'est la compilation des prétendues décrétales faite par un faussaire; c'est une suite non interrompue, pendant plusieurs siècles, de légendes mensongères, de miracles impertinents, de livres apocryphes, de prophéties attribuées à des sibylles; c'est enfin ce ramas odieux d'impostures qui rendit les peuples furieux, et qui fit trembler les rois. Voilà les armes dont on se servit pour déposer le grand empereur Henri IV, pour le faire prosterner aux pieds de Grégoire VII, pour le faire mourir dans la pauvreté, et pour le priver de la sépulture; c'est de cette source que sortirent toutes les infortunes des deux Frédéric[3]; c'est ce qui a fait nager l'Europe dans le sang pendant des siècles. Quelle religion que celle qui ne s'est jamais soutenue, depuis Constantin, que par des troubles civils ou par des bourreaux! Ces temps ne sont plus; mais gardons qu'ils ne reviennent. Cet arbre de mort, tant élagué dans ses branches, n'est point encore coupé dans sa racine, et tant que la secte romaine aura des fortunes à distribuer, des mitres, des principautés, des tiares à donner, tout

1. Frédéric II, roi de Prusse.
2. Saint Pierre.
3. Frédéric Ier, dit Barberousse, et Frédéric II; voyez les *Annales de l'Empire*, tome XIII.

est à craindre pour la liberté et pour le repos du genre humain. La politique a établi une balance entre les puissances de l'Europe; il n'est pas moins nécessaire qu'elle en forme une entre les erreurs, afin que, balancées l'une par l'autre, elles laissent le monde en paix.

On a dit souvent que la morale, qui vient de Dieu, réunit tous les esprits[1], et que le dogme, qui vient des hommes, les divise. Ces dogmes insensés, ces monstres, enfants de l'école, se combattent tous dans l'école; mais ils doivent être également méprisés des hommes d'État; ils doivent tous être rendus impuissants par la sagesse de l'administration. Ce sont des poisons dont l'un sert de remède à l'autre, et l'antidote universel contre ces poisons de l'âme, c'est le mépris.

IV.

Soutenez la justice, sans laquelle tout est anarchie et brigandage. Soumettez-vous-y le premier vous-même; mais que les juges ne soient que juges, et non maîtres; qu'ils soient les premiers esclaves de la loi, et non les arbitres. Ne souffrez jamais qu'on exécute à mort un citoyen, fût-il le dernier mendiant de vos États, sans qu'on vous ait envoyé son procès, que vous ferez examiner par votre conseil. Ce misérable est un homme, et vous devez compte de son sang.

Que les lois chez vous soient simples, uniformes, aisées à entendre de tout le monde. Que ce qui est vrai et juste dans une de vos villes ne soit pas faux et injuste dans une autre[2]: cette contradiction anarchique est intolérable.

Si jamais vous avez besoin d'argent, par le malheur des temps, vendez vos bois, votre vaisselle d'argent, vos diamants, mais jamais des offices de judicature. Acheter le droit de décider de la vie et de la fortune des hommes, c'est le plus scandaleux marché qu'on ait jamais fait. On parle de simonie: y a-t-il une plus lâche simonie que de vendre la magistrature? car y a-t-il rien de plus saint que les lois?

Que vos lois ne soient ni trop relâchées, ni trop sévères. Point de confiscation de biens à votre profit: c'est une tentation trop dangereuse. Ces confiscations ne sont, après tout, qu'un vol fait aux enfants d'un coupable. Si vous n'arrachez pas la vie à ces enfants innocents, pourquoi leur arrachez-vous leur patrimoine?

---

1. Voyez tome XX, page 506.
2. Voyez tome XXIII, page 494.

N'êtes-vous pas assez riche sans vous engraisser du sang de vos sujets? Les bons empereurs, dont nous tenons notre législation, n'ont jamais admis ces lois barbares.

Les supplices sont malheureusement nécessaires : il faut effrayer le crime; mais rendez les supplices utiles; que ceux qui ont fait tort aux hommes servent les hommes. Deux souveraines[1] du plus vaste empire du monde ont donné successivement ce grand exemple. Des pays affreux, défrichés par des mains criminelles, n'en ont pas moins été fertiles. Les grands chemins réparés par leurs travaux toujours renaissants ont fait la sûreté et l'embellissement de l'empire.

Que l'usage affreux de la question ne revienne jamais dans vos provinces, excepté le cas où il s'agirait évidemment du salut de l'État.

La question, la torture[2] fut d'abord une invention des brigands qui, venant piller des maisons, faisaient souffrir des tourments aux maîtres et aux domestiques jusqu'à ce qu'ils eussent découvert leur argent caché; ensuite les Romains adoptèrent cet horrible usage contre les esclaves, qu'ils ne regardaient pas comme des hommes; mais jamais les citoyens romains n'y furent exposés.

Vous savez d'ailleurs que, dans les pays où cette coutume horrible est abolie, on ne voit pas plus de crimes que dans les autres. On a tant dit que la question est un secret presque sûr pour sauver un coupable robuste, et pour condamner un innocent d'une constitution faible, que ce raisonnement a enfin persuadé des nations entières.

V.

Les finances sont chez vous administrées avec une économie qui ne doit se déranger jamais. Conservez précieusement cette sage administration. La recette est aussi simple qu'elle puisse l'être. Les soldats, qui ne servent à rien en temps de paix, sont distribués aux portes des villes : ils prêteraient un prompt secours au receveur des tributs, qui est d'ordinaire un homme d'âge, seul, et désarmé. Vous n'êtes point obligé d'entretenir une armée de commis contre vos sujets. L'argent de l'État ne passe point par trente mains différentes, qui toutes en retiennent une partie. On ne voit point de fortunes immenses élevées par la rapine, à

---

1. Élisabeth et Catherine II; voyez tome XX, page 535.
2. Voyez tome XX, pages 313, 533; XXV, 557.

vos dépens, et aux dépens de la noblesse et du peuple. Chaque receveur porte tous les mois l'argent de sa recette à la chambre de vos finances. Le peuple n'est point foulé, et le prince n'est point volé. Vous n'avez point chez vous cette multitude de petites dignités bourgeoises, et d'emplois subalternes sans fonction, qu'on voit sortir de sous terre dans certains États où ils sont mis en vente par une administration obérée. Tous ces petits titres sont achetés chèrement par la vanité; ils produisent aux acheteurs des rentes perpétuelles, et l'affaiblissement perpétuel de l'État.

On ne voit point chez vous cette foule de bourgeois inutiles, intitulés *conseillers du prince*, qui vivent dans l'oisiveté, et qui n'ont autre chose à faire qu'à dépenser à leurs plaisirs les revenus de ces charges frivoles que leurs pères ont acquises.

Chaque citoyen vit chez vous ou du revenu de sa terre, ou du fruit de son industrie, ou des appointements qu'il reçoit du prince. Le gouvernement n'est point endetté. Je n'ai jamais entendu crier ici dans les rues, comme dans un pays[1] où j'ai voyagé dans ma jeunesse : « Nouvel édit d'une constitution de rentes; nouvel emprunt; charges de conseiller du roi mouleur de bois, mesureur de charbon[2]. » Vous ne tomberez point dans cet avilissement, aussi ruineux que ridicule. On interdirait un comte de l'empire qui se conduirait ainsi dans sa terre; on lui ôterait justement l'administration de son bien. Si les États dont je parle sont destinés un jour à être nos ennemis, puissent-ils se conduire selon des maximes si extravagantes!

VI.

Faites travailler vos soldats à la perfection des chemins par lesquels ils doivent marcher, à l'aplanissement des montagnes qu'ils doivent gravir, aux ports où ils doivent s'embarquer, aux fortifications des villes qu'ils doivent défendre. Ces travaux utiles les occuperont pendant la paix, rendront leurs corps plus robustes et plus capables de soutenir les fatigues de la guerre. Une légère augmentation de paye suffira pour qu'ils courent au travail avec gaieté. Telle était la méthode des Romains; les légions firent elles-mêmes ces chemins qu'ils traversèrent pour aller conquérir l'Asie Mineure et la Syrie. Le soldat se courbe en remuant la terre, mais il se redresse en marchant à l'ennemi. Un mois

---

1. La France.
2. Voyez tome XIV, page 527; et XX, 260.

d'exercice rétablit ce petit avantage extérieur, que six mois de travail ont pu défigurer. La force, l'adresse, et le courage, valent bien la grâce sous les armes. Les Anglais et les Russes sont moins parfaits à la parade que les Prussiens, et les égalent au jour de bataille.

On demande s'il est convenable que les soldats soient mariés ? Je pense qu'il est bon qu'ils le soient : la désertion diminue, la population augmente. Je sais qu'un soldat marié sert moins volontiers loin des frontières, mais il en vaut mieux quand il combat dans le sein de la patrie. Vous ne prétendez pas porter la guerre loin de votre État, votre situation ne vous le permet pas ; votre intérêt est que vos soldats peuplent vos provinces, au lieu d'aller ruiner celles des autres.

Que le militaire, après avoir longtemps servi, ait chez lui des secours assurés ; qu'il y jouisse au moins de sa demi-paye, comme en Angleterre. Un Hôtel des invalides, tel que Louis XIV en donna l'exemple dans sa capitale, pouvait convenir à un riche et vaste royaume. Je crois plus avantageux pour vos États que chaque soldat, à l'âge de cinquante ans au plus tard, rentre dans le sein de sa famille. Il peut encore labourer ou travailler d'un métier utile ; il peut donner des enfants à la patrie. Un homme robuste peut, à l'âge de cinquante ans, être encore utile vingt années ; sa demi-paye est un argent qui, bien que modique, rentre dans la circulation au profit de la culture. Pour peu que ce soldat réformé défriche un quart d'arpent, il est plus utile à l'État qu'il ne l'a été à la parade.

VII.

Ne souffrez pas chez vous la mendicité. C'est une infamie qu'on n'a pu encore détruire en Angleterre, en France, et dans une partie de l'Allemagne. Je crois qu'il y a en Europe plus de quatre cent mille malheureux, indignes du nom d'hommes, qui font un métier de l'oisiveté et de la gueuserie. Quand une fois ils ont embrassé cet abominable genre de vie, ils ne sont plus bons à rien ; ils ne méritent pas même la terre où ils devraient être ensevelis. Je n'ai point vu cet opprobre de la nature humaine toléré en Hollande, en Suède, en Danemark ; il ne l'est pas même en Pologne. La Russie n'a point de troupes de gueux établis sur les grands chemins pour rançonner les passants. Il faut punir sans pitié les mendiants qui osent se faire craindre, et secourir les pauvres avec la plus scrupuleuse attention. Les hôpitaux de Lyon et d'Amsterdam sont des modèles ; ceux de Paris sont indignement administrés. Le gouvernement municipal de chaque ville doit seul avoir le soin de ses pauvres et de ses malades. C'est ainsi qu'on en use dans Lyon et dans Amsterdam. Tous ceux que la nature afflige y sont secourus; tous ceux à qui elle laisse la liberté des membres y sont forcés à un travail utile. Il faut surtout commencer à Lyon par l'administration de l'hôpital pour arriver aux honneurs municipaux de l'Hôtel de Ville: c'est là le grand secret. L'Hôtel de Ville de Paris n'a pas des institutions si sages, il s'en faut beaucoup; le corps de ville y est ruiné, il est sans pouvoir et sans crédit.

Les hôpitaux de Rome sont riches, mais ils ne semblent destinés que pour recevoir des pèlerins étrangers. C'est un charlatanisme qui attire des gueux d'Espagne, de Bavière, d'Autriche, et qui ne sert qu'à encourager le nombre prodigieux des mendiants d'Italie. Tout respire à Rome l'ostentation et la pauvreté, la superstition et l'arlequinade. . . . .
. . . .
. . . .

N. B. Le reste manque.

FIN DU FRAGMENT DES INSTRUCTIONS.

LETTRE

DE GÉROFLE A COGÉ

(1767[1])

Moi, Gérofle, je déclare que mon maître étant trop vieux et trop malade pour répondre à la lettre de maître Cogé, professeur au collége Mazarin, je mets *la plume à la main*[2] pour mon maître ; étant persuadé qu'un bon domestique doit prendre la défense de son maître, comme le neveu de l'abbé Bazing a soutenu la cause de son oncle. J'entre en matière, car le patron n'aime pas le verbiage.

Si une noble émulation soutenue par le génie produit les bons livres, l'orgueil et l'envie produisent les critiques, on le sait assez. Mais de quel droit maître Cogé serait-il envieux et orgueilleux ?

Quand l'immortel Fénelon donna son roman moral du *Télémaque*, Faydit et Gueudeville firent des brochures contre lui, et eurent même l'insolence de faire entrer la religion dans leurs rapsodies, dernière ressource des lâches et des imposteurs.

Quand un digne académicien a donné le roman moral de *Bélisaire*, traduit dans presque toutes les langues de l'Europe, il a trouvé son Faydit et son Gueudeville dans le régent de collége Cogé et dans Riballier.

Cogé et Riballier ont été les serpents qui, non-seulement ont cru ronger la lime, mais qui ont essayé de mordre l'auteur. Ils se sont imaginé que la nation est au xive siècle, parce qu'ils y sont. Ils ont cabalé dans la sacrée faculté de théologie de Paris pour engager icelle à écrire en latin contre un roman écrit en

---

1. Cette pièce fait partie du recueil intitulé *les Choses utiles et agréables*, 1769-1770, trois volumes in-8°. C'est par plaisanterie que Voltaire nomme *Cogé* le personnage dont le véritable nom est *Coger* : voyez tome XXI, page 357.
2. Expression de Larcher ; voyez la note 3 de la page 371.

français. Mais la sacrée faculté ayant eu la modestie de soupçonner que son latin n'est pas celui de Cicéron, et que son français n'est pas celui de Vaugelas, il a semblé bon à ladite faculté de ne se hasarder dans aucune de ces deux langues. On lui a proposé de donner son thème en grec, attendu que Bélisaire parlait grec; mais elle a répondu que tout cela était du grec pour elle. Qu'est-il arrivé de tout ce fracas?

La *Sorbonne* en travail enfante une souris[1].

C'est ainsi que le vinaigrier Abraham Chaumeix, brave convulsionnaire, entreprit d'aigrir les esprits de tous les parlements du royaume contre l'*Encyclopédie*. Abraham avait été éconduit par les illustres et savants hommes qui dirigeaient ce célèbre recueil des connaissances humaines. Il imagina, pour avoir du pain, d'accuser les auteurs d'athéisme; et voici comme il s'y prit juridiquement. Les semences de l'athéisme sont jetées, dit-il, au premier volume dans les articles *Beurre*, *Brouette*, *Chapeau*; elles se développeront dans toute leur horreur aux articles *Falbala*, *Jésuite*, et *Culotte*.

Cet ouvrage, en vingt volumes in-folio, devait immanquablement exciter une sédition dans les halles et au port Landry. L'ouvrage a paru: tout a été tranquille; Abraham Chaumeix, honteux d'avoir été faux prophète à Paris, est allé prophétiser à Moscou, et l'impératrice a daigné mander à mon maître qu'elle avait mis Abraham à la raison.

Si votre ami Cogé est prophète aussi, il est assurément prophète de Baal. L'esprit mensonger est au bout de sa plume. Il fait un libelle infâme contre *Bélisaire;* et dans ce libelle, non content de médire, comme un vilain, d'un vieux capitaine qui ne donne que de bons conseils à son empereur, il médit aussi de mon maître, qui ne donne des conseils à personne.

C'est une étrange chose que la cuistrerie. Dès que ces drôles-là combattent un académicien sur un point d'histoire et de grammaire, ils mêlent au plus vite Dieu et le roi dans leurs querelles. Ils s'imaginent, dans leur galetas, que Dieu et le roi s'armeront en leur faveur de tonnerres et de lettres de cachet. Eh! maroufles, ne prenez jamais le nom de Dieu et du roi en vain.

1. Boileau, *Art poét.*, III, 274.

FIN DE LA LETTRE DE GÉROFLE.

ESSAI

HISTORIQUE ET CRITIQUE

SUR LES DISSENSIONS

DES ÉGLISES DE POLOGNE[1]

PAR JOSEPH BOURDILLON

PROFESSEUR EN DROIT PUBLIC.

Avant de donner au public une idée juste des différends qui divisent aujourd'hui la Pologne; avant de déférer au tribunal du genre humain la cause des dissidents grecs, romains, et protestants, il est nécessaire de faire voir premièrement ce que c'est que l'Église grecque.

Il faut avouer d'abord que les Églises grecque et syriaque furent instituées les premières, et que l'Orient enseigna l'Occident. Nous n'avons aucune preuve que Pierre ait été à Rome, et nous sommes sûrs qu'il resta longtemps en Syrie, et qu'il alla jusqu'à Babylone. Paul était de Tarse en Cilicie. Ses ouvrages sont écrits en grec. Nous n'avons aucun Évangile qui ne soit grec. Tous les Pères des quatre premiers siècles jusqu'à Jérôme ont été Grecs, Syriens ou Africains. Presque tous les rites de la communion romaine attestent encore par leurs noms mêmes leur ori-

---

[1]. L'édition originale de cet *Essai* a 54 pages in-8°, sous le millésime 1767. Les *Mémoires secrets* le citent a la date du 18 octobre. Voltaire lui-même en parle dans sa lettre a Damilaville, du 4 décembre de la même année. C'est par erreur sans doute que, jusqu'à ce jour, on a imprimé, avec la date du 4 janvier 1767, une lettre à d'Argental où il en est question; cette lettre doit être du 4 janvier 1768.

Senebier, dans son *Histoire littéraire de Genève*, tome III, page 56, attribue à Jacob Bourdillon l'*Essai sur les dissensions de Pologne*, que Voltaire avait donné, comme on voit, sous le nom de Joseph Bourdillon. Je ne pouvais passer sous silence une telle faute. J'ai dû aussi donner la variante de la fin de cet écrit. (B.)

gine grecque: église, baptême, paraclet, liturgie, litanie, symbole, eucharistie, agape, épiphanie, évêque, prêtre, diacre, pape même, tout annonce que l'Église d'occident est la fille de l'Église d'orient, fille qui, dans sa puissance, a méconnu sa mère.

Aucun évêque de Rome ne fut compté ni parmi les Pères, ni même parmi les auteurs approuvés, pendant plus de six siècles entiers. Tandis qu'Athénagore, Éphrem, Justin, Tertullien, Clément d'Alexandrie, Origène, Cyprien, Irénée, Athanase, Eusèbe, Jérôme, Augustin, remplissaient le monde de leurs écrits, les évêques de Rome, en silence, se bornaient au soin d'établir leur troupeau, qui croissait de jour en jour.

Nous n'avons sous le nom d'un évêque de Rome que les *Récognitions* de Clément. Il est prouvé qu'elles ne sont pas de lui, et, si elles en étaient, elles ne feraient pas honneur à sa mémoire. Ce sont des conférences de Clément avec Pierre, Zachée, Barnabé et Simon le Magicien. Ils rencontrent vers Tripoli un vieillard, et Pierre devine que ce vieillard est de la race de César; qu'il épousa Mathilde, dont il eut trois enfants ; que Clément est le cadet de ces enfants : ainsi Clément est reconnu pour être de la maison impériale. C'est apparemment cette connaissance qui a donné le titre au livre ; encore cette rapsodie est-elle écrite en grec.

Mais aucun prêtre chrétien, soit grec, soit syriaque, ou africain, ou italien, n'eut certainement d'autre puissance que celle de parler toutes les langues du monde, de faire des miracles, de chasser les diables : puissance admirable que nous sommes bien loin de leur contester.

Qu'il nous soit permis de le dire, sans offenser personne : Si l'ambition pouvait s'en tenir aux paroles expresses de l'Évangile, elle verrait évidemment que les apôtres n'ont reçu aucune domination temporelle de Jésus-Christ, qui lui-même n'en avait pas. Elle verrait que ses disciples étaient tous égaux, et que Jésus-Christ même a menacé de châtiment ceux qui voudraient s'élever au-dessus des autres[1].

Pour peu qu'on soit instruit, on sait que, dans le 1er siècle, il n'y eut aucun siége épiscopal particulier. Les apôtres et leurs successeurs se cachaient tantôt dans un lieu, tantôt dans un autre ; et certainement lorsqu'ils prêchaient de village en village, de cave en cave, de galetas en galetas, ils n'avaient ni trône épiscopal, ni juridiction, ni gardes ; et quatre principaux barons

---

1. Matthieu, xx, 26, 27; Luc, xxii, 26.

ne portaient point à leur entrée les cordons d'un dais superbe, sous lequel on eût vu André et Luc portés pompeusement comme des souverains.

Dès le IIe siècle la place d'évêque fut lucrative par les aumônes des chrétiens, et conséquemment les évêques des grandes villes furent plus riches que les autres; étant plus riches, ils eurent plus de crédit et de pouvoir.

Si quelque évêque avait pu prétendre à la supériorité, c'eût été assurément l'évêque de Jérusalem, non pas comme le plus riche, mais comme celui qui, selon l'opinion vulgaire, avait succédé à saint Jacques, le propre frère de Jésus-Christ. Jérusalem était le berceau de la religion chrétienne. Son fondateur y était mort par un supplice cruel; il était reçu que Jacques son frère y avait été lapidé. Marie, mère de Dieu, y était morte. Joseph, son mari, était enterré dans le pays. Tous les mystères du christianisme s'y étaient opérés. Jérusalem était la ville sainte qui devait reparaître dans toute sa gloire pendant mille années. Que de titres pour assurer à l'évêque de Jérusalem une prééminence incontestable !

Mais lorsque le concile de Nicée régla la hiérarchie, qui avait eu tant de peine à s'établir, le gouvernement ecclésiastique se modela sur la politique. Les évêques appelèrent leurs districts spirituels du nom temporel de *diocèse*. Les évêques des grandes villes prirent le titre de *métropolitains*. Le nom de *patriarche* s'établit peu à peu : on donna ce titre aux évêques de Constantinople et de Rome, qui étaient deux villes impériales; à ceux d'Alexandrie et d'Antioche, qui étaient encore deux considérables métropoles; et enfin à celui de Jérusalem, qu'on n'osa pas dépouiller de cette dignité, quoique cette ville, nommée alors Élia, fût presque dépeuplée et située dans un terrain ingrat, dans lequel elle ne pouvait s'affranchir de la pauvreté, n'ayant jamais fleuri que par le grand concours des Juifs qui venaient autrefois y célébrer leurs grandes fêtes; mais, ne tirant alors quelque argent que des pèlerinages peu fréquents des chrétiens, le district de ce patriarche fut très-peu de chose. Les quatre autres, au contraire, furent très-étendus.

Il ne tomba dans la tête ni d'aucun évêque, ni d'aucun patriarche, de s'arroger une juridiction temporelle. On n'en trouve aucun exemple que dans la subversion de l'empire romain en occident.

Tout y changea lorsque Pepin d'Austrasie, premier domestique d'un prince franc nommé Childeric, se lia avec le pape Zacharie, et ensuite avec le pape Étienne II, pour rendre son usurpation respectable aux peuples. Il se fit sacrer à Saint-Denis en France par ce même pape Étienne ; en récompense, cet usurpateur lui donna dans la Romagne quelques domaines aux dépens des usurpateurs lombards.

Voilà le premier évêque devenu prince. On conviendra sans peine que cette grandeur n'est pas des temps apostoliques. Aussi fut-elle signalée par le meurtre et par le carnage, peu de temps après, sous le pape Étienne III. Le clergé romain, partagé en deux partis, inonda de sang la chaire de bois dans laquelle on prétend que saint Pierre avait prêché au peuple romain. Il est vrai qu'il n'est pas plus vraisemblable que, du temps de l'empereur Tibère, un Galiléen ait prêché en chaire dans le *forum romanum* qu'il n'est vraisemblable qu'un Grec vînt prêcher aujourd'hui dans le grand bazar de Stamboul. Mais enfin il y avait à Rome, du temps d'Étienne III, une chaire de bois, et elle fut entourée de cadavres sanglants.

Lorsque Charlemagne partit de la Germanie pour usurper la Lombardie; lorsqu'il eut privé ses neveux de l'héritage de leur père Pepin; lorsqu'il eut enfermé en prison ses enfants innocents, dont on n'entendit plus parler depuis; lorsque ses succès eurent couronné ce crime; lorsqu'il se fut fait reconnaître empereur dans Rome, il donna encore de nouvelles seigneuries au pape Léon III, qui lui mit dans l'église de Saint-Pierre une couronne d'or sur la tête, et un manteau de pourpre sur les épaules.

Cependant remarquons que ce pape Léon III, encore sujet des empereurs résidants à Constantinople, n'osa pas sacrer un Allemand, tant ce vieux respect pour l'empire romain prévalait encore. Ce n'était qu'une cérémonie de plus; mais elle était réputée sainte, et on n'osait la faire. La faiblesse se joignait à l'audace de l'esprit, qui souvent n'ose franchir la seconde barrière après avoir abattu la première.

Charlemagne fut toujours le maître dans Rome; mais, dans la décadence de sa maison, le peuple romain reprit un peu sa liberté, et la disputa toujours contre l'évêque, contre la maison de Toscanelle, contre les Gui de Spolette, contre les Béranger, et d'autres tyrans, jusqu'à ce qu'enfin l'imprudent Octavien Sporco, qui le premier changea son nom à son avénement au pontificat, appela Othon de Saxe en Italie. Ce Sporco est connu sous le nom de Jean XII. Il était fils de cette fameuse Marozie qui avait fait pape son bâtard Jean XI, né de son inceste avec le pape Sergius III.

Jean XII était patrice de Rome, ainsi qu'Albéric son père, dernier mari de Marozie. Ils tenaient cette dignité de l'empereur Constantin Porphyrogénète, preuve évidente que les Romains, au milieu de leur anarchie, reconnaissaient toujours les empereurs grecs pour les vrais successeurs des césars ; mais, dans leurs troubles, ils avaient recours tantôt aux Allemands, tantôt aux Hongrois, et se donnaient tour à tour plusieurs maîtres pour n'en avoir aucun.

On sait comment le roi d'Allemagne Othon, appelé à Rome par ce Jean XII, et ensuite trahi par lui, le fit déposer pour ses crimes. Le procès-verbal existe ; il fait frémir.

Tous les papes ses successeurs eurent à combattre les prétentions des empereurs allemands sur Rome, les anciens droits des empereurs grecs, et jusqu'aux Sarrasins mêmes. Ils ne furent puissants que par l'intrigue et par l'opinion du vulgaire, opinion qu'ils surent établir, et dont ils surent toujours profiter.

Grégoire VII, qui, à la faveur de cette opinion, et surtout des *Fausses Décrétales*, marcha sur les têtes des empereurs et des rois, ne put jamais être le maître dans Rome. Les papes ne purent enfin avoir la souveraineté de cette ville que lorsqu'ils se furent emparés du môle d'Adrien, appelé depuis Saint-Ange, qui avait toujours appartenu au peuple ou à ceux qui le représentaient.

La vraie puissance des papes et celle des évêques d'occident ne s'établit en Allemagne que dans l'interrègne et l'anarchie, vers le temps de l'élection de Rodolphe de Habsbourg à l'empire : ce fut alors que les évêques allemands furent véritablement souverains.

Jamais rien de semblable ne s'est vu dans l'Église grecque. Elle fut toujours soumise aux empereurs jusqu'au dernier Constantin ; et, dans le vaste empire de Russie, elle est entièrement dépendante du pouvoir suprême. On n'y connaît pas plus qu'en Angleterre la distinction des deux puissances[1] ; l'autel est subordonné au trône, et ces mots mêmes *les deux puissances* y sont un crime de lèse-majesté. Cette heureuse subordination est la seule digue qu'on ait pu opposer aux querelles théologiques, et aux torrents de sang que ces querelles ont fait répandre dans les Églises d'occident, depuis l'assassinat de Priscillien jusqu'à nos jours.

Personne n'ignore comme, au xvie siècle, la moitié de l'Europe, lassée des crimes d'Alexandre VI, de l'ambition de Jules II, des extorsions de Léon X, de la vente des indulgences, de la taxe des

---

1. Voyez tome XX page 300.

péchés, des superstitions et des friponneries de tant de moines, secoua enfin le joug appesanti depuis longtemps. Les Grecs avaient enseigné l'Église d'occident, les protestants la réformèrent.

Je ne prétends point parler ici des dogmes qui divisent les Grecs, les Romains, les évangéliques, les réformés, et d'autres communions. Je laisse ce soin à ceux qui sont éclairés d'une lumière divine. Il faut l'être sans doute pour bien savoir si le Saint-Esprit procède par spiration du Père et du Fils, ou du Fils seulement, lequel Fils étant engendré et n'étant point fait, ne peut pourtant engendrer. Il n'y a qu'une révélation qui puisse apprendre clairement aux saints comment on mange le Fils en corps et en âme dans un pain qui est anéanti, sans manger ni le Père ni le Saint-Esprit; ou comment le corps et l'âme de Jésus sont incorporés au pain, ou comment on mange Jésus par la foi. Ces questions sont si divines qu'elles ne devraient point mettre la discorde entre ceux qui ne sont qu'hommes, et qui doivent se borner à vivre en frères et à cultiver la raison et la justice, sans se persécuter pour des mystères qu'ils ne peuvent entendre.

Tout ce que j'oserais dire en respectant les évêques de toutes les communions, c'est que ceux qui iraient à pied, de leur maison à l'église, prêcher la charité et la concorde, ressembleraient peut-être plus aux apôtres, au moins à l'extérieur, que ceux qui diraient quelques mots dans une messe en musique en quatre parties, entourés de hallebardiers et de mousquetaires, et qui ne sortiraient de l'église qu'au son des tambours et des trompettes.

Je me garderai bien d'examiner si celui qui naquit dans une étable entre un bœuf et un âne, qui vécut et qui mourut dans l'indigence, se plaît plus à la pompe et aux richesses de ses ministres qu'à leur pauvreté et à leur simplicité. Nous ne sommes plus au temps des apôtres, mais nous sommes toujours au temps des citoyens : il s'agit de leurs droits, de la liberté naturelle, de l'exécution des lois solennelles, de la foi des serments, de l'intérêt du genre humain. Tout cela existait avant qu'il y eût des prélats, et existera encore si jamais (ce qu'à Dieu ne plaise) on a le malheur de se passer de prélatures. Les dignités peuvent s'abolir, les sectes peuvent s'éteindre; le droit des gens est éternel.

FAIT.

La religion chrétienne ne pénétra que très-tard chez les Sarmates. La nation était guerrière et pauvre; le zèle des missionnaires la respecta. La Pologne, proprement dite, ne fut chrétienne qu'à la fin du x⁰ siècle. Boleslas, en l'an 1001 de notre ère vulgaire, fut le premier roi chrétien, et il signala son christianisme en faisant crever les yeux au roi de Bohême.

Le grand-duché de Lithuanie, vaste pays qui fait presque la moitié de la Pologne entière, ne fut chrétien que dans le xv⁰ siècle, après que Jagellon, grand-duc de Lithuanie, eut épousé la princesse Edvige au xiv⁰, en 1387, à condition qu'il serait de la religion de la princesse, et que la Lithuanie serait jointe à la Pologne.

On demandera de quelle religion étaient tous ces peuples avant qu'ils fussent chrétiens. Ils adoraient Dieu sous d'autres noms, d'autres emblèmes, d'autres rites; on les appelait *païens*. La grâce de Jésus-Christ, qui est venu pour tout le monde, leur avait été refusée, ainsi qu'à plus des trois quarts de la terre. Leur temps n'était pas venu; toutes leurs générations étaient livrées aux flammes éternelles; du moins c'est ainsi qu'on pense à Rome, ou ce qu'on feint d'y penser. Cette idée est grande : Tu seras puni à jamais si tu ne penses pas sur le bord du Volga ou du Gange comme je pense sur le bord de l'Anio. On ne peut porter ses vues plus haut et plus loin.

Il arriva un grand malheur à ces nouveaux chrétiens au xvi⁰ siècle. L'hérésie pénétra chez eux, et comme l'hérésie damne les hommes encore plus que le paganisme, le salut des Polonais était en grand danger. Ces hérétiques se disaient enfants de la primitive église, et on les appelait *novateurs;* ainsi on ne pouvait convenir des qualités.

Outre ces réformés d'occident, il y avait beaucoup de Grecs d'Orient. Ces Grecs étaient répandus dans cinq provinces de la Lithuanie, converties autrefois à la foi grecque et annexées depuis à la Pologne. Ils n'étaient pas, à la vérité, aussi damnés que les évangéliques et les réformés; mais enfin ils l'étaient, puisqu'ils ne reconnaissaient pas l'évêque de Rome comme le maître du monde entier.

Il est à remarquer que ces provinces grecques, et la Pologne proprement dite, et la Lithuanie, et la Russie sa voisine, avaient été converties par des dames, ainsi que la Hongrie et l'Angleterre. Cette origine devait faire espérer de la tolérance, de l'indulgence, de la bonté, des mœurs douces et faciles. Il en arriva tout autrement.

Les évêques de Pologne sont puissants; ils n'aimaient pas à voir leur troupeau diminuer. Outre ces évêques, il y avait toujours à Varsovie un nonce du pape. Ce nonce tenait lieu de grand inquisiteur, et son tribunal était très-redoutable. Les Grecs, les évangéliques, les réformés, et les unitaires, qui survinrent, tout fut persécuté. *Contrains-les d'entrer* [1] fut employé dans toute sa rigueur. C'est une chose admirable que ce *contrains-les d'entrer*, qui n'est dans l'Évangile qu'une invitation pressante à souper, ait toujours servi de prétexte à l'Église romaine pour faire mourir les gens de faim.

Les évêques ne manquaient pas d'excommunier tout gentilhomme du rite grec ou de la communion protestante; et, par un abus étrange mais ancien, cette excommunication les privait, dans les diètes, de voix active et passive. L'excommunication peut bien priver un homme de la dignité de marguillier, et même du paradis; mais elle ne doit pas s'étendre sur les effets civils. Un prince de l'empire, un électeur, qu'un évêque ou un chapitre excommunierait, n'en serait pas moins prince de l'empire. On peut juger, par cette seule oppression, combien les dissidents étaient vexés par les tribunaux ecclésiastiques; il suffit de dire qu'ils étaient jugés par leurs ennemis.

Sigismond-Auguste, le dernier des Jagellons, fit cesser ce dévot scandale. Sa probité lui persuada qu'il ne faut persécuter personne pour la religion. Il se souvint que Jésus-Christ avait enseigné et non opprimé. Il comprit que l'oppression ne pouvait faire naître que des guerres civiles entre les gentilshommes égaux; il fit plus, dans la diète solennelle de Vilna, le 16 juin 1563, « il anéantit toute différence qui pourrait jamais naître entre les citoyens pour cause de religion ». Voici les paroles essentielles de cette loi devenue fondamentale :

« A compter depuis ce jour, non-seulement les nobles et seigneurs avec leurs descendants qui appartiennent à la communion romaine, et dont les ancêtres ont obtenu aussi des lettres de noblesse dans le royaume de Pologne, mais encore en général tous ceux qui sont de l'ordre équestre et des nobles, soit lithuaniens, soit russes d'origine, *pourvu qu'ils fassent profession du christianisme*, quand même leurs ancêtres n'auraient pas acquis les droits de noblesse dans le royaume de Pologne, doivent jouir, dans toute l'étendue du royaume, de tous les priviléges, libertés, et droits de noblesse, à eux accordés, et en jouir à perpétuité en commun.

« On admettra aux dignités du sénat et de la couronne, à toutes les charges nobles, non-seulement ceux qui appartiennent

---

[1]. Luc, XIV, 23.

à l'Église romaine, mais aussi tous ceux qui sont de l'ordre équestre, pourvu qu'ils soient chrétiens..... nul ne sera exclu, pourvu qu'il soit chrétien. »

La diète de Grodno, en 1568, confirma solennellement ces statuts; elle ajouta, pour rendre la loi, s'il était possible, encore plus claire, ces mots essentiels: *de quelque communion ou confession que l'on soit.*

Enfin, dans la diète d'union, encore plus célèbre, tenue à Lublin en 1569, diète qui acheva d'incorporer pour jamais le grand-duché de Lithuanie à la couronne, on renouvela, on confirma de nouveau cette loi humaine qui regardait tous les chrétiens comme des frères, et qui devait servir d'exemple aux autres nations.

Après la mort de Sigismond-Auguste, ce héros de la tolérance, la république entière, confédérée, en 1573, pour l'élection d'un nouveau roi, jura de ne reconnaître que celui qui ferait serment de maintenir cette paix des chrétiens. Henri de Valois, trop accusé d'avoir eu part aux massacres de la Saint-Barthélemy, ne balança pas à jurer « devant le Dieu tout-puissant de maintenir les droits des dissidents »; et ce serment de Henri de Valois servit de modèle à ses successeurs. Étienne ne lui succéda qu'à cette condition. Ce fut une loi fondamentale et sacrée. Tous les nobles furent égaux par la religion comme par la nature.

C'est ainsi qu'après l'union de l'Angleterre et de l'Écosse, les pairs d'Écosse presbytériens ont eu séance au parlement de Londres avec les pairs de la communion anglicane. Ainsi l'évêché d'Osnabruck en Allemagne appartient tantôt à un évangélique, tantôt à un catholique romain. Ainsi, dans plusieurs bourgs d'Allemagne, les évangéliques viennent chanter leurs psaumes dès que le curé catholique a dit sa messe; ainsi les chambres de Vetzlar et de Vienne ont des assesseurs luthériens; ainsi les réformés de France étaient ducs et pairs, et généraux des armées sous le grand Henri IV, et l'on peut croire que le Dieu de miséricorde et de paix n'écoutait pas avec colère les différents concerts que ses enfants lui adressaient d'un même cœur.

Tout change avec le temps. Un roi de Pologne, nommé aussi Sigismond, de la race de Gustave Vasa, voulut enfin détruire ce que le grand Sigismond, le dernier des Jagellons, avait établi. Il était à la fois roi de Pologne et de Suède; mais il fut déposé en Suède par les états assemblés en 1592, et malheureusement la religion catholique romaine lui attira cette disgrâce. Les états du royaume élurent son frère Charles, qui avait pour lui le cœur des soldats et la confession d'Augsbourg. Sigismond se vengea en Pologne du catholicisme, qui lui avait ôté la couronne de Suède.

Les jésuites qui le gouvernèrent, lui ayant fait perdre un royaume, le firent haïr dans l'autre. Il ne put, à la vérité, révoquer une loi devenue fondamentale, confirmée par tant de rois et de diètes; mais il l'éluda, il la rendit inutile. Plus de charges, plus de dignités données à ceux qui n'étaient pas de la communion de Rome. On ne leur ravit pas leurs biens, parce qu'on ne le pouvait pas; on les vexa par une persécution sourde et lente, et, si on les tolérait, on leur fit sentir bientôt qu'on ne les tolérerait plus dès qu'on pourrait les opprimer impunément.

Cependant la loi fut toujours plus forte que la haine. Tous les rois, à leur couronnement, firent le même serment que leurs prédécesseurs. Ladislas VI, fils de Sigismond le Suédois, n'osa s'en dispenser. Son frère Jean-Casimir, quoiqu'il eût d'abord été jésuite, et ensuite cardinal, fut obligé de s'y soumettre : tant le respect extérieur pour les lois reçues a de force sur les hommes.

Michel Viesnovieski, l'illustre Jean Sobieski, vainqueur des Turcs, n'imaginèrent pas d'éluder cette loi à leur couronnement. L'électeur de Saxe Auguste, ayant renoncé à la religion évangélique de ses pères pour acquérir le royaume de Pologne, jura avec plaisir cette grande loi de la tolérance, dont un roi qui abandonne sa religion pour un sceptre semble avoir toujours besoin, et qui assurait la liberté et les droits de ses anciens frères.

L'Europe sait combien son règne fut malheureux; il fut détrôné par les armes d'un roi luthérien[1], et rétabli par les victoires d'un czar de la communion grecque[2].

Les prêtres catholiques romains et leurs adhérents crurent se venger du roi de Suède Charles XII en persécutant les Polonais évangéliques, dont il avait été le protecteur : ils en trouvèrent l'occasion l'année 1717, dans une diète toute composée de nonces de leur parti. Ils eurent le crédit, non pas d'abolir la loi, elle était trop sacrée, mais de la limiter. On ne permit aux non-conformistes le libre exercice de leur religion que dans leurs églises précédemment bâties, et on alla même jusqu'à prononcer des peines pécuniaires, la prison, le bannissement, contre ceux qui prieraient Dieu ailleurs. Cette clause d'oppression ne passa

---

1. Charles XII; voyez tome XVI, pages 216 et 485.
2. Pierre le Grand voyez tome XVI, pages 264 et 509.

qu'avec une extrême difficulté. Plusieurs évêques même, plus patriotes que prêtres, et plus touchés des droits de l'humanité que des avantages de leur parti, eurent la gloire de s'y opposer quelque temps.

Cette diète de 1717 ne songeait pas qu'en se vengeant du luthérien Charles XII son ennemi, elle insultait le grec Pierre le Grand son protecteur. Enfin la loi passa en partie; mais le roi Auguste la détruisit en la signant. Il donna un diplôme, le 3 février 1717, dans lequel il s'exprime ainsi :

« Quant à la religion des dissidents, afin qu'ils ne pensent point que la communion de la noblesse, leur égalité, et leur paix, aient été lésées par les articles insérés dans le nouveau traité, nous déclarons que ces articles insérés dans le traité ne doivent déroger en aucune manière aux confédérations des années 1573, 1632, 1648, 1669, 1674, 1697, et à nos *pacta conventa*, en tant qu'elles sont utiles aux dissidents dans la religion. Nous conservons lesdits dissidents en fait de religion dans leurs libertés énoncées dans toutes ces confédérations, selon leur teneur (laquelle doit être tenue pour insérée et imprimée ici), et nous voulons qu'ils soient conservés par tous les états, officiers, et tribunaux. En foi de quoi nous avons ordonné de munir ces présentes signées de notre main, et scellées du sceau du royaume. Donné à Varsovie le 3 février 1717, et le 20 de notre règne. »

Après cette contradiction formelle d'une loi décernée et abolie en même temps, contradiction trop ordinaire aux hommes, le parti le plus fort l'emporta sur le plus faible; la violence se donna carrière. Il est vrai qu'on ne ralluma pas les bûchers qui mirent autrefois en cendres toute une province du temps des Albigeois; on ne détruisit point vingt-quatre villages inondés du sang de leurs habitants, comme à Mérindol et à Cabrières. Les roues et les gibets ne furent point d'abord dressés dans les places publiques contre les grecs et les protestants, comme ils le furent en France sous Henri II. On n'a point encore parlé en Pologne d'imiter les massacres de la Saint-Barthélemy, ni ceux d'Irlande, ni ceux des vallées du Piémont. Les torrents de sang n'ont point encore coulé d'un bout du royaume à l'autre pour la cause d'un Dieu de paix. Mais enfin on a commencé à ravir à des innocents la liberté et la vie. Quand les premiers coups sont une fois portés, on ne sait plus où l'on s'arrêtera. Les exemples des anciennes horreurs que le fanatisme a produites sont perdus pour la postérité; les esprits de sang-froid les détestent, et les esprits échauffés les renouvellent.

Bientôt on démolit des églises, des écoles, des hôpitaux de dissidents. On leur fit payer une taxe arbitraire pour leurs baptêmes et pour leurs communions, tandis que deux cent cinquante synagogues juives chantaient leurs psaumes hébraïques sans bourse délier.

Dès l'année 1718 un nonce, du nom de Pietroski, fut chassé de la chambre uniquement parce qu'il était dissident. Le capitaine Keler, accusé par l'avocat Vindeleuski d'avoir soutenu contre lui la religion protestante, eut la tête tranchée à Petekou comme blasphémateur. Le bourgeois Hébers fut condamné à la corde sur la même accusation. Le gentilhomme Rosbiki fut obligé de sortir des terres de la république. Le gentilhomme Unrug avait écrit quelques remarques et quelques extraits d'auteurs évangéliques contre la religion romaine; on lui vola son portefeuille, et sur cet effet volé, sur des écrits qui n'étaient pas publics, sur l'énoncé de ses opinions permises par les lois, sur le secret de la conscience tracé de sa main, il fut condamné à perdre la tête. Il fallut qu'il dépensât tout son bien pour faire casser cette exécrable sentence.

Enfin, en 1724, l'exécution sanglante de Thorn[1] renouvela les anciennes calamités qui avaient souillé le christianisme dans tant d'autres États. Quelques malheureux écoliers des jésuites et quelques bourgeois protestants ayant pris querelle, le peuple s'attroupa, on força le collège des jésuites, mais sans effusion de sang; on emporta quelques images de leurs saints, et malheureusement une image de la Vierge, qui fut jetée dans la boue.

Il est certain que les écoliers des jésuites, ayant été les agresseurs, étaient les plus coupables. C'était une grande faute d'avoir pris les images des jésuites, et surtout celle de la sainte Vierge. Les protestants devaient être condamnés à la rendre ou à en fournir une autre, à demander pardon, à réparer le dommage à leurs frais, et aux peines modérées qu'un gouvernement équitable peut infliger. L'image de la vierge Marie est très-respectable; mais le sang des hommes l'est aussi. La profanation d'un portrait de la Vierge dans un catholique est une très-grande faute; elle est moindre dans un protestant, qui n'admet point le culte des images.

Les jésuites demandèrent vengeance au nom de Dieu et de sa mère; ils l'obtinrent malgré l'intervention de toutes les puissances voisines. La cour assessoriale, à laquelle le chancelier

---

1. Voyez tome XX, page 158.

préside, jugea cette cause. Un jésuite y plaida contre la ville de Thorn; l'arrêt fut porté tel que les jésuites le désiraient. Le président Rosner, accusé de ne s'être pas assez opposé au tumulte, fut décapité malgré les priviléges de sa charge. Quelques assesseurs, et d'autres principaux bourgeois, périrent par le même supplice. Deux artisans furent brûlés, d'autres furent pendus. On n'aurait pas traité autrement des assassins. Les hommes n'ont pas encore appris à proportionner les peines aux fautes. Cette science cependant n'est pas moins nécessaire que celle de Copernic, qui découvrit dans Thorn le vrai système de l'univers, et qui prouva que notre terre, souvent si mal gouvernée et assiégée de tant de malheurs, roule autour du soleil dans son orbite immense.

La Pologne semblait donc destinée à subir le sort de tant d'autres États que les querelles de religion ont dévastés.

Un ministre évangélique, nommé Mokzulki, fut tué impunément en 1753, dans un grand chemin, par le curé de Birze : voilà déjà une hostilité de l'Église militante. Un dominicain de Popiel, en 1762, assomma à coups de bâton le prédicant Jaugel, à la porte d'un malade qu'il allait consoler.

Le curé de la paroisse de Cone, rencontrant un mort luthérien qu'on portait au cimetière, battit le ministre, renversa le cercueil, et fit jeter le corps à la voirie.

En 1765, plusieurs jésuites, avec d'autres moines, voulurent changer les grecs en romains à Msczislau en Lithuanie. Ils forçaient à coups de bâton les pères et les mères de mener les enfants dans les églises. Soixante et dix gentilshommes s'y opposèrent ; les missionnaires se battirent contre eux. Les gentilshommes furent traités comme des sacriléges : ils furent condamnés à la mort, et ne sauvèrent leur vie qu'en allant à l'église des jésuites.

On priva alors en Lithuanie du droit de bourgeoisie, on raya du corps des métiers les bourgeois et les artisans qui n'allaient pas à la messe latine. Enfin on a exclu des diétines tous les gentilshommes dissidents, que les droits de la naissance et les lois du royaume y appellent.

Tant de rigueur, tant de persécutions, tant d'infractions des lois, ont enfin réveillé des gentilshommes que leurs ennemis croyaient avoir abattus. Ils s'assemblèrent, ils invoquèrent les lois de leur patrie, et les puissances garantes de ces lois.

Il faut savoir que leurs droits avaient été solennellement confirmés par la Suède, l'empire d'Allemagne, la Pologne entière, et particulièrement par l'électeur de Brandebourg dans le traité d'Oliva, en 1660. Ils l'avaient été plus expressément encore par la Russie en 1686, quand la Pologne céda l'ancienne Kiovie, la capitale de l'Ukraine, à l'empire russe. La religion grecque est nommée la *religion orthodoxe* dans les *instruments* signés par le grand Sobieski.

Ces nobles ont donc eu recours à ce qu'il y a de plus sacré sur la terre, les serments de leurs pères, ceux des princes garants, les lois de leur patrie, et les lois de toutes les nations.

Ils s'adressèrent à la fois à l'impératrice de Russie Catherine II, à la Suède, au Danemark, à la Prusse. Ils implorèrent leur intercession. C'était un bel exemple dans des gentilshommes accoutumés autrefois à traiter dans leurs diètes des affaires de l'État le sabre à la main, d'implorer le droit public contre la persécution. Cette démarche même irritait leurs ennemis.

Le roi Stanislas Poniatowski, fils de ce célèbre comte Poniatowski si connu dans les guerres de Suède, élu du consentement unanime de ses compatriotes, ne démentit pas dans cette affaire délicate l'idée que l'Europe avait de sa prudence. Ennemi du trouble, zélé pour le bonheur et la gloire de son pays, tolérant par humanité et par principe, religieux sans superstition, citoyen sur le trône, homme éclairé et homme d'esprit, il proposa des tempéraments qui pouvaient mettre en sûreté tous les droits de la religion catholique romaine, et ceux des autres communions. La plupart des évêques et de leurs partisans opposèrent le zèle de la maison de Dieu au zèle patriotique du monarque, qui attendit que le temps pût concilier ces deux zèles.

Cependant les gentilshommes dissidents se confédérèrent en plusieurs endroits du royaume. On vit, le 20 mars 1767, près de quatre cents gentilshommes demander justice par un mémoire signé d'eux, dans cette même ville de Thorn qui fumait encore du sang que les jésuites avaient fait répandre. D'autres confédérations se formaient déjà en plus grand nombre, et surtout dans la Lithuanie, où il se fit vingt-quatre confédérations. Toutes ensemble formèrent un corps respectable. La substance de leurs manifestes contenait « qu'ils étaient hommes, citoyens, nobles, membres de la législation, et persécutés ; que la religion n'a rien de commun avec l'État ; qu'elle est de Dieu à l'homme, et non pas du citoyen au citoyen ; que la funeste coutume de mêler Dieu aux affaires purement humaines a ensanglanté l'Europe depuis Constantin ; qu'il doit en être dans les diètes et dans le sénat comme dans les batailles, où l'on ne demande point à un capitaine qui marche aux ennemis de quelle religion il est ; qu'il suffît que le noble soit brave au combat, et juste au conseil ; qu'ils sont tous nés libres, et que la liberté de conscience est la première des libertés, sans laquelle celui qu'on appelle *libre* serait esclave ; qu'on doit juger d'un homme non par ses dogmes, mais par sa conduite ; non par ce qu'il pense, mais par ce qu'il fait ; et qu'enfin l'Évangile, qui ordonne d'obéir aux puissances païennes, n'ordonne certainement pas de dépouiller les législateurs chrétiens de leurs droits, sous prétexte qu'ils sont autrement chrétiens qu'on ne l'est à Rome. » Ils fortifiaient toutes ces raisons par la sanction des lois, et par les garanties protectrices de ces lois sacrées.

On ne leur opposa qu'une seule raison, c'est qu'ils réclamaient l'égalité, et que bientôt ils affecteraient la supériorité ; qu'ils étaient mécontents, et qu'ils troubleraient une république déjà trop orageuse. Ils répondaient : « Nous ne l'avons pas troublée pendant cent années : mécontents, nous sommes vos ennemis ; contents, nous sommes vos défenseurs. »

Les puissances garantes de la paix d'Oliva prenaient hautement leur parti, et écrivaient des lettres pressantes en leur faveur. Le roi de Prusse se déclarait pour eux. Sa recommandation était puissante, et devait avoir plus d'effet que celle de la Suède sur les esprits, puisqu'il donnait dans ses États des exemples de tolérance que la Suède ne donnait pas encore[1]. Il faisait bâtir une église aux catholiques romains de Berlin sans les craindre, sachant bien qu'un prince victorieux, philosophe, et armé, n'a rien à redouter d'aucune religion. Le jeune roi de Danemark, né bienfaisant, et son sage ministère, parlaient hautement.

Mais de tous les potentats nul ne se signala avec autant de grandeur et d'efficace que l'impératrice de Russie. Elle prévit une guerre civile en Pologne, et elle envoya la paix avec une armée. Cette armée n'a paru que pour protéger les dissidents en cas qu'on voulût les accabler par la force. On fut étonné de voir une armée russe vivre au milieu de la Pologne avec beaucoup plus de discipline que n'en eurent jamais les troupes polonaises. Il n'y a pas eu le plus léger désordre. Elle enrichissait le pays au lieu de le dévaster ; elle n'était là que pour protéger la tolérance : il fallait que ces troupes étrangères donnassent l'exemple de la sagesse, et elles le donnèrent. On eût pris cette armée pour une diète assemblée en faveur de la liberté.

Les politiques ordinaires s'imaginèrent que l'impératrice ne voulait que profiter des troubles de la Pologne pour s'agrandir.

---

1. Elle les a donnés depuis. (K.)

On ne considérait pas que le vaste empire de Russie, qui contient onze cent cinquante mille lieues carrées, et qui est plus grand que ne fut jamais l'empire romain, n'a pas besoin de terrains nouveaux, mais d'hommes, de lois, d'arts, et d'industrie.

Catherine II lui donnait déjà des hommes en établissant chez elle trente mille familles qui venaient cultiver les arts nécessaires. Elle lui donnait des lois en formant un code universel pour ses provinces qui touchent à la Suède et à la Chine. La première de ces lois était la tolérance [1].

On voyait avec admiration cet empire immense se peupler, s'enrichir, en ouvrant son sein à des citoyens nouveaux, tandis que de petits États se privaient de leurs sujets par l'aveuglement d'un faux zèle ; tandis que, sans citer d'autres provinces, les seuls émigrants de Saltzbourg avaient laissé leur patrie déserte.

Le système de la tolérance a fait des progrès rapides dans le Nord, depuis le Rhin jusqu'à la mer Glaciale, parce que la raison y a été écoutée, parce qu'il est permis de penser et de lire. On a connu dans cette vaste partie du monde que toutes les manières de servir Dieu peuvent s'accorder avec le service de l'État. C'était la maxime de l'empire romain dès le temps des Scipions jusqu'à celui des Trajan. Aucun potentat n'a plus suivi cette maxime que Catherine II. Non-seulement elle établit la tolérance chez elle, mais elle a recherché la gloire de la faire renaître chez ses voisins. Cette gloire est unique. Les fastes du monde entier n'ont point d'exemple d'une armée envoyée chez des peuples considérables pour leur dire : Vivez justes et paisibles.

Si l'impératrice avait voulu fortifier son empire des dépouilles de la Pologne, il ne tenait qu'à elle. Il suffisait de fomenter des troubles au lieu de les apaiser. Elle n'avait qu'à laisser opprimer les Grecs, les évangéliques et les réformés : ils seraient venus en foule dans ses États. C'est tout ce que la Pologne avait à craindre. Le climat ne diffère pas beaucoup, et les beaux-arts, l'esprit, les plaisirs, les spectacles, les fêtes, qui rendaient la cour de Catherine II la plus brillante de l'Europe, invitaient tous les étrangers. Elle formait un empire et un siècle nouveau, et l'on eût été chez elle de plus loin pour l'admirer.

[2] Tandis que l'impératrice de Russie faisait naître chez elle

---

1. Voyez, dans la *Correspondance*, la lettre de Catherine, du 28 juin — 9 juillet 1766.

2. Dans la première édition de l'*Essai*, au lieu des quatre alinéas qui le terminent aujourd'hui on lisait les quatre que voici :

« Tandis qu'elle parcourait les frontières de ses États, et qu'elle passait d'Eules lois et les plaisirs, la discorde, sous le masque de la religion, bouleversa la Pologne ; les plus ardents catholiques, ayant le nonce du pape à leur tête, implorèrent l'Église des Turcs contre la grecque et la protestante. L'Église turque marcha sur la frontière avec l'étendard de Mahomet ; mais Mahomet fut battu pendant quatre années de suite par saint Nicolas, patron des Russes, sur terre et sur mer. L'Europe vit avec étonnement des flottes pénétrer du fond de la mer Baltique auprès des Dardanelles, et brûler les flottes turques vers Smyrne. Il y eut sans doute plus de héros russes dans cette guerre qu'on n'en supposa dans celle de Troie. L'histoire l'emporta sur la fable. Ce fut un beau spectacle que ce peuple naissant, qui seul écrasait partout la gran-

rope en Asie pour voir, par ses yeux, les besoins et les ressources de ses peuples, son armée, au milieu de la Pologne, fit naître longtemps des soupçons, des craintes, des animosités. Mais enfin, quand on fut bien convaincu que ces soldats n'étaient que des ministres de paix, ce prodige inouï ouvrit les yeux à plusieurs prélats. Ils rougirent de n'être pas plus pacifiques que des troupes russes.

« L'évêque de Cracovie et le nouveau primat, tous deux génies supérieurs, entrèrent par cela même dans des vues si salutaires. Ils sentirent qu'ils étaient Polonais avant d'être romains ; qu'ils étaient sénateurs, princes, patriotes, autant qu'évêques. Mais il ne fallait pas moins qu'un roi philosophe, un primat, des évêques sages, une impératrice qui se déclarait l'apôtre de la tolérance, pour détourner les malheurs qui menaçaient la Pologne. La philosophie a jusqu'ici prévenu dans le Nord le carnage dont le fanatisme a souillé longtemps tant d'autres climats.

« Dans ces querelles de religion, dans cette grande dispute sur la liberté naturelle des hommes, quelques intérêts particuliers se sont jetés à la traverse, comme il arrive en tout pays, et surtout chez une nation libre ; mais ils sont perdus dans l'objet principal, et comme ils n'ont pas retardé d'un seul moment la marche uniforme dirigée vers la tolérance, nous n'avons pas fatigué le lecteur de ces petits mouvements qui disparaissent dans le mouvement général.

« Il semble, par la disposition des esprits, que les trois communions plaignantes rentreront dans tous leurs droits sans que la communion romaine perde les siens. Elle aura tout, hors le droit d'opprimer, dont elle ne doit doit pas être jalouse. Et si une grande partie du Nord a dû son christianisme à des femmes, c'est à une femme supérieure qu'on devra le véritable esprit du christianisme, qui consiste dans la tolérance et dans la paix. »

Il paraît, par la lettre de Voltaire à Catherine, du 29 janvier 1768, que l'impératrice ne fut pas contente des éloges donnés ici à l'évêque de Cracovie, qui y est appelé *génie supérieur,* expression qui est au-dessus de celle que Voltaire avait employée pour la czarine (*femme supérieure*). Cependant le texte de 1767 fut conservé, en 1768, dans le tome VII des *Nouveaux Mélanges;* en 1769, dans le tome IV de l'*Evangile du jour* (voyez, ci-après, la note au bas de la *Lettre d'un avocat de Besançon*); en 1771, dans le tome XV de l'édition in-4° des Œuvres de *Voltaire.* Le texte actuel est de 1775 : il parut, pour la première fois, dans l'édition encadrée.

La variante que je donne était importante, non-seulement pour donner l'explication de la lettre du 29 janvier 1768, mais encore pour expliquer l'anachronisme apparent d'un écrit que je classe en 1767, et dans lequel on parle d'un événement arrivé en 1771. (B.)

deur ottomane, si longtemps victorieuse de l'Europe réunie, et qui faisait revivre les vertus des Miltiade lorsque tant d'autres nations dégénéraient.

La faction polonaise opposée à son roi n'eut d'autre ressource que l'intrigue ; et, comme la religion était mêlée dans ces troubles, on eut bientôt recours aux assassinats.

A quelques lieues de Varsovie est une Notre-Dame aussi en vogue dans le Nord que celle de Lorette en Italie. Ce fut dans la chapelle de cette statue que les conjurés s'engagèrent par serment de prendre le roi, mort ou vif, au nom de Jésus et de sa mère. Après ce serment, ils allèrent se cacher dans Varsovie chez des moines, et n'en sortirent que pour accomplir leur promesse à la Vierge. Le carrosse du roi fut entouré[1], plusieurs domestiques tués aux portières, le roi blessé de coups de sabre, et effleuré de coups de fusil. Il ne dut la vie qu'aux remords d'un des assassins. Ce crime, qu'on avait voulu rendre sacré, ne fut que lâche et inutile.

La suite de tant d'horreurs fut le démembrement de la Pologne, que Stanislas Leczinski avait prédit. L'impératrice-reine de Hongrie Marie-Thérèse, l'impératrice Catherine II, Frédéric le Grand, roi de Prusse, firent valoir les droits qu'ils réclamaient sur trois provinces polonaises. Ils s'en emparèrent; on n'osa s'y opposer. Tel fut le débrouillement du chaos polonais.

1. 3 novembre 1771.

FIN DE L'ESSAI SUR LES DISSENSIONS, ETC.

LETTRES

A S. A. MGR LE PRINCE DE*****

SUR RABELAIS

ET SUR D'AUTRES AUTEURS ACCUSÉS D'AVOIR MAL PARLÉ
DE LA RELIGION CHRÉTIENNE.

(1767[1])

LETTRE PREMIÈRE.

SUR FRANÇOIS RABELAIS.

Monseigneur,

Puisque Votre Altesse veut connaître à fond Rabelais, je commence par vous dire que sa vie, imprimée au devant de *Gargantua*, est aussi fausse et aussi absurde que l'*Histoire de Gargantua* même. On y trouve que le cardinal de Bellay l'ayant mené à Rome, et ce cardinal ayant baisé le pied droit du pape, et ensuite la bouche, Rabelais dit qu'il lui voulait baiser le derrière, et qu'il fallait que le saint père commençât par le laver. Il y a des choses que le respect du lieu, de la bienséance, et de la personne, rend impossibles. Cette historiette ne peut avoir été imaginée que par des gens de la lie du peuple, dans un cabaret.

Sa prétendue requête au pape est du même genre : on suppose qu'il pria le pape de l'excommunier, afin qu'il ne fût pas brûlé;

---

1. Ces *Lettres* ont dû paraître en novembre 1767. Les *Mémoires secrets* en parlent au 19 ce mois. Le prince à qui elles sont adressées est Charles-Guillaume-Ferdinand de Brunswick-Lunebourg, né le 9 octobre 1735, cité avec éloge dans le *Précis du Siècle de Louis XV* (voyez tome XV, page 353), commandant l'armée prussienne contre la France en 1792, mort à Altena le 10 novembre 1806, des suites d'une blessure qu'il avait reçue le 14 octobre précédent. (B.)

parce que, disait-il, son hôtesse ayant voulu faire brûler un fagot, et n'en pouvant venir à bout, avait dit que ce fagot était excommunié de la gueule du pape.

L'aventure qu'on lui suppose, à Lyon, est aussi fausse et aussi peu vraisemblable : on prétend que, n'ayant ni de quoi payer son auberge, ni de quoi faire le voyage de Paris, il fit écrire par le fils de l'hôtesse ces étiquettes sur des petits sachets : « Poison pour faire mourir le roi, poison pour faire mourir la reine, etc. » Il usa, dit-on, de ce stratagème pour être conduit et nourri jusqu'à Paris, sans qu'il lui en coûtât rien, et pour faire rire le roi. On ajoute que c'était en 1536, dans le temps même que le roi et toute la France pleuraient le dauphin François, qu'on avait cru empoisonné, et lorsqu'on venait d'écarteler Montecuculli, soupçonné de cet empoisonnement. Les auteurs de cette plate historiette n'ont pas fait réflexion que, sur un indice aussi terrible, on aurait jeté Rabelais dans un cachot, qu'il aurait été chargé de fers, qu'il aurait subi probablement la question ordinaire et extraordinaire, et que, dans des circonstances aussi funestes, et dans une accusation aussi grave, une mauvaise plaisanterie n'aurait pas servi à sa justification. Presque toutes les Vies des hommes célèbres ont été défigurées par des contes qui ne méritent pas plus de croyance.

Son livre, à la vérité, est un ramas des plus impertinentes et des plus grossières ordures[1] qu'un moine ivre puisse vomir; mais aussi il faut avouer que c'est une satire sanglante du pape, de l'Église, et de tous les événements de son temps. Il voulut se mettre à couvert sous le masque de la folie; il le fait assez entendre lui-même dans son prologue : « Posé le cas, dit-il, qu'au sens literal vous trouvez matières assez joyeuses, et bien correspondantes au nom; toutesfoys pas demourer là ne fault, comme au chant des syrènes : ains à plus hault sens interpréter ce que par adventure cuidiez dit en guayeté de cueur... Veistes-vous oncques chien rencontrant quelque os médullaire? C'est, comme dict Platon, *lib.* II, *de Rep.*, la beste du monde plus philosophe. Si veu l'avez, vous avez peu noter de quelle dévotion il le guette, de quel soing il le garde, de quelle ferveur il le tient, de quelle prudence il l'entamme, de quelle affection il le brise, et de quelle diligence il le suçe. Qui l'induict à ce faire? quel est l'espoir de son estude? quel bien prétend-il? rien plus qu'ung peu de moüelle. »

Mais qu'arriva-t-il? Très-peu de lecteurs ressemblèrent au

---

1. Voyez la note, tome XXII, page 174.

chien qui suce la moelle. On ne s'attacha qu'aux os, c'est-à-dire aux bouffonneries absurdes, aux obscénités affreuses, dont le livre est plein. Si malheureusement pour Rabelais on avait trop pénétré le sens du livre, si on l'avait jugé sérieusement, il est à croire qu'il lui en aurait coûté la vie, comme à tous ceux qui, dans ce temps-là, écrivaient contre l'Église romaine.

Il est clair que Gargantua est François Ier, Louis XII est Grand-Gousier, quoiqu'il ne fût pas le père de François, et Henri II est Pantagruel. L'éducation de Gargantua et le chapitre des *torche-culs* sont une satire de l'éducation qu'on donnait alors aux princes : les couleurs blanc et bleu désignent évidemment la livrée des rois de France.

La guerre pour une charrette de fouaces est la guerre entre Charles-Quint et François Ier, qui commença pour une querelle très-légère entre la maison de Bouillon la Marck et celle de Chimai ; et cela est si vrai que Rabelais appelle Marckuet le conducteur des fouaces par qui commença la noise.

Les moines de ce temps-là sont peints très-naïvement sous le nom de frère Jean des Entomeures. Il n'est pas possible de méconnaître Charles-Quint dans le portrait de Picrochole.

A l'égard de l'Église, il ne l'épargne pas. Dès le premier livre, au chap. XXXIX, voici comme il s'exprime : « Que Dieu est bon qui nous donne ce bon piot ! j'advoue Dieu, si j'eusse esté au temps de Jésus-Christ, j'eusse bien engardé que les Juifs ne l'eussent prins au jardin d'Olivet. Ensemble le diable me faille, si j'eusse failly de coupper les jarrets à messieurs les apostres, qui fuirent tant laschement après qu'ils eurent bien souppé, et laissarent leur bon maistre au besoing. Je hay plus que poison ung homme qui fuit quand il fault jouer des cousteaulx. Hon, que je ne suis roy de France pour quatre-vingts ou cent ans ! par Dieu, je vous mettroys en chien courtault les fuyards de Pavie. »

On ne peut se méprendre à la généalogie de Gargantua[1] : c'est une parodie très-scandaleuse de la généalogie la plus respectable. « De ceulx-là, dit-il, sont venus les géants, et par eulx Pantagruel, et le premier feut Chalbroth, qui engendra Sarabroth,

« Qui engendra Faribroth,

« Qui engendra Hurtaly, qui feut beau mangeur de souppe. et régna au temps du déluge ;

---

1. Dans le chapitre 1er de *Gargantua*, Rabelais remet à la chronique pantagruéline pour la généalogie de Gargantua ; et dans le chapitre 1er de *Pantagruel* il donne cette généalogie depuis Chalbroth jusqu'à Pantagruel, fils de Gargantua.

« Qui engendra Happe-Mousche, qui premier inventa de fumer les langues de bœuf;

« Qui engendra Fout asnon,

« Qui engendra Vit-de-Grain,

« Qui engendra Grand-Gousier,

« Qui engendra Gargantua,

« Qui engendra le noble Pantagruel mon maistre. »

On ne s'est jamais tant moqué de tous nos livres de théologie que dans le catalogue des livres que trouva Pantagruel dans la bibliothèque de Saint-Victor[1]: c'est « Bigua (biga) salutis, Bragueta juris, Pantofla decretorum »; la Couille-barrine des preux, le Décret de l'Université de Paris sur la gorge des filles, l'Apparition de Gertrude à une nonnain en mal d'enfant, le Moutardier de pénitence : *Tartaretus de modo cacandi*; l'Invention Sainte-Croix par les clercs de finesse, le Couillage des promoteurs, la Cornemuse des prélats, la Profiterolle des indulgences : « Utrum chimæra in vacuo bombinans possit comedere secundas intentiones : quæstio debatuta per decem hebdomadas in concilio Constantiensi »; les Brimborions des célestins, la Ratouere des théologiens; *chaultcouillonis de magistro*, les Aises de vie monacale, la Patenostre du singe, les Grézillons de dévotion, le Vietdazouer des abbés, etc.

Lorsque Panurge demande conseil à frère Jean des Entomeures pour savoir s'il se mariera et s'il sera cocu, frère Jean récite ses litanies[2]. Ce ne sont pas les litanies de la Vierge; ce sont les litanies du c. mignon, c. moignon, c. patté, c. laité, etc. Cette plate profanation n'eût pas été pardonnable à un laïque; mais dans un prêtre !

Après cela, Panurge va consulter le théologal Hippothadée, qui lui dit qu'il sera cocu, s'il plaît à Dieu. Pantagruel va dans l'île des Lanternois; ces Lanternois sont les ergoteurs théologiques qui commencèrent, sous le règne de Henri II, ces horribles disputes dont naquirent tant de guerres civiles.

L'île de Tohu et Bohu, c'est-à-dire de la confusion, est l'Angleterre, qui changea quatre fois de religion depuis Henri VIII.

On voit assez que l'île de Papefiguière désigne les hérétiques. On connaît les papimanes; ils donnent le nom de Dieu au pape. On demande à Panurge s'il est assez heureux pour avoir vu le saint père; Panurge répond qu'il en a vu trois, et qu'il n'y a guère profité. La loi de Moïse est comparée à celle de Cybèle, de Diane,

---

1. *Pantagruel*, livre II, chap. VII.
2. *Pantagruel*, livre III, chap. XXVI.

de Numa ; les décrétales sont appelées *décrotoires*. Panurge assure que, s'étant torché le cul avec un feuillet des décrétales appelées *clémentines,* il en eut des hémorroïdes longues d'un demi-pied.

On se moque des basses messes qu'on appelle *messes sèches*, et Panurge dit qu'il en voudrait une mouillée, pourvu que ce fût de bon vin. La confession y est tournée en ridicule. Pantagruel va consulter l'oracle de la Dive Bouteille pour savoir s'il faut communier sous les deux espèces, et boire de bon vin après avoir mangé le pain sacré. Épistémon s'écrie en chemin : *Vivat, fifat, pipat, bibat; ô secret apocalyptique!* Frère Jean des Entomeures demande une charretée de filles pour se réconforter en cas qu'on lui refuse la communion sous les deux espèces. On rencontre des gastrolacs[1], c'est-à-dire des possédés. Gaster invente le moyen de n'être pas blessé par le canon : c'est une raillerie contre tous les miracles.

Avant de trouver l'île où est l'oracle de la Dive Bouteille, ils abordent à l'île Sonnante, où sont cagots, clergaux, monagaux, prestregaux, abbegaux, évesgaux, cardingaux, et enfin le papegaut, qui est unique dans son espèce. Les cagots avaient conchié toute l'île Sonnante. Les capucingaux étaient les animaux les plus puants et les plus maniaques de toute l'île.

La fable de l'Ane et du Cheval, la défense faite aux ânes de baudouiner dans l'écurie, et la liberté que se donnent les ânes de baudouiner pendant le temps de la foire, sont des emblèmes assez intelligibles du célibat des prêtres, et des débauches qu'on leur imputait alors.

Les voyageurs *sont admis devant le papegaut.* Panurge veut jeter *une pierre à un evesgaut* qui ronflait à la grand'messe; maître Éditue, c'est-à-dire maître sacristain, l'en empêche en lui disant : « Homme de bien, frappe, féris, tue et meurtris touts roys, princes du monde en trahison, par venin ou aultrement, quand tu vouldras; déniche des cieulx les anges : de tout auras pardon du papegaut; à ces sacrés oiseaux ne touche. »

De l'île Sonnante on va au royaume de Quintessence ou Entéléchie; or Entéléchie c'est l'âme. Ce personnage inconnu, et dont on parle depuis qu'il y a des hommes, n'y est pas moins tourné en ridicule que le pape; mais les doutes sur l'existence de l'âme sont beaucoup plus enveloppés que les railleries sur la cour de Rome.

---

1. Rabelais, livre IV, chap. LVIII, dit: *Gastrolâtres* (adorateurs du ventre). *Gastrolacs* est un mot défiguré et qui ne signifie pas *possédés*. Rabelais applique aux moines le nom de *Gastrolâtres*. (B.)

Les ordres mendiants habitent l'île des frères Fredons. Ils paraissent d'abord en procession. L'un d'eux ne répond qu'en monosyllabes à toutes les questions que Panurge fait sur leurs g...... « Combien sont-elles ? *vingt*. Combien en voudriez-vous ? *cent*.

« Le remuement des fesses, quel est-il ? *dru*.

« Que disent-elles en culetant ? *mot*.

« Vos instruments, quels sont-ils ?.... *grands*.

« Quantes fois par jour ? *six*. Et de nuit ? *dix*. »

Enfin l'on arrive à l'oracle de la Dive Bouteille. La coutume alors, dans l'Église, était de présenter de l'eau aux communiants laïques pour faire passer l'hostie ; et c'est encore l'usage en Allemagne. Les réformateurs voulaient absolument du vin pour figurer le sang de Jésus-Christ. L'Église romaine soutenait que le sang était dans le pain aussi bien que les os et la chair. Cependant les prêtres catholiques buvaient du vin, et ne voulaient pas que les séculiers en bussent. Il y avait dans l'île de l'oracle de la Dive Bouteille une belle fontaine d'eau claire. Le grand pontife[1] Bacbuc en donna à boire aux pèlerins en leur disant ces mots :
« Jadis ung capitaine juif, docte et chevaleureux, conduisant son peuple par les déserts en extresme famine, impétra des cieulx la manne, laquelle leur estoit de goust tel par imagination que parravant réalement leur estoient les viandes. Ici de mesme, beuvant de ceste liqueur mirificque, sentirez goust de tel vin comme l'aurez imaginé. Or *imaginez* et *beuvez* : ce que nous feymes ; puis s'escria Panurge, disant : Par-Dieu, c'est ici vin de Beaulne, meilleur que oncques jamais je beu, ou je me donne à nonante et seize diables. »

Le fameux doyen d'Irlande Swift a copié ce trait dans son *Conte du Tonneau*[2], ainsi que plusieurs autres. Milord Pierre donne à Martin et à Jean, ses frères, un morceau de pain sec pour leur dîner, et veut leur faire accroire que ce pain contient de bon bœuf, des perdrix, des chapons, avec d'excellent vin de Bourgogne.

Vous remarquerez que Rabelais dédia la partie de son livre qui contient cette sanglante satire de l'Église romaine au cardinal Odet de Châtillon[3], qui n'avait pas encore levé le masque, et ne s'était pas déclaré pour la religion protestante. Son livre fut im-

---

1. C'est la *grande-pontife*.
2. Voyez ci-dessus, page 206.
3. Voyez tome XII, page 506 ; et XV, 518.

primé avec privilége, et le privilége pour cette satire de la religion catholique fut accordé en faveur des ordures dont on faisait en ce temps-là beaucoup plus de cas que des papegaux et des cardingaux. Jamais ce livre n'a été défendu en France, parce que tout y est entassé sous un tas d'extravagances qui n'ont jamais laissé le loisir de démêler le véritable but de l'auteur.

On a peine à croire que le bouffon qui riait si hautement de l'Ancien et du Nouveau Testament était curé. Comment mourut-il? en disant : *Je vais chercher un grand peut-être?*

L'illustre M. Le Duchat a chargé de notes pédantesques cet étrange ouvrage, dont il s'est fait quarante éditions. Observez que Rabelais vécut et mourut chéri, fêté, honoré, et qu'on fit mourir dans les plus affreux supplices ceux qui prêchaient la morale la plus pure.

LETTRE II.

SUR LES PRÉDÉCESSEURS DE RABELAIS

EN ALLEMAGNE ET EN ITALIE, ET D'ABORD DU LIVRE INTITULÉ
EPISTOLÆ OBSCURORUM VIRORUM.

Monseigneur,

Votre Altesse me demande si, avant Rabelais, on avait écrit avec autant de licence. Nous répondons que probablement son modèle a été le *Recueil des Lettres des* gens obscurs[1], qui parut en Allemagne au commencement du xviᵉ siècle. Ce Recueil est en latin; mais il est écrit avec autant de naïveté et de hardiesse que Rabelais. Voici une ancienne traduction d'un passage de la vingt-huitième lettre :

« Il y a concordance entre les sacrés cahiers et les fables poétiques, comme le pourrez noter du serpent Pithon, occis par Apollon, comme le dit le Psalmiste[2] : *Ce dragon qu'avez formé pour vous en gausser.* Saturne, vieux père des dieux, qui mange ses enfants, est en Ézéchiel, lequel dit[3] : *Vos pères mangeront leurs*

---

1. Les *Epistolæ obscurorum virorum*, dont la première édition est de 1516, in-4°, sont de Ulric de Hutten, né en 1488, mort en 1523. Il paraît que c'est à tort qu'on a cru que Reuchlin y avait coopéré. C'est cependant ce que dit Voltaire dans son article sur *Tristram Shandy*, le premier des *Articles extraits du Journal de politique et de littérature.* (B.)
2. 103, 26.
3. v, 10.

enfants. Diane se pourmenant avec force vierges est la bienheureuse vierge Marie, selon le Psalmiste, lequel dit[1] : *Vierges viendront après elle.* Calisto, déflorée par Jupiter et retournant au ciel, est en Matthieu, chap. xii[2] : *Je reviendrai dans la maison dont je suis sortie.* Aglaure transmuée en pierre se trouve en *Job*, chap. xlii[3] : *Son cœur s'endurcira comme pierre.* Europe engrossée par Jupiter est en Salomon[4] : *Écoute, fille; vois, et incline ton oreille, car le roi t'a concupiscée.* Ézéchiel a prophétisé d'Actéon qui vit la nudité de Diane[5] : *Tu étais nue; j'ai passé par là et je t'ai vue.* Les poëtes ont écrit que Bacchus est né deux fois, ce qui signifie le Christ, né *avant les siècles et dans le siècle*[6]. Sémélé, qui nourrit Bacchus, est le prototype de la bienheureuse Vierge, car il est dit en *Exode*[7] : *Prends cet enfant, nourris-le-moi, et tu auras salaire.* »

Ces impiétés sont encore moins voilées que celles de Rabelais.

C'est beaucoup que dans ce temps-là on commençât en Allemagne à se moquer de la magie. On trouve dans la lettre de maître Achatius Lampirius une raillerie assez forte sur la conjuration qu'on employait pour se faire aimer des filles. Le secret consistait à prendre un cheveu de la fille ; on le plaçait d'abord dans son haut-de-chausse ; on faisait une confession générale, et l'on faisait dire trois messes pendant lesquelles on mettait le cheveu autour de son cou ; on allumait un cierge bénit au dernier Évangile, et on prononçait cette formule : « O cierge! je te conjure par la vertu du Dieu tout-puissant, par les neuf chœurs des anges, par la vertu gosdrienne, amène-moi icelle fille en chair et en os, afin que je la saboule à mon plaisir, etc. »

Le latin macaronique dans lequel ces lettres sont écrites porte avec lui un ridicule qu'il est impossible de rendre en français ; il y a surtout une lettre de Pierre de La Charité, messager de grammaire à Ortuin, dont on ne peut traduire en français les équivoques latines : il s'agit de savoir si le pape peut rendre physiquement légitime un enfant bâtard. Il y en a une autre de Jean de Schwinfordt, maître ès arts, où l'on soutient que Jésus-Christ a été moine, saint Pierre prieur du couvent, Judas Iscariote maître d'hôtel, et l'apôtre Philippe portier.

Jean Schluntzig raconte, dans la lettre qui est sous son nom, qu'il avait trouvé à Florence Jacques de Hochstraten (Grande

1. xliv, 14.
2. Verset 44.
3. Verset 15.
4. xliv, 10.
5. xvi, 7, 8.
6. *Ecclésiastique*, xxiv, 14.
7. iii, 9.

rue), ci-devant inquisiteur. Je lui fis la révérence, dit-il, en lui ôtant mon chapeau, et je lui dis : « Père, êtes-vous révérend ou n'êtes-vous pas révérend ? » Il me répondit : *Je suis celui qui suis.* Je lui dis alors : « Vous êtes maître Jacques Grande rue ; sacré char d'Élie, dis-je, comment diable êtes-vous à pied ? C'est un scandale : *ce qui est* ne doit pas se promener avec ses pieds en fange et en merde. » Il me répondit : *Ils sont venus en chariots et sur chevaux, mais nous venons au nom du Seigneur.* Je lui dis : « Par le Seigneur il est grande pluie et grand froid. » Il leva les mains au ciel en disant : *Rosée du ciel, tombez d'en haut, et que les nuées du ciel pleuvent le juste.*

Il faut avouer que voilà précisément le style de Rabelais, et je ne doute pas qu'il n'ait eu sous les yeux ces *Lettres des* GENS OBSCURS, lorsqu'il écrivit son *Gargantua* et son *Pantagruel*.

Le conte de la femme qui, ayant ouï dire que tous les bâtards étaient de grands hommes, alla vite sonner à la porte des cordeliers pour se faire faire un bâtard, est absolument dans le goût de notre maître François.

Les mêmes obscénités et les mêmes scandales fourmillent dans ces deux singuliers livres.

DES ANCIENNES FACÉTIES ITALIENNES QUI PRÉCÉDÈRENT RABELAIS.

L'Italie, dès le xiv° siècle, avait produit plus d'un exemple de cette licence. Voyez seulement dans Boccace[1] *la confession de Ser Ciappelletto* à l'article de la mort. Son confesseur l'interroge ; il lui demande s'il n'est jamais tombé dans le péché d'orgueil. « Ah ! mon père, dit le coquin, j'ai bien peur de m'être damné par un petit mouvement de complaisance en moi-même, en réfléchissant que j'ai gardé ma virginité toute ma vie. — Avez-vous été gourmand ? — Hélas ! oui, mon père ; car outre les autres jours de jeûne ordonnés, j'ai toujours jeûné au pain et à l'eau trois fois par semaine ; mais j'ai mangé mon pain quelquefois avec tant d'appétit et de délice que ma gourmandise a sans doute déplu à Dieu. — Et l'avarice, mon fils ? — Hélas! mon père, je suis coupable du péché d'avarice pour avoir fait quelquefois le commerce, afin de donner tout mon gain aux pauvres. — Vous êtes-vous mis quelquefois en colère ? — Oh, tant ! quand je voyais le service divin si négligé, et les pécheurs ne pas observer les commandements de Dieu, comme je me mettais en colère ! »

---

1. Première nouvelle de la première journée.

Ensuite Ser Ciappelletto s'accuse d'avoir fait balayer sa chambre un jour de dimanche : le confesseur le rassure, et lui dit que Dieu lui pardonnera; le pénitent fond en larmes, et lui dit que Dieu ne lui pardonnera jamais; qu'il se souvient qu'à l'âge de deux ans il s'était dépité contre sa mère, que c'était un crime irrémissible; « ma pauvre mère, dit-il, qui m'a porté neuf mois dans son ventre le jour et la nuit, et qui me portait dans ses bras quand j'étais petit. Non, Dieu ne me pardonnera jamais d'avoir été un si méchant enfant ».

Enfin, cette confession étant devenue publique, on fait un saint de Ciappelletto, qui avait été le plus grand fripon de son temps.

Le chanoine Luigi Pulci [1] est beaucoup plus licencieux dans son poëme du *Morgante*. Il commence ce poëme par oser tourner en ridicule les premiers versets de l'*Évangile de saint Jean*.

> In principio era il Verbo appresso a Dio,
> Ed era Iddio il Verbo, e'l Verbo lui;
> Questo era nel principio, al parer mio, etc.

J'ignore, après tout, si c'est par naïveté ou par impiété que le Pulci, ayant mis l'Évangile à la tête de son poëme, le finit par le *Salve, Regina*; mais soit puérilité, soit audace, cette liberté ne serait pas soufferte aujourd'hui. On condamnerait plus encore la réponse de Morgante à Margutte; ce Margutte demande à Morgante s'il est chrétien ou musulman.

> E s'egli crede in Cristo o in Maometto.
> Rispose allor Margutte : Per dirtel'tosto,
> Io non credo più al nero che all'azzuro;
> Ma nel cappone, o lesso o voglia arrosto.
> . . . .
> Ma sopra tutto nel buon vino ho fede.
> . . . .
> Or queste son' tre virtù cardinali :
> La gola, il dado, e'l culo, come io t'ho detto.

Une chose bien étrange, c'est que presque tous les écrivains italiens des xive, xve, et xvie siècles, ont très-peu respecté cette même religion dont leur patrie était le centre; plus ils voyaient

---

[1]. Voyez aussi ce qui est dit de Pulci, tome IX, dans la *Préface de dom Apuleius Risorius*, en tête de *la Pucelle*.

de près les augustes cérémonies de ce culte, et les premiers pontifes, plus ils s'abandonnaient à une licence que la cour de Rome semblait alors autoriser par son exemple. On pouvait leur appliquer ces vers du *Pastor fido* :

> Il lungo conversar genera noia,
> E la noia disprezzo, e odio al fine.

Les libertés qu'ont prises Machiavel, l'Arioste, l'Arétin, l'archevêque de Bénévent la Casa, le cardinal Bembo, Pomponace, Cardan, et tant d'autres savants, sont assez connues. Les papes n'y faisaient nulle attention, et pourvu qu'on achetât des indulgences et qu'on ne se mêlât point du gouvernement, il était permis de tout dire. Les Italiens alors ressemblaient aux anciens Romains, qui se moquaient impunément de leurs dieux, mais qui ne troublèrent jamais le culte reçu[1]. Il n'y eut que Giordano Bruno qui, ayant bravé l'inquisiteur à Venise, et s'étant fait un ennemi irréconciliable d'un homme si puissant et si dangereux, fut recherché pour son livre *della Bestia trionfante* : on le fit périr par le supplice du feu, supplice inventé parmi les chrétiens contre les hérétiques. Ce livre très-rare est pis qu'hérétique ; l'auteur n'admet que la loi des patriarches, la loi naturelle ; il fut composé et imprimé à Londres chez le lord Philippe Sidney, l'un des plus grands hommes d'Angleterre, favori de la reine Élisabeth.

Parmi les incrédules on range communément tous les princes et les politiques d'Italie des xive, xve, et xvie siècles. On prétend que si le pape Sixte IV avait eu de la religion, il n'aurait pas trempé dans la conjuration des Pazzi, pour laquelle on pendit l'archevêque de Florence en habits pontificaux aux fenêtres de l'hôtel de ville. Les assassins des Médicis, qui exécutèrent leur parricide dans la cathédrale au moment que le prêtre montrait l'eucharistie au peuple, ne pouvaient, dit-on, croire à l'eucharistie. Il paraît impossible qu'il y eût le moindre instinct de religion dans le cœur d'un Alexandre VI, qui faisait périr par le stylet, par la corde, ou par le poison, tous les petits princes dont il ravissait les États, et qui leur accordait des indulgences *in articulo mortis*, dans le temps qu'ils rendaient les derniers soupirs.

On ne tarit point sur ces affreux exemples. Hélas ! mon-

---

1. Nous citons tous ces scandales en les détestant, et nous espérons faire passer dans l'esprit du lecteur judicieux les sentiments qui nous animent (*Note de Voltaire.*)

seigneur, que prouvent-ils? Que le frein d'une religion pure, dégagée de toutes les superstitions qui la déshonorent, et qui peuvent la rendre incroyable, était absolument nécessaire à ces grands criminels. Si la religion avait été épurée, il y aurait eu moins d'incrédulité et moins de forfaits. Quiconque croit fermement un Dieu rémunérateur de la vertu, et vengeur du crime, tremblera sur le point d'assassiner un homme innocent, et le poignard lui tombera des mains; mais les Italiens alors, ne connaissant le christianisme que par des légendes ridicules, par les sottises et les fourberies des moines, s'imaginaient qu'il n'est aucune religion parce que leur religion ainsi déshonorée leur paraissait absurde. De ce que Savonarole avait été un faux prophète, ils concluaient qu'il n'y a point de Dieu: ce qui est un fort mauvais argument. L'abominable politique de ces temps affreux leur fit commettre mille crimes; leur philosophie, non moins affreuse, étouffa leurs remords; ils voulurent anéantir le Dieu qui pouvait les punir.

LETTRE III.

SUR VANINI.

Monseigneur,

Vous me demandez des Mémoires sur Vanini; je ne puis mieux faire[1] que de vous renvoyer à la section troisième de l'article Athéisme du *Dictionnaire philosophique :* j'ajouterai aux sages réflexions que vous y trouverez qu'on imprima une *Vie de Vanini* à Londres, en 1717[2]. Elle est dédiée à milord *North and Grey.* C'est un Français réfugié, son chapelain, qui en est l'auteur. C'est assez de dire, pour faire connaître le personnage, qu'il s'appuie dans son histoire sur le témoignage du jésuite Garasse, le plus

---

1. Dans la première édition on lisait : « Je ne puis mieux faire que de transcrire ici ce qui est rapporté dans la sixième édition d'un petit ouvrage composé par une société de gens de lettres, attribué très-mal à propos à un homme célèbre. »
Et l'on reproduisait en effet ce que Voltaire avait dit de Vanini dans l'article Athée, Athéisme du *Dictionnaire philosophique.* Voyez, dans le *Dictionnaire philosophique,* la section III du mot Athéisme, etc. Le morceau commence par ces mots : « Franchissons tout l'espace, etc., » jusqu'à ceux-ci : « Presque personne ne lit ces apologies. » Après quoi l'auteur reprenait : « J'ajouterai à ces sages réflexions qu'on imprima une *Vie de Vanini,* etc. » (B.)
2. David Durand a composé, à Londres, *la Vie et les Sentiments de Lucilio Vanini,* ouvrage qui a été imprimé à Rotterdam, 1717, in-12.

absurde et le plus insolent calomniateur, et en même temps le plus ridicule écrivain qui ait jamais été chez les jésuites. Voici les paroles de Garasse, citées par le chapelain, et qui se trouvent en effet dans la *Doctrine curieuse* de ce jésuite, page 144 :

« Pour Lucile Vanin, il était Napolitain, homme de néant, qui avait rôdé toute l'Italie en chercheur de repues franches, et une bonne partie de la France en qualité de pédant. Ce méchant bélître, étant venu en Gascogne en 1617, faisait état d'y semer avantageusement son ivraie, et faire riche moisson d'impiétés, cuidant avoir trouvé des esprits susceptibles de ses propositions. Il se glissait dans les noblesses effrontément pour y piquer l'escabelle aussi franchement que s'il eût été domestique, et apprivoisé de tout temps à l'humeur du pays; mais il rencontra des esprits plus forts et résolus à la défense de la vérité qu'il ne s'était imaginé. »

Que pouvez-vous penser, monseigneur, d'une Vie écrite sur de pareils mémoires ? Ce qui vous surprendra davantage, c'est que lorsque ce malheureux Vanini fut condamné, on ne lui représenta aucun de ses livres, dans lesquels on a imaginé qu'était contenu le prétendu athéisme pour lequel il fut condamné. Tous les livres de ce pauvre Napolitain étaient des livres de théologie et de philosophie, imprimés avec privilège, et approuvés par des docteurs de la faculté de Paris. Ses *Dialogues* même, qu'on lui reproche aujourd'hui et qu'on ne peut guère condamner que comme un ouvrage très-ennuyeux, furent honorés des plus grands éloges en français, en latin, et même en grec. On voit surtout, parmi ces éloges, ces vers d'un fameux docteur de Paris[1] :

> Vaninus, vir mente potens, sophiæque magister
> Maximus, Italiæ decus, et nova gloria gentis.

Ces deux vers furent imités depuis en français :

> Honneur de l'Italie, émule de la Grèce,
> Vanini fait connaître et chérir la sagesse.

Mais tous ces éloges ont été oubliés, et on se souvient seulement qu'il a été brûlé vif. Il faut avouer qu'on brûle quelquefois les gens un peu légèrement, témoin Jean Hus, Jérôme de Prague,

---

1. Gr. Certain, docteur-médecin de la faculté de Paris. Ces vers font partie d'une assez longue pièce de vers qui se lit en tête de l'édition des *Dialogues de Vanini*.

le conseiller Anne Dubourg, Servet, Antoine, Urbain Grandier, la maréchale d'Ancre, Morin, et Jean Calas; témoin enfin cette foule innombrable d'infortunés que presque toutes les sectes chrétiennes ont fait périr tour à tour dans les flammes : horreur inconnue aux Persans, aux Turcs, aux Tartares, aux Indiens, aux Chinois, à la république romaine, et à tous les peuples de l'antiquité; horreur à peine abolie parmi nous, et qui fera rougir nos enfants d'être sortis d'aïeux si abominables.

LETTRE IV.

SUR LES AUTEURS ANGLAIS.

Monseigneur,

Votre Altesse demande qui sont ceux qui ont eu l'audace de s'élever, non-seulement contre l'Église romaine, mais contre l'Église chrétienne; le nombre en est prodigieux, surtout en Angleterre. Un des premiers est le lord Herbert de Cherbury, mort en 1648, connu par ses Traités de la religion des laïques, et de celle des Gentils.

Hobbes ne reconnut d'autre religion que celle à qui le gouvernement donnait sa sanction. Il ne voulait point deux maîtres : le vrai pontife est le magistrat. Cette doctrine souleva tout le clergé. On cria au scandale, à la nouveauté. Pour du scandale, c'est-à-dire de ce qui fait tomber, il y en avait; mais de la nouveauté, non, car, en Angleterre, le roi était dès longtemps le chef de l'Église. L'impératrice de Russie en est le chef dans un pays plus vaste que l'empire romain. Le sénat, dans la république, était le chef de la religion, et tout empereur romain était souverain pontife.

Le lord Shaftesbury surpassa de bien loin Herbert et Hobbes pour l'audace et pour le style[1]. Son mépris pour la religion chrétienne éclate trop ouvertement.

La *Religion naturelle*[2] de Wollaston est écrite avec plus de ménagement; mais n'ayant pas les agréments de milord Shaftesbury, ce livre n'a été guère lu que des philosophes.

1. Voyez, dans Diderot, la traduction de l'*Essai sur le Mérite et la Vertu*.
2. L'ouvrage a paru en 1672, et est intitulé *Religion of nature delineated*. La traduction française, par Garrigue, a pour titre : *Ebauche de la religion naturelle, traduite de l'anglais, avec un supplément et autres additions considérables*, 1756, deux volumes in-12.

DE TOLAND.

Toland a porté des coups plus violents. C'était une âme fière et indépendante ; né dans la pauvreté, il pouvait s'élever à la fortune s'il avait été plus modéré. La persécution l'irrita ; il écrivit contre la religion chrétienne par haine et par vengeance.

Dans son premier livre, intitulé *la Religion chrétienne sans mystères*, il avait écrit lui-même un peu mystérieusement, et sa hardiesse était couverte d'un voile. On le condamna ; on le poursuivit en Irlande : le voile fut bientôt déchiré. Ses *Origines judaïques*, son *Nazaréen*, son *Pantheisticon*, furent autant de combats qu'il livra ouvertement au christianisme. Ce qui est étrange, c'est qu'ayant été opprimé en Irlande pour le plus circonspect de ses ouvrages, il ne fut jamais troublé en Angleterre pour les livres les plus audacieux.

On l'accusa d'avoir fini son *Pantheisticon* par cette prière blasphématoire, qui se trouve en effet dans quelques éditions: « Omnipotens et sempiterne Bacche, qui hominum corda donis tuis recreas, concede propitius ut qui hesternis poculis ægroti facti sunt, hodiernis curentur, per pocula poculorum. Amen ! »

Mais comme cette profanation était une parodie d'une prière de l'Église romaine, les Anglais n'en furent point choqués. Au reste, il est démontré que cette prière profane n'est point de Toland ; elle avait été faite deux cents ans auparavant en France par une société de buveurs : on la trouve dans le *Carême allégorisé*, imprimé en 1563. Ce fou de jésuite Garasse en parle dans sa *Doctrine curieuse*, livre II, page 201.

Toland mourut avec un grand courage en 1721[1]. Ses dernières paroles furent : *Je vais dormir*. Il y a encore quelques pièces de vers en l'honneur de sa mémoire ; ils ne sont pas faits par des prêtres de l'Église anglicane.

DE LOCKE.

C'est à tort qu'on a compté le grand philosophe Locke parmi les ennemis de la religion chrétienne. Il est vrai que son livre du *Christianisme raisonnable*[2] s'écarte assez de la foi ordinaire ; mais

---

1. Né le 30 novembre 1670, Toland est mort le 11 mai 1722.
2. La traduction française par P. Coste est intitulée *Que la religion chrétienne est très-raisonnable telle qu'elle nous est représentée dans l'Écriture sainte :* 1696, et 1703, deux volumes in-8°. Il y a des réimpressions sous le titre de *Christianisme raisonnable*.

la religion des primitifs appelés *trembleurs*, qui fait une si grande figure en Pensylvanie, est encore plus éloignée du christianisme ordinaire ; et cependant ils sont réputés chrétiens.

On lui a imputé de ne point croire l'immortalité de l'âme, parce qu'il était persuadé que Dieu, le maître absolu de tout, pouvait donner (s'il voulait) le sentiment et la pensée à la matière. M. de Voltaire l'a bien vengé de ce reproche[1]. Il a prouvé que Dieu peut conserver éternellement l'atome, la monade, qu'il aura daigné favoriser du don de la pensée. C'était le sentiment du célèbre et saint prêtre Gassendi, pieux défenseur de ce que la doctrine d'Épicure peut avoir de bon. Voyez sa fameuse lettre à Descartes.

« D'où vous vient cette notion? Si elle procède du corps, il faut que vous ne soyez pas sans extension. Apprenez-nous comment il se peut faire que l'espèce ou l'idée du corps, qui est étendu, puisse être reçue dans vous, c'est-à-dire dans une substance non étendue... Il est vrai que vous connaissez que vous pensez, mais vous ignorez quelle espèce de substance vous êtes, vous qui pensez, quoique l'opération de la pensée vous soit connue. Le principal de votre essence vous est caché, et vous ne savez point quelle est la nature de cette substance, dont l'une des opérations est de penser, etc. »

Locke mourut en paix, disant à Mᵐᵉ Masham et à ses amis qui l'entouraient : *La vie est une pure vanité.*

DE L'ÉVÊQUE TAYLOR, ET DE TINDAL.

On a mis peut-être avec autant d'injustice Taylor, évêque de Connor, parmi les mécréants, à cause de son livre du *Guide des douteurs.*

Mais pour le docteur Tindal, auteur du *Christianisme aussi ancien que le monde*, il a été constamment le plus intrépide soutien de la religion naturelle, ainsi que de la maison royale de Hanovre. C'était un des plus savants hommes d'Angleterre dans l'histoire. Il fut honoré jusqu'à sa mort d'une pension de deux cents livres sterling. Comme il ne goûtait pas les livres de Pope ; qu'il le trouvait absolument sans génie et sans imagination, et ne lui accordait que le talent de versifier et de mettre en œuvre l'esprit des autres, Pope fut son implacable ennemi. Tindal de plus était un whig ardent, et Pope un jacobite. Il n'est pas éton-

---

[1]. Voyez tome XXII, page 121 et suiv.

nant que Pope l'ait déchiré dans sa *Dunciade*, ouvrage imité de Dryden, et trop rempli de bassesses et d'images dégoûtantes.

DE COLLINS.

Un des plus terribles ennemis de la religion chrétienne a été Antoine Collins, grand trésorier de la comté d'Essex, bon métaphysicien, et d'une grande érudition. Il est triste qu'il n'ait fait usage de sa profonde dialectique que contre le christianisme. Le docteur Clarke, célèbre socinien, auteur d'un très-bon livre où il démontre l'existence de Dieu, n'a jamais pu répondre aux livres de Collins d'une manière satisfaisante, et a été réduit aux injures.

Ses *Recherches philosophiques* sur la liberté de l'homme, sur les fondements de la religion chrétienne, sur les prophéties littérales, sur la liberté de penser, sont malheureusement demeurées des ouvrages victorieux.

DE WOOLSTON.

Le trop fameux Thomas Woolston, maître ès arts de Cambridge, se distingua, vers l'an 1726, par ses discours contre les miracles de Jésus-Christ, et leva l'étendard si hautement qu'il faisait vendre à Londres son ouvrage dans sa propre maison. On en fit trois éditions coup sur coup, de dix mille exemplaires chacune.

Personne n'avait encore porté si loin la témérité et le scandale. Il traite de contes puérils et extravagants les miracles et la résurrection de notre Sauveur. Il dit que quand Jésus-Christ changea l'eau en vin pour des convives qui étaient déjà ivres, c'est qu'apparemment il fit du punch. Dieu emporté par le diable sur le pinacle du temple, et sur une montagne dont on voyait tous les royaumes de la terre, lui paraît un blasphème monstrueux. Le diable envoyé dans un troupeau de deux mille cochons, le figuier séché pour n'avoir pas porté de figues quand ce n'était pas le temps des figues, la transfiguration de Jésus, ses habits devenus tout blancs, sa conversation avec Moïse et Élie, enfin toute son histoire sacrée est travestie en roman ridicule. Woolston n'épargne pas les termes les plus injurieux et les plus méprisants. Il appelle souvent notre Seigneur Jésus-Christ : *the fellow*, ce compagnon, ce garnement; *a wanderer*, un vagabond; *a mendicant friar*, un frère coupe-chou mendiant.

Il se sauve pourtant à la faveur du sens mystique, en disant que ces miracles sont de pieuses allégories. Tous les bons chrétiens n'en ont pas moins eu son livre en horreur.

Il y eut un jour une dévote qui, en le voyant passer dans la rue, lui cracha au visage. Il s'essuya tranquillement, et lui dit : *C'est ainsi que les Juifs ont traité votre Dieu.* Il mourut en paix en disant : *'Tis a pass every man must come to;* c'est un terme où tout homme doit arriver. Vous trouverez dans le *Dictionnaire portatif* de l'abbé Ladvocat, et dans un *Nouveau Dictionnaire portatif*[1], où les mêmes erreurs sont copiées, que Woolston est mort en prison, en 1733. Rien n'est plus faux; plusieurs de mes amis l'ont vu dans sa maison : il est mort libre chez lui.

DE WARBURTON.

On a regardé Warburton, évêque de Glocester, comme un des plus hardis infidèles qui aient jamais écrit, parce qu'après avoir commenté Shakespeare, dont les comédies, et même quelquefois les tragédies, fourmillent de quolibets licencieux, il a soutenu, dans sa *Légation de Moïse*, que Dieu n'a point enseigné à son peuple chéri l'immortalité de l'âme. Il se peut qu'on ait jugé cet évêque trop durement, et que l'orgueil et l'esprit satirique qu'on lui reprocha aient soulevé toute la nation. On a beaucoup écrit contre lui. Les deux premiers volumes de son ouvrage n'ont paru qu'un vain fatras d'érudition erronée, dans lesquels il ne traite pas même son sujet, et qui de plus sont contraires à son sujet, puisqu'ils ne tendent qu'à prouver que tous les législateurs ont établi pour principe de leurs religions l'immortalité de l'âme; en quoi même Warburton se trompe, car ni Sanchoniathon le Phénicien, ni le livre des *Cinq Kings* chinois, ni Confucius, n'admettent ce principe.

Mais jamais Warburton dans tous ses faux-fuyants n'a pu répondre aux grands arguments personnels dont on l'a accablé. Vous prétendez que tous les sages ont posé pour fondement de la religion l'immortalité de l'âme, les peines et les récompenses après la mort; or, Moïse n'en parle ni dans son *Décalogue*, ni dans aucune de ses lois : donc Moïse, de votre aveu, n'était pas un sage.

[2] Ou il était instruit de ce grand dogme, ou il l'ignorait : s'il en était instruit, il est coupable de ne l'avoir pas enseigné; s'il l'ignorait, il était indigne d'être législateur.

---

1. Celui de Chaudon; voyez la note, tome XIV, page 24.
2. Voyez la note, tome XVII, pages 144-145.

Ou Dieu inspirait Moïse, ou ce n'était qu'un charlatan : si Dieu inspirait Moïse, il ne pouvait lui cacher l'immortalité de l'âme, et s'il ne lui a pas appris ce que tous les Égyptiens savaient, Dieu l'a trompé et a trompé tout son peuple ; si Moïse n'était qu'un charlatan, vous détruisez toute la loi mosaïque, et par conséquent vous sapez par le fondement la religion chrétienne, bâtie sur la mosaïque. Enfin, si Dieu a trompé Moïse, vous faites de l'Être infiniment parfait un séducteur et un fripon. De quelque côté que vous vous tourniez, vous blasphémez.

Vous croyez vous tirer d'affaire en disant que Dieu payait son peuple comptant, en le punissant temporairement de ses transgressions, et en le récompensant par les biens de la terre quand il était fidèle. Cette évasion est pitoyable, car combien de transgresseurs ont passé leurs jours dans les délices! témoin Salomon. Ne faut-il pas avoir perdu le bon sens ou la pudeur pour dire que chez les Juifs aucun scélérat n'échappait à la punition temporelle? N'est-il pas parlé cent fois du bonheur des méchants dans l'Écriture?

Nous savions avant vous que ni le *Décalogue* ni le *Lévitique* ne font mention de l'immortalité de l'âme, ni de sa spiritualité, ni des peines et des récompenses dans une autre vie; mais ce n'était pas à vous à le dire. Ce qui est pardonnable à un laïque ne l'est pas à un prêtre; et surtout vous ne devez pas le dire dans quatre volumes ennuyeux [1].

Voilà ce que l'on objecte à Warburton. Il a répondu par des injures atroces, et il a cru enfin qu'il avait raison parce que son évêché lui vaut deux mille cinq cents guinées de rentes. Toute l'Angleterre s'est déclarée contre lui malgré ses guinées. Il s'est rendu odieux par la virulence de son insolent caractère beaucoup plus que par l'absurdité de son système.

DE BOLINGBROKE.

Milord Bolingbroke a été plus audacieux que Warburton, et de meilleure foi. Il ne cesse de dire, dans ses *Œuvres philosophiques*, que les athées sont beaucoup moins dangereux que les théologiens. Il raisonnait en ministre d'État qui savait combien de sang les querelles théologiques ont coûté à l'Angleterre; mais il devait s'en tenir à proscrire la théologie, et non la religion

---

1. Le traité de la *Divine Légation de Moïse* (*Divine Legation of Moses*; 1766), par Warburton, a cinq volumes in-8°.

chrétienne dont tout homme d'État peut tirer de très-grands avantages pour le genre humain, en la resserrant dans ses bornes, si elle les a franchies. On a publié après la mort du lord Bolingbroke quelques-uns de ses ouvrages [1] plus violents encore que son *Recueil philosophique;* il y déploie une éloquence funeste. Personne n'a jamais écrit rien de plus fort : on voit qu'il avait la religion chrétienne en horreur. Il est triste qu'un si sublime génie ait voulu couper par la racine un arbre qu'il pouvait rendre très-utile en élaguant les branches, et en nettoyant sa mousse.

On peut épurer la religion [2]. On commença ce grand ouvrage il y a près de deux cent cinquante années; mais les hommes ne s'éclairent que par degrés. Qui aurait prévu alors qu'on analyserait les rayons du soleil, qu'on électriserait avec le tonnerre, et qu'on découvrirait la loi de gravitation universelle, loi qui préside à l'univers? Il est temps, selon Bolingbroke, qu'on bannisse la théologie, comme on a banni l'astrologie judiciaire, la sorcellerie, la possession du diable, la baguette divinatoire, la panacée universelle, et les jésuites. La théologie n'a jamais servi qu'à renverser les lois et qu'à corrompre les cœurs : elle seule fait les athées, car le grand nombre des théologiens qui est assez sensé pour voir le ridicule de cette science chimérique n'en sait pas assez pour lui substituer une saine philosophie. La théologie, disent-ils, est, selon la signification du mot, la science de Dieu. Or les polissons qui ont profané cette science ont donné de Dieu des idées absurdes, et de là ils concluent que la Divinité est une chimère, parce que la théologie est chimérique. C'est précisément dire qu'il ne faut ni prendre du quinquina pour la fièvre, ni faire diète dans la pléthore, ni être saigné dans l'apoplexie, parce qu'il y a eu de mauvais médecins ; c'est nier la connaissance du cours des astres, parce qu'il y a eu des astrologues; c'est nier les effets évidents de la chimie, parce que des chimistes charlatans ont prétendu faire de l'or. Les gens du monde, encore plus ignorants que ces petits théologiens, disent: Voilà des bacheliers et des licenciés qui ne croient pas en Dieu; pourquoi y croirions-nous? Voilà quelle est la suite funeste de l'esprit théologique. Une fausse science fait les athées; une vraie science prosterne l'homme devant la Divinité : elle rend juste et sage celui que l'abus de la théologie a rendu inique et insensé.

---

1. Voltaire veut parler de l'*Examen important,* qu'il donna sous le nom de Bolingbroke, et qui fait partie du présent volume; voyez pages 195 et suiv.
2. Cet alinéa a été reproduit par Voltaire dans le 24ᵉ Dialogue de son A. B. C.

DE THOMAS CHUBB[1].

Thomas Chubb est un philosophe formé par la nature. La subtilité de son génie, dont il abusa, lui fit embrasser non-seulement le parti des sociniens, qui ne regardent Jésus-Christ que comme un homme, mais enfin celui des théistes rigides, qui reconnaissent un Dieu et n'admettent aucun mystère. Ses égarements sont méthodiques : il voudrait réunir tous les hommes dans une religion qu'il croit épurée parce qu'elle est simple. Le mot de christianisme est à chaque page dans ses divers ouvrages, mais la chose ne s'y trouve pas. Il ose penser que Jésus-Christ a été de la religion de Thomas Chubb; mais il n'est pas de la religion de Jésus-Christ. Un abus perpétuel des mots est le fondement de sa persuasion. Jésus-Christ a dit : Aimez Dieu et votre prochain, voilà toute la loi, voilà tout l'homme. Chubb s'en tient à ces paroles; il écarte tout le reste. Notre Sauveur lui paraît un philosophe comme Socrate, qui fut mis à mort comme lui pour avoir combattu les superstitions et les prêtres de son pays. D'ailleurs il a écrit avec retenue, il s'est toujours couvert d'un voile. Les obscurités dans lesquelles il s'enveloppe lui ont donné plus de réputation que de lecteurs.

LETTRE V.

SUR SWIFT[2].

Il est vrai, monseigneur, que je ne vous ai point parlé de Swift; il mérite un article à part : c'est le seul écrivain anglais de ce genre qui ait été plaisant. C'est une chose bien étrange que les deux hommes à qui on doit le plus reprocher d'avoir osé tourner la religion chrétienne en ridicule aient été deux prêtres ayant charge d'âmes. Rabelais fut curé de Meudon, et Swift fut doyen de la cathédrale de Dublin : tous deux lancèrent plus de sarcasmes contre le christianisme que Molière n'en a prodigué contre la médecine, et tous deux vécurent et moururent paisibles, tandis

---

1. Né en 1679, mort en 1747.
2. Voltaire avait déjà parlé de Swift (voyez tome XXII, page 175), à qui il avait adressé quelques lettres en 1727 et 1728.

que d'autres hommes ont été persécutés, poursuivis, mis à mort, pour quelques paroles équivoques.

> Quelquefois l'un se brise où l'autre s'est sauvé,
> Et par où l'un périt un autre est conservé.
> (*Cinna*, acte II, scène I.)

Le *Conte du Tonneau*[1] du doyen Swift est une imitation des *Trois Anneaux*. La fable de ces trois anneaux est fort ancienne[2] : elle est du temps des croisades. C'est un vieillard qui laissa, en mourant, une bague à chacun de ses trois enfants: ils se battirent à qui aurait la plus belle; on reconnut enfin, après de longs débats, que les trois bagues étaient parfaitement semblables. Le bon vieillard est le théisme, les trois enfants sont la religion juive, la chrétienne, et la musulmane.

L'auteur oublia les religions des mages et des brachmanes, et beaucoup d'autres; mais c'était un Arabe qui ne connaissait que ces trois sectes. Cette fable conduit à cette indifférence qu'on reprocha tant à l'empereur Frédéric II, et à son chancelier *De Vineis*, qu'on accuse d'avoir composé le livre *De tribus Impostoribus*, qui, comme vous savez, n'a jamais existé[3].

Le conte des *Trois Anneaux* se trouve dans quelques anciens recueils : le docteur Swift lui a substitué trois justaucorps. L'introduction à cette raillerie impie est digne de l'ouvrage; c'est une estampe où sont représentées trois manières de parler en public : la première est le théâtre d'Arlequin et de Gilles; la seconde est un prédicateur dont la chaire est la moitié d'une futaille; la troisième est l'échelle du haut de laquelle un homme qu'on va pendre harangue le peuple.

Un prédicateur entre Gilles et un pendu ne fait pas une belle figure. Le corps du livre est une histoire allégorique des trois principales sectes qui divisent l'Europe méridionale, la romaine, la luthérienne, et la calviniste: car il ne parle pas de l'Église grecque, qui possède six fois plus de terrain qu'aucune des trois autres, et il laisse là le mahométisme, bien plus étendu que l'Église grecque.

Les trois frères à qui leur vieux bonhomme de père a légué trois justaucorps tout unis, et de la même couleur, sont Pierre,

1. Voyez la note 2 de la page 206.
2. Boccace en a fait le sujet de sa troisième nouvelle de la première journée du *Décaméron*.
3. Voyez, tome X, une note sur l'*Épître à l'auteur du livre Des trois Imposteurs*.

Martin et Jean, c'est-à-dire le pape, Luther et Calvin. L'auteur fait faire plus d'extravagances à ses trois héros que Cervantes n'en attribue à son don Quichotte, et l'Arioste à son Roland ; mais milord Pierre est le plus maltraité des trois frères. Le livre est très-mal traduit en français; il n'était pas possible de rendre le comique dont il est assaisonné. Ce comique tombe souvent sur des querelles entre l'Église anglicane et la presbytérienne, sur des usages, sur des aventures que l'on ignore en France, et sur des jeux de mots particuliers à la langue anglaise. Par exemple, le mot qui signifie *une bulle du pape* en français, signifie aussi en anglais *un bœuf* (*bull*). C'est une source d'équivoques et de plaisanteries entièrement perdues pour un lecteur français.

Swift était bien moins savant que Rabelais ; mais son esprit est plus fin et plus délié : c'est le Rabelais de la bonne compagnie [1]. Les lords Oxford et Bolingbroke firent donner le meilleur bénéfice d'Irlande, après l'archevêché de Dublin, à celui qui avait couvert la religion chrétienne de ridicule, et Abbadie, qui avait écrit en faveur de cette religion un livre auquel on prodiguait les éloges, n'eut qu'un malheureux petit bénéfice de village ; mais il est à remarquer que tous deux sont morts fous.

LETTRE VI.

SUR LES ALLEMANDS.

Monseigneur,

Votre Allemagne a eu aussi beaucoup de grands seigneurs et de philosophes accusés d'irréligion. Votre célèbre Corneille Agrippa, au xvi* siècle, fut regardé, non-seulement comme un sorcier, mais comme un incrédule. Cela est contradictoire : car un sorcier croit en Dieu, puisqu'il ose mêler le nom de Dieu dans toutes ses conjurations ; un sorcier croit au diable, puisqu'il se donne au diable. Chargé de ces deux calomnies comme Apulée, Agrippa fut bien heureux de n'être qu'en prison, et de ne mourir qu'à l'hôpital. Ce fut lui qui, le premier, débita que le fruit défendu dont avaient mangé Adam et Ève était la jouissance de l'amour, à laquelle ils s'étaient abandonnés avant d'avoir reçu de Dieu la bénédiction nuptiale. Ce fut encore lui qui, après avoir

---

1. Voyez tome XIV, page 560; XXII, 174.

cultivé les sciences, écrivit le premier contre elles. Il décria le lait dont il avait été nourri, parce qu'il l'avait très-mal digéré. Il mourut dans l'hôpital de Grenoble en 1535.

Je ne connais votre fameux docteur Faustus que par la comédie dont il est le héros, et qu'on joue dans toutes vos provinces de l'empire. Votre docteur Faustus y est dans un commerce suivi avec le diable. Il lui écrit des lettres qui cheminent par l'air au moyen d'une ficelle : il en reçoit des réponses. On voit des miracles à chaque acte, et le diable emporte Faustus à la fin de la pièce. On dit qu'il était né en Souabe, et qu'il vivait sous Maximilien Ier. Je ne crois pas qu'il ait fait plus de fortune auprès de Maximilien qu'auprès du diable son autre maître.

Le célèbre Érasme fut également soupçonné d'irréligion par les catholiques et par les protestants, parce qu'il se moquait des excès où les uns et les autres tombèrent. Quand deux partis ont tort, celui qui se tient neutre, et qui par conséquent a raison, est vexé par l'un et par l'autre. La statue qu'on lui a dressée dans la place de Rotterdam, sa patrie, l'a vengé de Luther et de l'Inquisition.

Mélanchthon[1], *terre noire*, fut à peu près dans le cas d'Érasme. On prétend qu'il changea quatorze fois de sentiment sur le péché originel et sur la prédestination. On l'appelait, dit-on, le Protée d'Allemagne. Il aurait voulu en être le Neptune qui retient la fougue des vents.

> Jam cœlum terramque meo sine numine, venti,
> Miscere, et tantas audetis tollere moles!
>
> (VIRG. *Æn.*, I, 137.)

Il était modéré et tolérant. Il passe pour indifférent. Étant devenu protestant, il conseilla à sa mère de rester catholique. De là on jugea qu'il n'était ni l'un ni l'autre.

J'omettrai, si vous le permettez, la foule des sectaires à qui l'on a reproché d'embrasser des factions plutôt que d'adhérer à des opinions, et de croire à l'ambition ou à la cupidité bien plutôt qu'à Luther et au pape. Je ne parlerai pas des philosophes, accusés de n'avoir eu d'autre évangile que la nature.

Je viens à votre illustre Leibnitz. Fontenelle, en faisant son éloge à Paris en pleine Académie, s'exprime sur sa religion en ces termes : « On l'accuse de n'avoir été qu'un grand et rigide observateur du droit naturel : ses pasteurs lui en ont fait des réprimandes publiques et inutiles. »

---

1. Mélanchthon signifie, en grec, *terre noire*.

Vous verrez bientôt, monseigneur, que Fontenelle, qui parlait ainsi, avait essuyé des imputations non moins graves.

Wolff[1], le disciple de Leibnitz, a été exposé à un plus grand danger : il enseignait les mathématiques dans l'Université de Hall avec un succès prodigieux. Le professeur théologien Lange, qui gelait de froid dans la solitude de son école, tandis que Wolff avait cinq cents auditeurs, s'en vengea en dénonçant Wolff comme un athée. Le feu roi de Prusse Frédéric-Guillaume, qui s'entendait mieux à exercer ses troupes qu'aux disputes des savants, crut Lange trop aisément : il donna le choix à Wolff de sortir de ses États dans vingt-quatre heures, ou d'être pendu. Le philosophe résolut sur-le-champ le problème en se retirant à Marbourg, où ses écoliers le suivirent, et où sa gloire et sa fortune augmentèrent. La ville de Hall perdit alors plus de quatre cent mille florins par an, que Wolff lui valait par l'affluence de ses disciples : le revenu du roi en souffrit, et l'injustice faite au philosophe ne retomba que sur le monarque. Vous savez, monseigneur, avec quelle équité et quelle grandeur d'âme le successeur de ce prince[2] répara l'erreur dans laquelle on avait entraîné son père.

Il est dit à l'article *Wolff*, dans un dictionnaire, que Charles-Frédéric, philosophe couronné, ami de Wolff, l'éleva à la dignité de vice-chancelier de l'Université de l'électeur de Bavière, et de baron de l'empire[3]. Le roi dont il est parlé dans cet article est en effet un philosophe, un savant, un très-grand génie, ainsi qu'un très-grand capitaine sur le trône ; mais il ne s'appelle point Charles : il n'y a point dans ses États d'université appartenante à l'électeur de Bavière ; l'empereur seul fait des barons de l'empire. Ces petites fautes, qui sont trop fréquentes dans tous les dictionnaires, peuvent être aisément corrigées.

Depuis ce temps, la liberté de penser a fait des progrès étonnants dans tout le nord de l'Allemagne. Cette liberté même a été portée à un tel excès qu'on a imprimé, en 1766, un *Abrégé de l'histoire ecclésiastique* de Fleury avec une Préface d'un style éloquent, qui commence par ces paroles :

« L'établissement de la religion chrétienne a eu, comme tous les empires, de faibles commencements. Un Juif de la lie du peuple, dont la naissance est douteuse, qui mêle aux absurdités

---

1. Voltaire a déjà parlé longuement de Wolff et de Lange dans son *Dictionnaire philosophique*; voyez tome XVIII, page 156.
2. Frédéric le Grand.
3. Cela se trouve à la page 770 du tome IV du *Dictionnaire historique* (de Barral et Guibaud), dont il est parlé tome XVIII, page 351.

des anciennes prophéties des préceptes de morale, auquel on attribue des miracles, est le héros de cette secte : douze fanatiques se répandent d'Orient en Italie, etc. »

Il est triste que l'auteur de ce morceau, d'ailleurs profond et sublime, se soit laissé emporter à une hardiesse si fatale à notre sainte religion. Rien n'est plus pernicieux. Cependant cette licence prodigieuse n'a presque point excité de rumeurs. Il est bien à souhaiter que ce livre soit peu répandu. On n'en a tiré, à ce que je présume, qu'un petit nombre d'exemplaires.

Le discours de l'empereur Julien contre le christianisme, traduit à Berlin par le marquis d'Argens, chambellan du roi de Prusse, et dédié au prince Ferdinand de Brunsvick, serait un coup non moins funeste porté à notre religion si l'auteur n'avait pas eu le soin de rassurer par des remarques savantes les esprits effarouchés. L'ouvrage est précédé d'une Préface sage et instructive, dans laquelle il rend justice (il est vrai) aux grandes qualités et aux vertus de Julien, mais dans laquelle aussi il avoue les erreurs funestes de cet empereur. Je pense, monseigneur, que ce livre ne vous est pas inconnu, et que votre christianisme n'en a pas été ébranlé.

LETTRE VII.

SUR LES FRANÇAIS.

Vous avez, je crois, très-bien deviné, monseigneur, qu'en France il y a plus d'hommes accusés d'impiété que de véritables impies ; de même qu'on y a vu beaucoup plus de soupçons d'empoisonnements que d'empoisonneurs.

¹ L'inquiétude, la vivacité, la loquacité, la pétulance française supposa toujours plus de crimes qu'elle n'en commit. C'est pourquoi il meurt rarement un prince chez Mézerai sans qu'on lui ait *donné le boucon*. Le jésuite Garasse et le jésuite Hardouin trouvent partout des athées. Force moines, ou gens pires que moines, craignant la diminution de leur crédit, ont été des sentinelles criant toujours : Qui vive ? l'ennemi est aux portes. Grâces soient rendues à Dieu de ce que nous avons bien moins de gens niant Dieu qu'on ne l'a dit.

1. A l'exception des articles *Bayle, Mademoiselle Huber, Montesquieu, La Métrie, Meslier,* Voltaire avait, en 1770, fait de la fin de cette lettre la quatrième section de l'article ATHÉISME dans les *Questions sur l'Encyclopédie :* voyez la note 2, tome XVII, page 468.

DE BONAVENTURE DESPERIERS.

Un des premiers exemples en France de la persécution fondée sur des terreurs paniques fut le vacarme étrange qui dura si longtemps au sujet du *Cymbalum mundi*[1], petit livret d'une cinquantaine de pages tout au plus. L'auteur, Bonaventure Desperiers, vivait au commencement du xvi⁰ siècle. Ce Desperiers était domestique de Marguerite de Valois, sœur de François I⁰⁰. Les lettres commençaient alors à renaître. Desperiers voulut faire en latin quelques dialogues dans le goût de Lucien ; il composa quatre dialogues très-insipides sur les prédictions, sur la pierre philosophale, sur un cheval qui parle, sur les chiens d'Actéon. Il n'y a pas assurément, dans tout ce fatras de plat écolier, un seul mot qui ait le moindre et le plus éloigné rapport aux choses que nous devons révérer.

On persuada à quelques docteurs qu'ils étaient désignés par les chiens et par les chevaux. Pour les chevaux, ils n'étaient pas accoutumés à cet honneur. Les docteurs aboyèrent; aussitôt l'ouvrage fut recherché, traduit en langue vulgaire, et imprimé; et chaque fainéant d'y trouver des allusions; et les docteurs de crier à l'hérétique, à l'impie, à l'athée. Le livret fut déféré aux magistrats, le libraire Morin mis en prison, et l'auteur en de grandes angoisses.

L'injustice de la persécution frappa si fortement le cerveau de Bonaventure qu'il se tua de son épée dans le palais de Marguerite[2]. Toutes les langues des prédicateurs, toutes les plumes des théologiens, s'exercèrent sur cette mort funeste. Il s'est défait lui-même : donc il était coupable ; donc il ne croyait point en Dieu ; donc son petit livre, que personne n'avait pourtant la patience de lire, était le catéchisme des athées. Chacun le dit, chacun le crut : *Credidi propter quod locutus sum*[3] ; « j'ai cru parce que j'ai parlé, » est la devise des hommes. On répète une sottise, et à force de la redire on en est persuadé.

Le livre devint d'une rareté extrême : nouvelle raison pour le croire infernal. Tous les auteurs d'anecdotes littéraires et de dictionnaires n'ont pas manqué d'affirmer que le *Cymbalum mundi* est le précurseur de Spinosa.

Nous avons encore un ouvrage d'un conseiller de Bourges,

---

1. Voyez la note 2, tome XVIII, page 253.
2. Selon Henri Estienne. Le fait est contesté.
3. *Psalm.* cxv, 1.

nommé Catherinot, très-digne des armes de Bourges[1]. Ce grand juge dit : « Nous avons deux livres impies que je n'ai jamais vus : l'un, *De tribus Impostoribus;* l'autre, le *Cymbalum mundi.* » Eh! mon ami, si tu ne les as pas vus pourquoi en parles-tu?

Le minime Mersenne, ce facteur de Descartes, le même qui donne douze apôtres à Vanini, dit de Bonaventure Desperiers : « C'est un monstre et un fripon, d'une impiété achevée. » Vous remarquerez qu'il n'avait pas lu son livre. Il n'en restait plus que deux exemplaires dans l'Europe quand Prosper Marchand le réimprima à Amsterdam, en 1711[2]. Alors le voile fut tiré : on ne cria plus à l'impiété, à l'athéisme; on cria à l'ennui, et on n'en parla plus.

DE THÉOPHILE.

Il en a été de même de Théophile, très-célèbre dans son temps : c'était un jeune homme de bonne compagnie, faisant très-facilement des vers médiocres, mais qui eurent de la réputation; très-instruit dans les belles-lettres, écrivant purement en latin; homme de table autant que de cabinet, bienvenu chez les jeunes seigneurs qui se piquaient d'esprit, et surtout chez cet illustre et malheureux duc de Montmorency, qui, après avoir gagné des batailles, mourut sur un échafaud.

S'étant trouvé un jour avec deux jésuites, et la conversation étant tombée sur quelques points de la malheureuse philosophie de son temps, la dispute s'aigrit. Les jésuites substituèrent les injures aux raisons. Théophile était poëte et Gascon, *genus irritabile vatum*[3] *et Vasconum.* Il fit une petite pièce de vers où les jésuites n'étaient pas trop bien traités; en voici trois qui coururent toute la France :

> Cette grande et noire machine,
> Dont le souple et le vaste corps
> Étend ses bras jusqu'à la Chine.

Théophile même les rappelle dans une épître en vers écrite de sa prison au roi Louis XIII. Tous les jésuites se déchaînèrent contre lui. Les deux plus furieux, Garasse et Guérin, déshonorèrent la chaire et violèrent les lois en le nommant dans leurs

---

1. Les armes de Bourges sont : un âne assis dans un fauteuil.
2. Voyez la note 2, tome XVIII, page 253.
3. Horace, II, épitre II, 102.

sermons, en le traitant d'athée et d'homme abominable, en excitant contre lui toutes leurs dévotes.

Un jésuite plus dangereux, nommé Voisin, qui n'écrivait ni ne prêchait, mais qui avait un grand crédit auprès du cardinal de La Rochefoucauld, intenta un procès criminel à Théophile, et suborna contre lui un jeune débauché nommé Sajeot, qui avait été son écolier, et qui passait pour avoir servi à ses plaisirs infâmes, ce que l'accusé lui reprocha à la confrontation. Enfin le jésuite Voisin obtint, par la faveur du jésuite Caussin, confesseur du roi, un décret de prise de corps contre Théophile sur l'accusation d'impiété et d'athéisme. Le malheureux prit la fuite, on lui fit son procès par contumace, il fut brûlé en effigie en 1621. Qui croirait que la rage des jésuites n'était pas encore assouvie? Voisin paya un lieutenant de la connétablie, nommé Le Blanc, pour l'arrêter dans le lieu de sa retraite en Picardie. On l'enferma chargé de fers dans un cachot, aux acclamations de la populace à qui Le Blanc criait : « C'est un athée que nous allons brûler. » De là on le mena à Paris, à la Conciergerie, où il fut mis dans le cachot de Ravaillac. Il y resta une année entière, pendant laquelle les jésuites prolongèrent son procès pour chercher contre lui des preuves.

Pendant qu'il était dans les fers, Garasse publiait sa *Doctrine curieuse*, dans laquelle il dit que Pasquier, le cardinal Wolsey, Scaliger, Luther, Calvin, Bèze, le roi d'Angleterre, le landgrave de Hesse, et Théophile, sont des bélîtres d'athéistes et de carpocratiens. Ce Garasse écrivait dans son temps comme le misérable ex-jésuite Nonotte a écrit dans le sien : la différence est que l'insolence de Garasse était fondée sur le crédit qu'avaient alors les jésuites, et que la fureur de l'absurde Nonotte est le fruit de l'horreur et du mépris où les jésuites sont tombés dans l'Europe; c'est le serpent qui veut mordre encore quand il a été coupé en tronçons. Théophile fut surtout interrogé sur le *Parnasse satirique*, recueil d'impudicités dans le goût de Pétrone, de Martial, de Catulle, d'Ausone, de l'archevêque de Bénévent La Casa, de l'évêque d'Angoulême Octavien de Saint-Gelais, et de Melin de Saint-Gelais son fils, de l'Arétin, de Chorier, de Marot, de Verville, des épigrammes de Rousseau, et de cent autres sottises licencieuses. Cet ouvrage n'était pas de Théophile. Le libraire avait rassemblé tout ce qu'il avait pu de Maynard, de Colletet, de Frénicle, magistrat, et depuis de l'Académie des sciences, et de quelques seigneurs de la cour. Il fut avéré que Théophile n'avait point de part à cette édition, contre laquelle lui-même avait présenté requête. Enfin les jésuites, quelque puissants qu'ils fussent alors, ne purent avoir la consolation de le faire brûler, et ils eurent même beaucoup de peine à obtenir qu'il fût banni de Paris. Il y revint malgré eux, protégé par le duc de Montmorency, qui le ogea dans son hôtel, où il mourut, en 1626, du chagrin auquel une si cruelle persécution le fit enfin succomber.

DE DES BARREAUX [1].

Le conseiller au parlement Des Barreaux, qui dans sa jeunesse avait été ami de Théophile et qui ne l'avait pas abandonné dans sa disgrâce, passa constamment pour un athée. Et sur quoi? Sur un conte qu'on fait de lui, sur l'aventure de l'*omelette au lard*. Un jeune homme à saillies libertines peut très-bien dans un cabaret manger gras un samedi, et pendant un orage mêlé de tonnerre jeter le plat par la fenêtre en disant: *Voilà bien du bruit pour une omelette au lard*, sans pour cela mériter l'affreuse accusation d'athéisme. C'est sans doute une très-grande irrévérence : c'est insulter l'Église dans laquelle il était né; c'est se moquer de l'institution des jours maigres; mais ce n'est pas nier l'existence de Dieu.

Ce qui lui donna cette réputation, ce fut principalement l'indiscrète témérité de Boileau, qui, dans sa *Satire des femmes* [2], laquelle n'est pas sa meilleure, dit qu'il a vu plus d'un *Capanée*,

> Du tonnerre dans l'air bravant les vains carreaux,
> Et nous parlant de Dieu du ton de Des Barreaux.

Jamais ce magistrat n'écrivit rien contre la Divinité. Il n'est pas permis de flétrir du nom d'*athée* un homme de mérite contre lequel on n'a aucune preuve : cela est indigne. On a imputé à Des Barreaux le fameux sonnet qui finit ainsi :

> Tonne, frappe, il est temps; rends-moi guerre pour guerre.
> J'adore en périssant la raison qui t'aigrit;
> Mais dessus quel endroit tombera ton tonnerre,
> Qui ne soit tout couvert du sang de Jésus-Christ?

Ce sonnet ne vaut rien du tout. Jésus-Christ en vers n'est pas tolérable; *rends-moi guerre* n'est pas français; *guerre pour guerre*

---

1. Voyez aussi son article, dans *le Siècle de Louis XIV*, tome XIV, page 63.
2. Vers 659-60.

est très-plat, et *dessus quel endroit* est détestable. Ces vers sont de l'abbé de Lavau, et Des Barreaux fut toujours très-fâché qu'on les lui attribuât. C'est ce même abbé de Lavau qui fit cette abominable épigramme sur le mausolée élevé dans Saint-Eustache en l'honneur de Lulli :

. . . .
Laissez tomber, sans plus attendre,
Sur ce buste honteux votre fatal rideau ;
Et ne montrez que le flambeau
Qui devrait avoir mis l'original en cendre.

DE LA MOTHE LE VAYER [1].

Le sage La Mothe Le Vayer, conseiller d'État, précepteur de Monsieur frère de Louis XIV, et qui le fut même de Louis XIV près d'une année, n'essuya pas moins de soupçons que le voluptueux Des Barreaux. Il y avait encore peu de philosophie en France. Le *Traité de la vertu des païens* et les *Dialogues d'Orasius Tubero* lui firent des ennemis. Les jansénistes surtout, qui ne regardaient, après saint Augustin, les vertus des grands hommes de l'antiquité que comme des *péchés splendides* [2], se déchaînèrent contre lui. Le comble de l'insolence fanatique est de dire : « Nul n'aura de vertu que nous et nos amis ; Socrate, Confucius, Marc-Aurèle, Épictète, ont été des scélérats, puisqu'ils n'étaient pas de notre communion. » On est revenu aujourd'hui de cette extravagance, mais alors elle dominait. On a rapporté dans un ouvrage curieux qu'un jour un de ces énergumènes, voyant passer La Mothe Le Vayer dans la galerie du Louvre, dit tout haut : « Voilà un homme sans religion. » Le Vayer, au lieu de le faire punir, se retourna vers cet homme, et lui dit : « Mon ami, j'ai tant de religion que je ne suis pas de ta religion. »

DE SAINT-ÉVREMOND.

On a donné quelques ouvrages contre le christianisme sous le nom de Saint-Évremond, mais aucun n'est de lui. On crut après sa mort faire passer ces dangereux livres à l'abri de sa réputation, parce qu'en effet on trouve dans ses véritables ouvrages plusieurs traits qui annoncent un esprit dégagé des préjugés de

1. Voyez aussi son article, tome XIV, page 86.
2. Saint Augustin ; voyez la note, tome XVIII, page 74.

l'enfance. D'ailleurs, sa vie épicurienne et sa mort toute philosophique servirent de prétexte à tous ceux qui voulaient accréditer de son nom leurs sentiments particuliers.

Nous avons surtout une *Analyse de la religion chrétienne*[1] qui lui est attribuée. C'est un ouvrage qui tend à renverser toute la chronologie et presque tous les faits de la sainte Écriture. Nul n'a plus approfondi que l'auteur l'opinion où sont quelques théologiens que l'astronome Phlégon avait parlé des ténèbres qui couvrirent toute la terre à la mort de notre Seigneur Jésus-Christ. J'avoue que l'auteur a pleinement raison contre ceux qui ont voulu s'appuyer du témoignage de cet astronome; mais il a grand tort de vouloir combattre tout le système chrétien, sous prétexte qu'il a été mal défendu.

Au reste, Saint-Évremond était incapable de ces recherches savantes. C'était un esprit agréable et assez juste; mais il avait peu de science, nul génie, et son goût était peu sûr: ses *Discours sur les Romains* lui firent une réputation dont il abusa pour faire les plus plates comédies et les plus mauvais vers dont on ait jamais fatigué les lecteurs, qui n'en sont plus fatigués aujourd'hui puisqu'ils ne les lisent plus. On peut le mettre au rang des hommes aimables et pleins d'esprit qui ont fleuri dans le temps brillant de Louis XIV, mais non pas au rang des hommes supérieurs. Au reste, ceux qui l'ont appelé *athéiste* sont d'infâmes calomniateurs.

DE FONTENELLE.

Bernard de Fontenelle, depuis secrétaire de l'Académie des sciences, eut une secousse plus vive à soutenir. Il fit insérer, en 1686, dans la *République des lettres* de Bayle, une *Relation de l'île de Bornéo*[2] fort ingénieuse: c'était une allégorie sur Rome et Genève; elles étaient désignées sous le nom de deux sœurs, Mero et Enègue. Mero était une magicienne tyrannique; elle exigeait que ses sujets vinssent lui déclarer leurs plus secrètes pensées, et qu'ensuite ils lui apportassent tout leur argent. Il fallait, avant de venir baiser ses pieds, adorer des os de morts; et souvent, quand on voulait déjeuner, elle faisait disparaître le pain. Enfin ses sortiléges et ses fureurs soulevèrent un grand parti contre elle, et sa sœur Enègue lui enleva la moitié de son royaume.

Bayle n'entendit pas d'abord la plaisanterie; mais l'abbé Ter-

---

1. Voyez la note 2, tome XVIII, page 261.
2. Voyez la note 2, tome XXI, page 175.

rasson l'ayant commentée, elle fit beaucoup de bruit. C'était dans le temps de la révocation de l'édit de Nantes. Fontenelle courait risque d'être enfermé à la Bastille. Il eut la bassesse de faire d'assez mauvais vers à l'honneur de cette révocation, et à celui des jésuites : on les inséra dans un mauvais recueil intitulé *le Triomphe de la religion sous Louis le Grand*, imprimé à Paris chez Langlois, en 1687.

Mais, ayant depuis rédigé en français, avec un grand succès, la savante *Histoire des oracles de Van Dale*, les jésuites le persécutèrent. Le Tellier, confesseur de Louis XIV, rappelant l'allégorie de Mero et d'Enègue, aurait voulu le traiter comme le jésuite Voisin avait traité Théophile. Il sollicita une lettre de cachet contre lui. Le célèbre garde des sceaux d'Argenson, alors lieutenant de police, sauva Fontenelle de la fureur de Le Tellier. S'il avait fallu choisir un athéiste entre Fontenelle et Le Tellier, c'était sur le calomniateur Le Tellier que devait tomber le soupçon.

Cette anecdote est plus importante que toutes les bagatelles littéraires dont l'abbé Trublet a fait un gros volume concernant Fontenelle[1]. Elle apprend combien la philosophie est dangereuse quand un fanatique, ou un fripon, ou un moine qui est l'un et l'autre, a malheureusement l'oreille du prince. C'est un danger, monseigneur, auquel on ne sera jamais exposé auprès de vous.

DE L'ABBÉ DE SAINT-PIERRE.

L'*Allégorie du mahométisme*, par l'abbé de Saint-Pierre, fut beaucoup plus frappante que celle de Mero. Tous les ouvrages de cet abbé, dont plusieurs passent pour des rêveries, sont d'un homme de bien et d'un citoyen zélé ; mais tout s'y ressent d'un pur théisme. Cependant il ne fut point persécuté : c'est qu'il écrivait d'une manière à ne rendre personne jaloux : son style n'a aucun agrément ; il était peu lu. Il ne prétendait à rien ; ceux qui le lisaient se moquaient de lui, et le traitaient de bonhomme. S'il eût écrit comme Fontenelle, il était perdu, surtout quand les jésuites régnaient encore.

---

1. *Mémoires pour servir à l'histoire de la vie et des ouvrages de M. de Fontenelle*, 1759 et 1761, in-12.

LETTRE

DE BAYLE [1].

Cependant s'élevait alors, et depuis plusieurs années, l'immortel Bayle, le premier des dialecticiens et des philosophes sceptiques. Il avait déjà donné ses *Pensées sur la comète*, ses *Réponses aux questions d'un provincial*, et enfin son *Dictionnaire* de raisonnement. Ses plus grands ennemis sont forcés d'avouer qu'il n'y a pas une seule ligne dans ses ouvrages qui soit un blasphème évident contre la religion chrétienne ; mais ses plus grands défenseurs avouent que, dans les articles de controverse, il n'y a pas une seule page qui ne conduise le lecteur au doute, et souvent à l'incrédulité. On ne pouvait le convaincre d'être impie ; mais il faisait des impies, en mettant les objections contre nos dogmes dans un jour si lumineux qu'il n'était pas possible à une foi médiocre de n'être pas ébranlée ; et malheureusement la plus grande partie des lecteurs n'a qu'une foi très-médiocre.

Il est rapporté dans un de ces *dictionnaires historiques* [2], où la vérité est si souvent mêlée avec le mensonge, que le cardinal de Polignac, en passant par Rotterdam, demanda à Bayle s'il était anglican, ou luthérien, ou calviniste, et qu'il répondit : « Je suis protestant, car je proteste contre toutes les religions. »

En premier lieu, le cardinal de Polignac ne passa jamais par Rotterdam, que lorsqu'il alla conclure la paix d'Utrecht en 1713, après la mort de Bayle.

Secondement, ce savant prélat n'ignorait pas que Bayle, né calviniste au pays de Foix, et n'ayant jamais été en Angleterre ni en Allemagne, n'était ni anglican ni luthérien.

Troisièmement, il était trop poli pour aller demander à un homme de quelle religion il était. Il est vrai que Bayle avait dit quelquefois ce qu'on lui fait dire : il ajoutait qu'il était comme Jupiter assemble-nuages d'Homère. C'était d'ailleurs un homme de mœurs réglées et simples, un vrai philosophe dans toute l'étendue de ce mot. Il mourut subitement après avoir écrit ces mots : *Voilà ce que c'est que la vérité.*

Il l'avait cherchée toute sa vie, et n'avait trouvé partout que des erreurs.

Après lui, on a été beaucoup plus loin. Les Maillet, les Bou-

---

1. Voyez d'autres articles sur BAYLE, tome XIV, page 37 ; et XVII, 553.
2. Ce *Dictionnaire historique* est celui de Chaudon, imprimé, pour la première fois, en 1766. Chaudon a depuis cité l'*Éloge* du cardinal par de Boze, comme source où il avait pris ce fait.

lainvilliers, les Boulanger, les Meslier, le savant Fréret, le dialecticien Dumarsais, l'intempérant La Métrie, et bien d'autres, ont attaqué la religion chrétienne avec autant d'acharnement que les Porphyre, les Celse, et les Julien.

J'ai souvent recherché ce qui pouvait déterminer tant d'écrivains modernes à déployer cette haine contre le christianisme. Quelques-uns m'ont répondu que les écrits des nouveaux apologistes de notre religion les avaient indignés ; que si ces apologistes avaient écrit avec la modération que leur cause devait leur inspirer, on n'aurait pas pensé à s'élever contre eux ; mais que leur bile donnait de la bile ; que leur colère faisait naître la colère ; que le mépris qu'ils affectaient pour les philosophes excitait le mépris ; de sorte qu'enfin il est arrivé entre les défenseurs et les ennemis du christianisme ce qu'on avait vu entre toutes les communions : on a écrit de part et d'autre avec emportement ; on a mêlé les outrages aux arguments.

DE MADEMOISELLE HUBER.

Mlle Huber était une femme de beaucoup d'esprit, et sœur de l'abbé Huber, très-connu de monseigneur votre père. Elle s'associa avec un grand métaphysicien pour écrire, vers l'an 1740, le livre intitulé *la Religion essentielle à l'homme*[1]. Il faut convenir que malheureusement cette religion essentielle est le pur théisme, tel que les noachides le pratiquèrent avant que Dieu eût daigné se faire un peuple chéri dans les déserts de Sinaï et d'Horeb, et lui donner des lois particulières. Selon Mlle Huber et son ami, la religion essentielle à l'homme doit être de tous les temps, de tous les lieux et de tous les esprits. Tout ce qui est mystère est au-dessus de l'homme, et n'est pas fait pour lui ; la pratique des vertus ne peut avoir aucun rapport avec le dogme. La religion essentielle à l'homme est dans ce qu'on doit faire, et non dans ce qu'on ne peut comprendre. L'intolérance est à la religion essentielle ce que la barbarie est à l'humanité, la cruauté à la douceur. Voilà le précis de tout le livre. L'auteur est très-abstrait : c'est une suite de lemmes et de théorèmes qui répandent quelquefois plus d'obscurité que de lumières. On a peine à suivre cette marche. Il est étonnant qu'une femme ait écrit en géomètre sur une ma-

1. *Lettres sur la religion essentielle à l'homme, distinguée de ce qui n'en est que l'accessoire*, 1738, deux parties in-8°. Barbier, dans son *Dictionnaire des anonymes*, ne nomme pas le métaphysicien que Voltaire donne pour collaborateur à Mlle Huber.

tière si intéressante : peut-être a-t-elle voulu rebuter des lecteurs qui l'auraient persécutée, s'ils l'avaient entendue et s'ils avaient eu du plaisir en la lisant. Comme elle était protestante, elle n'a guère été lue que par des protestants. Un prédicant, nommé Desroches, l'a réfutée, et même assez poliment pour un prédicant. Les ministres protestants, monseigneur, devraient, ce me semble, être plus modérés avec les théistes que les évêques catholiques et les cardinaux : car supposé un moment, ce qu'à Dieu ne plaise, que le théisme prévalût, qu'il n'y eût qu'un culte simple sous l'autorité des lois et des magistrats, que tout fût réduit à l'adoration de l'Être suprême rémunérateur et vengeur, les pasteurs protestants n'y perdront rien ; ils resteront chargés de présider aux prières publiques faites à l'Être suprême, et seront toujours des maîtres de morale : on leur conservera leurs pensions, ou, s'ils les perdent, cette perte sera bien modique. Leurs antagonistes, au contraire, ont de riches prélatures ; ils sont comtes, ducs, princes ; ils ont des souverainetés ; et quoique tant de grandeurs et de richesses conviennent mal peut-être aux successeurs des apôtres, ils ne souffriront jamais qu'on les en dépouille : les droits temporels même qu'ils ont acquis sont tellement liés aujourd'hui à la constitution des États catholiques qu'on ne peut les en priver que par des secousses violentes.

Or le théisme est une religion sans enthousiasme, qui par elle-même ne causera jamais de révolution. Elle est erronée, mais elle est paisible. Tout ce qui est à craindre, c'est que le théisme, si universellement répandu, ne dispose insensiblement tous les esprits à mépriser le joug des pontifes, et qu'à la première occasion la magistrature ne les réduise à la fonction de prier Dieu pour le peuple ; mais tant qu'ils seront modérés, ils seront respectés : il n'y a jamais que l'abus du pouvoir qui puisse énerver le pouvoir. Remarquons en effet, monseigneur, que deux ou trois cents volumes de théisme n'ont jamais diminué d'un écu le revenu des pontifes catholiques romains, et que deux ou trois écrits de Luther et de Calvin leur ont enlevé environ cinquante millions de rente. Une querelle de théologie pouvait, il y a deux cents ans, bouleverser l'Europe ; le théisme n'attroupa jamais quatre personnes. On peut même dire que cette religion, en trompant les esprits, les adoucit, et qu'elle apaise les querelles que la vérité mal entendue a fait naître. Quoi qu'il en soit, je me borne à rendre à Votre Altesse un compte fidèle. C'est à vous qu'il appartient de juger.

DE BARBEYRAC.

Barbeyrac est le seul commentateur dont on fasse plus de cas que de son auteur. Il traduisit et commenta le fatras de Puffendorf[1], mais il l'enrichit d'une préface qui fit seule débiter le livre. Il remonte, dans cette préface, aux sources de la morale; et il a la candeur hardie de faire voir que les Pères de l'Église n'ont pas toujours connu cette morale pure, qu'ils l'ont défigurée par d'étranges allégories : comme lorsqu'ils disent que le lambeau de drap rouge exposé à la fenêtre par la cabaretière Rahab est visiblement le sang de Jésus-Christ ; que Moïse étendant les bras pendant la bataille contre les Amalécites est la croix sur laquelle Jésus expire ; que les baisers de la Sunamite sont le mariage de Jésus-Christ avec son Église ; que la grande porte de l'arche de Noé désigne le corps humain, la petite porte désigne l'anus, etc., etc.

Barbeyrac ne peut souffrir, en fait de morale, qu'Augustin devienne persécuteur après avoir prêché la tolérance. Il condamne hautement les injures grossières que Jérôme vomit contre ses adversaires, et surtout contre Rufin et contre Vigilantius. Il relève les contradictions qu'il remarque dans la morale des Pères; il s'indigne qu'ils aient quelquefois inspiré la haine de la patrie, comme Tertullien, qui défend positivement aux chrétiens de porter les armes pour le salut de l'empire.

Barbeyrac eut de violents adversaires qui l'accusèrent de vouloir détruire la religion chrétienne en rendant ridicules ceux qui l'avaient soutenue par des travaux infatigables. Il se défendit; mais il laisse paraître dans sa défense un si profond mépris pour les Pères de l'Église; il témoigne tant de dédain pour leur fausse éloquence et pour leur dialectique; il leur préfère si hautement Confucius, Socrate, Zaleucus, Cicéron, l'empereur Antonin, Épictète, qu'on voit bien que Barbeyrac est plutôt le zélé partisan de la justice éternelle et de la loi naturelle donnée de Dieu aux hommes que l'adorateur des saints mystères du christianisme. S'il s'est trompé en pensant que Dieu est le père de tous les hommes, s'il a eu le malheur de ne pas voir que Dieu ne peut aimer que les chrétiens soumis de cœur et d'esprit, son erreur est du moins d'une belle âme; et puisqu'il aimait les hommes, ce n'est pas aux hommes à l'insulter : c'est à Dieu de

---

[1]. Barbeyrac a traduit le traité *du Droit de la nature et des gens,* et celui *des Devoirs des hommes et des citoyens.*

le juger. Certainement il ne doit pas être mis au nombre des athéistes.

DE FRÉRET [1].

L'illustre et profond Fréret était secrétaire perpétuel de l'Académie des belles-lettres de Paris. Il avait fait dans les langues orientales, et dans les ténèbres de l'antiquité, autant de progrès qu'on en peut faire. En rendant justice à son immense érudition et a sa probité, je ne prétends point excuser son hétérodoxie. Non-seulement il était persuadé avec saint Irénée que Jésus était âgé de plus de cinquante ans quand il souffrit le dernier supplice, mais il croyait avec le Targum que Jésus n'était point né du temps d'Hérode, et qu'il faut rapporter sa naissance au temps du petit roi Jannée, fils d'Hircan. Les Juifs sont les seuls qui aient eu cette opinion singulière; M. Fréret tâchait de l'appuyer, en prétendant que nos Évangiles n'ont été écrits que plus de quarante ans après l'année où nous plaçons la mort de Jésus; qu'ils n'ont été faits qu'en des langues étrangères, et dans des villes très-éloignées de Jérusalem, comme Alexandrie, Corinthe, Éphèse, Antioche, Ancyre, Thessalonique: toutes villes d'un grand commerce, remplies de thérapeutes, de disciples de Jean, de judaïques, de galiléens divisés en plusieurs sectes. De là vient, dit-il, qu'il y eut un très-grand nombre d'Évangiles tout différents les uns des autres, chaque société particulière et cachée voulant avoir le sien. Fréret prétend que les quatre qui sont restés canoniques ont été écrits les derniers. Il croit en rapporter des preuves incontestables: c'est que les premiers Pères de l'Église citent très-souvent des paroles qui ne se trouvent que dans l'Évangile des Égyptiens, ou dans celui des Nazaréens, ou dans celui de saint Jacques, et que Justin est le premier qui cite expressément les Évangiles reçus.

Si ce dangereux système était accrédité, il s'ensuivrait évidemment que les livres intitulés de Matthieu, de Jean, de Marc, et de Luc, n'ont été écrits que vers le temps de l'enfance de Justin, environ cent ans après notre ère vulgaire. Cela seul renverserait de fond en comble notre religion. Les mahométans qui virent

---

1. On avait imprimé, sous le nom de Fréret, l'*Examen critique des apologistes de la religion chrétienne*, 1766, in-8°. Voltaire parle de ce livre dans ses lettres à Damilaville et à d'Alembert, du 13 juin 1766; à d'Argental, du 22 juin 1766, et dans quelques autres. Dans celle à d'Alembert, du 31 décembre 1768, il dit : « Je sais très-bien quel est l'auteur du livre attribué à Fréret, et e lui garde une fidélité inviolable. » Barbier attribue l'ouvrage à Lévesque de Burigny, l'un des correspondants de Voltaire. (B.)

leur faux prophète débiter les feuilles de son *Koran*, et qui les virent après sa mort rédigées solennellement par le calife Abubeker, triompheraient de nous ; ils nous diraient : « Nous n'avons qu'un Alcoran, et vous avez eu cinquante Évangiles ; nous avons précieusement conservé l'original, et vous avez choisi au bout de quelques siècles quatre Évangiles dont vous n'avez jamais connu les dates. Vous avez fait votre religion pièce à pièce ; la nôtre a été faite d'un seul trait, comme la création. Vous avez cent fois varié, et nous n'avons changé jamais. »

Grâces au ciel nous ne sommes pas réduits à ces termes funestes. Où en serions-nous, si ce que Fréret avance était vrai ? Nous avons assez de preuves de l'antiquité des quatre Évangiles : saint Irénée dit expressément qu'il n'en faut que quatre.

J'avoue que Fréret réduit en poudre les pitoyables raisonnements d'Abbadie. Cet Abbadie prétend que les premiers chrétiens mouraient pour les Évangiles, et qu'on ne meurt que pour la vérité. Mais cet Abbadie reconnaît que les premiers chrétiens avaient fabriqué de faux Évangiles : donc, selon Abbadie même, les premiers chrétiens mouraient pour le mensonge. Abbadie devait considérer deux choses essentielles : premièrement, qu'il n'est écrit nulle part que les premiers martyrs aient été interrogés par les magistrats sur les Évangiles ; secondement, qu'il y a des martyrs dans toutes les communions. Mais si Fréret terrasse Abbadie, il est renversé lui-même par les miracles que nos quatre saints Évangiles véritables ont opérés. Il nie les miracles, mais on lui oppose une nuée de témoins ; il nie les témoins, et alors il ne faut que le plaindre.

Je conviens avec lui qu'on s'est servi souvent de fraudes pieuses ; je conviens qu'il est dit, dans l'*Appendix du premier concile de Nicée*, que, pour distinguer tous les livres canoniques des faux, on les mit pêle-mêle sur une grande table, qu'on pria le Saint-Esprit de faire tomber à bas tous les apocryphes ; aussitôt ils tombèrent, et il ne resta que les véritables. J'avoue enfin que l'Église a été inondée de fausses légendes. Mais, de ce qu'il y a eu des mensonges et de la mauvaise foi, s'ensuit-il qu'il n'y ait eu ni vérité ni candeur ? Certainement Fréret va trop loin : il renverse tout l'édifice, au lieu de le réparer ; il conduit, comme tant d'autres, le lecteur à l'adoration d'un seul Dieu sans la médiation du Christ. Mais, du moins, son livre respire une modération qui lui ferait presque pardonner ses erreurs ; il ne prêche que l'indulgence et la tolérance ; il ne dit point d'injures cruelles aux chrétiens comme milord Bolingbroke ; il ne se moque point d'eux comme le curé Rabelais et le curé Swift. C'est un philosophe d'autant plus dangereux qu'il est très-instruit, très-conséquent, et très-modeste. Il faut espérer qu'il se trouvera des savants qui le réfuteront mieux qu'on n'a fait jusqu'à présent.

Son plus terrible argument est que si Dieu avait daigné se faire homme et Juif, et mourir en Palestine par un supplice infâme pour expier les crimes du genre humain et pour bannir le péché de la terre, il ne devait plus y avoir ni péché ni crime : cependant, dit-il, les chrétiens ont été des monstres cent fois plus abominables que tous les sectateurs des autres religions ensemble. Il en apporte pour preuve évidente les massacres, les roues, les gibets, et les bûchers des Cévennes, et près de cent mille hommes égorgés dans cette province sous nos yeux; les massacres des vallées de Piémont; les massacres de la Valteline du temps de Charles Borromée; les massacres des anabaptistes massacreurs et massacrés en Allemagne; les massacres des luthériens et des papistes depuis le Rhin jusqu'au fond du Nord; les massacres d'Irlande, d'Angleterre, et d'Écosse, du temps de Charles I*r*, massacré lui-même; les massacres ordonnés par Marie et par Henri VIII son père; les massacres de la Saint-Barthélemy, en France, et quarante ans d'autres massacres depuis François II jusqu'à l'entrée de Henri IV dans Paris; les massacres de l'Inquisition, peut-être plus abominables encore, parce qu'ils se font juridiquement; enfin les massacres de douze millions d'habitants du nouveau monde, exécutés le crucifix à la main, sans compter tous les massacres faits précédemment au nom de Jésus-Christ depuis Constantin, et sans compter encore plus de vingt schismes et de vingt guerres de papes contre papes, et d'évêques contre évêques, les empoisonnements, les assassinats, les rapines des papes Jean XI, Jean XII, des Jean XVIII, des Grégoire VII, des Boniface VIII, des Alexandre VI, et de quelques autres papes qui passèrent de si loin en scélératesse les Néron et les Caligula. Enfin il remarque que cette épouvantable chaîne, presque perpétuelle, de guerres de religion pendant quatorze cents années n'a jamais subsisté que chez les chrétiens; et qu'aucun peuple, hors eux, n'a fait couler une goutte de sang pour des arguments de théologie.

On est forcé d'accorder à M. Fréret que tout cela est vrai. Mais en faisant le dénombrement des crimes qui ont éclaté, il oublie les vertus qui se sont cachées; il oublie surtout que les horreurs infernales dont il fait un si prodigieux étalage sont l'abus de la religion chrétienne, et n'en sont pas l'esprit. Si Jésus-Christ n'a pas détruit le péché sur la terre, qu'est-ce que cela prouve? On en pourrait inférer tout au plus, avec les jansénistes, que Jésus-Christ n'est pas venu pour tous, mais pour plusieurs : *pro vobis et pro multis*. Mais, sans comprendre les hauts mystères, contentons-nous de les adorer, et surtout n'accusons pas cet homme illustre d'avoir été athéiste.

DE BOULANGER.

Nous aurions plus de peine à justifier le sieur Boulanger, directeur des ponts et chaussées[1]. Son *Christianisme dévoilé* n'est pas écrit avec la méthode et la profondeur d'érudition et de critique qui caractérisent le savant Fréret. Boulanger est un philosophe audacieux, qui remonte aux sources sans daigner sonder les ruisseaux. Ce philosophe est aussi chagrin qu'intrépide. Les horreurs dont tant d'Églises chrétiennes se sont souillées depuis leur naissance ; les lâches barbaries des magistrats qui ont immolé tant d'honnêtes citoyens aux prêtres ; les princes qui, pour leur plaire, ont été d'infâmes persécuteurs ; tant de folies dans les querelles ecclésiastiques, tant d'abominations dans ces querelles ; les peuples égorgés ou ruinés ; les trônes de tant de prêtres composés des dépouilles et cimentés du sang des hommes ; ces guerres affreuses de religion dont le christianisme seul a inondé la terre ; ce chaos énorme d'absurdités et de crimes remue l'imagination du sieur Boulanger avec une telle puissance qu'il va, dans quelques endroits de son livre, jusqu'à douter de la Providence divine. Fatale erreur, que les bûchers de l'Inquisition et nos guerres religieuses excuseraient peut-être, si elle pouvait être excusable ; mais nul prétexte ne peut justifier l'athéisme. Quand tous les chrétiens se seraient égorgés les uns les autres ; quand ils auraient dévoré les entrailles de leurs frères assassinés pour des arguments ; quand il ne resterait qu'un seul chrétien sur la terre, il faudrait qu'en regardant le soleil il reconnût et adorât l'Être éternel. Il pourrait dire dans sa douleur : Mes pères et mes frères ont été des monstres ; mais Dieu est Dieu.

DE MONTESQUIEU.

Le plus modéré et le plus fin des philosophes a été le président de Montesquieu. Il ne fut que plaisant dans ses *Lettres per-*

---

1. Boulanger était ingénieur; mais il n'a jamais été directeur des ponts et chaussées. (B.)

sanes; il fut délié et profond dans son *Esprit des lois*[1]. Cet ouvrage, rempli d'ailleurs de choses excellentes et de fautes, semble fondé sur la loi naturelle et sur l'indifférence des religions : c'est là surtout ce qui lui fit tant de partisans et tant d'ennemis; mais les ennemis, cette fois, furent vaincus par les philosophes. Un cri longtemps retenu s'éleva de tous côtés. On vit enfin à découvert les progrès du théisme qui jetait depuis longtemps de profondes racines. La Sorbonne voulut censurer *l'Esprit des lois;* mais elle sentit qu'elle serait censurée par le public; elle garda le silence. Il n'y eut que quelques misérables écrivains obscurs, comme un abbé Guyon[2] et un jésuite, qui dirent des injures au président de Montesquieu; et ils en devinrent plus obscurs encore, malgré la célébrité de l'homme qu'ils attaquaient. Ils auraient rendu plus de service à notre religion s'ils avaient combattu avec des raisons; mais ils ont été de mauvais avocats d'une bonne cause.

DE LA MÉTRIE.

Depuis ce temps, ce fut un déluge d'écrits contre le christianisme. Le médecin La Métrie, le meilleur commentateur de Boerhaave, abandonna la médecine du corps pour se donner, disait-il, à la médecine de l'âme; mais son *Homme machine* fit voir aux théologiens qu'il ne donnait que du poison. Il était lecteur du roi de Prusse, et membre de son Académie de Berlin. Le monarque, content de ses mœurs et de ses services, ne daigna pas songer si La Métrie avait eu des opinions erronées en théologie : il ne pensa qu'au physicien, à l'académicien, et, en cette qualité, La Métrie eut l'honneur que ce héros philosophe daignât faire son éloge funéraire[3]. Cet éloge fut lu à l'Académie par un secrétaire de ses commandements. Un roi gouverné par un jésuite eût pu proscrire La Métrie et sa mémoire; un roi qui n'était gouverné que par la raison sépara le philosophe de l'impie, et, laissant à Dieu le soin de punir l'impiété, protégea et loua le mérite.

DU CURÉ MESLIER.

Le curé Meslier est le plus singulier phénomène qu'on ait vu parmi tous ces météores funestes à la religion chrétienne. Il était

---

1. Voltaire a souvent critiqué *l'Esprit des lois*: voyez la note 4, tome XVIII, page 604. Mais il a pris aussi sa défense; voyez tome XXIII, page 457.
2. Celui dont il est question tome XXV, page 585, et page 157 du présent volume.
3. Voyez, ci-dessus, la note 2 de la page 328.

curé du village d'Étrepigny en Champagne, près de Rocroi, et desservait aussi une petite paroisse annexe nommée But. Son père était un ouvrier en serge, du village de Mazerny, dépendant du duché de Rethel-Mazarin. Cet homme, de mœurs irréprochables, et assidu à tous ses devoirs, donnait tous les ans aux pauvres de ses paroisses ce qui lui restait de son revenu. Il mourut en 1733, âgé de cinquante-cinq ans. On fut bien surpris de trouver chez lui trois gros manuscrits de trois cent soixante et six feuillets chacun, tous trois de sa main et signés de lui, intitulés *Mon Testament*[1]. Il avait écrit sur un papier gris qui enveloppait un des trois exemplaires adressés à ses paroissiens ces paroles remarquables :

« J'ai vu et reconnu les erreurs, les abus, les vanités, les folies, les méchancetés des hommes. Je les hais et déteste : je n'ai osé le dire pendant ma vie; mais je le dirai au moins en mourant, et c'est afin qu'on le sache que j'écris ce présent mémoire, afin qu'il puisse servir de témoignage à la vérité à tous ceux qui le verront, et qui le liront si bon leur semble. »

Le corps de l'ouvrage est une réfutation naïve et grossière de tous nos dogmes sans en excepter un seul. Le style est très-rebutant, tel qu'on devait l'attendre d'un curé de village. Il n'avait eu d'autre secours pour composer cet étrange écrit contre la *Bible* et contre l'Église que la *Bible* elle-même, et quelques Pères. Des trois exemplaires il y en eut un que le grand vicaire de Reims retint, un autre fut envoyé à M. le garde des sceaux Chauvelin, le troisième resta au greffe de la justice du lieu. Le comte de Caylus eut quelque temps entre les mains une de ces trois copies; et bientôt après il y en eut plus de cent dans Paris, que l'on vendait dix louis la pièce. Plusieurs curieux conservent encore ce triste et dangereux monument. Un prêtre qui s'accuse, en mourant, d'avoir professé et enseigné la religion chrétienne fit une impression plus forte sur les esprits que les *Pensées de Pascal*.

On devait plutôt, ce me semble, réfléchir sur le travers d'esprit de ce mélancolique prêtre, qui voulait délivrer ses paroissiens du joug d'une religion prêchée vingt ans par lui-même. Pourquoi adresser ce testament à des hommes agrestes qui ne savaient pas lire? Et, s'ils avaient pu lire, pourquoi leur ôter un joug salutaire, une crainte nécessaire qui seule peut prévenir les crimes secrets? La croyance des peines et des récompenses après

---

1. Voyez, tome XXIV, page 293, l'*Extrait des sentiments de Jean Meslier*.

la mort est un frein dont le peuple a besoin. La religion bien épurée serait le premier lien de la société.

Ce curé voulait anéantir toute religion, et même la naturelle. Si son livre avait été bien fait, le caractère dont l'auteur était revêtu en aurait trop imposé aux lecteurs. On en a fait plusieurs petits abrégés, dont quelques-uns ont été imprimés : ils sont heureusement purgés du poison de l'athéisme.

Ce qui est encore plus surprenant, c'est que, dans le même temps, il y eut un curé de Bonne-Nouvelle, auprès de Paris [1], qui osa, de son vivant, écrire contre la religion qu'il était chargé d'enseigner : il fut exilé sans bruit par le gouvernement. Son manuscrit est d'une rareté extrême.

Longtemps avant ce temps-là, l'évêque du Mans, Lavardin, avait donné en mourant un exemple non moins singulier : il ne laissa pas, à la vérité, de testament contre la religion qui lui avait procuré un évêché; mais il déclara qu'il la détestait; il refusa les sacrements de l'Église, et jura qu'il n'avait jamais consacré le pain et le vin en disant la messe, ni eu aucune intention de baptiser les enfants et de donner les ordres, quand il avait baptisé des chrétiens et ordonné des diacres et des prêtres. Cet évêque se faisait un plaisir malin d'embarrasser tous ceux qui auraient reçu de lui les sacrements de l'Église : il riait en mourant des scrupules qu'ils auraient, et il jouissait de leurs inquiétudes. On décida qu'on ne rebaptiserait, et qu'on ne réordonnerait personne; mais quelques prêtres scrupuleux se firent ordonner une seconde fois. Du moins l'évêque Lavardin ne laissa point après lui de monuments contre la religion chrétienne : c'était un voluptueux qui riait de tout; au lieu que le curé Meslier était un homme sombre et enthousiaste, d'une vertu rigide il est vrai, mais plus dangereux par cette vertu même.

LETTRE VIII.

SUR L'ENCYCLOPÉDIE [2].

Monseigneur,

Votre Altesse demande quelques détails sur l'*Encyclopédie*; j'obéis à vos ordres. Cet immense projet fut conçu par MM. Dide-

---

1. Voyez tome XX, page 90.
2. Voyez tome XXIV, page 467; et plus loin, l'opuscule intitulé *De l'Encyclopédie*.

rot et d'Alembert, deux philosophes qui font honneur à la France : l'un a été distingué par les générosités de l'impératrice de Russie; et l'autre par le refus d'une fortune éclatante offerte par cette impératrice, mais que sa philosophie même ne lui a pas permis d'accepter. M. le chevalier de Jaucourt, d'une ancienne maison qu'il illustre par ses vastes connaissances comme par ses vertus, se joignit à ces deux savants, et se signala par un travail infatigable.

Ils furent aidés par M. le comte d'Hérouville, lieutenant général des armées du roi, profondément instruit dans tous les arts qui peuvent tenir à votre grand art de la guerre ; par M. le comte de Tressan, aussi lieutenant général, dont les différents mérites sont universellement reconnus; par M. de Saint-Lambert, ancien officier, qui, en faisant des vers mieux que Chapelle, n'en a pas moins approfondi ce qui regarde les armes. Plusieurs autres officiers généraux ont donné d'excellents Mémoires de tactique.

D'habiles ingénieurs ont enrichi ce Dictionnaire de tout ce qui concerne l'attaque et la défense des places. Des présidents et des conseillers des parlements ont fourni plusieurs articles sur la jurisprudence. Enfin il n'y a point de science, d'art, de profession, dont les plus grands maîtres n'aient à l'envi enrichi ce Dictionnaire. C'est le premier exemple et le dernier peut-être sur la terre qu'une foule d'hommes supérieurs se soient empressés sans aucun intérêt, sans aucune vue particulière, sans même celle de la gloire (puisque quelques-uns se sont cachés), à former ce dépôt immortel des connaissances de l'esprit humain.

Cet ouvrage fut entrepris sous les auspices et sous les yeux du comte d'Argenson, ministre d'État, capable de l'entendre et digne de le protéger. Le vestibule de ce prodigieux édifice est un discours préliminaire composé par M. d'Alembert. J'ose dire hardiment que ce discours, applaudi de toute l'Europe, parut supérieur à la méthode de Descartes, et égal à tout ce que l'illustre chancelier Bacon avait écrit de mieux. S'il y a dans le cours de l'ouvrage des articles frivoles, et d'autres qui sentent plutôt le déclamateur que le philosophe, ce défaut est bien réparé par la quantité prodigieuse d'articles profonds et utiles. Les éditeurs ne purent refuser quelques jeunes gens[1] qui voulurent, dans cette collection, mettre leurs essais à côté des chefs-d'œuvre des maî-

1. Voltaire, dans sa lettre à Damilaville, du 8 octobre 1764, dit : « J'aurais bien voulu que des Cahusac, des Desmahis n'eussent pas travaillé à l'*Encyclopédie:* qu'on se fût associé de vrais savants, et non pas de petits freluquets. » Cahusac, né vers 1710, est mort en 1759; Desmahis, né en 1722, est mort en 1761.

tres. On laissa gâter ce grand ouvrage par politesse; c'est le salon d'Apollon où des peintres médiocres ont quelquefois mêlé leurs tableaux à ceux des Vanloo et des Lemoine. Mais Votre Altesse a bien dû s'apercevoir en parcourant l'*Encyclopédie* que cet ouvrage est précisément le contraire des autres collections, c'est-à-dire que le bon l'emporte de beaucoup sur le mauvais.

Vous sentez bien que, dans une ville telle que Paris, plus remplie de gens de lettres que ne le furent jamais Athènes et Rome, ceux qui ne furent pas admis à cette entreprise importante s'élevèrent contre elle. Les jésuites commencèrent; ils avaient voulu travailler aux articles de théologie, et ils avaient été refusés. Il n'en fallait pas plus pour accuser les encyclopédistes d'irréligion: c'est la marche ordinaire. Les jansénistes, voyant que leurs rivaux sonnaient l'alarme, ne restèrent pas tranquilles. Il fallait bien montrer plus de zèle que ceux auxquels ils avaient tant reproché une morale commode.

Si les jésuites crièrent à l'impiété, les jansénistes hurlèrent. Il se trouva un convulsionnaire ou convulsionniste, nommé Abraham Chaumeix, qui présenta à des magistrats une accusation en forme, intitulée *Préjugés légitimes contre l'Encyclopédie*, dont le premier tome paraissait à peine: c'était un étrange assemblage que ces mots de *préjugé* qui signifie proprement illusion, et *légitime* qui ne convient qu'à ce qui est raisonnable. Il poussa ses préjugés très-illégitimes jusqu'à dire que si le venin ne paraissait pas dans le premier volume, on l'apercevrait sans doute dans les suivants. Il rendait les encyclopédistes coupables, non pas de ce qu'ils avaient dit, mais de ce qu'ils diraient.

Comme il faut des témoins dans un procès criminel, il produisait saint Augustin et Cicéron; et ces témoins étaient d'autant plus irréprochables qu'on ne pouvait convaincre Abraham Chaumeix d'avoir eu avec eux le moindre commerce. Les cris de quelques énergumènes, joints à ceux de cet insensé, excitèrent une assez longue persécution; mais qu'est-il arrivé? la même chose qu'à la saine philosophie, à l'émétique, à la circulation du sang, à l'inoculation : tout cela fut proscrit pendant quelque temps, et a triomphé enfin de l'ignorance, de la bêtise, et de l'envie; le *Dictionnaire encyclopédique*, malgré ses défauts, a subsisté; et Abraham Chaumeix est allé cacher sa honte à Moscou[1]. On dit que l'impératrice l'a forcé à être sage : c'est un des prodiges de son règne.

1. Voyez tome XVII, page 5.

LETTRE IX.

SUR LES JUIFS.

De tous ceux qui ont attaqué la religion chrétienne dans leurs écrits, les Juifs seraient peut-être les plus à craindre; et si on ne leur opposait pas les miracles de notre Seigneur Jésus-Christ, il serait fort difficile à un savant médiocre de leur tenir tête. Ils se regardent comme les fils aînés de la maison, qui, en perdant leur héritage, ont conservé leurs titres. Ils ont employé une sagacité profonde à expliquer toutes les prophéties à leur avantage. Ils prétendent que la loi de Moïse leur a été donnée pour être éternelle; qu'il est impossible que Dieu ait changé, et qu'il se soit parjuré; que notre Sauveur lui-même en est convenu. Ils nous objectent que, selon Jésus-Christ, aucun point, aucun iota de la loi ne doit être transgressé[1]; que Jésus était venu pour accomplir la loi, et non pour l'abolir[2]; qu'il en a observé tous les commandements; qu'il a été circoncis; qu'il a gardé le sabbat, solennisé toutes les fêtes; qu'il est né Juif, qu'il a vécu Juif, qu'il est mort Juif; qu'il n'a jamais institué une religion nouvelle; que nous n'avons pas une seule ligne de lui; que c'est nous, et non pas lui, qui avons fait la religion chrétienne.

Il ne faut pas qu'un chrétien hasarde de disputer contre un Juif, à moins qu'il ne sache la langue hébraïque comme sa langue maternelle: ce qui seul peut le mettre en état d'entendre les prophéties, et de répondre aux rabbins. Voici comme s'exprime Joseph Scaliger dans ses *Excerpta:* « Les Juifs sont subtils; que Justin a écrit misérablement contre Tryphon! et Tertullien plus mal encore! Qui veut réfuter les Juifs doit connaître à fond le judaïsme. Quelle honte! Les chrétiens écrivent contre les chrétiens, et n'osent écrire contre les Juifs[3]! »

Le *Toldos Jeschut* est le plus ancien écrit juif qui nous ait été transmis contre notre religion. C'est une Vie de Jésus-Christ toute contraire à nos saints Évangiles; elle paraît être du 1ᵉʳ siècle, et même écrite avant les Évangiles, car l'auteur ne parle pas d'eux, et probablement il aurait tâché de les réfuter s'il les avait connus.

1. Matth., v, 18.
2. Matth., v, 17.
3. Ce qu'on vient de lire est la traduction d'un passage du *Scaligerana* (secunda), qui commence ainsi: « Judæi hodie cum disputant sunt subtiles, etc. »

Il fait Jésus fils adultérin de Miriah ou Mariah, et d'un soldat nommé Joseph Panther; il raconte que lui et Judas voulurent chacun se faire chef de secte; que tous deux semblaient opérer des prodiges, par la vertu du nom de Jéhova, qu'ils avaient appris à prononcer comme il le faut pour faire les conjurations. C'est un ramas de rêveries rabbiniques fort au-dessous des *Mille et une Nuits*. Origène le réfuta, et c'était le seul qui le pouvait faire, car il fut presque le seul Père grec savant dans la langue hébraïque.

Les Juifs théologiens n'écrivirent guère plus raisonnablement jusqu'au xie siècle; alors, éclairés par les Arabes devenus la seule nation savante, ils mirent plus de jugement dans leurs ouvrages; ceux du rabbin Aben Hezra furent très-estimés : il fut chez les Juifs le fondateur de la raison, autant qu'on la peut admettre dans les disputes de ce genre. Spinosa s'est beaucoup servi de ses ouvrages.

Longtemps après Aben Hezra vint Maïmonides au xiiie siècle : il eut encore plus de réputation. Depuis ce temps-là jusqu'au xvie, les Juifs eurent des livres intelligibles, et par conséquent dangereux : ils en imprimèrent quelques-uns dès la fin du siècle xve. Le nombre de leurs manuscrits était considérable. Les théologiens chrétiens craignirent la séduction: ils firent brûler les livres juifs sur lesquels ils purent mettre la main; mais ils ne purent ni trouver tous les livres, ni convertir jamais un seul homme de cette religion. On a vu, il est vrai, quelques Juifs feindre d'abjurer, tantôt par avarice, tantôt par terreur; mais aucun n'a jamais embrassé le christianisme de bonne foi : un Carthaginois aurait plutôt pris le parti de Rome qu'un Juif ne se serait fait chrétien. Orobio[1] parle de quelques rabbins espagnols et arabes qui abjurèrent, et devinrent évêques en Espagne; mais il se garde bien de dire qu'ils eussent renoncé de bonne foi à leur religion.

Les Juifs n'ont point écrit contre le mahométisme; ils ne l'ont pas à beaucoup près dans la même horreur que notre doctrine; la raison en est évidente : les musulmans ne font point un Dieu de Jésus-Christ.

Par une fatalité qu'on ne peut assez déplorer, plusieurs savants chrétiens ont quitté leur religion pour le judaïsme. Rittangel, professeur des langues orientales à Konigsberg dans le xviie siècle, embrassa la loi mosaïque. Antoine[2], ministre à Genève, fut brûlé pour avoir abjuré le christianisme en faveur du judaïsme,

---

1. Voyez ci-après, page 519.
2. Voyez tome XX, page 91; et XXV, 550.

en 1632. Les Juifs le comptent parmi les martyrs qui leur font le plus d'honneur. Il fallait que sa malheureuse persuasion fût bien forte, puisqu'il aima mieux souffrir le plus affreux supplice que se rétracter.

On lit dans le *Nizzachon Vetus*, c'est-à-dire le Livre de l'ancienne victoire, un trait concernant la supériorité de la loi mosaïque sur la chrétienne et sur la persane, qui est bien dans le goût oriental. Un roi ordonne à un juif, à un galiléen et à un mahométan, de quitter chacun sa religion, et leur laisse la liberté de choisir une des deux autres; mais, s'ils ne changent pas, le bourreau est là qui va leur trancher la tête. Le chrétien dit : « Puisqu'il faut mourir ou changer, j'aime mieux être de la religion de Moïse que de celle de Mahomet, car les chrétiens sont plus anciens que les musulmans, et les juifs plus anciens que Jésus: je me fais donc juif. » Le mahométan dit : « Je ne puis me faire chien de chrétien, j'aime encore mieux me faire chien de juif, puisque ces juifs ont le droit de primauté. — Sire, dit le juif, Votre Majesté voit bien que je ne puis embrasser ni la loi du chrétien ni celle du mahométan, puisque tous deux ont donné la préférence à la mienne. » Le roi fut touché de cette raison, renvoya son bourreau, et se fit juif. Tout ce qu'on peut inférer de cette historiette, c'est que les princes ne doivent pas avoir des bourreaux pour apôtres.

Cependant les Juifs ont eu des docteurs rigides et scrupuleux, qui ont craint que leurs compatriotes ne se laissassent subjuguer par les chrétiens. Il y a eu entre autres un rabbin nommé Beccaï, dont voici les paroles : « Les sages défendent de prêter de l'argent à un chrétien, de peur que le créancier ne soit corrompu par le débiteur; mais un juif peut emprunter d'un chrétien, sans crainte d'être séduit par lui, car le débiteur évite toujours son créancier. »

Malgré ce beau conseil, les Juifs ont toujours prêté à une grosse usure aux chrétiens, et n'en ont pas été plus convertis.

Après le fameux *Nizzachon Vetus*, nous avons la relation de la dispute du rabbin Zéchiel et du dominicain frère Paul, dit *Cyriaque*. C'est une conférence tenue entre ces deux savants hommes, en 1263, en présence de don Jacques, roi d'Aragon, et de la reine sa femme. Cette conférence est très-mémorable. Les deux athlètes étaient savants dans l'hébreu et dans l'antiquité. Le *Talmud*, le *Targum*, les archives du sanhédrin, étaient sur la table. On expliquait en espagnol les endroits contestés. Zéchiel soutenait que Jésus avait été condamné sous le roi Alexandre Jannée, et non sous Hérode le tétrarque, conformément à ce qui est rapporté dans le *Toldos Jeschut* et dans le *Talmud*. Vos Évangiles, disait-il, n'ont été écrits que vers le commencement de votre second siècle, et ne sont point authentiques comme notre *Talmud*. Nous n'avons pu crucifier celui dont vous nous parlez du temps d'Hérode le tétrarque, puisque nous n'avions pas alors le droit du glaive; nous ne pouvons l'avoir crucifié, puisque ce supplice n'était point en usage parmi nous. Notre *Talmud* porte que celui qui périt du temps de Jannée fut condamné à être lapidé. Nous ne pouvons pas plus croire vos Évangiles que les Lettres prétendues de Pilate que vous avez supposées. Il était aisé de renverser cette vaine érudition rabbinique. La reine finit la dispute en demandant aux Juifs pourquoi ils puaient.

Ce même Zéchiel eut encore plusieurs autres conférences dont un de ses disciples nous rend compte. Chaque parti s'attribua la victoire, quoiqu'elle ne pût être que du côté de la vérité.

Le *Rempart de la foi*, écrit par un Juif nommé Isaac, trouvé en Afrique, est bien supérieur à la relation de Zéchiel, qui est très-confuse, et remplie de puérilités. Isaac est méthodique et très-bon dialecticien : 'jamais l'erreur n'eut peut-être un plus grand appui. Il a rassemblé sous cent propositions toutes les difficultés que les incrédules ont prodiguées depuis.

C'est là qu'on voit les objections contre les deux généalogies de Jésus-Christ, qui sont différentes l'une de l'autre ;

Contre les citations des passages des prophètes qui ne se trouvent point dans les livres juifs ;

Contre la divinité de Jésus-Christ, qui n'est pas expressément annoncée dans les Évangiles, mais qui n'en est pas moins prouvée par les saints conciles;

Contre l'opinion que Jésus n'avait point de frères ni de sœurs;

Contre les différentes relations des évangélistes, que l'on a cependant conciliées;

Contre l'histoire du Lazare;

Contre les prétendues falsifications des anciens livres canoniques.

Enfin les incrédules les plus déterminés n'ont presque rien allégué qui ne soit dans ce *Rempart de la foi* du rabbin Isaac. On ne peut faire un crime aux Juifs d'avoir essayé de soutenir leur antique religion aux dépens de la nôtre : on ne peut que les plaindre; mais quels reproches ne doit-on pas faire à ceux qui ont profité des disputes des chrétiens et des juifs pour combattre l'une et l'autre religion! Plaignons ceux qui, effrayés de dix-sept siècles de contradictions, et lassés de tant de disputes, se sont jetés dans le théisme, et n'ont voulu admettre qu'un Dieu avec une morale pure. S'ils ont conservé la charité, ils ont abandonné la foi; ils ont cru être hommes au lieu d'être chrétiens. Ils devaient être soumis, et ils n'ont aspiré qu'à être sages! Mais combien la folie de la croix est-elle supérieure à cette sagesse! comme dit l'apôtre Paul[1].

D'OROBIO.

Orobio était un rabbin si savant qu'il n'avait donné dans aucune des rêveries qu'on reproche à tant d'autres rabbins; profond sans être obscur, possédant les belles-lettres, homme d'un esprit agréable et d'une extrême politesse. Philippe Limborch, théologien du parti des arminiens dans Amsterdam, fit connaissance avec lui vers l'an 1685 : ils disputèrent longtemps ensemble, mais sans aucune aigreur, et comme deux amis qui veulent s'éclairer. Les conversations éclaircissent bien rarement les sujets qu'on traite; il est difficile de suivre toujours le même objet, et de ne pas s'égarer; une question en amène une autre. On est tout étonné, au bout d'un quart d'heure, de se trouver hors de sa route. Ils prirent le parti de mettre par écrit les objections et les réponses, qu'ils firent ensuite imprimer tous deux en 1687. C'est peut-être la première dispute entre deux théologiens dans laquelle on ne se soit pas dit des injures; au contraire, les deux adversaires se traitent l'un et l'autre avec respect.

Limborch réfute les sentiments du très-savant et très-illustre juif, qui réfute avec les mêmes formules les opinions du très-savant et très-illustre chrétien. Orobio même ne parle jamais de Jésus-Christ qu'avec la plus grande circonspection. Voici le précis de la dispute :

Orobio soutient d'abord que jamais il n'a été ordonné aux Juifs par leur loi de croire à un Messie;

Qu'il n'y a aucun passage dans l'Ancien Testament qui fasse dépendre le salut d'Israël de la foi au Messie ;

Qu'on ne trouve nulle part qu'Israël ait été menacé de n'être plus le peuple choisi, s'il ne croyait pas au futur Messie ;

Que dans aucun endroit il n'est dit que la loi judaïque soit l'ombre et la figure d'une autre loi; qu'au contraire il est dit partout que la loi de Moïse doit être éternelle ;

---

1. I. Cor., i, 18.

Que tout prophète[1] même qui ferait des miracles pour changer quelque chose à la loi mosaïque devait être puni de mort;

Qu'à la vérité quelques prophètes ont prédit aux Juifs, dans leurs calamités, qu'ils auraient un jour un libérateur; mais que ce libérateur serait le soutien de la loi mosaïque, au lieu d'en être le destructeur;

Que les Juifs attendent toujours un Messie, lequel sera un roi puissant et juste;

Qu'une preuve de l'immutabilité éternelle de la religion mosaïque est que les Juifs, dispersés sur toute la terre, n'ont jamais cependant changé une seule virgule à leur loi; et que les Israélites de Rome, d'Angleterre, de Hollande, d'Allemagne, de Pologne, de Turquie, de Perse, ont constamment tenu la même doctrine depuis la prise de Jérusalem par Titus, sans que jamais il se soit élevé parmi eux la plus petite secte, qui se soit écartée d'une seule observance et d'une seule opinion de la nation israélite;

Qu'au contraire les chrétiens ont été divisés entre eux dès la naissance de leur religion;

Qu'ils sont encore partagés en beaucoup plus de sectes qu'ils n'ont d'États, et qu'ils se sont poursuivis à feu et à sang les uns les autres pendant plus de douze siècles entiers. Que si l'apôtre Paul[2] trouva bon que les juifs continuassent à observer tous les préceptes de leur loi, les chrétiens d'aujourd'hui ne devaient pas leur reprocher de faire ce que l'apôtre Paul leur a permis;

Que ce n'est point par haine et par malice qu'Israël n'a point reconnu Jésus; que ce n'est point par des vues basses et charnelles que les Juifs sont attachés à leur loi ancienne; qu'au contraire ce n'est que dans l'espoir des biens célestes qu'ils lui sont fidèles, malgré les persécutions des Babyloniens, des Syriens, des Romains; malgré leur dispersion et leur opprobre; malgré la haine de tant de nations; et que l'on ne doit point appeler *charnel* un peuple entier qui est le martyr de Dieu depuis près de quarante siècles;

Que ce sont les chrétiens qui ont attendu des biens charnels, témoin presque tous les premiers Pères de l'Église, qui ont espéré de vivre mille ans dans une nouvelle Jérusalem, au milieu de l'abondance et de toutes les délices du corps;

Qu'il est impossible que les Juifs aient crucifié le vrai Messie, attendu que les prophètes disent expressément que le Messie

---

[1]. *Deutéronome*, XIII, 5.
[2]. *Épître aux Romains*, chap. II.

viendra purger Israël de tout péché, qu'il ne laissera pas une seule souillure en Israël; que ce serait le plus horrible péché et la plus abominable souillure, ainsi que la contradiction la plus palpable, que Dieu envoyât son Messie pour être crucifié;

Que les préceptes du *Décalogue* étant parfaits, toute nouvelle mission était entièrement inutile;

Que la loi mosaïque n'a jamais eu aucun sens mystique;

Que ce serait tromper les hommes de leur dire des choses que l'on devrait entendre dans un sens différent de celui dans lequel elles ont été dites;

Que les apôtres chrétiens n'ont jamais égalé les miracles de Moïse;

Que les évangélistes et les apôtres n'étaient point des hommes simples, puisque Luc était médecin, que Paul avait étudié sous Gamaliel, dont les Juifs ont conservé les écrits;

Qu'il n'y avait point du tout de simplicité et d'idiotisme à se faire apporter tout l'argent de leurs néophytes; que Paul, loin d'être un homme simple, usa du plus grand artifice en venant sacrifier dans le temple, et jurant devant Festus Agrippa[1] qu'il n'avait rien fait contre la circoncision et contre la loi du judaïsme;

Qu'enfin les contradictions qui se trouvent dans les Évangiles prouvent que ces livres n'ont pu être inspirés de Dieu.

Limborch répond à toutes ces assertions par les arguments les plus forts que l'on puisse employer. Il eut tant de confiance dans la bonté de sa cause qu'il ne balança pas à faire imprimer cette célèbre dispute; mais, comme il était du parti des arminiens, celui des gomaristes le persécuta : on lui reprocha d'avoir exposé les vérités de la religion chrétienne à un combat dont ses ennemis pourraient triompher. Orobio ne fut point persécuté dans la synagogue.

D'URIEL ACOSTA.

Il arriva à Uriel Acosta, dans Amsterdam, à peu près la même chose qu'à Spinosa : il quitta dans Amsterdam le judaïsme pour la philosophie. Un Espagnol et un Anglais s'étant adressés à lui pour se faire juifs, il les détourna de ce dessein, et leur parla contre la religion des Hébreux : il fut condamné à recevoir trente-neuf coups de fouet à la colonne, et à se prosterner ensuite sur le seuil de la porte; tous les assistants passèrent sur son corps.

1. *Actes*, xxv, 8.

Il fit imprimer cette aventure dans un petit livre que nous avons encore, et c'est là qu'il professe n'être ni juif, ni chrétien, ni mahométan, mais adorateur d'un Dieu. Son petit livre est intitulé *Exemplaire de la vie humaine*. Le même Limborch réfuta Uriel Acosta, comme il avait réfuté Orobio, et le magistrat d'Amsterdam ne se mêla en aucune manière de ces querelles.

LETTRE X.

SUR SPINOSA.

Monseigneur,

Il me semble qu'on a souvent aussi mal jugé la personne de Spinosa que ses ouvrages. Voici ce qu'on dit de lui dans deux Dictionnaires historiques [1] :

« Spinosa avait un tel désir de s'immortaliser qu'il eût sacrifié volontiers à cette gloire la vie présente, eût-il fallu être mis en pièces par un peuple mutiné... Les absurdités du spinosisme ont été parfaitement réfutées... par Jean Bredembourg, bourgeois de Rotterdam. »

Autant de mots, autant de faussetés. Spinosa était précisément le contraire du portrait qu'on trace de lui. On doit détester son athéisme, mais on ne doit pas mentir sur sa personne. Jamais homme ne fut plus éloigné en tout sens de la vaine gloire, il le faut avouer; ne le calomnions pas en le condamnant. Le ministre Colerus, qui habita longtemps la propre chambre où Spinosa mourut, avoue, avec tous ses contemporains, que Spinosa vécut toujours dans une profonde retraite, cherchant à se dérober au monde, ennemi de toute superfluité, modeste dans la conversation, négligé dans ses habillements, travaillant de ses mains, ne mettant jamais son nom à aucun de ses ouvrages : ce n'est pas là le caractère d'un ambitieux de gloire.

A l'égard de Bredembourg, loin de le réfuter parfaitement bien, j'ose croire qu'il le réfuta parfaitement mal : j'ai lu cet ouvrage, et j'en laisse le jugement à quiconque comme moi aura la patience de le lire. Bredembourg fut si loin de confondre net-

---

1. Dans le *Dictionnaire* de Ladvocat on trouve textuellement le passage cité par Voltaire. Dans celui de Barral (voyez la note 3, tome XVIII, page 351) on lit : « Cet impie avait un désir extrême d'immortaliser son nom par son athéisme, et il eût sacrifié volontiers la vie présente à cette vanité dangereuse. »

tement Spinosa que lui-même, effrayé de la faiblesse de ses réponses, devint malgré lui le disciple de celui qu'il avait attaqué : grand exemple de la misère et de l'inconstance de l'esprit humain.

La vie de Spinosa est écrite assez en détail et assez connue pour que je n'en rapporte rien ici. Que Votre Altesse me permette seulement de faire avec elle une réflexion sur la manière dont ce juif, jeune encore, fut traité par la synagogue. Accusé par deux jeunes gens de son âge de ne pas croire à Moïse, on commença, pour le remettre dans le bon chemin, par l'assassiner d'un coup de couteau au sortir de la comédie; quelques-uns disent au sortir de la synagogue, ce qui est plus vraisemblable.

Après avoir manqué son corps, on ne voulut pas manquer son âme; il fut procédé à l'excommunication majeure, au grand anathème, au chammata. Spinosa prétendit que les juifs n'étaient pas en droit d'exercer cette espèce de juridiction dans Amsterdam. Le conseil de ville renvoya la décision de cette affaire au consistoire des pasteurs; ceux-ci conclurent que si la synagogue avait ce droit, le consistoire en jouirait à plus forte raison : le consistoire donna gain de cause à la synagogue.

Spinosa fut donc proscrit par les juifs avec la grande cérémonie; le chantre juif entonna les paroles d'exécration : on sonna du cor, on renversa goutte à goutte des bougies noires dans une cuve pleine de sang; on dévoua Benoît[1] Spinosa à Belzébuth, à Satan, et à Astaroth, et toute la synagogue cria : *Amen!*

Il est étrange qu'on ait permis un tel acte de juridiction, qui ressemble plutôt à un sabbat de sorciers qu'à un jugement intègre. On peut croire que, sans le coup de couteau et sans les bougies noires éteintes dans le sang, Spinosa n'eût jamais écrit contre Moïse et contre Dieu. La persécution irrite; elle enhardit quiconque se sent du génie; elle rend irréconciliable celui que l'indulgence aurait retenu.

Spinosa renonça au judaïsme, mais sans se faire jamais chrétien. Il ne publia son Traité des cérémonies superstitieuses, autrement *Tractatus theologicopoliticus*, qu'en 1670, environ huit ans après son excommunication. On a prétendu trouver dans ce livre les semences de son athéisme, par la même raison qu'on trouve toujours la physionomie mauvaise à un homme qui a fait une méchante action. Ce livre est si loin de l'athéisme qu'il y est souvent parlé de Jésus-Christ comme de l'envoyé de Dieu. Cet

---

1. Ou plutôt Baruch; voyez la note de Voltaire, tome XVIII, page 98.

ouvrage est très-profond, et le meilleur qu'il ait fait; j'en condamne sans doute les sentiments, mais je ne puis m'empêcher d'en estimer l'érudition. C'est lui, ce me semble, qui a remarqué le premier que le mot hébreu *ruhag*, que nous traduisons par *âme*, signifiait chez les Juifs le vent, le souffle, dans son sens naturel; que tout ce qui est grand portait le non de divin : les cèdres de Dieu, les vents de Dieu, la mélancolie de Saül mauvais esprit de Dieu, les hommes vertueux enfants de Dieu.

C'est lui qui le premier a développé le dangereux système d'Aben Hezra, que le *Pentateuque* n'a point été écrit par Moïse, ni le livre de Josué par Josué; ce n'est que d'après lui que Leclerc, plusieurs théologiens de Hollande, et le célèbre Newton, ont embrassé ce sentiment.

Newton diffère de lui seulement en ce qu'il attribue à Samuel les livres de Moïse, au lieu que Spinosa en fait Esdras auteur. On peut voir toutes les raisons que Spinosa donne de son système dans son VIIIe, IXe et X^e chapitre : on y trouve beaucoup d'exactitude dans la chronologie; une grande science de l'histoire, du langage, et des mœurs de son ancienne patrie; plus de méthode et de raisonnement que dans tous les rabbins ensemble. Il me semble que peu d'écrivains avant lui avaient prouvé nettement que les Juifs reconnaissaient des prophètes chez les Gentils : en un mot, il a fait un usage coupable de ses lumières; mais il en avait de très-grandes.

Il faut chercher l'athéisme dans les anciens philosophes : on ne le trouve à découvert que dans les *Œuvres posthumes de Spinosa*. Son *Traité de l'athéisme* n'étant point sous ce titre, et étant écrit dans un latin obscur et d'un style très-sec, M. le comte de Boulainvilliers l'a réduit en français sous le titre de *Réfutation de Spinosa*[1]; nous n'avons que le poison, Boulainvilliers n'eut pas le temps apparemment de donner l'antidote.

Peu de gens ont remarqué que Spinosa, dans son funeste livre, parle toujours d'un Être infini et suprême : il annonce Dieu en voulant le détruire. Les arguments dont Bayle l'accable me paraîtraient sans réplique si en effet Spinosa admettait un Dieu : car ce Dieu n'étant que l'immensité des choses, ce Dieu étant à la fois la matière et la pensée, il est absurde, comme Bayle l'a très-bien prouvé, de supposer que Dieu soit à la fois agent et patient, cause et sujet, faisant le mal et le souffrant; s'aimant, et se haïssant lui-même; se tuant, se mangeant. Un bon esprit,

---

1. Voyez la note 3, tome XVIII, page 365.

ajoute Bayle, aimerait mieux cultiver la terre avec les dents et les ongles que de cultiver une hypothèse aussi choquante et aussi absurde : car, selon Spinosa, ceux qui disent : Les Allemands ont tué dix mille Turcs, parlent mal et faussement ; ils doivent dire : Dieu, modifié en dix mille Allemands, a tué Dieu, modifié en dix mille Turcs.

Bayle a très-grande raison, si Spinosa reconnaît un Dieu ; mais le fait est qu'il n'en reconnaît point du tout, et qu'il ne s'est servi de ce mot sacré que pour ne pas trop effaroucher les hommes.

Entêté de Descartes, il abuse de ce mot également célèbre et insensé de Descartes : *Donnez-moi du mouvement et de la matière, et je vais former un monde.*

Entêté encore de l'idée incompréhensible et antiphysique que tout est plein, il s'est imaginé qu'il ne peut exister qu'une seule substance, un seul pouvoir qui raisonne dans les hommes, sent et se souvient dans les animaux, étincelle dans le feu, coule dans les eaux, roule dans les vents, gronde dans le tonnerre, végète sur la terre, est étendu dans tout l'espace.

Selon lui, tout est nécessaire, tout est éternel ; la création est impossible ; point de dessein dans la structure de l'univers, dans la permanence des espèces, et dans la succession des individus. Les oreilles ne sont plus faites pour entendre, les yeux pour voir, le cœur pour recevoir et chasser le sang, l'estomac pour digérer. la cervelle pour penser, les organes de la génération pour donner la vie ; et des desseins divins ne sont que les effets d'une nécessité aveugle.

Voilà au juste le système de Spinosa. Voilà, je crois, les côtés par lesquels il faut attaquer sa citadelle : citadelle bâtie, si je ne me trompe, sur l'ignorance de la physique et sur l'abus le plus monstrueux de la métaphysique.

Il semble, et on doit s'en flatter, qu'il y ait aujourd'hui peu d'athées. L'auteur de *la Henriade* a dit[1] : « Un catéchiste annonce Dieu aux enfants, et Newton le démontre aux sages. » Plus on connaît la nature, plus on adore son auteur.

L'athéisme ne peut faire aucun bien à la morale, et peut lui faire beaucoup de mal. Il est presque aussi dangereux que le fanatisme. Vous êtes, monseigneur, également éloigné de l'un et de l'autre, et c'est ce qui autorise la liberté que j'ai prise de mettre la vérité sous vos yeux sans aucun déguisement. J'ai

---

1. Voyez tome XVII, page 476 ; XX, 506 ; XXI, 553.

répondu à toutes vos questions, depuis ce bouffon savant de Rabelais jusqu'au téméraire métaphysicien Spinosa.

J'aurais pu joindre à cette liste une foule de petits livres qui ne sont guère connus que des bibliothécaires; mais j'ai craint qu'en multipliant le nombre des coupables, je ne parusse diminuer l'iniquité. J'espère que le peu que j'ai dit affermira Votre Altesse dans ses sentiments pour nos dogmes et pour nos Écritures, quand elle verra qu'elles n'ont été combattues que par des stoïciens entêtés, par des savants enflés de leur science, par des gens du monde qui ne connaissent que leur vaine raison, par des plaisants qui prennent des bons mots pour des arguments, par des théologiens enfin qui, au lieu de marcher dans les voies de Dieu, se sont égarés dans leurs propres voies.

Encore une fois, ce qui doit consoler une âme aussi noble que la vôtre, c'est que le théisme, qui perd aujourd'hui tant d'âmes, ne peut jamais nuire ni à la paix des États, ni à la douceur de la société. La controverse a fait couler partout le sang, et le théisme l'a étanché. C'est un mauvais remède, je l'avoue; mais il a guéri les plus cruelles blessures. Il est excellent pour cette vie, s'il est détestable pour l'autre. Il damne sûrement son homme, mais il le rend paisible.

Votre pays a été autrefois en feu pour des arguments, le théisme y a porté la concorde. Il est clair que si Poltrot, Jacques Clément, Jaurigny, Balthazar Gérard, Jean Chastel, Damiens, le jésuite Malagrida, etc., etc., etc., avaient été des théistes, il y aurait eu moins de princes assassinés.

A Dieu ne plaise que je veuille préférer le théisme à la sainte religion des Ravaillac, des Damiens, des Malagrida, qu'ils ont méconnue et outragée! Je dis seulement qu'il est plus agréable de vivre avec des théistes qu'avec des Ravaillac et des Brinvilliers qui vont à confesse; et si Votre Altesse n'est pas de mon avis, j'ai tort.

FIN DES LETTRES A S. A. LE PRINCE DE *****.

LA PROPHÉTIE
DE LA SORBONNE[1]

de l'an 1530,

tirée des manuscrits de m. baluze, tome premier, page 117.

(1767[2])

Au *prima mensis*[3] tu boiras
D'assez mauvais vin largement.
En mauvais latin parleras
Et en français pareillement.
Pour et contre clabauderas
Sur l'un et l'autre Testament.
Vingt fois de parti changeras
Pour quelques écus seulement[4].
Henri Quatre tu maudiras
Quatre fois solennellement[5].

---

1. Cette *Prophétie* a beau être rimée, je n'ai pu me décider à la mettre dans les *Poésies*, où j'ai cependant placé plusieurs pièces triviales contre Pompignan. (B.)

2. Quoique la *censure* contre Bélisaire eût été décidée suivant la conclusion théologique du 26 juin 1767, la Sorbonne, fort embarrassée de la rédaction de cette censure, ne la publia réellement que dans les premiers jours de décembre suivant, après l'avoir réduite à environ 140 pages. Cette facétie rimée fut composée quelques jours après le *prima mensis* de ce mois de décembre. (Cl.)

3. Sur ce mot, voyez la note 4 de la page 169.

4. On a encore, à Londres, les quittances des docteurs de Sorbonne, consultés le 2 juillet en 1530, sur le divorce de Henri VIII, par Thomas Krouk, agent de ce tyran, qui délivra l'argent aux docteurs. (*Note de Voltaire.*)

5. Il y eut quatre principaux libelles de la Sorbonne, appelés *décrets*, qui méritaient le dernier supplice. Le plus violent est du 7 mai 1590. On y déclare excommunié et damné le grand Henri IV, ainsi que tous ses sujets fidèles. (*Id.*)

> La mémoire tu béniras
> Du bienheureux Jacques Clément[1].
> La bulle humblement recevras,
> L'ayant rejetée hautement[2].
> Les décrets que griffonneras
> Seront sifflés publiquement[3].
> Les jésuites remplaceras
> Et les passeras mêmement.
> A la fin comme eux tu seras
> Chassé très-vraisemblablement[4].

1. Le moine Jacques Clément, étudiant en Sorbonne, ne voulut entreprendre son saint parricide que lorsque soixante et onze docteurs eurent déclaré unanimement le trône vacant, et les sujets déliés du serment de fidélité, le 7 janvier 1589. (*Note de Voltaire.*)

2. On sait que la Sorbonne appela de la bulle *Unigenitus* au futur concile en 1718, et la reçut ensuite comme règle de foi. (*Id.*)

3. C'est ce qui vient d'arriver à la censure de *Bélisaire*, et ce qui désormais arrivera toujours. (*Id.*)

4. *Amen!* (*Id.*)

FIN DE LA PROPHÉTIE DE LA SORBONNE.

LA DÉFENSE
DE MON MAITRE[1]

(15 décembre 1767)

Mon maître, outre plusieurs lettres anonymes, a reçu deux lettres outrageantes et calomnieuses, signées *Cogé, licencié en théologie, et professeur de rhétorique au collège Mazarin*. Mon maître, âgé de soixante et quatorze ans, et achevant ses jours dans la plus profonde retraite, ne savait pas, il y a quelques mois, s'il y avait un tel homme au monde. Il peut être *licencié*; et ses procédés son assurément d'une grande licence. Il écrit des injures à mon maître; il dit que mon maître est l'auteur d'une *Honnêteté théologique*[2]. Mon maître sait quelles malhonnêtetés théologiques on a faites à M. Marmontel, qui est son ami depuis vingt ans[3]; mais il n'a jamais fait d'*Honnêteté théologique*. Il ne conçoit pas même comment ces deux mots peuvent se trouver ensemble. Quiconque dit que mon maître a fait une pareille honnêteté est un malhonnête homme et en a menti. On est accoutumé à de pareilles impostures. Mon maître n'a pas même lu cet ouvrage, et n'en a jamais entendu parler. Il a lu *Bélisaire,* et il l'a admiré avec toute l'Europe. Il a lu les plats libelles du sieur Cogé contre *Bélisaire,* et, ne

---

1. Cet écrit, recueilli par Grimm dans sa *Correspondance*, en janvier 1768, est probablement la *réponse* dont Voltaire parle dans sa lettre à Damilaville, du 14 décembre 1767. C'est M. Clogenson qui, en 1825, l'a le premier admis dans les OEuvres de Voltaire. Grimm l'a imprimé sous ce titre : *la Défense de mon maître;* Clogenson et Beuchot sous celui de : *Réponse catégorique au sieur Cogé.*
2. L'abbé Morellet croyait que l'*Honnêteté théologique* était de Voltaire. Mais Grimm (*Correspondance*, décembre 1768) dit que Damilaville, qui en est l'auteur, l'attribua à Voltaire, qui paraît l'avoir *rebouisée*. (B.)
3. C'est à la fin de 1745 que Voltaire avait personnellement connu Marmontel, qui, depuis 1743, était en correspondance avec lui; mais le billet le plus ancien de Voltaire qui soit conservé est de novembre ou décembre 1745.

sachant pas de qui ils étaient, il a écrit à M. Marmontel qu'ils ne pouvaient être que d'un maraud[1].

Si l'on a imprimé à Paris la lettre de mon maître, si l'on y a mis le nom de Cogé, on a eu tort ; mais le sieur Cogé a eu cent fois plus de tort d'oser insulter M. Marmontel, dont il n'est pas digne de lire les ouvrages. Un régent de collége qui fait des libelles mérite d'être renfermé dans une maison qui ne s'appelle pas un collége.

[2] Un régent de collége qui, dans ce libelle, compromet M. le président Hénault et M. Capperonnier, qui reçoit un démenti public de ces deux messieurs, qui ose profaner le nom du roi et le faire parler, qui pousse ainsi l'impudence et l'imposture à son comble, mérite d'être mené, non pas dans une maison publique, mais dans la place publique.

C'est à ces indignes excès que l'esprit de parti, le pédantisme et la jalousie, conduisent. Si tous ces faiseurs de libelles savaient combien ils sont méprisables et méprisés, ils se garderaient bien d'exercer un métier aussi infâme.

Voilà tout ce que mon maître m'ordonne de répondre.

Signé : VALENTIN.

1. Voyez la lettre du 7 auguste 1767, de Voltaire à Marmontel.
2. Les trois paragraphes qui suivent ont été publiés pour la première fois dans l'édition de la *Correspondance* de Grimm publiée, chez Garnier frères, par M. Maurice Tourneux, tome VIII, page 29.

FIN DE LA DÉFENSE DE MON MAÎTRE.

LE DINER

DU COMTE

DE BOULAINVILLIERS[1]

PREMIER ENTRETIEN.

AVANT DÎNER.

L'ABBÉ COUET[2].

Quoi! monsieur le comte, vous croyez la philosophie aussi utile au genre humain que la religion apostolique, catholique et romaine?

---

1. Cet ouvrage est de décembre 1767; les *Mémoires secrets* en parlent dès le 10 janvier 1768; la première édition, in-8° de 60 pages, était sans frontispice et sans nom d'auteur. Mais on eut bientôt reconnu Voltaire, et plus que jamais on se déchaîna contre son impiété. Voltaire, effrayé, non-seulement désavoua le *Dîner*, mais il écrivait, le 22 janvier 1768, à Marmontel, que « tous les gens un peu au fait savent l'écrit être de Saint-Hyacinthe, qui le fit imprimer en Hollande en 1728 ». Le lendemain il écrivait à d'Argental que le nom de Saint-Hyacinthe était sur le livre, preuve évidente, selon lui, que Voltaire n'en était pas l'auteur. Et pour prouver ce qu'il disait de l'édition de 1728, Voltaire fit faire une édition intitulée *Dîner du comte de Boulainvilliers par M. Saint-Hiacinte*, 1728, in-8° de 60 pages. Mais cette édition de 1728 est imprimée avec les mêmes caractères que la *Profession des théistes*, l'*Épître aux Romains*, etc., sortis, en 1768, des presses de Cramer, à Genève. Des libraires de Hollande donnèrent aussi alors une édition sous la date de 1728, in-8°; elle est en caractères plus gros que celle des Cramer. En composant son *Dîner*, en 1767, Voltaire ne pensa pas que le comte de Boulainvilliers était mort en 1722, et commit quelques anachronismes (voyez pages 547 et 560.)

Le R. P. Viret, cordelier, qui avait déjà écrit contre la *Philosophie de l'His-*

2. Couet (Bernard), grand vicaire du cardinal de Noailles, chanoine de Notre-Dame, confesseur du chancelier d'Aguesseau, fut assassiné le 30 avril 1736. Voltaire lui avait adressé, en 1725, un quatrain piquant; voyez tome X, page 486.

LE COMTE DE BOULAINVILLIERS.

La philosophie étend son empire sur tout l'univers, et votre Église ne domine que sur une partie de l'Europe; encore y a-t-elle bien des ennemis. Mais vous devez m'avouer que la philosophie est plus salutaire mille fois que votre religion, telle qu'elle est pratiquée depuis longtemps.

L'ABBÉ.

Vous m'étonnez. Qu'entendez-vous donc par philosophie?

LE COMTE.

J'entends l'amour éclairé de la sagesse, soutenu par l'amour de l'Être éternel, rémunérateur de la vertu et vengeur du crime.

L'ABBÉ.

Eh bien ! n'est-ce pas là ce que notre religion annonce?

LE COMTE.

Si c'est là ce que vous annoncez, nous sommes d'accord : je suis bon catholique, et vous êtes bon philosophe; n'allons donc pas plus loin ni l'un ni l'autre. Ne déshonorons notre philosophie religieuse et sainte, ni par des sophismes et des absurdités qui outragent la raison, ni par la cupidité effrénée des honneurs et des richesses, qui corrompent toutes les vertus. N'écoutons que les vérités et la modération de la philosophie; alors cette philosophie adoptera la religion pour sa fille.

L'ABBÉ.

Avec votre permission, ce discours sent un peu le fagot.

LE COMTE.

Tant que vous ne cesserez de nous conter des fagots, et de vous servir de fagots allumés au lieu de raisons, vous n'aurez pour partisans que des hypocrites et des imbéciles. L'opinion d'un seul sage l'emporte sans doute sur les prestiges des fripons, et sur l'asservissement de mille idiots. Vous m'avez demandé ce que j'entends par philosophie; je vous demande à mon tour ce que vous entendez par religion.

toire (voyez, tome XI, page IX), publia *le Mauvais Dîner, ou Lettres sur le Dîner du comte de Boulainvilliers*, 1770, in-8° de viij et 282 pages.

La *Bibliotheca scriptorum Societatis Jesu* (*supplementum I*, 132, Rome, 1814, in-4°) attribue à l'abbé Fellet une *Lettre sur le Dîner du compte* (sic) *de Boulainvilliers*, que je n'ai jamais vue. Mais le P. Cabellero ne peut faire autorité pour ce qui regarde la bibliographie des auteurs français, et je crois qu'il a voulu parler de l'ouvrage du P. Viret.

M. Peignot, dans son *Dictionnaire... des principaux livres condamnés au feu*, tome II, page 189, mentionne *le Dîner du comte de Boulainvilliers*, sans donner la date de sa condamnation. (B.)

L'ABBÉ.

Il me faudrait bien du temps pour vous expliquer tous nos dogmes.

LE COMTE.

C'est déjà une grande présomption contre vous. Il vous faut de gros livres; et à moi, il ne faut que quatre mots : *Sers Dieu, sois juste.*

L'ABBÉ.

Jamais notre religion n'a dit le contraire.

LE COMTE.

Je voudrais ne point trouver dans vos livres des idées contraires. Ces paroles cruelles: « Contrains-les d'entrer[1], » dont on abuse avec tant de barbarie; et celles-ci : « Je suis venu apporter le glaive et non la paix[2]; » et celles-là encore: « Que celui qui n'écoute pas l'Église soit regardé comme un païen, ou comme un receveur des deniers publics[3]; » et cent maximes pareilles, effrayent le sens commun et l'humanité.

Y a-t-il rien de plus dur et de plus odieux que cet autre discours[4] : « Je leur parle en paraboles, afin qu'en voyant ils ne voient point, et qu'en écoutant ils n'entendent point »? Est-ce ainsi que s'expliquent la sagesse et la bonté éternelle?

Le Dieu de tout l'univers, qui se fait homme pour éclairer et pour favoriser tous les hommes, a-t-il pu dire[5] : « Je n'ai été envoyé qu'au troupeau d'Israël, » c'est-à-dire à un petit pays de trente lieues tout au plus?

Est-il possible que ce Dieu, à qui l'on fait payer la capitation, ait dit que ses disciples ne devaient rien payer; que les rois[6] « ne reçoivent des impôts que des étrangers, et que les enfants en sont exempts »?

L'ABBÉ.

Ces discours, qui scandalisent, sont expliqués par des passages tout différents.

LE COMTE.

Juste ciel? qu'est-ce qu'un Dieu qui a besoin de commentaire, et à qui l'on fait dire perpétuellement le pour et le contre? Qu'est-ce qu'un législateur qui n'a rien écrit? Qu'est-ce que quatre livres

1. Luc, chap. xiv, v. 23. (*Note de Voltaire.*)
2. Matthieu, chap. x, v. 34. (*Id.*)
3. *Ibid.*, chap. xviii, v. 17. (*Id.*)
4. *Ibid.*, chap. xiii, v. 13. (*Id.*)
5. *Ibid.*, chap. xv, v. 24. (*Id.*)
6. *Ibid.*, chap. xvii, v. 24, 25, 26. (*Id.*)

divins dont la date est inconnue, et dont les auteurs, si peu avérés, se contredisent à chaque page?

L'ABBÉ.

Tout cela se concilie, vous dis-je. Mais vous m'avouerez du moins que vous êtes très-content du discours sur la montagne.

LE COMTE.

Oui ; on prétend que Jésus a dit qu'on brûlera ceux qui appellent leur frère Raca[1], comme vos théologiens font tous les jours. Il dit qu'il est venu pour accomplir la loi de Moïse, que vous avez en horreur[2]. Il demande avec quoi on salera si le sel s'évanouit[3]. Il dit que bienheureux sont les pauvres d'esprit parce que le royaume des cieux est à eux[4]. Je sais encore qu'on lui fait dire qu'il faut que le blé[5] pourrisse et meure en terre pour germer; que le royaume des cieux est un grain de moutarde[6]: que c'est de l'argent mis à usure[7]; qu'il ne faut pas donner à dîner à ses parents quand ils sont riches[8]. Peut-être ces expressions avaient-elles un sens respectable dans la langue où l'on dit qu'elles furent prononcées : j'adopte tout ce qui peut inspirer la vertu; mais ayez la bonté de me dire ce que vous pensez d'un autre passage que voici[9] :

« C'est Dieu qui m'a formé ; Dieu est partout et dans moi : oserai-je le souiller par des actions criminelles et basses, par des paroles impures, par d'infâmes désirs ?

« Puissé-je, à mes derniers moments, dire à Dieu : O mon maître ! Ô mon père ! tu as voulu que je souffrisse, j'ai souffert avec résignation ; tu as voulu que je fusse pauvre, j'ai embrassé la pauvreté; tu m'as mis dans la bassesse, et je n'ai point voulu la grandeur ; tu veux que je meure, je t'adore en mourant. Je sors de ce magnifique spectacle en te rendant grâce de m'y avoir admis pour me faire contempler l'ordre admirable avec lequel tu régis l'univers. »

L'ABBÉ.

Cela est admirable ; dans quel Père de l'Église avez-vous trouvé ce morceau divin ? Est-ce dans saint Cyprien, dans saint Grégoire de Nazianze, ou dans saint Cyrille ?

1. Matthieu, chap v, v. 22. (*Note de Voltaire.*)
2. *Ibid.*, v. 17. (*Id.*)
3. *Ibid.*, v. 13. (*Id.*)
4. *Ibid.*, v. 3. (*Id.*)
5. Ire *Épître de Paul aux Corinth.*, chap. xv, v. 36. (*Id.*)
6. Luc, chap. xiii, v. 19. (*Id.*)
7. Matthieu, chap. xxv, v. 27. (*Id.*)
8. Luc, chap. xiv, v. 12. (*Id.*)
9. Voyez tome XXV, page 468.

LE COMTE.

Non ; ce sont les paroles d'un esclave païen, nommé Épictète, et l'empereur Marc-Aurèle n'a jamais pensé autrement que cet esclave.

L'ABBÉ.

Je me souviens en effet d'avoir lu, dans ma jeunesse, des préceptes de morale dans des auteurs païens, qui me firent une grande impression : je vous avouerai même que les lois de Zaleucus, de Charondas, les conseils de Confucius, les commandements moraux de Zoroastre, les maximes de Pythagore, me parurent dictés par la sagesse pour le bonheur du genre humain : il me semblait que Dieu avait daigné honorer ces grands hommes d'une lumière plus pure que celle des hommes ordinaires, comme il donna plus d'harmonie à Virgile, plus d'éloquence à Cicéron, et plus de sagacité à Archimède, qu'à leurs contemporains. J'étais frappé de ces grandes leçons de vertu que l'antiquité nous a laissées. Mais enfin tous ces gens-là ne connaissaient pas la théologie ; ils ne savaient pas quelle est la différence entre un chérubin et un séraphin, entre la grâce efficace, à laquelle on ne peut résister, et la grâce suffisante, qui ne suffit pas ; ils ignoraient que Dieu était mort, et qu'ayant été crucifié pour tous il n'avait pourtant été crucifié que pour quelques-uns. Ah ! monsieur le comte, si les Scipion, les Cicéron, les Caton, les Épictète, les Antonins, avaient su que « le Père a engendré le Fils, et qu'il ne l'a pas fait ; que l'Esprit n'a été ni engendré ni fait, mais qu'il procède par spiration tantôt du Père et tantôt du Fils ; que le Fils a tout ce qui appartient au Père, mais qu'il n'a pas la paternité » ; si, dis-je, les anciens, nos maîtres en tout, avaient pu connaître cent vérités de cette clarté et de cette force ; enfin, s'ils avaient été théologiens, quels avantages n'auraient-ils pas procurés aux hommes ! La consubstantialité surtout, monsieur le comte, la transsubstantiation, sont de si belles choses ! Plût au ciel que Scipion, Cicéron et Marc-Aurèle, eussent approfondi ces vérités ! ils auraient pu être grands vicaires de monseigneur l'archevêque, ou syndics de la Sorbonne.

LE COMTE.

Çà, dites-moi en conscience, entre nous et devant Dieu, si vous pensez que les âmes de ces grands hommes soient à la broche, éternellement rôties par les diables, en attendant qu'elles aient trouvé leur corps, qui sera éternellement rôti avec elles et cela pour n'avoir pu être syndics de Sorbonne et grands vicaires de monseigneur l'archevêque ?

L'ABBÉ.

Vous m'embarrassez beaucoup, car « hors de l'Église point de salut ».

<blockquote>Nul ne doit plaire au ciel que nous et nos amis[1].</blockquote>

« Quiconque n'écoute pas l'Église, qu'il soit comme un païen ou comme un fermier général[2]. » Scipion et Marc-Aurèle n'ont point écouté l'Église ; ils n'ont point reçu le concile de Trente ; leurs âmes spirituelles seront rôties à jamais ; et quand leurs corps, dispersés dans les quatre éléments, seront retrouvés, ils seront rôtis à jamais aussi avec leurs âmes. Rien n'est plus clair, comme rien n'est plus juste : cela est positif.

D'un autre côté, il est bien dur de brûler éternellement Socrate, Aristide, Pythagore, Épictète, les Antonins, tous ceux dont la vie a été pure et exemplaire, et d'accorder la béatitude éternelle à l'âme et au corps de François Ravaillac, qui mourut en bon chrétien, bien confessé, et muni d'une grâce efficace ou suffisante. Je suis un peu embarrassé dans cette affaire : car enfin je suis juge de tous les hommes ; leur bonheur ou leur malheur éternel dépend de moi, et j'aurais quelque répugnance à sauver Ravaillac et à damner Scipion.

Il y a une chose qui me console, c'est que nous autres théologiens nous pouvons tirer des enfers qui nous voulons ; nous lisons dans les *Actes de sainte Thècle*, grande théologienne, disciple de saint Paul, laquelle se déguisa en homme pour le suivre, qu'elle délivra de l'enfer son amie Faconille, qui avait eu le malheur de mourir païenne[3].

Le grand saint Jean Damascène rapporte que le grand saint Macaire, le même qui obtint de Dieu la mort d'Arius par ses ardentes prières, interrogea un jour dans un cimetière le crâne d'un païen sur son salut : le crâne lui répondit que les prières des théologiens soulageaient infiniment les damnés[4].

Enfin nous savons de science certaine que le grand saint Grégoire, pape, tira de l'enfer l'âme de l'empereur Trajan[5] : ce sont là de beaux exemples de la miséricorde de Dieu.

---

1. Parodie du vers de Molière (*Femmes savantes*, III, II.)

<blockquote>Nul n'aura de l'esprit hors nous et nos amis.</blockquote>

2. Matthieu, chap. XVIII, v. 17. (*Note de Voltaire.*)
3. Voyez Damascène, *Orat. de iis qui in pace dormierunt*, page 585. (*Id.*)
4. *Apud Grab. Spicileg.*, tome I. (*Id.*)
5. *Eucologe*, c. 96, *et alii lib. græc.*, Damascène, page 588. (*Id.*)

LE COMTE.

Vous êtes un goguenard ; tirez donc de l'enfer, par vos saintes prières, Henri IV, qui mourut sans sacrement comme un païen, et mettez-le dans le ciel avec Ravaillac le bien confessé ; mais mon embarras est de savoir comment ils vivront ensemble, et quelle mine ils se feront.

LA COMTESSE DE BOULAINVILLIERS.

Le dîner se refroidit ; voilà M. Fréret[1] qui arrive, mettons-nous à table, vous tirerez après de l'enfer qui vous voudrez.

DEUXIÈME ENTRETIEN.

PENDANT LE DÎNER.

L'ABBÉ.

Ah! madame, vous mangez gras un vendredi sans avoir la permission expresse de monseigneur l'archevêque ou la mienne ! Ne savez-vous pas que c'est pécher contre l'Église ? Il n'était pas permis chez les Juifs de manger du lièvre, parce qu'alors il ruminait, et qu'il n'avait pas le pied fendu[2] ; c'était un crime horrible de manger de l'ixion et du griffon[3].

LA COMTESSE.

Vous plaisantez toujours, monsieur l'abbé ; dites-moi de grâce ce que c'est qu'un ixion.

L'ABBÉ.

Je n'en sais rien, madame ; mais je sais que quiconque mange le vendredi une aile de poulet sans la permission de son évêque, au lieu de se gorger de saumon et d'esturgeon, pèche mortellement ; que son âme sera brûlée en attendant son corps, et que, quand son corps la viendra retrouver, il seront tous deux brûlés éternellement, sans pouvoir être consumés, comme je disais tout à l'heure.

LA COMTESSE.

Rien n'est assurément plus judicieux ni plus équitable ; il y a plaisir à vivre dans une religion si sage. Voudriez-vous une aile de ce perdreau ?

LE COMTE.

Prenez, croyez-moi ; Jésus-Christ a dit : Mangez ce qu'on

---

1. Voyez ci-dessus, page 506.
2. *Deutéronome*, chap. XIV, v. 7. (*Note de Voltaire*.)
3. *Ibid.*, v. 12 et 13. (*Id.*)

vous présentera[1]. Mangez, mangez ; que la honte ne vous fasse dommage.

LE ABBÉ.

Ah! devant vos domestiques, un vendredi, qui est le lendemain du jeudi ! Ils l'iraient dire par toute la ville.

LE COMTE.

Ainsi vous avez plus de respect pour mes laquais que pour Jésus-Christ.

L'ABBÉ.

Il est bien vrai que notre Sauveur n'a jamais connu les distinctions des jours gras et des jours maigres ; mais nous avons changé toute sa doctrine pour le mieux ; il nous a donné tout pouvoir sur la terre et dans le ciel. Savez-vous bien que, dans plus d'une province, il n'y a pas un siècle que l'on condamnait les gens qui mangeaient gras en carême à être pendus ? et je vous en citerai des exemples.

LA COMTESSE.

Mon Dieu ! que cela est édifiant, et qu'on voit bien que votre religion est divine !

L'ABBÉ.

Si divine que, dans le pays même où l'on faisait pendre ceux qui avaient mangé d'une omelette au lard, on faisait brûler ceux qui avaient ôté le lard d'un poulet piqué, et que l'Église en use encore ainsi quelquefois : tant elle sait se proportionner aux différentes faiblesses des hommes ! A boire...

LE COMTE.

A propos, monsieur le grand vicaire, votre Église permet-elle qu'on épouse les deux sœurs ?

L'ABBÉ.

Toutes deux à la fois, non ; mais l'une après l'autre, selon le besoin, les circonstances, l'argent donné en cour de Rome, et la protection : remarquez bien que tout change toujours, et que tout dépend de notre sainte Église. La sainte Église juive, notre mère, que nous détestons, et que nous citons toujours, trouve très-bon que le patriarche Jacob épouse les deux sœurs à la fois : elle défend dans le *Lévitique* de se marier à la veuve de son frère[2]; elle l'ordonne expressément dans le *Deutéronome*[3]; et la coutume de Jérusalem permettait qu'on épousât sa propre sœur, car vous

---

1. Luc, chap. x, v. 8. (*Note de Voltaire.*)
2. *Lévitique*, chap. xviii, v. 16. (*Id.*)
3. *Deutéronome*, chap. xxv, v. 5. (*Id.*)

savez que quand Amnon, fils du chaste roi David, viola sa sœur Thamar, cette sœur pudique et avisée lui dit ces paroles : « Mon frère, ne me faites pas de sottises ; mais demandez-moi en mariage à notre père, et il ne vous refusera pas[1]. »

Mais, pour revenir à notre divine loi sur l'agrément d'épouser les deux sœurs ou la femme de son frère, la chose varie selon les temps, comme je vous l'ai dit. Notre pape Clément VII n'osa pas déclarer invalide le mariage du roi d'Angleterre Henri VIII avec la femme du prince Arthur son frère, de peur que Charles-Quint ne le fît mettre en prison une seconde fois, et ne le fît déclarer bâtard, comme il l'était ; mais tenez pour certain qu'en fait de mariage, comme dans tout le reste, le pape et monseigneur l'archevêque sont les maîtres de tout quand ils sont les plus forts. A boire...

LA COMTESSE.

Eh bien, monsieur Fréret, vous ne répondez rien à ces beaux discours ; vous ne dites rien !

M. FRÉRET.

Je me tais, madame, parce que j'aurais trop à dire.

L'ABBÉ.

Et que pourriez-vous dire, monsieur, qui pût ébranler l'autorité, obscurcir la splendeur, infirmer la vérité de notre mère sainte Église catholique, apostolique, et romaine ? A boire...

M. FRÉRET.

Parbleu ! je dirais que vous êtes des juifs et des idolâtres, qui vous moquez de nous, et qui emboursez notre argent.

L'ABBÉ.

Des juifs et des idolâtres ! comme vous y allez !

M. FRÉRET.

Oui, des juifs et des idolâtres, puisque vous m'y forcez. Votre Dieu n'est-il pas né Juif? n'a-t-il pas été circoncis comme Juif[2] ? n'a-t-il pas accompli toutes les cérémonies juives? ne lui faites-vous pas dire plusieurs fois qu'il faut obéir à la loi de Moïse[3] ? n'a-t-il pas sacrifié dans le temple? votre baptême n'était-il pas une coutume juive prise chez les Orientaux? n'appelez-vous pas encore du mot juif *pâques* la principale de vos fêtes ? ne chantez-vous pas depuis plus de dix-sept cents ans, dans une musique diabolique, des chansons juives que vous attribuez à un roitelet

---

1. II. *Rois,* chap. XIII, v. 12 et 13. (*Note de Voltaire.*)
2. Luc, chap. II, v. 22 et 39. (*Id.*)
3. Matthieu, chap. V, v. 17 et 18. (*Id.*)

juif[1], brigand, adultère, et homicide, homme selon le cœur de Dieu ? Ne prêtez-vous pas sur gages à Rome dans vos juiveries, que vous appelez *monts de piété* ? et ne vendez-vous pas impitoyablement les gages des pauvres quand ils n'ont pas payé au terme ?

LE COMTE.

Il a raison ; il n'y a qu'une seule chose qui vous manque de la loi juive, c'est un bon jubilé, un vrai jubilé, par lequel les seigneurs rentreraient dans les terres qu'ils vous ont données comme des sots, dans le temps que vous leur persuadiez qu'Élie et l'antechrist allaient venir, que le monde allait finir, et qu'il fallait donner tout son bien à l'Église « pour le remède de son âme, et pour n'être point rangé parmi les boucs ». Ce jubilé vaudrait mieux que celui auquel vous ne nous donnez que des indulgences plénières ; j'y gagnerais, pour ma part, plus de cent mille livres de rentes.

L'ABBÉ.

Je le veux bien, pourvu que sur ces cent mille livres vous me fassiez une grosse pension. Mais pourquoi M. Fréret nous appelle-t-il idolâtres ?

M. FRÉRET.

Pourquoi, monsieur ? demandez-le à saint Christophe, qui est la première chose que vous rencontrez dans votre cathédrale[2], et qui est en même temps le plus vilain monument de barbarie que vous ayez ; demandez-le à sainte Claire, qu'on invoque pour le mal des yeux, et à qui vous avez bâti des temples ; à saint Genou, qui guérit de la goutte ; à saint Janvier[3], dont le sang se liquéfie si solennellement à Naples quand on l'approche de sa tête ; à saint Antoine, qui asperge d'eau bénite les chevaux dans Rome[4].

Oseriez-vous nier votre idolâtrie, vous qui adorez du culte de dulie dans mille églises le lait de la Vierge, le prépuce et le nombril de son fils, les épines dont vous dites qu'on lui fit une couronne, le bois pourri sur lequel vous prétendez que l'Être éternel est mort ? vous enfin qui adorez d'un culte de latrie un morceau de pâte que vous enfermez dans une boîte, de peur des souris ?

---

1. David ; voyez II, *Rois*, chap. xi et xii.
2. Il y avait à Paris, dans l'église cathédrale, une énorme statue qu'on disait être celle de saint Christophe.
3. Voyez tome XIII, pages 96-97.
4. *Voyage de Misson*, tome II, page 294 ; c'est un fait public. (*Note de Voltaire.*)

Vos catholiques romains ont poussé leur catholique extravagance jusqu'à dire qu'ils changent ce morceau de pâte en Dieu par la vertu de quelques mots latins, et que toutes les miettes de cette pâte deviennent autant de dieux créateurs de l'univers. Un gueux qu'on aura fait prêtre, un moine sortant des bras d'une prostituée, vient pour douze sous, revêtu d'un habit de comédien, me marmotter en une langue étrangère ce que vous appelez une messe, fendre l'air en quatre avec trois doigts, se courber, se redresser, tourner à droite et à gauche, par devant et par derrière, et faire autant de dieux qu'il lui plaît, les boire et les manger, et les rendre ensuite à son pot de chambre! et vous n'avouerez pas que c'est la plus monstrueuse et la plus ridicule idolâtrie qui ait jamais déshonoré la nature humaine? Ne faut-il pas être changé en bête pour imaginer qu'on change du pain blanc et du vin rouge en Dieu? Idolâtres nouveaux, ne vous comparez pas aux anciens qui adoraient le Zeus, le Démiourgos, le maître des dieux et des hommes, et qui rendaient hommage à des dieux secondaires; sachez que Cérès, Pomone et Flore, valent mieux que votre Ursule et ses onze mille vierges; et que ce n'est pas aux prêtres de Marie-Magdeleine à se moquer des prêtres de Minerve.

LA COMTESSE.

Monsieur l'abbé, vous avez dans M. Fréret un rude adversaire. Pourquoi avez-vous voulu qu'il parlât? c'est votre faute.

L'ABBÉ.

Oh! madame, je suis aguerri; je ne m'effraye pas pour si peu de chose; il y a longtemps que j'ai entendu faire tous ces raisonnements contre notre mère sainte Église.

LA COMTESSE.

Par ma foi, vous ressemblez à certaine duchesse qu'un mécontent appelait catin; elle lui répondit: « Il y a trente ans qu'on me le dit, et je voudrais qu'on me le dît trente ans encore. »

L'ABBÉ.

Madame, madame, un bon mot ne prouve rien.

LE COMTE.

Cela est vrai; mais un bon mot n'empêche pas qu'on ne puisse avoir raison.

L'ABBÉ.

Et quelle raison pourrait-on opposer à l'authenticité des prophéties, aux miracles de Moïse, aux miracles de Jésus, aux martyrs?

LE COMTE.

Ah! je ne vous conseille pas de parler de prophéties, depuis que les petits garçons et les petites filles savent ce que mangea le prophète Ézéchiel à son déjeuner[1], et qu'il ne serait pas honnête de nommer à dîner ; depuis qu'ils savent les aventures d'Oolla et d'Ooliba[2], dont il est difficile de parler devant les dames ; depuis qu'ils savent que le Dieu des Juifs ordonna au prophète Osée de prendre une catin[3], et de faire des fils de catin. Hélas ! trouverez-vous autre chose dans ces misérables que du galimatias et des obscénités ?

Que vos pauvres théologiens cessent désormais de disputer contre les Juifs sur le sens des passages de leurs prophètes, sur quelques lignes hébraïques d'un Amos, d'un Joël, d'un Habacuc, d'un Jérémiah ; sur quelques mots concernant Éliah, transporté aux régions célestes orientales dans un chariot de feu, lequel Éliah, par parenthèse, n'a jamais existé.

Qu'ils rougissent surtout des prophéties insérées dans leurs *Évangiles*. Est-il possible qu'il y ait encore des hommes assez imbéciles et assez lâches pour n'être pas saisis d'indignation quand Jésus prédit dans Luc[4] : « Il y aura des signes dans la lune et dans les étoiles[5] ; des bruits de la mer et des flots ; des hommes séchant de crainte attendront ce qui doit arriver à l'univers entier. Les vertus des cieux seront ébranlées, et alors ils verront le fils de l'homme venant dans une nuée avec grande puissance et grande majesté. En vérité je vous dis que la génération présente ne passera point que tout cela ne s'accomplisse. »

Il est impossible assurément de voir une prédiction plus marquée, plus circonstanciée et plus fausse. Il faudrait être fou pour oser dire qu'elle fut accomplie, et que le fils de l'homme vint dans une nuée avec une grande puissance et une grande majesté. D'où vient que Paul, dans son *Épître aux Thessaloniciens* (1re, ch. iv, v. 16), confirme cette prédiction ridicule par une autre encore plus impertinente ? « Nous qui vivons et qui vous parlons, nous serons emportés dans les nuées pour aller au-devant du Seigneur au milieu de l'air, etc. »

Pour peu qu'on soit instruit, on sait que le dogme de la fin du monde et de l'établissement d'un monde nouveau était une chimère reçue alors chez presque tous les peuples. Vous trouvez cette opinion dans Lucrèce, au livre IV. Vous la trouverez dans le pre-

---

1. Ézéchiel, chap. iv, v. 12. (*Note de Voltaire.*)
2. *Ibid.*, chap. xxiii, v. 4. (*Id.*)
3. Osée, chap, i, v. 2 ; et chap. iii, v. 1 et 2. (*Id.*)
4. Chap. xxi, v. 25, 26, 27, 32. (*Id.*)
5. Voyez ci-dessus, page 242.

mier livre des *Métamorphoses* d'Ovide. Héraclite, longtemps auparavant, avait dit que ce monde-ci serait consumé par le feu. Les stoïciens avaient adopté cette rêverie. Les demi-juifs demi-chrétiens, qui fabriquèrent les *Évangiles*, ne manquèrent pas d'adopter un dogme si reçu, et de s'en prévaloir. Mais, comme le monde subsista encore longtemps, et que Jésus ne vint point dans les nuées avec une grande puissance et une grande majesté au Ier siècle de l'Église, ils dirent que ce serait pour le IIe siècle; ils le promirent ensuite pour le IIIe; et de siècle en siècle cette extravagance s'est renouvelée. Les théologiens ont fait comme un charlatan que j'ai vu au bout du Pont-Neuf sur le quai de l'École : il montrait au peuple, vers le soir, un coq et quelques bouteilles de baume : « Messieurs, disait-il, je vais couper la tête à mon coq, et je le ressusciterai le moment d'après en votre présence ; mais il faut auparavant que vous achetiez mes bouteilles. » Il se trouvait toujours des gens assez simples pour en acheter. « Je vais donc couper la tête à mon coq, continuait le charlatan ; mais comme il est tard, et que cette opération est digne du grand jour, ce sera pour demain. »

Deux membres de l'Académie des sciences eurent la curiosité et la constance de revenir pour voir comment le charlatan se tirerait d'affaire; la farce dura huit jours de suite; mais la farce de l'attente de la fin du monde, dans le christianisme, a duré huit siècles entiers. Après cela, monsieur, citez-nous les prophéties juives ou chrétiennes.

M. FRÉRET.

Je ne vous conseille pas de parler des miracles de Moïse devant des gens qui ont de la barbe au menton. Si tous ces prodiges inconcevables avaient été opérés, les Égyptiens en auraient parlé dans leurs histoires. La mémoire de tant de faits prodigieux qui étonnent la nature se serait conservée chez toutes les nations. Les Grecs, qui ont été instruits de toutes les fables de l'Égypte et de la Syrie, auraient fait retentir le bruit de ces actions surnaturelles aux deux bouts du monde. Mais aucun historien, ni grec, ni syrien, ni égyptien, n'en dit un seul mot. Flavius Josèphe, si bon patriote, si entêté de son judaïsme, ce Josèphe qui a recueilli tant de témoignages en faveur de l'antiquité de sa nation, n'en a pu trouver aucun qui attestât les dix plaies d'Égypte, et le passage à pied sec au milieu de la mer, etc.

Vous savez que l'auteur du *Pentateuque* est encore incertain : quel homme sensé pourra jamais croire, sur la foi de je ne sais quel Juif, soit Esdras, soit un autre, de si épouvantables merveilles inconnues à tout le reste de la terre ? Quand même tous vos prophètes juifs auraient cité mille fois ces événements étranges, il serait impossible de les croire; mais il n'y a pas un seul de ces prophètes qui cite les paroles du *Pentateuque* sur cet amas de miracles, pas un seul qui entre dans le moindre détail de ces aventures : expliquez ce silence comme vous pourrez.

Songez qu'il faut des motifs bien graves pour opérer ainsi le renversement de la nature. Quel motif, quelle raison aurait pu avoir le Dieu des Juifs? Était-ce de favoriser son petit peuple? de lui donner une terre fertile? Que ne lui donnait-il l'Égypte au lieu de faire des miracles, dont la plupart, dites-vous, furent égalés par les sorciers de Pharaon ? Pourquoi faire égorger par l'ange exterminateur tous les aînés d'Égypte, et faire mourir tous les animaux, afin que les Israélites, au nombre de six cent trente mille combattants, s'enfuissent comme de lâches voleurs? Pourquoi leur ouvrir le sein de la mer Rouge, afin qu'ils allassent mourir de faim dans un désert? Vous sentez l'énormité de ces absurdes bêtises; vous avez trop de sens pour les admettre, et pour croire sérieusement à la religion chrétienne fondée sur l'imposture juive. Vous sentez le ridicule de la réponse triviale qu'il ne faut pas interroger Dieu, qu'il ne faut pas sonder l'abîme de la Providence. Non, il ne faut pas demander à Dieu pourquoi il a créé des poux et des araignées, parce qu'étant sûrs que les poux et les araignées existent, nous ne pouvons savoir pourquoi ils existent; mais nous ne sommes pas si sûrs que Moïse ait changé sa verge en serpent et ait couvert l'Égypte de poux, quoique les poux fussent familiers à son peuple : nous n'interrogeons point Dieu; nous interrogeons des fous qui osent faire parler Dieu, et lui prêter l'excès de leurs extravagances.

LA COMTESSE.

Ma foi, mon cher abbé, je ne vous conseille pas non plus de parler des miracles de Jésus. Le créateur de l'univers se serait-il fait Juif pour changer l'eau en vin[1] à des noces où tout le monde était déjà ivre? aurait-il été emporté par le diable[2] sur une montagne d'où l'on voit tous les royaumes de la terre? aurait-il envoyé le diable[3] dans le corps de deux mille cochons, dans un pays où il n'y avait point de cochons? aurait-il séché un figuier[4] pour n'avoir pas porté des figues, « quand ce n'était pas le temps

---

1. Jean, chap. II, v. 9. (*Note de Voltaire.*)
2. Matthieu, chap. IV, v. 8. (*Id.*)
3. *Ibid.*, chap. VIII, v. 32. (*Id.*)
4. Marc, chap. XI, v. 13. (*Id.*)

des figues »? Croyez-moi, ces miracles sont tout aussi ridicules que ceux de Moïse. Convenez hautement de ce que vous pensez au fond du cœur.

L'ABBÉ.

Madame, un peu de condescendance pour ma robe, s'il vous plaît; laissez-moi faire mon métier : je suis un peu battu peut-être sur les prophéties et sur les miracles; mais pour les martyrs il est certain qu'il y en a eu; et Pascal, le patriarche de Port-Royal des Champs, a dit : « Je crois volontiers les histoires dont les témoins se font égorger[1]. »

M. FRÉRET.

Ah! monsieur, que de mauvaise foi et d'ignorance dans Pascal! On croirait, à l'entendre, qu'il a vu les interrogatoires des apôtres, et qu'il a été témoin de leur supplice. Mais où a-t-il vu qu'ils aient été suppliciés? Qui lui a dit que Simon Barjone, surnommé Pierre, a été crucifié à Rome, la tête en bas? Qui lui a dit que ce Barjone, un misérable pêcheur de Galilée, ait jamais été à Rome, et y ait parlé latin? Hélas! s'il eût été condamné à Rome, si les chrétiens l'avaient su, la première église qu'ils auraient bâtie depuis à l'honneur des saints aurait été Saint-Pierre de Rome, et non pas Saint-Jean de Latran; les papes n'y eussent pas manqué; leur ambition y eût trouvé un beau prétexte. A quoi est-on réduit quand, pour prouver que ce Pierre Barjone a demeuré à Rome, on est obligé de dire qu'une lettre qu'on lui attribue, datée de Babylone[2], était en effet écrite de Rome même? Sur quoi un auteur célèbre a très-bien dit que, moyennant une telle explication, une lettre datée de Pétersbourg devait avoir été écrite à Constantinople.

Vous n'ignorez pas quels sont les imposteurs qui ont parlé de ce voyage de Pierre. C'est un Abdias, qui le premier écrivit que Pierre était venu du lac de Génézareth droit à Rome chez l'empereur, pour faire assaut de miracles contre Simon le Magicien; c'est lui qui fait le conte d'un parent de l'empereur, ressuscité à moitié par Simon, et entièrement par l'autre Simon Barjone; c'est lui qui met aux prises les deux Simon, dont l'un vole dans les airs et se casse les deux jambes par les prières de l'autre; c'est lui qui fait l'histoire fameuse des deux dogues envoyés par Simon pour manger Pierre. Tout cela est répété par un Marcel[3],

---

1. Voyez tome XXII, page 46.
2. Ire de saint Pierre, chap. v, v. 13. (*Note de Voltaire.*)
3. Voyez ci-après la *Relation de Marcel*, dans la *Collection d'anciens évangiles*.

par un Hégésippe. Voilà les fondements de la religion chrétienne. Vous n'y voyez qu'un tissu des plus plates impostures faites par la plus vile canaille, laquelle seule embrassa le christianisme pendant cent années.

C'est une suite non interrompue de faussaires. Ils forgent des lettres de Jésus-Christ, ils forgent des lettres de Pilate[1], des lettres de Sénèque, des constitutions apostoliques, des vers des sibylles en acrostiches, des évangiles au nombre de plus de quarante, des actes de Barnabé, des liturgies de Pierre, de Jacques, de Matthieu, et de Marc, etc., etc. Vous le savez, monsieur, vous les avez lues, sans doute, ces archives infâmes du mensonge, que vous appelez fraudes pieuses ; et vous n'aurez pas l'honnêteté de convenir, au moins devant vos amis, que le trône du pape n'a été établi que sur d'abominables chimères, pour le malheur du genre humain ?

L'ABBÉ.

Mais comment la religion chrétienne aurait-elle pu s'élever si haut, si elle n'avait eu pour base que le fanatisme et le mensonge ?

LE COMTE.

Et comment le mahométisme s'est-il élevé encore plus haut? Du moins ses mensonges ont été plus nobles, et son fanatisme plus généreux. Du moins Mahomet a écrit et combattu[2] ; et Jésus n'a su ni écrire ni se défendre. Mahomet avait le courage d'Alexandre avec l'esprit de Numa ; et votre Jésus a sué sang et eau[3] dès qu'il a été condamné par ses juges. Le mahométisme n'a jamais changé, et vous autres vous avez changé vingt fois toute votre religion. Il y a plus de différence entre ce qu'elle est aujourd'hui et ce qu'elle était dans vos premiers temps, qu'entre vos usages et ceux du roi Dagobert. Misérables chrétiens ; non, vous n'adorez pas votre Jésus, vous lui insultez en substituant vos nouvelles lois aux siennes. Vous vous moquez plus de lui avec vos mystères, vos *agnus*, vos reliques, vos indulgences, vos bénéfices simples, et votre papauté, que vous ne vous en moquez tous les ans, le 5 janvier, par vos noëls dissolus, dans lesquels vous couvrez de ridicule la vierge Marie, l'ange qui la salue, le pigeon qui l'engrosse, le charpentier qui en est jaloux, et le poupon que

---

1. Voyez ces lettres aussi dans la *Collection d'anciens évangiles*.
2. Le comte de Boulainvilliers, dans sa *Vie de Mahomet*, avait montré beaucoup de prédilection pour ce prophète guerrier et politique. (CL.)
3. Luc, XXII, 44.

les trois rois viennent complimenter entre un bœuf et un âne, digne compagnie d'une telle famille.

L'ABBÉ.

C'est pourtant ce ridicule que saint Augustin a trouvé divin; il disait : « Je le crois, parce que cela est absurde ; je le crois, parce que cela est impossible. »

M. FRÉRET.

Eh! que nous importent les rêveries d'un Africain, tantôt manichéen, tantôt chrétien, tantôt débauché, tantôt dévot, tantôt tolérant, tantôt persécuteur? Que nous fait son galimatias théologique? Voudriez-vous que je respectasse cet insensé rhéteur, quand il dit, dans son sermon XXII, que l'ange fit un enfant à Marie par l'oreille, *imprægnavit per aurem?*

LA COMTESSE.

En effet je vois l'absurde; mais je ne vois pas le divin. Je trouve très-simple que le christianisme se soit formé dans la populace, comme les sectes des anabaptistes et des quakers se sont établies, comme les prophètes du Vivarais et des Cévennes se sont formés, comme la faction des convulsionnaires prend déjà des forces[1]. L'enthousiasme commence, la fourberie achève. Il en est de la religion comme du jeu :

> On commence par être dupe,
> On finit par être fripon[2].

M. FRÉRET.

Il n'est que trop vrai, madame. Ce qui résulte de plus probable du chaos des histoires de Jésus, écrites contre lui par les juifs, et en sa faveur par les chrétiens, c'est qu'il était un juif de bonne foi, qui voulait se faire valoir auprès du peuple, comme les fondateurs des récabites, des esséniens, des saducéens, des pharisiens, des judaïtes, des hérodiens, des joanistes, des thérapeutes, et de tant d'autres petites factions élevées dans la Syrie, qui était la patrie du fanatisme. Il est probable qu'il mit quelques femmes dans son parti, ainsi que tous ceux qui voulurent être chefs de secte; qu'il lui échappa plusieurs discours indiscrets contre les magistrats, et qu'il fut puni cruellement du dernier supplice. Mais qu'il ait été condamné, ou sous le règne d'Hérode le Grand,

---

1. Les convulsions n'ayant eu lieu qu'après la mort du diacre Pâris, arrivée en 1727 (voyez tome XVIII, page 268), c'est un anachronisme d'en faire parler devant le comte de Boulainvilliers, mort cinq ans auparavant, comme on l'a dit dans la note, page 529.

2. *Réflexions diverses*, dans le tome Ier des OEuvres de madame Deshoulières.

comme le prétendent les talmudistes, ou sous Hérode le tétrarque, comme le disent quelques *Évangiles*, cela est fort indifférent. Il est avéré que ses disciples furent très-obscurs jusqu'à ce qu'ils eussent rencontré quelques platoniciens, dans Alexandrie, qui étayèrent les rêveries des galiléens par les rêveries de Platon. Les peuples d'alors étaient infatués de démons, de mauvais génies, d'obsessions, de possessions, de magie, comme le sont aujourd'hui les sauvages. Presque toutes les maladies étaient des possessions d'esprits malins. Les Juifs, de temps immémorial, s'étaient vantés de chasser les diables avec la racine barath[1], mise sous le nez des malades, et quelques paroles attribuées à Salomon. Le jeune Tobie chassait le diable avec la fumée d'un poisson sur le gril[2]. Voilà l'origine des miracles dont les Galiléens se vantèrent.

Les Gentils étaient assez fanatiques pour convenir que les Galiléens pouvaient faire ces beaux prodiges : car les Gentils croyaient en faire eux-mêmes. Ils croyaient à la magie comme les disciples de Jésus. Si quelques malades guérissaient par les forces de la nature, ils ne manquaient pas d'assurer qu'ils avaient été délivrés d'un mal de tête par la force des enchantements. Ils disaient aux chrétiens : Vous avez de beaux secrets, et nous aussi ; vous guérissez avec des paroles, et nous aussi ; vous n'avez sur nous aucun avantage.

Mais quand les Galiléens, ayant gagné une nombreuse populace, commencèrent à prêcher contre la religion de l'État ; quand, après avoir demandé la tolérance, ils osèrent être intolérants ; quand ils voulurent élever leur nouveau fanatisme sur les ruines du fanatisme ancien, alors les prêtres et les magistrats romains les eurent en horreur ; alors on réprima leur audace. Que firent-ils ? ils supposèrent, comme nous l'avons vu, mille ouvrages en leur faveur ; de dupes ils devinrent fripons, ils devinrent faussaires ; ils se défendirent par les plus indignes fraudes, ne pouvant employer d'autres armes, jusqu'au temps où Constantin, devenu empereur avec leur argent, mit leur religion sur le trône. Alors les fripons furent sanguinaires. J'ose vous assurer que depuis le concile de Nicée jusqu'à la sédition des Cévennes, il ne s'est pas écoulé une seule année où le christianisme n'ait versé le sang.

L'ABBÉ.

Ah ! monsieur, c'est beaucoup dire.

---

1. Voyez tome XI, page 137 ; et XVIII, 337.
2. *Tobie*, vi, 8.

M. FRÉRET.

Non ; ce n'est pas assez dire. Relisez seulement l'*Histoire ecclésiastique* ; voyez les donatistes et leurs adversaires s'assommant à coups de bâton ; les athanasiens et les ariens remplissant l'empire romain de carnage pour une diphthongue. Voyez ces barbares chrétiens se plaindre amèrement que le sage empereur Julien les empêche de s'égorger et de se détruire. Regardez cette suite épouvantable de massacres ; tant de citoyens mourant dans les supplices, tant de princes assassinés, les bûchers allumés dans vos conciles, douze millions d'innocents, habitants d'un nouvel hémisphère, tués comme des bêtes fauves dans un parc, sous prétexte qu'ils ne voulaient pas être chrétiens ; et, dans notre ancien hémisphère, les chrétiens immolés sans cesse les uns par les autres, vieillards, enfants, mères, femmes, filles, expirant en foule dans les croisades des Albigeois, dans les guerres des hussites, dans celles des luthériens, des calvinistes, des anabaptistes, à la Saint-Barthélemy, aux massacres d'Irlande, à ceux du Piémont, à ceux des Cévennes ; tandis qu'un évêque de Rome, mollement couché sur un lit de repos, se fait baiser les pieds, et que cinquante châtrés lui font entendre leurs fredons pour le désennuyer. Dieu m'est témoin que ce portrait est fidèle, et vous n'oseriez me contredire.

L'ABBÉ.

J'avoue qu'il y a quelque chose de vrai ; mais, comme disait l'évêque de Noyon[1], ce ne sont pas là des matières de table ; ce sont des tables des matières. Les dîners seraient trop tristes si la conversation roulait longtemps sur les horreurs du genre humain. L'histoire de l'Église trouble la digestion.

LE COMTE.

Les faits l'ont troublée davantage.

L'ABBÉ.

Ce n'est pas la faute de la religion chrétienne, c'est celle des abus.

LE COMTE.

Cela serait bon s'il n'y avait eu que peu d'abus. Mais si les prêtres ont voulu vivre à nos dépens depuis que Paul, ou celui qui a pris son nom, a écrit : « Ne suis-je pas en[2] droit de me faire nourrir et vêtir par vous, moi, ma femme, ou ma sœur ? »

---

1. François de Clermont-Tonnerre, né en 1629, mort le 15 février 1701, membre de l'Académie française, et dont le malin d'Alembert a fait l'*Apologie*. (B.)
2. Ire *aux Corinthiens*, chap. IX, v. 4 et 5. (*Note de Voltaire.*)

Si l'Église a voulu toujours envahir, si elle a employé toujours toutes les armes possibles pour nous ôter nos biens et nos vies, depuis la prétendue aventure d'Ananie et de Saphire, qui avaient, dit-on, apporté aux pieds de Simon Barjone le prix de leurs héritages, et qui avaient gardé quelques dragmes pour leur subsistance[1]; s'il est évident que l'histoire de l'Église est une suite continuelle de querelles, d'impostures, de vexations, de fourberies, de rapines et de meurtres; alors il est démontré que l'abus est dans la chose même, comme il est démontré qu'un loup a toujours été carnassier, et que ce n'est point par quelques abus passagers qu'il a sucé le sang de nos moutons.

L'ABBÉ.

Vous en pourriez dire autant de toutes les religions.

LE COMTE.

Point du tout; je vous défie de me montrer une seule guerre excitée pour le dogme dans une seule secte de l'antiquité. Je vous défie de me montrer chez les Romains un seul homme persécuté pour ses opinions, depuis Romulus jusqu'au temps où les chrétiens vinrent tout bouleverser. Cette absurde barbarie n'était réservée qu'à nous. Vous sentez, en rougissant, la vérité qui vous presse, et vous n'avez rien à répondre.

L'ABBÉ.

Aussi je ne réponds rien. Je conviens que les disputes théologiques sont absurdes et funestes.

M. FRÉRET.

Convenez donc aussi qu'il faut couper par la racine un arbre qui a toujours porté des poisons.

L'ABBÉ.

C'est ce que je ne vous accorderai point, car cet arbre a aussi quelquefois porté de bons fruits. Si une république a toujours été dans les dissensions, je ne veux pas pour cela qu'on détruise la république. On peut réformer ses lois.

LE COMTE.

Il n'en est pas d'un État comme d'une religion. Venise a réformé ses lois, et a été florissante; mais quand on a voulu réformer le catholicisme, l'Europe a nagé dans le sang; et en dernier lieu, quand le célèbre Locke, voulant ménager à la fois les impostures de cette religion et les droits de l'humanité, a écrit son livre du *Christianisme raisonnable*[2], il n'a pas eu quatre disciples :

---

1. *Actes des apôtres*, chap. v. (*Note de Voltaire.*)
2. Voyez, ci-dessus, la note 2 de la page 483.

preuve assez forte que le christianisme et la raison ne peuvent subsister ensemble. Il ne reste qu'un seul remède dans l'état où sont les choses, encore n'est-il qu'un palliatif : c'est de rendre la religion absolument dépendante du souverain et des magistrats.

M. FRÉRET.

Oui, pourvu que le souverain et les magistrats soient éclairés, pourvu qu'ils sachent tolérer également toute religion, regarder tous les hommes comme leurs frères, n'avoir aucun égard à ce qu'ils pensent, et en avoir beaucoup à ce qu'ils font; les laisser libres dans leur commerce avec Dieu, et ne les enchaîner qu'aux lois dans tout ce qu'ils doivent aux hommes. Car il faudrait traiter comme des bêtes féroces des magistrats qui soutiendraient leur religion par des bourreaux.

L'ABBÉ.

Et si toutes les religions étant autorisées, elles se battent toutes les unes contre les autres? Si le catholique, le protestant, le grec, le turc, le juif, se prennent par les oreilles en sortant de la messe, du prêche, de la mosquée, et de la synagogue?

M. FRÉRET.

Alors il faut qu'un régiment de dragons les dissipe.

LE COMTE.

J'aimerais mieux encore leur donner des leçons de modération que de leur envoyer des régiments; je voudrais commencer par instruire les hommes avant de les punir.

L'ABBÉ.

Instruire les hommes! que dites-vous, monsieur le comte? Les en croyez-vous dignes?

LE COMTE.

J'entends; vous pensez toujours qu'il ne faut que les tromper : vous n'êtes qu'à moitié guéri : votre ancien mal vous reprend toujours.

LA COMTESSE.

A propos, j'ai oublié de vous demander votre avis sur une chose que je lus hier dans l'histoire de ces bons mahométans, qui m'a beaucoup frappée. Assan, fils d'Ali, étant au bain, un de ses esclaves lui jeta par mégarde une chaudière d'eau bouillante sur le corps. Les domestiques d'Assan voulurent empaler le coupable. Assan, au lieu de le faire empaler, lui fit donner vingt pièces d'or. « Il y a, dit-il, un degré de gloire dans le paradis pour ceux qui payent les services, un plus grand pour ceux qui pardonnent le mal, et un plus grand encore pour ceux qui récompensent le mal involontaire. » Comment trouvez-vous cette action et ce discours?

LE COMTE.

Je reconnais là mes bons musulmans du premier siècle.

L'ABBÉ.

Et moi, mes bons chrétiens.

M. FRÉRET.

Et moi, je suis fâché qu'Assan l'échaudé, fils d'Ali, ait donné vingt pièces d'or pour avoir de la gloire en paradis. Je n'aime point les belles actions intéressées. J'aurais voulu qu'Assan eût été assez vertueux et assez humain pour consoler le désespoir de l'esclave, sans songer à être placé dans le paradis au troisième degré.

LA COMTESSE.

Allons prendre du café. J'imagine que, si à tous les dîners de Paris, de Vienne, de Madrid, de Lisbonne, de Rome, et de Moscou, on avait des conversations aussi instructives, le monde n'en irait que mieux.

TROISIÈME ENTRETIEN.

APRÈS DÎNER.

L'ABBÉ.

Voilà d'excellent café, madame; c'est du moka tout pur.

LA COMTESSE.

Oui, il vient du pays des musulmans; n'est-ce pas grand dommage?

L'ABBÉ.

Raillerie à part, madame, il faut une religion aux hommes.

LE COMTE.

Oui, sans doute; et Dieu leur en a donné une divine, éternelle, gravée dans tous les cœurs: c'est celle que, selon vous, pratiquaient Énoch, les noachides et Abraham; c'est elle que les lettrés chinois ont conservée depuis plus de quatre mille ans, l'adoration d'un Dieu, l'amour de la justice, et l'horreur du crime.

LA COMTESSE.

Est-il possible qu'on ait abandonné une religion si pure et si sainte pour les sectes abominables qui ont inondé la terre?

M. FRÉRET.

En fait de religion, madame, on a eu une conduite directement contraire à celle qu'on a eue en fait de vêtement, de logement, et de nourriture. Nous avons commencé par des cavernes, des huttes, des habits de peaux de bêtes, et du gland; nous avons eu ensuite du pain, des mets salutaires, des habits de laine et de soie filées, des maisons propres et commodes ; mais, dans ce qui concerne la religion, nous sommes revenus au gland, aux peaux de bêtes, et aux cavernes.

L'ABBÉ.

Il serait bien difficile de vous en tirer. Vous voyez que la religion chrétienne, par exemple, est partout incorporée à l'État, et que, depuis le pape jusqu'au dernier capucin, chacun fonde son trône ou sa cuisine sur elle. Je vous ai déjà dit que les hommes ne sont pas assez raisonnables pour se contenter d'une religion pure et digne de Dieu.

LA COMTESSE.

Vous n'y pensez pas; vous avouez vous-même qu'ils s'en sont tenus à cette religion du temps de votre Énoch, de votre Noé, et de votre Abraham. Pourquoi ne serait-on pas aussi raisonnable aujourd'hui qu'on l'était alors?

L'ABBÉ.

Il faut bien que je le dise : c'est qu'alors il n'y avait ni chanoine à grosse prébende, ni abbé de Corbie avec un million, ni pape avec seize ou dix-huit millions. Il faudrait peut-être, pour rendre à la société humaine tous ces biens, des guerres aussi sanglantes qu'il en a fallu pour les lui arracher.

LE COMTE.

Quoique j'aie été militaire, je ne veux point faire la guerre aux prêtres et aux moines; je ne veux point établir la vérité par le meurtre, comme ils ont établi l'erreur; mais je voudrais au moins que cette vérité éclairât un peu les hommes, qu'ils fussent plus doux et plus heureux, que les peuples cessassent d'être superstitieux, et que les chefs de l'Église tremblassent d'être persécuteurs.

L'ABBÉ.

Il est bien malaisé (puisqu'il faut enfin m'expliquer) d'ôter à des insensés des chaînes qu'ils révèrent. Vous vous feriez peut-être lapider par le peuple de Paris, si, dans un temps de pluie, vous empêchiez qu'on ne promenât la prétendue carcasse de sainte Geneviève par les rues pour avoir du beau temps.

M. FRÉRET.

Je ne crois point ce que vous dites; la raison a déjà fait tant de progrès que depuis plus de dix ans on n'a fait promener cette prétendue carcasse et celle de Marcel dans Paris. Je pense qu'il est très-aisé de déraciner par degrés toutes les superstitions qui nous ont abrutis. On ne croit plus aux sorciers, on n'exorcise plus les diables; et quoiqu'il soit dit que votre Jésus ait envoyé ses apôtres précisément pour chasser les diables [1], aucun prêtre parmi nous n'est ni assez fou ni assez sot pour se vanter de les chasser; les reliques de saint François sont devenues ridicules, et celles de saint Ignace, peut-être, seront un jour traînées dans la boue avec les jésuites eux-mêmes. On laisse, à la vérité, au pape le duché de Ferrare, qu'il a usurpé; les domaines que César Borgia ravit par le fer et par le poison, et qui sont retournés à l'Église de Rome, pour laquelle il ne travaillait pas; on laisse Rome même aux papes, parce qu'on ne veut pas que l'empereur s'en empare; on lui veut bien payer encore des annates, quoique ce soit un ridicule honteux et une simonie évidente; on ne veut pas faire d'éclat pour un subside si modique. Les hommes, subjugués par la coutume, ne rompent pas tout d'un coup un mauvais marché fait depuis près de trois siècles. Mais que les papes aient l'insolence d'envoyer comme autrefois des légats *a latere* [2] pour imposer des décimes sur les peuples, pour excommunier les rois, pour mettre leurs États en interdit, pour donner leurs couronnes à d'autres, vous verrez comme on recevra un légat *a latere :* je ne désespérerais pas que le parlement d'Aix ou de Paris ne le fît pendre.

LE COMTE.

Vous voyez combien de préjugés honteux nous avons secoués. Jetez les yeux à présent sur la partie la plus opulente de la Suisse, sur les sept Provinces-Unies, aussi puissantes que l'Espagne, sur la Grande-Bretagne, dont les forces maritimes tiendraient seules, avec avantage, contre les forces réunies de toutes les autres nations; regardez tout le nord de l'Allemagne, et la Scandinavie, ces pépinières intarissables de guerriers, tous ces peuples nous ont passés de bien loin dans les progrès de la raison. Le sang de chaque tête de l'hydre qu'ils ont abattue a fertilisé leurs campagnes; l'abolition des moines a peuplé et enrichi leurs États; on peut certainement faire en France ce qu'on a fait ailleurs; la France en sera plus opulente et plus peuplée.

L'ABBÉ.

Eh bien! quand vous auriez secoué en France la vermine des moines, quand on ne verrait plus de ridicules reliques, quand

---

1. Matthieu, chap. x, v. 1; Marc, chap. iii, v. 15; Luc, chap. ix, v. 1. (*Note de Voltaire.*)

2. Sur ce mot, voyez la note, tome XI, page 362.

nous ne payerions plus à l'évêque de Rome un tribut honteux; quand même on mépriserait assez la consubstantialité et la procession du Saint-Esprit par le Père et le Fils, et la transsubstantiation, pour n'en plus parler; quand ces mystères resteraient ensevelis dans la *Somme* de saint Thomas, et quand les contemptibles théologiens seraient réduits à se taire, vous resteriez encore chrétiens; vous voudriez en vain aller plus loin : c'est ce que vous n'obtiendrez jamais. Une religion de philosophes n'est pas faite pour les hommes.

M. FRÉRET.

Est quodam prodire tenus, si non datur ultra.

(Liv. I, ép. I, vers 32.)

Je vous dirai avec Horace : Votre médecin ne vous donnera jamais la vue du lynx, mais souffrez qu'il vous ôte une taie de vos yeux. Nous gémissons sous le poids de cent livres de chaînes, permettez qu'on nous délivre des trois quarts. Le mot de *chrétien* a prévalu, il restera; mais peu à peu on adorera Dieu sans mélange, sans lui donner ni une mère, ni un fils; ni un père putatif, sans lui dire qu'il est mort par un supplice infâme, sans croire qu'on fasse des dieux avec de la farine, enfin sans cet amas de superstitions qui mettent des peuples policés si au-dessous des sauvages. L'adoration pure de l'Être suprême commence à être aujourd'hui la religion de tous les honnêtes gens, et bientôt elle descendra dans une partie saine du peuple même.

L'ABBÉ.

Ne craignez-vous point que l'incrédulité (dont je vois les immenses progrès) ne soit funeste au peuple en descendant jusqu'à lui, et ne le conduise au crime? Les hommes sont assujettis à de cruelles passions et à d'horribles malheurs; il leur faut un frein qui les retienne, et une erreur qui les console.

M. FRÉRET.

Le culte raisonnable d'un Dieu juste, qui punit et qui récompense, ferait sans doute le bonheur de la société; mais, quand cette connaissance salutaire d'un Dieu juste est défigurée par des mensonges absurdes et par des superstitions dangereuses, alors le remède se tourne en poison, et ce qui devrait effrayer le crime l'encourage. Un méchant qui ne raisonne qu'à demi (et il y en a beaucoup de cette espèce) ose nier souvent le Dieu dont on lui a fait une peinture révoltante.

Un autre méchant, qui a de grandes passions dans une âme faible, est souvent invité à l'iniquité par la sûreté du pardon que les prêtres lui offrent. « De quelque multitude énorme de crimes que vous soyez souillé, confessez-vous à moi, et tout vous sera pardonné par les mérites d'un homme qui fut pendu en Judée il y a plusieurs siècles. Plongez-vous, après cela, dans de nouveaux crimes sept fois soixante et sept fois,[1], et tout vous sera pardonné encore. » N'est-ce pas là véritablement induire en tentation? n'est-ce pas aplanir toutes les voies de l'iniquité? La Brinvilliers ne se confessait-elle pas à chaque empoisonnement qu'elle commettait? Louis XI autrefois n'en usait-il pas de même?

Les anciens avaient, comme nous, leur confession et leurs expiations; mais on n'était pas expié pour un second crime. On ne pardonnait point deux parricides. Nous avons tout pris des Grecs et des Romains, et nous avons tout gâté.

Leur enfer était impertinent, je l'avoue; mais nos diables sont plus sots que leurs furies. Ces furies n'étaient pas elles-mêmes damnées; on les regardait comme les exécutrices, et non comme les victimes des vengeances divines. Être à la fois bourreaux et patients, brûlants et brûlés, comme le sont nos diables, c'est une contradiction absurde, digne de nous, et d'autant plus absurde que la chute des anges, ce fondement du christianisme, ne se trouve ni dans la *Genèse*, ni dans l'*Évangile*. C'est une ancienne fable des brachmanes.

Enfin, monsieur, tout le monde rit aujourd'hui de votre enfer, parce qu'il est ridicule; mais personne ne rirait d'un Dieu rémunérateur et vengeur, dont on espérerait le prix de la vertu, dont on craindrait le châtiment du crime, en ignorant l'espèce des châtiments et des récompenses, mais en étant persuadé qu'il y en aura, parce que Dieu est juste.

LE COMTE.

Il me semble que M. Fréret a fait assez entendre comment la religion peut être un frein salutaire. Je veux essayer de vous prouver qu'une religion pure est infiniment plus consolante que la vôtre.

Il y a des douceurs, dites-vous, dans les illusions des âmes dévotes, je le crois; il y en a aussi aux petites-maisons. Mais quels tourments quand ces âmes viennent à s'éclairer! dans quel doute et dans quel désespoir certaines religieuses passent leurs tristes jours! vous en avez été témoin, vous me l'avez dit vous-même : les cloîtres sont le séjour du repentir; mais, chez les hommes

---

1. Allusion au verset 24, chap. IV de la *Genèse* : on lit dans le texte grec *septante fois sept*.

surtout, un cloître est le repaire de la discorde et de l'envie. Les moines sont des forçats volontaires qui se battent en ramant ensemble; j'en excepte un très-petit nombre qui sont ou véritablement pénitents ou utiles; mais, en vérité, Dieu a-t-il mis l'homme et la femme sur la terre pour qu'ils traînassent leur vie dans des cachots, séparés les uns des autres à jamais? Est-ce là le but de la nature? Tout le monde crie contre les moines; et moi, je les plains. La plupart, au sortir de l'enfance, ont fait pour jamais le sacrifice de leur liberté; et sur cent il y en a quatre-vingts au moins qui sèchent dans l'amertume. Où sont donc ces grandes consolations que votre religion donne aux hommes? Un riche bénéficier est consolé, sans doute; mais c'est par son argent, et non par sa foi. S'il jouit de quelque bonheur, il ne le goûte qu'en violant les règles de son état. Il n'est heureux que comme homme du monde, et non pas comme homme d'église. Un père de famille, sage, résigné à Dieu, attaché à sa patrie, environné d'enfants et d'amis, reçoit de Dieu des bénédictions mille fois plus sensibles.

De plus, tout ce que vous pourriez dire en faveur des mérites de vos moines, je le dirais à bien plus forte raison des derviches, des marabouts, des fakirs, des bonzes. Ils font des pénitences cent fois plus rigoureuses: ils se sont voués à des austérités plus effrayantes; et ces chaînes de fer sous lesquelles ils sont courbés, ces bras toujours étendus dans la même situation, ces macérations épouvantables, ne sont rien encore en comparaison des jeunes femmes de l'Inde qui se brûlent sur le bûcher de leurs maris, dans le fol espoir de renaître ensemble.

Ne vantez donc plus ni les peines ni les consolations que la religion chrétienne fait éprouver. Convenez hautement qu'elle n'approche en rien du culte raisonnable qu'une famille honnête rend à l'Être suprême sans superstition. Laissez là les cachots des couvents; laissez là vos mystères contradictoires et inutiles, l'objet de la risée universelle; prêchez Dieu et la morale, et je vous réponds qu'il y aura plus de vertu et plus de félicité sur la terre.

LA COMTESSE.

Je suis fort de cette opinion.

M. FRÉRET.

Et moi aussi, sans doute.

L'ABBÉ.

Eh bien, puisqu'il faut vous dire mon secret, j'en suis aussi.

Alors le président de Maisons, l'abbé de Saint-Pierre, M. Dufay, M. Dumarsais, arrivèrent; et M. l'abbé de Saint-Pierre lut, selon sa coutume, ses *Pensées du matin*, sur chacune desquelles on pourrait faire un bon ouvrage.

PENSÉES DÉTACHÉES DE M. L'ABBÉ DE SAINT-PIERRE.

La plupart des princes, des ministres, des hommes constitués en dignité, n'ont pas le temps de lire ; ils méprisent les livres, et ils sont gouvernés par un gros livre qui est le tombeau du sens commun.

S'ils avaient su lire, ils auraient épargné au monde tous les maux que la superstition et l'ignorance ont causés. Si Louis XIV avait su lire, il n'aurait pas révoqué l'édit de Nantes.

Les papes et leurs suppôts ont tellement cru que leur pouvoir n'est fondé que sur l'ignorance, qu'ils ont toujours défendu la lecture du seul livre qui annonce leur religion ; ils ont dit : Voilà votre loi, et nous vous défendons de la lire ; vous n'en saurez que ce que nous daignerons vous apprendre. Cette extravagante tyrannie n'est pas compréhensible ; elle existe pourtant, et toute *Bible* en langue qu'on parle est défendue à Rome ; elle n'est permise que dans une langue qu'on ne parle plus.

Toutes les usurpations papales ont pour prétexte un misérable jeu de mots, une équivoque des rues, une pointe qu'on fait dire à Dieu, et pour laquelle on donnerait le fouet à un écolier : « Tu es Pierre, et sur cette pierre je fonderai mon assemblée[1]. »

Si on savait lire, on verrait en évidence que la religion n'a fait que du mal au gouvernement ; elle en a fait encore beaucoup en France, par les persécutions contre les protestants ; par les divisions sur je ne sais quelle bulle[2], plus méprisable qu'une chanson du Pont-Neuf ; par le célibat ridicule des prêtres ; par la fainéantise des moines ; par les mauvais marchés faits avec l'évêque de Rome, etc.

L'Espagne et le Portugal, beaucoup plus abrutis que la France, éprouvent presque tous ces maux, et ont l'Inquisition par-dessus, laquelle, supposé un enfer, serait ce que l'enfer aurait produit de plus exécrable.

En Allemagne, il y a des querelles interminables entre les trois sectes admises par le traité de Westphalie : les habitants des pays immédiatement soumis aux prêtres allemands sont des brutes qui ont à peine à manger.

---

1. Matthieu, chap. XVI, v. 18.
2. La bulle *Unigenitus* ; voyez tome XV, page 55 ; XVI, 67 ; XVIII, 47.

En Italie, cette religion qui a détruit l'empire romain n'a laissé que de la misère et de la musique, des eunuques, des arlequins et des prêtres. On accable de trésors une petite statue noire appelée la *Madone de Lorette*; et les terres ne sont pas cultivées.

La théologie est dans la religion ce que les poisons sont parmi les aliments.

Ayez des temples où Dieu soit adoré, ses bienfaits chantés, sa justice annoncée, la vertu recommandée : tout le reste n'est qu'esprit de parti, faction, imposture, orgueil, avarice, et doit être proscrit à jamais.

Rien n'est plus utile au public qu'un curé qui tient registre des naissances[1], qui procure des assistances aux pauvres, console les malades, ensevelit les morts, met la paix dans les familles, et qui n'est qu'un maître de morale. Pour le mettre en état d'être utile, il faut qu'il soit au-dessus du besoin, et qu'il ne lui soit pas possible de déshonorer son ministère en plaidant contre son seigneur et contre ses paroissiens, comme font tant de curés de campagne; qu'ils soient gagés par la province, selon l'étendue de leur paroisse, et qu'ils n'aient d'autres soins que celui de remplir leurs devoirs.

Rien n'est plus inutile qu'un cardinal. Qu'est-ce qu'une dignité étrangère conférée par un prêtre étranger, dignité sans fonction, et qui presque toujours vaut cent mille écus de rente, tandis qu'un curé de campagne n'a ni de quoi assister les pauvres, ni de quoi se secourir lui-même?

Le meilleur gouvernement est, sans contredit, celui qui n'admet que le nombre de prêtres nécessaire : car le superflu n'est qu'un fardeau dangereux. Le meilleur gouvernement est celui où les prêtres sont mariés : car ils en sont meilleurs citoyens; ils donnent des enfants à l'État, et les élèvent avec honnêteté ; c'est celui où les prêtres n'osent prêcher que la morale, car s'ils prêchent la controverse, c'est sonner le tocsin de la discorde.

Les honnêtes gens lisent l'histoire des guerres de religion avec horreur; ils rient des disputes théologiques comme la farce italienne. Ayons donc une religion qui ne fasse ni frémir ni rire.

Y a-t-il eu des théologiens de bonne foi? Oui, comme il y a eu des gens qui se sont crus sorciers.

M. Deslandes, de l'Académie des sciences de Berlin, qui vient

---

1. Voltaire, trop réservé ici, a été plus hardi un an après; voyez, plus loin, une des notes sur A. B. C. (10ᵉ entretien).

de nous donner l'*Histoire de la philosophie*[1], dit, au tome III, page 299 : « La faculté de théologie me paraît le corps le plus méprisable du royaume ; » il deviendrait un des plus respectables s'il se bornait à enseigner Dieu et la morale. Ce serait le seul moyen d'expier ses décisions criminelles contre Henri III et le grand Henri IV.

Les miracles que les gueux font au faubourg Saint-Médard peuvent aller loin si M. le cardinal de Fleury n'y met ordre. Il faut exhorter à la paix, et défendre sévèrement les miracles,

La bulle monstrueuse *Unigenitus* peut encore troubler le royaume. Toute bulle est un attentat à la dignité de la couronne et à la liberté de la nation.

La canaille créa la superstition ; les honnêtes gens la détruisent.

On cherche à perfectionner les lois et les arts ; peut-on oublier la religion ?

Qui commencera à l'épurer ? Ce sont les hommes qui pensent. Les autres suivront.

N'est-il pas honteux que les fanatiques aient du zèle, et que les sages n'en aient pas ? Il faut être prudent, mais non pas timide.

---

1. L'*Histoire critique de la philosophie* parut, pour la première fois, en 1737, sans nom d'auteur, 3 vol. in-12. L'édition de 1756, 4 vol. in-12, porte le nom de Deslandes.

FIN DU DINER DU COMTE DE BOULAINVILLIERS.

AVIS

A TOUS LES ORIENTAUX[1].

Toutes les nations de l'Asie et de l'Afrique doivent être averties du danger qui les menace depuis longtemps. Il y a dans le fond de l'Europe, et surtout dans la ville de Rome, une secte qui se nomme les *chrétiens catholiques* : cette secte envoie des espions dans tout l'univers, tantôt sur des vaisseaux marchands, tantôt sur des vaisseaux armés en guerre. Elle a subjugué une partie du vaste continent de l'Amérique, qui est la quatrième partie du monde. Elle-même avoue qu'elle y massacra dix fois douze cent mille habitants pour prévenir les révoltes contre son pouvoir despotique et contre sa religion. Il s'est écoulé environ cent trente révolutions du soleil depuis que cette secte, soi-disant catholique chrétienne, ayant trouvé le moyen de s'établir dans le Japon, autrement Nipon, elle voulut exterminer toutes les autres sectes, et causa une des plus furieuses guerres civiles qui aient jamais désolé un royaume. Le Japon nagea dans le sang, et, depuis cette affreuse époque, les habitants ont été obligés de fermer leur pays à tous les étrangers, de peur qu'il n'entre chez eux des chrétiens.

Les espions appelés *jésuites*, que le prêtre prince de Rome avait envoyés à la Chine, commençaient déjà à causer du trouble dans ce vaste empire, lorsque l'empereur Yong-tching, d'heureuse mémoire, renvoya tous ces dangereux hôtes à Macao, et maintint, par leur bannissement, la paix dans son empire[2].

---

1. Cette espèce de manifeste n'a jamais été imprimé ; il s'est trouvé dans les papiers de l'auteur, et l'on ignore s'il en avait fait quelque usage. (K.) — Cette pièce a été, en 1825, mise par M. Clogenson dans le *Dictionnaire philosophique*, au mot CHRÉTIENS CATHOLIQUES, ainsi que je l'ai déjà dit (tome XVIII, page 159). C'était parmi les *Facéties* que les éditeurs de Kehl l'avaient classée. Je place cet opuscule en 1767 ou 1768, parce que, dans ces années, Voltaire en publia beaucoup dans le même esprit. Mais, dans ses lettres à Damilaville, des 4 et 8 février 1762, Voltaire parle de l'*Oriental*, qui pourrait bien être l'*Avis à tous les Orientaux*. (B.)

2. Voyez tome XIII, page 168 ; XV, 81-83.

Ces mêmes jésuites se sont soumis, en Amérique, un pays de quatre cent soixante milles de circonférence ; on dit qu'ils ont civilisé les habitants : ces peuples, en effet, sont civils au point d'être esclaves des bonzes et fakirs catholiques connus sous le nom de jésuites.

Ces mêmes catholiques ont fait plus d'une tentative pour subjuguer le royaume d'Abyssinie.

Le nom de *catholique* signifie universel ; ce nom leur suffit pour persuader aux idiots qu'on doit dans tout l'univers croire à leurs dogmes, et se soumettre à leur pouvoir ; ces dogmes sont le comble de la démence, et ils disent que c'est précisément ce qui convient au genre humain. Non-seulement ils annoncent trois dieux qui n'en font qu'un, mais ils disent qu'un de ces trois dieux a été pendu. Ils prétendent le ressusciter tous les jours avec des paroles ; ils le mettent dans un morceau de pain ; ils le mangent, et le rendent avec les autres excréments. C'est à cette doctrine qu'ils veulent que tous les hommes se soumettent ; et quand ils sont les plus forts, ils font mourir dans les tourments tous ceux qui osent opposer leur raison à cet excès de folie.

Ces tyrans extravagants se vantent d'être descendus d'un ancien peuple qu'on appelle hébreu, juif, ou israélite. Ils persécutent avec férocité ces Juifs dont ils se disent les enfants : ils en font des sacrifices à leurs trois dieux, et surtout à celui qu'ils changent en un morceau de pain ; et pendant ces sacrifices de chair humaine, ils chantent les hymnes composés autrefois par ces mêmes Juifs qu'ils immolent. S'ils ont traité avec tant de barbarie toutes les nations étrangères, ils ont exercé mutuellement les mêmes fureurs contre toutes les petites sectes dans lesquelles leur religion est divisée. Il n'y a point de province en Europe que la religion chrétienne n'ait remplie de carnage. Cette barbare égorge chez elle ses propres enfants de la même main qui a porté la désolation aux extrémités du monde.

Il est donc nécessaire qu'on fasse passer ces excès dans toutes les langues, et qu'on les dénonce à toutes les nations.

FIN DE L'AVIS A TOUS LES ORIENTAUX.

FEMMES,

SOYEZ SOUMISES A VOS MARIS [1].

L'abbé de Châteauneuf me contait un jour que Mme la maréchale de Grancey était fort impérieuse; elle avait d'ailleurs de très-grandes qualités. Sa plus grande fierté consistait à se respecter soi-même, à ne rien faire dont elle pût rougir en secret; elle ne s'abaissa jamais à dire un mensonge : elle aimait mieux avouer une vérité dangereuse que d'user d'une dissimulation utile ; elle disait que la dissimulation marque toujours de la timidité. Mille actions généreuses signalèrent sa vie; mais quand on l'en louait, elle se croyait méprisée ; elle disait : « Vous pensez donc que ces actions m'ont coûté des efforts? » Ses amants l'adoraient, ses amis la chérissaient, et son mari la respectait.

Elle passa quarante années dans cette dissipation, et dans ce cercle d'amusements qui occupent sérieusement les femmes ; n'ayant jamais rien lu que les lettres qu'on lui écrivait, n'ayant jamais mis dans sa tête que les nouvelles du jour, les ridicules de son prochain, et les intérêts de son cœur. Enfin, quand elle se vit à cet âge où l'on dit que les belles femmes qui ont de l'esprit passent d'un trône à l'autre, elle voulut lire. Elle commença par les tragédies de Racine, et fut étonnée de sentir en les lisant encore plus de plaisir qu'elle n'en avait éprouvé à la représentation : le bon goût qui se déployait en elle lui faisait discerner que cet homme ne disait jamais que des choses vraies et intéressantes, qu'elles étaient toutes à leur place ; qu'il était simple et noble, sans déclamation, sans rien de forcé, sans courir après

---

[1]. Quoique cette espèce de dialogue soit supposé entre l'abbé de Châteauneuf, mort en 1709, et la femme du premier maréchal de Grancey, morte dès 1694, il n'en contient pas moins une évidente allusion à la manière dont, selon Voltaire, Catherine II gouvernait la Russie; et c'est cette allusion, qu'on ne peut contester, qui donne à cet opuscule une date très-rapprochée de 1768. (Cl.)

l'esprit; que ses intrigues, ainsi que ses pensées, étaient toutes fondées sur la nature : elle retrouvait dans cette lecture l'histoire de ses sentiments, et le tableau de sa vie.

On lui fit lire Montaigne : elle fut charmée d'un homme qui faisait conversation avec elle, et qui doutait de tout. On lui donna ensuite les grands hommes de Plutarque : elle demanda pourquoi il n'avait pas écrit l'histoire des grandes femmes.

L'abbé de Châteauneuf la rencontra un jour toute rouge de colère. « Qu'avez-vous donc, madame? lui dit-il.

— J'ai ouvert par hasard, répondit-elle, un livre qui traînait dans mon cabinet; c'est, je crois, quelque recueil de lettres; j'y ai vu ces paroles[1] : *Femmes, soyez soumises à vos maris;* j'ai jeté le livre.

— Comment, madame! savez-vous bien que ce sont les Épîtres de saint Paul?

— Il ne m'importe de qui elles sont; l'auteur est très-impoli. Jamais monsieur le maréchal ne m'a écrit dans ce style; je suis persuadée que votre saint Paul était un homme très-difficile à vivre. Était-il marié?

— Oui, madame.

— Il fallait que sa femme fût une bien bonne créature : si j'avais été la femme d'un pareil homme, je lui aurais fait voir du pays. *Soyez soumises à vos maris!* Encore s'il s'était contenté de dire : *Soyez douces, complaisantes, attentives, économes,* je dirais : Voilà un homme qui sait vivre; et pourquoi soumises, s'il vous plaît? Quand j'épousai M. de Grancey, nous nous promîmes d'être fidèles : je n'ai pas trop gardé ma parole, ni lui la sienne; mais ni lui ni moi ne promîmes d'obéir. Sommes-nous donc des esclaves ? N'est-ce pas assez qu'un homme, après m'avoir épousée, ait le droit de me donner une maladie de neuf mois, qui quelquefois est mortelle ? N'est-ce pas assez que je mette au jour avec de très-grandes douleurs un enfant qui pourra me plaider quand il sera majeur ? Ne suffit-il pas que je sois sujette tous les mois à des incommodités très-désagréables pour une femme de qualité, et que, pour comble, la suppression d'une de ces douze maladies par an soit capable de me donner la mort, sans qu'on vienne me dire encore : *Obéissez?*

« Certainement la nature ne l'a pas dit; elle nous a fait des organes différents de ceux des hommes ; mais en nous rendant nécessaires les uns aux autres, elle n'a pas prétendu que l'union

---

1. *Aux Éphés,* v, 22; *aux Colossiens,* III, 18.

formât un esclavage. Je me souviens bien que Molière a dit[1] :

> Du côté de la barbe est la toute-puissance.

Mais voilà une plaisante raison pour que j'aie un maître ! Quoi ! parce qu'un homme a le menton couvert d'un vilain poil rude, qu'il est obligé de tondre de fort près, et que mon menton est né rasé, il faudra que je lui obéisse très-humblement ? Je sais bien qu'en général les hommes ont les muscles plus forts que les nôtres, et qu'ils peuvent donner un coup de poing mieux appliqué : j'ai bien peur que ce ne soit là l'origine de leur supériorité.

« Ils prétendent avoir aussi la tête mieux organisée, et, en conséquence, ils se vantent d'être plus capables de gouverner; mais je leur montrerai des reines qui valent bien des rois. On me parlait ces jours passés d'une princesse allemande[2] qui se lève à cinq heures du matin pour travailler à rendre ses sujets heureux, qui dirige toutes les affaires, répond à toutes les lettres, encourage tous les arts, et qui répand autant de bienfaits qu'elle a de lumières. Son courage égale ses connaissances; aussi n'a-t-elle pas été élevée dans un couvent par des imbéciles qui nous apprennent ce qu'il faut ignorer, et qui nous laissent ignorer ce qu'il faut apprendre. Pour moi, si j'avais un État à gouverner, je me sens capable d'oser suivre ce modèle. »

L'abbé de Châteauneuf, qui était fort poli, n'eut garde de contredire madame la maréchale.

« A propos, dit-elle, est-il vrai que Mahomet avait pour nous tant de mépris qu'il prétendait que nous n'étions pas dignes d'entrer en paradis, et que nous ne serions admises qu'à l'entrée ?

— En ce cas, dit l'abbé, les hommes se tiendront toujours à la porte; mais consolez-vous, il n'y a pas un mot de vrai dans tout ce qu'on dit ici de la religion mahométane. Nos moines ignorants et méchants nous ont bien trompés, comme le dit mon frère[3], qui a été douze ans ambassadeur à la Porte.

— Quoi ! il n'est pas vrai, monsieur, que Mahomet ait inventé la pluralité des femmes pour mieux s'attacher les hommes? Il n'est pas vrai que nous soyons esclaves en Turquie, et qu'il nous soit défendu de prier Dieu dans une mosquée?

---

1. *École des femmes*, acte III, scène II.
2. Catherine II, née à Stettin le 2 mai 1729; voyez la *Lettre sur les Panégyriques*, ci-dessus, page 311.
3. Le marquis de Châteauneuf, auprès duquel Voltaire fut envoyé en Hollande, en 1713 et 1714.

— Pas un mot de tout cela, madame; Mahomet, loin d'avoir imaginé la polygamie, l'a réprimée et restreinte. Le sage Salomon possédait sept cents épouses. Mahomet a réduit ce nombre à quatre seulement. Mesdames iront en paradis tout comme messieurs, et sans doute on y fera l'amour, mais d'une autre manière qu'on ne le fait ici: car vous sentez bien que nous ne connaissons l'amour dans ce monde que très-imparfaitement.

— Hélas! vous avez raison, dit la maréchale : l'homme est bien peu de chose. Mais, dites-moi; votre Mahomet a-t-il ordonné que les femmes fussent soumises à leurs maris?

— Non, madame, cela ne se trouve point dans l'*Alcoran*.

— Pourquoi donc sont-elles esclaves en Turquie?

— Elles ne sont point esclaves, elles ont leurs biens, elles peuvent tester, elles peuvent demander un divorce dans l'occasion; elles vont à la mosquée à leurs heures, et à leurs rendez-vous à d'autres heures: on les voit dans les rues avec leurs voiles sur le nez, comme vous aviez votre masque il y a quelques années. Il est vrai qu'elles ne paraissent ni à l'Opéra ni à la comédie; mais c'est parce qu'il n'y en a point. Doutez-vous que si jamais dans Constantinople, qui est la patrie d'Orphée, il y avait un Opéra, les dames turques ne remplissent les premières loges?

— *Femmes, soyez soumises à vos maris!* disait toujours la maréchale entre ses dents. Ce Paul était bien brutal.

— Il était un peu dur, repartit l'abbé, et il aimait fort à être le maître : il traita du haut en bas saint Pierre, qui était un assez bonhomme[1]. D'ailleurs, il ne faut pas prendre au pied de la lettre tout ce qu'il dit. On lui reproche d'avoir eu beaucoup de penchant pour le jansénisme.

— Je me doutais bien que c'était un hérétique, dit la maréchale; » et elle se remit à sa toilette.

1. Pas si bonhomme, s'il est vrai qu'il ait composé sa première épître en 44, quinze ou seize ans avant que saint Paul écrivît aux *Éphésiens* et aux *Colossiens*: car alors ce serait saint Pierre qui, le premier, aurait dit, dans le chapitre III, verset 1, de l'épître précitée : *Que les femmes soient soumises à leurs maris :* mulieres subditæ sint viris suis. (CL.)

FIN DE : FEMMES, ETC.

PRÉFACE

DE M. ABAUZIT[1]

Un jeune homme plein de mérite et distingué par de très-beaux ouvrages est l'auteur de la pièce suivante. C'est une réponse à une de ces épîtres qu'on nomme *Héroïdes*. Un auteur s'était diverti à écrire une lettre en vers au nom de l'abbé de Rancé, fondateur de la Trappe, homme autrefois voluptueux, mais alors se dévouant, lui et ses moines, à une horrible pénitence. Un moine devenu sage répond ici à l'abbé de Rancé.

Si jamais on a mis dans tout son jour le fanatisme orgueilleux des fondateurs d'ordre, et la malheureuse démence de ceux qui se sont faits leurs victimes, c'est assurément dans cette pièce. L'auteur nous a paru aussi religieux qu'ennemi de la superstition. Il fait voir que, pour servir Dieu, il ne faut pas s'ensevelir dans un cloître pour y être inutile à Dieu et aux hommes. Il écrit en adorateur de la Divinité et en zélateur de la patrie. En effet, tant d'hommes, tant de filles que l'État perd tous les ans, sans que la religion y gagne, doivent révolter un esprit droit et faire gémir un cœur sensible.

Cette épître se borne à déplorer le malheur de ces insensés que la séduction enterre dans ces prisons réputées saintes, dans ces tombeaux de vivants où la folie du moment auquel on a prononcé

---

1. Barthe (N.-T.), né à Marseille en 1734, mort en 1785, avait publié, en 1766, une *Lettre de l'abbé de Rancé à un ami*. La Harpe (J.-F.), mort en 1803, fit paraître une *Réponse d'un solitaire de la Trappe à la lettre de l'abbé de Rancé*. Voltaire parle de cette dernière pièce dans sa lettre au roi de Prusse, du 5 avril 1767. Ce fut la même année que Voltaire composa cette *Préface*, sans doute pour une édition qu'il fit faire de la *Réponse* par La Harpe. Je n'ai pas vu cette édition de 1767, et je n'ose affirmer qu'elle existe; mais Voltaire fit réimprimer la *Réponse* avec sa *Préface*, en 1769, dans le tome II des *Choses utiles et agréables*, page 161. C'est là que j'en ai pris le texte et l'intitulé. Ce n'était pas la première fois que Voltaire prenait le nom de Firmin Abauzit, né à Uzès en 1679, mort le 20 mars 1767. Il l'avait fait auteur de l'article APOCALYPSE du *Dictionnaire philosophique;* voyez la lettre de Voltaire à Damilaville, du 12 octobre 1764. (B.)

ses vœux est punie par des regrets qui empoisonnent la vie entière.

Que n'aurait pas dit l'auteur, s'il avait voulu joindre à la description des maux que se font ces énergumènes le tableau des maux qu'ils ont causés au monde? On prendrait, j'ose le dire, plusieurs d'entre eux pour des damnés qui se vengent sur le genre humain des tourments secrets qu'ils éprouvent. Il n'est presque aucune province de la chrétienté dans laquelle les moines n'aient contribué aux guerres civiles, ou ne les aient excitées; il n'est point d'États où l'on n'ait vu couler le sang des magistrats ou des rois, tantôt par les mains mêmes de ces misérables, tantôt par celles qu'ils ont armées au nom de Dieu. On s'est vu plus d'une fois obligé de chasser quelques-unes de ces hordes qui osent se dire sacrées. Trois royaumes[1] qui viennent de vomir les jésuites de leur sein donnent un grand exemple au reste du monde; mais ces royaumes eux-mêmes ont bien peu profité de l'exemple qu'ils donnent. Ils chassent les jésuites, qui au moins enseignaient gratis la jeunesse tant bien que mal, et ils conservent un ramas d'hommes oisifs dont plusieurs sont connus par leur ignorance et leurs débauches, objets de l'indignation et du mépris, et qui, s'ils ne sont pas convaincus de toutes les infamies qu'on leur attribue, sont assez coupables envers le genre humain puisqu'ils lui sont inutiles.

La moitié de l'Europe[2] s'est délivrée de toute cette vermine, l'autre moitié s'en plaint et n'ose la secouer encore. On allègue pour justifier cette négligence qu'il y a des fakirs dans les Indes. C'est pour cela même que nous ne devrions point en avoir, puisque nous sommes plus éclairés aujourd'hui et mieux policés que les Indiens. Quoi! nous faudra-t-il consacrer des oignons et des chats, et adorer ce que nous mangeons, parce que des Égyptiens ont été assez maniaques pour en user ainsi?

Quoi qu'il en soit, nous invitons le très-petit nombre d'honnêtes gens qui ont du goût à lire la réponse du moine à l'abbé de Rancé. Puissent de pareils écrits nous consoler quelquefois des vers insipides et barbares dont on farcit des journaux de toute espèce, et puisse le vulgaire même sentir le mérite et l'utilité de l'ouvrage que nous lui présentons!

---

1. Le Portugal, en septembre 1759; la France, en 1764 (voyez tome XVI, page 100); l'Espagne, le 2 avril 1767. Les jésuites ne furent chassés de Naples qu'en novembre 1768. (B.)
2. Les pays protestants.

FIN DE LA PRÉFACE.

LETTRE

D'UN AVOCAT DE BESANÇON

AU NOMMÉ NONOTTE, EX-JÉSUITE.

(1768[1])

Il est vrai, pauvre ex-jésuite Nonotte, que j'ai eu l'honneur d'instruire M. de Voltaire de ton extraction, aussi connue dans notre ville que ton érudition et ta modestie. Comment peux-tu te plaindre que j'aie révélé que ton cher père était crocheteur, quand ton style prouve si évidemment la profession de ton cher père ? *Loquela tua manifestum te facit*[2]. Je n'ai point voulu t'outrager en disant que toute ma famille a vu ton père scier du bois à la porte des jésuites : c'est un métier très-honnête, et plus utile au public que le tien, surtout en hiver, où il faut se chauffer. Tu me diras peut-être que l'on se chauffe aussi avec tes ouvrages ;

---

1. Nonotte, blessé au vif de ce que, dans ses *Honnêtetés littéraires* (voyez ci-dessus, page 151), Voltaire rapportait de lui, sur le témoignage vrai ou supposé d'un homme en place, publia une *Lettre d'un ami à un ami sur les Honnêtetés littéraires, ou Supplément aux Erreurs de Voltaire*, Avignon (Lyon), 1767, in-8°. Nonotte, qui reproche l'orgueil à son adversaire, étale longuement ses propres titres à la célébrité, dit que son « Discours préliminaire des *Erreurs de Voltaire* est l'un des plus excellents morceaux en genre de préface ». Il parle du succès de ses sermons et des armoiries de sa famille. Chaudon, dans une note manuscrite que j'ai sous les yeux, ajoute que Nonotte « avait l'air un peu suffisant ; il était très-prévenu en faveur de son mérite ; c'était Feller cadet ». D'après cette même note de Chaudon, la *Lettre d'un avocat de Besançon* (qui est une réplique à la *Lettre d'un ami*), aurait été imprimée dès 1767, in-8°. Comme je n'ai pas vu cette édition de 1767 de la *Lettre d'un avocat*, je lui conserve la date de 1768 qu'elle a dans les éditions de Kehl et leurs réimpressions. Il est probable qu'elle avait été imprimée séparément. Il est certain qu'elle a été réimprimée, en 1769, dans le tome IV de l'*Évangile du jour*, collection en dix-huit volumes publiés de 1769 à 1778, composée presque uniquement d'écrits de Voltaire, et à laquelle il est impossible qu'il ait été étranger. (B.)

2. Matth., XXVI, 73.

mais il y a bien de la différence : deux ou trois bonnes bûches font un meilleur feu que tous tes écrits.

Tu nous étales quelques quartiers de terre que tes parents ont possédés auprès de Besançon. Ah! mon cher ami, où est l'humilité chrétienne? L'humilité, cette vertu si nécessaire aux douceurs de la société? l'humilité, que Platon et Épictète appellent *tapeinè*, et qu'ils recommandent si souvent aux sages? Tu tiens toujours aux grandeurs du monde, en qualité de jésuite; mais en cela tu n'es pas chrétien. Songe que saint Pierre (qui, par parenthèse, n'alla jamais à Rome, où le roi d'Espagne envoie aujourd'hui les jésuites) était un pêcheur de Galilée, ce qui n'est pas une dignité fort au-dessus de celle dont tu rougis. Saint Matthieu fut commis aux portes, emploi maudit par Dieu même[1]. Les autres apôtres n'étaient guère plus illustres; ils ne se vantaient pas d'avoir des armoiries, comme s'en vante Nonotte. Tu apprends à l'univers que tu loges au second étage, dans une belle maison nouvellement bâtie. Quel excès d'orgueil! souviens-toi que les apôtres logeaient dans des galetas.

« Il y a trois sortes d'orgueil, messieurs, disait le docteur Swift dans un de ses sermons: l'orgueil de la naissance, celui des richesses, celui de l'esprit; je ne vous parlerai pas du dernier: il n'y a personne, parmi vous, qui ait à se reprocher un vice si condamnable. »

Je ne te le reprocherai pas non plus, mon pauvre Nonotte; mais je prierai Dieu qu'il te rende plus savant, plus honnête, et plus humble. Je suis fâché de te voir si ignorant et si impudent. Tu viens de faire imprimer, sous le nom d'Avignon, un nouveau libelle de ta façon, intitulé *Lettre d'un ami à un ami*. Quel titre romanesque! Nonotte avoir un ami! Peut-on écrire de pareilles chimères! c'est bien là un mensonge imprimé.

Dans ce libelle tu glisses sur toutes les bévues, les sottises, les impostures atroces dont tu as été convaincu : tu cours sur ces endroits comme les filles qui passent par les verges, et qui vont le plus vite qu'elles peuvent pour être moins fessées.

Mais je vois avec douleur que tu es incorrigible dans tes fautes : que veux-tu que je réponde quand on t'a fait voir combien de rois de France de la première dynastie ont eu plusieurs femmes à la fois? quand ton jésuite Daniel lui-même l'avoue; quand, l'ayant nié en ignorant, tu le nies encore en petit opiniâtre?

---

1. Matth., XVIII, 17.

Comment puis-je te défendre quand tu t'obstines à justifier l'insolente indiscrétion du centurion Marcel, qui commença par jeter son bâton de commandant et sa ceinture, en disant qu'il ne voulait pas servir l'empereur? Ne sens-tu pas, pauvre fou, que, dans une ville comme la nôtre, où il y a toujours une grosse garnison, tu prêches la révolte, et que monsieur le commandant peut te faire passer par les baguettes?

Puis-je honnêtement prendre ton parti, quand tu reviens toujours à ta prétendue légion thébaine, martyrisée à Saint-Maurice? Ne suis-je pas forcé d'avouer que l'original de cette fable se trouve dans un livre faussement attribué à Eucher, évêque de Lyon, mort en 454 : fable dans laquelle il est parlé de Sigismond de Bourgogne, mort en 523? Ce misérable conte, aussi bafoué aujourd'hui que tant d'autres contes, est toujours renouvelé par toi, afin que tu ne puisses pas te reprocher d'avoir dit un seul mot de vérité.

Par quel excès d'impertinence reviens-tu trois fois, incorrigible Nonotte, à la ville de Livron, que tu traitais de village? On avait daigné t'apprendre[1] que cette ville, autrefois fortifiée, avait été assiégée par le marquis de Bellegarde, et défendue par Roes. Rien n'est plus vrai; et tu défends ta sotte critique en avouant que Roes fut tué à ce siége : vois quel est ton sens commun. Que t'importe, misérable écrivain, que Livron soit une ville ou un village?

Considère un peu, Nonotte, quelle est l'infamie de tes procédés : tu fais d'abord un gros libelle anonyme contre M. de Voltaire, que tu ne connais pas, qui ne t'a jamais offensé; tu le fais imprimer à Avignon clandestinement, chez le libraire Fez, contre les lois du royaume; tu offres ensuite de le vendre à M. de Voltaire lui-même pour mille écus[2], et quand ta lâche turpitude est découverte, tu oses dire, dans un autre libelle, que le libraire Fez est un coquin!

Que diras-tu si on te fait un procès criminel? Quel sera alors le coquin, du libraire Fez ou de toi? Ignores-tu que les libelles diffamatoires sont quelquefois punis par les galères? Il t'appartient bien, à toi ex-jésuite, de calomnier un officier de la chambre du roi, qui a la bonté de garder dans son château un jésuite[3], depuis que le bras de la justice s'est appesanti sur eux! Il te sied bien

---

1. Voyez tome XXIV, page 509.
2. Voyez page 139.
3. Le P. Adam.

de prononcer le nom du libraire Jore, à qui M. de Voltaire daigne faire une pension !

Si tu avais été repentant et sage, peut-être aurais-tu pu obtenir aussi une pension de lui ; mais ce n'est pas là ce que tu mérites.

FIN DE LA LETTRE D'UN AVOCAT.

ÉPITRE

ÉCRITE DE CONSTANTINOPLE AUX FRÈRES[1].

Nos frères, qui êtes répandus sur la terre, et non dispersés, qui habitez les îles de Niphon et celles des Cassitérides[2], qui êtes unis dans les mêmes sentiments sans vous les être communiqués, adorateurs d'un seul Dieu, pieux sans superstition, religieux sans cérémonies, zélés sans enthousiasme, recevez ce témoignage de notre union et de notre amitié ; nous aimons tous les hommes ; mais nous vous chérissons par-dessus les autres, et nous offrons avec vous nos purs hommages au Dieu de tous les globes, de tous les temps et de tous les êtres.

Nos cruels ennemis, les brames, les fakirs, les bonzes, les talapoins, les derviches, les marabous, ne cessent d'élever contre nous leurs voix discordantes ; divisés entre eux dans leurs fables, ils semblent réunis contre notre vérité simple et auguste. Ces aveugles, qui se battent à tâtons, sont tous armés contre nous, qui marchons paisiblement à la lumière.

Ils ne savent pas quelles sont nos forces. Nous remplissons toute la terre ; les temples ne pourraient nous contenir, et notre temple est l'univers. Nous étions avant qu'aucune de ces sectes eût pris naissance. Nous sommes encore tels que furent nos premiers pères sortis des mains de l'Éternel ; nous lui offrons comme eux des vœux simples dans l'innocence et dans la paix. Notre religion réelle a vu naître et mourir mille cultes fantastiques, ceux de Zoroastre, d'Osiris, de Zamolxis, d'Orphée, de Numa, d'Odin, et de tant d'autres. Nous subsistons toujours les mêmes au milieu

---

1. Cet opuscule, sans date dans l'édition de Kehl comme dans les douze éditions que l'on publie depuis dix ans, doit être postérieur, mais de très-peu de temps, à l'époque où la fureur théologique se déchaîna contre la tolérance du vieux Bélisaire. C'est vers 1768 que Grimm qualifiait Voltaire du titre de *Patriarche in petto de Constantinople*. (CL.)

2. Le Japon et l'Angleterre. (K.)

des sectaires de Fo, de Brama, de Xaca, de Vistnou, de Mahomet. Ils nous appellent *impies*, et nous leur répondons en adorant Dieu avec piété.

Nous gémissons de voir que ceux qui croient que Mahomet a mis la moitié de la lune dans sa manche soient toujours secrètement disposés à empaler ceux qui pensent que Mahomet n'y en mit que le quart.

Nous n'envions point les richesses des mosquées, que les imans tremblent toujours de perdre ; au contraire, nous souhaitons qu'ils jouissent tous d'une vie douce et commode, qui leur inspire des mœurs faciles et indulgentes.

Le muphti n'a que huit mille sequins de revenu ; nous voudrions qu'il en eût davantage pour soutenir sa dignité, pourvu qu'il n'en abuse pas.

Supposé que les États du grand lama soient bien gouvernés, que les arts et le commerce y fleurissent, que la tolérance y soit établie, nous pardonnons aux peuples du Thibet de croire que le grand lama a toujours raison, quand il dit que deux et deux font cinq[1]. Nous leur pardonnons de le croire immortel, quand ils le voient enterrer ; mais s'il était encore sur la terre un peuple[2] ennemi de tous les peuples, qui pensât que Dieu, le père commun de tous les hommes, le tira par bonté du fertile pays de l'Inde pour le conduire dans les sables de Rohoba, et pour lui ordonner d'exterminer tous les habitants du pays voisin, nous déclarons cette nation de voleurs la nation la plus abominable du globe, et nous détestons ses superstitions sacriléges autant que nous plaignons les ignicoles chassés injustement de leur pays par Omar.

S'il était encore un petit peuple[3] qui s'imaginât que Dieu n'a fait le soleil, la lune et les étoiles que pour lui ; que les habitants des autres globes n'ont été occupés qu'à lui fournir de la lumière, du pain, du vin, et de la rosée, et qu'il a été créé pour mettre de l'argent à usure, nous pourrions permettre à cette troupe de fanatiques imbéciles de nous vendre quelquefois des cafetans et des dolimans ; mais nous aurions pour lui le mépris qu'il mérite.

S'il était quelque autre peuple[4] à qui on eût fait accroire que ce qui a été vrai est devenu faux ; s'il pense que l'eau du Gange est absolument nécessaire pour être réuni à l'Être des êtres ; s'il se prosterne devant des ossements de morts et devant quelques

---

1. Et quand d'autres disent que trois ne font qu'un. (B.)
2. Les Juifs.
3. Encore le peuple juif.
4. Les catholiques. (B.)

haillons; si ses fakirs ont établi un tribunal[1] qui condamne à expirer dans les flammes ceux qui ont douté un moment de quelques opinions des fakirs ; si un tel peuple existe, nous verserons sur lui des larmes. Nous apprenons avec consolation que déjà plusieurs nations ont adopté un culte plus raisonnable, qu'elles adressent leurs hommages au Dieu suprême, sans adorer la jument Borak qui porta Mahomet au troisième ciel ; que ces peuples mangent hardiment du cochon et des anguilles, sans croire offenser le Créateur. Nous les exhortons à perfectionner de plus en plus la pureté de leur culte.

Nous savons que nos ennemis crient, depuis des siècles, qu'il faut tromper le peuple; mais nous croyons que le plus bas peuple est capable de connaître la vérité. Pourquoi les mêmes hommes à qui on ne peut faire accroire qu'un sequin en vaut deux croiraient-ils que le dieu Sammonocodom a coupé toute une forêt en jouant au cerf-volant ?

Serait-il si difficile d'accoutumer les bachas et les charbonniers, les sultans et les fendeurs de bois, qui sont tous également hommes, à se contenter de croire un Dieu infini, éternel, juste, miséricordieux, récompensant au delà du mérite, et punissant sévèrement le vice sans colère et sans tyrannie ?

Quel est l'homme dont la raison puisse se soulever, quand on lui recommande l'adoration de l'Être suprême, l'amour du prochain et de la justice?

Quel encouragement aura-t-on de plus à la vertu, quand on s'égorgera pour savoir si la mère du dieu Fo accoucha par l'oreille ou par le nez[2] ? En sera-t-on meilleur père, meilleur fils, meilleur citoyen ?

On distribue au peuple du Thibet les reliques de la chaise percée du dalaï-lama; on les enchâsse dans de l'ivoire; les saintes femmes les portent à leur cou : ne pourrait-on pas, à toute force, se rendre agréable à Dieu par une vie pure, sans être paré de ces beaux ornements, qui après tout sont étrangers à la morale?

Nous ne prétendons point offenser les lamas, les bonzes, les talapoins, les derviches, à Dieu ne plaise; mais nous pensons que si l'on en faisait des chaudronniers, des cardeurs de laine, des maçons, des charpentiers, ils seraient bien plus utiles au genre

1. Celui de l'Inquisition.
2. C'est au sujet de cette question qu'un bénédictin de la congrégation de Saint-Maur dit, dans l'*index rerum* d'une édition de saint Augustin : *Virgini utero nihil incoinquinatius.* (CL.)

humain : car enfin nous avons un besoin continuel de bons ouvriers, et nous n'avons pas un besoin si marqué d'une multitude innombrable de lamas et de fakirs.

Priez Dieu pour eux et pour nous.

Donné à Constantinople, le 10ᵉ de la lune de sheval, l'an de l'hégire 1215 [1].

---

1. Sheval est le nom du dixième mois de l'année mahométane. L'an 1215 de l'hégire a commencé le 25 mai 1800. Voltaire n'ignorait pas la concordance des deux calendriers, puisqu'il la donne dans son *Histoire de Charles XII;* voyez tome XVI, page 286.

FIN DE L'ÉPITRE ÉCRITE DE CONSTANTINOPLE.

LETTRE

DE L'ARCHEVÊQUE DE CANTORBÉRY

A M. L'ARCHEVÊQUE DE PARIS[1].

J'ai reçu, milord, votre mandement contre le grand Bélisaire, général d'armée de Justinien, et contre M. Marmontel, de l'Académie française, avec vos armoiries placées en deux endroits, surmontées d'un grand chapeau, et accompagnées de deux pendants de quinze houppes chacun, le tout signé : CHRISTOPHE; *par monseigneur*, LA TOUCHE, avec paraphe.

Nous ne donnons, nous autres, de mandements que sur nos fermiers; et je vous avoue, milord, que j'aurais désiré un peu plus d'humilité chrétienne dans votre affaire. Je ne vois pas d'ailleurs pourquoi vous affectez d'annoncer, dans votre titre, que vous condamnez *M. Marmontel, de l'Académie française*.

Si ceux qui ont rédigé votre mandement ont trouvé qu'un général d'armée de Justinien ne s'expliquait pas en théologien congru de votre communion, il me semble qu'il fallait vous contenter de le dire sans compromettre un corps respectable, composé de princes du sang, de cardinaux, de prélats comme vous, de ducs et pairs, de maréchaux de France, de magistrats, et des gens de lettres les plus illustres. Je pense que l'Académie française n'a rien à démêler avec vos disputes théologiques.

Permettez-moi encore de vous dire que, si nous donnions des mandements dans de pareilles occasions, nous les ferions nous-mêmes.

J'ai été fâché que votre mandataire ait condamné cette pro-

---

1. Christophe de Beaumont, voulant surpasser en intolérance la censure du chapitre xv de *Bélisaire*, publia, le 31 janvier 1768, un *Mandement* qui reçut pour réponse la petite lettre anglicane que voici, et qui ne se fit pas attendre longtemps de Ferney, car Voltaire la cite dans sa lettre du 1er mars 1768, à M. Le Riche. (CL.)

position de ce grand capitaine Bélisaire[1] : « Dieu est terrible aux méchants, je le crois, mais je suis bon. »

Je vous assure, milord, que si notre roi, qui est le chef de notre Église, disait : *Je suis bon*, nous ne ferions point de mandements contre lui. *Je suis bon* veut dire, ce semble, par tout pays : j'ai le cœur bon, j'aime le bien, j'aime la justice, je veux que mes sujets soient heureux. Je ne vois point du tout qu'on doive être damné pour avoir le cœur bon. Le roi de France (à ce que j'entends dire à tout le monde) est très-bon, et si bon qu'il vous a pardonné des désobéissances réitérées[2] qui ont troublé la France, et que toute l'Europe n'a pas regardées comme une marque d'un esprit bien fait. Vous êtes, sans doute, assez *bon* pour vous en repentir.

Nous ne voyons pas que Bélisaire soit digne de l'enfer pour avoir dit qu'il était un bon homme. Vous prétendez que cette bonté est une hérésie, parce que saint Pierre, dans sa première Épître, chapitre v, vers. 5, a dit que *Dieu résiste aux superbes*. Mais celui qui a fait votre mandement n'a guère pensé à ce qu'il écrivait. Dieu résiste, je le veux : la résistance sied bien à Dieu; mais à qui résiste-t-il selon Pierre? Lisez de grâce ce qui précède, et vous verrez qu'il résiste aux prêtres qui paissent mal leur troupeau, et surtout aux jeunes qui ne sont pas soumis aux vieillards. « Inspirez-vous, dit-il, l'humilité les uns aux autres, car Dieu résiste aux superbes. »

Or, je vous demande quel rapport il y a entre cette résistance de Dieu et la bonté de Bélisaire? Il est utile de recommander l'humilité, mais il faut aussi recommander le sens commun.

On est bien étonné que votre mandataire ait critiqué cette expression humaine et naïve de Bélisaire[3] : « Est-il besoin qu'il y ait tant de réprouvés? » Non-seulement vous ne voulez pas que Bélisaire soit bon, mais vous voulez aussi que le Dieu de miséricorde ne soit pas bon. Quel plaisir aurez-vous, s'il vous plaît, quand tout le monde sera damné? Nous ne sommes point si impitoyables dans notre île. Notre prédécesseur, le grand Tillotson[4], reconnu pour le prédicateur de l'Europe le plus sensé et le moins déclamateur, a parlé comme Bélisaire dans presque tous ses sermons. Vous me permettrez ici de prendre son parti. Soyez

---

1. Chap. xv.
2. Voyez tome XVI, page 77 et suiv.; et aussi la note, tome XXI, page 11.
3. Chap. xv.
4. Souvent loué par Voltaire; voyez notamment, tome V, page 405, et XXV, pages 510 et 534.

damné si vous le voulez, milord, vous et votre mandataire, j'y consens de tout mon cœur; mais je vous avertis que je ne veux point l'être, et que je souhaiterais aussi que mes amis ne le fussent point : il faut avoir un peu de charité.

J'aurais bien d'autres choses à dire à votre mandataire, je lui recommanderais surtout d'être moins ennuyeux. L'ennui est toujours mortel pour les mandements; c'est un point essentiel auquel on ne prend pas assez garde dans votre pays.

Sur ce, mon cher confrère, je vous recommande à la *bonté* divine, quoique le mot de *bon* vous fasse tant de peine.

Votre *bon* confrère,

L'ARCHEVÊQUE DE CANTORBÉRY.

POST-SCRIPTUM.

Quand vous écrirez à l'évêque de Rome, faites-lui, je vous prie, mes compliments; j'ai toujours beaucoup de considération pour lui, en qualité de frère. On me mande qu'il a essuyé depuis peu quelques petits désagréments; qu'un cheval de Naples a donné un terrible coup de pied à sa mule; qu'une barque de Venise a serré de près la barque de saint Pierre, et qu'un fromage du Parmesan lui a donné une indigestion violente[1] : j'en suis fâché. On dit que c'est un *bon homme*, pardonnez-moi ce mot. J'ai fort connu son père dans mon voyage d'Italie : c'était un *bon* banquier; mais il paraît que le fils n'entend pas son compte.

---

1. Quoique Clément XIII fût Vénitien, le grand conseil de la république diminuait, à cette époque, l'influence et le nombre des milices papales. Voyez, dans le chapitre xxxix du *Précis du Siècle de Louis XV*, comment, pour venger l'insulte faite à Ferdinand, duc de Parme, le roi de France venait de s'emparer d'Avignon, et comment Ferdinand IV, roi de Naples, en avait fait autant de Bénévent et de Ponte-Corvo. (CL.)

FIN DE LA LETTRE.

SERMON

PRÊCHÉ A BALE, LE PREMIER JOUR DE L'AN 1768,

PAR JOSIAS ROSSETTE [1]

Commençons l'année, messieurs, par rendre grâce à Dieu du plus grand événement qui ait signalé le siècle où nous vivons; ce n'est pas une bataille gagnée par les meurtriers aux gages d'un roi qui demeure vers la Sprée, contre les meurtriers aux gages des souverains qui habitent les bords du Danube, ou contre ceux qui sortent des bords de la Garonne, de la Loire, et du Rhône, pour aller en grand nombre porter la dévastation en Germanie, et pour revenir en très-petit nombre dans leurs foyers.

Je n'ai point à vous entretenir de ces fureurs qui ont usurpé le nom de gloire, et qui sont plus détestées par les sages qu'elles ne sont vantées par les insensés. S'il est une conquête dans l'auguste entreprise que nous célébrons, c'est une conquête sur le fanatisme; c'est la victoire de l'esprit pacificateur sur l'esprit de persécution; c'est le genre humain rétabli dans ses droits, des bords de la Vistule aux rivages de la mer Glaciale, et aux montagnes du Caucase, dans une étendue de terre deux fois plus grande que le reste de l'Europe.

Deux têtes couronnées [2] se sont unies pour rendre aux hommes ce bien précieux que la nature leur a donné, la liberté de conscience. Il semble que, dans ce siècle, Dieu ait voulu qu'on

---

1. Ce *Sermon* est du commencement de l'année 1768. Il en est mention dans les *Mémoires secrets* du 28 février, et dans la *Gazette d'Utrecht*, du 18 mars 1768. Il fut composé à l'occasion des troubles de Genève, et au moment où les Russes venaient d'entrer en Pologne pour y faire régner, disaient-ils, la tolérance. Voltaire, qui fut alors la dupe de Catherine II, présente aux Suisses désunis cette impératrice comme la sainte des philosophes. Voyez la *Correspondance* de Grimm, tome VIII, page 35.

2. Catherine II et Stanislas; voyez, tome XXVII, le *Discours aux confédérés*.

expiât le crime de quatorze cents ans de persécutions chrétiennes, exercées presque sans interruption pour noyer dans le sang humain la liberté naturelle. L'impératrice de Russie non-seulement établit la tolérance universelle dans ses vastes États, mais elle envoie une armée en Pologne, la première de cette espèce depuis que la terre existe, une armée de paix, qui ne sert qu'à protéger les droits des citoyens, et à faire trembler les persécuteurs. O roi sage et juste, qui avez présidé à cette conciliation fortunée! ô primat éclairé[1], prince sans orgueil, et prêtre sans superstition, soyez bénis et imités dans tous les siècles!

C'était beaucoup, mes frères, pour la consolation du genre humain, que les jésuites, ces grands prédicateurs de l'intolérance, eussent été chassés de la Chine et des Indes, du Portugal et de l'Espagne, de Naples et du Mexique, et surtout de la France, qu'ils avaient si longtemps troublée; mais enfin ce ne sont que des victimes sacrifiées à la haine publique. Elles ne l'ont point été à la raison universelle. Tant de princes chrétiens n'ont point dit : Chassons les jésuites, afin que nos peuples soient délivrés du joug monacal, afin qu'on rende à l'État des biens immenses engloutis dans tant de monastères, et à la société tant d'esclaves inutiles ou dangereux. Les jésuites sont exterminés, mais leurs rivaux[2] subsistent. Il semble même que ce soit à leurs rivaux qu'on les immole. Les disciples de l'insensé Ignace, de ce chevalier errant de la Vierge, eux-mêmes chevaliers errants de l'évêque de Rome, disparaissent sur la terre; mais les disciples[3] d'un fou beaucoup plus dangereux, d'un François d'Assise, couvrent une partie de l'Europe; les enfants du persécuteur Dominique[4] triomphent. On n'a dit encore ni en France, ni en Espagne, ni en Portugal, ni à Naples : Citoyens qui ne reconnaissez pas l'évêque de Rome pour le maître du monde, sujets qui n'êtes soumis qu'à votre roi, chrétiens qui ne croyez qu'à l'Évangile, vivez en paix; que vos mariages, confirmés par les lois, repeuplent nos provinces dévastées par tant de malheureuses guerres, occupez dans nos villes les charges municipales; hommes, jouissez des droits des hommes. On a fait le premier pas dans quelques royaumes, et on tremble au second; la raison est plus timide que la vengeance.

C'était autrefois, mes frères, une opinion établie chez les Grecs que la sagesse viendrait d'Orient, tandis que, sur les bords

1. Voyez pages 451 et 467
2. Les autres moines.
3. Les franciscains; voyez tome XII pages 292 et 338.
4. Les dominicains; voyez tome XII, pages 292 et 339.

de l'Euphrate et de l'Indus, on disait qu'elle viendrait d'Occident. On l'a toujours attendue. Enfin, elle arrive du Nord; elle vient nous éclairer; elle tient le fanatisme enchaîné; elle s'appuie sur la tolérance, qui marche toujours auprès d'elle, suivie de la paix, consolatrice du genre humain.

Il faut que vous sachiez que l'impératrice du Nord a rassemblé dans la grande salle du Kremlin, à Moscou, six cent quarante députés de ses vastes États d'Europe et d'Asie, pour établir une nouvelle législation qui soit également avantageuse à toutes ses provinces. C'est là que le musulman opine à côté du grec, le païen auprès du papiste, et que l'anabaptiste confère avec l'évangélique et le réformé, tous en paix, tous unis par l'humanité, quoique la religion les sépare.

Enfin donc, grâces au ciel, il s'est trouvé un génie supérieur qui, au bout de près de dix-huit siècles, s'est souvenu que tous les hommes sont frères. Déjà un Anglais en France, un Berwick, évêque de Soissons, avait osé dire, dans son célèbre mandement de 1757, que les Turcs sont nos frères[1], ce que ni Bossuet ni Massillon n'avaient jamais eu le courage de dire. Déjà cent mille voix s'élevaient de tous côtés dans l'Europe en faveur de la tolérance universelle; mais aucun souverain ne s'était encore déclaré si ouvertement; aucun n'avait posé cette loi bienfaisante pour la base des lois de l'État; aucun n'avait dit à la tolérance, en présence des nations : Asseyez-vous sur mon trône.

Élevons nos voix pour célébrer ce grand exemple; mais élevons nos cœurs pour en profiter. Vous tous qui m'écoutez, souvenez-vous que vous êtes hommes avant d'être citoyens d'une certaine ville, membres d'une certaine société, professant une certaine religion. Le temps est venu d'agrandir la sphère de nos idées, et d'être citoyens du monde. Que de petites nations apprennent donc leur devoir des grandes.

Nous sommes tous de la même religion sans le savoir. Tous les peuples adorent un Dieu, des extrémités du Japon aux rochers du mont Atlas : ce sont des enfants qui crient à leur père en différents langages. Cela est si vrai et si avéré que les Chinois, en signant la paix avec les Russes, le 8 septembre 1689, la signèrent au nom du même Dieu[2]. Le marbre qui sert de bornes aux deux empires montre encore aux voyageurs ces paroles gravées dans les deux langues : « Nous prions le Dieu seigneur de

---

1. Voyez tome XX, page 524, et XXIV, 280.
2. Voyez tome XVI, page 449.

toutes choses, qui connaît les cœurs, de punir les traîtres qui rompraient cette paix sacrée. »

Malheur à un habitant de Lucerne ou de Fribourg qui dirait à un réformé de Berne ou de Genève : Je ne vous connais pas ; j'invoque des saints, et vous n'invoquez que Dieu ; je crois au concile de Trente, et vous à l'*Évangile :* aucune correspondance ne peut subsister entre nous ; votre fils ne peut épouser ma fille ; vous ne pouvez posséder une maison dans notre cité : « Vous n'avez point écouté mon assemblée, vous êtes pour moi comme un païen et comme un receveur des deniers de l'État[1] ! »

Voilà pourtant les termes dans lesquels nous sommes, nous qui accusons sans cesse d'intolérance des nations plus hospitalières. Nous sommes treize républiques confédérées[2], et nous ne sommes pas compatriotes. La liberté nous a unis, et la religion nous divise. Qu'aurait-on dit dans l'antiquité, si un Grec de Thèbes ou de Corinthe avait été banni de la communion d'Athènes et de Sparte? En quelque endroit de la Grèce qu'ils allassent, ils se trouvaient chez eux ; celui dont la cité était sous la protection d'Hercule allait sacrifier dans Athènes à Minerve : on les voyait associés aux mêmes mystères comme aux mêmes jeux. Le droit le plus sacré, le plus beau lien qui ait jamais joint les hommes, l'hospitalité, rendait, au moins pour quelque temps, le Scythe concitoyen de l'Athénien. Jamais il n'y eut entre ces peuples aucune querelle de religion. La république romaine ne connut jamais cette fureur absurde. On ne vit pas, depuis Romulus, un seul citoyen romain inquiété pour sa manière de penser ; et tous les jours le stoïcien, l'académicien, le platonicien, l'épicurien, l'éclectique, goûtaient ensemble les douceurs de la société : leurs disputes n'étaient qu'instructives. Ils pensaient, ils parlaient, ils écrivaient dans une sécurité parfaite.

On l'a dit cent fois à notre confusion: nous n'avons qu'à rougir, nous qui, étant frères par nos traités, sommes encore si étrangers les uns aux autres par nos dogmes ; nous qui, après avoir eu la gloire de chasser nos tyrans, avons eu l'horreur et la honte de nous déchirer par des guerres civiles, pour des chimères scolastiques.

Je sais bien que nous ne voyons plus renaître ces jours déplorables où cinq cantons[3], enivrés du fanatisme qui empoison-

---

1. Matthieu, xviii, 17.
2. La Suisse était alors divisée en treize cantons.
3. Ceux de Lucerne, Zug, Schwitz, Uri, et Underwald ; voyez t. XII, p. 294.

nait alors l'Europe entière, s'armèrent contre le canton de Zurich, parce qu'ils étaient de la religion romaine, et Zurich de la religion réformée. S'ils versèrent le sang de leurs compatriotes après avoir récité cinq *Pater* et cinq *Ave Maria* dans un latin qu'ils n'entendaient pas; s'ils firent, après la bataille de Cappel, écarteler par le bourreau de Lucerne le corps mort du célèbre pasteur Zuingle; s'ils firent, en priant Dieu, jeter ses membres dans les flammes, ces abominations ne se renouvellent plus. Mais il reste toujours entre le romain et le protestant un levain de haine que la raison et l'humanité n'ont pu encore détruire.

Nous n'imitons pas, il est vrai, les persécutions excitées en Hongrie, à Saltzbourg, en France; mais nous avons vu depuis peu, dans une ville étroitement unie à la Suisse, un pasteur doux et charitable[1] forcé de renoncer à sa patrie pour avoir soutenu que l'Être créateur est bon, et qu'il est le Dieu de miséricorde encore plus que le Dieu des vengeances. Qu'un homme savant et modéré avance parmi nous que Jésus-Christ n'a jamais pris le nom de Dieu, qu'il n'a jamais dit qu'il eût deux natures et deux volontés, que ces dogmes n'ont été connus que longtemps après lui: n'entendez-vous pas aussitôt cent ignorants crier au blasphème, et demander son châtiment? Nous voulons passer pour tolérants; que nous sommes encore loin, mes chers frères, de mériter ce beau titre!

A notre honte, ce sont les anabaptistes qui sont aujourd'hui les vrais tolérants, après avoir été au xvie siècle aussi barbares que les autres chrétiens. Ce sont ces primitifs appelés *quakers* qui sont tolérants, eux qui, au nombre de plus de quatre-vingt mille dans la Pensylvanie, admettent parmi eux toutes les religions du monde; eux qui, seuls de tous les peuples transplantés en Amérique, n'ont jamais ni trompé ni égorgé les naturels du pays, si indignement appelés *sauvages*. C'était le grand philosophe Locke qui était tolérant, lui qui, dans le code des lois qu'il donna à la Caroline, posa pour fondement de la législation que sept pères de famille, fussent-ils Turcs ou Juifs, suffiraient pour établir une religion dont tous les adhérents pourraient parvenir aux charges de l'État.

Que dis-je? l'esprit de tolérance commence enfin à s'introduire chez les Français, qui ont passé longtemps pour aussi volages que cruels. Ils ont leur Saint-Barthélemy en horreur; ils rougissent de l'outrage fait au grand Henri IV par la révocation

---

1. Petit-Pierre, pasteur à Neufchâtel; voyez tome XVIII, page 546; et XXV, 422.

de l'édit de Nantes; on venge la cendre de Calas; on adoucit l'affreuse destinée de la famille Sirven. On ne l'eût pas fait sous le ministère du cardinal de Fleury. On chasse les jésuites, les plus intolérants des hommes; on réprime doucement la brutale animosité des jansénistes. On impose silence à la Sorbonne sur l'article de la tolérance, lorsqu'en osant censurer les maximes humaines de *Bélisaire*, elle a le malheur de s'attirer l'indignation de toutes les nations de l'Europe. Enfin, la haute prudence de Louis XV a plongé dans un oubli général cette scandaleuse bulle *Unigenitus*, et ces billets de confession plus scandaleux encore. Le gouvernement, devenu plus éclairé, apaise avec le temps toutes les querelles dangereuses qui étaient le fruit de cet exécrable intolérantisme.

Quand serons-nous donc véritablement tolérants à notre tour, nous qui demandons, qui crions sans cesse qu'on le soit ailleurs pour les protestants nos frères!

Disons aux nations, mais disons surtout à nous-mêmes : Jésus-Christ a daigné converser également avec la courtisane de Jérusalem[1], et avec la courtisane de Samarie[2]; il s'est fait parfumer les pieds par l'une, parce qu'elle l'avait beaucoup aimé; il s'est arrêté longtemps avec l'autre sur le bord d'un puits.

S'il a dit anathème aux receveurs des deniers publics[3], il a soupé chez eux[4], et il a appelé l'un deux à l'apostolat. S'il a séché un figuier pour n'avoir pas porté de fruit quand ce n'était pas le temps des figues[5], il a changé l'eau en vin[6] à des noces où les convives, déjà trop échauffés, semblaient le mettre en droit de ne pas exercer cette condescendance. S'il rebute d'abord sa mère avec des paroles dures[7], il fait incontinent le miracle qu'elle demande. S'il fait jeter en prison[8] le serviteur qui n'a pas fait profiter l'argent de son maître à cent pour cent chez les changeurs, il fait payer l'ouvrier de la vigne venu à la dernière heure[9], comme ceux qui ont travaillé dès la première. S'il dit en un endroit qu'il est venu apporter le glaive[10] et la dissension dans les familles, il dit dans un autre, avec tous les anciens législateurs, qu'il faut aimer son prochain[11]. Ainsi, tempérant toujours la sévérité par l'indulgence, il nous apprend à tout supporter. Si toutes

---

1. Luc, VII, 47.
2. Jean, IV, 7.
3. Matth., XVIII, 17.
4. *Ibid.*, IX, 10; Marc, II, 15; Luc, V, 29.
5. Matth., XXI, 19; Marc, XI, 13.
6. Jean, II, 9 et 10.
7. *Ibid.*, 4.
8. Matth., XXV, 30.
9. *Ibid.*, XX, 14.
10. *Ibid.*, X, 34.
11. *Ibid.*, V, 43; XXII, 39; Marc, XII, 31.

les nations ont péché en Adam, ô mystère incompréhensible! Jésus, quatre mille ans après, a subi le dernier supplice en Palestine pour racheter toutes les nations, ô mystère plus incompréhensible encore! S'il a dit en un endroit qu'il n'était venu que pour les Juifs, pour les enfants de la maison, il dit ailleurs qu'il était venu pour les étrangers. Il appelle à lui toutes les nations [1], quoique l'Europe seule semble être aujourd'hui son partage. Il n'y a donc point d'étranger pour un véritable disciple de Jésus-Christ; il doit être concitoyen de tous les hommes.

Pourquoi nous resserrer dans le cercle étroit d'une petite société isolée, quand notre société doit être celle de l'univers? Quoi! le citoyen de Berne ne pourra être le citoyen de Lucerne! Quoi! un Français, parce qu'il est de la communion romaine, et qu'il ne communie qu'avec du pain azyme, ne pourra acheter chez nous un domaine, tandis que tout Suisse, de quelque secte qu'il puisse être, peut acheter en France la terre la plus seigneuriale!

Avouons que, malgré la révocation de l'édit de Nantes, malgré le funeste édit de 1724, que la haine languedocienne arracha au cardinal de Fleury contre les pasteurs évangéliques, c'est pourtant en France, c'est dans la société française, dans les mœurs françaises, dans la politesse française, qu'est la vraie liberté de la vie sociale; nous n'en avons que l'ombre.

Mes frères, il faut le dire, vous êtes chrétiens, et vous aimez votre intérêt; mais entendez-vous votre intérêt et le christianisme? Ce christianisme vous ordonne l'hospitalité, et rien n'est moins hospitalier que vous.

Votre intérêt est que l'étranger s'établisse dans votre patrie : car assurément il n'y viendra pas chercher les honneurs et la fortune, comme vous les allez chercher ailleurs; un étranger ne pourrait acheter dans votre territoire un domaine que pour partager avec vous ses revenus. Le bonheur inestimable de vivre sans maître, de ne jamais dépendre du caprice d'un seul homme, de n'être soumis qu'aux lois, attirerait dans vos cantons, comme en Hollande, cent riches étrangers dégoûtés des dangers des cours, plus funestes encore à l'innocence qu'à la fortune. Mais vous écartez ceux à qui vous devez tendre les bras; vous les rebutez par des usages que l'inimitié et la crainte établirent autrefois, et qui ne doivent plus subsister aujourd'hui. Ce qui n'a été inventé que dans des temps de trouble et de terreur doit être aboli dans les jours de paix et de sécurité.

---

1. Matth., XXVIII, 19.

Le protestant a craint autrefois que le catholique n'apportât la transsubstantiation, les reliques, les taxes romaines, et l'esclavage dans sa ville. Le catholique a craint que le protestant ne vînt attrister la sienne par sa manière d'expliquer l'Évangile, et par le pédantisme reproché aux consistoires. Pour avoir la paix, il fallut renoncer à l'humanité. Mais les temps sont changés ; la controverse, les disputes de l'école, qui ont si longtemps allumé partout la discorde, sont aujourd'hui l'objet du mépris de tous les honnêtes gens de l'Europe.

S'il est encore des fanatiques, il n'est point de bourgeois, de cultivateur, d'artisan, qui les écoute. La lumière se répand de proche en proche, et la religion ne fait presque plus de mal.

Qui est celui d'entre vous qui n'affermera pas son champ et sa vigne à un anabaptiste, à un quaker, à un socinien, à un mennonite, à un piétiste, à un morave, à un papiste, s'il est sûr qu'il fera un meilleur marché avec cet étranger qu'avec un homme de votre ville, fermement attaché au système de Zuingle ? Les terres de Genève ne sont cultivées que par des papistes savoyards ; ce sont des papistes lombards qui labourent les champs des cantons que nous possédons dans le Milanais ; et plus d'un protestant fabrique des toiles dont la vente enfle le trésor de l'abbé de Saint-Gall.

Or, si la malheureuse division que les différentes sectes du christianisme ont mise entre les hommes n'empêche pas qu'ils ne travaillent les uns pour les autres dans le seul but de gagner quelque argent, pourquoi empêchera-t-elle qu'ils ne fraternisent ensemble pour jouir des charmes de la vie civile ? N'est-il pas absurde que vous puissiez avoir un fermier catholique, et que vous ne puissiez pas avoir un concitoyen catholique ?

Je ne vous propose pas de recevoir parmi vous des prêtres romains, des moines romains : ils se sont fait un devoir cruel d'être nos ennemis ; ils ne vivent que de la guerre spirituelle qu'ils nous font, et ils nous en feraient bientôt une réelle ; ce sont les janissaires du sultan de Rome.

Je vous propose d'augmenter vos richesses et votre liberté, en admettant parmi vous tout séculier à son aise, que l'amour de cette liberté appellerait dans vos contrées. J'ose assurer qu'il y a même en Italie plus d'un père de famille qui aimerait mieux vivre avec vous dans l'égalité, à l'ombre de vos lois, que d'être l'esclave d'un prêtre souverain. Non, il n'y a pas un seul séculier italien, il n'y a pas dans Rome un seul Romain (j'excepte toujours la populace) qui ne frémisse dans le fond de son cœur de ne pouvoir lire l'Évangile dans sa langue maternelle ; de ne pouvoir acheter un seul livre sans la permission d'un jacobin ; de se voir à la fois compatriote des Scipions, et esclave d'un successeur de Simon Pierre. Soyez sûrs que ce contraste bizarre et odieux d'un filet de pêcheur et d'une triple couronne révolte tous les esprits. Soyez certains qu'il n'y a pas un seul seigneur romain qui, en voyant Jésus monté sur un âne, et le pape porté sur les épaules des hommes ; en voyant d'un côté Jésus, qui n'a pas seulement de quoi payer une demi-dragme pour le korban qu'il devait au temple des Juifs, et de l'autre la chambre de la daterie [1], occupée sans cesse à compter l'argent des nations, ne conçoive une indignation d'autant plus forte qu'il en faut dissimuler toutes les apparences. Il la cache à ses maîtres ; il la manifeste dans le secret de l'amitié.

Je vais plus loin, mes frères ; je soutiens que, dans toute la chrétienté, il n'y a pas aujourd'hui un seul homme un peu instruit qui soit véritablement papiste : non, le pape ne l'est pas lui-même ; non, il n'est pas possible qu'un faible mortel se croie infaillible, et revêtu d'un pouvoir divin.

Je n'entre point ici dans l'examen des dogmes qui séparent la communion romaine et la nôtre : je prêche la charité, et non la controverse ; j'annonce l'amour du genre humain, et non la haine ; je parle de ce qui réunit tous les hommes, et non de ce qui les rend ennemis.

Aujourd'hui, malgré les cris de l'Église romaine, aucune puissance n'attente à la liberté de conscience établie chez ses voisins. Vous avez vu, dans la dernière guerre [2], six cent mille hommes en armes sans qu'un seul soldat ait été envoyé pour faire changer un seul homme de croyance. L'Espagne même, l'Espagne appelle dans ses provinces une foule d'artisans protestants pour ranimer sa vie, que la barbarie insensée de l'Inquisition faisait languir dans la misère ; un sage ministre [3] brave le monstre de l'Inquisition pour l'intérêt de la patrie.

Ne craignez donc point que le joug papiste, imposé dans des temps d'ignorance, puisse jamais s'appesantir sur vous. Ne craignez point qu'on vous remette au gland lorsque vous avez connu l'agriculture. La tyrannie peut bien empêcher la raison pendant quelques siècles de pénétrer chez les hommes ; mais quand elle y est parvenue, nul pouvoir ne peut l'en bannir.

---

1. Voyez la note 3, tome XVII, page 353.
2. Celle de 1757 à 1763, connue sous le nom de guerre de Sept ans.
3. Aranda ; voyez tome XVII, page 344 ; et XIX, 488.

Êtres pensants, ne redoutez plus rien de la superstition. Vous voyez tous les jours les conseils éclairés des princes catholiques mutiler eux-mêmes petit à petit ce colosse autrefois adoré. On le réduira enfin à la taille ordinaire. Tous les gouvernements sentiront que l'Église est dans l'État, et non l'État dans l'Église. Le sacerdoce, à la longue, mis à sa véritable place, fera gloire enfin, comme nous, d'obéir à la magistrature. En attendant, conservons les deux biens qui appartiennent essentiellement à l'homme, la liberté et l'humanité. Que les cantons catholiques s'éclairent, et que les cantons protestants ne résistent point, par préjugé, à leur raison éclairée ; vivons en frères avec quiconque voudra être notre frère. Cultivons également notre esprit et nos campagnes. Souvenons-nous toujours que nous sommes une république, non pas en vertu de quelques arguments de théologie, non pas comme zuingliens ou comme œcolampadiens, mais en qualité d'hommes. Si la religion n'a servi qu'à nous diviser, que la nature humaine nous réunisse. C'est aux cantons protestants à donner l'exemple, puisqu'ils sont plus florissants que les autres, plus peuplés, plus instruits dans les arts et dans les sciences. N'emploierons-nous nos talents que pour les concentrer dans notre petite sphère ? L'homme isolé est un sauvage, un être informe, qui n'a pas encore reçu la perfection de sa nature. Une cité isolée, inhospitalière, est parmi les sociétés ce que le sauvage est à l'égard des autres hommes. Enfin, en adorant le Dieu qui a créé tous les mortels, qu'aucun mortel ne soit étranger parmi nous.

FIN DU SERMON DE JOSIAS ROSSETTE.

TABLE

DES MATIÈRES CONTENUES DANS LE CINQUIÈME VOLUME

DES MÉLANGES.

Pages.

DES CONSPIRATIONS CONTRE LES PEUPLES, ou DES PROSCRIPTIONS. (1766.)
    Conspirations ou proscriptions juives. 1
    Celle de Mithridate. 2
    Celles de Sylla, de Marius, et des triumvirs 3
    Celle des Juifs, sous Trajan 3
    Celle de Théodose 4
    Celle de l'impératrice Théodora. 4
    Celle des croisés contre les Juifs. 5
    Celle des croisades contre les Albigeois 5
    Les vêpres siciliennes 6
    Les Templiers. 6
    Massacres dans le nouveau monde. 7
    Conspiration contre Mérindol. 8
    Conspiration de la Saint-Barthélemy 10
    Conspiration d'Irlande 11
    Conspiration dans les vallées du Piémont 11

LETTRE DE M. DE VOLTAIRE AU DOCTEUR JEAN-JACQUES PANSOPHE. (1766.) — AVERTISSEMENT pour la présente édition. 17
    LETTRE AU DOCTEUR PANSOPHE. 19

LETTRE DE M. DE VOLTAIRE A M. HUME 29

NOTES sur la LETTRE DE M. DE VOLTAIRE A M. HUME, par M. L.... (1766.) — AVERTISSEMENT de Beuchot 35

LE PHILOSOPHE IGNORANT. (1766.) — Ire question, 47. — II. Notre faiblesse, 48. — III. Comment puis-je penser? 49. — IV. M'est-il nécessaire de savoir? ibid. — V. Aristote, Descartes et Gassendi, 50. — VI. Les bêtes, 51. — VII. L'expérience, ibid. — VIII. Substance, 52. — IX. Bornes étroites, ibid. — X. Découvertes impossibles, 53. — XI. Désespoir fondé, ibid. — XII. Faiblesse des hommes, 55. — XIII. Suis-je libre? ibid. — XIV. Tout est-il éternel? 58. — XV. Intelligence, 59. — XVI. Éternité, ibid. — XVII. Incompréhensibilité, 60. — XVIII. Infini, ibid. — XIX. Ma dépendance, 61. — XX. Éternité encore, 62. — XXI. Ma dépendance encore, 63. — XXII. Nouvelle question, ibid. — XXIII. Un seul

TABLE DES MATIÈRES.

artisan suprême, 64. — XXIV. Spinosa, 65. — XXV. Absurdités, 69. — XXVI. Du meilleur des mondes, 71. — XXVII. Des monades, etc., 72. — XXVIII. Des formes plastiques, 73. — XXIX. De Locke, 74. — XXX. Qu'ai-je appris jusqu'à présent? 78. — XXXI. Y a-t-il une morale? 78. — XXXII. Utilité réelle. Notion de la justice, 79. — XXXIII. Consentement universel est-il preuve de vérité? 81. — XXXIV. Contre Locke, 82. — XXXV. Contre Locke, 83. — XXXVI. Nature partout la même, 85. — XXXVII. De Hobbes, 86. — XXXVIII. Morale universelle, *ibid.* — XXXIX. De Zoroastre, 87. — XL. Des brachmanes, *ibid.* — XLI. De Confucius, 88. — XLII. Des philosophes grecs, et d'abord de Pythagore, 89. — XLIII. De Zaleucus, *ibid.* — XLIV. D'Épicure, *ibid.* — XLV. Des stoïciens, 90. — XLVI. Philosophie et vertu, 91. — XLVII. D'Ésope, *ibid.* — XLVIII. De la paix née de la philosophie, *ibid.* — XLIX. Autres questions, 92. — L. Autres questions, *ibid.* — LI. Ignorance, 93. — LII. Autres ignorances, *ibid.* — LIII. Plus grande ignorance, 94. — LIV. Ignorance ridicule, *ibid.* — LV. Pis qu'ignorance, 95. — LVI. Commencement de la raison 95

ANDRÉ DESTOUCHES A SIAM. (1766.) 97

DÉCLARATION de M. DE VOLTAIRE. (1766.) 103

LETTRE D'UN MEMBRE DU CONSEIL DE ZURICH A M. D***, AVOCAT A BESANÇON. (1767.) 105

ANECDOTE SUR BÉLISAIRE. (1767.) 109

LES HONNÊTETÉS LITTÉRAIRES. (1767.) 115
    1re honnêteté, 121. — 2e honnêteté, 122. — 3e honnêteté, 123. — 4e honnêteté, *ibid.* — 5e honnêteté, 124. — 6e honnêteté, *ibid.* — 7e honnêteté, 125. — 8e honnêteté, 127. — 9e honnêteté, *ibid.* — 10e honnêteté, 128. — 11e honnêteté, *ibid.* — 12e honnêteté, 129. — 13e honnêteté, 130. — 14e honnêteté, *ibid.* — 15e honnêteté, 131. — 16e honnêteté, 132. — 17e honnêteté, 133. — 18e honnêteté, 135. — 19e honnêteté, 137. — 20e honnêteté, 138. — 21e honnêteté, 139. — 22e honnêté, fort ordinaire, 140. — Petite digression qui contient une réflexion utile sur une partie des vingt-deux honnêtetés précédentes, 152. — 23e honnêteté, des plus fortes, 155. — 24e honnêteté, des plus médiocres, 157. — 25e honnêteté, fort mince, *ibid.* — 26e honnêteté . . 158
    LETTRE à l'auteur des *Honnêtetés littéraires*, sur les *Mémoires de Madame de Maintenon*, publiés par La Beaumelle 161

SECONDE ANECDOTE SUR BÉLISAIRE. (1767.) 169

LES QUESTIONS DE ZAPATA, traduites par le sieur Tamponet, docteur de Sorbonne. 173

LETTRE de M. DE VOLTAIRE. (1767.) 191

EXAMEN IMPORTANT DE MILORD BOLINGBROKE, ou le TOMBEAU DU FANATISME, écrit sur la fin de 1736. (1767.) — AVIS DES Éditeurs. 195
    AVANT-PROPOS 196
    CHAP. I.   Des livres de Moïse 199
    — II.   De la personne de Moïse 201
    — III.   De la divinité attribuée aux livres juifs. 205

TABLE DES MATIÈRES.   593

Pages.

Chap. IV.	Qui est l'auteur du *Pentateuque*?	206
— V.	Que les Juifs ont tout pris des autres nations. . . .	208
— VI.	De la *Genèse*.	210
— VII.	Des mœurs des Juifs	211
— VIII.	Des mœurs des Juifs sous leurs melchim ou roitelets, et sous leurs pontifes, jusqu'à la destruction de Jérusalem par les Romains	213
— IX.	Des prophètes.	216
— X.	De la personne de Jésus	220
— XI.	Quelle idée il faut se former de Jésus et de ses disciples.	227
— XII.	De l'établissement de la secte chrétienne.	228
— XIII.	Des évangiles.	232
— XIV.	Comment les premiers chrétiens se conduisirent avec les Romains, et comment ils forgèrent des vers attribués aux sibylles, etc.	237
— XV.	Comment les chrétiens se conduisirent avec les Juifs. Leur explication ridicule des prophètes.	240
— XVI.	Des fausses citations et des fausses prédictions dans les évangiles.	242
— XVII.	De la fin du monde, et de la Jérusalem nouvelle. . .	243
— XVIII.	Des allégories	244
— XIX.	Des falsifications, et des livres supposés	245
— XX.	Des principales impostures des premiers chrétiens . .	247
— XXI.	Des dogmes et de la métaphysique des chrétiens des premiers siècles. — De Justin.	251
— XXII.	De Tertullien	253
— XXIII.	De Clément d'Alexandrie	256
— XXIV.	D'Irénée.	258
— XXV.	D'Origène et de la Trinité.	259
— XXVI.	Des martyrs	263
— XXVII.	Des miracles	270
— XXVIII.	Des chrétiens, depuis Dioclétien jusqu'à Constantin. .	272
— XXIX.	De Constantin.	276
— XXX.	Des querelles chrétiennes avant Constantin et sous son règne.	277
— XXXI.	Arianisme et athanasianisme.	279
— XXXII.	Des enfants de Constantin, et de Julien le Philosophe, surnommé l'Apostat par les chrétiens	282
— XXXIII.	Considérations sur Julien.	286
— XXXIV.	Des chrétiens jusqu'à Théodose.	288
— XXXV.	Des sectes et des malheurs des chrétiens jusqu'à l'établissement du mahométisme.	290
— XXXVI.	Discours sommaire des usurpations papales.	292
— XXXVII.	De l'excès épouvantable des persécutions chrétiennes.	293
— XXXVIII.	Excès de l'Église romaine.	296
Conclusion.		298
Traduction d'une lettre de milord Bolingbroke à milord Cornsbury. .		301
Lettre de milord Cornsbury à milord Bolingbroke.		305
LETTRE SUR LES PANÉGYRIQUES, par Irénée Alethès, professeur en droit dans le canton d'Uri. (1767.).		307

TABLE DES MATIÈRES.

HOMÉLIES prononcées à Londres en 1765, dans une assemblée particulière. (1767.)

PREMIÈRE HOMÉLIE. Sur l'athéisme. 315

DEUXIÈME HOMÉLIE. Sur la superstition. 329

TROISIÈME HOMÉLIE. Sur l'interprétation de l'Ancien Testament. . . 338

QUATRIÈME HOMÉLIE. Sur l'interprétation du Nouveau Testament . . 349

MÉMOIRE présenté au ministère de France, et qui doit être mis à la tête de la nouvelle édition qu'on prépare du *Siècle de Louis XIV.* (1767.) 355

LA DÉFENSE DE MON ONCLE. (1767.) — AVERTISSEMENT de Decroix, l'un des éditeurs de l'édition de Kehl 367

AVERTISSEMENT essentiel ou inutile 367

EXORDE, dans lequel on trouve que feu M. l'abbé Bazin était un peu railleur, et qu'il croyait que les Chinois ne descendaient pas plus des Égyptiens que des Bas-Bretons. 369

    CHAP. I. De la Providence, où l'on relève une inadvertance assez impie d'un ennemi de mon oncle. 370

    — II. L'apologie des dames contre le sieur Larcher, du collège Mazarin, ennemi juré du beau sexe. 371

    — III. Où l'on montre que M. Larcher ne sait point l'*Alcoran* . 375

    — IV. Des Romains et d'un décret ridicule. 377

    — V. De la sodomie, où l'on prouve contre M. Larcher que ce crime n'a jamais été autorisé. 377

    — VI. De l'inceste, où l'on prouve que l'inceste n'était point permis par la loi chez les Persans 379

    — VII. De la bestialité, où l'on prouve que ce crime infâme n'a jamais été d'un usage public en Égypte, comme le prétend M. Larcher. 381

    — VIII. D'Abraham et de Mlle Ninon L'Enclos, où l'on relance vertement le téméraire Larcher qui a comparé Sara à Ninon, page 145 de son *Supplément à la Philosophie de l'Histoire*, et où l'on justifie Ninon contre une imputation impertinente. 383

    — IX. De Thèbes d'Égypte, contre plusieurs grands savants et grands exagérateurs, dans lequel on insinue qu'il faut réduire les choses à leur juste mesure. 385

    — X. Des schoen d'Égypte, où l'on montre qu'un schoen doit être honnête. 387

    — XI. Du temple de Tyr et de son antiquité. 388

    — XII. Des Chinois, et de la nécessité que plusieurs siècles se soient écoulés avant la fondation d'un grand empire. . 389

    — XIII. De l'Inde, du *Veidam*, et surtout de l'*Ézour-Veidam*, livre indien très-curieux, envoyé par feu l'abbé Bazin à la Bibliothèque du roi. Ce chapitre contient une terrible réponse à la témérité de l'hérétique Warburton. . . 391

    — XIV. Savoir si les Juifs haïssaient les autres nations, et si on hait Warburton 394

    — XV. Représailles contre Warburton. 396

    — XVI. Conclusion qui fait voir le néant de tout ce que dessus. . 399

TABLE DES MATIÈRES.

Pages.

CHAP. XVII. Où il est amplement traité du système antimosaïque de Warburton, ce qui n'est pas chose de néant. 401
— XVIII. Des hommes de différentes couleurs. 402
— XIX. Des montagnes et des coquilles, où l'on soutient l'opinion de l'abbé Bazin contre M. de Buffon, avec la circonspection requise 405
— XX. Des tribulations de ces pauvres gens de lettres. 410
— XXI. Des sentiments théologiques de feu l'abbé Bazin, de la justice qu'il rendait à l'antiquité, et de quatre diatribes composées par lui à cet effet. 412
    Première Diatribe de l'abbé Bazin, sur la cause première. 413
    Deuxième Diatribe, sur Sanchoniathon, l'un des plus anciens auteurs que nous ayons, ou que nous n'avons plus 416
    Troisième Diatribe, sur l'Égypte 420
    Quatrième Diatribe, sur un peuple à qui on a coupé le nez et laissé les oreilles. 422
    Épilogue, contenant la mort et les dernières paroles de l'abbé Bazin. 429
— XXII. Défense d'un général d'armée attaqué par des cuistres. . 429
    Post-Scriptum. Défense d'un jardinier.. 432
    Dernier Avis au lecteur 433

A WARBURTON. (1767.). 435

FRAGMENT DES INSTRUCTIONS POUR LE PRINCE ROYAL DE***. (1767.) 439

LETTRE DE GÉROFLE A COGÉ. (1767.). 449

ESSAI HISTORIQUE ET CRITIQUE sur les DISSENSIONS DES ÉGLISES DE POLOGNE, par Joseph Bourdillon, professeur en droit public. (1767.) 451

LETTRES A S. A. MONSEIGNEUR LE PRINCE DE*****, sur Rabelais, et sur d'autres auteurs qui ont mal parlé de la religion chrétienne. (1767.)
  LETTRE PREMIÈRE. — Sur François Rabelais 460
  LETTRE II.—Sur les prédécesseurs de Rabelais en Allemagne et en Italie, et d'abord du livre intitulé *Epistolæ obscurorum virorum*. . . . 475
  Des anciennes facéties italiennes qui précédèrent Rabelais. . . . 477
  LETTRE III. — Sur Vanini. 480
  LETTRE IV. — Sur les auteurs anglais. 482
    De Toland, 483. — De Locke, *ibid*. — De l'évêque Taylor et de Tindal, 484. — De Collins, 485. — De Woolston, *ibid*. — De Warburton, 486. — De Bolingbroke, 487. — De Thomas Chubb. 489
  LETTRE V. — De Swift 489
  LETTRE VI. — Sur les Allemands 491
  LETTRE VII. — Sur les Français. 494
    De Bonaventure Desperiers, 495. — De Théophile, 496. — De Des Barreaux, 498. — De La Mothe Le Vayer, 499. — De Saint-Évremond, *ibid*. — De Fontenelle, 500. — De l'abbé de Saint-Pierre, 501.

— De Bayle, 502. — De Mlle Huber, 503. — De Barbeyrac, 505. — De Fréret, 506. — De Boulanger, 509. — De Montesquieu, *ibid.* — De La Métrie, 510. — Du curé Meslier 510

LETTRE VIII. — Sur l'*Encyclopédie*. 512
LETTRE IX. — Sur les Juifs 515
 D'Orobio, 519. — D'Uriel Acosta 521
LETTRE X. — Sur Spinosa. 522

LA PROPHÉTIE DE LA SORBONNE, de l'an 1530, tirée des manuscrits de M. Baluze. (1767.) 527

LA DÉFENSE DE MON MAITRE. 529

LE DINER DU COMTE DE BOULAINVILLIERS.
 PREMIER ENTRETIEN. Avant dîner. 531
 DEUXIÈME ENTRETIEN. Pendant le dîner. 537
 TROISIÈME ENTRETIEN. Après dîner. 552
 PENSÉES détachées de M. l'abbé de Saint-Pierre. 558

AVIS A TOUS LES ORIENTAUX. (1767.) 561

FEMMES, SOYEZ SOUMISES A VOS MARIS. (1767.) 563

PRÉFACE DE M. ABAUZIT. (1767.) 567

LETTRE D'UN AVOCAT DE BESANÇON au nommé Nonotte, ex-jésuite. (1768.) 569

ÉPITRE écrite de Constantinople aux frères. 573

LETTRE DE L'ARCHEVÊQUE DE CANTORBÉRY à l'archevêque de Paris. 577

SERMON prêché à Bâle, le premier jour de l'an 1768, par Josias Rossette. 581

FIN DE LA TABLE DU TOME XXVI.

PARIS. — Impr. J. CLAYE. — A. QUANTIN et Cie, rue Saint-Benoît.

www.ingramcontent.com/pod-product-compliance
Lightning Source LLC
Chambersburg PA
CBHW070358230426
43665CB00012B/1167